INSTRUMENTEL

Romanian edition published by arrangement with Houghton Mifflin Harcourt Publishing Company through Agentia Literara Livia Stoia
TOOLS OF TITANS:
The Tactics, Routines, and Habits of Billionaires, Icons, and World-Class Performers

Editura ACT și Politon
Str. Înclinată, nr. 129, Sector 5, București, România, C.P. 050202.
tel: 0723 150 590, e-mail: office@actsipoliton.ro
www.actsipoliton.ro/blog

Traducător: **Romică Lixandru**
Redactor: **Maria Nicula**
Tehnoredactor: **Teodora Vlădescu**
Coperta: **Marian Iordache**
Copyright Manager: **Andrei Popa**

Descrierea CIP a Bibliotecii Naţionale a României
FERRISS, TIMOTHY
Instrumentele titanilor / Timothy Ferriss; trad.: Romică Lixandru. - Bucureşti: ACT şi Politon, 2019
ISBN 978-606-913-488-7
I. Lixandru, Romică (trad.)
159.9

TIM FERRISS

INSTRUMENTELE TITANILOR

TACTICILE, RUTINELE ȘI OBICEIURILE MILIARDARILOR, FIGURILOR PUBLICE ȘI ARTIȘTILOR DE TALIE MONDIALĂ

Cuvânt-înainte de ARNOLD SCHWARZENEGGER
Ilustrații de REMIE GEOFFROI

Traducere din limba engleză
de **Romică Lixandru**

ACT și Politon

2019

AVERTISMENTUL EDITURII

Această carte prezintă o gamă largă de opinii cu privire la o varietate de subiecte legate de sănătate și bunăstare, printre care anumite idei, tratamente și proceduri care s-ar putea să fie riscante sau ilegale, dacă au loc fără supraveghere medicală corespunzătoare. Aceste opinii reflectă cercetarea și ideile autorului sau pe cele ale oamenilor pe care el îl prezintă, dar nu au intenția să se substituie serviciilor unui profesionist în domeniul sănătății. Consultă-te cu medical tău înainte să te apuci să ții vreo dietă, să iei vreun medicament sau să urmezi un program de exerciții fizice. Autorul și editura își declină responsabilitatea pentru orice efecte adverse care ar rezulta, direct sau indirect, din informațiile cuprinse în această carte.

AVERTISMENTUL LUI TIM

Te rog să nu cumva să faci vreun gest prostesc, care să te omoare. Ne-ar face nefericiți pe amândoi. Consultă un medic, un avocat și un specialist în lucruri de bun simț, înainte să te apuci să faci orice se spune în această carte.

DEDICAȚIE

În primul rând, vă sunt recunoscător vouă, tuturor „tovarășilor care urmați același drum", cum ar spune James Fadiman.

În al doilea rând, o parte din drepturile de autor vor fi donate următoarelor cauze demne de a fi susținute:

» **After-School All-Stars (AFTERSCHOOLALLSTARS.ORG)**, furnizor de programe comprehensive de after-school care asigură siguranța copiilor și îi ajută să reușească atât la școală cât și în viață.

» **DonorsChoose.org**, care face să ne fie mai ușor să susținem clasele care au nevoie de mai mult ajutor, apropiindu-ne în felul acesta de o națiune în care toți elevii au la dispoziție instrumentele necesare pentru o educație foarte bună.

» **Cercetarea științifică din instituții cum ar fi Johns Hopkins University School of Medicine**, unde sunt studiate enteogenele* pentru a fi utilizate în depresia rezistentă la tratament, anxietatea provocată de sfârșitul vieții (la pacienții cu cancer în fază terminală) și în alte afecțiuni debilitante.

În al treilea rând, pentru toți căutătorii, fie să găsiți mai mult decât căutați. Poate că această carte vă va fi de ajutor.

---

* Enteogene – acele droguri care provoacă viziuni și despre care se poate demonstra că au fost folosite în ritualuri șamanice sau religioase; în sens larg, termenul poate fi aplicat și altor droguri, atât naturale, cât și artificiale, care determină modificări ale stării conștiinței similare cu cele confirmate în cazul ingerării ritualice de enteogene tradiționale. (n.red.)

CUVÂNT-ÎNAINTE

Nu mă număr printre cei care s-au ridicat doar prin forţe proprii.

De fiecare dată când ţin un discurs la vreo conferinţă de afaceri, mă adresez studenţilor universitari sau fac un interviu AMA* pe Reddit, cineva spune asta.

„Dle Guvernator/Governator/Arnold/Arnie/Schwarzie/Schnitzel (în funcţie de locul în care mă aflu), din postura de persoană care a reuşit doar prin forţe proprii, care este reţeta dvs. pentru succes?"

Sunt întotdeauna şocaţi atunci când le mulţumesc pentru compliment, dar le răspund: „Nu sunt un om care s-a ridicat doar prin forţe proprii. Am primit foarte mult ajutor".

Este adevărat că am crescut în Austria, fără canalizare. Este adevărat că am venit singur în America, doar cu o geantă sport. Şi este adevărat că am lucrat ca zidar şi am investit în imobiliare pentru a deveni milionar înainte să vântur sabia în *Conan the Barbarian* (*Conan Barbarul*).

Dar nu este adevărat că am reuşit doar prin forţe proprii. La fel ca toată lumea, pentru a ajunge unde sunt azi, am stat pe umerii uriaşilor.

Viaţa mea a fost clădită pe temelia formată din părinţi, antrenori şi profesori; din suflete miloase care mi-au pus la dispoziţie canapelele sau camerele din spate ale sălilor de sport, unde să dorm; din mentori care mi-au dăruit înţelepciune şi sfaturi; din idoli care m-au motivat de pe paginile revistelor (şi, pe măsură ce viaţa mea a înflorit, din interacţiuni personale).

Aveam o viziune măreaţă şi o pasiune înflăcărată. Dar nu aş fi ajuns nicăieri, dacă mama nu m-ar fi ajutat cu temele (şi nu mi-ar fi plesnit câte una atunci când nu aveam de gând să învăţ), dacă tata nu mi-ar fi spus să „mă fac util", dacă nu aş fi avut profesori care să mă înveţe cum să vând ceva sau pe antrenorii care m-au învăţat principiile ridicării de greutăţi.

---

* AMA – Ask Me Anything (Întrebaţi-mă orice), tip de interviu desfăşurat pe website-ul Reddit în care gazda, de obicei o vedetă, răspunde la toate întrebările fanilor. (n.tr.)

Dacă nu aș fi văzut niciodată revista în care Reg Park apărea pe copertă și dacă n-aș fi citit despre cum a ajuns de la Mr. Univers să interpreteze rolul lui Hercule pe marele ecran, poate că aș cânta și acum jodel* prin Alpii austrieci. Știam că trebuie să părăsesc Austria și știam că locul meu era cu certitudine în America, dar Reg a pus și mai mult gaz pe foc și mi-a oferit o rețetă.

Joe Weider m-a adus în America și m-a luat sub aripa sa, ajutându-mă în cariera de bodybuilder și instruindu-mă în materie de afaceri. Lucille Ball și-a asumat un risc foarte mare și m-a invitat să joc într-un film care a fost primul meu mare succes la Hollywood. Iar în 2003, fără ajutorul a 4.206.284 de californieni, nu aș fi fost niciodată ales guvernator al statului California.

Și atunci, cum aș putea să susțin vreodată că am reușit doar prin forțe proprii? Dacă mi-aș aroga acest merit, ar însemna că aș da la o parte toate persoanele și toate sfaturile care m-au ajutat să ajung până aici. Și aș lăsa și o impresie greșită – aceea că te poți descurca singur.

Eu n-am putut. Și este foarte probabil ca nici tu să nu poți.

Cu toții avem nevoie de combustibil. Fără ajutorul, sfaturile și inspirația celorlalți, mecanismele minții noastre încremenesc și ne blocăm, nemaiavând o țintă spre care să ne îndreptăm pașii.

Eu am fost binecuvântat să găsesc mentori și idoli în fiecare etapă a vieții mele și am avut norocul să-i întâlnesc realmente pe mulți dintre ei. De la Joe Weider la Nelson Mandela, de la Mihail Gorbaciov la Muhammad Ali, de la Andy Warhol la George H.W. Bush, nu am fost niciodată timid când am căutat înțelepciunea celorlalți pentru a-mi alimenta pasiunea.

Probabil că ai ascultat podcasturile lui Tim. (Vă recomand în mod deosebit podcastul cu bodybuilderul fermecător care vorbește cu accent austriac.) El și-a folosit platforma pentru a-ți oferi înțelepciunea unui grup divers de personaje din lumea afacerilor, a divertismentului și a sportului. Sunt sigur că ai învățat ceva de la ele – și sunt sigur că de multe ori ai învățat ceva neașteptat.

Indiferent că este vorba despre o rutină de dimineață, o filosofie sau un pont despre antrenamentele fizice sau doar despre motivația de care ai nevoie pentru a-ți termina cu bine ziua, nu există vreo persoană care să nu aibă ceva de câștigat de pe urma unui mic ajutor din afară.

---

* Jodel – fel de a cânta specific muntenilor din Tirol, constând într-o vocalizare care trece fără tranziție de la vocea normală la falset. (n.red.)

Eu am privit mereu lumea ca pe o sală de clasă, unde asimilez lecții și povești din care îmi extrag combustibilul necesar pentru a merge înainte pe drumul meu. Sper că și tu vei face la fel.

Cel mai rău lucru pe care îl poți face vreodată este să crezi că știi suficient.

Nu te opri niciodată din învățat. Niciodată.

Acesta este motivul pentru care ai cumpărat această carte. Știi că, indiferent în ce etapă a vieții te găsești, vor exista momente în care ai nevoie de motivație și de idei din afară. Vor exista momente în care nu vei avea răspunsul sau ambiția necesare, așa că vei fi forțat să cauți în afara ta.

Poți să recunoști că nu ai cum să reușești singur. Eu sigur nu pot. Nimeni nu poate.

Acum dă pagina și învață câte ceva.

– Arnold Schwarzenegger

PE UMERII URIAȘILOR

Nu sunt expertul. Eu sunt omul care experimentează, sunt scribul și ghidul.

Dacă găsești vreun lucru uimitor în această carte, acesta se află acolo mulțumită minții strălucite a celor care au acționat ca profesori, resurse, critici, colaboratori, corectori și referințe. Dacă găsești vreun lucru ridicol în această carte, va fi din vina mea, pentru că nu le-am ascultat sfatul sau am făcut o greșeală.

Deși există sute de oameni cărora le sunt îndatorat, aș vrea să le mulțumesc aici numeroșilor oaspeți care au acceptat să participe la podcastul meu și care onorează paginile acestei cărți, enumerați în ordine alfabetică:

CUPRINS

PARTEA ÎNTÂI: SĂNĂTOS

PARTEA A DOUA: BOGAT

PARTEA A TREIA: ÎNȚELEPT

MAI ÎNTÂI CITEȘTE CUM SĂ FOLOSEȘTI ACEASTĂ CARTE

„De la periferie poți vedea tot felul de lucruri pe care nu le poți vedea din centru. Lucruri mari, nemaivisate – oamenii de la periferie le văd primii."

– Kurt Vonnegut

„La un om inteligent rutina este un semn al ambiției."

– W.H. Auden

Sunt o persoană obsedată să ia notițe.

Mai exact, mi-am notat aproape toate orele de exerciții fizice începând din jurul vârstei de 18 ani. Un spațiu de aproximativ 2,4 m dintr-un raft de bibliotecă din casă este ocupat de carnețele așezate unul lângă altul. Și atenție, acesta este doar unul dintre subiecte. Este valabil pentru zeci de subiecte. Câțiva oameni ar numi lucrul acesta tulburare obsesiv-compulsivă, pe când alții l-ar considera o vânătoare maniacală de himere. Eu îl privesc mai simplu: este colecția rețetelor din viața mea.

Scopul meu este să învăț lucrurile o singură dată și să le folosesc veșnic.

Spre exemplu, să presupunem că dau peste o fotografie cu mine din 5 iunie 2007 și îmi spun: „Chiar îmi doresc să arăt din nou ca atunci." Nicio problemă. Deschid un registru prăfuit din 2007, analizez cele 8 săptămâni de însemnări în care sunt notate exercițiile fizice și mâncarea dinaintea datei de 5 iunie, le repet, și – voilà – ajung să arăt aproape la fel ca eul meu mai tânăr (mai puțin părul). Lucrurile nu sunt întotdeauna chiar atât de ușoare, dar de multe ori sunt.

Această carte a mea, la fel ca toate celelalte, este un compendiu de rețete pentru performanță ridicată pe care le-am strâns pentru uz propriu. Totuşi, există o mare diferenţă: pe aceasta nu am plănuit niciodată s-o public.

În timp ce scriu rândurile acestea, stau într-o cafenea din Paris cu vedere spre Grădina Luxemburg, lângă Rue Saint-Jacques. Probabil că Rue Saint-Jacques este cea mai veche stradă din Paris şi are o istorie literară bogată. Victor Hugo a locuit la câteva cvartale distanţă de locul în care mă aflu. Gertrude Stein îşi bea cafeaua şi F. Scott Fitzgerald socializa la o aruncătură de băţ. Hemingway se plimba în sus şi în jos pe trotuare, în timp ce mintea lui filtra cărţile, iar sângele său filtra vinul.

Am venit în Franţa ca să iau o pauză *de la toate*. Fără social media, fără e-mailuri, fără angajamente sociale, fără planuri rigide... cu excepţia unui singur proiect. Hotărâsem că luna aceasta avea să fie dedicată analizării tuturor lecţiilor pe care le învăţasem de la cei aproape 200 de performeri de talie mondială pe care îi intervievasem în *The Tim Ferriss Show*, care a depăşit de curând 100.000.000 de descărcări. Printre invitaţi se numără genii ale şahului, vedete de film, generali decoraţi cu patru stele, sportivi de performanţă şi manageri de fonduri speculative. Era o adunătură pestriţă.

Între timp, câţiva dintre ei mi-au devenit parteneri în proiecte creative sau de afaceri, de la investiţii până la filme independente. Prin urmare, am absorbit o doză mare din înţelepciunea lor în afara înregistrărilor, fie în timpul unor reprize de exerciţii fizice, în timpul unor concerte improvizate de jazz stropite cu vin, al unor conversaţii purtate prin sms, al unor întâlniri la cină sau în timpul unor conversaţii telefonice purtate noaptea târziu. În orice caz, am ajuns să-i cunosc mult dincolo de titlurile superficiale din presă.

Viaţa mea se îmbunătăţise deja la toate capitolele datorită lecţiilor pe care mi le puteam aminti. Dar acesta era doar vârful aisbergului. Majoritatea nestematelor erau în continuare încastrate în miile de pagini de transcrieri şi de notiţe scrise de mână. Mai mult decât orice altceva, tânjeam după şansa de a sintetiza totul într-un manual de strategii.

Aşa că am rezervat o lună întreagă trecerii în revistă (şi, dacă e să fiu cinstit, foietajului *pain au chocolat**), pentru a crea versiunea definitivă a unui ghid pentru mine însumi. Acesta urma să fie carneţelul care avea să pună capăt tuturor carneţelelor. Un lucru care să mă poată ajuta în doar câteva minute, dar care să poată fi citit o viaţă întreagă.

---

* *Pain au chocolat* – croissant, specialitate franţuzească. (n.red.)

Cel puțin acesta era marele obiectiv și nu eram sigur cum va arăta rezultatul.

La doar câteva săptămâni după ce m-am apucat de treabă, experiențele de care am avut parte mi-au depășit toate așteptările. Indiferent de situația în care mă găseam, ceva din această carte reușea să mă ajute. Acum, când mă simt blocat, prins în cursă, disperat, furios, în conflict cu cineva sau pur și simplu nelămurit, primul lucru pe care îl fac este să răsfoiesc paginile acestea cu o ceașcă de cafea tare în mână. Până acum, am dat peste remediul necesar în cel mult 20 de minute de la revizitarea acestor vechi prieteni, care acum vor deveni și prietenii tăi. Ai nevoie să te bată cineva pe spate în semn de încurajare? Avem pe cineva care se ocupă de asta. Ai nevoie de o palmă serioasă peste față? Avem o mulțime de oameni care se ocupă de asta. Ai nevoie de cineva care să-ți explice de ce temerile tale sunt nefondate... sau de ce scuzele tale sunt o abureală? Avem.

Există o mulțime de citate cu putere de influență, dar această carte este mult mai mult decât o simplă compilație de citate. Este o trusă de instrumente cu care să-ți schimbi viața.

Există numeroase cărți pline de interviuri. Asta este diferită, fiindcă nu mă consider un intervievator. Mă consider un experimentator. Dacă nu pot să testez ceva sau nu pot să reproduc rezultatele în realitatea dezordonată a vieții de zi cu zi, nu mă interesează. Tot ce se găsește în aceste pagini a fost verificat, explorat și aplicat în viața mea într-un fel sau altul. Am folosit zeci de tactici și de filosofii dintre cele prezentate aici în negocieri cu mize importante, în situații de mare risc sau în activități ample de afaceri. Lecțiile mi-au adus milioane de dolari și m-au ajutat să economisesc ani de eforturi inutile și de frustrare. Ele funcționează atunci când ai mai multă nevoie de ele.

Câteva aplicații sunt evidente de la prima vedere, în vreme ce altele sunt subtile și îți vor provoca o revelație – „Să fiu al naibii, acum înțeleg!" – câteva săptămâni mai târziu, în timp ce visezi cu ochii deschiși sub duș sau ești pe cale să adormi.

Sunt multe replici de un singur rând care te învață cât o carte întreagă. Câteva dintre ele rezumă într-o singură frază ce înseamnă excelența într-un anumit domeniu. Așa cum ar fi putut să spună Josh Waitzkin (pag. 628), copil-minune al șahului și cel care a servit ca inspirație pentru *Searching for Bobby Fischer* (*În căutarea lui Bobby Fischer*), aceste învățături concentrate sunt un fel de „a învăța marele din mic". Procesul punerii lor cap la cap a fost revelator. Dacă înainte aveam impresia că văd „matrixul", mă înșelasem, sau poate vedeam doar 10% din el. Chiar și așa, cei 10% – „insule" de note despre mentori individuali – îmi schimbaseră deja viața și mă ajutaseră să obțin rezultate de 10 ori mai bune. Dar, după ce am reanalizat peste o sută de minți făcute din același material, lucrurile au devenit foarte interesante foarte repede. Pentru cinefilii mai tocilari dintre voi, a fost ceva similar cu finalul *The Sixth Sense* (*Al șaselea simț*) sau *The Usual Suspects* (*Suspecți de serviciu*): „Clanța roșie de la ușă! Nenorocita aia de ceașcă de cafea pe care scria Kobayashi! Cum dracu de n-am văzut?! A fost tot timpul sub nasul meu!"

Ca să te ajut să vezi la fel, am făcut tot ce mi-a stat în putință să leg firele laolaltă pe tot cuprinsul cărții, atrăgând atenția acolo unde oaspeții au obiceiuri, opinii și recomandări complementare.

Terminat, puzzle-ul este mult mai mare decât suma părților sale.

CE-I FACE PE OAMENII ACEȘTIA SĂ FIE DIFERIȚI?

„Omul ar trebui judecat mai degrabă după întrebările pe care le pune, decât după răspunsurile pe care le dă."

– Pierre-Marc-Gaston

Oamenii care fac performanță la nivel mondial nu au superputeri.

Regulile pe care le-au *meșteșugit* pentru ei înșiși le permit să manipuleze atât de mult realitatea încât ar putea să pară că au superputeri, dar dacă ei au învățat cum s-o facă, la fel poți și tu. Adesea, „regulile" acestea înseamnă obiceiuri neobișnuite și întrebări mai mari.

Într-un număr surprinzător de mare de cazuri, puterea stă în absurd. Cu cât este mai absurdă, mai „imposibilă" întrebarea, cu atât sunt mai profunde răspunsurile. Să luăm, spre exemplu, o întrebare pe care miliardarului Peter Thiel îi place să și-o adreseze atât sie însuși, cât și celorlalți:

„Dacă ai un plan pe 10 ani pentru a ajunge [undeva], ar trebui să te întrebi: De ce nu pot s-o fac în 6 luni?"

Pentru a ilustra ideea, aș putea să o reformulez astfel:

„Ce ai putea să faci pentru a-ți atinge obiectivele pe 10 ani în următoarele 6 luni, dacă ți-ar pune cineva pistolul la tâmplă?"

Acum, să facem o pauză. Oare chiar mă aștept să stai 10 secunde să meditezi la asta și apoi să reușești să-ți îndeplinești ca prin farmec visurile pentru viitorii 10 ani, în următoarele câteva luni? Nu, în niciun caz.

Dar mă aştept ca întrebarea să-ţi sfredelească mintea, aşa cum fluturele sparge crisalida pentru a ieşi cu capacităţi noi. Sistemele „normale" pe care le ai instalate, regulile sociale pe care ţi le-ai impus singur, cadrele contextuale standard – niciuna nu funcţionează atunci când răspunzi la o întrebare ca asta. Eşti forţat să te descotoroseşti de constrângerile artificiale, aşa cum te lepezi de o piele, pentru a ajunge să conştientizezi că ai avut tot timpul capacitatea de a-ţi renegocia realitatea. Doar că ai nevoie să exersezi.

Eu îţi sugerez să aloci cu seriozitate timp acelor întrebări din această carte care ţi se par cele mai ridicole. 30 de minute de scris în jurnal în stilul fluxului-de-conştiinţă (pag. 255) ar putea să-ţi schimbe viaţa.

În plus, chiar dacă lumea este o mină de aur, ar trebui să sapi în mintea celorlalţi pentru a scoate bogăţiile la lumină. Întrebările reprezintă târnăcopul şi avantajul tău competitiv. Cartea aceasta îţi va oferi un arsenal din care să alegi.

DETALII CARE AMPLIFICĂ REZULTATELE

Atunci când am organizat tot materialul pentru mine, nu mi-am dorit un program greoi cu 37 de etape.

Mi-am dorit un rezultat uşor de obţinut, care să-mi aducă beneficii imediate. Gândeşte-te la aceste reguli lapidare cuprinse în paginile de faţă ca la nişte DAR-uri – detalii care amplifică rezultatele. Ele pot fi incluse în orice program de pregătire (a se citi: cariere diferite, preferinţe personale diferite, responsabilităţi unice etc.), pentru a turna gaz pe focul progresului.

Din fericire, rezultatele de 10 ori mai mari nu solicită întotdeauna eforturi de 10 ori mai mari. Schimbările mari pot veni în tranşe mici. Pentru a-ţi schimba în mod esenţial viaţa, nu este necesar să alergi la o cursă de 160 de km, să obţii un doctorat sau să te reinventezi complet. Lucrurile mari sunt lucrurile mici făcute cu consecvenţă (de ex., „echipele roşii" alcătuite o dată pe trimestru, meditaţiile ghidate ale Tarei Brach, postul strategic sau cetonele exogene etc.).

În această carte, termenul „instrument" are o accepţiune largă. El se referă la rutine, cărţi, discuţiile obişnuite cu tine însuţi, suplimentele, întrebările preferate şi multe altele.

CE AU ÎN COMUN?

În această carte, este firesc să cauți obiceiuri și recomandări comune, și exact asta ar trebui să faci. Iată câteva tipare, unele mai ciudate decât altele:

» Peste 80% dintre persoanele intervievate practică o formă de mindfulness sau meditează zilnic

» Un număr surprinzător de bărbați (nu femei) cu vârsta de peste 45 de ani nu mănâncă niciodată micul dejun sau iau doar o gustare foarte ușoară (de ex., Laird Hamilton, pag. 119, Malcolm Gladwell, pag. 622; generalul Stanley McChrystal, pag. 480)

» Mulți utilizează ChiliPad (o protecție pentru saltea tehnologizată, cu temperatură reglabilă) pentru un pat răcoros la culcare

» Recenzii foarte bune pentru cărțile *Sapiens*, *Poor Charlie's Almanack (Almanahul bietului Charlie)*, *Influence (Influența)* și *Omul în căutarea sensului vieții*, printre altele

» Obiceiul de a asculta același cântec în mod repetat pentru a se concentra (pag. 554)

» Aproape toți au făcut muncă „speculativă"* (realizarea unui proiect pe banii și în timpul propriu, urmată de prezentarea acestuia potențialilor cumpărători)

» Convingerea că „eșecul nu este de durată" (vezi Robert Rodriguez, pag. 684) sau variante ale acesteia

» Aproape toți invitații au reușit să transforme „slăbiciuni" evidente în avantaje competitive uriașe (vezi Arnold Schwarzenegger, pag. 205)

Bineînțeles, eu te voi ajuta să pui lucrurile cap la cap, dar asta reprezintă mai puțin de jumătate din valoarea acestei cărți. Unele dintre cele mai încurajatoare metode de depășire a dificultăților pot fi găsite printre persoanele excepționale. Vreau să cauți oaia neagră care se potrivește cu ciudățeniile tale unice. Fii atent la traiectoriile netradiționale, cum ar fi drumul lui Shay Carl de la muncitor manual, la vedetă pe YouTube și la cofondator al unui startup vândut cu aproape 1 miliard de dolari (pag. 486). Variația înseamnă consecvență. Cum ar zice un inginer de software: „Nu este un virus. Este o funcționalitate!"

Împrumută fără grijă, combină în mod unic și creează-ți un plan general personalizat.

---

* „Spec work" în engleză. (n.red.)

ACEASTĂ CARTE ESTE UN BUFET – IATĂ CUM SĂ PROFIȚI DE EA LA MAXIM

REGULA NR. 1: SARI FĂRĂ GRIJĂ

Vreau să sari peste tot ce nu-ți captează atenția. Lectura acestei cărți ar trebui să fie plăcută, căci este un bufet din care poți alege. Nu trebuie să înduri nimic. Dacă nu-ți plac creveții, nu mânca nenorociții ăia de creveți. Privește-o ca pe un ghid de genul „alege-ți-singur-aventura", și chiar așa am scris-o. Obiectivul meu este ca fiecărui cititor să-i placă 50% din ea, să iubească 25% și să nu uite niciodată 10%. Iată de ce: pentru milioanele de oameni care au ascultat podcastul și zecile de persoane care au corectat această carte, procentele menționate de 50/25/10 sunt *complet* diferite pentru *fiecare* om în parte. Lucrul acesta m-a uluit.

Am rugat mai mulți invitați care apar în această carte – oameni care sunt cei mai buni în ceea ce fac – să corecteze aceeași secțiune și să răspundă la întrebarea: „Care sunt cei 10% pe care i-ai păstra categoric și care sunt cei 10% pe care i-ai elimina fără discuție?" De multe ori, cei 10% care „trebuiau păstrați" după părerea cuiva erau *exact* segmentul care „trebuia eliminat" din prisma altcuiva! Aici nu avem aprecieri uniforme. Mă aștept să dai la o parte foarte multe lucruri. Citește ce-ți place.

REGULA NR. 2: SARI, DAR FĂ-O INTELIGENT

Acestea fiind spuse, înregistrează undeva în minte toate lucrurile peste care sari. Ai putea pune un punct în colțul paginii sau sublinia titlul.

Dacă sari sau treci neatent tocmai peste subiectele sau întrebările care au dus la unghiuri moarte, blocaje sau probleme nerezolvate în viața ta? Lucrul acesta a fost valabil în cazul meu.

Dacă hotărăști să treci peste ceva, notează lucrul respectiv, întoarce-te la el într-un moment ulterior și pune-ți întrebarea: „De ce am sărit peste asta?". Te-a jignit? Ți s-a părut sub demnitatea ta? Ți s-a părut prea dificil? Ai ajuns la concluzia asta analizând ideea complet sau este doar o reflectare a prejudecăților pe care le-ai moștenit de la părinți sau de la ceilalți? Foarte adesea, opiniile „noastre" nu sunt ale noastre.

Genul acesta de practică este felul în care te *creezi* pe tine, în loc să cauți să te *descoperi* pe tine. Ultimul demers este valoros, dar aparține preponderent trecutului: este o oglindă retrovizoare. Dacă vrei să pornești spre ce vrei să ajungi trebuie să privești prin parbriz.

AMINTEȘTE-ȚI DOAR DOUĂ PRINCIPII

Stăteam de curând în Piața Louis Aragon, un ungher umbrit de pe malul Senei, la un picnic cu studenții de la Paris American Academy care studiau scrierea creativă. O femeie m-a tras deoparte și m-a întrebat ce sper, în adâncul meu, să transmit prin această carte. Câteva clipe mai târziu, hărmălaia ne absorbise, în timp ce participanții încercau cu toții să vorbească despre drumul ocolit pe care îl parcurseseră pentru a ajunge acolo în ziua respectivă. Aproape toți aveau o poveste legată de faptul că își doriseră de ani buni să ajungă la Paris – în unele cazuri, de 30-40 de ani –, dar presupuseseră că nu era cu putință.

Ascultându-le poveștile, am scos o bucată de hârtie și am notat răspunsul la întrebarea pe care mi-o pusese femeia. În esență, în această carte vreau să transmit următoarele:

1 **Succesul, indiferent cum îl definești, este realizabil dacă acumulezi opinii și obiceiuri corecte, testate în practică.** Altcineva a reușit să obțină versiunea ta de „succes" înainte și, adesea, *mulți* au făcut ceva similar. „Dar", ai putea să întrebi, „ce se întâmplă în cazul unui lucru nemaifăcut, cum ar fi colonizarea planetei Marte?". Există rețete chiar și pentru asta. Analizează clădirea unor imperii de alte tipuri, uită-te la cele mai mari decizii din viața lui Robert Moses (citește *The Power Broker – Puterea agentului de bursă*) sau găsește pur și simplu pe cineva care a luat inițiativa și a făcut lucruri considerate imposibile pe vremea sa (ca de ex., Walt Disney). Există un ADN comun pe care îl poți împrumuta.

2 **Supereroii care îți vin în minte (idolii, figurile emblematice, titanii, miliardarii etc.) sunt aproape fără excepție defecte ambulante care au maximizat 1 sau 2 atuuri.** Ființele umane sunt creaturi imperfecte. Nu „reușești" pentru că nu ai nicio slăbiciune; reușești pentru că îți găsești calitățile unice și te concentrezi să construiești obiceiuri în funcție de ele. Ca să înțelegi limpede lucrul acesta, am inclus special în această carte două secțiuni (pag. 226 și 671) care te vor face să-ți spui: „Uau, Tim Ferriss este un dezastru. Cum dracu reușește să facă ceva ca lumea?". Fiecare om duce o luptă despre care nu ai nici cea mai vagă idee. Eroii din această carte nu fac excepție. Toată lumea se zbate. Consolează-te cu asta.

CÂTEVA NOTE IMPORTANTE CU PRIVIRE LA FORMAT

STRUCTURA

Această carte este formată din trei secțiuni: Sănătos, Bogat și Înțelept. Bineînțeles, secțiunile se suprapun foarte mult, pentru că segmentele sunt interdependente. De fapt, ai putea să te gândești la cele trei elemente ca la un trepied pe care este așezată în echilibru viața. Avem nevoie de toate trei ca să obținem orice formă de succes sau fericire de durată. În contextul acestei cărți, „bogat" înseamnă mult mai mult decât să ai bani. Sensul lui se extinde până la o avea din belșug timp, relații și altele.

Intenția mea inițială cu privire la cărțile *4 ore – săptămâna de lucru**, *4 ore – corpul*** și *The 4-Hour Chef* a fost să creez o trilogie cu tematică inspirată de celebrul citat al lui Ben Franklin: „Devreme-n picioare, devreme în pat te fac sănătos, înțelept și bogat."

Oamenii mă întreabă constant: „Ce ai include în *4 ore – săptămâna de lucru*, dacă ar fi să o scrii din nou? Cum ai actualiza-o?". Și la fel în cazul cărților 4 *ore – corpul* și *4-Hour Chef. Instrumentele titanilor* cuprinde majoritatea răspunsurilor pentru toate trei.

CITATE EXTINSE

Înainte să scriu această carte, l-am sunat pe Mason Currey, autorul volumului *Daily Rituals (Ritualuri zilnice)*, care descrie ritualurile a 161 de persoane creative, printre care Franz Kafka și Pablo Picasso. L-am întrebat care au fost cele mai bune decizii pe care le-a luat pentru cartea sa. Mason mi-a răspuns că „[Eu] las vocea subiecților mei să răzbată cât mai mult cu putință și cred că a fost unul dintre lucrurile pe care am fost «inspirat» să le fac. De multe ori, nu detaliile rutinei/obiceiurilor erau cele care se dovedeau a fi interesante, ci felul în care vorbeau despre ele".

Această observație a fost esențială și redă tocmai motivul pentru care majoritatea „cărților cu citate" nu reușesc să aibă un impact real.

Să luăm, spre exemplu, un citat lapidar cum ar fi: „Ce se află de cealaltă parte a fricii? Nimic." al lui Jamie Foxx. Este memorabil și ai putea încerca să-i ghicești înțelesul profund aflat în spate. Dar tot aș paria că ai uita de el în decurs de o săptămână. Dar, dacă l-aș face infinit mai puternic și aș include și explicația lui Jamie, care spune motivul pentru care

* Carte apărută la Editura ACT și Politon, București, 2017 (n.red.)

** Carte apărută la Editura ACT și Politon, București, 2018. (n.red.)

utilizează citatul respectiv pentru a-și învăța copiii ce este încrederea? Contextul și limbajul original te învață cum să GÂNDEȘTI ca un performer de clasă mondială, nu doar să regurgitezi citate. Aceasta este meta-aptitudinea cheie pe care o urmărim. În acest scop, vei avea parte de o mulţime de citate şi poveşti extinse.

Din când în când, am îngroșat anumite rânduri. Sublinierea îmi aparține, nu îi aparține invitatului.

Cum să citești citatele – nivel micro

... = o parte din dialog este omisă

[cuvinte între paranteze drepte] = informații adiționale care nu au făcut parte din interviu dar ar putea să se dovedească necesare pentru a înțelege ce se discută, sau informații conexe ori recomandări ale subsemnatului

Cum să citești citatele – nivel macro

Unul dintre invitații la podcastul meu, și unul dintre cei mai inteligenți oameni pe care îi cunosc, a fost șocat când i-am arătat transcrierea discuției neprelucrate. „Uau", mi-a spus el, „în general, îmi place să cred că sunt o persoană destul de inteligentă, dar folosesc timpul trecut, prezentul și viitorul de parcă ar fi unul și același lucru. Mă face să par un idiot iremediabil."

Transcrierile pot fi nemiloase. Am citit-o pe a mea, așa că știu cât de rău poate să fie.

În toiul acțiunii, gramatica se face praf și pulbere, fiind înlocuită de false începuturi și de frânturi de propoziție. Toată lumea începe un număr scandalos de mare de propoziții cu „și" sau cu „deci". Eu și alte câteva milioane de persoane avem tendința să folosim „și eu eram ceva de genul" în loc să spunem „și eu am zis". Mulți dintre noi încurcăm pluralul cu singularul. Toate lucrurile acestea merg într-o conversație, dar te enervează în scris.

Prin urmare, citatele au fost editate în unele cazuri din motive de claritate, de spațiu și ca o favoare făcută atât invitaților, cât și cititorilor. Mi-am dat toată silința să păstrez spiritul și rostul citatelor, încercând totodată să le fac cât mai inteligente și mai citibile cu putință. Uneori le las intenționat să încalce normele, ca să păstrez energia cinetică și emoția momentului. Alteori, le mai șlefuiesc, iar aici mă refer și la bâlbâielile mele.

Dacă ceva ți se pare caraghios sau deplasat, presupune că a fost greșeala mea. Toți cei care apar în această carte sunt uluitori și am făcut tot ce mi-a stat în putință ca să scot în evidență acest lucru.

TIPARELE

Atunci când invitații au recomandări sau filosofii înrudite, le notez între paranteze. Spre exemplu, dacă Jane Doe spune o poveste despre importanța de a testa prețuri mai mari, aș putea să adaug „(vezi Marc Andreessen, pag. 198)", din moment ce răspunsul său la întrebarea: „Dacă ai avea peste tot un panou, ce ai scrie pe el?" a fost: „Creșteți prețurile", lucru pe care îl explică în detaliu.

UMORUL!

Am inclus doze considerabile de umor. În primul rând, dacă suntem serioși tot timpul, vom obosi înainte să ajungem să facem lucrurile realmente importante. În al doilea rând, dacă această carte ar conține doar priviri severe, fără să facă nimeni cu ochiul, dacă ar fi vorba doar despre productivitate și nicio ciupitură copilărească, nu ți-ai aminti mare lucru. Sunt de acord cu Tony Robbins (pag. 240), care spune că o informație fără emoție nu e reținută.

Caută „efectul von Restorff" și „efectul întâietății și al caracterului recent" pentru o perspectivă mai științifică, dar această carte a fost construită în mod deliberat ca să reții cât mai mult din ea. Ceea ce ne aduce la...

ANIMALELE SPIRITUALE

Da, animalele spirituale. Nu am avut loc să punem fotografii în această carte, dar am vrut niște ilustrații pentru ca lucrurile să fie distractive. Mi s-a părut o cauză pierdută, dar apoi – după un pahar sau patru de vin – mi-am adus aminte că unuia dintre invitații mei, lui Alexis Ohanian (pag. 223), îi place să-și întrebe potențialii angajați: „Care este animalul tău spiritual?". Evrika! Așa că vei vedea animalele spirituale micuțe la fiecare dintre cei care au acceptat să-mi facă pe plac și să facă ce i-am rugat. Cel mai bun lucru? *Zeci* de oameni au luat întrebarea *foarte* în serios. Au urmat explicații ample, schimbări emoționale de atitudine și diagrame Venn. M-au podidit cu întrebări: „O creatură mitologică ar fi acceptabilă?"; „Aș putea să fiu o plantă în loc de un animal?". Vai, nu am reușit să iau legătura cu toată lumea în timp util înainte de publicare, așa că ilustrațiile sunt presărate prin carte ca snackurile Scooby. Într-o carte încărcată de simț practic, privește-le pe toate ca pe mici curcubeie ale absurdului. Oamenii s-au amuzat cu ele.

INFORMAȚII DIVERSE ȘI CAPITOLE TIM FERRISS

În toate secțiunile se găsesc numeroase părți cu informații diverse din partea invitaților și ale subsemnatului. De regulă, acestea sunt menite să ofere mai multe detalii despre principiile-cheie și instrumentele menționate de mai multe persoane.

URL-URI, WEBSITE-URI ȘI SOCIAL MEDIA

Am evitat majoritatea URL-urilor, pentru că URL-urile expirate nu fac decât să enerveze pe toată lumea. Pentru aproape toate lucrurile menționate, am ales o modalitate de exprimare care îți va permite să le găsești cu ușurință pe Amazon sau pe Google.

Toate episoadele integrale ale podcastului pot fi găsite la **fourhourweek.com/podcast**. E suficient să cauți numele invitatului, iar fișierul audio integral, toate notițele din emisiune, linkurile și resursele vor apărea ca pâinea prăjită din toaster într-o dimineață friguroasă.

La aproape fiecare profil am indicat unde poți interacționa cel mai bine cu invitatul respectiv în social media: TW = Twitter, FB = Facebook, IG = Instagram, SC = Snapchat și LI = LinkedIn.

DARUL DE DESPĂRȚIRE – CELE 3 INSTRUMENTE CARE LE FAC POSIBILE PE TOATE CELELALTE

Siddhartha de Hermann Hesse este recomandată de mulți invitați din această carte. Există o lecție specifică pe care Naval Ravikant (pag. 594) mi-a repetat-o de câteva ori în timpul lungilor noastre plimbări la cafea. Protagonistul, Siddhartha, un călugăr care seamănă cu un cerșetor, vine la oraș și se îndrăgostește de o curtezană faimoasă pe nume Kamala. El încearcă să-i facă curte și ea îl întreabă: „Ce ai tu?". Un negustor foarte cunoscut întreabă în același fel: „Ce poți să oferi din ceea ce ai învățat?". Răspunsul lui este același în ambele cazuri, așa că am inclus aici povestea sa. În cele din urmă, Siddhartha obține tot ce-și dorește.

NEGUSTORUL: „Dacă nu ai niciun fel de bunuri, cum poți să dai ceva?"

SIDDHARTHA: „Fiecare dintre noi dă ceea ce are. Soldatul își dă forța, negustorul mărfurile, dascălul învățătura, țăranul orezul și pescarul peștele."

NEGUSTORUL: „Prea bine, și tu ce poți da? Ce ai învățat tu și poți să dai?"

SIDDHARTHA: **„Pot să gândesc, pot să aștept, pot să postesc."**

NEGUSTORUL: „Asta e tot?"

SIDDHARTHA: „Cred că asta e tot."

NEGUSTORUL: „Și la ce folosesc acestea? Spre exemplu, la ce e bun să postești?"

SIDDHARTHA: „Este foarte de preț, domnule. Dacă un om nu are nimic de mâncare, postul este cel mai inteligent lucru pe care poate să-l facă. Spre exemplu, dacă Siddhartha nu ar fi învățat să țină post, ar fi trebuit să-și caute ceva de muncă azi, fie la tine, fie în altă parte, pentru că foamea l-ar fi mânat din urmă. Dar, pentru că lucrurile sunt cum sunt, Siddhartha poate să aștepte calm. Nu este nerăbdător, nu are nevoie de nimic, poate să țină foamea la distanță multă vreme, râzând de ea."

Mă gândesc adeseori la răspunsurile lui Siddhartha și în termenii următori:

„Pot să gândesc" – Am reguli bune pentru a lua decizii și întrebări bune pe care să mi le pun mie însumi și celorlalți.

„Pot să aștept" – Pot să fac planuri pe termen lung, să urmăresc obiective care vor dura mult timp și să nu-mi distribui resursele în mod eronat.

„Pot să postesc" – Pot să fac față greutăților și dezastrului. Mă antrenez să fiu extraordinar de rezistent și să am o toleranță ridicată la durere.

Această carte te va ajuta să-ți dezvolți toate cele trei trăsături.

Am creat *Instrumentele titanilor* pentru că este cartea pe care mi-am dorit-o toată viața. Sper ca lectura ei să-ți facă tot atât de multă plăcere pe cât mi-a făcut mie s-o scriu.

Pura vida,
Tim Ferriss
Paris, Franța

I

SĂNĂTOS

„Renunțând la ceea ce sunt, devin ce aș putea fi."

– Lao Tse

„Adaptarea la o societate profund bolnavă nu este un semn de sănătate."

– J. Krishnamurti

„În cele din urmă, să ai succes înseamnă să dormi mai bine."

– Jodie Foster

„Nu sunt cea mai puternică. Nu sunt cea mai rapidă. Dar mă pricep foarte bine să îndur."

AMELIA BOONE

Amelia Boone (TW: @AMELIABOONE, AMELIABOONERACING.COM) a fost descrisă drept un „Michael Jordan al curselor cu obstacole" (OCR*) și este considerată de foarte multă lume drept cea mai medaliată atletă de curse cu obstacole. De când s-a apucat de sport, a obținut peste 30 de victorii și a urcat pe podium de 50 de ori. În ediția din 2012 a competiției World's Toughest Mudder, care durează 24 de ore (a făcut 145 km și ~300 de obstacole), a terminat a doua PER ANSAMBLU, din peste 1000 de concurenți, dintre care 80% erau bărbați. Singura persoană care a învins-o a terminat cu doar 8 minute înaintea ei. Printre victoriile sale majore se numără Spartan Race World Championship și Spartan Race Elite Point Series și este singura persoană care a câștigat de trei ori World's Toughest Mudder (în 2012, 2014 și 2015). A câștigat campionatul din 2014 la 8 săptămâni după o operație la genunchi. Amelia este și una dintre persoanele care a terminat de trei ori Death Race, este avocat cu normă întreagă la Apple și concurează, printre altele, la ultramaratonuri (s-a calificat pentru Western States 100) în timpul său liber.

Animalul spiritual: crapul

---

* Abreviere de la *obstacle course racing*. (n.red.)

✹ Ce ai scrie pe un panou?

„Nimeni nu-ţi datorează nimic."

✹ Cea mai bună achiziţie făcută cu 100 $ sau mai puţin?

Bandaje cu miere de manuka. Amelia are cicatrici pe umeri şi pe spate, de la rănile făcute de sârma ghimpată.

✹ Cartea pe care o dăruieşti sau o recomanzi cel mai mult

House of Leaves (*Casa frunzelor*), de Mark Danielewski: „Este o carte pe care trebuie să o ţii în mână, pentru că sunt porţiuni unde trebuie să o întorci cu susul în jos ca să le citeşti, apoi anumite pagini trebuie să fie citite în cerc... Este o carte şi totodată o întreagă experienţă senzorială".

PONTURILE ŞI TACTICILE AMELIEI

» **Gelatină hidrolizată + pudră de sfeclă roşie**: În trecut, am consumat gelatină pentru vindecarea ţesuturilor conective. Nu am rămas la ea pe termen lung pentru că, în amestec cu apă rece, capătă o consistenţă similară cu a găinaţului de pescăruş. Amelia mi-a salvat papilele gustative şi încheieturile prezentându-mi versiunea hidrolizată Great Lakes (cu eticheta verde) care se dizolvă uşor şi omogen. Adaugă o lingură de pudră de sfeclă roşie, cum ar fi BeetElite, pentru a acoperi orice urmă de gust de copită de vacă, şi este cu totul altceva. Amelia utilizează BeetElite înainte de competiţii şi de antrenamente, pentru beneficiile în materie de anduranţă, dar eu sunt mult mai tare de-atât: o folosesc ca să fac ursuleţi de gumă acrişori şi cu conţinut redus de carbohidraţi atunci când Tim cel gras are poftă de carbohidraţi.

» **RumbleRoller:** Gândeşte-te la o rolă de masaj din spumă combinată cu cauciucul de la un *monster-truck*. În general, rolele de masaj din spumă m-au ajutat foarte puţin, dar instrumentul acesta de tortură a avut un impact pozitiv imediat asupra recuperării mele. (Te ajută, de asemenea, să te odihneşti, dacă îl foloseşti înainte de culcare.) Avertisment: Începe uşor. Am încercat să o imit pe Amelia şi prima mea şedinţă a durat peste 20 de minute, iar a doua zi m-am simţit de parcă aş fi fost agăţat într-un sac de dormit şi izbit de un copac ore întregi la rând.

- **Să-ți plimbi talpa piciorului pe o minge de golf** pe podea pentru a crește flexibilitatea „tendonului". Este infinit mai utilă decât o minge de masaj lacrosse. Pune un prosop sub mingea de golf, ca nu cumva să scoți ochiul câinelui cu ea.
- **Concept2 SkiErg** pentru a te antrena atunci când ai partea inferioară a corpului accidentată. După operația la genunchi, Amelia a utilizat acest aparat cu impact minim pentru a-și menține anduranța cardiovasculară și pentru a se pregăti pentru World's Toughest Mudder 2014, pe care l-a câștigat la 8 săptămâni după operație. Kelly Starrett (pag.151) este și ea o adeptă înfocată a acestui aparat.
- Înțepături seci*: înainte să o întâlnesc pe Amelia, nu auzisem niciodată de asta. „[În acupunctură] ideea este să nu simți acul. În cazul înțepăturilor seci, se înfige acul în corpul mușchiului pentru a-l face să zvâcnească, zvâcnirea lui fiind detensionarea." Se utilizează în cazul mușchilor super-înțepeniți, mult prea contractați, și acele nu sunt lăsate înfipte. Nu folosi tehnica pentru gambe, decât dacă ești masochist.
- **Saună pentru anduranță:** Amelia a descoperit că sauna îi îmbunătățește anduranța, concept care între timp a fost confirmat de alți câțiva atleți, printre care ciclistul David Zabriskie, care a câștigat de 7 ori U.S. National Time Trial Championship. El consideră că sauna este un înlocuitor mult mai practic al corturilor de simulare a altitudinii ridicate. În ediția din 2005 a Turului Franței, Dave a câștigat Etapa 1 contra-cronometru, devenind primul american care a câștigat o etapă în toate cele trei Mari Tururi. Zabriskie l-a învins pe Lance Armstrong cu doar câteva secunde, reușind să înregistreze o viteză medie de 54,676 km pe oră (!). Acum, apelez și eu la saună de cel puțin patru ori pe săptămână. Pentru a afla cele mai bune proceduri, am întrebat un alt oaspete al podcastului, pe Rhonda Patrick. Răspunsul ei este la pagina 33.

✵ Cine îți vine în minte atunci când auzi sintagma „persoană de succes"?

„Triple H este un exemplu grozav [de persoană care a avut o tranziție extrem de bună de la cariera sportivă la aceea de director în lumea afacerilor]. Deci, Paul Levesque." (Vezi pag. 157.)

---

* *Dry needling* în limba engleză. (n.red.)

DATE ALEATORII

» Amelia mănâncă Pop-Tarts ca parte a micului dejun pe care îl ia ritualic înainte de competiție.

» Recordul ei pentru sărituri duble cu coarda fără oprire (coarda trece de două ori pe sub picioare la o singură săritură) este de 423, așa că poate să-i impresioneze pe toți practicanții de crossfit*. Lucrul pe care nu îl știu aceștia este că ea a fost campioană statală la sărituri cu coarda în clasa a treia. Alt lucru pe care nu-l știu aceștia este că s-a oprit la 423, pentru că a avut atât de tare nevoie să urineze încât a făcut pe ea.

» Ameliei îi place să se antreneze alergând prin ploaie și în frig, pentru că știe că adversarii ei preferă probabil să nu o facă. Acesta este un exemplu de „repetare a celui mai prost scenariu cu putință" pentru a deveni mai rezistent (vezi pag. 520).

» Este o cântăreață *a cappella*** talentată și a făcut parte din grupul Greenleafs de la Washington University din St. Louis.

---

* Crossfit – program de antrenament mereu variat ce te pregătește pentru orice, îmbinând exerciții funcționale (opusul mișcărilor de izolare musculară întâlnite în sălile de fitness clasice) ce îți lucrează întregul corp la intensitate ridicată, într-o singură oră, sub îndrumarea unui antrenor personal. (n.red.)

** Fără acompaniament instrumental. (n.red.)

DR. RHONDA PERCIAVALLE PATRICK

Dr. Rhonda Perciavalle Patrick (TW/FB/IG: @FOUNDMYFITNESS, FOUNDMYFITNESS.COM) a colaborat cu oameni de știință notabili, printre care dr. Bruce Ames, inventatorul testului Ames de mutageneză* și al 23-lea cel mai citat om de știință din toate domeniile între 1973 și 1984. Dr. Patrick conduce, de asemenea, studii clinice, a făcut cercetare cu privire la îmbătrânire la Salk Institute for Biological Studies și cercetare postuniversitară la St. Jude Children's Research Hospital, unde s-a concentrat pe cancer, metabolism mitocondrial și apoptoză**. De curând, dr. Patrick a publicat articole despre mecanismul prin care vitamina D poate să regleze producția de serotonină din creier și despre diferitele implicații pe care lucrul acesta le poate avea asupra deficiențelor din prima parte a vieții și relevanța pentru tulburările neuropsihiatrice.

*Animalul spiritual: coilupul****

---

* Proces de modificare a materialului genetic datorită unui agent mutagen. (n.red.)

** Apoptoza este o formă a morții celulare programate, proces prin care celulele declanșează propria lor auto-distrugere ca răspuns la un anumit semnal; este o moarte celulară fiziologică, programată genetic, necesară pentru supraviețuirea organismelor pluricelulare, în echilibru constant cu proliferarea celulară. Ea se deosebește de alte forme de moarte celulară programată, prin faptul că este caracterizată de prezența unui grup de enzime cu activitate proteolitică, așa-numitele caspaze, care joacă un rol primordial în procesul de auto-distrugere. Acest proces poate fi provocat din exteriorul celulei (de ex. prin factori imunitari), sau din interior, în urma unei modificări a informației genetice. O desfășurare defectuoasă a apoptozei are o semnificație deosebită în patogeneza multor maladii. O activitate apoptozică excesivă poate cauza pierderi celulare, ca în unele boli neurodegenerative (de ex. boala Parkinson), în timp ce o apoptoză insuficientă poate implica o proliferare celulară necontrolată, mecanism ce stă la baza neoplasmelor (cancere). (n.red.)

*** *Coywolf*, în limba engleză, este un hibrid între coiot și lup ce poate fi întâlnit în estul Americii de Nord, din Canada până în Virginia. Are dimensiuni mai mari decât coioții de vest, dar mai mici decât lupii. (n.red.)

ZÂNA MĂSELUȚĂ AR PUTEA SĂ-ȚI SALVEZE VIAȚA (SAU VIAȚA COPIILOR TĂI)

Dr. Patrick mi-a spus despre cum se pot folosi dinții pentru conservarea celulelor stem. Dacă îți scoți măselele de minte sau dacă copiii tăi își pierd dinții de lapte (care au o concentrație deosebit de ridicată de celule stem în pulpa dentară), gândește-te să apelezi la o companie ca StemSave sau National Dental Pulp Laboratory pentru a-i păstra pentru uz ulterior. Aceste companii îi trimit chirurgului tău oro-facial un kit, după care congelează materia biologică utilizând azot lichid. Costurile variază, dar sunt în jur de 625 $ pentru aranjament, plus 125 $ pe an pentru depozitare și mentenanță.

Celulele stem mezenchimale pot fi recoltate mai târziu din pulpa dentară a dintelui pentru tratamente utile (de ex., ale oaselor, cartilajelor, mușchilor, vaselor de sânge etc.), care îți pot schimba viața (de ex., neuroni motori pentru vindecarea măduvei spinării în caz de accidente) sau eventual ți-o pot salva (de ex., traumatisme cerebrale), tratamente ce vor utiliza materiile tale biologice pure.

CĂLDURA ESTE ULTIMA MODĂ

„Condiționarea hipertermică" (expunerea calculată la căldură) te poate ajuta să-ți mărești nivelul hormonului de creștere (GH – growth hormone) și să-ți îmbunătățești în mod substanțial anduranța. În prezent, eu fac ședințe de ~20 de minute de saună, după un antrenament fizic sau după stretching, de cel puțin patru ori pe săptămână, de obicei la circa 71-77°C. Măcar pare să reducă în mod considerabil DOMS* (durerea musculară întârziată).

Iată câteva observații de la dr. Patrick cu privire la anduranță și la hormonul de creștere:

» „Un studiu a demonstrat că o ședință de saună de 30 de minute de două ori pe săptămână, timp de 3 săptămâni, după un antrenament, a crescut cu 32% timpul în care participanții la studiu trebuiau să alerge până la epuizare comparativ cu grupul de referință. Creșterea cu 32% a anduranței la alergare din acest studiu a fost însoțită de o creștere cu 7,1% a volumului plasmei și de o creștere cu 3,5% a numărului de celule roșii din sânge."

» „Două reprize a câte 20 de minute de saună au dublat nivelul hormonului de creștere peste valoarea de referință. Pe de altă parte,

* DOMS – delayed-onset muscle soreness. (n.red.)

două reprize de câte 15 minute de căldură uscată la 100°C (212 °F), cu un interval de 30 de minute de răcire între ele, au dus la un nivel de cinci ori mai mare al hormonului de creștere... În general, efectele asupra hormonului de creștere persistă circa două ore după saună."

TF: Băile fierbinți pot și ele să mărească în mod semnificativ GH peste valoarea de referință, și s-a demonstrat că atât băile fierbinți cât și sauna duc la o eliberare substanțială de prolactină, care joacă un rol major în vindecarea rănilor. Eu rămân de obicei 20 de minute într-o baie fierbinte sau într-o saună, interval suficient de lung pentru a-mi crește în mod semnificativ ritmul cardiac. Stau câteva minute în plus după ce este eliberată dinorfina, lucru care mă face să mă simt cuprins de disforie și să vreau să ies afară (dar nu mă simt amețit sau buimac). De obicei, ascult un audiobook în timpul saunei, cum ar fi *The Graveyard Book* (*Cartea cimitirului*) a lui Neil Gaiman, apoi mă răcoresc 5-10 minute cu o baie cu gheață (pun 18 kg de gheață într-o cadă mare pentru a coborî temperatura în jurul valorii de 7°C; mai multe detalii la pagina 70) și/sau bând apă cu gheață. Repet ciclul acesta de 2-4 ori.

✹ Trei persoane de la care dr. Patrick a învățat sau pe care le-a urmărit îndeaproape în ultimul an

Dr. Bruce Ames, dr. Satchin Panda (profesor în cadrul Salk Institute din San Diego, California) și dr. Jennifer Doudna (profesor de biochimie și biologie moleculară la UC Berkeley).

„Dacă cei mai buni dintre cei mai buni fac pe dracu' în patru ca să devină puternici, de ce nu faci și tu la fel?"

CHRISTOPHER SOMMER

Christopher Sommer (IG/FB: @GYMNASTICBODIES, GIMNASTICBODIES. COM) este un fost antrenor al echipei naționale de gimnastică a SUA și fondator al GymnasticBodies, un sistem de antrenament pe care l-am testat în ultimele 8 luni (nu sunt afiliat). Ca antrenor de renume mondial, Sommer este cunoscut pentru că și-a făcut elevii să ajungă printre cei mai puternici și mai viguroși sportivi din lume. În timpul îndelungatei sale cariere de 40 de ani ca antrenor, Coach Sommer a luat cu meticulozitate notițe despre tehnicile sale de antrenament – despre victoriile și eșecurile sale – pentru a putea transforma cele mai bune elemente într-un sistem superior de exerciții fizice atât pentru atleții de elită, cât și pentru începători. Cele patru decenii de observații atente au dus la nașterea Gymnastics Strenght Training (GST).

Animalul spiritual: șoimul

POVESTEA DE FUNDAL

Combinația dintre GST și AcroYoga (pag. 79) mi-a remodelat complet corpul în ultimul an. Sunt mai flexibil și mai mobil la 39 de ani decât eram la 20 de ani. Voi sări peste foarte multe explicații (de ex., crucea malteză*, poziția Stalder stat în mâini), care se pot vedea mult mai bine în clipuri video sau fotografii, deși le voi descrie pe cele mai importante (începând de la pag. 108). Google este prietenul tău.

DESPRE CUM SĂ LUCREZI LA PROPRIILE SLĂBICIUNI

„Dacă vrei să ajungi un dur mai încolo, trebuie să fii moale acum."

Dl antrenor mi-a spus prima dată asta atunci când m-am plâns de progresul lent pe care îl făceam cu mobilitatea umerilor (imaginează-ți că îți prinzi mâinile la spate, cu brațele întinse, și apoi le ridici fără să te încovoi din talie). **Când nu știi ce să faci, ocupă-te de deficiențele de care te rușinezi cel mai mult.** Cele mai mari slăbiciuni ale mele sunt întinderile umerilor și să fac podul folosind partea superioară a coloanei (nu cea inferioară). După ce le-am îmbunătățit cu 10% în 3-4 săptămâni – am avansat de la „îl fac pe dl antrenor să vomite" la mai simplul „îl fac pe dl antrenor să râdă" – o mulțime de probleme fizice care mă iritaseră ani la rând au dispărut complet. Pentru a-ți afla cele mai mari puncte slabe, începe prin a găsi un instrument Functional Movement Screen** (FMS) undeva aproape de tine. Legat de asta, de la Sommer: „Nu ești răspunzător pentru cărțile pe care le-ai primit. Dar ai răspunderea să scoți maximul din ceea ce ți s-a dat".

„FLEXIBILITATE" VERSUS „MOBILITATE"

Distincția lui Sommer între flexibilitate și mobilitate este cea mai concretă și mai limpede pe care am auzit-o. **„Flexibilitatea" poate să fie pasivă, în timp ce „mobilitatea" presupune că îți poți arăta forța în toată gama de mișcări, inclusiv ale extremităților.** Vezi exercițiile J-curl și pike pulse de la paginile 41 și 44 pentru două exemple de mobilitate, care poate fi considerată și „flexibilitate activă". Pike pulse-ul este

---

* *Maltese cross,* în limba engleză, este un exercițiu practicat la inele în care corpul trebuie ținut paralel cu podeaua la nivelul inelelor, cu brațele întinse în lateral. (n.red.)

** The Functional Movement Screen (FMS) este un instrument de screening folosit pentru a evalua 7 tipare de mișcare fundamentale în cazul acelor indivizi care nu acuză nici dureri curente, nici probleme musculo-scheletice. (n.red.)

o demonstrație deosebit de clară, din moment ce testează „forța de compresie" la un nivel la care majoritatea oamenilor nu ajung niciodată.

CONSECVENȚĂ ÎN LOC DE INTENSITATE

„Ia-o mai încet. A luat foc ceva?" Acesta este felul în care dl antrenor îmi amintește constant că anumite schimbări au nevoie de săptămâni sau luni de stimulare consecventă (vezi pag. 189). Dacă te grăbești, te alegi doar cu accidentări. În GST există momente surprinzătoare când urci câteva trepte după perioade îndelungate în care nu ai progresat absolut deloc. După aproximativ șase luni în care făcusem „seriile pentru tendoane" obținând rezultate foarte mici, mi-am dublat apoi amplitudinea peste noapte. Lucrul acesta nu i s-a părut deloc surprinzător lui Sommer.

> „Obișnuiam să le spun sportivilor mei că există gimnaști proști și gimnaști bătrâni, dar nu există gimnaști bătrâni și proști pentru că au murit toți."

„DIETĂ ȘI EXERCIȚIU" – „MĂNÂNCĂ ȘI ANTRENEAZĂ-TE"

Dlui antrenor Sommer nu-i place fixația fitnessului pe „dietă și exercițiu". Lui i se pare mult mai productiv să se concentreze pe „mănâncă și antrenează-te". Una este estetică, cealaltă este funcțională. Este posibil ca prima să nu aibă un obiectiv clar, pe când cealaltă are întotdeauna.

AU PICAT LA ÎNCĂLZIRE!

Iată cum își descrie dl antrenor primul seminar pentru adulți ne-gimnaști, cam prin 2007:

„Aveam acolo toate bestiile [halterofili avansați] și erau puternici. Am încercat să fac cu ei setul de exerciții pliometrice pentru începători și câteva exerciții la sol. Cu cât sportivul era mai puternic, cu atât se prăbușea mai repede: îi cedau genunchii, mijlocul, gleznele... cădeau din chestii copilărești. Nu făceam nimic dificil. Vreau să spun că trebuiau să facă mici sărituri de pe loc cu genunchii drepți, folosindu-și doar pulpele.

N-a mers deloc. Țesuturile lor n-au rezistat. Nu mai făcuseră nimic de felul acesta. [Ca să înțelegi] cât de prost stăteau cu mobilitatea, 15 minute din program fuseseră alocate stretching-ului. Nimic complex, nimic intens – stretching ușor, elementar. Să se detensioneze pentru ce avea să urmeze. Au avut nevoie de o oră și jumătate ca să-l termine. Erau corpuri căzute peste tot. Zici că eram în Vietnam sau că turnam un film de război. M-am întors spre oamenii mei cu o expresie de genul: «Și eu ce mama dracului să fac acum? Au picat la încălzire! Au picat la încălzire»".

DE CE OLIMPICII AU BICEPȘI GIGANTICI

Gimnaștii olimpici nu-și fac niște bicepși cât circumferința taliei cu exercițiile de flexare, ci îi obțin în mare parte datorită exercițiilor cu brațele întinse, în special celor la inele cum e crucea malteză.

Dar cum Dumnezeu să faci o cruce malteză dacă ești începător? Eu utilizez un sistem de scripete 50/50 pentru a reduce la jumătate rezistența greutății corpului, asemănător cu Ring Thing (Power Monkey Fitness) sau cu un aparat „dream machine" generic, pe care Jason Nemer (pag. 73) adoră să-l folosească. Combin asta cu „pârghiile controlate", niște mănuși metalice care îmi dau posibilitatea să-mi prind frânghiile inelelor de antebrațe în orice punct între cot și palmă. Asta îmi permite să utilizez rezistența progresivă, începând de lângă cot și avansând spre mână. Cele mai bune versiuni sunt momentan disponibile doar în Europa, dar în SUA sunt accesibile și „aparatele de fitness iron cross" care sunt oarecum asemănătoare.

3 EXERCIȚII PE CARE AR TREBUI SĂ LE PRACTICE TOATĂ LUMEA

» **J-Curl** (pag. 41)

» **Întinderi pentru umeri:** Ridică o tijă metalică la spate (stând în picioare) sau stai jos pe podea și du-ți mâinile în spatele șoldurilor.

» **Podul toracic:** Stai cu picioarele pe ceva mai înalt, să simți că partea de sus a spatelui și umerii ți se întind cel mai mult, nu partea de jos. Poți să ai picioarele și la 1 m de sol. Asigură-te că te concentrezi pe în*tinderea* brațelor (și a picioarelor, dacă este posibil), menținând poziția și respirând.

OBIECTIVE BUNE PENTRU ADULȚII NON-GIMNAȘTI

Următoarele obiective includ mai multe aspecte diferite ale forței și mobilității în mișcări izolate:

Începător: exercițiu J-curl
Intermediar: Stat în mâini cu picioarele desfăcute **[TF:** La asta lucrez eu]
Avansat: exercițiu stalder stând în mâini

UNEORI, AI PUR ȘI SIMPLU NEVOIE DE UN VIBRATOR

Dl antrenor Sommer m-a prezentat unui cadru medical rus specializat în masaj care mi-a recomandat să utilizez modelul plug-in (nu cel fără fir) al Hitachi Magic Wand la turație maximă. Nu am simțit niciodată un extaz atât de intens. Mulțumesc, Vladimir!

Glumesc. În cazul acesta, este folosit pentru relaxarea mușchilor hipertonici (mușchi care sunt încordați chiar dacă n-ar trebui să fie). Pune aparatul de masaj pe corpul mușchiului (nu în punctele de inserție) timp de 20-30 de secunde, lucrul acesta fiind adeseori suficient. Ai migrene sau ai gâtul înțepenit? Este grozav pentru a relaxa occipitalii de la baza craniului. Te avertizez: un aparat Hitachi Magic Wand lăsat aiurea prin casă poate să iște un dezastru – sau o mare bucurie. Îți urez mult noroc când o să explici cum ai tu „mușchii hipertonici". Așa cum mi-a mărturisit un prieten, „cred că nevastă-mea are aceeași problemă..."

PUTERNIC CA UN GIMNAST

Exerciții neobișnuite și eficiente care folosesc greutatea corporală

La mai puțin de 8 săptămâni după ce am început să urmez programul dlui antrenor Sommer, am remarcat îmbunătățiri remarcabile în zone pe care le abandonasem în cea mai mare parte.

Încearcă câteva dintre exercițiile mele preferate și îți vei da repede seama că gimnaștii utilizează mușchi pe care nici nu știai că îi ai.

Mersul QL – O încălzire neobișnuită

Dl antrenor Sommer a preluat exercițiul acesta de la powerlifter-ul Donnie Thompson, care l-a numit „mersul din fund". Donnie „Super D" Thompson este prima persoană care a ajuns la un powerlifting total de peste 1.360 kg (bench press + deadlift + squat). Mersul QL este gândit să-ți pună la treabă mușchii fesieri și mușchii quadratus lumborum (QL); Donnie îi descrie pe ultimii ca pe „un troll furios în spate":

1. Stai jos pe o saltea (sau pe pietriș, dacă vrei să-ți transformi fundul în carne tocată de hamburgeri). Picioarele sunt întinse în față, gleznele se pot atinge sau se află la o distanță mică și spatele drept. Eu țin picioarele apropiate. Aceasta este poziția „pike" la care mă voi referi destul de mult în această carte.
2. Ridică un kettlebell* sau o ganteră până la nivelul claviculei. Eu cântăresc 77 de kg și utilizez 13,5-27 kg. Eu țin kettlebell-ul de „coarne", dar Donnie preferă să-l țină de dedesubt.
3. Cu picioarele drepte (nu îndoi genunchii), deplasează-te din fese – stâng, drept, stâng, drept – pe podea. De obicei, eu parcurg între 10 și 15 pași.
4. Schimbă direcția și mergi înapoi 10-15 pași. Asta e tot.

---

* Kettlebell – O greutate în formă de minge, prevăzută cu mâner. Este un accesoriu extrem de eficient pentru un antrenament funcțional, în care vrei să antrenezi tot corpul: dezvoltă forța totală, dar în același timp e și un antrenament cardiovascular foarte bun; de asemenea, îmbunătățește postura, datorită extensiei toracice. (n.red.)

Jefferson Curl (J-Curl)

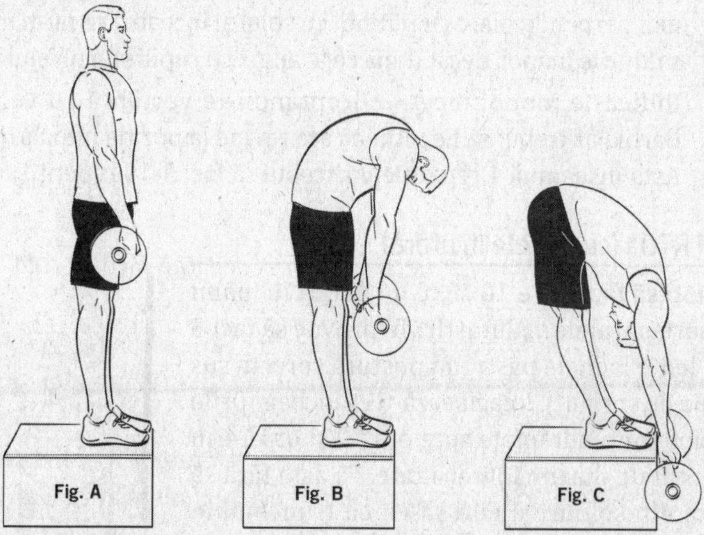

Fig. A Fig. B Fig. C

Gândește-te la exercițiul acesta ca la un deadlift controlat, puțin rotunjit, cu picioarele țepene. Sommer spune: „Mișcă-te încet și cu răbdare. Nu te grăbi. Pentru genul acesta de exercițiu cu greutăți pentru mobilitate, nu te chinui niciodată, nu te forța să faci numărul de repetiții și nici nu forța amplitudinea mișcării. Mișcarea lină, controlată, este singurul obiectiv de pe ordinea de zi". Țelul suprem este să ridici același număr de kilograme cât greutatea ta, dar începe cu 7 kg. În momentul de față, eu folosesc doar 22,5-27 kg. Acest exercițiu poate să facă minuni pentru mobilitatea toracică, adică a părții mijlocii a spatelui, și, în același timp, să ajute tendoanele în poziția pike. Când l-am întrebat pe dl antrenor Sommer cât de des ar trebui să-l fac, mi-a răspuns: „Pe astea le facem ca mersul pe jos". Cu alte cuvinte, exercițiile J-Curl ar trebui făcute cel puțin la începutul fiecărui antrenament de bază.

1. La început, stai în picioare, drept, cu picioarele alăturate, ținând o halteră la nivelul taliei, cu brațele la distanța umerilor. **(fig. A)** Gândește-te la poziția finală a unui deadlift.
2. Împinge bărbia tare în piept (ține-o în piept pe toată durata mișcării) și apleacă-te încet în față, vertebră cu vertebră, de la gât în jos. **(fig. B)** Ține brațele drepte și haltera aproape de picioare. Lasă-te în jos până când nu mai poți să te întinzi deloc. Pe măsură ce devii mai flexibil, urcă-te pe o cutie (eu folosesc o

cutie pliometrică Rogue), pentru a ajunge cu încheieturile mâinilor sub nivelul degetelor de la picioare. Ține-ți picioarele cât mai perpendiculare cu putință cu solul și încearcă să nu-ți împingi șoldurile înapoi, decât după ce ai ajuns cu capul sub nivelul taliei.

3. Ridică-te înapoi încet, îndreptându-te vertebră cu vertebră. Bărbia ar trebui să fie ultima care revine la poziția inițială. **(fig. C)** Asta înseamnă 1 repetiție. Ar trebui să faci 5-10 repetiții.

Flotări RTO* (cu inelele în afară)

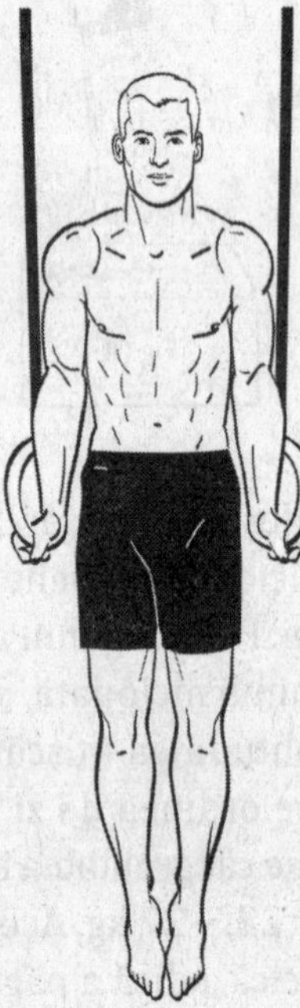

Deci, poți să faci între 10 și 20 de flotări în mâini între bare paralele? Fantastic. Te provoc să faci 5 flotări lente la inele păstrând postura corectă sus („poziția de sprijin"). Imaginează-ți că încheieturile degetelor sunt îndreptate spre ora 10 și ora 14 în momentul de maximă intensitate. Fă asta fără să te îndoi din șolduri și fără să vii cu trunchiul în față. Asta înseamnă că mușchiul brahial lucrează în draci când ești sus și că ai nevoie de o bună mobilitate a umerilor când ești jos – marele meu inamic. Înjură-mă, iar după 8 săptămâni zi-mi mersi. Dacă nu poți să faci 15 flotări obișnuite în mâini între bare paralele, gândește-te să începi cu **flotări RTO la podea**, pe care Kelly Starrett (pag. 151) mi le-a arătat pentru prima dată. Pentru acestea, ai grijă să utilizezi pozițiile „scobit"** și „extins"*** de la exercițiul de mers cu picioarele pe perete de la pag. 45.

Hinge Rows

Acestea sunt o opțiune excelentă cu un risc scăzut să-ți forțezi zona mediană a mușchilor trapezi și mușchii exteriori ai centurii scapulare, care sunt folosiți pentru stat în mâini și pentru toate celelalte exerciții din gimnastică. Imaginează-ți că te ridici ca Dracula din coșciug, apoi adopți poziția dublu biceps. Șmecheria: te ții tot timpul cu mâinile de inele. După ce poți să faci 30 de repetiții de hinge rows, caută pe Google „lat flys" și treci la acestea.

---

* RTO – abreviere de la Ring Turn Out. (n.red.)

** *Hollow* – în original. (n.red.)

*** *Protracted* – în original. (n.red.)

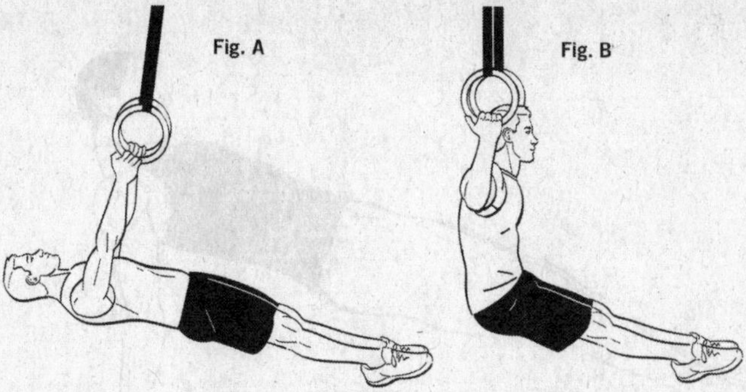

1. Montează o pereche de inele care să atârne la 35 cm deasupra capului când stai în fund pe podea.
2. Apucă inelele din poziția șezut. Ținând călcâiele pe podea, întinde-te pe spate și – cu brațele drepte – ridică șoldurile. Trebuie să ai corpul drept ca o lumânare (din creștet până în călcâie). (fig. A)
3. Ridică-ți trunchiul până ajungi cu capul între inele și ia poziția dublu biceps. Talia și coatele ar trebui să fie îndoite la circa 90 de grade. (fig. B)
4. Încet, lasă-te înapoi pe spate. Repetă de 5-15 ori.

Plimbări AG cu suport pentru călcâie*

Acestea sunt extrem de productive și sunt un mare semnal de alarmă pentru majoritatea oamenilor. 99% dintre voi vă veți da seama că nu aveți niciun pic de flexibilitate sau forță în umeri în această poziție critică.

1. Cumpără câteva glisiere pentru mobilă (5-15 $). Arată ca niște suporturi de pahare și se folosesc pentru a muta mobila prin casă fără să zgârii podeaua.
2. Stai jos în poziția pike și pune-ți călcâiele pe glisiere (acum le iau de fiecare dată cu mine când călătoresc).
3. Pune mâinile pe podea lângă șolduri și – cu brațele întinse – ridică-ți șoldurile de la sol. Încearcă să ai corpul perfect drept de la umeri la călcâie, la fel ca în exercițiul hinge rows.
4. E ușor? Acum mergi înainte în mâini, alunecând cu picioarele pe podea. Poți să mergi înainte și înapoi. Încearcă să ajungi la 5 minute de mișcare constantă, dar ai voie să începi cu 60 de secunde (o să vezi tu). Pont de la un profesionist: este o modalitate grozavă să sperii lumea, dacă o faci la 2 noaptea pe holurile hotelului.

---

* *AG Walks with Rear Support*, în original. (n.red.)

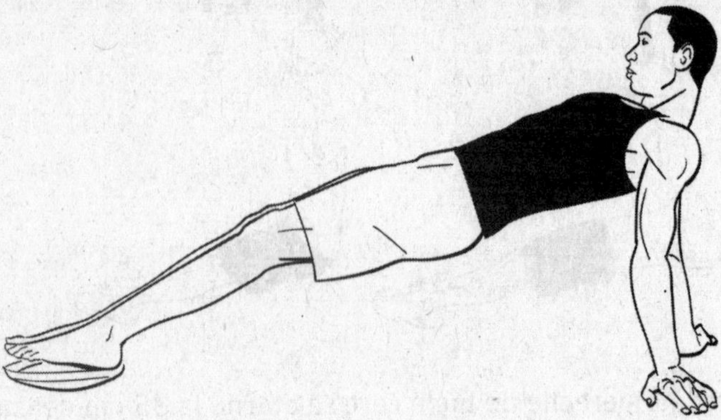

Pulsuri pike

Când vreunul dintre prietenii mei mai grei de cap râde de exercițiile mele GST, îl pun să încerce asta. De obicei, se termină cu o clătinare a capului și cu o expresie șocată: „Fir-ar al naibii".

1. Stai jos pe podea în poziția pike. Întinde vârfurile și ține genunchii lipiți unul de altul.
2. Mergi cu mâinile pe podea cât poți mai mult spre labele picioarelor (sau dincolo de ele).
3. Acum, încearcă să-ți ridici călcâiele 3-10 cm, lucru care se pune ca 1 repetiție sau „puls". Pentru 99% dintre voi, lucrul acesta va fi complet imposibil și vă veți simți ca o statuie de gheață. Scade dificultatea și vino cu mâinile la jumătatea distanței dintre șold și genunchi. Vezi cum te descurci, apoi du mâinile mai în față, suficient de mult ca să poți face doar 15-20 de pulsuri.

Dacă te-ai descurcat foarte bine, încearcă acum cu partea de jos a spatelui lipită de un perete. Ce-ai pățit? Scuze, durule, nu făceai de fapt pulsuri, doar te legănai înainte și înapoi ca într-un leagăn. Fă exercițiul cu spatele la zid ca să vezi cât de bine stai în realitate.

Mersul cu picioarele pe perete

Dacă nu ai niciun fel de experiență cu gimnastica, acesta va fi amuzant/groaznic. Eu apelez la mersul cu picioarele pe perete ca exercițiu de final de antrenament și îți recomand să faci la fel, pentru că după aceea nu vei mai fi bun de nimic. Pentru început, să definim poziția pe care trebuie să o menții.

Trunchiul „scobit": Așază-te pe un scaun, cu spatele drept, cu mâinile pe genunchi. Acum, încearcă să-ți aduci sternul (capul pieptului) la buric; „scurtează-ți" trunchiul cu 7-10 cm, contractând mușchii abdominali și trăgându-i înspre spate. Vei menține poziția aceasta pe toată durata exercițiului. Nu ai voie să-ți arcuiești secțiunea inferioară a spatelui sau să te cocârjezi.

Umerii „extinși": Stai cu trunchiul „scobit" cum a fost descris mai sus. Acum, imaginează-ți că iei în brațe un stâlp de telefon. Umerii ar trebui să fie mult în fața pieptului, cu sternul tras puternic înapoi. Ține brațele drepte, dar rămâi în această poziție. După aceea, **fără să schimbi cu nimic poziția descrisă anterior,** ridică brațele deasupra capului cât de mult poți. Bun. Acum putem să trecem la treabă.

1. Ia poziția stând în mâini lângă un perete, cu fața spre el. **(fig. A)**
2. Ținând corpul drept, mergi cu mâinile în față și cu picioarele în jos pe perete în același timp. **(fig. B)** Ține genunchii drepți și mergi din glezne. Pașii ar trebui să fie mici.
3. Du-te până jos, cu picioarele pe podea în poziția în care faci flotări. **(fig. C)** Corectează-ți postura pentru a ajunge la gradul maxim de scobit și de extindere a umerilor.
4. Schimbă direcția și urcă-te înapoi pe perete, revenind la poziția stând în mâini. Asta, prietene, înseamnă 1 repetiție.

Obiectivul este să faci 10 repetiții, dar oprește-te cu cel puțin câteva repetiții înainte să-ți cedeze musculatura. Altfel, o să fie vai de tine atunci când gravitația îți va administra o bătaie la fundul gol, dacă n-ai destulă minte să te oprești.

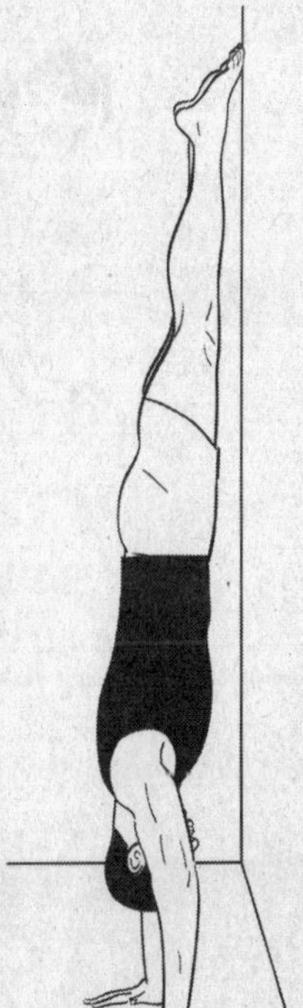

Fig. A

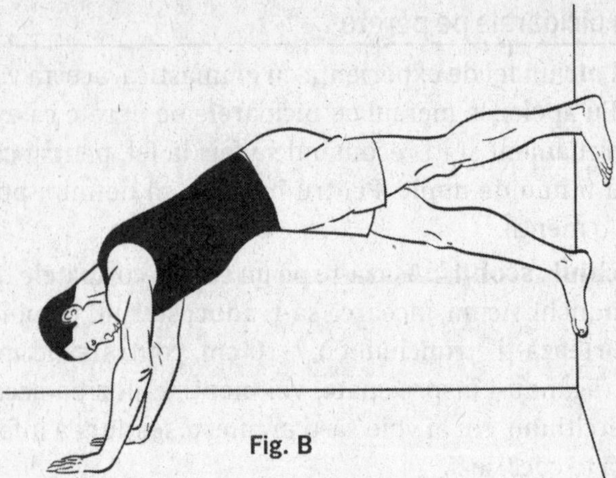

Fig. B

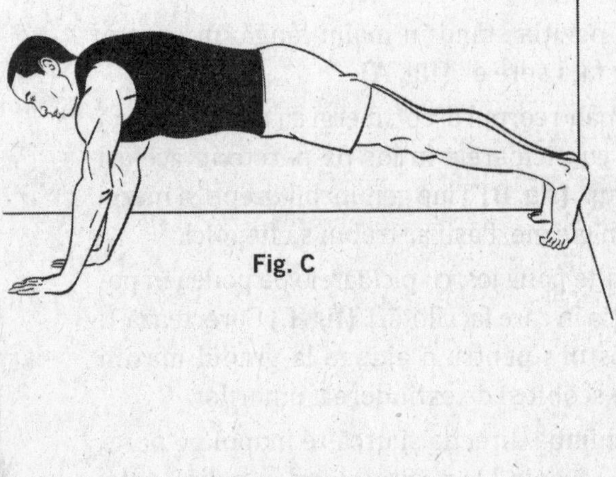

Fig. C

DOMINIC D'AGOSTINO

Dr. Dominic „Dom" D'Agostino (TW: @DOMINICDAGOSTI2, KETONUTRUTION.ORG) este profesor asociat al Departamentului de Farmacologie Moleculară și Fiziologie din cadrul University of South Florida Morsani College of Medicine și un om de știință și cercetător veteran în cadrul Institute for Human and Machine Cognition (IHMC). El a reușit să facă 10 repetiții de deadlift cu 227 kg după un post de 7 zile.

Este o bestie și – deloc surprinzător – este bun prieten cu dr. Peter Attia, prietenul meu doctor în medicină (pag. 86) care a consumat „combustibil de avioane" în căutarea performanței sportive optime. Obiectivul principal pe care se concentrează laboratorul lui Dom este dezvoltarea și testarea terapiilor metabolice, inclusiv dietele cetogenice*, esteri cetonici și suplimente cetogenice care să inducă cetoza nutrițională terapeutică și medicamente metabolice cu toxicitate scăzută. Mare parte din activitatea sa se referă la terapii metabolice și strategii nutriționale pentru performanță maximă și rezistență în medii extreme. Cercetarea sa este susținută de The Office of Naval Research, Department of Defense, organizații private și fundații.

Animalul spiritual: castorul

---

* Dieta cetogenică este o dietă foarte bogată în grăsimi, cu o cantitate moderată de proteine și scăzută în carbohidrați. (n.red.)

DATE PUȚIN CUNOSCUTE

» Prin 1995, Dom a dăruit setul audio *Personal Power* (*Puterea personală*) al lui Tony Robbins (pag. 240) tuturor prietenilor săi studenți și halterofili. Doi dintre ei l-au contactat câțiva ani mai târziu pentru a-i mulțumi că le-a schimbat viața.

» După primul meu podcast cu Dom, Whole Foods Markets din întreaga țară și-au epuizat stocul de sardine la conservă Wild Planet.

PREFAȚĂ

Acest profil este unul dintre cele câteva care ar putea să-ți salveze viața și pot spune că pe a mea a schimbat-o cu siguranță. Prin urmare, se abate de la formatul obișnuit și devine mai mult o mini-introducere în toate aspectele cetozei. Există foarte multe discuții în jurul dietei, dar suplimentele și postul pot fi tratate ca instrumente separate – nu ai nevoie nici de bacon, nici de smântână grasă. Pentru a ușura lectura, o parte din concepte sunt ușor simplificate pentru un public nespecialist. Am inclus și actualul meu regim alimentar.

ÎN PRIMUL RÂND, CÂTEVA ELEMENTE DE BAZĂ

» **Dieta cetogenică**, numită adeseori „keto", este o dietă bogată în grăsimi care simulează fiziologia postului. Creierul și corpul încep să utilizeze cetone (derivate din grăsimea depozitată sau ingerată) pentru a obține energie, în locul zahărului din sânge (glucoza) – o stare numită cetoză. Dieta a fost inițial dezvoltată pentru tratamentul copiilor epileptici, dar există o mulțime de variații, inclusiv dieta Atkins. Poți ajunge la cetoză prin post, dietă, cetone exogene sau o combinație a acestora.

» **Cum îți dai seama că ești în cetoză?** Cea mai sigură modalitate este să folosești un dispozitiv numit Precision Xtra de la Abbott. Acesta poate să măsoare atât glucoza, cât și nivelul beta-hidroxibutiratului din sânge (BHB). După ce ajungi la 0,5 mmol – millimoli, o concentrație – te poți considera într-o stare ușoară „de cetoză". Eu am tendința să simt o claritate mentală amplificată la 1 mmol sau peste.

» **Resursa principală, pe măsură ce te vei întoarce aici:** Cea mai bună resursă de referință a lui Dom pentru dieta cetogenică, inclusiv FAQ*-urile, planurile de masă și altele, este ketogenic-diet-resource.com.

---

* FAQ – *frequently asked questions* (întrebări puse frecvent). (n.red.)

„Îmi place să susțin cetoza ușoară spre moderată, situată între 1 și 3 mmoli, pentru sănătate și longevitate."

TF: Nivelurile acestea contribuie la protejarea ADN-ului de deteriorări, printre alte beneficii.

DE CE AI LUA ÎN CALCUL CETOZA SAU CETONELE SUPLIMENTARE?

» **Eliminarea grăsimii și transformarea compoziției corpului**

» **Puternice efecte anticancer**

» **O mai bună utilizare a oxigenului:** Dom își poate ține respirația de două ori mai mult decât în mod normal atunci când se află în cetoză profundă (2-4 minute). Am observat același lucru la mine. În esență, poți extrage mai multă energie per moleculă de oxigen cu un metabolism cetonic. Acest avantaj al utilizării oxigenului este motivul pentru care cicliștii de elită experimentează cu cetoza. Lucrul acesta contribuie și la performanța la altitudini mari, dacă urci de la nivelul mării în vârful muntelui, spre exemplu.

» **Menținerea sau amplificarea forței:** Într-un studiu pe 12 subiecți, Dom a demonstrat că până și halterofilii experimentați își pot menține sau crește forța, performanțele și hipertrofia după 2 săptămâni de ceto-adaptare, consumând 75-80% din calorii sub formă de grăsime (suplimentată cu ulei MCT* și din nucă de cocos) și reducând carbohidrații la 22-25 g pe zi. Cetonele au un efect antiinflamator și anticatabolic care cruță proteinele.

» **Boala Lyme:** (Atenție: Aceasta este o experiență personală, nu un studiu dublu-orb.) După ce am ajuns la o stare de cetoză profundă prin post (în cazul meu, 3-6 mmoli) și am continuat cu o dietă cetogenică care restricționa numărul de calorii vreme de o săptămână, am eradicat complet simptomele bolii Lyme, după ce toate celelalte măsuri dăduseră greș. A fost singurul lucru care m-a ajutat după primul tratament cu antibiotice. Rezultatul a fost o diferență ca de la cer la pământ: performanțe și o claritate mentală de 10 ori mai bune. Bănuiesc că lucrul acesta are legătură cu „reabilitarea" mitocondrială și cu efectul antiinflamator al cetonelor. A trecut mai mult de un an și simptomele nu au revenit, în ciuda faptului că am urmat dieta săracă în carbohidrați, o dietă *ne*-cetogenică (vezi pag. 108) 90% din timp.

* MCT – Medium-chain Triglycerides (trigliceride cu lanț mediu). (n.red.)

DE CE SĂ IEI ÎN CALCUL POSTUL?

Dom a discutat ideea unui **„post de purificare"** terapeutic cu colegul său, dr. Thomas Seyfried de la Boston College. Așa cum spune Dom: **„Dacă nu ai cancer și ții un post terapeutic de 1-3 ori pe an, ai putea să distrugi toate celulele precanceroase care se găsesc în corp".**

Dacă ai peste 40 de ani, cancerul este unul dintre cele patru tipuri de boală (vezi dr. Peter Attia la pag. 86) care au o probabilitate de 80% să te omoare, așa că postul pare o măsură de protecție inteligentă.

De asemenea, există dovezi care sugerează – aici sărim peste detaliile științifice – că un post de 3 zile sau mai multe îți poate efectiv „restarta" sistemul imunitar prin regenerarea celulelor stem. **Dom sugerează un post de 5 zile de 2-3 ori pe an.**

Dom a ținut și înainte posturi de 7 zile, în timp ce preda la University of South Florida. În ziua a 7-a, a intrat la oră cu glucoza între 35 și 45 mg/dL și cu cetonele la aproximativ 5 mmoli. După aceea, înainte să încheie postul, a mers la sală și a ridicat prin deadlift 227 kg, făcând 10 repetiții, după care a mai ridicat 265,3 kg, 1 singură repetiție. Dom a fost inspirat să țină primul post de 7 zile de către George Cahill, cercetător la Harvard Medical School, care a derulat un studiu fascinant publicat în 1970*, în cadrul căruia a făcut oamenii să țină post timp de 40 de zile.

Postul nu trebuie să te facă să te simți mizerabil și slab. De fapt, poate avea un efect opus. Dar să începem cu ce *nu* ar trebui să faci...

PUȚIN CONTEXT PERSONAL

Am ținut primul post prelungit ca o soluție disperată. Boala Lyme mă terminase și mă adusese la 10% din capacitate timp de aproape 9 luni. Încheieturile mă dureau atât de tare că aveam nevoie de 5-10 minute ca să mă dau jos din pat și memoria pe termen scurt mi se deteriorase într-atât, încât începusem să uit numele unor prieteni buni. Medicamentele și tratamentele administrate prin perfuzii nu păreau să ajute, așa că am hotărât să încerc să le elimin pe toate, inclusiv mâncarea. Mi-am făcut temele, am găsit clinicile specializate în post cu cele mai bune recenzii din SUA și m-am dus acolo.

Primul post de 7 zile a fost oribil. Eram supravegheat medical într-o clinică unde beneficiam de casă și masă. Pacienții nu aveau voie să consume decât apă distilată. Ni se recomanda să stăm departe de apa de la

---

* Cahill, George F., „Starvation in Man" (Înfometarea omului), *New England Journal of Medicine*, 282 (1970): 668-675. (n.aut.)

robinet, de pasta de dinți și chiar să evităm să ne facem baie. Nu aveam voie să facem exerciții fizice și nici să părăsim instituția din motive de răspundere juridică. În zilele 3 și 4, durerile de mijloc au fost atât de intense, încât am rămas la pat, în poziție fetală. Doctorii mi-au spus că era din cauza „toxinelor" eliberate, lucru pe care nu l-am crezut. În loc de asta am insistat să mi se facă analize de sânge, iar explicația pentru durerile de mijloc a venit cât se poate de simplu: rinichii mei erau snopiți în bătaie de nivelul fenomenal de mare de acid uric. Nu aveam voie să fac sport (nici măcar să merg în pas vioi), așa că intrarea în cetoză dura o veșnicie. Corpul meu dizolva țesutul muscular pentru ca ficatul să-l transforme în glucoză și acidul uric era un produs secundar. Peste toate acestea, cum pacienții nu aveau voie să bea decât apă distilată, aproape toate persoanele care țineau post (în jur de 40) nu puteau să doarmă din cauza pierderii de electroliți și a reacțiilor colinergice (puls accelerat atunci când încercam să dorm). Cu toate acestea, am observat beneficiile: problemele de piele care durau de multă vreme au dispărut după câteva zile, la fel ca durerea cronică din articulații.

În dimineața celei de a 7-a zile, m-am trezit simțind că-mi curge sânge din gutiera dentară. Visasem un tortuleț cu fragi (serios) și molfăisem atât de tare, încât mi s-au spart gingiile. *Basta.*

Am pus punct postului cu carne de porc înăbușită – contrar dispozițiilor doctorului – și am decis două lucruri: postul era foarte interesant, dar nu aveam să-l mai țin în felul acesta.

STAI AȘA... ȘI ATUNCI, CE FEL DE POST ȚII TU?

În ultimii 2 ani am făcut o mulțime de experimente cu ținutul posturilor, concentrându-mă pe știință adevărată, nu pe sfaturi băbești (cum ar fi că trebuie să ieși din post mâncând varză și sfeclă tocate). În prezent, am ca obiectiv un post de 3 zile o dată pe lună și un post de 5-7 zile o dată pe trimestru. Aș vrea să țin un post de 14-30 de zile o dată pe an, dar logistica s-a dovedit a fi prea greoaie.

Cel mai lung post pe care l-am ținut până acum a durat 10 zile. În timpul acestuia, am luat vitamina C administrată intravenos și am făcut terapie cu oxigen hiperbaric (2,4 atm* x 60 de minute) de 3 ori pe săptămână. Am făcut o scanare DEXA** la fiecare 2-3 zile pentru monitorizare și am consumat 1,5 g de BCAA***-uri la trezire și în jur de 3g în timpul

* atm – atmosferă. (n.red.)

** Bone density scan – examinare care măsoară densitatea osoasă. (n.red.)

*** Branched chain amino acid (BCAA) – aminoacizi cu lanț ramificat. (n.red.)

unui antrenament. După un post de 10 zile, am pierdut *zero* masă musculară. Comparativ cu asta, în acel prim post care a durat 7 zile, am pierdut aproape 5,5 kg de masă musculară.

Cum și de ce această diferență?

În primul rând, am consumat cantități mici de aminoacizi cu lanț ramificat (BCAA) și între 300 și 500 de calorii de grăsime pură pe zi în „postul" meu.

În al doilea rând, am intrat în cetoză cât mai repede cu putință pentru a evita distrugerea mușchilor. Acum pot să fac asta în mai puțin de 24 de ore, în loc de 3-4 zile. Cu cât intri mai des în stare de cetoză, cu atât tranziția se produce mai repede. S-ar părea că există o „memorie a mușchilor" biologică care are legătură cu transportatorii de monocarboxilat și cu altele lucruri pe care sunt departe de a le înțelege. Postul este esențial, acesta fiind motivul pentru care protocolul cetogenic utilizat la Johns Hopkins pentru copiii care suferă de epilepsie rezistentă la medicamente începe cu post.

Iată protocolul meu pentru postul lunar de 3 zile, de la cina de joi la cea de duminică:

- Miercuri și joi planific apeluri telefonice pentru vineri. Află cum poți fi productiv prin intermediul telefonului mobil timp de 4 ore. Lucrul acesta va fi explicat imediat.
- Joi iau o cină cu conținut scăzut de carbohidrați în jur de 6 p.m.
- În diminețile de vineri, sâmbătă și duminică, dorm cât mai mult cu putință. Obiectivul meu este să las somnul să facă treaba în locul meu.
- Consum cetone exogene sau ulei MCT după ce mă trezesc și de încă 2 ori de-a lungul zilei, la intervale de 3 sau 4 ore. Cetonele exogene mă ajută să „umplu golul" pe parcursul acelor 1-3 zile în care aș putea să sufăr de sevrajul provocat de carbohidrați. După ce ajung în stare de cetoză profundă și încep să folosesc grăsimea corporală, acestea pot fi eliminate.
- Vineri (și sâmbătă, dacă este nevoie) beau puțină cafeină și mă pregătesc să MERG. Ies pe ușă la cel mult 30 de minute după ce mă trezesc. Eu iau un litru cu apă rece din frigider, pun un strop de suc de lămâie neîndulcit pentru a atenua plictiseala, pun câteva vârfuri de cuțit de sare pentru a preveni starea mizerabilă/migrenele/crampele și ies afară. Beau din asta în timp ce merg și dau telefoane. Merge să ascult și podcasturi. După ce îți termini apa, umple din nou sticla sau cumpără alta. Pune un pic de sare,

continuă să mergi și continuă să bei. Mersul rapid – NU exercițiul fizic intens – și hidratarea constantă sunt cheia. Am prieteni care au încercat să alerge sau să facă exerciții de intensitate ridicată de ridicare a greutăților în loc de asta și *nu* merge din motive pe care nu le mai înșir. Eu le-am spus: „Încearcă să mergi în pas vioi și bea o grămadă de apă timp de 3-4 ore. Fac pariu că a doua zi dimineața vei fi la 0,7 mmoli". Unul dintre ei mi-a dat un mesaj a doua zi dimineața: „Sfinte Sisoie, 0,7 mmoli."

» În fiecare zi de post ești liber să consumi cetone exogene sau grăsime (cum ar fi ulei de nucă de cocos în ceai sau în cafea), cum îți place, maxim 4 linguri. Adeseori, la finele unei după-amiezi în care am postit, mă premiez cu o cafea cu gheață în care am pus un pic de frișcă din lapte de nucă de cocos. Ca să fiu cinstit, uneori fac o excepție și mănânc un pachet SeaSnax de foi de *nori**. Oooof, atâta decadență!

» Încheie postul duminică seara. Bucură-te de faptul că îi pui punct. În cazul unui post de 14 zile sau peste, trebuie să te gândești foarte atent la reluarea alimentației. Dar în cazul unui post de 3 zile, nu cred că contează prea mult ce mănânci. Eu am mâncat friptură, salate și chiar burrito plin de grăsime. Din punct de vedere evoluționist, ideea că hominidul înfometat trebuie să găsească varză tocată pentru a scăpa de moarte și restul prostiilor de felul acesta nu are niciun sens. Mănâncă ce găsești de mâncare.

ODATĂ INTRAT ÎN STAREA DE CETOZĂ, CUM O POȚI PRELUNGI FĂRĂ SĂ MAI POSTEȘTI?

Răspunsul scurt ar fi: mănâncă o grămadă de grăsime (între ~1,5 și 2,5 g per kilogram de greutate corporală), aproape zero carbohidrați și cantități moderate de proteine (între 1 și 1,5 g per kilogram de greutate corporală) în fiecare zi. Vom arunca un ochi la meniul obișnuit și la o zi obișnuită din viața lui Dom în doar câteva clipe, dar, înainte de asta, câteva observații esențiale:

» Combinația dintre o doză mare de proteine și una mică de grăsime nu funcționează. Ficatul va transforma surplusul de aminoacizi în glucoză și va opri cetogeneza. Între 70 și 85% din numărul total de calorii trebuie să provină din grăsimi.

» Asta nu înseamnă că trebuie să mănânci întotdeauna friptură din costiță de vită. Un piept de pui te va scoate din cetoză, pe când un

* *Nori* – numele japonez al ierburilor de mare comestibile. (n.red.)

piept de pui tăiat bucăți și pus într-o salată de verdețuri cu mult ulei de măsline, brânză feta și un pic de Cafea Bulletproof* (spre exemplu) te va menține în starea de cetoză. Una dintre provocările cetozei este cantitatea de grăsime pe care trebuie să o consumi pentru a menține această stare. Grosso modo, între 70 și 80% dintre calorii trebuie să vină din grăsime. În loc să includă bombe de grăsime la fiecare masă (până la urmă, ajungi să te saturi să mănânci la nesfârșit fripturi grase, ouă și brânză), Dom bea grăsimi între mese (ca de ex., lapte din nucă de cocos – nu apă – în cafea) și adaugă „înghețata" suplimentată, detalii la pag. 55.

» Dom a observat că lactatele pot să provoace probleme ale profilului lipidic (de ex., pot să crească masiv LDL-ul) și a început să reducă la minimum alimente ca smântâna și brânza. Și eu am observat același lucru. Este ușor să mănânci o cantitate dezgustătoare de brânză pentru a te menține în starea de cetoză. În loc de asta, alege laptele din nucă de cocos (Aroy-D Pure Coconut Milk). Dom nu este îngrijorat de un nivel mare al LDL-ului atâta vreme cât restul indicatorilor din analizele de sânge nu sunt disproporționați (un CRP ridicat, un HDL scăzut etc.). Dom spune că: „Lucrul pe care mă concentrez cel mai mult sunt trigliceridele. Dacă ai valori mari ale trigliceridelor, înseamnă că organismul tău nu se adaptează la dieta cetogenică. Unele persoane au un număr mare de trigliceride chiar și atunci când reduc numărul de calorii. Acesta este un semn că dieta cetogenică nu ți se potrivește... Nu este o dietă universal aplicabilă".

Acum că am terminat cu tot preambulul acesta, iată ce mănâncă Big Dom. Ține cont că el cântărește în jur de 100 kg, așa că ajustează la scară:

Micul dejun

4 ouă (prăjite într-un amestec de unt și ulei de nucă de cocos)

1 conservă de sardine în ulei de măsline (cum ar fi brandul Wild Planet)

½ conservă de stridii (brandul Crown Prince. Observație: carbohidrații de pe etichetă sunt de la fitoplanctonul non-glicemic)

Puțin sparanghel sau alte legume

---

* Cafea Bulletproof – este o cafea fără micotoxine (ciuperci minuscule care apar în timpul fermentației), la care se adaugă o linguriță cu unt și câteva picături dintr-un ulei pur. (n.red.)

TF: Și eu și Dom luăm cu noi în călătorii cutii de sardine, de stridii și nuci de macadamia vrac.

„Prânzul"

În loc de prânz, Dom consumă o grămadă de ulei MCT pe parcursul zilei sub formă de Quest Nutrition MCT Oil Power. El își face și un termos de cafea cu jumătate de baton de unt și una sau două linguri de pudră MCT, pe care o bea de-a lungul zilei, ajungând la un total de 3 cești de cafea.

Cina

„Una dintre șmecheriile pe care le-am învățat este ca înainte de cină, care este masa principală a zilei pentru mine, să mănânc un bol de supă, de obicei, supă-cremă de broccoli sau de ciuperci cu smântână. Folosesc lapte concentrat de nucă de cocos în locul smântânii. O mai subțiez [cu un pic de apă] ca să nu fie super-bogată în calorii. După ce mănânc asta, cantitatea de mâncare pe care vreau să o consum se reduce la jumătate."

Cina lui Dom constă întotdeauna într-o salată mare de un fel sau altul, în care de obicei intră:

Legume verzi și spanac amestecate
Ulei de măsline extravirgin
Anghinare
Avocado
Ulei MCT
Un pic de parmezan sau de brânză feta
O cantitate moderată – în jur de 50 g – de carne de pui, de vită sau pește. El consumă cele mai grase variante pe care le găsește și crește doza de proteine din salată până la 70 sau 80 g, dacă a avut antrenament în ziua respectivă.

Pe lângă salată, mai mănâncă și alte legume, cum ar fi varza de Bruxelles, sparanghel, varză kale etc., gătite în unt și în ulei de nucă de cocos. El privește legumele ca pe niște „sisteme de livrare a grăsimii".

Rețeta de înghețată keto a lui Dom

Rețeta de „înghețată" a lui Dom conține în jur de 100 g de grăsime sau 900 de kcal de bunătate cetonică. Te poate salva dacă cina ta nu conține grăsime (nu uita că grăsimea trebuie să ajungă la 70%-85% din totalul de calorii!):

2 cești de smântână (mie îmi place brandul Straus Creamery) sau de smântână neîndulcită de nucă de cocos (*nu* apă de nucă de cocos)

1 lingură de cacao

1-2 vârfuri de cuțit de sare de mare (preferata mea este Maldon, grunjoasă)

1-2 vârfuri de cuțit de scorțișoară

Un pic de stevia (Dom cumpără stevia organică de la NOW Foods, vrac)

Opțional: 1/3 – 1/2 cești de afine, dacă nu a mâncat niciun fel de carbohidrați toată ziua sau dacă a făcut sport

Amestecă-le pe toate cu blenderul până devin o spumă groasă și las-o la rece în congelator până capătă o consistență similară cu a înghețatei. După ce ai scos-o de la rece și ești gata să te înfigi în ea, o poți mânca fără nimic altceva sau poți adăuga toppinguri:

» Pregătește frișcă utilizând smântână foarte grasă (care conține aproape 100% grăsime) și un pic de stevia.
» Pune deasupra o lingură de ulei cald de nucă de cocos (mai ales dacă „bomba" conține afine) și amestecă până se distribuie omogen, lucru care va produce senzația de chipsuri crocante de ciocolată.

Dieta cetogenică presupune în jur de 300 g de grăsime pe zi pentru cele 100 kg de greutate corporală a lui Dom. Desertul acesta mărește considerabil procentul. Este și delicios totodată. Soția lui Dom nu urmează o dietă cetogenică, dar chiar și ea adoră acest desert.

Recomandarea lui Dom pentru vegetarieni

„MRM Veggie Elite Performance Protein – mocha de ciocolată este foarte bun. Dacă iei în jur de o lingură și o amesteci cu lapte de nucă de cocos, adaugi jumătate de avocado, torni un pic de ulei MCT – uleiul C8 – 70% din caloriile shake-ului pe care l-am născocit vor proveni din grăsime, 20% din proteine și 10% din carbohidrați."

SUPLIMENTELE LA CARE APELEAZĂ DOM

» Quest Nutrition MCT Oil Powder și Quest Nutrition Coconut Oil Powder
» Supă de oase Kettle&Fire – de 2-3 ori pe săptămână

- Idebenona „este un alt produs pe care îl iau [400 mg] înainte să zbor sau înainte să fac exerciții fizice solicitante. Consider idebenona o versiune a coenzimei Q10. Este mai absorbabil și pătrunde în mitocondrii mai ușor. Este ca un fel de antioxidant mitocondrial".
- Magneziu, zilnic. „Citrat de magneziu, clorură de magneziu și glicinat de magneziu... Când am început dieta cetogenică, am început să am și crampe. Acum, când utilizez suplimente, nu mai am crampe... Dacă ar trebui să aleg un tip de magneziu de referință, ar fi pudra de citrat de magneziu numită Natural Calm."
- Aminoacizi cu lanț ramificat (BCAA) Scivation XTEND Perform: leucină, isoleucină și valină într-o combinație 2:1:1, leucina fiind aminoacidul ramificat predominant din această formulă. „Leucina este un activator puternic al proteinei mTOR*, ceea ce reprezintă un lucru bun; activarea proteinei mTOR în mușchii scheletului este foarte importantă în timpul unui antrenament scurt... Eu utilizez produsul înainte și în timpul antrenamentului."
- KetoCaNa și KetoForce
- Prüvit KETO//OS – Cetone exogene cremoase, are un gust grozav
- Kegenix – Are mai curând un gust amărui de Kool-Aid

Atât Prüvit cât și Kegenix se bazează pe un patent BHB + MCT dezvoltat de laboratorul lui Dom, deținut de universitatea sa.

MAI MULTE DESPRE POST ȘI DESPRE TRATAMENTUL CANCERULUI

„Postul înainte de chimioterapie este un lucru care ar trebui introdus categoric în secțiile noastre de oncologie", spune Dom. El mai adaugă: „În esență, postul încetinește (uneori oprește) celulele care se divizează cu rapiditate și declanșează o «criză energetică» care face celulele canceroase mai vulnerabile la chimioterapie și la radiații, în mod selectiv". Există studii excelente care susțin acest lucru.**

---

* *Mammalian target of rapamycin* (mTOR), factorul-țintă al rapamicinei la mamifere este o proteină care reglează creșterea celulară și sinteza proteică. (n.red.)

** Safdie FM, Dorff T, Quinn D, Fontana L, Wei M, Lee C, Cohen P, Longo VD, „Fasting and cancer treatment in humans: A case series report", *Aging (Albany NY)* 1.12 (2009): 988-1007; Dorff TB, Groshen S, Garcia A, Shah M, Tsao-Wei D, Pham H, Cheng CW, Brandhorst S, Cohen P, Wei M, Longo V, Quinn DI. „Safety and feasibility of fasting in combination with platinum-based chemotherapy", *BMC Cancer*, 16.360 (2016); Bianchi G, Martella R, Ravera S, Marini C, Capitanio S, Orengo A, Emionite L, Lavarello C, Amaro A, Petretto A, Pfeffer U, Sambuceti G, Pistoia V, Raffaghello L, Longo VD, „Fasting induces anti-Warburg effect that increases respiration but

Unul dintre prietenii mei se află în stadiul de remisie completă a unui cancer testicular avansat. Alte persoane din grupa lui de chimioterapie au stat la pat câte 2-3 zile după ședințele de chimioterapie, dar el a postit câte 3 zile înaintea unei ședințe și în dimineața următoare alerga 16 km. După cum spuneam, postul amplifică vulnerabilitatea celulelor canceroase la chimioterapie, dar ajută și celulele normale să reziste la toxicitate. Măsura aceasta nu este valabilă pentru toți pacienții, nu funcționează mai ales la cei cu cașexie (atrofie musculară), dar se aplică la mulți.

În cazurile de cașexie, ar putea să fie utili anumiți modulatori selectivi ai receptorilor de androgen (SARM-uri), aceștia fiind proiectați să aibă puterea testosteronului (și a altor steroizi anabolici) de a construi țesut anabolic, dar fără efecte androgenice (adică efectele secundare hormonale). Dom studiază și utilizarea aminoacizilor cu lanț ramificat. El a obținut o creștere de 50% a ratei de supraviețuire a șobolanilor cu cancer, adăugând aminoacizi ramificați la o dietă cetogenică. La fel de promițător, animalele și-au menținut greutatea corporală.

În cadrul unui studiu cu șoareci bolnavi de cancer cerebral metastatic agresiv care au fost tratați utilizând o alimentație cetogenică și tratament cu oxigen hiperbaric (HBOT), Dom, dr. Seyfried și alți oameni de știință au putut să prelungească perioada medie de supraviețuire de la 31,2 zile (dietă standard) la 55,5 zile. Pentru protocolul HBOT, Dom a utilizat 2,5 atmosfere (2,5 ATA) timp de 60 de minute lunea, miercurea și vinerea. Incluzând presurizarea și depresurizarea, fiecare ședință a durat în jur de 90 de minute.

Chiar și cea mai nefericită situație – atunci când pacientul este intubat și cu un picior în groapă – ai putea să adaugi cetone exogene într-o perfuzie intravenoasă cu (sau în loc de) glucoză, deoarece s-a demonstrat că cetonele exogene au un efect semnificativ de suprimare sau de micșorare a tumorii, *chiar și în prezența carbohidraților alimentari.* Ultima parte, scrisă cu italice, mi se pare remarcabilă.

Dacă crezi că dieta cetogenică este pentru nebuni, pentru a obține beneficiile cetonelor exogene nu trebuie decât să le dizolvi în apă și să le bei.

---

reduces ATP-synthesis to promote apoptosis in colon cancer models", *Oncotarget* 6.14 (2015): 11806-19; Lee C, Raffaghello L, Brandhorst S, Safdie FM, Bianchi G, Martin-Montalvo A, Pistoia V, Wei M, Hwang S, Merlino A, Emionite L, de Cabo R, Longo VD, „Fasting cycles retard growth of tumors and sensitize a range of cancer cell types to chemotherapy", *Science Translational Medicine* 4.124 (2012): 124ra27. (n.aut.)

5 LUCRURI ÎN CAZ DE URGENȚĂ ÎN ULTIMĂ FAZĂ

Iată care sunt cele 5 lucruri pe care le-ar face Dom dacă ar primi unul dintre cele mai nefavorabile diagnostice – glioblastom în stadiu avansat (GBM), un cancer cerebral agresiv.

Câțiva dintre prietenii lui Dom se opun protocoalelor „îngrijirilor standard", cum ar fi chimioterapia. Bazându-se pe literatura de specialitate, Dom crede că acestea sunt justificate în situații care presupun cancer testicular, leucemie, limfom și cancer mamar în etapa 1 și a 2-a. În afara acestor exemple, „nu prea are sens să tratăm cancerul cu ceva despre care știm că este puternic carcinogen (chimioterapie)".

Cele 5 opțiuni alese de Dom par să funcționeze prin mecanisme care se suprapun. Asta înseamnă că există o sinergie dacă sunt folosite împreună. Întregul este mai mare decât suma părților. Să zicem că 1+1+1+1+1 = 10, nu 5. Am pus câte o steluță în dreptul elementelor din listă pe care le-am încercat eu însumi.

» ***Dieta cetogenică** ca terapie de bază. Aceasta este fundația.
» ***Postul intermitent**: 1 masă pe zi luată mereu într-un interval prestabilit de 4 ore.
» ***Suplimente care conțin cetone, de 2-4 ori pe zi.** Obiectivul acestei măsuri este acela de a crește nivelul de BHB cu 1 sau 2 mmoli peste nivelul de referință obținut prin aplicarea celor două măsuri menționate anterior. Cu alte cuvinte, dacă ajunge la ~1,5 mmoli cu 1 masă pe zi și o dietă Atkins modificată, ia cetone suplimentare pentru a ajunge constant la 2,5-3,5 mmoli. Cele mai ușoare opțiuni sunt KetoCaNa și/sau Quest Nutrition MCT Oil Powder. Combinându-le, te „apropii de potența esterului cetonic dezvoltat pentru aplicații militare". MCT sub formă de pudră mărește tolerabilitatea intestinală de 2-3 ori mai mult decât uleiul, așa că îl poți consuma în doze mai mari.
» ***Metformină***: El titrează doza zilnică (adică începe cu puțin și o crește treptat), până ajunge la tulburări gastrointestinale (diaree

* Comercializată fie ca medicament generic, fie sub diferite mărci precum Carbophage, Diabetase sau Glucophage, este un medicament antidiabetic care face parte din clasa de medicamente numite biguanide și care se administrează pe cale orală. Este un medicament de primă instanță pentru tratamentul diabetului de tip 2, în particular la persoane supraponderale și obeze cu funcție hepatică normală. Folosirea sa în diabetul gestațional a fost limitată din motive de siguranță. Este folosită și în tratamentul sindromului ovarului polichistic și a fost studiată ca posibilă soluție pentru alte boli unde rezistența la insulină poate fi un factor important, boli cum ar fi maladia ficatului gras non-alcoolic. Metformina funcționează prin suprimarea producției de glucoză de către ficat. (n.red.)

sau reflux), apoi o reduce ușor. Asta îl ajută să-și descopere limita superioară de toleranță, care este cuprinsă între 1500 și 3000 mg/zi pentru majoritatea oamenilor.

» **DCA (acid dicloroacetic):** Din motive care nu sunt încă înțelese complet, și în anumite circumstanțe, DCA-ul poate să distrugă celulele canceroase, luat în doze care sunt relativ non-toxice pentru celulele normale. Dom începe cu 10 mg per kilogram de greutate corporală (el cântărește ~100 kg) și o mărește treptat, fără să depășească 50 mg per kg, pentru că la nivelul respectiv poți să începi să dezvolți neuropatie periferică (tiamina [B1] poate să reducă neuropatia). În studiile clinice se folosesc în jur de 20 mg per kg. DCA-ul pare să funcționeze bine cu toate dietele, inclusiv cu cea foarte bogată în carbohidrați.

Am pus aceeași întrebare unui alt doctor în medicină în care am încredere („Ce ai face dacă ai avea GBM în stadiu avansat?"), fără să-i spun răspunsurile lui Dom. Răspunsul său anonimizat apare mai jos. Am marcat din nou cu o steluță lucrurile pe care le-am experimentat.

„Dacă eu (adică [nume omis], ciudățenia ciudățeniilor) aș avea GBM, aș face următoarele:

1. Fără radiații
2. *Dietă cetogenică cu un număr redus de calorii, sprijinită de BHB exogene
3. *Metformină la 2 sau 2,5 g/zi
4. DCA
5. *Oxigen hiperbaric
6. Rapamicină, în doze modeste, intermitente
7. Aș determina secvența genetică a tumorii, pentru a vedea dacă nu ar putea să funcționeze un inhibitor al punctelor de control (un tip de imunoterapie)

Totuși, nu sunt sigur că aș putea recomanda asta cuiva."

✹ Cărțile pe care Dom le dăruiește sau le recomandă cel mai mult

Cancer as a Metabolic Disease (*Cancerul ca boală metabolică*), de Thomas Seyfried: lectură obligatorie pentru toți studenții lui Dom

Tripping Over the Truth (*Când te împiedici de adevăr*), de Travis Christofferson: Dom a dăruit-o unui număr de șapte sau opt persoane în ultimul an

The Language of God: A Scientist Presents Evidence for Belief (*Limba lui Dumnezeu: un om de știință prezintă dovezi în sprijinul credinței*), de Francis Collins

✹ Recomandare de documentar

„The Gut Is Not Like Las Vegas: What Happens in the Gut Does Not Stay in the Gut" (Intestinele nu sunt Las Vegas: Ce se întâmplă în intestine nu rămâne acolo), prezentare de Alessio Fasano

✹ O idee fantastică pe care îmi doresc să o văd răspândită la nivel național

KetoPet Sanctuary (KPS): Finanțată de Epigenix Foundation, KPS face eforturi supraomenești ca să salveze câinii cu cancer terminal, incurabil. Ei nu urmăresc să ofere tratament similar celui din aziluri pentru câinii cu boli terminale. Bineînțeles că au grijă de animale și le iubesc dar, în loc să lase prietenii canini la mila sorții, KPS le oferă terapie metabolică oncologică revoluționară, similară calitativ cu terapia umană.

PATRICK ARNOLD

Patrick Arnold (FB: @PROTOTYPENUTRITION, PROTOTYPENUTRITION.COM), cunoscut îndeobște ca „părintele prohormonilor", este chimistul organic care a introdus androstenediona* (vă mai amintiți de Mark McGwire?) și alți compuși în lumea suplimentelor alimentare. El a creat și steroidul modificat cunoscut sub numele de THG sau „The Clear". THG și alți doi steroizi anabolici produși de Patrick (cel mai cunoscut: norboletona) nu au fost interziși în momentul creării. Aceste medicamente greu de detectat s-au aflat în miezul scandalului de dopaj BALCO în care au fost implicați Barry Bonds și alții. În momentul de față, Patrick inovează în lumea legală a suplimentelor cetonice, făcând inclusiv cercetări pentru aplicații militare și comerciale.

---

* Este un hormon steroid cu 19 atomi de carbon, produs de glandele suprarenale și gonade ca etapă intermediară în sinteza testosteronului și estrogenilor. Este sintetizată din dehidroepiandrosteron prin intermediul enzimei 3-betahidroxisteroid-dehidrogenaza. ACTH și gonadotropinele stimulează sinteza de androstenedionă. Esteraza catalizează reacția de transformare a androstenedionei în estrogeni. Hiperproducția de androstenedionă la femei este asociată cu hirsutismul și virilizarea. La bărbați, androstenediona este transformată în testosteron în prezența 17-betahidroxisteroid-dehidrogenaza. Poate fi folosit drept supliment de către sportivi pentru a crește performanța (dopaj). (n.red.)

NOI AMPLIFICATORI DE PERFORMANȚĂ

Deloc surprinzător, sunt fascinat de toate medicamentele ce amplifică performanța care au fost utilizate dinainte de prima Olimpiadă. Iată două dintre creațiile lui Patrick care mi s-au părut utile și a căror utilizare este perfect legală:

Acidul ursolic „Ur Spray"

Acidul ursolic ajută la transformarea compoziției corpului. Beneficiile sunt rezumate frumos în titlul unui studiu: „Acidul ursolic mărește mușchii scheletici și grăsimea maro și reduce obezitatea provocată de alimentație, intoleranța la glucoză și boala ficatului gras"*. Nu poate fi administrat sub formă de pilulă, pentru că va fi distrus de metabolismul (ficatului) primei treceri; nu poate fi nici injectat, pentru că nu poate fi amestecat cu uleiul. Asta l-a făcut pe Patrick să creeze o suspensie alcoolică topică, pentru că acidul ursolic nu este nici hidrofil, nici hidrofob. O sarcină dificilă. Ur Spray-ul este vândut prin site-ul său Prototype Nutrition.

Notă marginală amuzantă: Pentru aproximativ 249 mg de acid ursolic activ, doza este de 50 de pulverizări. Asta înseamnă că ai o grămadă de lucru cu pompatul. Soțiile mai multor invitați s-au plâns de reprizele de *Fââââås! Fââââås! Fââââås!* noaptea târziu, care par să nu se mai termine.

„Shake-ul" pe care îl bea Patrick Arnold înainte de antrenament

Dacă ești în cetoză, consumul de cetone exogene înainte și în timpul antrenamentului poate să se substituie carbohidraților. Așa cum explică în detaliu Patrick: „Este uimitor. L-am oferit unor persoane care-mi spun: «Urmez dieta cetogenică, fac sport și mă simt ca dracu.» Eu le spun: «Încearcă asta» și ei revin: «Uau! Nu am obosit. Corpul meu a avut tot combustibilul de care a avut nevoie.»

Optimum EFX, compania prietenului meu Ian Danney, are un produs care se numește Amino Matrix. Este foarte scump, dar din moment ce eu am lucrat cu el – noi facem câteva din produsele lui – îl primesc gratuit. Este de fapt o gamă completă de aminoacizi esențiali, de aminoacizi ramificați, la care se mai adaugă alte câteva chestii: acid lipoic, citrulina malat și alte câteva substanțe.

---

* Kunkel SD, Elmore CJ, Bongers KS, Ebert SM, Fox DK, Dyle MC, et al, "Ursolic acid increases skeletal muscle and brown fat and decreases diet-induced obesity, glucose intolerance and fatty liver disease", *PloS ONE* 7(6) (2012): e39332 doi:10.1371/journal.pone.0039332. (n.aut)

Amestec asta cu aproximativ 45 ml de KetoForce, care [sunt cetone exogene lichide] nu ar trebui băut gol (vezi povestea cu «combustibilul de avion» de la pag. 88). Dacă o amesteci cu Amino Matrix, care este foarte acru, taie alcalinitatea KetoForce și ajunge să aibă un gust destul de bun".

TF: O lingură de suc de lămâie (în apa în care diluezi KetoForce) va funcţiona la fel pentru atenuare. În cazul în care KetoForce interacţionează ciudat cu stomacul tău, încearcă pudra Keto CaNa, dezvoltată tot de Patrick, pe care o utilizez frecvent înaintea exercițiilor aerobice.

METFORMINĂ PENTRU PRELUNGIREA VIEȚII

Atât Patrick Arnold, cât și colaboratorul său frecvent, dr. Dominic D'Agostino, (pag. 47), sunt interesați de metformină, pe care nu au creat-o ei. Dom o consideră cel mai promiţător medicament anti-îmbătrânire din punct de vedere științific și eu aş estima că zece persoane din această carte o folosesc.

La persoanele care suferă de diabet de tip 2 (cărora le este prescrisă), metformina reduce capacitatea ficatului de a produce și a depozita glucoză în sânge. Metformina atenuează căile de semnalizare asociate cu proliferarea celulelor canceroase. Rata de supraviețuire a șobolanilor cu cancer metastatic din studiile lui Dom a crescut cu 40-50%. Metformina reproduce efectele reducerii numărului de calorii și efectele postului în mai multe aspecte. Câțiva cercetători cred că ar putea deteriora mitocondriile dar, chiar și așa, numeroși doctori în medicină și tehnologi iau metformină preventiv, pentru a se feri de cancer.

Dom a făcut un test în care a luat 1 g de metformină pe zi timp de 12 săptămâni și și-a făcut analize de sânge în toată această perioadă. Alimentația și exercițiile fizice nu și le-a schimbat. În analizele „de după", avea trigliceridele la cel mai scăzut nivel la care fuseseră vreodată, HDL-ul era de aproximativ 98 (în creștere de la 80) și proteina C-reactivă nici măcar nu a putut fi măsurată. Singurul efect secundar pe care l-a observat a fost că avea testosteronul scăzut, dar a revenit la valori normale după ce a încetat să mai ia metformină.

JOE DE SENA

Joe De Sena (TW/FB/IG: @SPARTANRACE, SPARTAN.COM) este cofondatorul Death Race, Spartan Race (peste 1 milion de concurenți) și al altora. El a terminat cursa de sănii trase de câini Iditarod, faimoasă pentru dificultatea sa... pe jos. A terminat, de asemenea, Ultramaratonul Badwater (217 km la peste 120°F/49°C), Vermont 100 și Lake Placid Ironman – pe toate în aceeași săptămână. Tipul este un maniac și un om de afaceri foarte strategic. L-am întâlnit pentru prima dată prin Summit Series (summit.co). Mă invită mereu să-l vizitez în Vermont și eu îl refuz pentru că mi-e frică.

Animalul spiritual: lupul

DE CE A ÎNCEPUT SĂ PARTICIPE LA EVENIMENTE NEBUNEȘTI ÎN TIMP CE LUCRA PE WALL STREET

„Câștigi și pierzi 30.000 $ sau 40.000 $ în câteva minute, greșind un ordin sau când un client te anunță că nu va mai lucra cu tine. Era o activitate foarte stresantă. [Îmi doream] să revin la esența vieții... [Un prieten] mi-a spus: «Păi, ai putea să mori. E unul – Iditarod-ul din Alaska. Îl organizează în mijlocul iernii, îl parcurgi mergând pe jos și sunt -35°C. Dar trebuie să...» «Înscrie-mă, trebuie să-l fac.» **A trebuit să revin în situația aceea în care vrei doar apă, mâncare și adăpost. Toată demența vieții mele – a vieții de pe Wall Street pe care o duceam – a dispărut, s-a dizolvat.**"

DESPRE ORIGINILE DEATH RACE

„Dar dacă aș crea – împreună cu un prieten – o cursă care să-i rupă în două pe oamenii aceștia? Nu așa cum o făceau cursele pe care le parcursesem eu sau cum o face un maraton, ci o cursă în care eu i-aș scoate pe participanți din minți, la propriu? În care nu le-aș spune când începe, nu le-aș spune când se termină, nu le-aș da apă, nu le-aș pune la dispoziție un autobuz pe la jumătatea competiției și le-aș spune: «Poți să abandonezi aici. Nu ai decât să urci în autobuz. Asta nu e pentru tine. Ești prea slab.»..., acesta fiind începutul afacerii mele cu competițiile."

TIM: „Cum îi rupi pe oameni în două?"

JOE: „Păi, nu cred că știau în ce se bagă, pentru că nu mai făcuserăm asta niciodată. Un tip – îmi amintesc în mod specific – a început să plângă și spunea ceva de genul: «Sunt un alergător foarte bun, dar pur și simplu nu știu să tai lemne.»" Distrus. Pentru că nimeni nu știa. Nu le-am spus. Deci, Doug Lewis, care este schior de coborâre de nivel olimpic, intrase de 15, 18 ore în povestea asta și începuse să cedeze. Era rupt și s-a întors spre mine și mi-a spus: «Am fost la Olimpiadă. M-am antrenat toată viața. Sunt un tip foarte dur.» Și a continuat: «Asta e demență curată.» În clipa aceea am știut că avem un învingător."

O ANECDOTĂ AMUZANTĂ DE LA AMELIA BOONE

Amelia Boone (pag. 28) a terminat Death Race de trei ori și mi-a trimis asta:

„Uraganul Irene luase un pod de pe proprietatea lui. O grindă de metal în I care cântărea 1 tonă rămăsese câțiva ani în apă și statul urma să-l amendeze cu o sumă obscenă, dacă nu o scotea de acolo. L-ar fi costat zeci de mii de dolari să o scoată, așa că a pus participanții la Death Race să intre în râu în ianuarie și să i-o scoată de acolo. Ne-a luat probabil vreo 8 ore. Eu m-am ales cu degerături de gradul doi la majoritatea degetelor de la picioare, la fel ca mulți alții. Care e partea hilară? Oamenii l-au plătit PE EL ca să treacă prin așa ceva (taxa de participare la cursă) ŞI el a evitat să plătească amenzi sau să achite costul scoaterii. Al dracului de genial."

PERLE ÎNTÂMPLĂTOARE DIN CONVERSAȚII ULTERIOARE

» La fel ca Jocko [Willink, pag. 456], Joe crede că nu ar trebui să ai nevoie de cafeină sau de alcool. El mai crede și că: „Ar trebui să transpiri în fiecare zi de parcă te-ar alerga poliția".

» Atunci când oamenii îi spun lui Joe să se oprească și să miroasă trandafirii, prima lui reacţie este: „Cine îngrijeşte trandafirii?"

✹ Ai vreun citat după care îți conduci viața sau la care te gândești frecvent?

„Întotdeauna ar putea fi mai rău."

„Respiră, fir-ar să fie!"
– răspunsul lui Wim la întrebarea: *„Ce ai scrie pe un panou?"*

WIM HOF „THE ICEMAN"

Wim Hof (TW/IG: @ICEMAN_HOF, ICEMANWUMHOF.COM) este un olandez deținător al mai multor recorduri mondiale, poreclit „Omul de gheață". Este creatorul Metodei Wim Hof și deține peste 20 de recorduri mondiale. Wim este un temerar absolut ieșit din comun, care le cere frecvent oamenilor de știință să-i măsoare și să-i valideze reușitele. Iată doar câteva exemple:

» În 2007, a urcat dincolo de altitudinea „zonei morții" de pe muntele Everest (~7500 metri), purtând doar o pereche de pantaloni scurți și pantofi.

» În 2009, Wim a încheiat un maraton întreg deasupra Cercului Polar în Finlanda, tot în pantaloni scurți și de data asta, în ciuda temperaturilor care ajungeau la -20°C (-4°F).

» Wim a stabilit mai multe recorduri pentru rezistență într-o baie cu gheață, cel mai bun timp al său fiind de aproape 2 ore.

» În 2011, a făcut un maraton întreg în deșertul Namib fără apă. De asemenea, poate să alerge la altitudini mari fără să sufere de rău de înălțime.

AVERTIZARE: SĂ NU FACI NICIODATĂ EXERCIȚII DE RESPIRAȚIE ÎN APĂ SAU ÎNAINTE SĂ TE ANTRENEZI ÎN APĂ. LEȘINURILE ÎN APA PUȚIN ADÂNCĂ POT FI FATALE ȘI VEI REALIZA CE ȚI SE ÎNTÂMPLĂ CÂND VA FI PREA TÂRZIU.

Exercițiile de respirație Wim Hof nu ar trebui făcute niciodată în apropierea apei. Joshua Waitzkin (pag. 628), un alt invitat al podcastului cu o experiență de decenii întregi de free-diving, a suferit un leșin în apă cu adâncime mică într-un bazin public de înot din New York City și a stat sub apă încă 3 minute înainte să fie scos de un salvamar. A fost inconștient alte 20 de minute, după care a stat internat în spital 3 zile, fiind supus unei canonade de teste care să-i evalueze daunele, inclusiv potențialele leziuni cerebrale. Ar fi putut să moară extrem de ușor. Deci, ca să reluăm: Să nu practici tipul acesta de respirație în combinație cu scufundarea în apă. Nu va exista absolut niciun semn care să te avertizeze înainte să-ți pierzi cunoștința. S-a-nțeles?

UN EXPERIMENT ȘOCANT

Înainte să descriu exercițiul, voi relua refrenul meu obișnuit: te rog să nu fii prost și să nu-ți faci rău singur. Utilizează o suprafață foarte moale pentru eventualitatea în care o să cazi în nas.

1. Fă o serie de flotări și oprește-te cu câteva repetiții înainte să clachezi. Înregistrează numărul.
2. Odihnește-te cel puțin 30 de minute.
3. Repetă de ~40 de ori următorul ciclu de respirație: Inspiră maxim (se ridică pieptul) și fă o expirație de tip „dă drumul" (coboară brusc pieptul). Această expirație poate fi descrisă ca un „hah" scurt. Dacă faci lucrul acesta corect, după 20-30 de repetiții este posibil să te simți slăbit, ușor amețit și având ceva furnicături. Furnicăturile apar prima dată în mâini.
4. La ultimul ciclu de respirație, inspiră până la capăt, expiră complet și apoi fă încă o serie de flotări. De cele mai multe ori, oamenii vor observa o creștere considerabilă a numărului maxim de flotări, chiar dacă plămânii le sunt goi.

FRIGUL ESTE O MARE FORȚĂ PURIFICATOARE

Wim, regele surfingului Laird Hamilton (pag. 119) și Tony Robbins (pag. 240) folosesc cu toții expunerea la frig ca pe un instrument. Aceasta poate să îmbunătățească funcția imunitară, să sporească pierderea de grăsime (în parte prin creșterea nivelului de adiponectină) și să amelioreze serios dispoziția. De fapt, lui Van Gogh i-au fost prescrise băi reci de două ori pe zi într-un spital de boli nervoase, după ce și-a tăiat singur urechea.

> „Toate problemele pe care le am în lumea cotidiană dispar atunci când practic [expunerea la frig]. Mă expun pe mine însumi frigului solemn... acesta este o mare forță purificatoare."

Wim duce frigul la extreme terifiante (odată i-au înghețat retinele în timp ce înota într-un lac pe sub straturile de gheață), dar tu poți să începi cu un „finiș" de apă rece la duș. Pur și simplu, transformă ultimele 30-60 de secunde ale dușului în frig pur. Printre alte persoane din această carte, Naval Ravikant (pag. 594), Joshua Waitzkin (pag. 628) și acum și eu facem asta. Josh o face cu micul său fiu, Jack, pe care l-a instruit să spună: „Ce bine e!" atunci când simte că nu mai suportă.

Mai jos se găsește actualul meu regim de frig, alternat frecvent cu căldură, de care ne-am ocupat la pag. 33. Deci, programul meu integral „de antrenament" este: 1) BCAA înainte de antrenament, 2) antrenamentul, 3) proteine din zer după antrenament, 4) căldură imediată (~20 minute) urmat de 5) frig (între 5 și 10 minute). Repet ciclul fierbinte-rece de 2-4 ori.

Rutina mea de frig de după un antrenament arată astfel:

» Pun ~18 kg de gheață (asta depinde de dimensiunile căzii tale de baie) într-o cadă de baie și apoi o umplu cu apă. Ordinea aceasta evită împroșcarea cu apă și accelerează lucrurile. Instacart este util pentru livrarea gheții sau cumpără un congelator de garaj pe care îl vei utiliza doar pentru pungi cu gheață, lucru mult mai ușor decât aparatele pretențioase de făcut gheață sau de răcit apa.

» 15-20 de minute mai târziu, când apa ajunge la ~7°C, este gata de utilizare. Eu introduc în apă un termometru de imersiune de 5$ de la Carolina Biological Supply Company pentru monitorizare. Domnul antrenor Sommer (pag. 35) folosește temperaturile apropiate de 10°C pentru sportivii săi.

» După căldură, intru în baia de gheață, ținând mâinile afară. Asta îmi permite să stau în apă mai multă vreme, pentru că densitatea capilarelor este mare în zona mâinilor. Pun mâinile în apă doar în ultimele 3-5 minute.

DIETA MIRACULOASĂ

Mă așteptam ca un mutant ca Wim să aibă câteva șmecherii alimentare. Când l-am întrebat cum arată o cină obișnuită pentru el, răspunsul m-a făcut să râd: „Îmi plac pastele și îmi place să beau și o bere sau două. Da!" Cum poate să funcționeze cu mâncarea asta? Este posibil ca înzestrarea genetică să joace un rol dar, pe de altă parte, mănâncă rareori înainte de 6 p.m. și are tendința să ia o singură masă pe zi. Ca să utilizez limbajul puștilor cool: el practică postul intermitent de mai multe decenii.

ÎMBRĂȚIȘĂRI DE LA O INIMĂ LA ALTA

Când m-am antrenat prima dată cu Wim în persoană în Malibu, California, am observat că îmbrățișează diferit de restul oamenilor. Își trece brațul stâng peste umărul celeilalte persoane, venind cu capul la dreapta capului acesteia. Am întrebat pe cineva din echipa lui dacă este stângaci.

„Nu. Vrea doar să îmbrățișeze cu căldură pe toată lumea."

Îmi place asta și câțiva prieteni din această carte fac gestul acesta la ocazii speciale. Dar te previn: asta îi descumpănește pe oameni la fel ca atunci când ai întinde stânga ca să strângi mâna cuiva, așa că ar fi cel mai bine să explici (pur și simplu, du mâna în dreptul inimii și spune „ca de la o inimă la alta"). Lucrul acesta te ajută și să nu dai cap în cap cu celălalt.

WIM + DOM = INTERESANT

În timpul ședinței de antrenament menționate, am trecut de la timpul meu normal de ținere a respirației de 45 de secunde la 4 minute și 45 de secunde, fără niciun efect secundar perceptibil. Câteva luni mai târziu, în stare de cetoză profundă (6+ mmoli) după 8 zile de post, am făcut aceleași exerciții într-o cameră de oxigen hiperbaric la 2,4 ATA. Rezultatul? Absolut uluitor, mi-am ținut respirația timp de 7 minute și 30 de secunde înainte să mă opresc, speriat că ar putea să mi se topească creierul. În cazul în care în mod miraculos nu ai observat avertismentul meu de la începutul acestui profil (pag. 69), citește-l. Dacă l-ai citit, te rog să îl recitești. Pentru mai multe lucruri despre cetoză și post, vezi Dominic D'Agostino la pagina 47.

SAUNA TIP BUTOI A LUI RICK RUBIN

Iată detaliile tehnice ale saunei de tip butoi a lui Rick Rubin (pag. 549), o variantă puțin mai mică a saunei pe care o are Laird Hamilton (pag. 119). De-a lungul pereților sunt montate două bănci lungi pe care se pot așeza cu ușurință între 6 și 8 persoane. Diametrul și înălțimea saunei sunt de aproape 2,1 m.

Eu am o reproducere exactă în curtea din spatele casei pe care o utilizez frecvent de 1-2 ori pe zi, pentru că durează doar 5-15 minute să se încălzească. Cum Dumnezeu se încălzește atât de repede? Boilerul este de 3-4 ori mai mare decât ar trebui să fie pentru volumul său. Lucrul acesta este făcut intenționat, dar îi va speria rău pe furnizori, care se feresc să combine o saună mică cu un boiler mare. Combină-le pe riscul tău!

Componentele pentru saună și boiler se vând de obicei separat. Sunt șanse mari ca această carte să dea firmei Dundalk, compania de saune pe care am folosit-o, „îmbrățișarea morții" – vor fi copleșiți de comenzi și nu vor mai fi o opțiune viabilă. Mai jos am furnizat câteva alternative. Evident, prețurile se schimbă de-a lungul timpului.

Saună

Dundalk 210cm x 240cm Red Cedar Barrel Sauna cu fereastră și bănci rabatabile din lemn masiv și cu izolare din lemn a boilerului (ușa are balamaua pe stânga) – Cost: ~ 6.500 $ (neasamblată)

dundalkleisurecraft.com

Alți furnizori cu recenzii decente care merită luați în calcul:

almostheaven.com
barrel-sauna.com
leisureliving.ca

Boiler

Modelul NC-12 cu control SC-9 și releu în cutie de protecție cu 1-fază, plus două cutii de pietre (pe care îl am eu) – Cost ~ 2000 $

sauna.com/nordic-sauna-heaters
leisureliving.ca

JASON NEMER

Jason Nemer (IG: @JASONNEMER, ACROYOGA.ORG) este unul dintre cofondatorii AcroYoga, care combină înțelepciunea spirituală a yoga, blândețea iubitoare a masajului Thai și puterea dinamică a acrobaticii. Jason a fost de două ori campion național al SUA la juniori la gimnastică acrobatică și a reprezentat SUA la Campionatul Mondial de la Beijing din 1991. În cadrul ceremoniei de deschidere a Olimpiadei din 1996 a făcut un număr de gimnastică acrobatică. În prezent, AcroYoga are profesori autorizați în peste 60 de țări și sute de mii de practicanți.

Animalul spiritual: iepurele

POVESTEA DE FUNDAL

În 2015 am stat lângă Jason la o petrecere dată de un prieten în casa lui din L.A. Cumva, mă apucase iar durerea de mijloc – care mă tot supăra – și ei s-a oferit să mă „zboare" pe loc. Neavând nici cea mai vagă idee ce înseamnă asta, am fost de acord și m-am trezit că sunt învârtit în aer pe picioarele lui timp de vreo 15 minute. Era ceva ireal și mi s-a părut că sfidează legile fizicii. Două lucruri merită subliniate: eu cântăream ~82 kg și el cântărea ~73 kg (a făcut același lucru cu cineva care cântărea ~127 kg și avea 2 m înălțime) și mijlocul nu m-a mai durut după tracțiunea cu susul în jos.

În trecut, fusesem întotdeauna dezgustat de yoga: prea mult ritual inutil și prea puțin entuziasm. AcroYoga este din altă specie. Va trebui să înduri sanscrita din când în când dar, altfel, este asemenea unei combinații de antrenament de forță utilizând greutatea corpului, dans („baza" conduce și „zburătorul" este condus), hârjoneală în glumă (o grămadă de căzături) și refacere a șoldurilor (după zece ședințe, partea inferioară a corpului meu părea cu 10 ani mai tânără).

Este, de asemenea, și Prozacul suprem bazat pe mișcare. Într-o cultură în care atingerea fizică este tabu, aceasta îți permite să simți o legătură senzuală, nu sexuală, și, în același timp, să devii incredibil de puternic și de flexibil. Ultimul lucru, dar nu cel mai puțin important, râd cel puțin 50% din timp în toate ședințele de antrenament. Este o contrapondere minunată pentru toate antrenamentele „serioase" pe care le fac. Dacă vrei să mă vezi atât în postura de bază, cât și în aceea de zburător și, în același timp, predând câteva tehnici elementare, caută „acroyoga" pe youtube.com/timferriss.

LA GRĂMADĂ

Ceai Oolong de găinaț de rață

Jason mi-a adus acest ceai ca să putem bea amândoi în timpul podcastului. Uneori este numit „ceai cu aromă de găinaț de rață". Chipurile, cu multă vreme în urmă, populația dintr-o regiune a Chinei a vrut să păstreze ceaiul acesta uimitor doar pentru sine, așa că l-a poreclit ceaiul de „găinaț de rață". O manevră inteligentă. A fost bagatelizat secole la rând, până s-a descoperit că aroma lui este foarte departe de cea a găinațului de rață. Jason îl cumpără de la Quantitea (quantitea.com).

Jason a călătorit prin lume în ultimii 6 ani, fără să rămână vreodată mai mult de 3 săptămâni într-un singur loc. Călătorește aproape fără bagaje, dar ține morțiș să ia după el un ukulele și o grămadă de ceai.

FeetUp (Aparatul cu care stai în umeri) sau înlocuitori

Lucrul care îi limitează pe majoritatea oamenilor care învață să stea în mâini sunt încheieturile. Această cea mai slabă verigă nu te lasă să faci prea multe exerciții cu capul în jos. Aparatul FeetUp vine în întâmpinarea acestei nevoi – imaginează-ți o pernă mică și capitonată pentru scaunul de la toaletă, prinsă de un scăunel jos. Bagi capul prin el, îți sprijini umerii pe pernă, te ții de cele două mânere și te ridici în poziția stând în cap sau stând în mâini, toată greutatea ta fiind preluată de umeri. Asta îți permite să lucrezi la aliniere, rigiditate și exerciții poziționale (picioarele îndoite, pike, picioarele depărtate în V etc.) într-o măsură mai mare. FeetUp-ul este preferința lui Jason, dar este greu de găsit în SUA (en.feetup.eu). The Bodylift Yoga Headstand și Banca Yogacise sunt asemănătoare sau caută „băncuță pentru poziția stat în cap la yoga".

Un citat de la unul dintre mentorii lui Jason, maestrul acrobat chinez Lu Yi

„Întinde-te mai mult!" Atunci când stai în mâini, ar trebui să-ți tragi umerii cât mai aproape (sau dincolo) de urechi cu putință. Dacă ai făcut vreodată ridicări din umeri cu gantere, imaginează-ți că le faci cu brațele deasupra capului și ai grijă să nu-ți arcuiești spatele. De asemenea, prima articulație (articulația pumnului) a arătătorului are tendința să se ridice de la sol atunci când faci exerciții stând în mâini. Jason a botezat-o „articulația neastâmpărată".

Pentru inspirație pe Instagram, aruncă un ochi la profilurile:

@theacrobear
@duo_die_acrobatics
@acrospherics
@cheeracro_
@acropediaorg
@mike.aidala
@yogacro
@lux_seattleacro

Dacă vrei să găsești cursuri, profesori sau exerciții de AcroYoga:

AcroYoga.org

Facebook – Caută numele orașului tău și „acroyoga". Pagina AcroYoga Berlin, spre exemplu, are 3.650 de parteneri de joacă și de antrenament care te așteaptă.

Acromaps.com

Acropedia.org (tehnici)

✹ Care sunt lucrurile pe care le crezi și pe care ceilalți le consideră nebunești?

Completările lui Jason îmi plac cel mai mult, dar e nevoie de context:

„Că poți avea încredere în oameni. Poți să ai încredere într-o mulțime de oameni. Nu trebuie să trăiești temându-te de străini. Străinii sunt doar niște persoane pe care nu le-ai zburat încă. Mie mi se pare o nebunie că în numeroase culturi ne învățăm copiii să se teamă de străini și să nu stea de vorbă cu ei. Eu am călătorit prin toată lumea. Mama nu s-a bucurat când urma să plec în Orientul Mijlociu prima dată. Eram chiar în Boston, mă pregăteam să conduc un curs de instruire a profesorilor, când a avut loc atentatul cu bombă de la maratonul din Boston. Am avut 15 studenți care au fost închiși timp de 24 de ore.

Am sunat-o pe mama și i-am spus: «Uite ce e, mamă, tu crezi că Israelul e periculos. Acum sunt în Boston. Nu poți să te ascunzi de pericol». Dar nu cred că acesta este un motiv pentru care să nu ai încredere în oameni. Am călătorit prin lume și am ajuns în niște locuri foarte dubioase și nu mi s-a întâmplat niciodată nimic.

Mă aștept să văd tot ce e mai bun în oameni. Presupun că pot avea încredere în ei până mi se dovedește că mă înșel. Atunci când faci asta de suficient de multe ori, încrederea seamănă cu un mușchi pe care îl încordezi. Asta nu înseamnă că sar cu capul înainte în toate, ca un cowboy. Pot să evaluez foarte bine creditul pe care îl pot acorda cuiva."

TIM: „Stai un pic – ai zis că nu ți s-a întâmplat niciodată ceva rău. Cât de mult din evaluarea asta vine din faptul că vezi lucrurile în cea mai favorabilă lumină? Pentru că, în Panama, te-ai trezit fără cuțitele de aruncat [furate de ofițerii de la vamă]. Așa că îmi închipui că mai dai și de dracu'."

Jason a râs, a tăcut o clipă și apoi a răspuns:

„Unul dintre lucrurile pe care le-am pățit și care a fost realmente uimitor – am fost prădat de toate lucrurile mele... Practic, nu mai voiam să lucrez în restaurante și eram ceva de genul: «Eu sunt un yogi. Voi face asta. Nu mă interesează cât de dificil este. Ador chestia asta.» *Boom.* Așa că locuiam într-o camionetă.

Când am împlinit 30 de ani, prietenul meu a dat o petrecere în cinstea mea. În seara aceea luasem o carte despre budism, o ladă cu nuci de cocos și ieșisem cu prietenii. A doua zi, m-am trezit fără camionetă.

Rămăsesem fără casă. Dispăruse totul. Așa că am spart o nucă de cocos și am început să citesc despre budism pentru că... ce altceva puteam să fac? Și, la pagina 30, se vorbește despre ce înseamnă să nu ai casă și despre cum e să rătăcești. Așa că mi-am zis: «Asta o să fac eu». Și așa au început călătoriile mele nomade. Dacă aș fi rămas în San Francisco și aș fi încercat să lucrez ca profesor de yoga, AcroYoga nu ar mai fi o practică mondială.

Abandonează ce nu funcționează și evaluează ceea ce funcționează efectiv și vezi «care sunt lucrurile care te pot entuziasma?» Nu este adevărat că nu mi se întâmplă lucruri rele. Sunt o mulțime de lucruri pe care nu le etichetez ca fiind bune sau rele. [În loc de asta, mă întreb] pot să evoluez de aici? Ce vreau acum? Unde este centrul meu acum?"

✸ Cele mai dăruite sau mai recomandate cărți

Profetul, de Kahlil Gibran: „Îmi plac afirmațiile realmente condensate, pline de *shakti* [putere], de energie – un lucru pe care îl poți citi în câteva minute sau pe care îl poți citi toată viața." [**TF:** Acest mic volum are mai puțin de 100 de pagini. Dă 5 $ în plus pe versiunea care cuprinde ilustrațiile autorului.]

Tao Te Ching, de Lao Tse: Jason călătorește cu această carte. „De multe ori înainte de meditație, o deschid la întâmplare. Citesc despre ceva și apoi mă concentrez pe lucrul respectiv în timp ce stau." (Vezi Rick Rubin, pag. 549, și Joshua Waitzkin, pag. 628.) Când l-am întrebat pe Jason prin sms ce traducere îi place, a glumit „*Tao de Chinga tu madre*" (ah, prietenii mei) și apoi a precizat: Stephen Mitchell.

✸ Cea mai bună achiziție care a costat 100 $ sau mai puțin

Lui Jason îi place aruncarea cu discul (frisbee) și călătorește cu astfel de discuri la el. În special, discul de rază medie Inova Roc și „go-to driverul" său, TeeBird-ul. Se joacă cu el dar, uneori, în rare ocazii, lasă câte un disc să se piardă:

„Îi corectez pe oameni când o iau prea în serios, pentru că sunt unii care au și băieți de mingi. Pe bune. Oamenii aceia cred că este un sport. Este o modalitate distractivă de a-ți petrece timpul liber, indiferent cât de mult efort depui. E o bucată de plastic și tu o arunci de colo până colo...

Dar când urmărești discul zburând un minut, este ceva magic... În yoga există o filosofie, *svaha*. Eu o numesc: «Dă-o dracului, dă drumul.»... Îmi place să arunc frisbee-uri de la altitudini foarte mari. Și când sunt în locuri din acestea foarte ceremonioase, cum ar fi Machu Picchu, îmi spun ceva de genul: «La ce dau drumul?» Deci, este vorba de un act intenționat."

✸ Ce ai scrie pe un panou?

„**Joacă-te!** Joacă-te mai mult. Am impresia că oamenii sunt foarte serioși și nu este nevoie de cine știe ce ca să revină la înțelepciunea jocurilor copilărești. Dacă ar trebui să prescriu două lucruri care să îmbunătățească sănătatea și fericirea în lume, acestea ar fi mișcarea și jocul. Pentru că nu te prea poți juca dacă nu te miști, așa că cele două sunt interconectate.

Benzile de alergat îți ucid spiritul. Există motive și momente în care să urci pe banda de alergat dar, dacă acesta este singurul fel în care îți miști corpul, te subapreciezi. Există modalități mult mai cool de a-ți mișca corpul, lucruri mult mai amuzante, și pur și simplu s-a întâmplat ca eu să am norocul să învăț multe dintre lucrurile acestea foarte tari. Așa că joacă-te."

GÂNDURI DE DESPĂRȚIRE: NU SEPARA LUCRURILE

Despre yoga teoretică *versus* yoga practică: „Am impresia că se pune o limită când e vorba de yoga. Ai obținut niște cunoștințe uimitoare și o practică uimitoare, dar **cum le folosești în lume? Ce se petrece atunci când ești în trafic? Cum te înțelegi cu mama ta? Vorbești cu ea? Îi spui adevărul?"**

ACROYOGA – THAI & FLY

AcroYoga este un mix format din trei discipline complementare: yoga, gimnastică acrobatică și terapeutică.

Terapeutica a fost introdusă în ecuație de Jenny Sauer-Klein, celălalt cofondator al AcroYoga (împreună cu Jason Nemer, pag. 73), și seamănă cu masajul thailandez suspendat. Seamănă atât de mult încât este descris frecvent ca „thai and fly”.

L-am văzut pe Jason uluindu-i pe acrobații de nivel superior (chiar și pe cei de la Cirque du Soleil) cu „Frunza îndoită”* (pag. 82), care este poate cea mai ușoară dintre toate pozițiile terapeutice de AcroYoga. Ai grijă pentru că uneori este numită în glumă „Suflătorul de frunze”**, deoarece aduce fața în apropierea zonei inghinale. Dacă partenerul tău nu este pregătit să se afle la câtiva centimetri de zona ta inghinală, Hippie Twist (pag. 81) este o alternativă prietenoasă de tip Disney.

Pentru a te iniția în lumea „Acro”, îți voi spune câteva dintre mișcările mele preferate din zborul terapeutic. Acestea sunt mult mai sigure decât gimnastica acrobatică, unde ai nevoie de un profesor și de supraveghetori.

În 5 minute sau cam așa ceva, am utilizat următoarele pentru a scăpa de durerea de mijloc cel puțin 6 persoane prezentate în această carte. „Nu am mai simțit o ușurare și o relaxare de felul acesta de ani de zile... sau chiar niciodată” este o reacție obișnuită. Ia-o ÎNCET și simte-te bine! Dacă te simți incomod, nu procedezi cum trebuie. Fă lucrul acesta pe o saltea sau pe iarbă și îți recomand să exersezi mișcările în ordinea prezentată.

Tot ce apare între ghilimele este ce aș spune eu din postura de bază (persoana întinsă pe spate) când instruiesc un zburător care face asta pentru prima dată (persoana care este învârtită). O regulă bună și în Acro, și în viață: **Spune-le oamenilor ce *vrei*, nu ce nu vrei, și nu complica lucrurile.** Cu alte cuvinte, spune-le: „Întinde coatele”, nu: „Nu-ți mai îndoi brațele”. Spune-le: „Lasă picioarele mai moi”, nu: „Nu mă mai înghionti în burtă cu degetele de la picioare”.

---

* *Folded leaf*, în original. (n.red.)

** *Leaf blower*, în original. (n.red.)

Bineînțeles, există un milion de feluri în care să înveți bine pe cineva elementele de bază ale Acro. Următoarele rânduri sunt preferința mea personală.

Înainte să învârți pe cineva

ZBURĂTORUL: Exersează la sol ceea ce vei face în aer.

1. Stai pe podea, cu picioarele întinse și depărtate (un unghi de 90 de grade este în regulă), cu spatele cât mai drept cu putință. Aceasta este poziția „pike straddle "*. Unghiul dintre trunchi și coapse ar trebui să fie de 90 de grade. **Acest unghi este decisiv, pentru că oferă un „raft" care funcționează ca punct de sprijin pentru picioarele bazei.** Apucă cu mâinile pliul șoldurilor, cam 3-4 cm. Eu voi spune: „Acolo urmează să fie picioarele mele".
2. Acum trageți picioarele, cu tălpile lipite, în poziția de stretching „fluture". Spațiul dintre picioare ar trebui să semene cumva cu un diamant. Pentru practicanții de yoga care iubesc sanscrita, mă refer la *baddha-konasana*. Sufixul *asana* înseamnă doar „postură". Toate acestea nu însemnau nimic pentru mine atunci când am început să învăț, așa că am numit-o *butter-kanasa* luni în șir.
3. Din poziția de fluture, întinde-ți mâinile în spate și prinde-ți coatele. Dacă nu poți să faci asta, prinde-ți antebrațele.

BAZA: Fă o probă cu picioarele pentru greutate

1. Întinde-te pe spate și ridică-ți picioarele. Aceasta este „poziția în L a bazei".
2. Spune-i zburătorului tău să-și încrucișeze brațele în așa fel încât antebrațele să-i vină pe piept. Spune-i să-și pună antebrațele pe picioarele tale și să se sprijine pe tine, lăsându-și greutatea pe picioarele tale. Cum te simți?
3. Nu-ți lăsa degetele de la picioare să ți se încline spre față, pentru că lucrul acesta îți va îngreuna sarcina. Păstrează unghiul șoldurilor pe cât posibil la 90 de grade.
4. Dacă te țin tendoanele, poți să împăturești o saltea de yoga sau un prosop și să ți-l pui sub mijloc. Îți va fi mai ușor dacă ești mai sus.

---

* *Pike straddle* – călare pe obstacol. (n.red.)

Hippie Twist

1. **BAZA**: Întinde-te pe podea. **ZBURĂTOR**: Stai chiar lângă șoldurile bazei, cu picioarele depărtate la o distanță de două ori mai mare decât lățimea umerilor.
2. **BAZA**: Pune-ți picioarele cu vârfurile orientate ușor în afară în pliurile șoldurilor zburătorului.
3. **BAZA**: Spune-i zburătorului: „Pune-ți mâinile pe genunchii mei". **(fig. A)**
4. „Uită-te în ochii mei, inspiră adânc. În timp ce expiri, apleacă-te înainte și eu te voi prinde de umeri. Ține-ți mâinile pe genunchii mei, dar lasă-ți brațele să se îndoaie." Și, dacă este necesar: „Caută să vii cu creștetul capului pe stomacul meu".
5. **BAZA**: Ține umerii zburătorului cu brațele drepte și cu degetele orientate în sus și ridică-l în aer. **(fig. B)**

6. „Ține-ți gambele depărtate și lasă-ți picioarele grele. Degetele de la picioare îndreptate spre sol." **ZBURĂTOR**: Ai grijă să menții unghiul șoldurilor. Majoritatea zburătorilor își ridică picioarele, pierzând „spațiul de raft", lucru care poate provoca o căzătură. Încă o recomandare: „Ține picioarele cât mai aproape cu putință de podea".
7. „Ai grijă să te lași greu cu partea de sus a corpului și super-greu cu picioarele."
8. „Acum, du mâinile la spate și încearcă să te prinzi de coate, dacă poți. Este în regulă și dacă te prinzi de antebrațe sau de încheieturi."
9. „Vino cu tălpile picioarelor în poziția fluture pentru stretching. **(fig. C)** Acum coboară-ți degetele de la picioare până le poți vedea." Lucrul acesta garantează un „raft" corect.

10. BAZA: Mâinile și picioarele ar trebui să fie drepte. „Inspiră adânc și expiră."
BAZA: În timp ce expiri, îndoaie lent un picior pentru a răsuci zburătorul din talie. Revino la poziția inițială. Repetă respirația și răsucește-l acum în partea cealaltă. Fă între 4 și 6 repetiții în total.

Frunza îndoită și Apucătorul de frunze*

Repetă pașii de la 1 la 7 ai Hippie Twist-ului (pe pagina anterioară).

8. BAZA: Spune-i zburătorului: „Acum relaxează-ți brațele complet și pune dosul palmelor pe podea. Te ajut eu". Prinde ușor încheieturile zburătorului și adu-i mâinile mult în spatele șoldurilor. **(fig. D)** Zburătorul nu ar trebui să susțină niciun pic de greutate. Picioarele ar trebui să-i fie depărtate și grele, cât mai aproape cu putință de podea, fără să fie încordate. Aceasta este poziția Frunzei îndoite.

9. BAZA: Du mâinile pe la subrațele zburătorului și prinde-l într-un cârlig, ajungând cu ele pe partea superioară a spatelui. **(vezi imaginea din medalion)**

10. BAZA: Îndoaie picioarele astfel încât cutia toracică a zburătorului să se sprijine ușor de tibiile tale. **(fig. E)** Asta formează un unghi mai sigur pentru umerii zburătorului.

11. BAZA și **ZBURĂTORUL:** Inspirați împreună. **BAZA**: Împinge zburătorul înapoi cu picioarele îndoite, în timp ce îl tragi cu brațele de partea de sus în sens contrar. Aceasta este poziția Apucătorului de frunze.

12. BAZA: Revino la poziția cu picioarele drepte detensionând spatele zburătorului, apoi execută între 2 și 4 repetiții.

Fig. D

Fig. E

* *Leaf hugger*, în original. (n.red.)

Dragostea pentru picioare – „Cizme de gravitație"*

De obicei, la sfârșitul unei ședințe de AcroYoga, cel în rolul de bază are picioarele frânte. Aici intervine „dragostea pentru picioare" – zburătorul ajută baza să-și destindă și să-și readucă la viață picioarele și șoldurile. Există zeci și zeci de tehnici (cum ar fi „Șoferul de autobuz"), dar aceasta aduce beneficii fantastice. Cum nu am auzit să aibă vreun nume, îi voi spune „Cizmele de gravitație", pentru că efectul este similar.

Exercițiul acesta are valoare terapeutică chiar și atunci când este practicat independent de AcroYoga.

1. **BAZA**: Întinde-te pe spate, cu picioarele întinse și depărtate câțiva pași.
2. **ZBURĂTOR:** Stai între picioarele bazei și ridică-i-le, ținându-le de partea de jos a tendonului lui Ahile și de partea de sus a călcâiului. Baza ar trebui să se relaxeze complet și să nu ajute cu nimic.
3. **ZBURĂTOR:** Balansează-te, răsucește picioarele bazei spre interior în spatele șoldurilor tale **(vezi imaginea din medalion)** și apoi lasă-te pe spate timp de 2-5 secunde. **(fig. A)** Asta va decomprima șoldurile și picioarele bazei. Execută 3-5 repetiții.

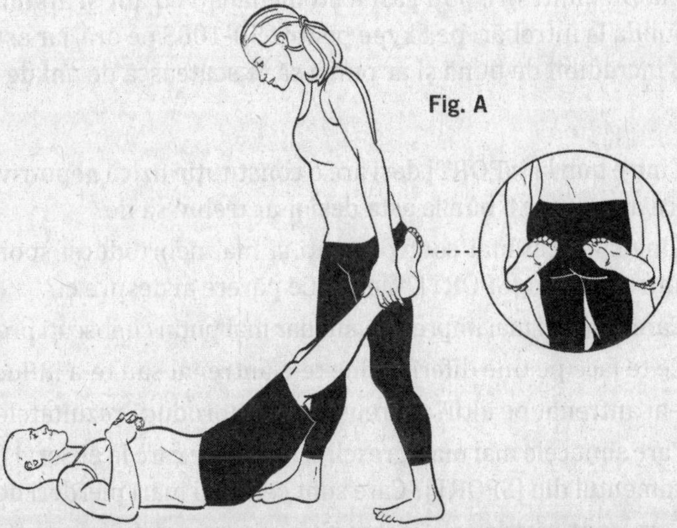

Fig. A

* *Gravity boots*, în original. (n.red.)

ANALIZA SPORTURILOR ȘI APTITUDINILOR CU AJUTORUL ÎNTREBĂRILOR

Așa cum ar spune Tony Robbins, „calitatea întrebărilor pe care le pui determină calitatea vieții pe care o ai".

Între 2008 și 2010, când intervievam sportivi și antrenori, descoperind tactici non-evidente pentru *4 ore – corpul*, am trimis diferite combinații ale următoarelor întrebări mai multor zeci de experți. Acestea pot fi adaptate la orice aptitudine sau subiect, nu doar pentru sport. Înlocuiește pur și simplu [SPORTUL] cu ce vrei tu să înveți și identifică-ți mentorii. De multe ori, poți găsi foști medaliați cu aur și argint dispuși să răspundă la întrebări pe Skype pentru 50-100$ pe oră, iar asta este o afacere incredibil de bună și ar putea să te scutească de ani de eforturi irosite.

» Cine e bun la [SPORT] deși are o constituție fizică nepotrivită pentru asta? Cine e bun la asta deși n-ar trebui să fie?
» Cine sunt cei mai controversați și mai neortodocși sportivi sau antrenori din [SPORT]? De ce? Ce părere ai despre ei?
» Care sunt cei mai impresionanți dar mai puțin cunoscuți profesori?
» Ce te face pe tine diferit? Cine te-a antrenat sau te-a influențat?
» I-ai antrenat pe alții? Au reușit să-ți reproducă rezultatele?
» Care sunt cele mai mari greșeli și mituri pe care le observi în antrenamentul din [SPORT]? Care sunt cele mai mari pierderi de timp?
» Care sunt cărțile tale instructive sau resursele tale preferate cu privire la acest subiect? Dacă oamenii ar trebui să învețe singuri, ce le-ai sugera să folosească?
» Dacă ar trebui să mă pregătești timp de 12 săptămâni pentru o competiție de [COMPLETEAZĂ SPAȚIUL GOL] și ai avea de câștigat

un milion de dolari, cum ar arăta antrenamentul? Dar dacă ar fi să mă pregătești 8 săptămâni?

În cazul baschetului, am adăugat patru întrebări suplimentare la cele de mai sus. Întrebările care urmează i-au fost trimise prin e-mail lui Rick Torbett, fondatorul Better Basketball:

» Care sunt cele mai mari greșeli pe care le comit novicii atunci când aruncă la coș sau exersează aruncatul la coș? În ce fel este întrebuințat cel mai greșit timpul?
» Care sunt greșelile cele mai răspândite, chiar și printre profesioniști?
» Care sunt principiile-cheie pentru aruncări la coș mai bune, mai reușite? Care sunt cele pentru *foul shots* (lovituri libere) *versus* cele pentru aruncările de dincolo de linia de 3 puncte?
» Cum arată ordinea exercițiilor?

Am primit e-mailul său cu răspunsurile și, două zile mai târziu, reușeam 9 din 10 lovituri libere pentru prima dată în viața mea. Apoi, în Ajunul Crăciunului, am ieșit să joc popice și mi-am dat seama că multe din principiile baschetului (cum ar fi determinarea ochiului dominant pentru a-ți mișca „linia de centru" verticală) erau valabile și pe pistă. Am reușit un scor de 124, prima oară când treceam de 100 și un adevărat Everest față de punctajul meu obișnuit de 50-70. Când m-am întors acasă, am ieșit imediat afară și am reușit primele două lovituri de 3 puncte din viața mea. Este ceva foarte distractiv. Totul începe cu întrebările bune.

DR. PETER ATTIA

Peter Attia, doctor în medicină (TW: @PETERATTIAMD, EATINGACADEMY.COM), este un fost sportiv de ultra-rezistență (curse de înot de 40 km), o persoană obsedată să experimenteze pe pielea sa și una dintre cele mai fascinante ființe umane pe care le cunosc. Este unul dintre doctorii de referință la care apelez pentru orice lucru legat de performanță sau de longevitate. Peter și-a obținut doctoratul la Stanford University și are o diplomă în inginerie mecanică și în matematică aplicată la Queen's University din Kingston, Ontario. Și-a făcut rezidențiatul în chirurgie generală la Johns Hopkins Hospital și a făcut cercetare în cadrul National Cancer Institute, condus de dr. Steven Rosenberg, unde Peter s-a concentrat pe rolul celulelor T cu activitate reglatoare în regresia cancerului și pe alte terapii imunitare pentru cancer.

MICUL DEJUN AL LUI PETER

„De obicei încep cu nimic, după care, de obicei mai iau și felul doi – pentru că mi-e un pic cam foame – așadar mai iau un pic de nimic. De obicei, închei tot cu un pic de nimic."

Peter ia rar micul dejun și a încercat mai multe tipuri de post intermitent, de la o masă pe zi (adică 23 de ore de post pe zi) și până la tipare mai obișnuite, cum ar fi 16/8 și 18/6 (adică 16 sau 18 ore de post, mâncând doar într-un interval de 8 sau 6 ore). În general, regimul în care stai 16 ore nemâncat asigură un echilibru bun între autofagie (caută să vezi ce înseamnă) și anabolism (creșterea masei musculare).

FRAGMENTE ALEATORII

» Peter a stat trei ani cap-coadă în cetoză nutrițională și a menținut un nivel ridicat de performanță atât în ciclismul pe distanțe ultralungi și înot, cât și la forță (de ex., a dat un cauciuc de 204 kg de 6 ori peste cap în 16 secunde). Continuă să intre în cetoză cel puțin o dată pe săptămână ca urmare a postului (o masă principală pe zi între ~6 și 8 p.m.) și are impresia că funcționează la nivel optim atunci când urmează o dietă cetogenică. Principalul motiv pentru care s-a îndepărtat de ea a fost faptul că poftea la mai multe fructe și legume.

» Peter este obsedat de o mulțime de lucruri, printre care de ceasuri (cum ar fi Omega Speedmaster Professional, Caliber 321, care a apărut prin anii 1950) și de simulatoarele de mașini de curse pentru profesioniști. Simulatorul deținut de Peter utilizează software iRacing, dar hardware-ul (carlinga în care stă, volanul, partea hidraulică etc.) a fost cu totul construit la comandă, așa că nu are un nume. Mașina sa preferată pentru șofat este Formula Renault 2000.

DE CE MĂ ÎNȚELEG BINE CU PETER

Peter explică bucuria pe care a simțit-o când a băut primul amestec experimental de cetone sintetice (exogene):

„Primul pe care l-am încercat a fost esterul beta-hidroxibutirat, pe care mi l-a trimis un foarte bun prieten [Dominic D'Agostino, pag. 47], și mi se spusese că chestiile acestea au un gust oribil. Vorbisem cu doi oameni care le consumaseră înainte și aceștia erau tipi din armată, stoici. Nu erau niște copii de 6 ani. Îmi spuseseră: «O, Doamne, chestiile astea au cel mai îngrozitor gust de pe pământ». Așa că știam asta, dar cred că informația s-a pierdut în încântarea pe care o simțeam când a venit cutia. Am desfăcut-o și înăuntru am găsit și o notă care explica cum puteai prepara un cocteil cu gust acceptabil – și cum puteai să amesteci lucrul acesta cu alte 10 lucruri. Am ignorat-o pur și simplu și am scos recipientul de 50 ml.

L-am dat pe gât și îmi amintesc că era în jur de 6:00 dimineața, pentru că soția mea încă dor-mea. În primul rând, îl bei și vezi că are un gust asemănător cu gustul pe care îmi închipuiam că îl are combustibilul de avion sau motorina. Dacă ai mirosit vreodată hidrocarburi, are exact acel miros oribil și îți poți imagina cam ce gust are. Cu asta semăna la gust, așa că primul gând care mi-a trecut prin minte a fost: «Fir-ar să fie, dacă orbesc? Dacă asta conținea metanol? Ce prostie am făcut?» Apoi, următorul gând a fost: «O, Doamne, îmi vine înapoi! Adică, chiar îmi vine înapoi pe gât. Dacă vomit chestia asta, va trebui să-mi ling voma. Va fi pur și simplu dezastru». Așa că râgâiam și icneam și încercam să nu-mi trezesc toată familia și încercam să nu mânjesc toată bucătăria cu esterii mei cetonici. Am avut nevoie de vreo 20 de minute ca să ies afară și să-mi fac cursa cu bicicleta, acesta fiind de fapt obiectivul experimentului respectiv".

INSTRUMENTELE SPECIFICE MESERIEI

Peter poartă un Dexcom G5, un detector permanent al glucozei, care îi monitorizează nivelul glicemiei 24 de ore din 24, 7 zile din 7, afișându-i rezultatele pe iPhone. Dacă ar avea o baghetă magică, obiectivul său ar fi acela de a menține scăzute glicemia medie și variabilitatea glicemică. În afara unui laborator, intenția aceasta corespunde cu minimizarea „ariei de sub curba" insulinei (AUC*).

Pentru a reuși lucrul acesta, Peter încearcă să-și mențină glicemia medie (pe o perioadă de 24 de ore) între 84 și 88 mg/dl și deviația standard sub 15. Dexcomul afișează toate lucrurile acestea. Peter își calibrează Dexcomul de 2 sau 3 ori pe zi cu un glucometru OneTouch Ultra 2, care are nevoie de mai puțin sânge și pare să fie mult mai exact decât Precision Xtra-ul pe care îl utilizez eu ca să măsor cetonele.

---

* AUC – abreviere pentru *aria under the curve.* (n.red.)

EXERCIȚII PENTRU FESIERUL MEDIU (GLUTEUS MEDIUS)

„Omul modern este cel mai slab și mai instabil în plan lateral. Este esențial să ai fesierul mediu, mușchiul tensor al fasciei lata și mușchiul vast medial foarte puternici pentru un aliniament complet genunchi-șold și pentru durata performanței."

Peter m-a vizitat o dată în San Francisco și am mers împreună la sală. Între două serii de deadlifturi și diferite exerciții de *macho* cu mult praf de cretă, am aruncat o privire și l-am văzut pe Peter într-o poziție de fotomodel, făcând ceva asemănător cu o ședință de antrenament a lui Jane Fonda. După ce m-am oprit din râs, Peter mi-a explicat că a evitat o operație la genunchi mulțumită acestei serii de exerciții, pe care le-a învățat de la Ryan Flaherty, un guru al vitezei, și de la specialistul în kinesiologie Brian Dorfman (tot Brian l-a ajutat să evite o operație la umăr după o ruptură de labrum).

Am încercat seria lui de „thighmaster inversat" și am rămas uimit să văd cât de slab aveam fesierul mediu. A fost o adevărată tortură și am avut impresia că arăt ca un idiot. (Vezi citatul dlui antrenor Sommer: „Dacă vrei să ajungi un dur..." de la pag. 36). La fiecare din următoarele 7 exerciții, începe cu 10-15 repetiții de fiecare. După ce poți să faci 20 de repetiții pentru toate 7 consecutiv, gândește-te să-ți pui greutăți de glezne.

Probabil că te vei simți foarte îngâmfat și plin de tine după primele câteva exerciții, dar nu uita: nu te odihnești decât după ce le faci pe toate 7 și nu iei niciun fel de pauză între ele.

Valabil pentru toate – ține degetul mare de la picior mai jos de călcâi (cu vârfurile înspre interior), ca să fii sigur că lucrezi mușchii care trebuie și execută seria aceasta de 2 ori pe săptămână.

Nr. 1 – Sus/Jos

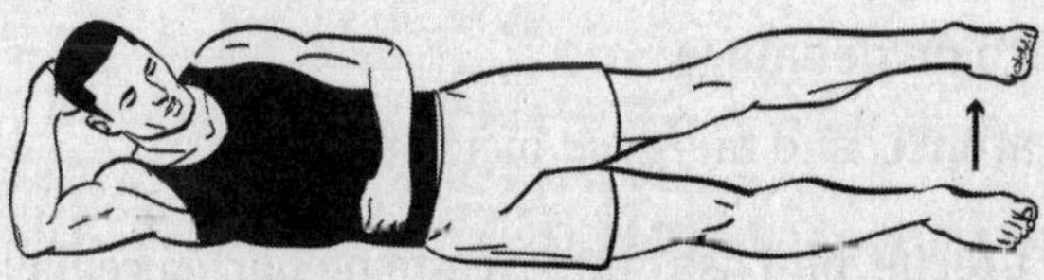

Întinde-te pe o parte și sprijină-ți capul cu brațul. Cu picioarele drepte, ridică-l pe cel de deasupra și apoi coboară-l, ținând laba înspre interior așa cum am menționat mai sus. Nu ridica piciorul foarte sus. Unghiul maxim format cu trunchiul nu ar trebui să depășească 30 de grade. Un unghi mai mare reduce tensiunea și anulează scopul.

Pentru exercițiile nr. 2-4, păstrează o distanță de aproximativ 30 cm între glezne la capăt. Maximizează tensiunea pe fesierul mediu și mișcă-ți piciorul doar în plan orizontal. Ai grijă ca glezna să nu coboare când îți balansezi piciorul în spate, spre exemplu. În primele 1-2 ședințe, încearcă să găsești înălțimea la care îți este cel mai „greu" să ții piciorul. De obicei, se află la o distanță de 30-45 cm de la glezna de dedesubt. Nu uita să ții vârful înspre interior.

Nr. 2 – Balansare în față

Balansează piciorul de deasupra în față până formează un unghi de 45 de grade la șold (cum se vede în ilustrație). Gândește-te la „cabaret".

Nr. 3 – Balansare în spate

Du piciorul înapoi cât de mult poți, fără să-ți arcuiești spatele.

Nr. 4 – Balansare completă înainte și înapoi

Du piciorul în față și după aceea în spate (cele două mișcări anterioare combinate), fără nicio pauză la jumătate.

Nr. 5 – Cercuri în sensul acelor de ceasornic

Desenează un cerc cu diametrul de 45 cm cu călcâiul. Nu uita că, în partea de jos a cercului, gleznele tale ar trebui să fie la o distanță de 30 cm una de alta. Dacă îți lași gleznele să se apropie la câtiva cm, trișezi.

Nr. 6 – Cercuri în sens contrar acelor de ceasornic

Repetă în direcția opusă.

Nr. 7 – Mișcare de pedalare

Pedalează ca atunci când mergi cu bicicleta.

Floare la ureche, nu-i așa? Întoarce-te pe partea cealaltă și repetă.

CERCURI PLANK PE O MINGE ELVEȚIANĂ

Obiectivul acestui exercițiu separat este să lucreze mușchii scapulari (ai omoplaților). Mobilitatea scapulară este una dintre cheile funcționării și longevității părții superioare a corpului. Mușchii vizați sunt teres minor, infraspinos, supraspinos, subscapular și romboid.

Baza este simplă: Pune-te în poziția plank, cu coatele pe o minge elvețiană, cu antebrațele orientate drept în față. Nu te lăsa moale în zona omoplaților sau în zona mijlocului (menține pozițiile „scobit" și „extins" descrise la pag. 45). Începe cu picioarele mult depărtate ca să ai stabilitate și le poți apropia pe măsură ce devii mai puternic. Având corpul în această poziție, folosește-ți antebrațele ca să miști mingea cum este descris mai jos. Un set este format din 10-16 repetiții din fiecare din exercițiile de mai jos, fără nicio pauză de odihnă între ele:

1. Cercuri în sensul acelor de ceasornic
2. Cercuri în sens opus acelor de ceasornic
3. Înainte și înapoi (adică îți duci coatele înainte 15-30 de cm, apoi le tragi înapoi spre coaste)

Dacă le faci corect, ar trebui să-ți simți mișcându-se bine omoplații (scapula).

Peter face un total de 3 serii, de două ori pe săptămână. El le combină cu „Wolverinele" (caută pe Google) executate la un aparat cu cablu, într-o superserie. Dacă sunt făcute corect, Wolverinele lucrează romboizii mai mult decât deltoizii.

5 TESTE DE SÂNGE PE CARE PETER LE RECOMANDĂ ÎN GENERAL

„Bineînțeles, răspunsurile depind de individ și de riscurile cu care se confruntă fiecare persoană (boli cardiovasculare, cancer etc.), în funcție de istoricul familial și de genetică, dar – în sens larg – privind din prisma prevenirii morții, următoarele cinci teste sunt foarte importante."

1 **Genotiparea ApoE:** „Acesta mă informează despre riscul pe care îl are o persoană să sufere de boala Alzheimer (BA). Gena nu este nici pe departe cauză, adică, faptul că o ai nu declanșează BA, dar mărește riscul de la puțin la foarte mult, în funcție de versiunea pe care o ai și numărul de copii pe care le ai. Ca să fiu sincer, fenotipul ApoE (cantitatea efectivă de lipoproteine care circulă în corp) prezice mai bine decât gena BA și este în mod evident un marker mai bun pentru monitorizare dar, cu toate acestea, încă nu există [un test] disponibil pe piață. Totuși, rămâneți pe fir, lucrez la asta."

2 **Numărul de particule LDL prin RMN** (o tehnologie care poate număra lipoproteinele din sânge): „Acest test numără toate particulele de LDL, particulele dominante care transportă colesterolul în corp, înspre și de la inimă și înspre și de la ficat. Știm [că]

cu cât este mai mare numărul acestor particule, cu atât crește riscul de boli cardiovasculare."

3 **Lp(a) („L-P-a-mic") prin RMN:** „Particula Lp(a) este poate cea mai aterogenică particulă din corp și, în ciuda faptului că este inclusă în cifra totală a particulelor LDL, vreau să știu când cineva are un număr ridicat de particule Lp(a), pentru că lucrul acesta, în sine și prin sine, fără să fie legat cumva de numărul particulelor LDL, este un enorm factor prezicător de risc. Este ceva în privința căruia trebuie să luăm măsuri, dar facem asta în mod indirect. Altfel spus, alimentația și medicamentele nu par să aibă vreun efect asupra acestei valori, așa că tragem și mai tare de manetă în alte privințe. În jur de 10% din populație a moștenit un risc ridicat de Lp(a) și este fără nicio îndoială cel mai răspândit risc pentru ateroscleroză ereditară. Vestea proastă este că majoritatea medicilor nu cer teste pentru determinarea sa; vestea bună este că dacă știi că îl ai îți poate salva viața și că în circa 3-4 ani va apărea pe piață un medicament (dintr-o clasă de medicamente numite „apo(a) antisense") care îl tratează direct."

4 **TTGO (Test de toleranță la glucoză pe cale orală):** Acest test presupune să bei o soluție de glucoză și apoi analizezi răspunsul insulinic și glicemic după 60 de minute și după 120 de minute. Intervalul de 1 oră este punctul din care poți observa semnele timpurii de alarmă cu nivel ridicat de glucoză (sau orice depășește 40-50 insulină), care pot să însemne hiperinsulinimia, un semn al problemelor metabolice. De fapt, răspunsul insulinic de după o oră ar putea să fie cel mai important indicator metabolic al înclinației spre hiperinsulinism și rezistență insulinică, chiar și în prezența unor markeri «tradiționali» normali, cum ar fi HbA1C."

5 **IGF-1 (factor de creștere de tip insulinic-1):** „Acesta este un factor foarte puternic care favorizează cancerul. Opțiunile de alimentație (de ex., dieta cetogenică, reducerea numărului de calorii, postul intermitent) ne pot ajuta să menținem un nivel scăzut de IGF-1, dacă o strategie de felul acesta este permisă."

SEMNALE DE ALARMĂ ALE CETOZEI

„Dieta cetogenică funcționează la mulți oameni, dar nu este ideală pentru toți. De asemenea, nu ne este clar de ce anumitor oameni le priește pe perioade lungi de timp, pe când alții par să obțină cele mai mari beneficii din ciclicitate. Dacă anumiți indicatori au valori prea mari (cum ar fi proteina C-reactivă, acidul uric, homocisteina și numărul particulelor de LDL), probabil că dieta nu funcționează cum trebuie pentru persoana respectivă și trebuie modificată sau abandonată. Câțiva pacienți care au parte de o creștere semnificativă a numărului de particule LDL în timp ce urmează o dietă cetogenică pot să inverseze tendința limitând grăsimile saturate la mai puțin de 25 g și înlocuind caloriile necesare de grăsime cu grăsimi mononesaturate (ca de ex., ulei din nuci de macadamia, ulei de măsline, ulei de avocado limitat)."

ÎNAINTE SĂ-ȚI FACI ANALIZE COMPLETE, HOTĂRĂȘTE CARE ESTE PRAGUL TĂU DE ACȚIUNE

„Sunt șanse mici să-ți faci teste medicale complete și să descoperi că totul este «normal», așa că nu-ți face analize dacă nu ești dispus să accepți incertitudinea generată de nevoia de a lua decizii (sau de a nu lua) având la dispoziție informații incomplete – și uneori chiar contradictorii. Spre exemplu, înainte să verifici dacă ai gena ApoE, ar trebui să știi ce vei face dacă ai una sau două copii ale alelei «4»."

TF: Hotărăște în avans – nu reactiv, atunci când ești copleșit de emoții – care sunt tipul de descoperiri în cazul cărora merită să acționezi, care sunt cele care vor fi ignorate și ce acțiuni de tip „dacă/atunci" vei întreprinde.

PERICOLELE ANALIZELOR DE SÂNGE „INSTANTANEE"

Este important să faci analize de sânge suficient de des pentru a determina tendințele și pentru a repeta/a confirma rezultatele terifiante înainte să treci la acțiuni importante. Lucrul acesta a fost repetat și de alți invitați care au apărut în podcastul meu, cum ar fi Justin Mager, doctor în medicină (pag. 99) și Charles Poliquin (pag.101):

„În 2005, am înotat de la insula Catalina până în L.A. și l-am rugat pe prietenul meu Mark Lewis, care este anestezist, să-mi ia sânge cu 10 minute înainte să intru în apă pe insula Catalina și, după aceea, la 10 minute după ce am ieșit din apă în L.A., 10,5 ore mai târziu. Pentru mine a fost o adevărată surpriză, pentru că dezvoltasem ceva numit sindromul răspunsului inflamator sistemic, SIRS, lucru pe care îl vedem de obicei la pacienții internați în spital care suferă de infecții oribile sau care au suferit traume foarte urâte: împușcare, accident rutier, lucruri de felul acesta.

Trombocitele urcaseră de la o valoare normală la una de 6 ori mai mare. Numărul celulelor albe din sânge a crescut de la o valoare normală la – nu știu – o valoare de 5 ori mai mare. Toate aceste schimbări uriașe s-au produs în sângele meu, așa că nu puteai să faci diferența între mine și cineva care tocmai fusese împușcat...

Am ezitat întotdeauna să tratez un pacient după analizele de sânge de moment, indiferent cât de rău arătau. Spre exemplu, de curând am consultat un tip care avea nivelul cortizolului matinal de vreo 5 ori mai mare decât nivelul normal. Aşa că, ai putea să te gândeşti că, uau, tipul acesta are o tumoare la glandele suprarenale, nu? Dar după câteva întrebări de clarificare am aflat că la 3 a.m. în dimineaţa respectivă, cu câteva ore înainte să i se ia sânge, îi explodase boilerul acasă. Pentru un nivel normal de cortizol matinal se presupune că omul a dormit în noaptea respectivă. Însă el fusese nevoit să scoată apa din casă."

4 PERICOLE DE CARE SĂ TE FEREŞTI

„Dacă ai peste 40 de ani şi nu fumezi, ai între 70% şi 80% şanse să mori din cauza uneia dintre următoarele patru boli: boli de inimă, boli cerebrovasculare, cancer sau boli neurodegenerative."

„Există de fapt două componente ale longevităţii. Prima este să întârzii moartea cât mai mult cu putinţă întârziind apariţia afecţiunilor cronice (cele „patru mari" de mai sus). Noi numim asta joc defensiv. Cea de a doua este amplificarea vieţii, jocul ofensiv. În jocul defensiv, există de fapt patru boli care te vor ucide. Cu alte cuvinte, dacă ai 40 de ani şi eşti preocupat de asta, probabil că nu vei muri într-un accident de maşină şi nici nu vei fi asasinat, pentru că ai ieşit din grupa demografică respectivă. Sunt şanse mai mici să mori din cauza factorilor X, Y şi Z. Atunci când te uiţi la tabelele de mortalitate, reiese că ai o probabilitate de 80% să mori din cauza bolilor cardiovasculare, bolilor cerebrovasculare, cancerului sau bolilor neurodegenerative, punct.

Dacă uiţi tot restul, aminteşte-ţi lucrul acesta: dacă ai 40 de ani sau mai mult şi eşti preocupat să ai o viaţă mai lungă, lucru care te plasează imediat într-o categorie cu o anumită tendinţă de selecţie, ai 80% şanse să mori din cauza uneia dintre aceste patru boli. Aşa că orice strategie care vizează creşterea longevităţii trebuie să se concentreze pe a reduce riscul acestor boli cât mai mult cu putinţă.

[Pentru cei care nu ştiu asta] boala cerebrovasculară se referă la atacul cerebral şi există două feluri în care poţi suferi un atac cerebral. Unul este prin ocluzie; celălalt se produce prin hemoragie, care este de obicei cauzată de tensiunea arterială ridicată şi lucruri de felul acesta. Aşa cum sugerează şi numele, boala neurodegenerativă este o degenerare a creierului. Cea mai comună cauză a acesteia este demenţa Alzheimer, şi aceasta este una din primele zece cauze de deces din Statele Unite.

[Studiile] îmi sugerează că există ceva legat de carbohidrații foarte rafinați și zahăr – și probabil și de proteine, deși aici s-ar putea să fie dintr-un motiv diferit – care provoacă creșterea insulinei, lucru despre care știm că, prin extensie, înseamnă și creșterea factorului de creștere de tip insulinic (IGF). Și știm că IGF este forța care pune în mișcare nu numai îmbătrânirea, ci în mod sigur și o mulțime de tipuri de cancer, deși nu pe toate."

SUPLIMENTE PE CARE PETER *NU* LE IA

Peter consumă o gamă substanțială de suplimente în funcție de rezultatele analizelor de sânge, așa că este foarte personalizată. Totuși, nu ia multe dintre suplimentele obișnuite:

» **Multivitamine:** „Ele sunt ce e mai rău din ambele aspecte. Conțin o grămadă de care nu ai nevoie și nu conțin suficient de mult din cele de care ai nevoie. Vin cu un risc inutil, fără niciun fel de beneficiu."

» **Vitaminele A și E:** Nu crede că ar avea nevoie de o doză mai mare decât ce absoarbe din alimentele integrale.

» **Vitamina K:** „Dacă mănânci verdețuri, obții o cantitate suficientă. K_2 s-ar putea să fie o cu totul altă poveste pentru câțiva oameni, în funcție de alimentația lor."

» **Vitamina C:** „Cei mai mulți dintre noi consumăm cantități suficiente în alimentație și chiar dacă megadozele s-ar putea dovedi interesante, mai ales în combaterea afecțiunilor virale, nu este suficient de biodisponibilă sub formă orală."

El este un susținător al suplimentelor de magneziu. Capacitatea noastră de a procesa magneziul dacă avem rinichii sănătoși este foarte ridicată. El ia între 600 și 800 mg pe zi, alternând între sulfat de magneziu și oxid de magneziu. Mai ia și carbonat de calciu de 2 ori pe săptămână. Jarrow Formulas și NOW Foods sunt două dintre brandurile sale preferate.

LOGICA LITIULUI LUAT ÎN DOZE MICI

Convins de conversațiile cu Peter, iau în prezent litiu în doze mici sub formă de 5 mg de orotat de litiu. Cu cât citesc mai multe studii epidemiologice, cu atât am ajuns să cred că litiul este un element esențial sau esențial condiționat. Sunt suficiente între 1 și 5 mg pentru a fi sigur că asimilezi cantitatea necesară din ceea ce se găsește în mod natural în pânza freatică din SUA. Ca introducere, îți sugerez să citești articolul

„Should We All Take a Bit of Lithium?"* (Ar trebui să luăm cu toții puțin litiu?), din *The New York Times*. Citez din articol:

> Chiar dacă s-ar putea să pară ciudat că microscopicele cantități de litiu care se găsesc în pânza freatică ar putea avea vreun impact medical substanțial, cu cât oamenii de știință caută mai mult astfel de efecte, cu atât par să descopere mai mult. Încep să se strângă încet dovezi că doze relativ minuscule de litiu pot să aibă efecte benefice. Ele par să reducă semnificativ rata sinuciderilor și ar putea chiar să susțină sănătatea creierului și să amelioreze dispoziția emoțională.

Și din partea lui Peter: „Litiul este foarte, foarte sigur în doze mici – în esență, tot ce se află sub circa 150 mg – dacă rinichii funcționează normal. Este unul dintre medicamentele care s-au ales cu o reputație proastă din cauza dozelor mari care erau uneori necesare pentru a trata afecțiunea bipolară recalcitrantă utilizând un singur tratament, dar dozele respective – care se apropiau cu ușurință de 1.200 mg – nu au nicio legătură cu logica de mai sus."

MAI MULTĂ COMEDIE – CU MULT TIMP ÎN URMĂ, PETER S-A ÎNGRĂȘAT DE LA 77 LA 95 KG, CEA MAI MARE PARTE FIIND GRĂSIME

„Sincer să fiu, mi-am ieșit din fire. Acum glumim pe tema asta, dar pe atunci chiar i-am spus soției: «Voi face un bypass gastric». La care ea mi-a răspuns: «Ești cea mai ridicolă ființă umană care a trăit pe fața pământului. Va trebui să discutăm despre căsătoria noastră dacă iei în calcul așa ceva la o greutate de 95 kg». Dar chiar m-am dus la consultație la cel mai bun chirurg bariatric** din San Diego, și e o poveste mai ciudată pentru că, deși era evident că sunt supraponderal, eram de departe cea mai slabă persoană din sala de așteptare. Asta m-a făcut să văd lucrurile mai clar. [Mi-am spus în sinea mea:] «Peter, tu îți închipui că ai probleme. Ce să zic, oamenii aceștia au câte 180 de kg fiecare.» Când mi-a venit rândul

---

* Anna Fels, "Should We All Take a Bit of Lithium?", *The New York Times*, 13 sept. 2014. (n.aut.)

** Chirurgia bariatrică are ca obiectiv scăderea ponderală durabilă, cu ameliorarea stării de sănătate, diminuarea sau dispariția comorbidităților, creșterea bunăstării și a calității vieții pacienților. Este considerată cel mai eficient tratament al obezității morbide. Reducerea depozitelor de energie înseamnă diminuarea țesutului adipos, slăbire, recăpătarea aspectului normal, ușurarea semnificativă a funcțiilor vitale, dispariția sau ameliorarea importantă a maladiilor determinate de obezitate. (n.red.)

să intru la doctor, asistenta m-a pus să mă urc pe cântar. Aveam în jur de 95 kg. La care ea a spus: «A, este fantastic. Sunteți aici pentru un consult de rutină după operație?»"

DESPRE RENUNȚAREA LA ALERGAT ȘI ÎNLOCUIREA CU RIDICATUL GREUTĂȚILOR

„Nimic nu mă întristează mai mult decât să văd o persoană care se luptă să slăbească crezând că trebuie să alerge 30 de km pe săptămână. Nu are niciun chef să o facă, o dor genunchii, urăște lucrul acesta și nu slăbește. Și eu aș vrea să-I spun: „Ei bine, am vești grozave pentru tine. Nu trebuie să mai alergi niciun pic toată viața, pentru că nu obții nimic din asta.

Activitatea fizică este, totuși, importantă, și cred că cel mai valoros tip de exercițiu, mai ales din punct de vedere al eficienței, este antrenamentul masiv de forță, foarte intens. Antrenamentul de forță îmbunătățește totul, de la eliminarea glucozei și sănătatea metabolică până la densitatea mitocondrială și stabilitatea ortopedică. Ultima s-ar putea să nu însemne mare lucru atunci când ai 30 și ceva de ani și ești sănătos tun, dar la 70 de ani reprezintă diferența dintre un șold fracturat și o plimbare prin parc."

DRUMUL LUI PETER SPRE MEDITAȚIE

10% Happier (*Mai fericit cu10%*), de Dan Harris, este cartea care l-a făcut pe Peter să mediteze în mod regulat. După ce a avut un succes limitat cu monitorizarea deschisă și cu meditația mindfulness, un prieten, Dan Loeb, miliardar și fondator al Third Point LLC, o firmă de administrare de active financiare de 17 miliarde $, l-a inițiat în meditația transcendentală.

✸ Cărțile pe care le dăruiește sau le recomandă cel mai des

Surely you're joking, Mr. *Feynman (Vă țineți de glume, domnule Feynman!*),* de Richard Feynman

*Mistakes Were Made (but not by me) [(S-au făcut greșeli (dar nu de către mine**)],* de Carol Tavris și Elliot Aronson. Ultima este o carte despre disonanțe cognitive care examinează slăbiciunile și tendințele obișnuite din gândirea umană. Peter vrea să se asigure că trece prin viață fără să fie excesiv de sigur de sine și cartea aceasta îl ajută să se recalibreze.

---

* Volum apărut sub acest titlu la Editura Humanitas, București, 2013. (n.red.)

** Volum apărut sub acest titlu la Editura Herald, București, 2015. (n.red.)

✹ Cea mai bună achiziție care a costat 100 $ sau mai puțin?

Peter are o întâlnire lunară tată-fiică cu fiica sa de 8 ani. Lucrurile de mai jos s-au petrecut spre sfârşitul unei stfel de escapade:

„Mergeam pe jos înapoi spre hotel şi a apărut unul dintre tipii aceia cu ricşe cu o bicicletă plină de luminițe aprinse. În mod normal, nu m-aş gândi niciodată să mă urc în aşa ceva, dar vedeam expresia din ochii ei: «Uau, bicicleta asta este plină de luminițe». [Aşa că ne-am urcat.] Tipul ne-a dus până la hotel şi ne-a costat probabil 20 $, nici măcar 100 $. Şi, crede-mă, am dat cu 20 $ mai mult decât am fi cheltuit dacă ne-am fi întors pe jos, dar expresia de pe chipul ei merita fiecare bănuț pe care-l dădusem. Am devenit un pic sentimental şi stereotipic pentru că aşa sunt tații în vârstă, dar aceia au fost cei mai bine cheltuiți 20 $ după multă vreme."

✹ Cine îți vine în minte când auzi sintagma „om de succes"?

Peter a menționat câțiva oameni, printre care pe prietenul său John Griffin, managerul unui fond speculativ din New York, dar aş vrea să subliniez ultimul lui răspuns: fratele său. Paul, fratele lui Peter (TW: @PapaAlpha-Blog), este procuror federal, un mare sportiv şi tată a 4 copii cu vârsta sub 5 ani. El se gândeşte enorm de mult la cum poate să fie un procuror federal mai bun şi se gândeşte la fel de mult la cum poate fi un tată mai bun. Peter explică în detaliu:

„Uite ce e succesul: copiii îşi amintesc de tine ca despre cel mai bun tată? Nu cel mai bun tată fiindcă le-ai dat totul, ci dacă vor putea să-ți spună orice într-o zi. Vor putea să te caute din senin, oricând, indiferent de ce s-ar întâmpla? Eşti prima persoană căreia vor să-i ceară un sfat? Şi, în acelaşi timp, poți să ai rezultate excepționale în orice decizi să faci, ca avocat, ca doctor, ca agent de bursă sau ca orice altceva?"

DR. JUSTIN MAGER

Dr. Justin Mager m-a ajutat la zeci de experimente pe care le-am făcut pe „cobai umani", ocupându-se de toată partea de analize de sânge și monitorizare de ultimă oră. Este strălucit și hilar. Justin a apărut în podcastul cu Kelly Starrett (pag. 151), un prieten și un colaborator comun. Când am terminat episodul, i-am pus întrebarea mea obișnuită: „În ce categorie ar trebui să te încadreze oameni?" Răspunsul lui Justin a fost: „Răspunsul meu sincer de despărțire este că nu ar trebui să mă încadreze nicăieri, mai bine să se uite într-o nenorocită de oglindă și să se clasifice singuri. Aspirația mea este să ajung underground și să fiu o fantomă". Îl ador pe tipul ăsta.

„NU SUNTEM OBIECTE, SUNTEM PROCESE"

„Vrem să judecăm lucrurile ca fiind bune sau rele... Așa că venim cu ideea asta că inflamația este rea, [prin urmare, opusul ei] este bun. Colesterolul ridicat este rău, colesterolul scăzut este bun. [Dar] trebuie să înțelegi ce înseamnă de fapt analizele de sânge. În primul și-n primul rând, ele sunt un instantaneu. Reprezintă un moment în timp și noi nu suntem obiecte, suntem procese."

„OPTIMUL" DEPINDE DE OBIECTIVUL PENTRU CARE OPTIMIZEZI

„[Spre exemplu], există ceva literatură care sugerează că dacă ai colesterolul LDL ridicat, poți să acumulezi mai multă masă musculară cu o viteză mai mare. Deci, dacă ești în etapa antrenamentelor de forță, este posibil ca prezența efectivă a acestui lucru să te avantajeze... dar trebuie să știi contextul. Trebuie [de asemenea] să înțelegi ce înseamnă de fapt indicatorul respectiv, nu să te mulțumești cu o judecată care spune dacă este bun sau rău."

AUZI, DOCTORE, CE ROL ARE COLESTEROLUL?

„Îmi place să-i întreb lucrul acesta pe medici, mai ales dacă mă contrazic pe tema metodelor pe care le practic. Le spun: «Auzi, ce face colesterolul?» și este interesant pentru că mulți dintre ei sunt atât de îndoctrinați cu algoritmul: «Tot ce trebuie să fac este să identific colesterolul ridicat și să-l tratez», care se opune înțelegerii rolului pe care acesta îl joacă în corpul uman."

TF: Există o mare diferență între înțelegerea unui lucru (asta vrei de la un medic) și simpla cunoaștere a numelui acestuia, simpla etichetare. Aceasta este și una dintre lecțiile pe care le-a învățat de la tatăl lui Richard Feynman, laureat al Premiului Nobel. Povestea este inclusă în *Vă țineți de glume, domnule Feynman!*, cartea pe care câteva dintre persoanele prezentate aici o dăruiesc cel mai des, dar și în minunatul scurt documentar intitulat *The Pleasure of Finding Things Out (Plăcerea de a descoperi lucruri)*.

„Regula este: Fundamentele sunt fundamente și nu poți să bați fundamentele."

„Ce-ți intră în gură este un factor de stres și ce spui – ce-ți iese pe gură – este tot un factor de stres."

CHARLES POLIQUIN

Charles Poliquin (TW/FB: @STRENGHTSENSEI, STRENGHTSENSEI.COM) este unul dintre cei mai cunoscuți antrenori de forță din lume. A antrenat sportivi de elită din aproape 20 de sporturi, inclusiv medaliați cu aurul olimpic, campioni NFL (National Football League) All-Pros, NHL (National Hockey League) All-Stars și Stanley Cup și campioni de bodybuilding IFBB. Printre clienții săi se numără prima câștigătoare a aurului olimpic la lupte pentru femei, Helen Maroulis, câștigătorul aurului la săritura în lungime, Dwight Phillips, cel mai valoros jucător din NHL Chris Pronger și campionul de baseball din MLB (Major League Baseball) Edgar Martinez, și mulți alții. Poliquin a scris peste 600 de articole despre antrenamentele de forță și lucrările sale au fost traduse în 24 de limbi. A scris 8 cărți, printre care o mică nestemată cu titlul: *Arm Size and Strength: The Ultimate Guide (Dimensiunea și forța brațului: ghidul suprem)*.

Animalul spiritual: tigrul siberian

DOAR PENTRU CĂ FACI SPORT NU ÎNSEAMNĂ CĂ MERIȚI APĂ CU ZAHĂR

„Cel mai important lucru pe care l-am învățat despre nutriție este că trebuie să meriți carbohidrații... pentru a merita [sutele de kcal din carbohidrați] post-antrenament, trebuie să ai grăsime corporală sub 10%. Și cea mai rapidă modalitate de a ști dacă ai sub 10% grăsime corporală ca bărbat este: Îți poți vedea *linea alba* [dunga verticală] a mușchilor abdominali? Cu alte cuvinte, pot să văd toate rândurile de mușchi abdominali? Nu se pune dacă vezi un singur rând; trebuie să le vezi pe toate. Cu alte cuvinte, **trebuie să ai piele de penis pe mușchii abdominali."**

TF: O cititoare a răspuns pe social media cu: „Dar dacă este pielea penisului altcuiva?" Și asta ar putea fi o soluție.

„Am câțiva sportivi cărora cel mai mult le priește o alimentație formată din 70% carbohidrați, 20% proteine și 10% grăsime. Dar își merită carbohidrații. Au un pancreas grozav, sunt sensibili la insulină, bla, bla, bla, au masă musculară mare. Însă alți sportivi au voie doar să lingă de 10 ori o prună uscată la fiecare 6 luni. Nu merită mai mult și nu primesc mai mult. Și după 6 luni, au voie să se uite la fotografii cu prăjituri din calendare o dată pe săptămână."

TF: Pentru o opțiune post-antrenament cu conținut redus de carbohidrați, vezi zerul de capră de la pag. 111 (Combustibil portabil).

CUM IDENTIFICI UN ANTRENOR BUN DE FORȚĂ?

„Un antrenor bun de forță ar trebui să învețe o femeie să poată face 12 tracțiuni la bară până la bărbie, în 12 săptămâni, indiferent de procentul de grăsime corporală."

MICUL DEJUN TIPIC AL LUI CHARLES

Charles ia micul dejun foarte în serios. În combinația lui obișnuită intră un fel sau altul de carne de animal sălbatic (de obicei prăjită la tigaie în unt Meyenberg de capră), nuci și uneori fructe de pădure sau avocado.

„Îmi plac mult nucile de macadamia, dar alternez consumul lor ca să nu dezvolt intoleranțe ... Când sunt plecat, unul dintre motivele pentru care trag la hotelurile Marriott în întreaga lume este că acestea sunt singurul loc unde servesc friptură și ouă. Bineînțeles, atunci când călătorești lucrurile pot să fie mai dificile: spre exemplu, în Manchester [UK], n-a fost chip să primesc friptură și ouă la micul dejun, așa că eu și asistentul meu am cumpărat sardine, iar în ziua următoare am mâncat sardine și nuci braziliene la masa de dimineață. Nu negociez în privința asta. Eu fie mănânc pește și carne, fie fructe de mare și câteva nuci."

TF: Am scris cu litere bold fraza de mai sus pentru că am mulți prieteni care au fost testați pentru intoleranțe alimentare și m-au sunat spunându-mi: „Am intoleranță la fasolea albă Navy! Și la albușul de ou!" Rezultatele de felul acesta nu înseamnă neapărat că genetica ta nu-ți permite aceste alimente. Există o probabilitate destul de mare ca A) pur și simplu să fi consumat cantități prea mari din același aliment și ai provocat un răspuns autoimun corectabil, sau B) laboratorul să fi făcut o greșeală. Am văzut laboratoare care au diagnosticat *toți* pacienții (zeci) dintr-o anumită săptămână cu intoleranță la albușul de ou. Există erori de laborator, echipamentul funcționează greșit și oamenii comit greșeli. Morala poveștii: Variază sursele de alimentație și confruntă rezultatele oricărui test înspăimântător cu un al doilea test.

PENTRU PIELE LĂSATĂ SAU VERGETURI

„Există o plantă numită gotu kola care – am aflat asta de la dr. Mauro Di Pasquale, unul dintre mentorii mei timpurii – te va scăpa de ceea ce noi numim țesut cicatrizat nenecesar sau țesut conjunctiv nenecesar. Totuși, adevărul este că nu vei vedea niciun rezultat în privința pielii care atârnă timp de 6 luni. Așa că oamenii spun că nu merită, dar eu le spun să continue cu asta timp de 6 luni. Apoi, progresul se produce aproape peste noapte...

Există câțiva farmaciști recepturiști* care îți vor pregăti o cremă gotu kola bioabsorbabilă. Asta funcționează mult mai repede. Eu aș spune că, dacă poți găsi un farmacist recepturist care să facă asta și conține o formulă activă din punct de vedere biologic, ai putea să obții aceleași rezultate în vreo 2-3 luni."

TF: L-am întrebat pe Charles despre sursele orale și mi-a sugerat o pipetă de extract lichid de Gaia Herbs Gotu Kola Leaf pe zi, care îmbunătățește de asemenea reparația tendoanelor și funcția cognitivă.

4 TESTE PE CARE SĂ LE FACI LA FIECARE 8 SĂPTĂMÂNI

Charles recomandă să verificăm acești biomarkeri la fiecare 8 săptămâni:

1. **Insulina de dimineață (pe nemâncate)**
2. **Glucoza de dimineață (pe nemâncate):** „Un lucru asupra căruia insist este ca întotdeauna [să se facă testul acesta] la exact

---

* Farmacistul care prepară medicamente se numește recepturist, deoarece locul în care se prepare medicamentele se cheamă receptură. (n.red.)

12 ore după ultima înghițitură. De ce? Pentru că vreau pre- și post-valori care să fie valide. Glucoza de dimineață poate să fie total anapoda pentru că ai stat nemâncat cu 2 ore mai mult, și nu este validă."

TF: Aceasta este o observație extrem de importantă. Standardizează cât mai multe variabile cu putințe. Spre exemplu, eu fac analize de sânge în aceeași zi a săptămânii și încerc să mă hidratez la fel, bând de obicei 1-2 litri de apă și asigurându-mă că am urina de culoare deschisă. Imaginează-ți că faci o analiză de sânge joia și apoi faci analizele de control într-o zi de luni, după un weekend întreg în care ai băut, lucru care-ți poate mări numărul enzimelor ficatului. Valorile nu sunt comparabile. Dacă se poate, n-ar fi rău să eviți antrenamentele intense cu 24 de ore înainte de analize, astfel încât să nu obții valori false la markerii pentru inflamație. Stăpânește-ți variabilele!

3. **Testul rezistenței la insulină**: „Cred că testul rezistenței la insulină este cel mai subestimat test din sănătate." (Dr. Peter Attia îl include ca „TTGO [Testul Toleranței la Glucoză Orală [în cele mai importante cinci teste din punctul lui de vedere; vezi pag. 92 pentru mai multe detalii.)
4. **HbA1c** (se citește de obicei ca „hemoglobina A1c"): **„Se spune că, în principiu, îmbătrânești cu viteza cu care produci insulină.** HbA1c îmi spune care a fost insulina medie în ultimele 3 luni... Pe parcursul anilor am descoperit că, în realitate, cantitatea de magneziu, magneziu suplimentat, pe care o consumi reprezintă cea mai rapidă modalitate de a reduce valoarea respectivă. Așa că magneziul este probabil unul dintre cele mai bune minerale anti-îmbătrânire."

MAI MULTE DESPRE MAGNEZIU

„Cred că cel mai bun magneziu care se găsește este treonatul de magneziu, dacă ar trebui să aleg unul. Dar eu prefer să iau diferiți chelați*. [**TF:** Dominic D'Agostino ia și el magneziu; vezi pag. 56 pentru opiniile sale.] Așa că folosesc glicinat, folosesc orotat. Dacă analizezi fiziologia din spatele său, și există foarte multă cercetare de calitate care poate fi găsită cu ușurință, fiecare formă de magneziu tinde să meargă spre un anumit țesut. Deci, spre exemplu, glicinatul de magneziu are o preferință pentru

---

* Chelați – compuși coordinativi care se caracterizează prin prezența în sfera lor de coordinare a unor chelatori, legați la ionul metalic. (n.red.)

țesutul hepatic și cel muscular; orotatul de magneziu tinde să acționeze mai mult în sistemul vascular. Treonatul de magneziu este mai degrabă un inductor GABA și, prin urmare, îmbunătățește somnul. Eu, personal, iau 2 g de treonat de magneziu la ultima masă înainte de culcare și folosesc diferite forme de chelați, cum ar fi glicerofosfatul de magneziu de la GabaMag [produs de Trilogy Nutritional Supplements]."

Altă rețetă de referință pentru somn: glutamină și probiotice prescrise de medic (alternează brandurile) înainte de culcare.

DESPRE DOCTORII BUNI

„Probabil că cel mai bun indicator [al calității lor] este cât de mult timp petrec cu tine la prima vizită."

PENTRU A CREȘTE T, DESCREȘTE C

„Ca regulă... **cel mai bun lucru pentru creșterea testosteronului este reducerea cortizolului**. Pentru că materia primă din care sunt produși testosteronul și cortizolul este una și aceeași și se numește pregnenolon. În condiții de stres, corpul este programat să producă în cele din urmă cortizol."

TF: Dacă te așezi în pat extenuat, după care te simți energizat și nu mai poți să adormi, cortizolul ar putea să fie unul dintre factori. Pentru a atenua acest fenomen de „oboseală și energie" – și, de asemenea, pentru a reduce nivelul de glucoză – eu iau înainte de culcare fosfatidilserină și N-acetil cisteină (NAC). Pentru mine, acestea au și un efect sesizabil de reducere a anxietății a doua zi.

„Cel mai bun consilier pe subiectul HRT (Terapia de înlocuire a hormonilor) este Thierry Hertoghe din Belgia."

✹ **„Dacă ar trebui să alegi pentru sportivii tăi, ce ai alege: genuflexiune cu haltera în față, în spate sau deasupra capului?"**

Genuflexiunea cu haltera în față. Am o mulțime de date statistice despre asta. Pentru că la genuflexiunea în față este imposibil să trișezi. Mă refer la o genuflexiune în față în care dai cu fundul de pământ, adică lași o pată pe mochetă atunci când ajungi în poziția de jos. După mine, din motive sportive, toate genuflexiunile ar trebui făcute așa... Ei ar trebui [să le facă] așa cum le fac halterofilii olimpici. Deci, mâinile ar trebui să se afle la o distanță puțin mai mare decât lățimea umerilor, coatele cât mai sus cu putință și efectiv spre înăuntru. Asta blochează bara chiar în fața gâtului. Dacă ți se pare că exercițiul este comod, nu-l faci cum trebuie. Ar trebui să simți un fel de strângere în zona gâtului atunci când faci o genuflexiune corectă cu haltera în față."

(Vezi opiniile lui Kelly Starrett despre genuflexiuni la pag. 151.)

PASUL NR. 1 CÂND FACI ÎNCĂLZIRE PENTRU GENUFLEXIUNI

„Există foarte multe cercetări care arată că mobilitatea gleznei este cea care reduce probabilitatea oricărui fel de accidentare a extremităților inferioare, indiferent că este vorba de o ruptură a ligamentului anterior încrucișat, o întindere de tendon sau o ruptură a abductorilor sau orice altceva. Așa că primul lucru pe care l-aș face eu [în încălzirea de dinainte de genuflexiuni] ar fi să urc pe un aparat care lucrează pulpele și să le întind, apoi să mă dau jos și să fac stretching static timp de 8 secunde. Aș încheia cu contracții voluntare, pentru că resetează tiparul pentru forță. Cercetarea este clară: dacă faci stretching static și nu închei cu o contracție, ai șanse mai mari să te alegi cu o accidentare."

TF: Asta plus recomandarea lui Paul Levesque m-a făcut să iau genuflexiunile cazace în serios (vezi pag. 114). Acum sunt mai atent ca niciodată la pulpa piciorului, atât pentru a preveni accidentările, cât și pentru flexibilitatea părții superioare a gambei (vezi Christopher Sommer, pag. 35).

ACTIVAREA MUȘCHILOR ISCHIOGAMBIERI

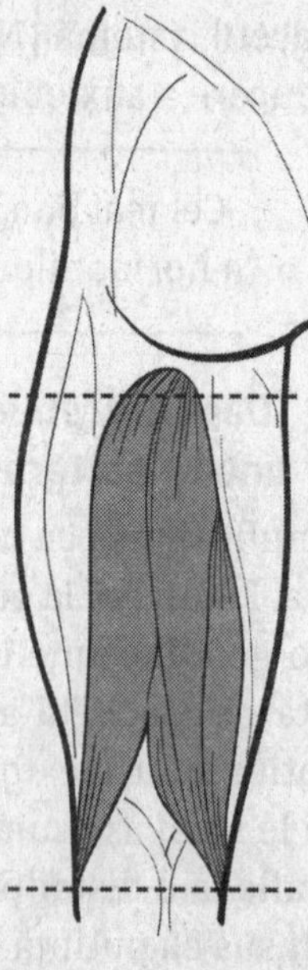

Am făcut la un moment dat un seminar Kinetic Chain Enhancement condus de Charles, în care mi-a sfâșiat brațele cu ART* (tehnica de eliberare activă) și mi-a dublat amplitudinea rotației interne a umărului (vezi *4 ore – corpul*) în doar câteva minute. Ne-a mai învățat și „tehnica mușchi-tendon" – cum să activezi mușchii ischiogambieri, printre alți mușchi, utilizând fricțiunea simplă a fibrelor încrucișate aproape de punctele de inserție. Spre exemplu, pentru a-ți mări forța rezultată dintr-un set de exerciții curl executate cu ischiogambierii, ai putea să te întinzi pe jos și să rogi pe cineva să-ți maseze cu muchia palmei – ca atunci când execuți o „lovitură de judo" – înainte și înapoi pe fiecare dintre liniile punctate din ilustrația alăturată, timp de 8-10 secunde

* Abreviere de la *active-release technique*. (n. red.)

de fiecare. Din motive care depășesc spațiul pe care îl avem, începe de la plica fesieră (plica fundului) pentru exerciții curl cu ischiogambierii, dar pentru deadlifturi începe cu liniile de sub genunchi.

- **Cele mai dăruite sau recomandate cărți**

  59 Seconds: Change Your Life in Under a Minute (59 de secunde. Schimbă-ți viața în mai puțin de un minut)*, de Richard Wiseman (pentru reducerea stresului)

  4 ore – săptămâna de lucru

  *The ONE Thing: The Surprisingly Simple Truth Behind Extraordinary Results (Un singur lucru. Adevărul neașteptat de simplu de la baza oricărei reușite**)*, de Gary Keller

„Deci, după ce am citit [*4 ore – săptămâna de lucru* și *Un singur lucru*], când sunt acasă lucrez între 2 ore și jumătate și 4 ore, maxim. Toată luna iulie îmi iau liber. Primele două săptămâni din august sunt și ele libere. Din decembrie și până pe la sfârșitul lui ianuarie nu lucrez deloc și îmi iau o săptămână liberă în fiecare lună."

- **Cea mai bună achiziție a lui Charles care a costat 100 $ sau mai puțin**

„A fost un cadou, așa că nu sunt sigur cât a costat, dar nu are cum să fie prea mult. Se numește Bamboo Bench [creată de antrenorul personal german Bernd Stoesslein]. Are o formă de semi-lună [se atașează de orice bancă] în care îți poți odihni coloana vertebrală. Așa că, atunci când faci exerciții de apăsare, poți să lași coatele mult mai jos decât le-ai lăsa cu o bancă normală. Permite o mișcare scapulară mai liberă, permite o rază mai mare de mișcare atunci când ridici și îți permite să faci exerciții de împins cu bara fără dureri în partea superioară a corpului.

Cine îți vine în minte când auzi sintagma „om de succes"?

Winston Churchill. „Tipul ăsta avea ouă. L-a înfruntat pe Hitler, a mobilizat Regatul Unit, a refuzat să se predea. Este laureat al Premiului Nobel în Literatură. Foarte puțini oameni știu lucrul acesta."

TF: O notă amuzantă – după ce Charles a spus lucrul acesta în podcastul meu, proprietarul fostei case a lui Winston Churchill l-a căutat și l-a invitat să o viziteze.

---

* Volum apărut sub acest titlu la Editura Paralela 45, București, 2012. (n.red.)

** Volum apărut sub acest titlu la Editura Litera, București, 2015. (n.red.)

COPIUȚA PENTRU DIETA SĂRACĂ ÎN CARBOHIDRAȚI

Numeroși oameni se descurajează atunci când încearcă să slăbească.

Din fericire, nu trebuie să fie ceva complicat. Deși postesc în mod regulat și intru în stare de cetoză, dieta săracă în carbohidrați (SCD)* a fost dieta mea obișnuită timp de mai bine de un deceniu. Funcționează incredibil și afectează multe alte lucruri pe lângă aspectul fizic. De la un cititor:

„Vreau doar să-i mulțumesc sincer lui Tim pentru că și-a făcut timp să cerceteze și să scrie *4 ore – corpul*. Mama mea, care se apropie de 70 de ani, a slăbit 20 kg și a putut să renunțe la medicamentele pentru hipertensiune pe care le lua de mai bine de 20 de ani. Și a reușit toate acestea în vreo 3 luni. Asta înseamnă că o voi mai avea alături multă vreme."

Regulile de bază sunt simple și toate trebuie respectate 6 zile pe săptămână:

Regula nr. 1: Evită carbohidrații „albi", bogați în amidon (sau cei care pot fi albi). Asta înseamnă pâinea, pastele, orezul, cartofii și cerealele (da, inclusiv quinoa). Dacă ai îndoieli cu privire la un aliment anume, nu-l mânca.

Regula nr. 2: Mănâncă aceleași câteva mese în repetate rânduri, mai ales la micul dejun și prânz. Vestea bună: faci deja lucrul acesta. Trebuie doar să te deprinzi cu câteva mese standard noi. Dacă vrei să nu complici lucrurile, împarte farfuria în trei părți egale: proteine, vegetale și leguminoase/legume.

Regula nr. 3: Nu bea calorii. Excepția: sunt permise 1 sau 2 pahare de vin roșu sec pe seară, deși acesta poate face unele femei aflate în pre-/post-menopauză să nu mai progreseze dincolo de un anumit nivel.

---

* SCD – Slow-Carb Diet. (n.red.)

Regula nr. 4: Nu mânca fructe. (Fructoza → glicerol fosfat → și mai multă grăsime corporală, mai mult sau mai puțin.) Roșiile și avocado sunt permise.

Regula nr. 5: De fiecare dată când ai posibilitatea, măsoară-ți progresul sub forma procentului de grăsime corporală, NU ca greutate totală. Cântarul te poate induce în eroare și te poate abate de la țintă. Spre exemplu, se întâmplă des să câștigi masă musculară și în același timp să pierzi grăsime urmând SCD. Exact asta vrei, dar cifra afișată de cântar nu se va clinti și vei începe să devii frustrat. În loc de cântar, eu folosesc scanerul DEXA, un dispozitiv cu ultrasunete BodyMetrix, care poate fi folosit acasă, sau șublere cu un profesionist sportiv (eu recomand metoda Jackson-Pollock în 7 puncte).

Și, după aceea:

Regula nr. 6: Ia o zi de pauză pe săptămână și fă-ți de cap. Eu am ales și recomand sâmbăta. Aceasta este „ziua de trișat" pe care mulți cititori au poreclit-o „sâmbăta grasă". Din motive biochimice și psihologice este important să nu te abții de la nimic. Câțiva cititori scriu o listă cu „de mâncat" în timpul săptămânii, lucru care le amintește că renunță la vicii doar timp de 6 zile.

Detalii cuprinzătoare pas cu pas, inclusiv Q&A-uri* și detectarea și rezolvarea problemelor, pot fi găsite în *4 ore – corpul*, dar schița generală anterioară este adeseori suficientă pentru a slăbi 9 kg într-o lună și măsura hainelor să scadă cu două numere. Zeci de cititori au pierdut între 45 și 90 de kg urmând SCD.

---

* Întrebări și răspunsuri. (n.red.)

SALA MEA DE SPORT FORMATĂ DIN 6 ARTICOLE ÎNTR-UN RUCSAC

Iau aceste 6 obiecte cu mine de fiecare dată când călătoresc. În anumite cazuri, cumpăr mai multe seturi și le las în câte o cutie la hotelul din acele locuri în care merg cel mai des, cum ar fi L.A. și N.Y.C. Plătind doar costul înregistrării bagajelor la câteva zboruri, pot să fac în așa fel încât să fiu așteptat de „trusa" mea în câteva orașe și să evit cozile de la check-in.

1. **Voodoo Floss (între 20 $ și 30 $):** Seamănă cu un bandaj din cauciuc. Se folosește pentru a înfășura și a strânge părțile amorțite sau rănite ale corpului. Este suficient de mică ca să încapă în buzunarul de la geacă dar, în ciuda acestui lucru, reduce durerea și crește amplitudinea articulară mai mult decât injecțiile pretențioase și terapia de 200$ pe oră. Utilizez Voodoo Floss o dată sau de două ori pe zi pentru coate și antebrațe, în timpul antrenamentelor dure de gimnastică. Sursa: Kelly Starrett (pag. 151).
2. **Glisiere de mobilă (între 5 $ și 15 $):** Pe acestea le-am folosit ca să sperii clienții de prin hotelurile din toată lumea. Le pun sub călcâie pentru o mișcare numită „plimbare AG cu suport pentru călcâie" (pag. 43) pe care o fac înainte și înapoi pe covor. Sursă: Christopher Sommer (pag. 35).
3. **RumbleRoller:** Imaginează-ți o rolă de masaj din spumă combinată cu cauciucul unui monster-truck. (Vezi detalii la pag. 29.) Sursă: Amelia Boone (pag. 28).
4. **Bed of Needles*:** Practic, am cumpărat o saltea de presopunctură Nayoya. Există un competitor (același, dar diferit) numit Bed of Nails**, și ambele sunt disponibile pe Amazon. Genul acesta de saltea care se rulează este acoperită cu „ace" care arată ca

---

* Pat de ace. (n.red.)

** Pat de unghii. (n.red.)

țepii de la crampoane și mi-a fost recomandată de Andrii Bondarenko (IG: @andrii_bondarenko), unul dintre copiii-minune de la Cirque du Soleil, care poate să stea într-o mână. Fostul său antrenor ucrainean de acrobație sportivă își punea atleții să le folosească până la o oră pe zi. Eu am observat că 5-10 minute dimineața pot face minuni, mai ales pentru durerile de spate. Când am suferit o ruptură a mușchiului latissimus dorsi, dispozitivul acesta a fost singura modalitate prin care m-am vindecat și am putut să-mi reiau antrenamentele.

5. **Proteinele uscate Tera's din zer de lapte de capră:** Dacă ești alergic la lactoză, aceasta poate fi un dar de la Dumnezeu. Chiar și printre cei care tolerează bine laptele, mulți (asemenea mie) consideră că este mai ușor de digerat. Eu folosesc un borcan simplu pentru a amesteca. Dacă ți se pare că are un puternic gust de capră – mie mi se pare foarte neutru – poți să iei în calcul adăugarea unei linguri de pudră de sfeclă roșie de la BeetElite sau alt brand. Sursa: Charles Poliquin (pag. 101).
6. **Mini-paralete.** Toți cei care s-au uitat la gimnastică au auzit de paralele. Toți cei care au trecut printr-o sală de sport CrossFit au auzit de versiunea miniaturizată numită „paralete", făcută de obicei din țevi PVC. Dar foarte puțini au văzut mini-paraletele ultraușoare Vita Vibe MP12, care sunt atât de mici încât încap într-un bagaj de mână. Sunt înalte doar atât cât să te poți prinde cu mâinile de ele și sunt perfecte pentru stat în poziția L, planche lean și stat în mâini. Acestea sunt mult mai bune pentru încheieturi decât statul direct în mâini. Celebrul om de știință specializat în neuroștiințe, dr. Adam Gazzaley (pag. 164), a fost primul care mi-a prezentat „bare-p" bune pentru antrenament acasă.

PAVEL TSATSOULINE

Pavel Tsatsouline (TW/FB: @BESTRONGFIRST, STRONGFIRST.COM) este președinte al Strong First, Inc., o școală de forță cu sedii în toată lumea. Este fost instructor de pregătire fizică pentru Spetsnaz, forțele speciale sovietice, și în momentul de față este instructor expert al Pușcașilor Marini ai SUA, Serviciul Secret al SUA și pentru trupele speciale SEAL ale Marinei SUA. Se bucură de respectul multor oameni pentru introducerea kettlebell-ului atotprezent acum în Statele Unite și este autorul cărții *Kettlebell: Simple & Sinister (Kettlebell-ul: simplu și sinistru)*.

PROBA DE SUNET

Înainte de interviuri, verific întotdeauna echipamentul punând aceeași întrebare. Este gândită în așa fel încât să-i facă pe oameni să vorbească cel puțin 10 secunde. Iată ce s-a întâmplat cu Pavel:

TIM: „Pavel, dacă nu te superi, spune-mi ce ai mâncat la micul dejun, pentru proba de sunet."

PAVEL: „Probă de sunet. Micul dejun: cafea."

Mi s-a părut atât de amuzant răspunsul, încât l-am pus la începutul episodului. Mulți fani îl ascultă de nenumărate ori, ca să râdă.

DOUĂ ÎNCĂLZIRI: HALOURILE ȘI GENUFLEXIUNILE CAZACE

Dacă ești interesat de încălziri scurte și foarte eficace, iată două exerciții pe care să le iei în calcul.

Halourile

Ia o greutate cu ambele mâini și rotește-o în jurul capului pentru a detensiona centura umerilor. Eu folosesc un kettlebell de 11-20 kg sau un disc de greutate și fac 5 repetiții *lente* în fiecare direcție. Începe ușor.

Genuflexiunea cazacă

Când toate celelalte lucruri au dat greș, genuflexiunile cazace cu un kettlebell (așa cum sunt ilustrate mai jos) aproape că mi-au dublat mobilitatea gleznei, lucru care a declanșat un lanț de efecte pozitive. Ține-ți călcâiele lipite de sol pe tot parcursul exercițiului, genunchii aliniați cu degetele de la picioare și lasă-ți șoldurile cât mai jos cu putință atunci când treci de pe o parte pe alta. Eu fac câte 5-6 repetiții pentru fiecare parte și câte 2-3 serii și le combin adesea într-o superserie cu încălzirea „Spiderman la pas" a lui Eric Cressey.

PRINCIPII FUNDAMENTALE DESPRE FORȚĂ

- „Forța este calitatea de bază a tuturor calităților fizice."
- „Forța este o aptitudine și, prin urmare, trebuie antrenată."
- „Ridică greutăți, nu ridica din greu."
- „Tot ce trece de 5 repetiții înseamnă bodybuilding... Dacă vrei să fii puternic, trebuie să rămâi la 5 repetiții sau mai puține."
- „Dacă te antrenezi pentru forță, trebuie să încerci și să eviți arderea completă. Arderea este inamicul tău."
- „Antrenamentul este un lucru care ar trebui să te facă să te simți bine."

Ultimul citat nu este un slogan motivațional publicitar. Ia-l literalmente. Dacă te antrenezi pentru forță maximă, ar trebui ca, după antrenament, să te simți mai bine decât în momentul în care ai intrat în sală. Există o componentă neurală uriașă.

SUPRAOM FĂRĂ EFORT

Pavel m-a prezentat antrenorului de atletism de sală Barry Ross. Ross a citit un studiu făcut de Peter Weyand de la Harvard, care a ajuns la concluzia că elementul-cheie pentru succesul unui sprinter este forța lui relativă: mai exact, cât de multă forță punea în pământ per kilogram de greutate corporală. Apoi Ross a citit rețeta lui Pavel pentru a spori forța cu o creștere minimă a masei musculare: deadlifturi cu greutăți mari, un număr mic de repetiții, un volum redus și cu mișcări negative* reduse. Barry a pus lucrurile cap la cap și a elaborat un program bazat pe deadlifturi pentru a forma alergători de talie mondială. Unul dintre primii lui copii-minune a fost Allyson Felix. Protocolul său bazat pe deadlifturi prevede o amplitudine articulară parțială și nicio mișcare negativă/excentrică (de coborâre). Am urmat protocolul acesta de-a lungul unei perioade de 8 săptămâni și am descris lucrurile pe larg în *4 ore – corpul*, așa că aici voi prezenta doar fundamentele simplificate:

Tehnica de bază: Ridică haltera până la nivelul genunchilor și apoi lasă-o să cadă. Eu am folosit o postură „în stil sumo", dar postura convențională este în regulă.

Format: 2 sau 3 serii a câte 2 sau 3 repetiții fiecare, iar fiecare serie e urmată de exerciții pliometrice (de ex., un sprint de 10-20 m, 6-8 sărituri pe cutie, etc.) și apoi cel puțin 5 minute de odihnă. Eu am obținut cele mai bune rezultate cu intervale de odihnă de 10 minute, intervale care nu sunt deloc rare printre sportivii de forță.

Frecvență: Am făcut asta de două ori pe săptămână, lunea și vinerea. Timpul total petrecut „sub tensiune" în timpul seriilor nu trece de 5 minute pe săptămână.

Rezultate: Am adăugat peste 54 kg la greutatea maximă ridicată în ~8 săptămâni și am câștigat sub 4,5 kg de masă în plus. Ca forță relativă, nu am avut niciodată parte de așa ceva. Crezi că ești prea bătrân sau prea X pentru deadlifturi? Tatăl lui Pavel a învățat această ridicare la 70 de ani. El a reușit să ridice peste 180 kg fără curea câțiva ani mai târziu, stabilind câteva recorduri americane între timp.

„SCARA RESPIRAȚIEI"

Ai o rezistență foarte proastă? Iată o strategie de la colegul lui Pavel, instructorul de fitness Rob Lawrence. Pentru balansări cu kettlebel-ul, sprinturi sau orice alt exercițiu care te face să te simți rupt de oboseală, stabilește dinainte că te vei odihni un anumit număr de respirații între două serii (adică poți să respiri de 5, 10, 30 de ori sau orice număr cuprins între acestea). Asta te va disciplina să-ți încetinești respirația și să

---

* Mișcările negative (sau excentrice) se referă la partea negativă a unei ridicări. (n.red.)

nu-ţi mai suprasoliciţi sistemul nervos. Controlul acesta te va ajuta la anduranţă chiar şi înainte să se producă adaptările biochimice.

Amelia Boone (pag. 28) foloseşte scara respiraţiei cu exerciţii burpee* pe post de încălzire. Ea face serii ascendente de burpee-uri, de la 1 repetiţie la 10. Cu alte cuvinte, ea face 1 burpee, respiră 1 dată, 2 burpee-uri, respiră de 2 ori, şi aşa mai departe, până ajunge la 10 burpee-uri şi 10 respiraţii.

3 EXERCIȚII CU BENEFICII MARI – PROGRAMUL „SIMPLU ȘI SINISTRU" CU KETTLEBELL AL LUI PAVEL

» Pendularea cu un braţ
» Ridicarea turcească (TGU**)
» Genuflexiunea cupă

Fă aceste exerciţii sub o formă sau alta în fiecare zi şi poţi fi sigur că investiţia ta îţi va aduce un profit foarte mare. TGU-ul este excelent şi pentru diagnosticarea deficienţelor.

POZIȚIA „SCOBIT" NU ESTE DOAR PENTRU GIMNASTICĂ

Dacă vrei să stăpâneşti la perfecţie tracţiunile, trebuie să-ţi dezvolţi poziţia „scobit" (vezi pag. 43). Aceasta, cuplată cu întoarcerea degetelor de la picioare spre interior (face oblicii să lucreze mai intens), m-a ajutat să fac tracţiuni milităreşti stricte (cu gâtul până la bară cu pauză) cu 24 de kg atârnate de picioare. Dacă vrei să vezi poziţia „scobit" în acţiune, urmăreşte orice gimnast la inele: posteriorul este tras înăuntru şi corpul seamănă cu o farfurie. Pontul dat de Pavel: încearcă să-ţi aduci coccisul cât mai aproape de buric.

„CÂND NU ȘTII CE SĂ FACI, ANTRENEAZĂ-ȚI PRIZA ȘI TRUNCHIUL"

„Întărirea diafragmei şi a prizei îţi va mări în mod automat forţa la orice fel de ridicare. În cazul abdominalilor, efectul se datorează în parte unei presiuni intraabdominale mai mari şi în parte stabilităţii îmbunătăţite.

* Burpee-ul este un exerciţiu care include o flotare, o ridicare a genunchilor la piept din poziţia de flotare şi o genuflexiune cu săritură. Aceasta este forma originală a exerciţiului. De la forma originală se pot face anumite modificări, pentru a diminua sau creşte dificultatea exerciţiului, astfel că forma mai uşoară este cea fără flotare, iar variante mai dificile sunt burpee-ul cu tracţiune, cu flotare cu bătaie, cu săritură şi răsucire la 180 de grade etc. (n.red.)

** Turkish get-up. (n.red.)

În cazul prizei, profiţi de fenomenul neurologic al *iradierii* – tensiunea «radiază» din muşchii mâinii către ceilalţi muşchi.

Cea mai directă cale către o forţă de top a prizei sunt barele de fixare Captains of Crush de la IronMind [care sunt disponibile până la o rezistenţă de 166 kg]. Printre exerciţiile eficiente pentru trunchi se numără «respiraţia de forţă», exerciţiile hollow rock, abdomenele Janda, ridicările de picioare din atârnat şi plank-urile în stil «hard». Pentru ultimul, menţine poziţia plank la contracţie maximă timp de 10 secunde, nu câteva minute. Încordează-te ca şi cum te-ai aştepta să fii lovit cu piciorul şi respiră «în spatele scutului» diafragmei tensionate. Dacă vrei o provocare, gândeşte-te să-ţi pui picioarele pe perete, la câţiva centimetri înălţime de podea."

Pentru repetiţii şi serii, fă între 3 şi 5 serii a câte 3-5 repetiţii de exerciţii dinamice (în mişcare) sau stai ~10 secunde în cazul exerciţiilor statice. Fă pauze de odihnă de câte 3-5 minute între serii, în ambele cazuri.

Sau, cum ar spune Pavel: „Dar şi mai bine de atât, unge balamalele*". Asta ne aduce la următorul principiu.

„UNGE BALAMALELE" CA SĂ AI REZISTENŢĂ ŞI FORŢĂ MUSCULARĂ

„Pentru a creşte numărul de tracţiuni, începe prin a face jumătate din numărul de repetiţii pe care le poţi face, în serii repetate de-a lungul zilei (de ex., serii de 4 în cazul în care recordul tău personal este de 8). Pur şi simplu acumulează repetiţii cu pauze de cel puţin 15 minute între serii şi schimbă volumul zilnic ca să te simţi înviorat."

Utilizând *grease the groove* timp de mai multe luni, socrul lui Pavel a urcat de la 10 la 20 de tracţiuni stricte la 64 de ani – şi nu putea să facă atât de multe nici pe vremea când era un tânăr puşcaş marin. Odihna de minim 15 minute este necesară pentru supracompensarea fosfatului de creatină.

„În timp ce majoritatea programelor de **rezistenţă** funcţionează antrenându-te să tolerezi mai mult acid lactic, GTG te antrenează să produci mai puţin acid. Acest lucru măreşte cantitatea şi calitatea mitocondriilor din fibrele musculare cu contracţie rapidă şi le face mai aerobice."

Dacă „ungi balamalele" pentru o mişcare de **forţă maximă**, nu depăşi 5 repetiţii pe serie. În cazul acesta, metoda funcţionează printr-un mecanism diferit (pentru tocilari: *facilitare sinaptică* şi *mielinare*). Să presupunem că lucrezi pentru a ajunge la o singură flotare perfectă

* *Grease the groove (GTG)*, în original, este un principiu de antrenament al cărui scop este acela de a întări căile neuronale dintre creier şi muşchii solicitaţi în antrenament. (n.red.)

într-o mână. Pe măsură ce progresezi, ai putea să faci flotări cu picioarele pe podea și cu mâna pe marginea unei mese sau a unui blat. Dacă maximul tău este de 6 repetiții, fă serii GTG de doar 2 sau 3 repetiții.

MIȘCAREA MEA PREFERATĂ DE STRETCHING – MORILE DE VÂNT

Morile de vânt* cu un kettlebell (sau „morile de vânt înalte") este un exercițiu excelent pentru recuperarea și „preabilitarea" șoldurilor. Poziția de stat în picioare seamănă cu *trikonasana* din yoga, dar își lași aproape 70% sau 80% din greutate pe un picior, în timp ce ții un kettlebell deasupra capului. Caută filmulețul pe YouTube.

UN CITAT PREFERAT

Din *Enter the Dragon (Intrarea dragonului)*: „Sparta, Roma, cavalerii Europei, samuraii... adorau forța. Pentru că forța este cea care face toate celelalte valori cu putință".

„CALMUL ESTE CONTAGIOS"

Acesta este un alt citat preferat de Pavel. Iată o întâmplare dintr-unul din discursurile ținute de Rorke Denver, fost comandant Navy SEAL:

„Un comandant-șef, cel mai mare grad din Marină – care era ca un fel de zeu pentru noi – ne-a spus că ne oferă un sfat neprețuit pe care l-a primit de la un alt comandant-șef, în timpul războiului din Vietnam. Ne-a zis: «Acesta este cel mai bun lucru pe care îl veți învăța în timpul instrucției SEAL». Noi eram nerăbdători să aflăm care era acesta, și ne-a spus că, atunci când ești lider, oamenii îți vor imita cel puțin comportamentul... De asta poți să fii sigur. Așadar iată sfatul esențial pe care ni l-a transmis: «Calmul este contagios»."

✸ Cea mai dăruită sau recomandată carte

„Majoritatea oamenilor își duc existența undeva între butonul de aprindere și cel de stingere. Nu sunt capabili să se aprindă și să degajeze o mare energie și nici să se stingă complet și să se bucure de odihna autentică. Pentru a învăța cum să-ți controlezi acest întrerupător de aprindere și stingere, citește cartea *Psych (Curs de psihologie)*, de dr. Judd Biasiotto. Este unul dintre cei mai de succes halterofili din istorie, care a reușit să facă genuflexiuni cu bara în spate cu peste 272 kg la o greutate corporală de 60 kg... fără dopaj, la 44 de ani, după ce fusese operat la spate."

---

* *Windmills* în orig. (n.red.)

LAIRD HAMILTON, GABBY REECE & BRIAN MACKENZIE

Laird Hamilton (TW/FB: @LAIRDLIFE, LAIRDHAMILTON.COM) este considerat de multă lume drept cel mai mare surfer pe valuri uriașe al tuturor timpurilor. El este recunoscut atât pentru inventarea surfingului tractat (folosirea unui Jet Ski pentru a duce surferii pe valuri uriașe), cât și pentru relansarea plăcilor de stund-up paddle (vâslit în picioare). Hamilton a jucat în multe filme și a fost personajul central în *Riding Giants* (*C*ălare pe uriași), un documentar despre surfingul pe valuri uriașe*.

Gabrielle Reece (TW/IG:@GABBYREECE, GABRIELLEREECE.COM) a fost nominalizată printre „Cele mai influente 20 de femei din sport", de către *Women's Sports & Fitness*, și este cel mai bine cunoscută pentru succesul său din volei. Ea s-a aflat în vârful clasamentului Ligii Feminine de Volei de Plajă ca număr de puncte înscrise timp de patru sezoane consecutive. S-a folosit de această reușită pentru a-și construi o carieră de succes în modelling, după care a participat ca instructoare la reality show-ul *The Biggest Loser***. Succesul transformărilor sale a ajutat-o să devină prima sportivă care a proiectat un pantof pentru Nike. *Rolling Stone* a introdus-o în lista lor de „Femei minune".

Brian MacKenzie (TW/IG: @IAMUNSCARED) este fondatorul Cross-Fit Endurance și autorul cărții *Unbreakable Runner (Alergătorul indestructibil)*, bestseller *New York Times*. Brian a iscat o controversă când a sugerat o abordare minimalistă paradoxală a alergării pe distanțe mari. El pune sub semnul întrebării atât alergările pe distanțe lungi, cât și dietele foarte bogate în carbohidrați și recurge la antrenamente

---

* *Big wave surfing*, în original. (n.red.)

** Reality show la care participă persoane care vor să slăbească. În acest context, *loser* se referă la cel care pierde cele mai multe kilograme. (n.red.)

intense de forță pentru a câștiga totul, de la alergări de 5 km până la ultramaratonuri. A fost prezentat pe larg în *4 ore – corpul*, unde a descris cum să te pregătești pentru un maraton în 8-12 săptămâni. Brian a apărut în *Runner's World, Men's Journal, ESPN, Outside* și *The Economist*.

Animalele spirituale: Laird – balena ucigașă; Gabby – șoimul; Brian – corbul

---

POVESTEA DE FUNDAL

Laird a fost unul dintre profesorii mei de surfing în serialul meu TV *The Tim Ferriss Experiment (Experimentul lui Tim Ferriss)*, produs de ZPZ, compania de producție din spatele emisiunilor lui Anthony Bourdain: *No Reservations, Parts Unknown* etc.

Interviul meu cu Laird, Gabby și Brian a avut loc la masa din bucătăria lui Laird și Gabby din Malibu, imediat după un antrenament. Mă simțeam euforic, ca un zmeu ridicat de vânt. Brian mă adusese ca să încerc și eu antrenamentul lui Laird în piscina lui personalizată, adâncă de 4 metri în partea cea mai profundă și pe al cărei fund fuseseră construite scări. Piscina are și boxe subacvatice pentru muzică și o coardă pe care să faci echilibristică, care trece la 60 cm deasupra suprafeței. Brian mă invitase și înainte, dar refuzasem de fiecare dată de teamă să nu mă înec. În dimineața aceea mi-am luat inima în dinți și m-am alăturat temător altor 6-10 tipi, repetând următorul ciclu timp de aproximativ 90 de minute: antrenament sub apă cu haltere, baie cu gheață cel puțin 3 minute și apoi saună la 104° C timp de 15 minute. Toată trupa face antrenamentul acesta de două ori pe săptămână, alternându-l cu antrenamente la sol cu greutăți de două ori pe săptămână. Se încurajează unii pe alții și este minunat. Nesimțiții nu rezistă mult.

„ÎNCĂLZIREA" PENTRU DURI

Laird este vizitat ocazional de sportivi profesioniști de top care încearcă faimosul său antrenament în piscină. Dacă un sac mare de mușchi vine și se poartă arogant, el îi sugerează să meargă și să facă „încălzirea" cu Gabby. Este un cod. Gabby pur și simplu îl anihilează cu nonșalanță, lăsându-l cu ochii ieșiți din orbite, terorizat și extenuat. După ce i se mai taie din nas respectivului, Laird întreabă: „Bun, ești pregătit să începi antrenamentul?" După cum zicea Brian: „Apa întreabă: «Ei, ești puternic și agresiv? Perfect. Te înec direct»."

CE AM BĂUT

Pre-antrenament: Laird ne-a făcut tuturor o cafea, pe care a amestecat-o cu propria sa „frișcă super-aliment" cu aromă de moca (lairdsuperfood.com). Te aprinzi ca pomul de Crăciun.

Post-antrenament: rădăcină de turmeric proaspăt stoarsă, ciuperci chaga, extract lichid de piper, miere neprocesată, oțet din cidru de mere și apă (care să dilueze gustul). Uneori, Laird combină turmericul cu kombucha KeVita, ca să reducă orice urmă reziduală de gust amar.

ECHIPAMENTUL DE PISCINĂ

Mască de scufundare Cressi Big Eyes cu două lentile. Ochelarii de înot vor cădea.

DETENSIONAREA PSOASULUI – NU TE AȘTEPTA SĂ FIE CEVA PLĂCUT

Laird își detensionează în fiecare zi psoasul – mușchi profunzi care leagă partea de jos a spatelui de șold – întinzându-se pe jos și așezându-se fie pe mânerul unui kettlebell, fie pe muchia unui disc olimpic cu greutate de 11,5 kg.

CLUBUL DE LECTURĂ PENTRU BĂRBAȚI

Laird organizează ceea ce Gabby numește „clubul de lectură masculin". Oaspeții care vin în mod regulat la el acasă să se antreneze – printre aceștia se numără supervedete, scufundători care au stabilit recorduri mondiale la liber și manageri generali care s-au bucurat de un succes uriaș – pot să sugereze o carte de nonficțiune a lunii și toată lumea o va citi pentru discuții. Rick Rubin este un colaborator frecvent. Iată două dintre cărțile care au fost alese chiar înainte de interviul nostru:

Natural Born Heroes (Născuți eroi), de Christopher McDougall

Deep Survival (Supraviețuire dură), de Laurence Gonzales, despre care Laird spune că este „o carte incredibilă despre teamă și despre înfruntarea acesteia".

FĂ TU PRIMUL PAS

GABBY: „Spun mereu că eu voi face primul pas... Asta înseamnă că, dacă mă plimb prin magazin, eu salut prima. Dacă întâlnesc pe cineva și ne privim în ochi, eu zâmbesc prima. [Aș vrea] ca oamenii să încerce să facă acest lucru în viața lor: fă primul pas pentru că – nu mereu, dar de cele mai multe ori – va fi un punct în favoarea ta. Reacția este destul de uimitoare... Am fost în parc cu copiii zilele trecute. O, Doamne! Hurricane Harbor [parcul acvatic]. Era un infern. Și am dat peste două femei care erau un pic mai în vârstă decât mine. Nu puteam să fim mai diferite de atât, înțelegi? Și am trecut pe lângă ele, le-am privit și le-am zâmbit. Imediat a apărut zâmbetul și pe chipul lor. Oamenii sunt pregătiți să-ți iasă în întâmpinare, dar tu trebuie să faci primul pas, pentru că în lumea de azi am ajuns să fim dresați [să ne retragem] – nimeni nu mai face primul pas."

TF: Oamenii sunt mai de treabă decât par, dar tu trebuie să faci primul pas. Asta m-a făcut să mă gândesc la o replică a personajului fictiv Raylan Givens din serialul TV *Justified (Lege și dreptate)*: „Dacă te izbești de un nesimțit dimineața, ok, n-a fost decât un nesimțit. Dar dacă dai peste nesimțiți toată ziua, tu ești nesimțitul". De multe ori scriu „FĂ PRIMUL PAS" în jurnalul meu de dimineață, ca îndemn zilnic.

Notă suplimentară: Derek Sivers (pag. 213) a ascultat acest episod și principiul „fă primul pas" al lui Gabby a fost una dintre lecțiile lui preferate.

EXPERIMENTE TIMPURII CU KITEBOARDINGUL, ÎNAINTE SĂ DEVINĂ POPULAR

„Noi am fost primii care am făcut zmeiele franțuzești nerestartabile... adică, îi dai drumul și el zboară cât poate, apoi gata, se termină. Uneori te afli la 3 km în largul mării cu o plapumă gigantică. **Ai încercat vreodată să înoți cu o plapumă? Este foarte greu.** Cu o plapumă uriașă... și o tavă de mâncare. Placa arată efectiv ca o tavă de mâncare [și] tu ești la 3 km în larg și te uiți spre țărm și îți zici ceva de genul: «Asta nu e o zi bună pentru mine»."

UNDE TE POT GĂSI ASCULTĂTORII?

Pun această întrebare la sfârșitul tuturor interviurilor, pentru ca invitații să poată menționa social media, siteuri web etc. Laird a răspuns fără să ezite: „În Oceanul Pacific".

CUM TE INSPIRĂ DON WILDMAN?

BRIAN, *discutând despre Don Wildman și despre condiția fizică incredibilă pe care o are la 82 de ani*: „Păi, Don Wildman a făcut 80 de zile de snowboarding anul trecut. Am făcut împreună snowboarding cu elicopterul acum o lună sau două, în Alaska. Adică, boardingul cu elicopterul este o activitate riguroasă, o săptămână întreagă cu câte 15, 16 curse pe zi. Ajungi să te clatini a treia sau a patra zi, [dar] pistolarul n-a scos un cuvânt... Pot să mă întrec aproape cu oricine cu bicicleta, cu excepția cazului în care e ciclist profesionist, dar el chiar te zdrobește."

GABBY: „Celălalt lucru genial pe care îl face Don... este că atrage oamenii să intre în grupul lui, pentru că nimeni nu poate să facă lucrurile singur. Așa că are mereu niște tipi în jur, majoritatea fiind cu mult mai tineri. **Așadar energia face parte din rețetă și toată lumea trece la treabă**." [**TF:** Rick Rubin vorbește și el despre Don la pag. 550.]

„UN LOC SINGURATIC ESTE UN LOC LIPSIT DE MOTIVAȚIE"

Fraza aceasta rostită de Laird sublinia tot ce vedeam în jurul lui. Este înconjurat de un trib strâns unit, iar exercițiile programate de grup par să fie adezivul care îi ține laolaltă. Dacă îți petreci prea mult timp gândindu-te la „cum" și „ce" în privința exercițiului (exercițiile, programarea etc.), așa cum fac eu, ai putea să-ți pui următoarea întrebare: „Dar ce s-ar întâmpla dacă ar trebui să-mi aleg exercițiile pornind în primul rând de la «cine»? Ce aș face dacă nu aș avea voie să fac exerciții decât împreună cu alții?" Așa am ajuns să intru în AcroYoga (pag. 79).

SFATURI PENTRU PĂRINȚI

Laird și Gabby sunt căsătoriți din 1997 și au o relație foarte apropiată și afectuoasă cu cei trei copii ai lor. I-am observat în repetate rânduri. Se ating de multe ori, și impresia generală este aceea de căldură. Este o plăcere să fii în preajma lor. Următoarele fragmente despre educație fac parte din diferite momente ale conversației:

LAIRD: „Iubirea pentru copii poate să anuleze o mulțime de rele. [Chiar dacă greșești în anumite aspecte sau faci greșit anumiți pași.]"

GABBY: „Noi suntem foarte deschiși și îi tratăm ca pe niște adulți. Le-am vorbit întotdeauna ca unor adulți... Ca părinte, trebuie să înveți să spui că îți pare rău că ai greșit... Uneori poți spune: «Hei, știți ceva? Astăzi sunt foarte obosit și irascibil. Nu sunt corect față de voi și îmi pare rău». Trebuie să recunoști că ești imperfect și să lași deschisă această ușă... eu [le întreb] întotdeauna pe fiicele mele: «Vă simțiți suficient de iubite?»... iar ele îmi răspund: «Ei, și cu tine, mamă». Dar cred că trebuie să întrebi...

Le spun copiilor mei să învețe să spună: «Îmi pare rău, asta nu-mi convine». Am învățat multe trăind în preajma bărbaților. Respect o mulțime dintre caracteristicile lor. Poți să transmiți un mesaj fără emoție. De obicei, pentru a reuși să-și susțină singure punctul de vedere, femeile trebuie să fie cumva pornite și atunci lasă impresia că și-au ieșit din fire, când ar putea să spună doar: «Nu, asta nu-mi convine». Și [le învăț de asemenea] să nu înceapă cu îndoielile [de sine], după ce și-au exprimat răspicat punctul de vedere. Cred că lucrul acesta este foarte important. Și dacă ai un dar sau un talent, indiferent care ar fi acela, nu te simți vinovat, prost sau aiurea din cauza asta...

Eu le spun mereu copiilor: «Dacă ești în echipă, ai noroc, iar dacă ești cel mai bun, atunci ești cel mai norocos»."

CE SPUNE GABBY DESPRE ÎNVĂȚAREA ASERTIVITĂȚII

„Ca femei, suntem învățate de mici: «Hei, fii drăguță. Fetele drăguțe se poartă în felul acesta», așa că ai nevoie de mult timp pentru a ajunge într-o poziție de genul: «Voi face, voi spune și voi crede lucruri care nu vor fi pe placul oamenilor, dar voi fi împăcată cu asta». Bărbații fac asta cu mult mai multă ușurință, dar femeilor le trebuie foarte mult timp. Singurele sportive [femei] pe care le-am văzut făcând asta cu multă ușurință sunt în general fetele cele mai mici [dintr-o familie] care au doar frați mai mari."

(Vezi Caroline Paul, pag. 504.)

DESPRE DINAMICA RELAȚIEI BĂRBAT-FEMEIE

LAIRD: „[Din 10.000 de cupluri fericite studiate], există un singur lucru pe care toate îl aveau în comun, indiferent de dinamică. Care era acela? Bărbatul respecta femeia. Lucrul cel mai important."

GABBY: „Dar pot să spun ceva? Știu că dinamicile diferă – ba femeia aduce banii în casă, ba bărbatul, ori ea este dominantă, ori el este dominant, mă rog – dar, în definitiv, în cele mai multe cazuri, dacă femeia nu încearcă să-și schimbe partenerul sau să se poarte mămos cu el, atunci are șanse mai mari să fie respectată de bărbat. Un bărbat are nevoie de sprijin. Adică, vă iubesc, băieți, și sunteți toți puternici, dar sunteți foarte fragili și aveți nevoie de susținere și de ajutor [din partea noastră], ca să vă puteți îndeplini complet misiunea, indiferent cum arată ea.

Din păcate, mama lui Laird a murit în al doilea an de când eram împreună, așa că mi-a spus încă din primii ani ai relației noastre: «Am avut mamă, dar a murit». Adică a fost cât se poate de clar... că asta nu este o modalitate de a mă purta cu el. Dată fiind natura noastră, noi, femeile, nu ne putem abține, îi îngrijim pe ceilalți, nu? Așa că uneori atitudinea asta se strecoară în replici de genul: «Auzi, iubitule, gluma aia a fost cam nepotrivită la cină și vorbești și cam tare», și în altele asemenea. Și fiindcă bărbații încearcă să fie afectuoși, devin împăciuitori și se schimbă așa cum dorim noi, după care nu-i mai vrem. Așadar mi se pare excelent să spui pur și simplu: «Hei, o să-mi aleg un partener atunci când voi simți că sistemele noastre de valori sunt asemănătoare și, deși s-ar putea să ajungem la ele într-un mod foarte diferit... felul în care gândim cu privire la unele aspecte importante este același»."

DESPRE EVALUAREA SACRIFIICILOR PORNIND DE LA INDIVID – LUCRURILE UȘOARE PENTRU TINE NU SUNT UȘOARE ȘI PENTRU CEILALȚI

GABBY: „Atunci când un bărbat spune: «Voi încerca realmente să fiu cu o singură femeie», el îți oferă... cea mai mare parte din ceea ce are. Îți oferă în jur de 80%. În cazul unei femei, nu-ți oferă decât în jur de 35% [să fie monogamă]... Sau, hai să presupunem că sunt foarte timidă, dar ies totuși și am o conversație foarte plăcută cu tine. Poate că îți ofer 200%, dată fiind firea mea. Așadar, eu cred că e vorba despre a începe să înțelegi cum este fiecare, că dăruiește în felul în care poate să dăruiască, și să primești așa cum ți se dă..."

DESPRE CORECTAREA SLĂBICIUNILOR FIZICE

LAIRD: „Toți voi ăștia care aveți flexibilitate, ar trebui să vă duceți să trageți de fiare, iar voi, culturiștii masivi, ar trebui să vă duceți să faceți yoga... Întotdeauna înclinăm spre punctele noastre forte pentru că vrem să ne trăim gloria."

SFATURI PENTRU FOȘTII SPORTIVI TERMINAȚI?

BRIAN: „Mai multă smerenie. Acesta este motivul pentru care am considerat că este important să vii aici. Nu a fost ceva de genul: «Ei, trebuie să-l învăț pe Tim să fie mai modest». Nu, a fost ceva de genul: «Hei, vino să vezi cum este să pui în practică un lucru pe care-l poți face tot restul vieții»."

TF: Prin „mai multă smerenie", am înțeles că Brian se referea la a lua în considerare niște opțiuni înspăimântătoare din prisma minții deschise a începătorului. Sunt foarte încântat că am riscat să mă fac de râs atunci când m-am antrenat cu Laird și cu gașca. În primul rând, mi-a prezentat o metodă de antrenament intensă, dar sustenabilă, care include elemente pe care eu le neglijez frecvent (coeziunea socială, antrenamentul în aer liber etc.). În al doilea rând, m-a făcut să cred că pot mult mai mult decât îmi închipuiam.

SFATURI PENTRU EUL TĂU DE LA 30 DE ANI?

GABBY: „Să nu iei nimic personal dar, în același timp, **să nu ai rezerve**. Cred că trăsătura aceasta de caracter se întâlnește mai mult la femei decât la bărbați. Noi avem uneori tendința să ne reprimăm talentele și potențialul, pentru că nu vrem să jignim pe nimeni și nici să ieșim în evidență... Am auzit o poveste grozavă. La un moment dat, am avut un antrenor care era și antrenor secundar al echipei de volei masculin a SUA. Într-un meci [în care aveau nevoie de un punct], antrenorul s-a uitat direct la Karch Kiraly și i-a spus: «Vreau să înscrii un punct și vreau să câștigi jocul acesta», și a fost ceva de genul *boom* – «Okay». Și Karch a făcut-o.

[Mai târziu, același antrenor] antrena o echipă de femei la nivel foarte înalt și a făcut același lucru cu sportiva care era «omul-cheie». N-a funcționat pentru că... [este] un fel de a scoate în evidență faptul că noi [femeile] avem o problemă, în loc să înțelegem că suntem scoase în evidență... pentru binele tuturor."

LAIRD: „Nu mai bea. Termină cu băutura chiar acum și patentează-ți toate ideile... și dă dovadă de compasiune în fiecare zi."

JAMES FADIMAN

Dr. James Fadiman (PSYCHEDELICSRESEARCH@GMAIL.COM, JAMES-FADIMAN.COM) a fost implicat în cercetarea drogurilor psihedelice încă din anii 1960. Și-a luat diploma de licență la Harvard și a făcut un masterat la Stanford, unde a colaborat cu Grupul Harvard, Grupul de Cercetare de pe Coasta de Vest din Menlo Park și cu Ken Kesey. Este autorul cărții *The Psychedelic Explorer's Guide* (*Ghidul exploratorului psihedelic*) și este frecvent desemnat drept cea mai înțeleaptă și mai respectată autoritate din America în domeniul drogurilor psihedelice și al folosirii lor.

PREFAȚĂ

Câteva persoane dragi ar insista că cea mai importantă muncă depusă în ultimii 4 ani a fost cea care a implicat studierea și folosirea judicioasă a substanțelor psihedelice. Ca să dau un singur exemplu, ~90% din furia și resentimentele latente pe care le-am simțit în ultimii 25 de ani au dispărut acum 2 ani, după 48 de ore de „efect al medicamentelor", din motive care nu-mi sunt nici acum complet clare, iar obiceiurile mele vechi de decenii de a mă înfuria din nimic nu au mai revenit.

NOTĂ: Cred cu tărie că riscurile farmacologice ale acestor compuși sunt exagerate, dar nu și efectele lor juridice. În SUA, majoritatea drogurilor psihedelice clasice (LSD, psilocibina din „ciupercile magice", cactusul peyote etc.) intră în aceeași clasă juridică ca heroina (clasa I) și atrag după sine pedepse similare. Și chiar dacă LD50 – adică, doza letală pentru 50% din populație, un indicator comun al toxicității – este incredibil de mare sau practic inexistentă pentru majoritatea psihedelicelor, lucrurile pot să ia o turnură oribilă în medii necontrolate (de ex., să sari în fața mașinilor aflate în trafic) și pot exacerba foarte mult afecțiunile mentale preexistente. Am văzut cum un prieten de familie a trecut de la starea de „normalitate" la schizofrenic (existaseră cazuri în familia lui), după ce a consumat frecvent LSD. Bineînțeles, nu-mi doresc să ajungi la închisoare sau să-ți faci singur rău, așa că folosește psihedelicele doar în contexte legale, sub supraveghere medicală profesionistă. Pentru o alternativă legală, vezi discuția lui Dan Engle despre bazinele de izolare senzorială* de la pag. 167.

CE SUNT DROGURILE PSIHEDELICE?

Cuvântul *psihedelic* (vine din greacă și înseamnă „care dezvăluie psihicul") este folosit în general pentru a desemna substanțe care te pot separa de ego și pot provoca experiențe mistice sau transcendentale. Cea mai bună definiție formală a „psihedelicelor" pe care am găsit-o eu este cea a lui N. Crowley din articolul: „A role for psychedelics in psychiatry?" (Rolul psihedelicelor în psihiatrie?), apărut în *The British Journal of Psychiatry*:

---

* *Flotation tank*, în original, cunoscut și sub numele de *isolation tank*, este un fel de capsulă plină cu apă în care pacientul plutește, fiind deconectat de la toți stimulii exteriori și având o senzație de liniște și calm asemănătoare experienței uterului matern, astfel încât creierul se relaxează la un nivel profund. (n.red.)

Diferența dintre psihedelice (enteogene) și alte droguri psihotrope este că enteogenele funcționează ca „amplificatori nespecifici ai psihicului", inducând o stare modificată sau non-ordinară de conștiință (Grof, 2000). Conținutul și natura experiențelor nu sunt considerate produse artificiale ale interacțiunii lor farmacologice cu creierul („psihoze toxice"), ci expresii autentice ale psihicului, care scot la lumină funcționarea acestuia la un nivel care nu este accesibil în mod obișnuit pentru a fi observat și studiat.

Multe psihedelice (psilocibina, mescalina etc.) au fost utilizate în scop ceremonial timp de sute sau mii de ani de către culturile indigene. Ceva mai recent, universități din toată lumea au început să testeze aceste molecule pentru a trata depresia rezistentă la tratament, pentru a îndepărta anxietatea stârnită de sfârșitul vieții la pacienții cu cancer în fază terminală, pentru a elimina dependența de nicotină și altele. Dr. Rolland Griffiths, profesor în cadrul Universității de Medicină Johns Hopkins, ne oferă un rezultat tipic dintr-un studiu timpuriu: „Cei mai mulți dintre [cei 36 de] voluntari au privit în urmă la experiența lor chiar și după 14 luni și au desemnat-o drept cea mai importantă sau una dintre primele cinci cele mai importante și mai semnificative experiențe personale din viață". Printre voluntarii care aveau copii, experiența a fost adeseori considerată mai sus sau la egalitate cu nașterea primului lor copil.

Din punct de vedere psihofarmacologic, numeroase substanțe psihedelice seamănă cu molecula numită DMT, care este prezentă în mod natural în organism și funcționează ca agonist al receptorilor de 5-HT2A (serotonină) și NDMA, dar există și excepții, iar mecanismele de acțiune continuă să fie slab înțelese. Acesta este unul dintre motivele parțiale pentru care ajut la finanțarea studiilor științifice, în locuri ca Johns Hopkins și UCSF.

În ciuda faptului că marijuana, ketamina și MDMA-ul au utilizări medicale convingătoare, eu nu le consider psihedelice. Jim explică distincția pe care o acceptăm amândoi, utilizând MDMA ca exemplu: „Nu este exact un psihedelic pentru că **nu te separi de identitatea ta**, dar este de departe cea mai bună modalitate de a învinge tulburarea netratabilă de stres posttraumatic".

Substantivul „enteogen", care înseamnă „generarea divinului lăuntric", a devenit o alternativă populară la termenul „psihedelic".

BUNUL MEU PRIETEN

Am un prieten bun, hai să-i spunem Slim Berriss, care și-a creat un program în care combină microdozajul* practic cu incursiuni de o zi sau două planificate în avans în teritorii mai îndepărtate. Pentru el, combinația aceasta oferă o metodă organizată pentru a amplifica starea cotidiană de bine, pentru a dezvolta empatia și pentru a-l explora intens pe „celălalt". Iată cum arată:

Microdoze de clorhidrat de ibogaină de două ori pe săptămână, lunea și vinerea. Doza este de 4 mg sau aproximativ 1/200 sau mai puțin din doza obișnuită pentru greutatea corporală de 80 kg a lui Slim. Lui nu-i place LSD-ul și are impresia că psilocibina din ciuperci este dificil de dozat corect. Vai de cel care apelează la „microdoze" și are brusc senzația că a fost lovit în plin de un marfar, în timp ce face check-in-ul bagajelor la aeroport (bietul Slim). Ibogaina capsule i-a fost dăruită pentru a rezolva această problemă.

Doze moderate de psilocibină (între 2,2 g și 3,5 g), sub formă de ciuperci măcinate în ciocolată, o dată la fiecare 6-8 săptămâni. Experiența sa profund individuală se încadrează în descrierea dozei de 150-200 mcg de LSD pe care o face Jim mai târziu în această secțiune. Slim este supravegheat de un asistent cu experiență.

Doze mai mari de ayahuasca la intervale de 3-6 luni timp de două nopți consecutive. Efectul ar putea fi comparat (deși experiențele sunt foarte diferite) cu efectul a peste 500 mcg de LSD. Slim este supravegheat de 1 sau 2 asistenți cu experiență, într-un grup bine închegat de maxim 4-6 persoane. **NOTĂ:** În timpul celor 4 săptămâni de dinaintea acestor sesiuni, el nu consumă niciun pic de ibogaină sau psilocibină.

Trebuie observat totuși că oamenii nu pot lua chiar orice psihedelic. Spre exemplu, Jim nu ia ayahuasca. În timpul plimbării noastre printr-un canion din San Francisco, mi-a spus: «Am impresia că planta [aya] are agenda ei proprie". Sunt de acord cu el, dar aș putea să umplu o carte întreagă, separată, cu asta. Ai grijă să citești profilurile lui Dan Engle și Martin Polanco de la pag. 137, pentru că ei vorbesc despre ayahuasca și, respectiv, ibogaina.

---

* Microdozajul (*microdosing* în engleză) este o modalitate de a studia efectul drogurilor asupra oamenilor prin administrarea unor doze extrem de mici („sub-terapeutice") care nu au efecte psihedelice. (n.red.)

Ce simți?

„Dacă ești deprimat, trăiești în trecut. Dacă ești neliniștit, trăiești în viitor. Dacă simți o stare de pace, trăiești în prezent."

– Lao Tse

Celor mai mulți dintre noi li s-a întâmplat să stea la un computer cu 20 de taburi deschise. *Cum s-a ajuns aici? Nu l-am curățat săptămâna trecută?* Apoi primești o avertizare cu „discul de pornire* este aproape plin". Așa că ștergi câteva fișiere video, ca modalitate de a evita pagubele, dar totuși... de ce merge totul al naibii de încet? Ah, Dropbox-ul se sincronizează. Slack-ul are 17 notificări noi. Microsoftul are nevoie de *altă* actualizare „critică"? În afară de cele 20 de ferestre deschise, mai sunt 20 de aplicații care lucrează, distrugându-ți capacitatea de concentrare. 60 de minute mai târziu, ai făcut o grămadă de *chestii*, ai bătut mult la tastatură și ai consumat o grămadă de energie, dar n-ai putea să spui ce ai realizat. Cum te simți grăbit și frustrat, începe să se instaleze sentimentul că ești deja copleșit. Este momentul să te duci să-ți mai iei o cafea...

Viața poate să semene cu situația asta. Finanțe, impozite, relații, invitații la nuntă, verificări ale mașinii, Facebook, cumpărături... „Discul de pornire este aproape plin."

Pentru mine, doza moderat spre mare de psilocibină luată sub supraveghere funcționează ca o reinițializare a hardului. Închide toate ferestrele, „abandonează forțat" toate aplicațiile, golește memoria cache**, instalează upgrade-uri și – când revin la „normal" – îmi reface perspectiva de la 9.000 m altitudine. Îndepărtează zgomotul, oferindu-mi o imagine absolut clară a celor mai importante priorități și decizii. Prima dată când am folosit psilocibina în doze suficient de mari, efectul anxiolitic – de reducere a anxietății – a durat 3-6 luni. Asta catalizează nu numai înțelegerea profundă, ci și acțiunea.

Sună grozav, nu-i așa? Chiar poate fi, dar rezultatul nu este nici pe departe garantat. De obicei, psihedelicele îți oferă ce îți trebuie, nu ce vrei. Ca să ajungi la plăcere, trebuie să te lupți cu durerea mai întâi.

---

* *Startup disk*, în original. (n.red.)

** În informatică, memoria cache (sau simplu un cache) este o colecție de date ce sunt o *copie la indigo* a valorilor originale stocate altundeva sau calculate mai devreme, unde operația de aducere din memorie a datelor originale este costisitoare (datorită timpilor mari de acces la memorie) sau costul recalculării acestora este mare, în comparație cu costul citirii acestora din cache. Cu alte cuvinte, un cache este o arie temporară de stocare unde datele utilizate în mod frecvent pot fi depozitate pentru un acces rapid la acestea. Odată ce datele sunt stocate în cache, în viitor vor fi luate de aici și utilizate decât să se încerce readucerea datelor originale sau recalcularea acestora, astfel încât timpul mediu de acces este mai mic. (n.red.)

ORIGINI ȘI CĂRȚI PERICULOASE

„Există două ființe mărețe care au inventat psihedelicele: Dumnezeu și Sasha Shulgin. Eu cred că e posibil ca Sasha să fi inventat mai multe, dar există literalmente sute cu care s-a jucat și pe care le-a examinat." Sasha a scris două cărți despre creațiile și experimentele sale:

Pihkal: A Chemical Love Story (Pihkal: O poveste de iubire chimică) (Pihkal = Phenethylamines I Have Known and Loved – Pihkal = fenetilaminele pe care le-am cunoscut și iubit)

Tihkal: The Continuation (*Tihkal: Continuarea)* (Tihkal = Tryptamines I Have Known and Loved – Tihkal = triptaminele pe care le-am cunoscut și iubit)

Cele două volume sunt pline cu instrucțiuni despre felul în care pot fi sintetizate aceste molecule diferite. El a spus că a publicat aceste două cărți pentru ca guvernul să nu poată împiedica oamenii să experimenteze. Eu, personal, prefer sursele din plante integrale, care au fost folosite timp de milenii.

DOZE ȘI EFECTE – DE LA CASCADA NIAGARA LA O PLIMBARE OBIȘNUITĂ

NOTĂ: Dozele de mai jos sunt specificate de Jim. Sunt ordonate de la cele mai mari la cele mai mici și sunt specifice LSD-ului, dar efectele se corelează cu mai multe psihedelice. Iată cadrul de referință oferit de Jim: „Spre deosebire de toate celelalte tipuri de medicație, substanțele acestea au efecte foarte diferite la niveluri diferite de dozaj. Este aproape ca și când ar fi substanțe foarte diferite".

Doza eroică: Etnobotanistul Terence McKenna a creat termenul de „doză eroică", care este echivalată de cele mai multe ori cu 5 sau mai multe grame de ciuperci sau cu peste 400 mcg de LSD. James nu recomandă doza aceasta de tip forță brută, pe care McKenna a descris-o ca „suficientă pentru a aplatiza chiar și cel mai rezistent sine". Jim are impresia că la doza aceasta nu-ți amintești nimic și nu revii cu nimic din călătorie. „Este ceva de genul: Vrei să mergem să înotăm? Ce-ar fi să traversăm Cascada Niagara?"

400 mcg este nivelul la care ai o experiență mistică sau transcendentală. La doza aceasta sau la dozele mai mari, este esențial să ai parte de supraveghere calificată sub forma unui ghid. „Transcendentalul" despre care vorbim aici se referă în linii mari la „sentimentul sau conștientizarea faptului că ești conectat cu alți oameni, cu alte lucruri și cu alte sisteme vii". Mai multe despre asta mai târziu.

200 mcg pot fi utilizate pentru psihoterapie, explorare de sine, muncă interioară profundă și vindecare.

100 mcg sunt utile pentru soluționarea creativă a problemelor în domenii nepersonale (de ex., fizică, biomecanică sau arhitectură). Mai mulți laureați ai Premiului Nobel din chimie, biologie și alte domenii pun descoperirile revoluționare pe seama LSD-ului.

Jim a lucrat la un moment dat la un studiu în care erau implicate companii mari și institute de cercetare care încercau să rezolve probleme incredibil de dificile, cum ar fi design-uri noi pentru plăcile de cablaj. Voluntarilor le-au fost administrate psihedelice și 44 din cele 48 de probleme au fost „rezolvate", adică s-a ajuns la obținerea unui patent, a unui produs sau a unei publicații. Jim pune rezultatele pe seama amplificării concentrării și recunoașterii tiparelor. Dozele mici (adică 100 mcg de LSD sau 200 mg de mescalină) pot crește enorm capacitatea de rezolvare a problemelor.

„Am zis așa: «Puteți să participați la acest studiu și vă vom oferi cea mai creativă zi din viața voastră. Dar trebuie să existe o problemă care să vă obsedeze, la care lucrați de câteva luni și pe care nu ați reușit [să o rezolvați]». ... Trebuiau să aibă... «o miză emoțională în joc». [Le-] am dat psihedelice și [i-] am pus să se relaxeze vreo două ore cu muzică și cu ochelari pentru dormit. Și atunci, exact în momentul de vârf, i-am scos afară și le-am spus: «Poți lucra la problema ta»... lucrul minunat a fost că nimeni nu a făcut vreun fel de activitate terapeutică pentru că nu veniseră pentru asta. Și din cele 48 de probleme cu care au venit, 44 au avut soluții."

50 mcg este numită „doză de concert" sau „doză de muzeu". Nu mai are nevoie de explicații.

10-15 mcg reprezintă o „microdoză". Descrierea lui Jim: „Totul este un pic mai bine. Știi cum e la sfârșitul zilei când îți spui: «Uau, asta a fost o zi realmente bună»? Asta raportează majoritatea oamenilor care iau microdoze. Sunt un pic mai bine".

El intră în detalii: „Lucrul pe care îl observ eu este că microdozele de LSD sau de ciuperci ar putea să se dovedească foarte utile în cazul depresiei, pentru că **te fac să te simți bine atât cât trebuie ca să faci ceva în legătură cu lucrurile care nu merg bine în viața ta.** Noi am făcut [din depresie] o boală. S-ar putea să fie felul în care corpul tău îți spune: «Ar fi cazul să te confrunți cu chestia asta, pentru că te face să te simți foarte trist».

[O microdoză de psihedelice este] la propriu o doză atât de scăzută încât ar putea fi numită «sub-perceptivă», adică nu sesizezi neapărat vreo diferență în lumea exterioară. Așa cum îmi spunea cineva: «Pietrele nu strălucesc nici măcar un pic și florile nu se răsucesc să se uite după tine».”

Albert Hofmann, inventatorul LSD-ului, considera microdozajul cea mai neglijată zonă de cercetare. Hoffmann a luat deseori microdoze de LSD în ultimele decenii de viață. Și-a menținut luciditatea până a murit, la 101 ani. Le lua atunci când se plimba printre copaci. După părerea lui Jim, microdozele de psihedelice sunt mult mai eficiente decât o clasă întreagă de medicamente pe care le numim acum „amplificatori cognitivi”, majoritatea acestora fiind derivate ale metamfetaminei.

În mod straniu, există rapoarte consecvente care spun că microdozele au un efect întârziat. Am avut și eu această experiență, acesta fiind motivul pentru care Slim Berriss a ales zilele de luni și vineri ca să ia ibogaină. Numeroși utilizatori de microdoze, printre care un director care conduce o corporație cu fabrici în cinci țări, au spus că „a doua zi este mai bine”.

CE UTILIZATORI AU PARTE DE CELE MAI DURABILE EFECTE POZITIVE?

Pe scurt, este vorba de cei care trec printr-o „experiență transcendentală”. Vă amintiți de termenul acesta alunecos?

Jim o descrie ca pe „sentimentul sau conștientizarea faptului că ești conectat cu alți oameni, cu alte lucruri și cu alte sisteme vii, ba chiar și cu aerul pe care îl respiri. Avem tendința să credem că suntem cumva încapsulați... Evident că aerul pe care îl respir vine din toate părțile lumii și o parte din el are vârsta de un miliard de ani. La fiecare 8 ani, aproape toate celulele mele sunt înlocuite. Tot ce mănânc este conectat cu mine. Toți cei pe care-i întâlnesc sunt conectați cu mine. Chiar în clipa aceasta, noi doi stăm afară și picioarele noastre ating pământul. Suntem conectați cu pământul. **Toate acestea sunt ușor de spus, intelectual vorbind** și chiar poetic. Dar atunci când simți efectiv că ești o parte a acestui sistem mai mare, unul dintre lucrurile pe care ajungi să le conștientizezi este că eul tău – identitatea ta personală – nu este o parte chiar atât de mare din tine.

Lucrul pe care l-am învățat – și asta vine din experiența mea personală din 1961 – a fost că «Jim Fadiman» este o submulțime din mine și că acest *mine* este foarte, foarte mare și mult mai inteligent și știe mult mai multe decât «Jim Fadiman».”

El a observat o transformare similară la subiecți în timpul cercetării pentru disertație, și de multe ori aceștia râdeau în timpul acestor revelații:

„Într-un fel foarte profund, nu vorbim aici de chicotelile marijuanei. **Este râsul care spune «cum a fost posibil să uit cine sunt de fapt?»** Și apoi, mult mai târziu în aceeași zi, când se reintegrau și descopereau că se află în mod surprinzător în același corp cu care veniseră... cineva a spus foarte frumos: **«Mă întorsesem în închisoarea tuturor lucrurilor care mă țineau pe loc, dar înțelegeam că ușa era încuiată pe dinăuntru»**."

NU GRĂBI EXPERIENȚA, NU O DEPRECIA

„Există ceva ce se cheamă *Salvia* [*divinorum*] și lucrul minunat în privința acestei salvie este că nu are nimic de-a face, din punct de vedere chimic, cu niciunul dintre lucrurile despre care am vorbit... Istoric, a fost utilizată timp de cine știe câte mii de ani pentru a ghici viitorul sau pentru a afla diferite lucruri. Și, încă o dată, se pare că noi, americanii, putem să luăm aproape orice fel de substanță indigenă și s-o stricăm într-un fel sau altul. Așa că oamenii fumează salvia și au parte de o experiență scurtă, intensă și uneori importantă. Dar nu era folosită [în mod tradițional] în felul acesta. Era mestecată, ceea ce însemna că dura cam o oră și că își făcea lent efectul. Aceasta înseamnă o experiență complet diferită."

TF: Te rog să reții că *Salvia divinorum* este ilegală în ambele cazuri. Ideea este că felul în care se administrează contează.

DESPRE „SUPRAVEGHETORI"

„Supraveghetorul" este persoana care supervizează o experiență psihedelică, asigurând siguranța și confortul. Cartea lui Jim (*The Psychedelic Explorer's Guide*) pune la dispoziție reguli generale cuprinzătoare pentru acest rol, dar în termeni simpli: „Un supraveghetor bun este o persoană în care ai încredere. Un supraveghetor excelent este o persoană care te iubește și în care ai încredere. Un supraveghetor la superlativ este o persoană care nu are nici un fel de interes personal. Nu urmărește să vezi un anumit lucru. Nu urmărește să fii într-un anumit fel. Nu urmărește să descoperi un anumit lucru". Cu sau fără psihedelice, acestea par a fi criterii bune și pentru alegerea prietenilor apropiați.

DESPRE IMPORTANȚA ACTIVITĂȚII „PRE" ȘI „POST"

În lumea psihedelicelor există un dicton: **Dacă primești răspunsul, ar trebui să închizi telefonul".** Cu alte cuvinte, când primești mesajul de care ai nevoie, ar trebui să te oprești din a mai pune întrebări (adică să nu mai urmărești alte experiențe), cel puțin până îți faci o parte din teme, până folosești claritatea obținută pentru a face câteva schimbări semnificative. Este ușor să utilizezi medicamentul ca pe o cârjă și să eviți să faci treaba care îți revine, pentru că pe termen scurt compușii funcționează ca antidepresive.

În general, utilizatorii compulsivi neglijează pregătirea esențială și eforturile de procesare de după experiență. Spre exemplu, MDMA este un instrument grozav pentru eliberarea oamenilor din ghearele tulburării de stres posttraumatic dar, de obicei, succesul poate fi pus în mare parte pe seama pregătirilor făcute cu un psihoterapeut, faptului că ai doi ghizi (bărbat și femeie) și că îți petreci mult timp discutând experiența și procesând-o. Nu are niciun rost să mergi la un seminar motivațional, dacă nu ai de gând să faci vreun pas ulterior.

MARTIN POLANCO & DAN ENGLE

Martin Polanco (TW: @MARTIN_POLANCO7, CROSSROADSIBOGAINE.COM) este fondatorul și directorul de programe al Centrului de Tratament Crossroads, cu sediul în Rosarito, Mexic. Crossroads este specializat să ajute pacienții să-și învingă dependențele puternice (cum ar fi cea de heroină sau de cocaină), prin utilizarea halucinogenului african ibogaină și 5-MeO-DMT, numită și „molecula lui Dumnezeu".

Dr. Dan Engle (TW: @DRDANENGLE, DRDANENGLE.COM), este specialist acreditat în psihiatrie și neurologie. El combină medicina funcțională cu psihiatria integrativă pentru a spori sănătatea regenerativă și performanțele de vârf. Experiența sa anterioară cuprinde studiul leziunilor traumatice ale creierului și lucrul cu medicamente pe bază de plante, cum ar fi ayahuasca, în jungla peruană.

În acest profil vom discuta despre câteva droguri psihedelice și despre o opțiune legală: terapia prin plutire. Ibogaina și 5-MeO-DMT sunt discutate destul de detaliat, pentru că ambele sunt utilizate în clinica lui Martin. Ibogaina este singurul compus pe care îl cunosc care poate elimina dintr-un foc peste 90% din simptomele fizice ale sevrajului în cazul dependenței de heroină. Este și unul dintre foarte puținele psihedelice care te pot ucide, așa că mă ocup de el la sfârșit.

Animalul spiritual: Martin – ursulețul de gumă

✹ Ce ai scrie pe un panou?

DAN: „Fii curios."

BAZINUL DE IZOLARE SENZORIALĂ CA „PSIHEDELIC"

DAN: „Sunt la fel de entuziasmat de terapia prin plutire pe cât sunt de drogurile psihedelice, pentru că nu toată lumea o să ia un psihedelic. Poate că nu este în interesul tuturor s-o facă... dar toată lumea poate să plutească. Atunci când este pregătită bine și este făcută cu consecvență de-a lungul timpului, poate fi o arenă «psihedelică» extraordinară. Prin asta, înțeleg în primul rând întoarcerea la o relație mai profundă cu tine însuți."

TF: În termeni simpli, „terapia prin plutire" înseamnă că plutești într-o cadă cu un capac deasupra, la o temperatură de circa 37°C. Este întuneric complet, nu se aude niciun sunet și în apă au fost dizolvate între 360 și 540 de kg de sare Epsom, ca să plutești la suprafață, simțindu-te imponderabil. Poate fi considerat un bazin de privare senzorială.

Dacă nu reziști cel puțin 60 de minute într-un astfel de bazin, nu ești pregătit pentru o experiență psihedelică de neoprit. Iată ce îmi explica un ghid cu privire la aceasta din urmă: „Pot să dau drumul la muzică, dar nu o mai pot opri". Spre deosebire de asta, dacă începi să te simți neliniștit în timpul plutirii, poți să ieși afară. Utilizează mediul acesta ca pe un antrenament. Visarea lucidă verificată în laborator (caută pe Google „Lucid Dreaming 101 Ferriss") este și ea utilă ca să-ți dezvolți capacitățile de orientare pentru drogurile psihedelice, dar să plutești în apă sărată presupune mai puțin efort.

Ori de câte ori este posibil, încerc să plutesc de două ori pe săptămână – lunea și vinerea. După 2 săptămâni mă simt cum m-aș simți în mod normal după o lună de meditații zilnice, chiar dacă nu meditez.

DAN: „[Când plutim într-un bazin de izolare] este pentru prima dată când rămânem fără experiențe senzoriale, fără stimuli senzoriali veniți din mediu, de când ne-am născut. Nu există niciun sunet, nicio imagine, nicio variație a temperaturii și niciun pic de gravitație. Așa că toată activitatea creierului de a căuta și a direcționa informațiile din mediu este redusă. Tot ce se găsea în fundal – oarecum „în spatele cortinei" – poate fi scos la lumină. Atunci când se face cu consecvență în timp, este în fond un fel de meditație pe steroizi. Începe să recalibreze tot sistemul neuroendocrin. Oamenii care sunt tot timpul stresați sau care suferă de surescitarea sistemului nervos simpatic încep să se relaxeze în timp, și văd cum se revarsă acest efect în viața de zi cu zi. Nu este vorba doar de ceea ce se petrece în bazin. Lucrurile continuă și în afara acestuia. Observi că se normalizează ritmul cardiac, hipertensiunea, cortizolul. Durerea începe să treacă. Problemele metabolice încep să se rezolve.

Anxietatea, insomnia și fluxul de gânduri pot fi semnificativ îmbunătățite în [2 sau 3 ședințe pe săptămână, ajungând la un total de] 3-7 ședințe. În cazul durerii, de obicei este nevoie de 7-10 ședințe. Eu recomand o ședință de 2 ore de plutire, dacă oamenii pot s-o facă."

TF: Conform lui Dan, majoritatea oamenilor obțin beneficii exponențial mai mari de pe urma unei singure ședințe de 2 ore, decât de pe urma a 2 ședințe separate de câte 1 oră. Cu toate acestea, plutirile de 2 ore mă fac să mă simt agitat, așa că de obicei fac ședințe de câte 1 oră.

Pentru a simplifica lucrurile, Dan sugerează să începem cu 2 sau 3 ședințe în decurs de 1 lună. „Nu am avut niciodată pe nimeni care să vină înapoi și să-mi spună: «Să știi că n-a funcționat»."

AYAHUASCA SAU „LA PURGA" (PURIFICAREA)

Această infuzie amazoniană este una dintre specialitățile lui Dan. În general, experiența durează între 4 și 7 ore.

Dacă ne-am gândi la psilocibina, LSD și peyote ca la tipuri diferite de alcool – să zicem, votcă, vin roșu și scotch – ayahuasca ar fi mai degrabă un cocteil. Asta o face greu de standardizat. La fel ca într-un cocteil Old Fashioned, există ingrediente principale. În acest caz, acestea sunt frunza de chacruna, care conține DMT, și rădăcina propriu-zisă de ayahuasca, ce conține un inhibitor MAO care face ca DMT-ul din chacruna să fie bioaccesibil pe cale orală. Diferiți *ayahuasqueros* (shamani ayahuasca) vor adăuga apoi propriile ingrediente în infuzie, printre acestea numărându-se și plante puternice sau chiar periculoase, cum ar fi trompeta îngerilor (asemănătoare cu planta Datura din America de Nord, care conține scopolamină). Nicio experiență nu este absolut identică cu alta.

Pentru mine, ayahuasca a fost unică printre psihedelice din mai multe motive.

A doua oară când am luat-o, am avut parte de cea mai înspăimântătoare experiență din viața mea. Printre altele, am avut crize necontrolate de grand mal* la podea, timp de 2 ore. M-am trezit cu arsuri din cauza faptului că mi-am frecat fața și mâinile de covor și am fost rupt de realitate timp de 48 de ore după aceea. Din fericire, angajasem pe cineva să mă supravegheze 24/7, în timpul weekendului și după aceea. Persoana

---

* Grand mal – Convulsie epileptică tonico-clonică, care afectează în totalitate cortexul cerebral. (n.red.)

respectivă a avut grijă de mine și m-a împiedicat să-mi transform ideile demente în acțiuni care să-mi distrugă viața. Sfatul pe care mi l-a tot repetat a fost: „Dacă chiar este adevărat astăzi, va fi adevărat și mâine".

Nu am mai avut reacția aceasta extremă de atunci, dar s-a întâmplat.

Iar o reacție de felul acesta, chiar dacă nu este obișnuită, nu este nici *chiar așa* de rară. Ai putea să te întrebi: De ce aș mai folosi ayahuasca din nou după asta? Iată de ce: pe parcursul săptămânilor următoare, mi-am dat seama că unele dintre cele mai deteriorate relații din viața mea fuseseră complet refăcute. Priveam lucrurile în mod diferit, reacționam diferit și interacționam diferit, de parcă aș fi fost reprogramat. Schimbările respective persistă și în ziua de azi. Deci, există un beneficiu potențial uriaș, dar există și dezavantaje la fel de mari, dacă este administrată în mod nechibzuit sau în compania oamenilor nepotriviți.

Am adus în discuție această poveste-avertisment pentru că ayahuasca a devenit incredibil de la modă. Este SUBIECTUL de discuție de la petreceri și mă cutremur de fiecare dată când aud ceva de genul: „Mă duc acasă la un prieten din Manhattan pentru o ceremonie cu aya duminică noaptea. A comandat prin poștă o infuzie din Hawaii și o vom face împreună. O să fie incredibil". În prezent, există o mulțime de persoane new-age – instructori de yoga cu o doagă lipsă, interpreți de didgeridoo, și tot așa – care se hotărăsc să „facă pe șamanii" după ce au citit câteva cărți, s-au uitat la câteva videoclipuri pe YouTube sau au luat parte la câteva ceremonii. Eu consider toate lucrurile acestea o ruletă rusească psihologică.

Îți sugerez să privești ayahuasca la fel cum ți-ai planifica îndepărtarea pe cale chirurgicală a unei tumori cerebrale. Din punct de vedere spiritual, tocmai asta încerci să faci.

Într-o astfel de situație, ai petrece luni întregi, dacă s-ar putea, făcând cercetări cu privire la cei mai buni doctori. Ai trata-o ca pe o decizie de viață și de moarte, date fiind lucrurile care ar putea să meargă prost, dacă operația nu este făcută cum trebuie. Din experiența mea directă, sunt de părere că nivelul acesta de precauție, respect, pregătire și verificare prealabilă este îndreptățit în cazul unei experiențe cu ayahuasca. Martin intră în detalii:

„Acesta este motivul pentru care este esențial să te pregătești înainte și să ai o perioadă de procesare după aceea, pentru că te afli într-o dispoziție receptivă și ești mai influențabil. Indiferent care sunt obiceiurile pe care le adopți în săptămânile ulterioare, acestea pot să prindă rădăcini și pot să fie bune sau rele."

DAN: „Ayahuasca este administrată tradițional în cadrul unei ceremonii de grup, dar călătoria este cât se poate de solitară și de lăuntrică. De obicei se desfășoară în întuneric, în junglă. Ai parte de vindecare psihică profundă, de multe ori a traumelor care [au avut loc] de la naștere și până la vârsta de 4 ani. Din perspectiva psihologiei dezvoltării, aceasta este perioada în care se formează majoritatea trăsăturilor de durată ale personalității umane. Dobândești o perspectivă de martor, centrii fricii se relaxează, trauma este adusă înapoi și proiectată pe ecranul minții... ai frecvent parte de această reluare a unor lucruri foarte timpurii și poți avea o experiență corectoare...

Prin asta, eu [personal] pot vedea rețeaua de factori și posibilități interconectate. Mintea mea începe să înțeleagă cum m-au influențat lucrurile, cum este lumea afectată de lucruri [și] poate și următorul pas pe care ar trebui să-l fac în călătoria mea."

TF: Ayahuasca este uneori numită *la purga* („purificarea") pentru că participanții ajung frecvent să vomite sau să defecheze necontrolat. Eu nu m-am confruntat cu așa ceva, dar toți prietenii mei au vomitat cel puțin. La un moment dat, am fost îngrijorat că „nu o fac cum trebuie" sau că nu extrag beneficii maxime, dar șamanul m-a asigurat că acest lucru nu este un punct de reper bun al valorii experienței. În cazul lui avusese efect de purificare de doar două ori în 10 ani.

DAN: „Se bucură de foarte mult succes în încercarea de a-i ajuta pe oameni să treacă de la depresie cronică la ceea ce s-ar numi *euthymia* sau dispoziție normală. Mulți oameni nici măcar nu știu cum e să ai o dispoziție normală, dar optimismul, curajul, forța [și] puterea personală sunt câteva dintre caracteristici."

TF: Ayahuasca este descrisă de obicei ca foarte „vizionară" sau bogată în halucinații vizuale, deși unele persoane au mai multe experiențe mentale sau kinestezice. Eu am tendința să trec prin trei etape: vizuală (adeseori copleșitoare), mentală (capabil intelectual să mă implic și să văd soluții sau răspunsuri) și apoi fizică. Cel mai adesea, parcurg un ciclu format din aceste trei faze în timpul fiecărui *icaro* sau cântec care se cântă. Pentru cea mai bună aproximare, caută pe YouTube „Ayahuasca Visions" al lui Jan Kounen.

5-MEO-DMT

Martin utilizează 5-MeO-DMT cu pacienții săi după ce îi tratează cu ibogaină și iboga. DMT-ul este uneori numit „molecula spiritului", iar varianta sa 5-MeO-DMT este numită „molecula lui Dumnezeu". 5-MeO-DMT se găsește în veninul unei broaște din deșert și este vaporizat și inhalat (nu se administrează pe cale orală; dacă este ingerat devine toxic). Este o experiență scurtă, care durează între 5 și 15 minute.

Pentru a plasa lucrurile în context, iată cum ar putea să arate programul unui dependent de heroină din clinica lui Martin:

Pre-tratament timp de câteva săptămâni: Îmbunătățirea alimentației și activității fizice, eliminarea treptată a medicamentelor psihiatrice etc.

Lunea din săptămâna tratamentului: Analize medicale complete în Mexic; dependenții de heroină sunt trecuți pe morfină.

Miercuri noaptea: perfuzie intravenoasă cu soluție salină și electroliți, apoi ibogaină capsule, dozată la 10-12 mg per kg de masă corporală. Pacienții sunt conectați tot timpul la aparatură de monitorizare cardiacă. Cateterul perfuziei rămâne atașat cu un tub hep lock*, în caz că trebuie administrată atropină pentru bătăi neobișnuit de rare ale inimii (bradicardie).

Joi: De obicei, pacienții sunt nedormiți, așa că aceasta este numită „ziua gri". Uneori, dependenții au simptome reziduale de sevraj și au impresia că nu obțin niciun beneficiu.

Vineri: Pacienții încep să se simtă mai bine și pot să meargă din nou. Dacă persistă vreun simptom rezidual de sevraj se utilizează iboga (capsulă de 300 de mg, apoi și mai mult dacă este necesar) care conține ibogaină și alți alcaloizi.

Sâmbătă: este administrat 5-MeO-DMT.

Post-tratament: 2-3 săptămâni în San Diego (recomandate, dar opționale).

MARTIN: „DMT-ul se găsește în ayahuasca, în timp ce 5-MeO-DMT-ul se găsește în mod natural în anumite plante și în veninul broaștei râioase din deșertul Sonora (cunoscută și ca broasca râului Colorado), care trăiește în nordul Mexicului și în sudul Arizonei. Se crede că veninul său a fost utilizat în scop ceremonial timp de sute sau chiar mii de ani, de către culturile indigene din Mexic pentru a induce stări de conștiință mistică.

---

* *Hep lock* sau *saline lock*, este un tubuleț cu 2 piese (conectori) la capete. Un conector se înșurubează la branulă, al doilea conector are, de regulă (în încercarea de eliminare a necesității de a folosi ace), un filet și un mecanism care permite înșurubarea (seringii) și apoi administrarea medicamentelor (lichide) prin el, la deșurubarea obiectului conectat închizându-se automat. (n.red.)

Ce ne place la medicamentul acesta și ce se dovedește deosebit de util pentru dependența de droguri este faptul că provoacă experiențe mistice. Dintre pacienții noștri, în jur de 75% raportează că au avut un sentiment intens și profund de venerație, prezență divină, pace, bucurie și extaz care transcende spațiul și timpul. Oamenii descriu frecvent experiența care le-a fost indusă de 5-MeO ca fiind unul dintre cele mai speciale momente transformaționale și spirituale din întreaga viață.

În corp, 5-MeO-DMT-ul acționează asupra zonelor receptorilor 1A și 2A ai serotoninei, care au fost asociate cu experiențele mistice în cazul altor droguri psihedelice, cum ar fi LSD-ul și psilocibina. Totuși, în comparație cu psihedelicele clasice, 5-MeO pare să inducă aceste experiențe mai constant, cu mai multă putere și cu o durată mai scurtă. În mod interesant, s-a arătat că 5-MeO are efecte antiinflamatoare, de reglare a imunității și de reducere a durerii datorită acțiunii sale de la nivelul receptorului sigma-1. Pacienții noștri raportează frecvent reducerea sau eliminarea durerii ca urmare a experienței lor. Adeseori, oamenii își întind sau își mișcă corpul atunci când se află sub efectul 5-MeO pentru a îndepărta tensiunea fizică și emoțională de care poate înainte nu erau conștienți.

Incluzând 5-MeO-DMT-ul în programul de tratament, putem ajuta pacienții care au trecut prin experiența indusă de ibogaină să încerce atât un sentiment de eliberare de materialul care a ieșit la suprafață, cât și motivația și inspirația să meargă mai departe în viață. Ibogaina poate scoate la suprafață foarte multe lucruri din subconștient, astfel că oamenii se simt copleșiți după experiență. Într-un articol recent, care făcea o expunere de ansamblu a cercetărilor despre utilizarea psihedelicelor în tratarea dependenței, profunzimea experienței mistice a fost cel mai bun factor prezicător al succesului pe termen lung. Când am introdus 5-MeO-DMT-ul în protocolul nostru cu ibogaină, am observat rezultate mai bune față de pacienții cărora le dădeam doar ibogaină."

TF: În SUA, 5-MeO-DMT a fost clasificat ca substanță de Clasă 1 abia în 2011 și utilizarea sa este legală în Mexic.

DAN: „Are o aromă extraordinar de puternică și funcționează ca o rachetă spațială care te duce înapoi la Dumnezeu... Chiar te duce la conștiința-sursă."

MARTIN: „[Dependenții] realizează că sunt ființe divine, iar atunci când conștientizezi că ești indestructibil, infinit și divin, îți este foarte greu să-ți înfigi un ac în braț și să te droghezi în continuare."

TF: Am utilizat 5-MeO-DMT, dar prefer psihedelicele comestibile, al căror efect durează mai mult. Nu-mi fac prea multe griji din cauza dependenței de 5-MeO, dar instalarea rapidă și durata scurtă creează un profil mai apropiat de cel al substanțelor pe care vreau să le evit (cum ar fi cocaina crack). Am impresia că este prea ușor de folosit pentru personalitatea mea interesată de caracterul convenabil. Îmi place faptul că majoritatea opțiunilor comestibile din plante integrale îți dau o ușoară senzație de greață, că au un efect care durează cu 4-8 ore mai mult și că, dacă consumi prea mult, poți să fii sigur că vei vomita. Eu percep aceste caracteristici ca pe niște mecanisme încorporate de siguranță. *Câte bordeie, atâtea obiceie.*

IBOGA/IBOGAINA

Okay, acum ne vom ocupa de artileria grea.

MARTIN: „Iboga este un drog psihedelic necunoscut care nu are o istorie îndelungată de utilizare recreațională, asta pentru că experiența pe care o oferă nu este recreațională. Probabil că este cel mai puțin recreațional drog... Este un drog psihedelic african care a fost utilizat timp de decenii pentru a trata dependența de opioide* și alte tipuri de tulburări legate de abuzul de substanțe."

TF: „Iboga" se referă la plantă, mai exact la coaja rădăcinii, care a fost luată ca ritual de trecere de către cei care urmează Bwiti în Gabon, timp de secole. Ibogaina este principalul alcaloid care se găsește în iboga. Ambele acționează ca disociative. Efectele sunt similare, dar nu identice. Diferența este comparabilă cu cea dintre utilizarea scoarței de salcie albă pentru inflamație *versus* utilizarea versiunii sale rafinate, aspirina. Clinica lui Martin utilizează ibogaina pentru detoxifierea pacienților și iboga pe post de „amplificator" sau de medicație suplimentară, după tratament.

---

* Opioide – este un termen care definește o grupă de substanțe chimice eterogene naturale și sintetice înrudite cu morfina. Pot fi: *endogene*: produse de organism în cazurile de stres, pentru a reduce senzațiile dureroase (de ex. Beta-endorfinele); *exogene*: cele care sunt administrate din exterior cu scop terapeutic sau recreațional. Spectrul de acțiune al opioidelor este foarte complex și diferit, dar rolul cel mai important al lor este acțiunea intens analgezică, ele oferind rezultate superioare majorității altor substanțe cu rol similar. Utilizarea lor este însă limitată de potențialul adictiv foarte ridicat, în special în cazul celor care produc euforie intensă. Printre efectele nedorite se mai numără depresia respirației (ceea ce produce hipoventilație pulmonară și hipoxie) și diminuarea peristaltismului intestinal (constipația). Efectele psihotrope se manifestă prin efecte hipnotice, anxiolitice și euforice. (n.red.)

NOTĂ: Deși sunt extrem de promițătoare pentru eliminarea dependenței de opioide (ca de ex, heroina) în timp record, dozele ceremoniale tradiționale de ibogaină/iboga pot avea și efecte cardiace letale la aproximativ 1 om din 300. Și chiar și anumite antibiotice interacționează cu ibogaina/iboga și pot provoca aritmii.

Din acest motiv, atât Dan cât și Martin limitează în general utilizarea doar la cazurile dependenților aflați într-o situație disperată, care – în absența unei intervenții de succes – au șanse mari să moară prematur din cauza utilizării drogurilor sau violenței legate de aceasta. Bazându-mă pe notițele unor prieteni non-dependenți, care au făcut „traseul complet" cu iboga și au utilizat microdozajul, se pare că microdozele de două ori pe săptămână oferă cel puțin 50% din beneficiile anxiolitice (de reducere a anxietății) cu un procent minuscul de risc.

În mod interesant, ibogaina pare să provoace halucinații care sunt mediate prin intermediul mecanismelor muscarinice colinergice implicate în visare și memorie, și prin receptorii kappa-opioizi (activați și de planta *Salvia divinorum*), nu prin receptorii de serotonină.

MARTIN: „Cine este un bun candidat pentru ibogaină și cine nu? Sunt solicitat de oameni care vor doar să-și exploreze psihicul, care suferă de depresie sau care vor să-și rezolve o traumă din copilărie. De multe ori îi orientez spre ayahuasca, căci eu chiar cred că ibogaina este artileria grea și că cea mai bună utilizare a ei este în [tratamentul] dependențelor. Asta nu înseamnă că oamenii care nu au dependențe nu obțin niciun beneficiu de pe urma ei, dar cred că există alte modalități mai puțin riscante pe care ar trebui să le ia mai întâi în considerare."

DAN: „Dacă ceva este eficient, nu înseamnă că cineva este pregătit pentru el... Iboga este ca Everestul. Este ca și cum ai escalada un munte uriaș. Este o idee proastă să începi cu Everestul când tu nu ai făcut niciodată drumeții pe munte."

Este un medicament care se concentrează mult pe ego. Va ataca psihicul fără oprire până când persoana nu mai are de ales și trebuie să cedeze și să se abandoneze experienței. După aceea, se poate preda experienței și mai mărețe de a se transforma în persoana care credea că poate fi sau care se temea să fie, eliberată de limitarea unui lucru ca dependența...

Iboga este cu patru sau cinci ordine de mărime [superioară] oricărui tratament din zona generală a reabilitării psihiatrice [în tratarea dependenților de opioide]. Ai același nivel de succes ca în cazul terapiei asistate cu MDMA în tratarea tulburării cronice de stres posttraumatic (TSPT). Din acest motiv, MDMA intră în faza a III-a de testare. Psilocibina intră și ea în faza a III-a de testare, pentru că se obține o rată foarte mare de succes la persoanele care se află la sfârșitul vieții [din cauza cancerului] și care sunt eliberate de anxietate și chiar se pot pregăti pentru moarte cu tărie și demnitate."

TF: Faza a III-a de testare este esențială pentru reclasificarea juridică a drogurilor psihedelice, medicii calificați putând să le prescrie în viitor. Așa cum observam mai devreme, aproape toate psihedelicele sunt în momentul de față droguri de Clasa I, definite prin „potențial ridicat de abuz" și prin „nicio utilizare acceptată în prezent în tratamentele medicale în SUA". În cea mai mare parte, aceste substanțe nu provoacă dependență, așa că ideea abuzului este nefondată, dar lucrul acesta este dificil de dovedit prin studii pe termen lung pe oameni, date fiind actualele constrângeri legale. Prin urmare, drumul mai eficient spre „legal pentru a fi prescris" presupune demonstrarea unei aplicații medicale clare pentru afecțiuni cum ar fi depresia rezistentă la tratament și anxietatea generată de sfârșitul vieții la pacienții cu cancer în fază terminală. De când am renunțat la jocul investițiilor (vezi pag. 426), mi-am redirecționat o mare parte din atenția financiară spre acest sector.

O notă marginală amuzantă: În timpul campaniei prezidențiale din 1972, Hunter S. Thompson a susținut că Edmund Muskie, candidatul principal al Democraților, ar fi dependent de ibogaină. Hunter a inventat toată povestea, dar a utilizat-o ca să iște un scandal în presă.

EXPERIENȚA IBOGA/IBOGAINĂ

Experiența obișnuită cu ibogaină este de lungă durată – până la 36 de ore – și are trei faze principale. De obicei ține pacienții treji câteva zile. Martin explică:

Prima fază

„Prima [fază] reprezintă componenta vizionară care poate să dureze între 3 și 12 ore și ai halucinații de parcă ai urmări un film cu viața ta.

Este o trecere în revistă a vieții și oamenii raportează că în spatele pleoapelor au ecrane uriașe pe care văd imagini din copilărie. Văd oportunități pe care le-au ratat, oameni pe care i-au rănit și lucruri neterminate pe care trebuie să le rezolve. Cred că procesul de a te confrunta cu cel care ești în realitate, fără să-ți poți întoarce privirea, poate fi dificil. Pacienții care utilizează opioide încearcă în general să se amorțească. Nu vor să se gândească; nu vor să simtă. Dar ibogaina chiar îi obligă să poarte discuția aceasta: uite ce-ai făcut, uite unde o să ajungi dacă continui să iei droguri. Așa că nu este o experiență distractivă.

Multe cazuri de dependență sunt asociate cu tulburarea de stres posttraumatic. Și acesta poate fi rezolvat cu ibogaină pentru că permite persoanei să se întoarcă în trecut la acel eveniment traumatic și să-l trăiască fără nicio durere emoțională. Te poți întoarce și poți să te detașezi de experiență, poți să ajungi să te împaci cu ea sau o poți pur și simplu recontextualiza.

Așa cum spunea dr. Engle, o mare parte din traume au loc în perioada preverbală a vieții (înainte de vârsta de 2 ani)... Creierul le stochează ca pe niște încărcături emoționale, pentru că nu există niciun cuvânt asociat cu respectivele experiențe. Ibogaina le permite să se întoarcă în timp și să vadă ce s-a întâmplat, aproape ca și cum ar pluti în încăpere ca un observator. Faptul că privesc această experiență prin ochii unui adult le permite să o plaseze într-un context diferit.

Alte imagini care apar în timpul experienței cu ibogaina se referă la conștiința sau inteligența plantelor vii, nașterea și soarta universului și propria noastră mortalitate. Există anumite imagini care îi pot tulbura pe pacienți. Vezi spirite și imagini ale unor persoane moarte. În Africa se spune că ibogaina este o «experiență a morții controlate». Așa că ajungi pe tărâmul morților și primești informații de la strămoșii tăi, informații pe care le poți aduce cu tine în lumea asta și le poți aplica în propria viață."

A doua fază

„A doua fază este o fază de introspecție și poate să dureze chiar și 24 de ore. Sevrajul opioid a dispărut în cea mai mare parte [până la momentul acesta], la fel ca și nevoia de drog. Ibogaina are un foarte puternic efect antidepresiv, așa că oamenii cărora le este administrată au o dispoziție emoțională bună pentru o perioadă de timp după experiență.

În termenii diferențelor dintre ibogaină și ayahuasca, cred că analiza introspectivă a vieții este mai accentuată cu ibogaina, deși doar 70% dintre oameni trec prin ea. Deci, 30% nu au parte de niciun fel de viziuni. Nu cunosc statisticile pentru ayahuasca, dar s-ar putea să fie mai psihedelică la capitolul acesta decât ibogaina."

A treia fază

„Cea de a treia fază, care are loc după experiența clinică, este numită «libertatea temporară» sau «intervalul de oportunitate», dat fiind că noribogaina, un metabolit al ibogainei, continuă să-și facă efectul până la 3 luni, înlesnind adoptarea de tipare și obiceiuri noi. Aceasta este numită «faza de asimilare», în care persoana acționează pentru a alimenta schimbările pozitive necesare care i-au fost dezvăluite în timpul experienței. Este important ca pacienții să profite de oportunitățile de învățare și dezvoltare din această fază și să dezvolte obiceiuri care vor contribui la susținerea autocontrolului, după ce noriboigaina este eliminată din sistem."

DIN PUNCT DE VEDERE BIOCHIMIC, DE CE ESTE IBOGAINA ATÂT DE STRANIU DE EFICIENTĂ?

„[Ibogaina nu] se limitează doar la mascarea sevrajului, cum ar face un drog de substituție. Spre exemplu, dacă cineva dependent de heroină ia metadonă, un timp nu va simți sevrajul, dar imediat ce metadona este eliminată din sistem, sevrajul revine. Lucrul acesta nu se întâmplă cu ibogaina. Iei ibogaină și sevrajul dispare – 90% din sevraj a dispărut de tot. Asta ne spune că ibogaina schimbă de fapt receptorul, aducându-l înapoi la starea în care se afla înainte ca persoana să înceapă să ia drogul. Practic, îl restructurează și îl vindecă. Ibogaina pare să afecteze aproape toate clasele majore de neurotransmițători, în principal prin receptori pentru opioide, NMDA, serotonină, sigma și nicotinici. Un cercetător proeminent al ibogainei, dr. Kenneth Alper [de la New York University School of Medicine], a declarat în prezentările sale că anumite aspecte ale ibogainei sfidează paradigmele tradiționale din farmacologie."

TF: Ca să estimez numeric experiența mea subiectivă, am observat că microdozele îmi măresc „nivelul de referință" al fericirii cu 5-10%. Lucrul acesta persistă mai multe zile după consum. În prealabil, s-ar părea că efectul are de-a face cu reglarea pozitivă a receptorilor mu-opioizi. Dintr-un studiu: „...au fost obținute dovezi in vivo în favoarea posibilei interacțiuni dintre ibogaină și receptorul μ-opioid după metabolizarea în noribogaină."*

MARTIN: „[În tratarea dependenței chimice] este specific opioizilor. Am observat câteva beneficii pentru anumite medicații psihiatrice, dar nu pentru sevrajul benzodiazepinei sau alcoolului. Aceste două sevraje

---

* Bhargava, Hemendra N., Ying-Jun Cao și Guo-Min Zhao, „Effects of ibogaine and noribogaine on the antinociceptive action of μ-, δ-and κ-opioid receptor agonists in mice", în *Brain research* 752, nr. 1 (1997), pp. 234-238. (n.aut.)

sunt realmente periculoase. Atunci când cineva începe să tremure, vorbim despre DT (delirium tremens) și acesta poate fi fatal. Deci, procesul este foarte delicat și persoanele dependente fizic de alcool nu ar trebui să ia ibogaină. Întâi trebuie să facă dezintoxicare și după aceea pot să ia ibogaină pentru beneficiile sale psihologice și antiadictive."

PĂSTREAZĂ AURUL – ȚINE-L APROAPE, LA PIEPT

După experiențe puternice de vindecare cu psihedelice, recomandarea solidă a lui Dan este să **„păstrăm aurul"**. El ne explică:

„Ține experiența pentru tine. Atunci când simți că poți să vorbești despre ea, povestește-o oamenilor care conștientizează foarte bine faptul că ai fost într-o călătorie importantă care ți-a transformat viața și care te vor susține.

[Alege oameni care] nu vor ridiculiza, nu vor judeca și nu vor persecuta asta, pentru că toate lucrurile acestea îți alterează experiența primară. Atunci când au parte de o experiență importantă, foarte mulți oameni vor să le-o povestească celorlalți și uneori se întâmplă ca răspunsul pe care îl primesc să nu fie unul de susținere. Lucrul acesta alterează vindecarea pe care tocmai au obținut-o."

RESURSE:

Heffter Research Institute (heffter.org): Cu această organizație am interacționat cel mai mult. Finanțată și condusă în principal de persoane cu doctorate și masterate, Heffter facilitează cercetarea de ultimă oră la universități precum Johns Hopkins, NYU, University of Zurich și altele.

MAPS (maps.org): Înființată în 1986, The Multidisciplinary Association for Psychedelic Studies (MAPS) este o organizație non-profit educațională și de cercetare care dezvoltă contexte medicale, legale și culturale în care oamenii să beneficieze de pe urma utilizării drogurilor psihedelice și a marijuanei.

ICEERS (iceers.org): Cu sediul în Spania, The International Center for Ethnobotanical Education, Research and Service are ca obiectiv principal crearea unei punți între cunoașterea etnobotanică a culturilor indigene (în principal iboga și ayahuasca) și știința și practica terapeutică occidentală.

GITA (ibogainealliance.org): The Global Ibogaine Therapy Alliance este un grup internațional de furnizori, cercetători și susținători ai ibogainei. Aceștia au publicat de curând primul standard recunoscut cu normele generale pentru îngrijire în tratamentul cu ibogaină.

CĂRȚI CONEXE ȘI RECOMANDATE

Singing to the Plants: A Guide to Mestizo Shamanism in the Upper Amazon (*Cum să le cântăm plantelor: un ghid al șamanismului metiș, de pe Amazonul superior*), de Stephan V. Beyer. Această carte nu a fost menționată în podcast, dar este cea mai cuprinzătoare carte despre ayahuasca pe care am găsit-o.

The Cosmic Serpent (Șarpele cosmic), de Jeremy Narby

Autobiography of a Yogi (*Autobiografia unui yoghin*), de Paramahansa Yogananda. Aceasta a fost una dintre cărțile cu un impact puternic pe care Dan le-a citit în perioada în care a locuit în junglă. Steve Jobs a cerut ca această carte să le fie dăruită celor care au participat la înmormântarea sa.

The Journey Home: Autobiography of an American Swami (*Călătoria către casă: autobiografia unui swami* american*), de Radhanath Swami

Ibogaine Explained (*Ibogaina explicată*), de Peter Frank

Tryptamine Palace: 5-MeO-DMT and the Sonoran Desert Toad (*Palatul triptaminei: 5-MeO-DMT și broasca din deșertul sonoran*), de James Oroc. Martin o consideră o lectură fantastică pentru că privește experiența 5-MeO-DMT dintr-o perspectivă budistă și hindusă.

The Toad and the Jaguar (Broasca și jaguarul), de Ralph Metzner. O lectură rapidă despre 5-MeO-DMT scrisă de un pionier al cercetării și terapiei cu psihedelice.

* Swami – maestru. (n.red.)

KELLY STARRETT

Dr. Kelly Starrett (TW/IG: @MOBILITYWOD, MOBILITYWOD.COM) este unul dintre antrenorii mei preferați de performanță. A antrenat sportivi CrossFit mai bine de 150.000 de ore, în 11 ani, la San Francisco CrossFit, pe care l-a înființat împreună cu soția sa în 2005. Se clasează printre primele 50 de filiale recunoscute CrossFit, din cele peste 10.000 care există în prezent în lume. Printre clienții lui Kelly se numără medaliați cu aurul olimpic, cicliști din Turul Franței, halterofili cu recorduri olimpice, medaliați ai Jocurilor CrossFit, balerini profesioniști și personal militar de elită. Este o comoară de replici scurte și tăioase și a scris *Becoming a Supple Leopard (Cum să devii un leopard suplu)*, bestseller *New York Times.*

Animalul spiritual: leul cu trei lotuși

DIN CULISE

» Chiar înainte să începem să înregistrăm cel de al doilea podcast făcut împreună, Kelly mi-a oferit o ceașcă de cafea. După ce am dat-o pe gât, mi-a arătat sticla: era o băutură concentrată la rece care trebuia diluată. Eu tocmai consumasem vreo cinci cești de cafea odată. Kelly o numește „ceașca fricii". Am apăsat pe butonul de înregistrare și am început să transpir brusc, de parcă aș fi fost vânat de hiene.

» Kelly făcea salturi înapoi de pe loc când avea 105 kg. La aceeași greutate a terminat un ultramaraton fără să fi alergat niciodată mai mult de 5 km în timpul antrenamentelor, mulțumită lui Brian MacKenzie (pag. 119). Kelly a reușit, de asemenea, o ridicare power clean cu 166 kg, dar are o încheietură accidentată și ține haltera cu un braț încovoiat pe piept, ca într-un salut.

» Bea o cantitate incredibilă de apă și pune un vârf de cuțit de sare în apa de băut când poate. De ce? Fiindcă cel mai mare risc nu este deshidratarea, ci hiponatremia, concentrațiile periculos de scăzute de sodiu din sânge. Citează dintr-un studiu din 2005 de CSD Almond *et al*, apărut în *New England Journal of Medicine*: „Hiponatremia s-a dovedit a fi o cauză importantă a deceselor din timpul curselor sportive și o afecțiune care pune în pericol viața alergătorilor de maratoane."*

» Kelly este un fan înfocat al literaturii fantasy și SF. Cunoaște la perfecție *Dune* de Frank Herbert și *The Diamond Age* (*Era de diamant*), de Neal Stephenson. Din anumite motive, mai multor bărbați din această carte le plac tocmai aceste două cărți de ficțiune. Kelly este tată de fete și mi-a citat din ultima carte, care are ca personaj principal o tânără: „Cum crești fete care fac parte din sistem, dar care îl distrug în timp ce reconstruiesc unul mai bun?"

CU SAU FĂRĂ ERECȚIE?

„Băieți, dacă vă treziți și nu aveți erecție, aveți o problemă. Da sau nu? Unu sau zero? Cu sau fără erecție?"

---

* Almond, Christopher SD, Andrew Y. Shin, Elizabeth B. Fortescue, Rebekah C. Mannix, David Wypij, Bryce A. Binstadt, Christine N. Duncan *et al*, „Hyponatremia among runners in the Boston Marathon", *New England Journal of Medicine* 352, nr. 15 (2005): 1550-1556. (n.aut.)

TF: Monitorizarea „sinelui cuantificat” nu trebuie să fie complicată. Nu este greu să-ți scape beculețele roșii de alarmă care se aprind și se sting sub ochii tăi, în timp ce alergi după teste de sânge și de genomică* de ultimă oră, etc. Pentru bărbați, testul „cu sau fără erecție” este un indicator simplu dar excelent al calității somnului, al sănătății hormonale (GH, FSH, testosteron), al sincronizării ritmului circadian și altele.

TESTUL GENUFLEXIUNII DIN JURUL FOCULUI DE TABĂRĂ

„Dacă nu poți să stai corect pe vine, cu picioarele și genunchii alăturați, îți lipsește amplitudinea completă de mișcare a șoldului și gleznei. Acesta este mecanismul care cauzează artroza șoldului, fasciita plantară, ruptura tendonului lui Ahile, întinderea musculară a gambei etc. Asta e nenorocita de problemă și pe tine ar trebui să te obsedeze [rezolvarea].

> „Cel mai periculos sport pentru bărbații de vârstă mijlocie este o ședință de antrenament pe pista de atletism [deoarece corpul lucrează cu forțe mari la amplitudini nefamiliare de mișcare (a extremităților).

DESPRE GENUFLEXIUNEA CU HALTERA DEASUPRA CAPULUI

„[Greg] Glassman [fondatorul CrossFit] o considera una dintre cele mai importante abilități. De fapt, una dintre primele și cele mai bune antrenamente CrossFit – cred că se numește «Nancy» – este să alergi 400 de metri și apoi să faci 15 genuflexiuni ținând deasupra capului o halteră de 43 kg. Simplu ca bună ziua, nu? Apoi [repetă secvența] de 5 ori. Ceea ce observi foarte repede este că toată lumea se poate preface de 3 ori. Dar după aceea, după ce începi să obosești sau poziția ta nu mai este puternică, atenția îți slăbește. Nu mai reușești să-ți corectezi greșelile. Lumea devine foarte mică și apoi începi să suferi cu adevărat...

Atunci când spun «genuflexiune cu haltera deasupra capului», tot ce vreau să zic este: «Demonstrează-mi că poți să faci genuflexiuni cu trunchiul drept». Iar asta seamănă foarte mult cu sportul, nu? Dacă trebuie să te apleci foarte mult în față, înseamnă că șoldul și glezna nu funcționează în întregime și că nu știi cum să creezi stabilitate în zona trunchiului.”

---

* Genomică – în biologie, genomica unui organism reprezintă totalitatea informațiilor sale ereditare și codul său ADN (sau, pentru virusuri, ARN) (n.red.)

TF: Faptul că am făcut genuflexiuni cu haltere cu greutate mică deasupra capului, cu picioarele apropiate, combinate cu genuflexiunile cazace (pag. 114) timp de 3 luni m-a ajutat să mă pregătesc în proporție de 99% să trec „testul focului de tabără” de mai sus. Din păcate, la glezna mea stângă încă simt că se lovește os cu os.

„DACĂ NU POȚI RESPIRA, NU-ȚI CUNOȘTI POZIȚIA.”

Cu alte cuvinte, dacă nu poți respira într-o anumită poziție, nu o stăpânești.

PRINCIPALELE LUCRURI MOBILIZATOARE PE CARE SĂ LE FACI ÎN FIECARE ZI

„Iată câteva lucruri pe care probabil ar trebui să le faci în fiecare zi:

1. Toată lumea poate să beneficieze de un exercițiu care seamănă cu cow stretch (exercițiu numit uneori și „cat-camel” la cursurile de yoga. Este o întindere statică de nivel scăzut care te aduce într-un tipar de extindere și te îndepărtează de celălalt tipar în care stai într-o poziție curbată.
2. Stai cât de mult poți în fandare. [**TF:** O modalitate simplă de a bifa această căsuță înainte de antrenamente este exercițiul „mersul lui Spiderman” al lui Eric Cressey. Eu îmi aduc interiorul cotului până jos la podea înainte să trec la partea cealaltă. Lucrul acesta este revoluționar și pentru flexibilitatea șoldurilor în AcroYoga.]
3. Înainte de culcare, «strivește-ți» abdomenul cu o minge medicinală (adică rostogolește-te pe ea). [TF: Asta chiar te va ajuta să dormi. Instrumentul meu preferat a fost proiectat chiar de Kelly, MobilityWOD Supernova (120 mm). Amelia Boone (pag. 28) călătorește întotdeauna cu una la ea.
4. Rotirea interioară a umărului este nespus de importantă. Încălzirea Burgener te va ajuta să vezi dacă poți face o rotire internă completă a umărului.

Toate lucrurile acestea trebuie să fie normale.”

„SĂ-ȚI TRAGI NIȘTE ȘOSETE DE COMPRESIE ÎN PICIOARE [DUPĂ UN ANTRENAMENT] ESTE O EXPERIENȚĂ REVOLUȚIONARĂ”

În prezent, lui Kelly îi place marca SKINS.

IGIENA SOMNULUI

Întuneric înseamnă ÎNTUNERIC. „S-au făcut studii în care s-a proiectat un laser în spatele genunchiului cuiva și omul l-a perceput. Este lumină. Nu trebuie să ai telefonul în cameră cu tine. Nu trebuie să ai un TV în cameră. Trebuie să fie întunecată, întunecată ca noaptea."

Moale, aceasta este soluția pentru suprafețele de dormit. „Ființele umane moderne din ziua de azi au nevoie să doarmă pe o saltea moale. În mod ideal, ar trebui să dormi într-un hamac. Ar trebui să te trezești dimineața simțindu-te incredibil de bine, fără să fie nevoie să-ți detensionezi partea inferioară a spatelui. Majoritatea atleților și oamenilor sunt predispuși la întinderi musculare din cauza statului excesiv în fund și a antrenamentelor înclinate excesiv spre extensie (de ex., alergări, sărituri, genuflexiuni). Dormitul pe un pat tare te aduce efectiv în extensie, exact opusul a ceea ce vrei dacă ești predispus la întinderi musculare. Da, la modul ideal, ai putea să dormi pe podea și să te trezești simțindu-te excelent, doar că noi nu mai suntem acest gen de oameni din cauza statului excesiv pe scaun și a inactivității."

Lista lui Kelly de verificare a saltelelor

» Cea mai moale saltea pe care o poți găsi este ideală, dar ferește-te de cele făcute doar din spumă cu memorie, pentru că acestea te fac să rămâi în extensie.

» În magazin, stai întins pe pat timp de 5 minute. Dacă trebuie să-ți încrucișezi picioarele, patul este prea tare. [**TF:** Kelly a descoperit că modelul Stearns and Foster îl mulțumește.]

» Dacă trebuie să-ți pui o pernă sub picioare ca să te poți îndoi cum trebuie, ai nevoie de un pat mai moale. Ar trebui să te concentrezi și pe deschiderea extensiei șoldului.

PULSOXIMETRU UNDĂ VERDE/STOP

Kelly utilizează software-ul Restwise alături de pulsoximetre (pentru a măsura gradul de saturație al oxigenului din sânge) dimineața, ca să determine dacă sportivii săi ar trebui să se antreneze sau nu. Tehnologia lor răspunde la întrebarea (și își onorează sloganul publicitar inteligent): „Mă antrenez prea tare sau nu mă antrenez suficient?" Compania susține că sportivii care utilizează acest sistem ar fi câștigat 62 de competiții mondiale. Sistemul are mai multe subtilități, dar iată o observație fundamentală: dacă valoarea oferită de pulsoximetru este cu 1 punct sau

2 sub normal, poate să indice o inflamaţie pulmonară şi apariţia unei răceli. În cazurile de acest fel este mai bine să amâni antrenamentul.

MULTIVITAMINELE DE REFERINȚĂ

Nutriforce WODPak bazată pe alimente integrale (de la Nutriforce Sports).

O TACTICĂ PENTRU DUREREA CRONICĂ – RECURGE LA O MIŞCARE ASEMĂNĂTOARE CU CEA CARE TE-A ACCIDENTAT

„Mişcarea şi durerea sunt cartografiate. Spre exemplu, dacă simţi durere în timpul unei anumite mişcări timp de o lună, este o durere cronică. Creierul începe să cartografieze ruta neuronală a durerii cu ruta neuronală a mişcării motoare şi acestea se amestecă. Creierul începe să-şi amintească mişcarea care a dat naştere durerii (care te-a accidentat) şi, chiar dacă nu există traumă, de fiecare dată când te mişti în felul respectiv, ai parte în continuare de o senzaţie de durere. Atunci, una dintre modalităţile în care putem ajuta oamenii să scape de dureri cronice constă într-un program nou de exerciţii (de ex., nu face genuflexiuni cu genunchii în interior)."

TRECI LA „ÎNCLINAȚIE ZERO" ÎN CAZUL COPIILOR

Cumpără-le copiilor (şi ţie) pantofi cu talpa dreaptă, cu „înclinaţie zero", astfel încât degetele picioarelor şi călcâiul să se găsească la o distanţă egală de sol. Eu port Vans din acest motiv, modelul meu preferat fiind încălţările de skate Vans Classic Slip-On (unisex, talpă din cauciuc), pe negru. Îi poţi purta şi într-o drumeţie sau chiar la o întâlnire de afaceri, atunci când călătoreşti cu bagaj puţin. Kelly explică motivele aflate în spatele preferinţei pentru înclinaţia zero: „Nu le mai scurta sistematic copiilor tendonul lui Ahile cu pantofi de proastă calitate. Asta va duce la o amplitudine mică de mişcare a gleznei pe viitor. Cumpără-le copiilor Vans, Chuck Taylor sau încălţăminte similară. Încalţă-i cu pantofi cu talpa plată sau lasă-i să meargă în picioarele goale cât mai mult cu putinţă".

„Când o faci tu, treaba devine mai grea."

PAUL LEVESQUE (TRIPLE H)

Paul Levesque, cunoscut mai bine ca Triple H (TW/FB/IG: @ TRIPLEH), a fost de 14 ori campion mondial la World Wrestling Entertainment (WWE). Este și vicepreședinte executiv la WWE, la secțiunea de talente, evenimente live și de creație.

Animalul spiritual: leul

DIN CULISE

Paul are trei copii, iar responsabilitățile legate de afaceri și de familie îl țin treaz până noaptea târziu. El se antrenează de obicei la sala de sport între 10 p.m. și 1 a.m. cu Joe DeFranco, care a apărut în *4 ore – corpul*, în secțiunea „Dezlegarea misterului NFL Combine". Paul se trezește la ~ 6 a.m. și ia totul de la capăt. Una dintre exercițiile sale obișnuite de încălzire este varianta fără greutăți a genuflexiunilor cazace (pag. 114).

„Copiii nu fac ce le spui. Ei fac ce văd.
Felul în care îți trăiești viața este un exemplu pentru ei."

UN „FRAPPUCCINO" CETOGENIC

El lucrează adesea la alimentație cu bodybuilderul Dave Palumbo „Jumbo", atunci când se pregătește pentru Wrestle-Mania, cel mai mare eveniment anual al WWE (peste 100.000 de participanți live în 2016). Dave îl pune pe Paul să urmeze o dietă cetogenică și Paul a inventat un „frappuccino" sănătos care îi satisface nevoile:

„Folosesc pudra proteinică [a lui Palumbo], de la Species Nutrition. În fiecare dimineață cobor la parter și îmi pregătesc un shake din: 2 cupe de proteine din zer [Isolyze], gheață, multă pudră de cafea Starbucks și un pic de ulei din nuci macadamia. Așa îmi încep ziua."

CUM SCAPĂ DE JET LAG

În perioada cu cele mai multe călătorii, Paul ajunsese să călătorească peste 260 de zile pe an, dând în fiecare seară spectacole într-un oraș diferit. Iată câteva dintre regulile lui:

„După ce aterizam, mă cazam la hotel. Imediat ce mă cazam, mă duceam să întreb: «Sala de sport este deschisă? Pot să merg să mă antrenez?» Chiar dacă nu făceam decât să mă urc pe bicicletă și să pedalez 15 minute, pentru a mă dezmorți puțin. Am învățat de timpuriu că, de fiecare dată când făceam asta, se părea că nu mai suferеam de jet lag".

TF: Strategia asta funcționează în mod cert, chiar dacă este pusă în practică la 1 a.m. și doar 3-5 minute. Nu cunosc mecanismul fiziologic, dar o folosesc și eu.

ESTE UN VIS SAU UN OBIECTIV?

„[Evander Holyfield] povestea că, la un moment dat, antrenorul i-a spus, chiar din prima zi: «Tu ai putea să fii următorul Muhammad Ali. Vrei să faci asta?» Evander a răspuns că trebuie să-și întrebe mama. S-a dus acasă, s-a întors și i-a spus: «Vreau să fac asta». Antrenorul i-a zis: «Bun. Este un vis sau un obiectiv? Pentru că nu sunt același lucru».

N-am auzit niciodată ideea asta exprimată astfel, dar mi s-a întipărit în minte. Atât de mult încât i-am spus-o și copilului meu acum: «Este un vis sau un obiectiv? Pentru că visul este un lucru pe care ți-l imaginezi și care probabil nu se va întâmpla niciodată. Obiectivul este un lucru pentru care creezi un plan, pentru realizarea căruia muncești și pe care îl atingi. Așa m-am raportat dintotdeauna la activitățile mele. Oamenii pe care i-am considerat modele de succes erau oameni care își structuraseră obiectivele și care elaboraseră un plan pentru a obține lucrurile respective. Cred că asta m-a impresionat la Arnold [Schwarzenegger]. Asta m-a impresionat și la socrul meu [Vince McMahon]."

ÎNGRIJORAREA NU VA SCHIMBA ABSOLUT NIMIC

„Sunt prieten cu Floyd Mayweather și odată l-am condus spre ring; cred că atunci când a avut meciul cu Marquez. Eu am vrut să văd o parte dintre meciurile mai mici de dinaintea celui principal, așa că am venit mai devreme. Apoi au venit oamenii lui, m-au luat și mi-au zis: «Floyd vrea să te salute înainte să înceapă să se pregătească, să stea puțin de vorbă cu tine». Așa că eu și Steph – soția mea – ne-am dus în culise, am intrat în vestiarul lui și l-am găsit întins pe canapea, uitându-se la un meci de baschet. Ne-a zis: «Salut, luați loc». Am stat puțin de vorbă și eu încercam să fiu foarte respectuos cu el. Urma să aibă un meci dificil, nu?

În clipa în care a apărut o pauză în conversație, i-am zis: «Bine, omule. Noi o să te lăsăm în pace. Plecăm și ne întoarcem când trebuie să ne pregătim pentru treaba ta». Doar că el a zis ceva de genul: «Omule, nu trebuie să plecați nicăieri. Puteți să stați jos. Îmi face plăcere să stăm de vorbă». Era complet relaxat.

Așa că la o altă pauză în conversație i-am spus: «Noi plecăm, Floyd. Nu vreau să te încurc», la care el mi-a răspuns: «Hunter, vorbesc serios: eu mă relaxez, mă uit la meci». L-am întrebat: «Și nu ești stresat deloc?»; la care el: «De ce să fiu stresat? Ori sunt pregătit, ori nu sunt. Nu se schimbă absolut nimic dacă-mi fac griji din cauza asta acum. Nu-i așa? Indiferent ce va fi, va fi. Fie am făcut tot ce puteam ca să fiu pregătit, fie nu am făcut."

TF: Whitney Cummings (pag. 523) mi-a spus ceva asemănător, vorbind despre marile ediții speciale de stand-up: „Eu nu-mi fac treaba în seara asta. Eu mi-am făcut treaba acum 3 luni, așa că nu trebuie decât să mă prezint".

O LECȚIE DE LA MENTORUL SĂU TIMPURIU, KILLER KOWALSKI

„Mi-a spus o mulțime de lucruri atunci, lucruri pe care acum mă trezesc că le spun și eu tinerilor... Spre exemplu, dacă nu faci bine un lucru, nu-l mai face deloc sau fă-l dacă vrei să investești timp pentru perfecționarea lui. Totuși, chiar și în ziua de azi, văd o mulțime de tipi făcând diverse chestii în ring și mă gândesc: «El nu face bine lucrul acela, dar îl face mereu». Nu ar trebui să faci asta."

TF: Asta m-a făcut să mă întreb, de obicei în timpul analizelor mele trimestriale 80/20 ale punctelor de stres etc.: „Care sunt lucrurile pe care le fac în continuare, deși nu sunt bun la ele?" Îmbunătățește-le, elimină-le sau deleagă-le.

„Am învățat un truc important: pentru a-ți dezvolta capacitatea de a anticipa, trebuie să-ți antrenezi capacitatea de a analiza privind în urmă."

„Opusul jocului nu este munca. Este depresia."

JANE McGONIGAL

Dr. Jane McGonigal (TW: @AVANTGAME, JANEMCGONIGAL.COM) este cercetătoare afiliată în cadrul Institute for the Future și autoare a cărții *Reality Is Broken: Why Games Make Us Better and How They Can Change the World (Realitatea se destramă: de ce jocurile ne fac mai buni și cum pot schimba ele lumea)*, bestseller *New York Times*. Activitatea ei a fost prezentată în *The Economist*, *Wired* și în *The New York Times*. A fost desemnată drept unul dintre „Primii zece inovatori de urmărit" de către *BusinessWeek* și unul dintre „Primii 100 cei mai creativi oameni din afaceri" de către *Fast Company*. Conferințele sale TED despre jocuri au fost urmărite de peste 10 milioane de ori.

Animalul spiritual: caracatița „nucă de cocos"

TETRIS CA TERAPIE

Adormi greu? Încearcă 10 minute de Tetris. Cercetările recente au arătat că Tetrisul – sau Candy Crush Saga sau Bejeweled – poate să ajute la suprascrierea vizualizării negative, lucru care are aplicații în cazul dependențelor (cum ar fi mâncatul excesiv), în prevenirea sindromului de stres posttraumatic și, în cazul meu, al insomniei caracterizate de dificultatea de a adormi. Date fiind caracteristicile intense vizual și de rezolvare a problemelor ale acestor jocuri, Jane explică:

„Ai niște flashback-uri [spre ex., vezi blocuri care cad sau piese care se schimbă]. Ele ocupă centrul de procesare vizuală din creier, astfel încât nu-ți mai poți imagina lucrul după care tânjești [sau care te obsedează, acesta fiind la rândul său foarte vizual]. Efectul acesta poate să dureze 3-4 ore. Se pare că, dacă joci Tetris după ce ai fost martorul unui eveniment traumatic [la modul ideal, în decurs de 6 ore, dar efectul s-a demonstrat și la 24 de ore], aceasta previne amintirile vizuale și reduce simptomele tulburării de stres post-traumatic."

FAPT PUȚIN CUNOSCUT

Am intervievat două persoane care au un frate geamăn identic: pe Jane McGonigal și pe Caroline Paul (pag. 504). Ambele au avut experiențe în timp real de „acțiune stranie la distanță": simțeau sau percepeau experiențele fratelui geamăn.

✸ Documentare recomandate

G4M3RS: A Documentary (poate fi găsit gratuit pe YouTube)
The King of Kong

TF: Ultimul este și unul dintre documentarele preferate ale lui Kevin Kelly (pag. 515).

✸ Cele mai dăruite sau mai recomandate cărți

Finite and Infinite Games (*Jocuri finite și infinite*), de James Carse
Suffering Is Optional (*Suferința este opțională*), de Cheri Huber

TF: Cheri are și un podcast, *Open Air*.

✸ Cea mai bună achiziție recentă care a costat sub 100$?

Căruciorul BabyBjörn pentru bebeluși.

✸ Există citate după care îți trăiești viața sau la care te gândești des?

„«Orice afirmație utilă despre viitor ar trebui să pară ridicolă la început», al lui Jim Dator. Și de asemenea: «În ceea ce privește viitorul, este mult mai important să dai dovadă de imaginație decât să ai dreptate», al lui Alvin Toffler. Amândoi sunt futurologi faimoși. Aceste citate îmi amintesc că ideile care transformă lumea vor părea absurde pentru majoritatea oamenilor și că cea mai utilă activitate pe care o pot desfășura este să extind granițele lucrurilor considerate posibile. Dacă lucrurile pe care le fac par rezonabile majorității oamenilor, înseamnă că nu lucrez într-un spațiu suficient de creativ și de inovator!"

✸ Un lucru pe care îl crezi, dar pe care alții îl consideră nebunesc?

„Cred că nu ar trebui să critici public pe cineva sau ceva decât dacă este vorba de morală sau de etică. Orice lucru negativ pe care îl spui ar putea să strice ziua cuiva sau, și mai rău, să frângă inima cuiva, sau pur și simplu să transforme o persoană care ți-ar putea fi aliat în viitor într-una care nu va uita niciodată că ai criticat-o prea dur sau pe nedrept. Astăzi este ceva obișnuit să te plângi sau să critici munca altora în social media sau să ataci pe cineva în haită pentru o jignire închipuită. Eu n-o voi face. Nu e treaba mea să fiu criticul lumii și aș prefera să nu exclud vreun viitor aliat."

ADAM GAZZALEY

Dr. Adam Gazzaley (FB/TW: @ADAMGAZZ, NEUROSCAPE.UCSF.EDU) și-a obținut masteratul și un doctorat în neuroștiințe la Mount Sinai School of Medicine din New York, apoi a făcut pregătire postdoctorală în neuroștiințe cognitive la UC Berkeley. În prezent este directorul Gazzaley Lab din cadrul UC San Francisco, un laborator de neuroștiințe cognitive.

Dr. Gazzaley este cofondatorul și principalul consultant științific al Akili Interactive, o companie care creează jocuri video terapeutice, fiind totodată cofondator și șef al departamentului științific al JAZZ Venture Partners, o firmă care gestionează fonduri cu capital de risc, care investește în tehnologie experimentală în vederea îmbunătățirii performanțelor umane. În plus, este consultant științific pentru mai mult de zece companii, printre care Apple, GE, Magic Leap și Nielsen.

Animalul spiritual: vulpea argintie

DIN CULISE

Adam a pariat pe realitatea virtuală cu Kevin Rose (pag. 378). Adam este investitor de tip *bull** și Kevin este de tip *bear***. Premiul: o sticlă de whisky Suntory Hibiki, vechi de 25 de ani, după care nu poți să umbli decât odată ce ai ajuns în Japonia. Cei doi ar urma să o bea împreună așa că, după cum spune Kevin, e un pariu în care câștigă ambele tabere.

OAMENII ÎȘI FOLOSESC DOAR 10% DIN CREIER? NU E CHIAR AȘA...

„Cea mai complexă structură din tot universul nu are doar un loc gol de parcare care așteaptă pe cineva să vină cu mașina și să înceapă să construiască. Este folosit în întregime tot timpul și într-un mod complex pe care nu îl înțelegem mereu."

CUM FACE ANGAJĂRI PE POSTURILE RÂVNITE DIN LABORATORUL SĂU

„Nu am o metodologie rigidă pentru a face asta. Mare parte din lucrul acesta îl reprezintă conexiunea pe care o simți formându-se cu cineva în timp ce-ți vorbește despre munca pe care o face, despre ce o entuziasmează. Acela este momentul în care intervin eu: «**Care sunt lucrurile la care te gândești și care chiar te entuziasmează?**» Pentru că mă interesează mai mult lucrurile care animă, care motivează, care fac pe cineva să se dea jos din pat dimineața decât lista de lucruri bifate dintr-un CV."

PREA MULTĂ MUNCĂ STRICĂ

Începând din 2008, Adam a început să dea o petrecere pentru diferiți prieteni (de obicei între 40 și 80 de oameni) în prima vineri a fiecărei luni, numită Prima Vineri. El a testat fiecare tip de alcool imaginabil pentru aceste evenimente și în prezent preferatul său este whiskyul din secară. **Whistle Pig Rye** a fost recomandarea pe care mi-a făcut-o în timpul conversației noastre.

„Whisky-urile din secară sunt interesante, acesta fiind tipul dominant de whisky american din perioada de dinainte de Prohibiție deoarece industria producătoare se afla mai mult în nord – Pennsylvania, Vermont, New York etc. – unde culturile de secară mergeau foarte bine. Apoi, odată cu Prohibiția și cu deplasarea spre sud, spre porumb, bourbonul a explodat,

* Un investitor *bull* este cel care crede că anumite acțiuni se vor aprecia la bursa de valori. (n.red.)

** Un investitor *bear* este cel care crede că anumite acțiuni se vor deprecia. (n.red.)

el fiind dominant, de departe, și în ziua de azi. Dar secara revine și eu sunt încântat."

✸ Documentarul preferat

Seria *Cosmos* a lui Carl Sagan l-a inspirat pe Adam să devină om de știință, lucru valabil pentru mulți dintre oamenii de știință de top pe care i-am întâlnit și intervievat. [**TF:** Neil deGrasse Tyson are o versiune revizuită a *Cosmosului* care este la rândul său spectaculoasă.]

„A fost o modalitate foarte puternică și prietenoasă de prezentare a complexității și minunilor care mi se păreau fascinante în copilărie. L-am urmărit cu tata. Ne-a apropiat într-un mod grozav. Felul în care îl prezenta [Sagan] a fost pur și simplu captivant și a fost lucrul care m-a convins că vreau să devin om de știință."

SFATURI PENTRU EUL TĂU DE LA 30 DE ANI?

„Cred că i-aș spune să nu se teamă. Adică, ai ocazia să faci lucruri uluitoare și nu ajungi să faci ceva important dacă te temi să nu greșești, să nu comiți vreo eroare sau dacă bâjbâi cu stângăcie. Trebuie să fii pur și simplu neînfricat."

Ca un fel de context, anterior Adam îmi spusese următoarele: „Vreau să fac descoperiri revoluționare, dacă se poate. Dacă ai această mentalitate, dacă te pui pe tine însuți la încercare în felul acesta, dacă asta vrei să faci cu viața ta, cu intervalul scurt de timp pe care îl ai la dispoziție pentru a schimba ceva, atunci **singurul fel în care să faci asta este să te ocupi de cercetarea pe care ceilalți ar considera-o riscantă sau chiar nebunească. Asta face pur și simplu parte din joc."**

5 INSTRUMENTE PENTRU A ADORMI MAI REPEDE ȘI MAI BINE

Din postura de fost insomniac, am încercat totul pentru a adormi mai repede și a dormi cât mai mult.

Iată cinci trucuri care funcționează. Am omis intenționat melatonina și medicamentele prescrise, la care apelez doar atunci când trebuie să mă adaptez la diferențe mari de fus orar. Eu le folosesc pe următoarele, exact în ordinea în care apar, începând cu 60-90 de minute înainte de ora de culcare. Fă abstracție de ce nu-ți place și încearcă ce-ți place.

(Opțional) Dacă am un partener cu mine, AcroBasing

Îl pun în poziția de Frunză îndoită și lucrez cu el ca bază timp de câteva minute (detaliat la pag. 82). După o zi întreagă de stat jos, asta îmi împinge capul femurului înapoi în locul în care ar trebui să fie în șold. Următoarea etapă nu anulează lucrul acesta.

Decompresia coloanei vertebrale

Am învățat decompresia zilnică de la Jerzy Gregorek, un emigrant polonez de 60 și ceva de ani, deținător al recordului mondial olimpic la haltere. Tot el a scris și *The Happy Body (Corpul fericit)*, care conține antrenamentul de dimineață pentru mobilitate pe care și eu și Naval Ravikant (pag. 594, cel care ne-a făcut cunoștință) îl facem aproape zilnic. Jerzy consideră că statul agățat cu capul în jos este obligatoriu după antrenamentele cu greutăți. Reține că Jerzy, care cântărește în jur de 61 kg, poate să ridice mai multe zeci de kg deasupra capului și să se oprească într-o poziție snatch perfectă, cu fundul la nivelul călcâielor. Dacă renunță la câteva kilograme, poate să facă același lucru pe o placă de echilibristică (Indo Board). Este impertinent și franc într-un mod plăcut. Înainte de prima ședință de antrenament cu el, am băut un ceai împreună (el bea doar ceai negru Mariage Frères Marco Polo) și am discutat despre obiective. Pe la jumătatea conversației, și-a mijit ochii și m-a privit de sus până jos. S-a întins peste masă, m-a ciupit de piept și a declarat: „Ești prea gras"». Un om pe sufletul meu.

Mai jos sunt trei opțiuni, de la cea mai puțin sigură până la cea mai sigură. Pentru oricare dintre ele, protocolul meu este de 2-3 serii de câte 5-7 secunde, nimic în plus:

1. **Cizme gravitaționale Teeter EZ-Up:** Acestea sunt opțiunea mea standard și de multe ori țin greutăți (între 9 și 23 kg) pentru a spori tracțiunea, dar cizmele gravitaționale pot fi fatale dacă sunt folosite în mod greșit, pentru că vei cădea în gât. Fă-ne o favoare tuturor și nu muri. Evită fără nicio ezitare asta, dacă nu poți să faci cu ușurință o tracțiune corectă sau nu poți să-ți atingi degetele de la picioare cu picioarele drepte.
2. **Masa de inversiune:** Eu nu o folosesc, dar câțiva prieteni de la Operațiuni Speciale jură că o folosesc zilnic. I se face reclamă în emisiunile de teleshopping și are o probabilitate infinit mai mică să te omoare decât cizmele gravitaționale.
3. **Back Stretcher* Portabil Lynx sau Back Stretcher Teeter P3:** Este un dispozitiv portabil de dimensiuni apropiate de cele ale unui trepied mare pentru o cameră de luat vederi. Îl utilizez de câteva ori pe săptămână, când bătaia de cap ar fi prea mare (după o cină târzie) sau când ar fi prea riscant (după ce am băut) să stau cu capul în jos cu cizmele antigravitaționale. Te prinzi cu labele picioarelor, te lași pe spate și te întinzi cu o mișcare similară cu aceea de scufundare pentru a scăpa de încordarea din zona inferioară a spatelui. Aceasta este cea mai rapidă dintre cele trei opțiuni, dar nu-ți permite să-ți relaxezi partea superioară (toracică/cervicală) a spatelui. Dacă ești însoțit de cineva, „Dragostea pentru picioare" de la pagina 83 este un înlocuitor grozav.

ChiliPad

Acesta mi-a fost prezentat pentru prima oară de Kelly Starrett (pag. 151) și de Rick Rubin (pag. 549). Și eu și Rick îl setăm la cea mai scăzută temperatură cu putință, cu o oră înainte să mergem la culcare.

Să descriem o scenă obișnuită: un bărbat și o femeie dorm în pat sub aceleași așternuturi. Temperatura femeii este de circa 37°C, emanând căldură ca un cuptor de pizza. Tipul transpiră, așa că scoate un picior afară și îl pune peste pătură. 10 minute mai târziu, i se face frig și trage piciorul înapoi dedesubt, iar ciclul se repetă la nesfârșit. S-ar putea chiar

* Back Stretcher – Suport pentru îndreptat spatele. (n.red.)

să smulgă brusc pătura ca un copil și să o deranjeze pe femeie. Este o bătaie de cap pentru toată lumea. Temperatura din timpul somnului este extrem de individualizată.

ChiliPad îți dă posibilitatea să pui un înveliș extrem de subțire – aproape imperceptibil de subțire – pe sub cearșafurile normale, înveliș prin care circulă apă cu o temperatură foarte precisă, aleasă de tine, cu ajutorul unui aparat de lângă pat. Există versiuni cu două zone, așa că două persoane care dorm una lângă alta pot să aleagă valori diferite. Poate că temperatura ta magică pentru somn este de 13°C. Sau de 16°C, sau de 24°C. Dacă ți-e frig, poți să crești temperatura saltelei ChiliPad de sub tine, în loc să te învelești cu o pătură groasă care o să-l facă pe partener să transpire de moarte. Poate fi setată între 13°C și 43°C. Experimentează și descoperă temperatura optimă pentru tine.

Câțiva dintre prietenii mei mai apropiați din Silicon Valley au recunoscut timid că, dintre toate sfaturile pe care le-am oferit prin cărțile și podcasturile mele, ChiliPad a avut cel mai mare impact asupra calității vieții lor. Alți câțiva au spus același lucru despre combinația miere + oțet din cidru de mere, descrisă în continuare.

Miere + oțet din cidru de mere sau ceai Yogi calmant cu caramel pentru somn sau extract de mac de California

Beneficiile s-ar putea să difere de la persoană la persoană dar, de obicei, cel puțin unul dintre următoarele va funcționa.

Miere + oțet din cidru de mere**:** Băutura mea tranchilizantă de referință este simplă: 2 linguri de oțet din cidru de mere (folosesc brandul Bragg) și 1 lingură de miere, amestecate într-o ceașcă cu apă fierbinte. Am învățat asta de la marele și regretatul dr. Seth Roberts. Câțiva dintre cititorii săi au observat, de asemenea, îmbunătățiri mari și imediate ale forței în timpul exercițiului, după câteva zile de consum al acestui cocteil înainte de culcare.

Ceai Yogi calmant cu caramel pentru somn: Dacă încerci să eviți zahărul (mierea), aceasta este una dintre alternative. Ambalajul acestui ceai este gândit într-o asemenea măsură pentru o clientelă feminină încât e de-a dreptul comic. Îmi amintesc că l-am refuzat atunci când o fostă iubită mi-a oferit prima dată puțin, fiind convins că este pentru crampe menstruale. La câteva nopți după aceea, micul Timmy s-a trezit singur, poftind la o băutură fierbinte aromată. Am luat ceaiul, l-am lăsat în infuzie 5 minute și l-am dat gata. Zece minute mai târziu, am început să mă simt nesigur pe picioare, apoi m-am simțit ca Leonardo DiCaprio în scena telefonului cu fise din *Lupul de pe Wall Street*. În cel mai ciudat mod cu putință, m-am dus în dormitor și am adormit. Era în jur de ora 9 p.m. Notă: Ceaiul de față pare să aibă acest efect doar asupra a 30% dintre cititorii mei.

Extract de mac de California: Dacă nici mierea amestecată cu oțet din cidru de mere, nici ceaiul Yogi calmant cu caramel nu funcționează, încearcă planul C: câteva picături de extract de mac de California în apă caldă. Ceaiul Yogi conține extract de mac, dar administrându-l direct poți să mărești doza.

Suprascrierea vizuală

Fac „suprascriere vizuală" chiar înainte de culcare, ca să-mi scot din minte orice lucru care se reia sau mi se prezintă în mod repetat în minte și care-mi va inhiba somnul (cum ar fi e-mailurile, listele cu ce am de făcut, o ceartă, „Ar fi trebuit să spun..."). Iată două instrumente specifice care s-au dovedit a fi eficiente:

10 minute de Tetris înainte de culcare: Recomandarea aceasta vine de la dr. Jane McGonigal (pag.161). Versiunea gratuită este cât se poate de bună.

SAU

Emisiuni de televiziune scurte și reconfortante. Îți voi face o singură recomandare aici: *Escape to River Cottage*, un sezon. Am văzut seria asta de mai multe ori. Dacă ai visat vreodată cu ochii deschiși că vei spune „îmi bag picioarele", că îți vei da demisia de la muncă și te vei întoarce la țară, fă-ți cadou această emisiune. Dacă ai visat vreodată să scapi de oraș și să te muți în Montana sau în Dumnezeu știe ce altă Utopie rurală, că îți vei cultiva singur mâncarea și tot tacâmul, atunci, ți-ai găsit porția de fericire. Este emoționant de retro, ca o plapumă caldă de la bunica, iar gazda/chef-ul Hugh Fearnley-Whittingstall te va face să vrei să cultivi roșii, chiar dacă nu-ți plac roșiile. Și să prinzi țipari. Să nu uităm de țipari.

Masca de somn

Sleep Master și Mack's Pillow Soft Silicone Putty (dopuri de urechi). Masca de somn Sleep Master – un produs grozav, un nume oribil. Am încercat zeci de măști de somn și asta este preferata mea. Mi-a fost prezentată de Jeffrey Zurofsky, care a fost o componentă esențială în *4-Hour Chef*, unde a apărut ca „JZ". S-ar putea ca unii dintre voi să vă amintiți de „maratonul mâncării", care a constat din 26,2 feluri de mâncare, în 26 de locații diferite din Manhattan, în mai puțin de 24 de ore. Dar mă abat de la subiect... Cea mai importantă trăsătură a acestei măști este că vine *peste* urechi, nu pe deasupra lor. S-ar putea ca detaliul să ți se pară minor, dar este o îmbunătățire uriașă de design: atenuează zgomotele din jur, nu-ți mai irită urechile și nu se deplasează. Mai mult, pentru a ți-o fixa pe cap, are Velcro în loc de elastic.

Dopurile de urechi Mack's Silicone Putty pot fi utilizate pentru a nu mai auzi sforăiturile, pentru a te feri de apă (când înoți) sau cam de orice alt factor iritant. Sunt comode chiar și pentru cei care dorm pe o parte, sunt delicate cu urechile și nu iartă zgomotul.

„Regulator de sunet" Marpac Dohm DS aparat de zgomot alb*: Dacă dopurile de urechi te deranjează – și pe mine mă deranjează uneori – folosește un aparat de zgomot alb dual-speed Marpac Dohm DS. Am aflat de el de la cititori și elimină orice sunet, de la trafic (motivul pentru care l-am cumpărat) până la vecinii zgomotoși, la robinetele care picură și la câinii agitați. În momentul de față are aproape 10.000 de recenzii pe Amazon și ~75% îi acordă 5 stele. Dacă vrei să te joci de-a MacGyver, un ventilator ieftin (trebuie să fie ceva mai zgomotos) îndreptat în direcția opusă față de tine se apropie de el.

---

* Zgomot alb – este denumirea generică folosită pentru semnalele electromagnetice produse de fondul natural al Terrei. Zgomotul alb este un semnal aleatoriu cu o bandă de frecvențe foarte mare; este prezent în orice gamă de frecvențe. Se spune că este un semnal cu o bandă infinită. (n.red.)

5 RITUALURI DE DIMINEAȚĂ CARE MĂ AJUTĂ SĂ-MI ÎNCEP ZIUA CU DREPTUL

Și apoi... te trezești. Ce faci mai departe?

După ce am întrebat 100 de invitați despre rutina lor de dimineață, am testat o mulțime de lucruri și mi-am dat seama ce funcționează pentru mine.

Iată cinci lucruri pe care încerc să le fac în fiecare dimineață. Realist vorbind, dacă reușesc să fac trei din cinci, consider că am ieșit victorios dimineața. Și dacă ai câștigat dimineața, ai câștigat ziua. Probabil că nu sunt primul om care spune asta, dar așa gândesc eu importanța primelor 60-90 de minute ale zilei. Ele înlesnesc sau îngreunează următoarele 12 ore sau mai multe. Am ales intenționat o ștachetă joasă pentru victorie.

Probabil că lucrurile care urmează ți se vor părea mărunțișuri, dar amintește-ți că lucrurile mărunte sunt lucruri mari.

Nr. 1 – Fă-ți patul (<3 minute)

În 2011, în Toronto, am întâlnit întâmplător un fost călugăr pe nume Dandapani (Dandapani.org), la un eveniment numit Mastermind Talks. Treceam printr-o perioadă de rătăcire și aveam sentimentul că energia mea se deplasa un milimetru într-un milion de direcții. Ca să mă aducă cu picioarele pe pământ, el m-a convins să încep să-mi fac patul.

Dacă un călugăr cu trei puncte pe frunte ți se pare prea mult, pentru început, ți-aș spune: deschide-ți mintea, sălbaticule. În al doilea rând, ți l-aș cita pe legendarul amiral William McRaven, care a comandat trupe la toate nivelurile din cadrul comunității de Operațiuni Speciale și care a fost șeful Joint Special Operations Command (JSOC) în timpul raidului în care a fost ucis Osama bin Laden. Citez din discursul său inaugural de la University of Texas din Austin:

„Dacă îți faci patul în fiecare dimineață, te vei fi achitat de prima sarcină din ziua respectivă. Vei avea parte de un mic sentiment de mândrie și te vei simți încurajat să duci la bun sfârșit altă treabă, apoi alta și iarăși alta. Până la sfârșitul zilei, acea primă treabă terminată se va transforma în multe alte treburi duse la bun sfârșit. Faptul că-ți faci patul îți va consolida totodată ideea că lucrurile mici din viață contează".

Ce înseamnă pentru mine să-mi fac patul? Eu utilizez metoda „băgatului sub preș". Obiectivul este ordinea vizuală, nu să fac patul așa cum se face la hotelurile Four Seasons. Nu bag cearceafurile pe dedesubt. Am o pătură sau o cuvertură mare, pe care o întind deasupra așternuturilor. Apoi așez pernele simetric peste sau pe sub pătură și am terminat treaba. Asta-i tot. Este foarte simplu. Dacă muncești de acasă, lucrul acesta are o funcție dublă, mai ales dacă muncești din dormitor sau din apropierea acestuia. Dacă observi un element exterior ce-ți distrage atenția (și aici vorbesc din proprie experiență), ajungi să ai o stare de spirit distrată. Și eu, și Noah Kagan (pag. 362) ne „facem" patul chiar și atunci când stăm la hotel.

Însă viața este și imprevizibilă. Există o mulțime de probleme neașteptate care vor apărea pe parcurs și eu am descoperit două lucruri care mă ajută să navighez prin apele agitate în timpul zilei. Le fac pe amândouă dimineața: A) citesc câteva pagini din stoici, cum ar fi *Meditațiile* lui Marcus Aurelius, și B) controlez cel puțin câteva lucruri pe care le pot controla. Voi explica în detaliu.

În primul rând, referitor la A, iată un citat din Marcus Aurelius pe care-l țin pe frigider și care reușește deseori să-și atingă obiectivul (îngroșarea literelor îmi aparține):

„Când te trezești dimineața, spune-ți ție însuți: Oamenii pe care-i voi întâlni astăzi vor fi insistenți, ingrați, aroganți, necinstiți, invidioși și posomorâți. Sunt așa pentru că nu pot să deosebească binele de rău. Dar eu am văzut frumusețea binelui și urâțenia răului și am înțeles că răufăcătorul are o natură înrudită cu a mea – nu are același sânge sau clasă socială, dar are aceeași minte și un strop de divinitate. Așa că **niciunul dintre ei nu poate să-mi facă rău.**" (Pentru mai multe despre stoicism, vezi pag. 520.)

Acum, B) controlează ce poți controla. **Indiferent cât de proastă este ziua, indiferent cât de catastrofală poate să devină, tu poți să-ți faci patul. Și asta îți va da sentimentul, sau, cel puțin, mie îmi dă sentimentul că, în ciuda faptului că am avut o zi dezastruoasă, m-am ținut cu unghiile de marginea prăpastiei și nu am căzut.**

Există cel puțin un lucru pe care l-am controlat, există un ceva prin care am putut să țin o mână pe volanul vieții. La sfârșitul zilei, ultimul lucru pe care îl faci este să te întorci la ceva ce ai dus la bun sfârșit. Nici nu găsesc cuvinte să spun cât de important a devenit ritualul acesta, dar în primul și-n primul rând: fă-ți patul!

Nr. 2 – Meditează (10-20 de minute)

La pagina 178 prezint mai multe opțiuni. Cel puțin 80% dintre invitații prezentați în această carte au o practică zilnică de mindfulness într-o formă sau alta. Uneori, în loc de meditație fac exercițiile de mobilitate „Corpul fericit" de la Jerzy Gregorek (cu care mi-a făcut cunoștință Naval Ravikant, pag. 594).

Când termin, intru în bucătărie și apăs un buton ca să încălzesc niște apă până aproape de punctul de fierbere (în jur de 85% din capacitatea afișată), folosind un ceainic electric ieftin Adagio utiliTea. Asta pentru ceai (din pasul 4).

Nr. 3 – Fă 5-10 repetiții de ceva (<1 minut)

Am început să fac asta după ce am vorbit de mai multe ori cu Jocko Willink (pag. 456) care se trezește la 4:45 a.m. El se antrenează înainte ca majoritatea oamenilor să se trezească și eu mă antrenez atunci când majoritatea oamenilor se pregătesc să se culce (ca Triple H la pag. 157).

Cele 5-10 repetiții de aici nu sunt un antrenament. Obiectivul lor este să constat că sunt „în stare de funcționare" și să mă trezească. Faptul că-mi iau în stăpânire corpul, chiar și pentru 30 de secunde, are un efect esențial asupra dispoziției mele și reduce la tăcere gălăgia mentală. Exercițiul meu preferat este flotarea cu inelele în afară (RTO) (vezi pag. 42) pentru că activează bine sistemul nervos. De multe ori după asta fac un duș cu apă rece de 30-60 de secunde, à la Tony Robbins (pag. 240).

Nr. 4 – Pregătește „Ceaiul din titaniu" (numele a fost o glumă, dar a prins) (2-3 minute)

Eu pregătesc ceai din frunze vrac într-un ceainic Rishi din sticlă, dar ai putea să utilizezi și o cafetieră cu piston. Combinația de mai jos este excelentă pentru funcțiile cognitive și pentru pierderea în greutate; eu folosesc o linguriță rasă din fiecare:

Ceai negru învechit Pu-Erh

Ceai verde Long Jing (sau alt ceai verde)

Turmeric și ghimbir ras (de multe ori tot o marcă Rishi)

Adaugă apă fierbinte peste acest amestec și lasă-l la infuzat 1 minut sau 2. Câțiva puriști ai ceaiului se vor supăra foarte tare și vor spune: „Las-o naibii, Ferriss, ar trebui să te informezi ca lumea, pentru că temperaturile de infuzare pentru ceaiurile astea sunt diferite. Și prima infuzare ar trebui să dureze 15 secunde!" Toate acestea sunt perfect adevărate și pot să fac și chestii pretențioase, dar când bâjbâi năuc dimineața mă doare undeva de reguli și îmi plac stimulentele simple. Poți să explorezi complexitatea ceaiului în weekend. O temperatură de circa 85°C este în regulă.

Separat, adaugă în cană unul dintre următoarele: 1 sau 2 linguri de ulei de nucă de cocos, care este compus în proporție de 60-70% din MCT-uri (trigliceride cu lanț mediu) ca greutate, sau o lingură din Quest MCT Oil Powder, care va conferi ceaiului o consistență cremoasă.

Toarnă ceaiul în cană, amestecă și bea. În ceea ce mă privește, îmi iau ceaiul și un pahar cu apă rece și mă așez la masa confortabilă din lemn de acacia pe care o am în bucătărie, pentru următorul pas.

Nr. 5 – Paginile de dimineață sau Jurnalul de 5 minute (5-10 minute)

Următorul pas este să-ți faci însemnările zilnice, dar nu este ceva de genul „Dragă jurnalule".

Eu îmi consemnez însemnările zilnice în două feluri și le alternez: Paginile de dimineață și Jurnalul de 5 minute (5MJ). La primul apelez în principal pentru a mă debloca sau pentru rezolvarea unor probleme (ce ar trebui să fac?); la al doilea apelez pentru a stabili priorități și pentru recunoștință (cum ar trebui să mă concentrez și să execut?). Vorbesc pe larg despre Paginile de dimineață la pag. 255, așa că aici voi descrie doar Jurnalul de 5 minute.

Acesta este simplitatea întruchipată și împușcă o grămadă de iepuri dintr-un singur foc: 5 minute dimineața în care răspunzi la câteva întrebări și apoi 5 minute seara în care faci același lucru. Fiecărui enunț îi corespund câte trei linii, pentru trei răspunsuri.

De răspuns dimineața:

Sunt recunoscător pentru.... 1.________ 2. ________ 3. ________

Cum ar putea fi minunată ziua de azi? 1.________ 2. ________ 3. ________

Afirmații zilnice. Eu sunt... 1.________ 2. ________ 3. ________

De completat seara:

3 lucruri uimitoare petrecute astăzi... 1.__________ 2. __________ 3. __________ (Seamănă cu practica „celor trei câştiguri" a lui Peter Diamandis, vezi pag. 409.)

Cum aş fi putut să fac ziua de azi mai bună? 1.______ 2. ______ 3. ______

Liniile îngroșate sunt cele mai importante pentru mine. Deja sunt o mașinărie de execuție și de completat liste de control. Este uşor să ajungi obsedat să faci progrese, asemenea unei personalități de tip A, lucru care te face să te gândești constant la viitor. Dacă îți provoacă anxietate să te concentrezi pe viitor, practicarea recunoştinței, chiar și pentru 2 sau 3 minute, este un medicament care te echilibrează. Jurnalul de 5 minute mă forțează să mă gândesc la ceea ce am, lucru diferit de ceea ce urmăresc.

Când răspunzi la „Sunt recunoscător pentru...", îți recomand să iei în considerare patru categorii diferite. În caz contrar, vei trece pe pilot automat și vei repeta aceleași lucruri zi de zi (de ex., „familia mea sănătoasă", „câinele meu afectuos" etc.). Și mie mi s-a întâmplat asta și anulam tot rostul exercițiului. Pentru ce eşti recunoscător în fiecare din cele patru categorii de mai jos? Eu mă întreb asta în fiecare dimineață în timp ce-mi completez Jurnalul de 5 minute și îmi aleg primele trei lucruri preferate pentru ziua respectivă:

» O veche relație care te-a ajutat realmente sau pe care ai apreciat-o foarte mult.
» O ocazie bună pe care o ai astăzi. Poate fi vorba de simpla ocazie de a-ți suna unul dintre părinți sau de oportunitatea de a te duce la serviciu. Nu trebuie să fie ceva de anvergură.
» Un lucru grozav care s-a petrecut ieri, pe care l-ai trăit sau la care ai fost martor.
» Ceva simplu, aproape de tine sau în raza ta vizuală. Asta a fost o recomandare de la Tony Robbins. Punctele de recunoştință nu ar trebui să se reducă toate la „cariera mea" sau la alte lucruri abstracte. Pe acestea trebuie să le temperezi cu ceva simplu și concret – un nor frumos văzut de la fereastră, cafeaua pe care o bei, pixul cu care scrii sau orice altceva.

Eu scriu în Jurnalul de 5 minute legat de la Intelligent Change și ți-l recomand și ție pentru caracterul lui practic, dar tu poți scrie în propriul carnețel. Este o activitate plăcută și constituie chiar o bună terapie să-ți recitești răspunsurile de seară pe care le-ai scris la rubrica „lucrurilor uimitoare", o dată pe lună.

Ai înțeles? Rutina mea matinală durează mai mult pe hârtie decât în realitate.

Desigur, există zile în care viața intervine și ai urgențe de care trebuie să te ocupi. Le bifez pe toate cinci de fiecare dată? În niciun caz. Reușesc asta cel mult în 30% din cazuri.

Dar poți să faci cel puțin un singur lucru și eu cred că, dacă reușești să bifezi trei, probabilitatea ca ziua să fie un succes este infinit mai mare.

CURS INTRODUCTIV DE ANTRENARE A MINȚII

„Nu ne ridicăm la nivelul așteptărilor noastre. Cădem la nivelul pregătirii noastre."

– Arhiloh

Cel mai stabil tipar dintre toate

Mai mult de 80% dintre performerii de talie mondială pe care i-am intervievat practică zilnic o formă oarecare de meditație sau de mindfulness. Ambele pot fi considerate a fi o „cultivare a conștientizării stării prezente care te ajută să fii nonreactiv". Lucrul acesta este valabil pentru toată lumea, de la Arnold Schwarzenegger (pag. 205) la Justin Boreta din formația The Glitch Mob (pag. 394), și de la sportivi de elită ca Amelia Boone (pag. 28) până la scriitori ca Maria Popova (pag. 450). Este cel mai stabil tipar dintre toate.

Este o „meta-aptitudine" care îmbunătățește totul. Îți începi ziua exersând capacitatea de concentrare atunci când *nu* contează (stai pe canapea timp de 10 minute), tocmai pentru a te putea concentra mai bine mai târziu, când chiar *contează* (negocieri, o conversație cu cineva drag, deadlift maxim, contopirea minții cu cea a unui vulcanian etc.).

Dacă îți dorești rezultate mai bune cu mai puțin stres, mai puține gânduri repetitive de genul „Ar fi trebuit să spun x" etc., meditația funcționează ca o baie caldă pentru minte. Poate că ești o mașinărie de cucerit lumea cu o capacitate de concentrare de elită, dar s-ar putea să trebuiască să CTFO (chill the fuck out – să te mai calmezi dracului) câteva minute pe zi înainte să BFTO (burn the fuck out – să te arzi naibii de tot).

Meditația îmi permite să fac un pas înapoi și să adopt „perspectiva unui spectator" (la fel ca în cazul psihedelicelor), așa că îmi observ gândurile, în loc să fiu luat pe sus de puhoiul lor. Pot să ies din mașina de spălat și să privesc calm în ea.

Cea mai mare parte a timpului în care suntem treji, ne simțim de parcă ne-am afla în tranșee pe linia frontului, în timp ce gloanțele ne șuieră pe la urechi. Cu numai 20 de minute de meditație consecventă, eu pot deveni comandantul care privește câmpul de luptă din vârful unui deal. Pot privi harta unei zone și pot lua decizii de nivel înalt. „Tipii ăștia n-au de ce să lupte acolo. Ce naiba face regimentul B în partea aia? Cheamă-i înapoi. Avem nevoie de mai multe trupe pe culmea dealului. Ca obiective, ar trebui să urmărim A, B și C în ordinea asta. Ignorați toate celelalte așa-zise urgențe, până nu ne ocupăm de astea. Bun. Acum, respiră adânc și... executarea."

Bufetul opțiunilor

Dacă ar trebui să aleg un singur exercițiu pentru corp, aș alege probabil deadliftul cu bară hexagonală sau balansarea kettlebell-ului cu două mâini. Dacă ar trebui să aleg un singur exercițiu pentru minte, aș alege 10-20 de minute de meditație cel puțin o dată pe zi.

Există o mulțime de opțiuni. În mod ciudat, atunci când fac sondaje printre cititori, un număr substanțial mai mare de bărbați ajung la meditație transcendentală (TM) și un număr substanțial mai mare de femei ajung la vipassana. Ca să vezi! În prezent, eu le folosesc pe amândouă în raport de 60/40. Dar fiecare trebuie să găsească ce i se potrivește.

Cum să-ți dai seama ce funcționează cel mai bine pentru tine? Încearcă una sau mai multe dintre următoarele opțiuni. Eu le-am folosit pe toate cu succes, la fel ca sute (și de multe ori mii) de fani:

1. **Folosește o aplicație ca Headspace sau Calm.** Versiunea gratuită „Take10" de la Headspace te va ghida câte 10 minute pe zi timp de 10 zile. O parte dintre invitații mei folosesc Headspace ca să-i ajute să doarmă. Câțiva dintre ascultătorii mei din presă, cum ar fi Rich Feloni de la *Business Insider*, au scris ample articole despre felul în care această aplicație le-a schimbat viața. Amelia Boone folosește atât Headspace cât și Calm, după împrejurări. La Headspace prefer naratorul (Andy Puddicombe), dar Calm are un fundal cu sunete din natură care liniștește nervii.
2. **Ascultă o meditație ghidată de Sam Harris (pag. 499) sau Tara Brach (pag. 604).** Maria Popova de la BrainPickings.org (pag. 450) ascultă aceeași înregistrare în fiecare dimineață – meditația ghidată Smile a Tarei Brach din vara lui 2010.
3. **Fă un curs de TM (tm.org).** Costă probabil 1.000 $ sau mai mult, dar opțiunea aceasta îți oferă un instructor și responsabilitate. În cazul meu, acesta este lucrul care a inițiat doi ani de meditație

consistentă. Nu sunt un fan al tuturor lucrurilor pe care le face organizația TM, dar pregătirea oferită de ei este practică și tactică. Rick Rubin și Chase Jarvis m-au convins să accept inconvenientul prețului atunci când treceam printr-o perioadă deosebit de dificilă a vieții mele. Mă bucur că au făcut-o. Presiunea socială de a avea un profesor timp de 4 zile la rând a fost stimulentul de care aveam nevoie ca să meditez suficient de consecvent pentru a-mi forma un obicei. Atât Rick cât și Chase mi-au zis efectiv: „Ți-l permiți și ar putea să te ajute. Ce ai de pierdut?" În acest caz am fost mult timp scump la tărâțe și ieftin la făină. Mă temeam, de asemenea, să „nu-mi pierd avântul", de parcă meditația ar fi urmat să-mi reducă agresivitatea sau ambiția. Teama s-a dovedit a fi nefondată; meditația te ajută pur și simplu să-ți canalizezi energia spre puținele lucruri care contează, în loc să o risipești pe toate țintele în mișcare și pe toți adversarii imaginari care îți ies în față.

4. **Dacă vrei să încerci meditația cu mantre fără să participi la un curs, poți să repeți în tăcere un cuvânt alcătuit din două silabe (eu foloseam înainte cuvântul *na-ture*), timp de 10-20 de minute imediat după ce te trezești.** Puriștii TM ar spune că este o erezie, dar tot obții rezultate. Caută să stai confortabil. Nu este nevoie să-ți încrucișezi picioarele sau să te contorsionezi în stilul caracteristic yoga. Poziția standard este să stai drept pe un scaun, cu picioarele pe podea, cu mâinile pe coapse sau în poală și cu spatele rezemat.
5. **Încearcă unul sau mai multe dintre exercițiile sugerate de Chade-Meng Tan, începând de la pag. 183.** Sunt simple și geniale. Eu le repet de câteva ori pe săptămână, de multe ori la saună.

Cât durează până începi să vezi rezultatele?

Macro

Dedică-te unui ciclu de cel puțin 7 zile. Îmi pare rău să spun asta, dar cred că un interval mai scurt este zadarnic. Se pare că există o schimbare de fază binară de la nonfierbere la fierbere. Dacă doctorul îți prescrie o săptămână de antibiotice și tu le iei doar 3 zile, infecția nu se vindecă și te întorci de unde ai plecat. Eu cred că există o doză minimă eficientă pentru meditație și că aceasta este de 7 zile.

Dacă ai nevoie de un șut în fund, ia în calcul ajutorul unor parteneri care să te tragă la răspundere sau să faci un pariu prin servicii de genul Coach.me sau Stickk.com.

Du la bun sfârșit 7 ședințe înainte să ai ambiții referitoare la durată. 10 minute sunt suficiente. NU începe cu ședințe de 30-60 de minute, fiindcă vei renunța înainte să ajungi la schimbarea de fază. Începe cu puțin și aranjează jocul astfel încât să câștigi.

Dalai Lama a fost întrebat la un moment dat cât de mult durează până se ajunge la efecte care *schimbă viața*, la care el a răspuns scurt: „În jur de 50 de ore". Asta nu înseamnă prea mult și s-ar putea să dureze chiar mai puțin de atât. Conform unui număr de studii recente, un interval cumulat de numai 100 de minute de „stat" pare să fie suficient pentru a produce schimbări subiective semnificative.

Curios este că, pentru câteva excepții ca Arnold Schwarzenegger (pag. 205), se pare că un singur an de practică sârguincioasă îți poate asigura schimbarea întregii vieți, chiar dacă nu mai meditezi niciodată după aceea.

Micro

În timpul ședințelor mele de câte 20 de minute, în primele 15 nu fac decât să las noroiul să se ducă la fundul apei, iar ultimele 5 minute sunt cele de pe urma cărora simt că trag cele mai multe foloase. Pentru mine, seamănă foarte mult cu antrenamentul până la epuizarea musculară atunci când ridic greutăți. Beneficiile vin din ultimele câteva repetiții, dar am nevoie de toate celelalte repetiții de dinainte ca să ajung să culeg roadele.

Dar dacă te gândești la lucrurile pe care le ai de făcut, la certuri vechi sau la pornografie timp de 19,5 minute din cele 20? Iei 4 la meditație? Nu. Dacă îți petreci chiar și o singură secundă observând hoinăreala asta și îndreptându-ți atenția înapoi la mantra ta (sau ce-o fi), aceasta este o ședință „reușită". Așa cum mi-a explicat Tara Brach, mușchiul pe care îl antrenezi este cel al reîndreptării atenției înapoi la ceva. În proporție de 99%, ședințele mele sunt dominate de neastâmpărul minții de maimuță, dar ceea ce contează este restul de 1%. **Dacă începi să devii frustrat, ai așteptări prea mari sau ședințele sunt prea lungi.** Repet, timp de 7 zile măsluiește jocul ca să poți câștiga. Obiectivul tău nu este acela de „a-ți face mintea să tacă", lucru care-ți va determina creierul să facă o criză de hiperactivitate; obiectivul tău este acela de a-ți observa gândurile. Dacă începi să reiei în minte niște tâmpenii la nesfârșit și observi lucrul acesta, spune-ți pur și simplu: „Gândesc, gândesc" și întoarce-te la concentrare.

Atunci când meditez constant, recompensa este că reușesc să fac între 30% și 50% mai mult într-o zi, cu 50% mai puțin stres. De ce? Pentru că mi-am făcut deja încălzirea pentru a-mi recupera atenția când îmi este distrasă: meditația de dimineață. Dacă în timpul orelor de lucru sunt distras sau întrerupt, pot să revin la sarcina mea inițială mult mai repede și pe de-a-ntregul. (Observație pentru pasionații de tehnologie: extensia Momentum de la Chrome este și ea foarte utilă.)

În încheiere

„Dați-mi șase ore să tai un copac și eu îmi voi petrece primele patru ore ascuțind toporul."

– **Abraham Lincoln**

Nu poți să-ți petreci viața tăind copaci cu un topor neascuțit.

Încearcă timp de 7 zile și ascute-ți mintea.

Te întreb și eu ce m-au întrebat Rick Rubin și Chase Jarvis pe mine: ce ai de pierdut?

TREI PONTURI DE LA UN PIONIER GOOGLE

Chade-Meng „Meng" Tan (TW/FB: @CHADEMENG, CHADEMENG.COM) este pionier Google, inginer premiat și autor de bestselleruri. Meng a fost angajatul Google nr. 107 și a condus organizarea unui curs revoluționar de inteligență emoțională bazat pe mindfulness pentru angajați numit Search Inside Yourself, care are de obicei o listă de așteptare de 6 luni. Activitatea lui Meng a fost susținută public de președintele Carter, de Eric Schmidt de la Google și de Dalai Lama. Este copreședinte al organizației One Billion Acts of Peace, care a fost nominalizată la Premiul Nobel pentru Pace în 2015. Cartea lui, *Joy on Demand* (*Bucurie la cerere*), este una dintre cele mai practice cărți despre meditație pe care le-am descoperit.

Meng intră în scenă

Cum îți menții practica de meditație până în acel punct în care devine atât de captivantă încât se susține singură? Am trei sugestii:

1. Ia-ți un prieten

Am învățat lucrul acesta de la bunul meu prieten și mentor Norman Fischer, pe care l-am numit în glumă „Abatele Zen al Google". Folosim analogia sălii de sport. Este greu să mergi singur la sală, dar dacă ai un „prieten de mers la sală" cu care te angajezi să faci asta, ai șanse mai mari să mergi regulat. În parte pentru că ai companie și în parte pentru că aranjamentul acesta vă ajută să vă încurajați și să vă trageți la răspundere unul pe altul (lucru pe care eu l-am numit în glumă „hărțuire reciprocă").

Animalul spiritual: dragonul chinezesc

Noi îți sugerăm să găsești un „partener de mindfulness" și să îți iei angajamentul că vei purta o conversație săptămânală de câte 15 minute, în care să abordezi cel puțin următoarele două subiecte:

a. Cum mă descurc cu angajamentul față de practică?

b. Ce a apărut în viața mea și are legătură cu practica?

Îți sugerăm totodată să închei cu întrebarea: „Cum a decurs această conversație?"

Noi am introdus asta în programul nostru de inteligență emoțională bazat pe mindfulness (Search Inside Yourself) și am observat că este foarte eficient.

2. Fă mai puțin decât poți

Am învățat asta de la Mingyur Rinpoche, a cărui carte, *The Joy of Living (Bucuria de a trăi)*, o recomand călduros. Ideea este să faci mai puțină practică formală decât poți. Spre exemplu, dacă poți rămâne într-o stare de mindfulness timp de 5 minute înainte să înceapă să ți se pară o corvoadă, nu sta 5 minute, ci doar 3 sau 4, eventual de mai multe ori pe zi. Motivul este să nu lași practica să devină o povară. Dacă practica mindfulnessului devine o corvoadă, nu este eficientă.

Prietenei mele Yvonne Ginsberg îi place să spună că „meditația este un răsfăț". Cred că remarca ei redă excelent miezul ideii lui Rinpoche. Nu sta așa mult în această stare încât să te simți împovărat. Practică deseori, în intervale scurte de timp, și este posibil ca mindfulnessul să înceapă să ți se pară destul de repede un răsfăț.

3. Fă o respirație pe zi

S-ar putea să fiu cel mai leneș instructor de mindfulness din lume, pentru că le spun elevilor mei că tot ce trebuie să facă este o respirație conștientă pe zi. Una singură. Inspiră și expiră în stare de mindfulness și te-ai achitat de angajamentul pentru ziua respectivă. Orice în plus este bonus.

Sunt două motive pentru care o singură respirație este importantă. Primul este elanul. Dacă te angajezi la o singură respirație pe zi, îți poți respecta cu ușurință angajamentul și poți menține elanul față de practica ta. Mai târziu, când vei simți că ești pregătit pentru mai mult, poți să reiei cu ușurință de unde ai rămas. Poți să spui că astăzi nu ai la dispoziție 10 minute în care să meditezi, dar nu poți să spui că nu ai timp pentru o respirație, așa că o poți transforma extrem de ușor într-o practică zilnică.

Cel de al doilea motiv este că intenţia de a medita este *ea însăşi* o meditaţie. Această practică te încurajează să susţii intenţia să faci zilnic un lucru bun şi benefic pentru tine şi, în timp, această bunăvoinţă faţă de tine devine o obişnuinţă mentală preţioasă. Atunci când bunăvoinţa faţă de tine însuţi este puternică, mindfulnessul devine mai uşor.

Reţineţi, prieteni, nu subestimaţi niciodată puterea unei singure respiraţii. Fitnessul mental şi bucuria la cerere încep amândouă de aici, cu o singură respiraţie.

Două dintre exercițiile lui Meng care au devenit preferatele mele, în cuvintele lui

1. Pur și simplu remarcă lipsa

Există o practică simplă care îţi poate amplifica mult capacitatea de a observa absenţa durerii [indiferent că este vorba de durere fizică, mentală sau emoţională], deşi nu este axată doar pe durere.

Cu „Pur şi simplu remarcă lipsa" ne antrenăm mintea să observe că un lucru pe care îl trăiam înainte nu mai există. Spre exemplu, la sfârşitul unei respiraţii, observă că respiraţia a luat sfârşit. A trecut. Atunci când un sunet se pierde, observă când a luat sfârşit. A trecut. La sfârşitul unui gând, observă că gândul a ajuns la capăt. A trecut. La sfârşitul trăirii unei emoţii – bucurie, supărare, tristeţe sau orice altceva – observă când s-a încheiat. A trecut.

Fără îndoială că această practică este una dintre cele mai importante practici de meditaţie din toate vremurile. Maestrul în meditaţie Shinzen Young spunea că, dacă n-ar avea voie să predea decât o tehnică de concentrare, una singură, pe aceasta ar preda-o. Iată instrucţiunile pentru practica informală a tehnicii „Pur şi simplu remarcă lipsa" din articolul „The Power of Gone":

> De fiecare dată când o experienţă senzorială dispare brusc, toată *sau* în *parte*, observă acest fapt. Prin *observă* înţeleg să conştientizezi clar atunci când detectezi punctul de trecere dintre prezenţa ei totală şi faptul că cel puţin o parte din ea nu mai este prezentă.
>
> Dacă vrei, poţi să recurgi la o etichetă mentală care să te ajute să observi. Eticheta pentru toate încheierile bruşte de acest fel este „a trecut."
>
> Dacă nu dispare nimic mai multă vreme, este în regulă. Stai liniştit până se întâmplă. Dacă începi să-ţi faci griji că nimic nu ia sfârşit,

observă de fiecare dată când se încheie gândul *acesta*. Și asta intră în categoria lui „a trecut." Dacă ai o mulțime de propoziții mentale, vei avea o mulțime de puncte mentale – încheieri, lucruri care au trecut!

Și ce-i cu asta? De ce ar trebui să ne pese dacă putem să detectăm sau nu momentul în care un anumit șuvoi de gânduri, un anumit sunet extern sau o anumită senzație corporală încetează brusc? Ca un prim pas în elaborarea răspunsului la această întrebare, să începem cu un exemplu indiscutabil extrem.

Să presupunem că ar trebui să treci printr-o experiență îngrozitoare care presupune durere fizică, suferință emoțională, confuzie mentală și dezorientare, toate în același timp. Unde ai putea să te refugiezi? Unde ai putea să găsești alinare? Unde ai putea să găsești însemnătate?

Nu vei primi niciun fel de ajutor dacă apelezi la corp. Acolo vei găsi doar durere și spaimă. Nu vei primi niciun fel de ajutor dacă apelezi la minte. Acolo vei găsi doar confuzie și incertitudine. Nu vei primi niciun fel de ajutor dacă apelezi la vedere și auz. Acolo vei găsi doar agitație și haos.

Sub o presiune atât de extremă, există ceva la care poți apela? Da. Ai putea să te concentrezi cu atenție pe faptul că fiecare traumatism senzorial trece. Cu alte cuvinte, ai putea să controlezi obiceiul normal de a-ți îndrepta atenția spre fiecare nouă apariție și să o îndrepți în schimb spre fiecare nouă dispariție. Micro-ușurarea este mereu accesibilă.

2. Bunătatea plină de iubire și cea mai fericită zi din ultimii 7 ani

În cadrul multora dintre conferințele mele publice, propun un exercițiu foarte simplu de 10 secunde. Îi rog pe cei din public să aleagă fiecare doi oameni din încăpere și să-și spună pur și simplu în gând: „Îmi doresc ca persoana aceasta să fie fericită, și-mi doresc ca și persoana aceea să fie fericită". Asta e tot. Le amintesc să nu facă și să nu spună nimic, doar să se gândească – exercițiul acesta este unul exclusiv de gândire. Întregul exercițiu se rezumă la doar 10 secunde de gândire.

Toată lumea încheie acest exercițiu zâmbind, mai fericită decât era cu 10 secunde înainte. Aceasta este bucuria pe care o aduce **bunătatea plină de iubire**. Se pare că rolul celui care dăruiește un gând bun este plin de satisfacții în sine și prin sine... Dacă celelalte lucruri rămân neschimbate, pentru a-ți spori fericirea nu trebuie decât să dorești cuiva, la întâmplare, să fie fericit. Asta e tot. Chiar nu ai nevoie de timp și de efort.

Cât de departe poți să duci această bucurie a bunătății pline de iubire? Odată am susținut o conferință publică într-un centru de meditație numit Spirit Rock din California. Ca de obicei, am propus publicului acest exercițiu de 10 secunde și, ca fapt divers, le-am dat teme pentru acasă. Vorbeam într-o seară de luni și a doua zi, marți, era zi lucrătoare, așa că le-am spus oamenilor să facă următorul exercițiu pentru marți: odată pe oră, la fiecare oră, să aleagă două persoane la întâmplare care trec pe lângă biroul lor și să le ureze fiecăreia în sinea lor să fie fericită. Nu trebuiau să facă sau să spună ceva – doar să-și zică în gând: „Îmi doresc ca persoana asta să fie fericită". Și cum nimeni nu știe la ce te gândești, nu te simți stânjenit – poți să faci exercițiul acesta rămânând complet invizibil. Și la 10 secunde după ce au făcut asta, să se întoarcă la lucru. Asta este tot. În dimineața zilei de miercuri din săptămâna aceea, am primit un e-mail de la o necunoscută, Jane (nu o cheamă așa în realitate). Jane mi-a spus: „Urăsc jobul pe care îl am. Urăsc să vin la muncă în fiecare zi. Dar am participat la conferința ta de luni, am făcut tema marți și marți a fost cea mai fericită zi pe care am avut-o în ultimii 7 ani".

Cea mai fericită zi din ultimii 7 ani. Și de ce a avut nevoie pentru a avea parte de ea? I-au trebuit 10 secunde în care le-a dorit altor doi oameni să fie fericiți, 8 repetiții, 80 de secunde de gândire în total. Și asta, prieteni, este puterea uluitoare a bunătății pline de iubire.

PRACTICĂ INFORMALĂ: SĂ LE DOREȘTI UNOR OAMENI ALEȘI LA ÎNTÂMPLARE SĂ FIE FERICIȚI

În timpul programului de la serviciu sau al orelor de școală, alege la întâmplare doi oameni care trec sau care stau pe lângă tine. Urează-le în sinea ta să fie fericiți. Spune-ți în gând: „Îmi doresc ca această persoană să fie fericită și îmi doresc ca persoana aceea să fie fericită". În asta constă toată practica. Nu faci nimic; nu spui nimic, doar te gândești. Acesta este în întregime un exercițiu de gândire.

Dacă preferi, poți să faci lucrul acesta în orice moment al zilei, oricât de mult vrei. De asemenea, o poți face în orice alt loc. Dacă nimeni nu este prezent, poți să invoci pe cineva în minte pentru acest exercițiu.

PRACTICĂ FORMALĂ: PARTICIPAREA LA BUCURIA BUNĂTĂȚII PLINE DE IUBIRE

Stai în orice poziție care îți permite să fii alert și relaxat în același timp, orice ar însemna asta pentru tine. Poți să stai cu ochii deschiși sau închiși.

Repetă ciclul acesta o dată pe minut: gândește-te la cineva pentru care simți foarte multă bunătate plină de iubire. Dorește-i să fie fericit(ă). S-ar putea să apară bucuria bunătății pline de iubire; în caz că apare, îndreaptă-ți atenția în întregime spre bucurie, până când dispare. În restul minutului, lasă-ți mintea să se odihnească.

Când începe următorul minut, reia ciclul, până la un total de 3 minute.

Poți să faci asta oricâte minute vrei. Nu trebuie să respecți regimul de o dată pe minut – ești liber să-ți odihnești mintea oricât de mult vrei între două cicluri. Timpul nu este important; singurul lucru care contează este să participi la bucuria bunătății pline de iubire, asta este tot.

TF: Eu obișnuiesc să fac seara o singură ședință care durează între 3 și 5 minute, gândindu-mă la trei persoane cărora le doresc să fie fericite, de multe ori doi prieteni mai noi și un prieten vechi, pe care nu l-am mai văzut de ani de zile. După doar trei zile în care am făcut asta la Paris, în timp ce lucram la această carte, m-am trezit întrebându-mă toată ziua: „De ce sunt atât de fericit?" Parțial, cred că este o tehnică atât de eficientă pentru că meditația este de obicei o activitate extrem de axată pe „eu", astfel că ajungi foarte ușor să fii prins într-un vârtej în care te gândești numai la „treburile" tale. Acest exercițiu de bunătate plină de iubire te face să-ți muți concentrarea cu totul de la persoana ta – lucru care, în cazul meu, elimină imediat cel puțin 90% din agitația mentală.

DL ANTRENOR SOMMER – O SINGURĂ DECIZIE

Cu toții ajungem să ne simțim frustrați.

Eu sunt deosebit de predispus la frustrare atunci când observ un progres minor sau niciun progres după câteva săptămâni în care am repetat ceva nou.

În pofida faptului că dl antrenor Sommer (pag. 35) îmi amintea constant că adaptarea țesuturilor conjunctive durează între 200 și 210 zile, după câteva săptămâni în care mă zbătusem cu „extensiile L de oscilare"* ajunsesem la capătul răbdării. După a treia ședință de antrenament le redenumisem „spasme de broască" în jurnalul meu, pentru că arătam ca o broască electrocutată când le făceam.

În fiecare săptămână îi trimiteam dlui antrenor Sommer videoclipuri cu antrenamentele mele, prin Dropbox. În notițele atașate, i-am spus la un moment dat cât de descurajat eram de faptul că nu făceam niciun progres vizibil cu acest exercițiu. Mai jos redau e-mailul cu răspunsul său, pe care l-am salvat imediat în Evernote pentru a-l reciti adesea.

Este foarte tare pe de-a-ntregul, dar am îngroșat partea mea preferată.

> Salut Tim,
>
> Răbdare. Este prea devreme să te aștepți la progrese în privința forței. [La o mișcare de genul acesta] progresele la capitolul forță apar după cel puțin 6 săptămâni. Orice progrese observate înainte de asta sunt doar rezultatul facilitării sinaptice îmbunătățite. Pe înțelesul oricui, sistemul nervos central a devenit pur și simplu mai eficient la mișcarea respectivă prin exercițiu. Totuși, lucrul acesta nu trebuie confundat cu progresele efective la capitolul forță.

---

* *Straddle L extensions*, în original. (n.red.)

Acceptarea frustrării temporare provocate de faptul că nu avansezi deloc este o parte integrantă a drumului spre excelență. De fapt, este esențială și reprezintă un lucru cu care absolut toți sportivii de elită trebuie să învețe să se împace. Dacă drumul spre excelență ar fi ușor, l-ar urma toată lumea. De fapt, această frustrare este motivul pentru care majoritatea oamenilor nu reușesc să-și atingă obiectivele. Așteptări nerezonabile din punct de vedere temporal, care dau naștere unei frustrări inutile generate de un sentiment nefondat al eșecului. Drumul spre rezultate extraordinare nu este un proces liniar.

Secretul este să te prezinți, să investești efortul necesar și să te întorci acasă.

O etică a muncii asidue cuplată cu o voință încăpățânată. Chiar este atât de simplu. Nimic nu intervine. Nimic nu te poate abate de la obiectivul tău. După ce ai luat decizia, refuzi pur și simplu să dai înapoi. Refuzi să faci compromisuri.

Și accepți că rezultatele de calitate pe termen lung au nevoie de concentrare de calitate pe termen lung. Fără emoții. Fără dramă. Fără să stai să-ți faci reproșuri pentru micile denivelări întâlnite în drum. Învață să te bucuri de proces și să-l apreciezi. Ideea aceasta este deosebit de importantă pentru că îți vei petrece mult mai mult timp pe drumul efectiv decât toate momentele prea scurte de triumf de la final.

Bineînțeles că trebuie să sărbătorești triumful atunci când e momentul. Mai important de atât, învață din înfrângeri atunci când au loc. De fapt, dacă nu ai parte în mod regulat de înfrângeri, înseamnă nu îți dai toată silința. Și refuză fără discuție să dai mai puțin decât tot ce e mai bun în tine.

Nu-ți stabili un termen-limită. Va dura cât va dura.

Dacă ți-ai luat angajamentul să atingi un obiectiv pe termen lung, nu o serie de obiective intermediare mai mici, este nevoie să iei o singură decizie pe care să o susții ulterior. Clar, simplu și la obiect. Este mult mai ușor de respectat decât dacă ar trebui să iei decizii mici una după alta, pentru a menține direcția atunci când te ocupi de fiecare etapă. Asta ar crea mult prea multe ocazii să te abați involuntar de la obiectivul final. Decizia unică este unul dintre cele mai puternice instrumente din arsenal.

2

BOGAT

„Dacă îți alegi obiective ridicol de înalte și dai greș, eșecul tău va fi peste succesul tuturor celorlalți."

– *James Cameron*

„Dacă te trezești purtând o luptă dreaptă, nu ți-ai planificat bine misiunea."

– *Colonelul David Hackworth*

„Nu e circul meu. Nu sunt maimuțele mele."

– *proverb polonez*

„S-ar putea să fie noroc,
dar nu e noroc din întâmplare."

CHRIS SACCA

Chris Sacca (TW/FB/IG/SC: @SACCA, LOWERCASECAPITAL.COM) este un investitor care a finanțat zeci de companii în primele lor stadii de dezvoltare, printre care Twitter, Uber, Instagram, Kickstarter și Twilio. El a fost subiectul articolului de pe prima pagină a ediției Midas a revistei *Forbes* din 2015, datorită a ceea ce va fi probabil cel mai de succes fond cu capital de risc* din istorie, Lowercase I of Lowercase Capital. (Ai înțeles numele? Mie mi-a trebuit rușinos de mult timp.) Anterior, Chris a fost directorul Inițiativelor Speciale în cadrul Google Inc., iar în prezent este invitat periodic în cadrul emisiunii *Shark Tank* de pe ABC.

*Animalul spiritual: animal crackers***

---

* Venture capital, în original. (n.red.)

** *Animal cracker* – biscuiți în formă de animale. (n.red.)

FRAGMENTE ALEATORII

» Prima dată când l-am întâlnit pe Chris a fost în 2008, la un picnic organizat de Kevin Rose (pag. 378). Toată viața am avut o fobie față de înot și o teamă acută de înec. Subiectul acesta a apărut în discuție în timp ce beam vin și Chris mi-a spus: „Am răspunsul la rugăciunile tale". El mi-a vorbit despre tehnica de înot numită *total immersion** a lui Terry Laughlin și, în mai puțin de 10 zile de antrenamente solitare, am avansat de la un maxim de 2 lungimi (de bazin de 23 m) la 40 de lungimi la un antrenament în serii de câte 2 sau de câte 4. Am rămas mască, iar acum înot de plăcere.

» Chris este unul dintre cei care m-au îndrumat cu generozitate în jocul investițiilor în startup-uri. Printre ceilalți mentori majori se numără Naval Ravikant (pag. 594), Kevin Rose (pag. 378) și Mike Maples care m-a făcut să încep (vezi *Cum să creezi un MBA pentru lumea reală*, de la pag. 281).

» Chris a menționat câteva cărți atunci când a apărut în podcastul meu, printre care *I Seem to Be a Verb (Par să fiu un verb)*, a lui Buckminster Fuller. 48 de ore mai târziu, exemplarele la mâna a doua se vindeau cu 999 $ pe Amazon.

JOCI OFENSIV SAU DEFENSIV?

În ciuda faptului că oamenii îl descriu pe Chris drept „un investitor din Silicon Valley", el nu mai locuiește în San Francisco din 2007. În schimb, și-a cumpărat o cabană în provincialul Truckee, vecinul mai ieftin al orașului Tahoe, și s-a mutat într-o zonă cu condiții excelente pentru schi și drumeții montane. Nu este în niciun caz un centru tehnologic. Pe atunci Chris nu câștiga sume mari din jocul investițiilor, dar avea un motiv întemeiat pentru a cumpăra acest refugiu:

„Îmi doream să ies la atac. Îmi doream să am timpul să mă concentrez, să învăț lucrurile pe care voiam să le învăț, să clădesc ce voiam să clădesc și să investesc cu adevărat în relațiile pe care voiam să le dezvolt, în loc să am parte de o zi în care trebuia să ies la o cafea, după o cafea, după o altă cafea".

TF: El nu s-a mai simțit obligat să accepte întrevederile pe care nu și le dorea. Gata cu întâlnirile de dimineață la cafea și gata cu mesele de societate seara târziu, la care nu voia să meargă. În loc de asta, Chris invita diferiți fondatori să-și petreacă weekendurile la el acasă în „jam

---

* Total Immersion – imersiune totală. (n.red.)

tub" (piscina cu apă fierbinte de afară). El consideră cabana drept cea mai bună investiţie pe care a făcut-o vreodată:

„Tuturor le place să vină la munte. Lucrul acesta m-a ajutat de-a lungul anilor să leg prietenii trainice. Câteva dintre acestea au fost catalizatorii investiţiilor mele în Uber, Twitter şi altele. Aici a stat în câteva rânduri şi un autor de bestselleruri interesat de bodyhacking*, profesionist al grătarului. [**TF:** Şi eu m-am făcut de râs cu un slip Speedos în stil european.] Am împrumutat bani pentru o casă cu 3 dormitoare şi am câştigat în schimb prieteni pe viaţă şi o afacere cu un succes enorm. Cea mai bună tranzacţie din toate timpurile".

Chris intră în detalii: „În general, toate acestea se reduc la un joc ofensiv sau unul defensiv. Cred că, atunci când treci în revistă provocările din viaţă, totul se rezumă la: **Pe care dintre acestea ţi le-ai atribuit singur şi pe care ţi le asumi pentru a face pe placul altcuiva? Căsuţa ta de inbox este o listă cu lucruri de făcut la care orice om din lume mai poate să adauge o sarcină.** Am simţit nevoia să ies din căsuţa de inbox şi să revin la propria mea listă cu lucruri de făcut".

MERGI LA CÂT MAI MULTE ŞEDINŢE DE NIVEL ÎNALT

TIM: „Dacă cineva lucrează în cadrul unui startup, ce ar trebui să facă sau pe ce ar trebui să se concentreze pentru a învăţa şi pentru a se perfecţiona cât mai mult cu putinţă?"

CHRIS: „Mergi la toate şedinţele la care poţi, chiar dacă nu eşti invitat, şi găseşte o cale să fii de ajutor. Dacă oamenii se întreabă de ce eşti acolo, apucă-te să iei notiţe. Citeşte toate celelalte informaţii despre firmă pe care le găseşti şi acumulează o cunoaştere generală pe care s-ar putea ca poziţia limitată a jobului tău să nu ţi-o pună la dispoziţie. Fă-te pur şi simplu util şi dă o mână de ajutor. Asta a funcţionat pentru mine în câteva medii diferite şi te încurajez să încerci."

TF: Chris era cunoscut la Google pentru faptul că apărea la absolut toate şedinţele, inclusiv la cele cu cofondatorii. Chiar dacă participanţii se uitau unii la alţii nedumeriţi, Chris lua loc şi îi anunţa că va lua notiţe pentru ei. Funcţiona. A primit un loc în faţă la întâlnirile de la cel mai înalt nivel de la Google şi a devenit o prezenţă constantă în aceste şedinţe.

---

* Bodyhacking – modalitate de a interveni experimental asupra propriului organism pentru a prelua controlul asupra proceselor fiziologice, asemenea hackerilor, un fel de abordare a biologiei pe cont propriu, de regulă prin exploatarea materialului genetic şi a funcţiilor organismului. (n.red.)

CĂMĂȘI COWBOY

Chris este cunoscut pentru că poartă cămăși de cowboy cam ridicole. Ele au devenit o parte a stilului său personal. Iată și un context pentru a-ți face o imagine, dintr-o descriere a lui Chris făcută de Alex Konrad în *Forbes*: „Steve Jobs avea un pulover negru pe gât. Chris Sacca are cămăși înflorate de cowboy. Pe prima și-a cumpărat-o dintr-un impuls în aeroportul din Reno, în timp ce se îndrepta spre o conferință, și reacția de care a avut parte l-a determinat să cumpere jumătate de magazin la întoarcere". Îi plac brandurile Scully și Rockmount. Un loc bun în care poți găsi o ofertă bogată este VintageWesternWear.com.

O cămașă ar putea să pară un detaliu minor, dar Chris și-a dat repede seama că, pentru a fi un investitor de succes, nu ajunge să știi în ce companii să investești. O parte a acestui proces este să te asiguri că fondatorii știu *cine* ești. Dacă o simplă cămașă îți asigură menționarea interminabilă a numelui în presă și nu îți afectează reputația, ai dat peste un beneficiu obținut cu costuri mici. În plus: „În felul acesta am economisit o grămadă de timp care s-ar fi pierdut gândindu-mă ce să port și o grămadă de bani care ar fi fost irosiți pe costume".

CÂND SITUAȚIA SE ÎNRĂUTĂȚEȘTE – „DISEARĂ VOI FI ÎN PATUL MEU."

În 2009, Chris a făcut o cursă cu bicicleta în scop caritabil cu echipa Trek Travel, din Santa Barbara, California, până în Charleston, Carolina de Nord:

„Aveam o frază pe care mi-am repetat-o continuu în minte, și anume: «Diseară voi în patul meu. Diseară voi fi în patul meu. Diseară voi fi în patul meu»... Era un lucru pe care îl repetam pentru a-mi reaminti că suferința prin care treceam era temporară și că, la sfârșitul acelei zile, în noaptea aceea, voi sta în patul meu."

DESPRE AVANTAJUL CULTIVĂRII UNEI MINȚI DE ÎNCEPĂTOR

„Experiența formează adeseori rădăcini adânci tocmai acelor presupoziții care ar trebui să fie primele puse la îndoială. Când ai foarte multă experiență în ceva anume, nu mai observi aspectele noi ale lucrului respectiv. Nu observi particularitățile care trebuie ajustate. Nu observi unde sunt discrepanțele, nu observi ce lipsește și nici ce nu funcționează cu adevărat."

TF: Exact ca tatăl lui Malcolm Gladwell (vezi pag. 622) și Alex Blumberg (pag. 338), Chris este incredibil de inteligent când trebuie să pună întrebările „idioate" care se ascund sub ochii tuturor.

EMPATIA NU ESTE BUNĂ DOAR ÎN VIAȚĂ, ESTE BUNĂ ȘI ÎN AFACERI

„Ca persoană care clădește, ca antreprenor, cum ai putea să creezi ceva pentru cineva, dacă nu ai măcar o minimă familiaritate cu acea persoană, pentru a-ți imagina lumea prin ochii săi?"

VERI DULCI ȘI AMARE

„Părinții mei făceau un lucru absolut unic. Eu și fratele meu îi spuneam «Vara dulce și amară». În prima jumătate a verii, părinții ne trimiteau să facem un stagiu de pregătire cu câte o rudă sau un prieten de familie care avea un job interesant. Așadar, la 12 ani, m-am dus să fac un stagiu de pregătire cu fiul nașului nostru, care era lobbyist în D.C., și îl însoțeam când trebuia să convingă diverși congresmeni. Aveam o singură cravată și eram un scriitor destul de bun. Făceam rezumate de câte o pagină ale legilor pe care le susțineam noi și stăteam efectiv acolo cu congresmanii aceia spurcați la gură – știți voi, bătrânul senator din Alabama și alții de genul acesta –, și vedeam prezentarea în direct. Era grozav. Am învățat foarte multe, am devenit foarte încrezător și asta chiar mi-a perfecționat capacitățile de povestitor.

După aceea însă, mă întorceam acasă și lucram într-o echipă de construcții, adică o muncă foarte, foarte urâtă, fiindcă spălam cu furtunul echipamentul utilizat pentru repararea sistemelor de canalizare, umpleam tot felul de rahaturi cu benzină, căram tot felul de rahaturi prin curte, umpleam cisternele cu propan. Eram cel mai mic dintre toți și eram literalmente luat la șuturi de oricare dintre recidiviștii care nu mă înghițea în ziua respectivă. Cred că asta făcea parte din planul lor de ansamblu, care era: ai acces la o lume întreagă de oportunități foarte tari, dar te ajutăm noi să-ți clădești o etică a muncii și-ți dăm și câte un șut în fund, ca să înțelegi de ce nu vrei să ajungi în vreunul dintre locurile unde se muncește *de-adevăratelea*..."

TIM: „Te prezentaseră fiului nașului tău pentru activitatea de lobby. Tot părinții aveau grijă să-ți organizeze și partea amară a verii?"

CRIS: „Tipul care conducea compania de construcții era cel mai bun prieten al tatălui meu și avea ordine stricte să se asigure că o să am parte de o zi foarte dură acolo."

„POVEȘTILE BUNE BAT ÎNTOTDEAUNA FOILE DE CALCUL REUȘITE"

„Indiferent dacă strângi bani pentru ceva, îți prezinți produsul în fața clienților, îți promovezi compania sau recrutezi angajați, să nu uiți niciodată că dincolo de toată matematica și de toată abureala asta de absolvent de MBA, rămânem ființe umane stăpânite de emoții. Vrem să ne atașăm de povestiri. Nu acționăm mânați de ecuații. Ne urmăm convingerile. Îi susținem pe acei lideri care ne stârnesc emoții. Dacă în primele zile alc proiectului tău găsești pe cineva analizând prea în detaliu cifrele, înseamnă că persoana respectivă se luptă să găsească un motiv pentru care să-i pese mult de tine."

„FII TU ÎNSUȚI, FII UN CIUDAT CARE NU-ȘI CAUTĂ SCUZE"

„Am ținut un discurs inaugural în Minnesota acum câțiva ani [la Carlson School of Management]. **Ideea centrală era să fii tu însuți, să fii un ciudat care nu-și caută scuze**. Cred că autenticitatea este unul dintre lucrurile cel mai greu de găsit în zilele noastre."

Un fragment extras din discursul respectiv: „Ciudățenia este motivul pentru care ne adorăm prietenii... Ciudățenia este cea care ne leagă de colegii noștri. Ciudățenia este cea care ne scoate în evidență, ne ajută să ne angajăm. Fii tu însuți, fii un ciudat care nu-și caută scuze. În realitate, este posibil ca tocmai faptul că ești ciudat să-ți aducă fericirea supremă".

TF: Un singur exemplu – perucile Mullet.

CHRIS: „Dacă ai putea să vii cu un singur lucru care să facă petrecerea uluitoare, lucrul acela ar fi perucile. Serios. Intră chiar acum pe Amazon și comandă 50 de peruci Mullet. Perucile Mullet schimbă totul."

MARC ANDREESSEN

Marc Andreessen (TW: @PMARCA, A16Z.COM) este o figură legendară din Silicon Valley și creațiile sale au schimbat lumea. Până și în epicentrul tehnologiei este greu să găsești o figură emblematică mai fascinantă. Marc a fost cocreator al foarte influentului browser Mosaic, primul web browser grafic utilizat la scară mare. A fost și cofondator al Netscape, care a fost ulterior vândută AOL-ului cu 4,2 miliarde $. După aceea, a fost cofondator al Loudcloud, care a fost vândută companiei Hewlett-Packard cu numele de Opsware, cu 1,6 miliarde $. Este considerat unul dintre întemeietorii internetului modern, alături de pionieri ca Tim Berners-Lee, care a lansat Localizatorul Uniform de Resurse (URL*-ul), Hypertext Transfer Protocol (HTTP) și standardele timpurii ale HTML.

Toate acestea îl fac să fie una dintre puținele ființe umane care au creat categorii software utilizate de peste un miliard de oameni și care au întemeiat companii de mai multe miliarde de dolari. În prezent, Marc este cofondator și partener general al firmei de capital de risc Andreessen Horowitz, unde a devenit unul dintre cei mai influenți și mai dominanți investitori în tehnologie de pe planetă.

---

* Uniform Resource Locator. (n.red.)

LECȚII SUPLIMENTARE DE LA BEN CASNOCHA (FB: CASNOCHA), FOSTUL ȘEF DE PERSONAL AL LUI REID

Primul principiu al lui Reid este viteza

„Am căzut amândoi de acord că voi lua decizii în privința unei game largi de chestiuni în numele său, fără să mă consult cu el. Mi-a spus așa: «**Fiindcă trebuie să acționezi rapid, mă aștept să comiți câteva faulturi de picior. Pot să accept o rată de eroare de 10-20%, ocazii în care aș fi luat o decizie diferită într-o situație dată – dacă asta îmi garantează că te poți mișca repede**». M-am simțit mai sigur pe mine să iau decizii având în minte acest procent și a fost o senzație incredibil de eliberatoare."

TF: „Faulturile de picior" sunt folosite ca metaforă aici. Literalmente vorbind, „faultul de picior" se referă la o sancțiune dată în tenis, atunci când execuți serviciul și ai piciorul poziționat greșit, adeseori din cauza grabei.

Despre cum îți evaluezi cei mai buni angajați sau parteneri

„Cum îți dai seama că ai jucători de primă mână în echipă? Îți dai seama atunci când nu acceptă pasivi strategia pe care le-o propui tu. Ei ar trebui să sugereze modificări ale planului bazându-se pe faptul că știu mai bine detaliile."

Reid caută un singur motiv, nu mai multe, pentru o acțiune care ar putea fi costisitoare

„Spre exemplu, discutam la un moment dat dacă are sens să călătorească în China. LinkedIn își extindea activitatea acolo, mai erau câteva evenimente intelectuale interesante care aveau loc atunci, și se lansa *The Start-Up of You (Investește în tine însuți)* [cartea lui Reid] în limba chineză. [Existau] o serie de motive diverse, dar niciunul nu justifica călătoria în sine sau prin sine. El a spus: «**Trebuie să existe un singur motiv decisiv, după care utilitatea călătoriei trebuie raportată la acel motiv unic. Dacă mă duc, putem să ne încărcăm programul cu toate celelalte activități secundare. Dar dacă mă duc din mai multe motive, sunt aproape sigur că mă voi întoarce cu impresia că a fost o pierdere de vreme.**"

PETER THIEL

Peter Thiel (TW: @PETERTHIEL, CU 1 TWEET ȘI PESTE 130.000 DE URMĂRITORI, FOUNDERSFUND.COM) este fondator de companii în serie (PayPal, Palantir), investitor miliardar (primul investitor extern al Facebook și al peste o sută de alte companii) și autor al cărții *Zero to One (De la zero la unu*)*. Învățăturile sale despre diferențiere, crearea de valoare și competiție m-au ajutat să iau câteva dintre cele mai bune hotărâri din viața mea în privința investițiilor (cum ar fi Uber, Alibaba și altele).

POVESTEA DE FUNDAL

» Peter este cunoscut ca maestru al dezbaterilor. Atunci când a venit în podcastul meu, a răspuns la întrebările cu cele mai multe voturi de pe Facebook puse de fani. Observă cât de des reformulează întrebarea (cât de des o analizează să vadă dacă este întrebarea care trebuie) înainte să răspundă. În câteva cazuri, felul în care disecă exprimarea este la fel de interesant ca răspunsurile pe care le dă.

» „Instrumentele" din acest profil reprezintă gândirea lui Peter și convingerile sale la nivel macro care îi călăuzesc mii de hotărâri mai mici. Fiecare dintre răspunsurile lui merită citit de câteva ori, după care întreabă-te: „Dacă aș crede asta, ce influență ar avea asupra deciziilor mele din următoarea săptămână? Dar asupra celor din următoarele 6-12 luni?"

✸ Ce îți dorești să fi știut despre afaceri acum 20 de ani?

„Dacă m-aș întoarce cu 20 sau cu 25 de ani în trecut, **aș vrea să fi știut că nu era nevoie să aștept.** M-am dus la colegiu. Am făcut facultatea de drept. Am lucrat în domeniul juridic și în cel bancar, deși nu foarte mult.

---

* Volum apărut sub acest titlu la Editura Publica, București, 2015. (n.red.)

Dar abia atunci când am înființat PayPal mi-am dat cu adevărat seama că nu trebuie să aștepți ca să începi ceva. **Așadar, dacă plănuiești să faci ceva cu viața ta, dacă ai un plan pe 10 ani cu privire la felul în care vrei să ajungi acolo, ar trebui să te întrebi: de ce nu pot să fac asta în 6 luni?** Uneori chiar trebuie să urmezi traiectoria complexă, de 10 ani. Dar merită cel puțin să te întrebi dacă aceasta este realitatea sau dacă nu cumva este doar o poveste pe care ți-o spui singur."

✸ Cât de important este eșecul în afaceri?

„Eu cred că eșecul este extrem de supraevaluat. Majoritatea afacerilor dau faliment din mai multe cauze, nu dintr-una singură. Așa că nu înveți absolut nimic atunci când o afacere dă faliment, pentru că eșecul a fost supradeterminat. [**TF:** Supradeterminat: „Determinarea, explicarea sau cauzarea [unui lucru] în mai mult de un singur fel sau printr-un număr mai mare de condiții decât ar fi necesar."] Tu vei crede că a eșuat din cauza Motivului 1, dar a eșuat din cauza Motivelor de la 1 la 5. Așa că următoarea afacere pe care o înființezi va eșua din Motivul 2, apoi din 3 și așa mai departe.

Eu cred că, în realitate, oamenii nu învață prea multe lucruri din eșecuri. Cred că, pe termen lung, acestea ajung să fie foarte dăunătoare și demoralizante pentru ei și impresia mea este că moartea fiecărei afaceri este o tragedie. Nu este un soi de estetică a frumosului în care există și o doză mare de măcel, fiindcă așa se produce progresul, și nu este vreun fel de imperativ educațional. Așadar eu cred că eșecul nu este un imperativ darwinist, și nici unul educațional. Eșecul este doar o tragedie, de fiecare dată."

✸ Care sunt cele mai mari trenduri tehnologice pe care le vezi definind viitorul?

„Nu-mi place să vorbesc în termenii «trendurilor» tehnologice, pentru că eu cred că, atunci când ai un trend, există mai mulți oameni care fac lucrul acela. Și atunci când există o mulțime de oameni care fac ceva, ai de-a face cu foarte multă competiție și cu puțină diferențiere. La modul general, nu vrei să faci parte dintr-un trend popular. Nu vrei să fii cea de a patra companie online de hrană pentru animalele de companie de la sfârșitul anilor 1990. Nu vrei să fii cea de a douăsprezecea companie de panouri solare subțiri din ultimul deceniu. Și nu vrei să fii a x companie dintr-un anumit trend. Așadar, cred că trendurile ar trebui evitate. Eu prefer o misiune în locul trendurilor. Sentimentul că lucrezi la o problemă unică pe care nimeni nu o soluționează nicăieri.

Atunci când Elon Musk a întemeiat SpaceX, și-au stabilit misiunea de a ajunge pe Marte. Poți să fii sau să nu fii de acord cu obiectivul acesta ca declarație de misiune, dar era o problemă care nu avea să fie rezolvată în afara SpaceX. Toți cei care lucrau acolo știau lucrul acesta și asta îi motiva enorm."

TF: Peter a scris undeva că „următorul Bill Gates nu va crea un sistem de operare. Următorul Larry Page sau Sergey Brin nu va crea un motor de căutare. Și următorul Mark Zuckerberg nu va crea o rețea socială. Dacă îi copiezi pe tipii aceștia, nu înveți nimic de la ei".

✸ Cum ai răspunde cuiva care ar spune că punctul tău de vedere cu privire la colegiu și educație superioară este ipocrit, din moment ce tu ai obținut o licență și ai urmat cursurile postuniversitare de drept la Stanford?

[Context: Mulți oameni îl percep pe Peter ca fiind „anti-colegiu" din cauza fundației Thiel Fellowship, care „oferă 100.000 $ tinerilor care vor să construiască lucruri noi în loc să stea într-o sală de clasă".]

„Cred că unele persoane vor găsi mereu obiecții de un fel sau altul. Dacă nu aș fi învățat la Stanford sau nu aș fi făcut studiile postuniversitare de drept, oamenii ar fi obiectat și ar fi spus că nu am idee ce pierd. Așa că sunt convins că probabil vor obiecta în orice situație. Dar aș spune că punctul meu de vedere nu este ipocrit, pentru că nu am susținut niciodată că există o singură soluție universal valabilă. Deci, dacă aș spune că nimeni nu ar trebui să meargă la facultate, asta ar putea să fie ipocrizie. Dar eu am spus că nu ar trebui să facem toți același lucru. Este ceva foarte straniu când, într-o societate, cele mai talentate persoane sunt îndrumate *in corpore* spre aceleași colegii de elită, unde ajung să studieze același număr restrâns de subiecte și optează pentru același număr restrâns de cariere.

Mă face să cred că ne lipsește diversitatea în felul în care ne gândim la lucrurile pe care ar trebui să le facă oamenii. Este ceva care ne plafonează foarte mult, atât pe noi ca societate cât și pe studenții respectivi. Și cred realmente că, dacă privesc înapoi la anii de studenție de la Stanford și la studiul dreptului, și eu, la rândul meu, mă fac foarte vinovat de asta. Poate că aș face-o din nou. Dar dacă ar trebui să fac ceva din nou, m-aș gândi la asta mult mai serios. **Aș pune întrebări. De ce o fac? Fac lucrul acesta doar pentru că am note bune și un punctaj bun la teste și pentru că am impresia că respectiva facultate e prestigioasă? Sau îl fac pentru că sunt extrem de pasionat să lucrez în drept?**

Cred că există răspunsuri bune și răspunsuri rele. Privind înapoi, la vremea când aveam 20 de ani, cred că atunci eram prea axat pe răspunsurile greșite."

✹ Cum crezi că arată viitorul educației?

[**TF:** Am inclus aceste rânduri în principal pentru prima frază și pentru felul în care a formulat-o.]

„Nu-mi place cuvântul «educație» pentru că este extraordinar de abstract. Eu sunt foarte mult în favoarea învățării. Dar sunt mult mai sceptic în privința atestării profesionale sau a abstracțiunii pe care o numim «educație». Deci, există o mulțime de întrebări alunecoase cum ar fi: ce anume învățăm efectiv? De ce învățăm asta? Te duci la facultate pentru că seamănă cu o petrecere întinsă pe 4 ani? Este o decizie de consum? Este o decizie investițională, pentru că investești în viitorul tău? Este o asigurare? Sau este o întrecere în care îi bați pe alții? Și oare universitățile de elită chiar seamănă cu Studio 54, unde ai un club de noapte exclusivist? Cred că, dacă trecem de bula educațională în care trăim astăzi, vom avea parte de un viitor în care oamenii vor putea discuta mai clar despre aceste lucruri."

(Ascultă întreaga digresiune pe care o face în episodul nr. 28 la minutul 17:24.)

✹ Care ar fi lucrul pe care ai vrea cel mai mult să-l schimbi la tine sau să-l perfecționezi?

„Aceasta este o întrebare la care răspunzi mereu cu dificultate, pentru că atrage după sine întrebarea: de ce nu l-ai îmbunătățit până acum? Dar aș răspunde că, atunci când privesc în trecut, la cum eram înainte, eram extrem de determinat, de competitiv. Și când ești foarte competitiv, devii foarte bun în domeniul în care concurezi cu ceilalți. Dar obții asta cu prețul ratării multor altor lucruri.

Dacă ești un șahist competitiv, ai putea să devii foarte bun la șah, dar să neglijezi progresul în alte domenii pentru că te concentrezi pe învingerea concurenților, în loc pe a face un lucru important sau valoros. Așa că, de-a lungul anilor, cred că am devenit mult mai conștient de natura problematică a unei mari părți a competiției. Există rivalități în care ajungem să fim prinși. Și nu am pretenția că aș fi reușit să scap cu totul din cursa asta. **Așadar, eu cred că este important ca în fiecare zi să reflectăm și să ne gândim: «Cum fac să fiu mai puțin competitiv pentru a avea mai mult succes?»"**

Ai studiat filosofia în anii de facultate. Ce legătură are filosofia cu afacerile? Și cum te-a ajutat studiul filosofiei în investiții și în cariera din ziua de azi?

„Nu sunt sigur cât este de important studiul formal al filosofiei, dar cred că întrebarea fundamentală a filosofiei este importantă pentru noi toți, și este mereu aceasta: «Cu ce sunt oamenii de acord doar în virtutea convențiilor și care este adevărul?» Există un consens cu privire la lucrurile pe care oamenii le cred adevărate. Poate că aceste convenții sunt adevărate, poate că nu sunt. Și nu vrem să lăsăm o convenție să devină o scurtătură pentru adevăr. **Trebuie să ne întrebăm mereu: este lucrul acesta adevărat? Și la asta ajung eu de fiecare dată când pun următoarea întrebare indirectă: «Spune-mi un lucru adevărat, dar pe care foarte puțini oameni în afară de tine îl consideră adevărat».**"

TF: Peter îi mai întreabă pe potențialii săi angajați: „Cu ce problemă încă nerezolvată de nimeni te confrunți zilnic?" sau „Care ar fi marea companie pe care nu a înființat-o nimeni?" Uneori, eu pun invitaților mei la podcast o variantă corcită a întrebării lui despre „lucrul pe care foarte puțini alți oameni îl consideră adevărat", și anume: „Poți să dai exemplu un lucru în care crezi și pe care ceilalți îl consideră nebunie curată?"

3 ÎNTREBĂRI DIN 7

Există 7 întrebări pe care Peter le recomandă tuturor fondatorilor de startupuri să și le pună. Fă rost de cartea *De la zero la unu*, pentru a le afla pe toate, dar iată care sunt cele 3 la care eu revin frecvent:

Întrebarea Monopoly: Pornești la drum cu un segment mare dintr-o piață mică?

Întrebarea secretă: Ai găsit o oportunitate unică pe care ceilalți nu o văd?

Întrebarea distribuției: Ai și o modalitate de a-ți livra produsul, nu doar de a-l crea?

„Întotdeauna partea grea este cea care creează valoare."

„Ești mult mai puternic decât crezi. Acționează în consecință."

SETH GODIN

Seth Godin (TW: @THISISSETHSBLOG, SETHGODIN.COM) este autor al 18 bestselleruri care au fost traduse în peste 35 de limbi. El scrie despre felul în care se răspândesc ideile, despre marketing, despre renunțarea strategică și despre atacarea statu quo-ului în toate domeniile. Printre cărțile sale se numără: *Linchpin, Tribes (Triburi*), The Dip (Hopul**), Purple Cow (Vaca mov***)* și *What to Do When It's Your Turn (and It's Always Your Turn) (Ce să faci atunci când este rândul tău – Și este întotdeauna rândul tău).*

Seth a înființat mai multe companii, printre care Yoyodyne și Squidoo. Blogul său (pe care îl poți găsi tastând „Seth" pe Google) este printre cele mai populare din lume. În 2013, a fost inclus în Hall of Fame la secțiunea Direct Marketing. De curând, Godin a dat peste cap lumea editorială, lansând o serie de patru cărți prin Kickstarter. Campania și-a atins obiectivul în doar trei ore și a devenit cel mai de succes proiect de carte din istoria Kickstarterului.

Animalul spiritual: cufundacul

---

* Volum apărut sub acest titlu la Editura Publica, București, 2015. (n.red.)

** Volum apărut sub acest titlu la Editura Publica, București, 2018. (n.red.)

*** Volum apărut sub acest titlu la Editura ACT și Politon, București, 2018. (n.red.)

„Încrederea și atenția – articole rare într-o lume post-raritate."

„Nu învingem concurența fiind mai obedienți decât ea."

TF: Asta mi-a plăcut atât de mult încât am vrut să o menționez de două ori. Mai multe despre asta data viitoare.

FII O NOTĂ DISTINCTIVĂ, NU O GENERALITATE ÎNTÂMPLĂTOARE

Despre cum să spui „nu" și să refuzi: „Telefonul sună și mulți oameni vor ceva. Dacă acest ceva nu concordă cu lucrul pe care l-ai ales ca misiune și răspunzi cu „da", de acum [misiunea ta este] misiunea lor. Nu este nimic în neregulă să fii o generalitate întâmplătoare, și nu o notă distinctivă, dar atunci nu te aștepta să faci schimbarea [pe care speri] să o faci, dacă acționezi așa.

„BANII SUNT O POVESTE... ȘI ESTE MAI BINE SĂ SPUI O POVESTE DESPRE BANI CU CARE EȘTI ÎMPĂCAT."

„După ce ajungi să ai suficient pentru traiul cotidian, pentru a-ți întreține familia și pentru alte câteva lucruri, banii sunt o poveste. Poți să-ți spui orice poveste vrei despre bani și este de preferat să fie una pe care o poți accepta bucuros."

DACĂ PRODUCI SUFICIENT DE MULTE IDEI PROASTE, AI ȘANSA SĂ APARĂ ȘI CÂTEVA BUNE

„Dacă sunt sinceri, oamenii cărora le vine greu să găsească idei bune îți vor spune că nu au prea multe idei proaste. Dar dacă oamenii care au o grămadă de idei bune îți vor spune adevărul, vor recunoaște că au și mai multe idei proaste. Și atunci, obiectivul nu este să găsești idei bune; obiectivul este să ai idei proaste. Pentru că atunci când îți vin suficient de multe idei proaste, trebuie să apară și câteva bune."

(Vezi și James Altucher la pag. 276.)

LUCRUL PE CARE ÎL URMĂREȘTI ÎȚI DETERMINĂ PERSPECTIVA – ALEGE CU GRIJĂ

„Aceia dintre noi care suntem destul de norocoși să trăim într-o lume în care avem suficient de multe, adică avem un acoperiș deasupra capului și mâncare pe masă, ne trezim prinși într-un cerc în care ținem socoteala unor lucruri greșite. Ținem socoteala de câte ori am fost respinși. Ținem socoteala de câte ori n-a mers. Ținem socoteala de câte ori cineva ne-a frânt inima, ne-a tras pe sfoară sau ne-a dezamăgit. Firește, putem să ţinem socoteala acestor lucruri, dar de ce? De ce să le ţinem socoteala? Ne fac să devenim mai buni?

Nu ar fi mai logic să ţinem socoteala celorlalte lucruri? Să ţinem socoteala ocaziilor în care ne-a mers din plin? A tuturor situaţiilor în care ne-am asumat un risc? A tuturor ocaziilor în care am făcut mai frumoasă ziua cuiva? Atunci când începem să facem asta, ne putem redefini ca persoane care pot avea un impact asupra lumii. **Eu am avut nevoie de o mulţime de astfel de perioade** înainte să-mi dau seama că povestea se află sub controlul meu.

Dacă o poveste nu funcţionează, atunci, la ce o mai foloseşti? Povestea nu e gata făcută; e un lucru pe care îl alegi. Atunci când putem intra în profunzime şi putem găsi o poveste diferită, ar trebui să putem schimba jocul."

„POVEŞTILE NE PERMIT SĂ NE MINŢIM SINGURI, IAR MINCIUNILE RESPECTIVE NE SATISFAC DORINŢELE"

TF: Uneori, poveştile pe care ni le spunem singuri pot fi autodistructive. Unul dintre refrenurile pe care le-am adoptat pentru mine şi pe care l-am scris în jurnal după o muncă serioasă cu „medicamente pe bază de plante" (vezi James Fadiman, pag. 127, pentru mai multe detalii despre asta) este: „Nu te refugia într-o poveste".

ÎNCEARCĂ SĂ STAI LA ALTĂ MASĂ

„Dacă se gândesc serios la viaţa lor, majoritatea oamenilor îşi petrec cea mai mare parte a timpului în defensivă, într-un mod reactiv, jucând cu cărţile pe care le-au primit, în loc să se mute la o masă diferită, cu cărţi diferite. În loc să încerce să-i schimbe pe ceilalţi, oamenii aceştia sunt dispuşi să se schimbe ei înşişi. Parte din mişcarea pe care încerc să le-o arăt şi altora este aceasta: toţi cei care aud lucrul acesta au mai multă putere decât cred. Întrebarea este: ce ai de gând să faci cu puterea asta?"

POŢI SĂ ÎMPINGI CEVA LA VALE?

„Dacă te gândeşti la cât de greu este să faci o afacere să urce la deal, mai ales în perioada de început, unul dintre răspunsuri ar fi să spui: «De ce nu începi o afacere diferită, una pe care să o poţi împinge la vale?»

Prietena mea Lynn Gordon este un gânditor şi un designer strălucit şi a lucrat timp de mai mulţi ani în domeniul proiectării jucăriilor şi al produselor din material textil pentru mamele cu copii mici. Toate companiile de jucării din America au fost răutăcioase cu ea, au respins-o, nu au vrut să colaboreze. I-am spus: «Lynn, e simplu. Companiilor de jucări nu le plac proiectanții de jucării. Ele nu sunt organizate să facă afaceri cu proiectanții de jucării. Nu speră ca designerii de jucării să vină la ele». Așa că i-am sugerat: «Hai cu mine în domeniul afacerilor cu cărți. Pentru că în lumea afacerilor cu cărți există în fiecare zi oameni plătiți mai puțin decât merită, oameni foarte inteligenți care se trezesc așteptând ca următoarea idee să-și facă apariția pe biroul lor. Ei sunt dornici să cumpere ce vrei să vinzi tu». Și în decurs de două luni a creat pachetele de cărți cu 52® de activități și [în cele din urmă] a ajuns să vândă peste 5 milioane de pachete."

MAI ÎNTÂI, ZECE OAMENI

Seth a publicat în jur de 6.500 de postări pe blogul său din 2002 și până acum. Care ar fi prima postare pe care le-ar recomanda-o oamenilor, dacă ar trebui să aleagă una?

„Postarea pe care o recomand cu cea mai mare tărie este «First, Ten» și este o teorie simplă de marketing care zice așa: spune unui număr de zece oameni, arată unui număr de zece oameni, împărtășește lucrul respectiv unui număr de zece oameni; zece oameni care au deja încredere în tine și care te plac deja. Dacă ei nu spun nimănui altcuiva despre acel lucru, atunci nu este ceva chiar atât de bun și ar trebui să o iei de la capăt. Dacă spun și altor oameni, ești pe drumul cel bun."

PENTRU A CREA UN LUCRU GROZAV (SAU EVENTUAL URIAȘ), ÎNCEPE CU UNUL EXTREM DE MIC

„Sugestia mea ar fi ca, de fiecare dată când poți, să te întrebi: care este cea mai mică amprentă pe care o pot lăsa și cu care aș putea să câștig? Care este cel mai mic proiect cu putință care merită timpul meu? Care este cel mai mic grup de oameni pentru care aș putea să fac o diferență? Pentru că acest cel mai mic este realizabil. Acest cel mai mic pare riscant. Pentru că, dacă alegi acest cel mai mic și dai greș, chiar că ai dat-o în bară.

Vrem să alegem marele. Infinitul este prietenul nostru. Infinitul este sigur. Infinitul ne pune la dispoziție un loc unde să ne ascundem. Însă, în loc de asta, vreau să încurajez oamenii să caute micul. Să fii într-un mediu în care oamenii să te poată găsi. Să ai un tip de interacțiune cu un trib, cu un grup, unde nu ai prea multe bărci de salvare la îndemână."

(Vezi „1000 de fani adevărați" de la pag. 322.)

„NIMENI NU-ȘI FACE UN TATUAJ CU SUZUKI. POȚI SĂ HOTĂRĂȘTI CĂ VREI SĂ FII DEMN DE UN TATUAJ."

Seth discutând despre Suzuki *versus* Harley-Davidson, ultima dintre ele elaborând intenționat un brand ambițios.

„NU CUANTIFIC APROAPE NIMIC ÎN VIAȚĂ"

Eu am uneori impresia că-mi voi pierde originalitatea, dacă nu măsor totul. M-am simțit eliberat să aud replica aceasta, în contextul în care Seth a fost cumva idolul meu ani la rând. El m-a inspirat să „abandonez ciclic cuantificarea", la fel cum renunț periodic la suplimente, cel puțin câte o săptămână la fiecare 2 luni (spre exemplu: pe toata durata lui iulie 2016 am renunțat la monitorizarea greutății/grăsimii corporale și a statisticilor generate de social media, de website și de newslettere.

Îmi place să studiez ce *nu* face Seth la fel de mult cum îmi place să examinez ce face. Seth nu are comentarii pe blog, nu este interesat de analiză și nu folosește Twitter sau Facebook (le folosește doar pentru a-și redifuza postările zilnice de pe blog, acțiune automatizată). Într-o lume obsedată de instrumente și de FOMO (fear of missing out – frica de a nu rata ceva) de pe platformele sociale, Seth pare indiferent. El se concentrează doar pe publicarea unor postări zilnice bune și scurte, ignoră restul și continuă să prospere. Nu există reguli propriu-zise, deci, creează reguli care să funcționeze pentru tine.

IDEI PE SCURT

Micul dejun

„Micul dejun este o altă decizie pe care nu o iau, așa că pun în blender o banană congelată, pudră de cânepă, lapte de migdale, o prună uscată și câteva nuci."

Lecții de gătit

„Soția mea mi-a făcut cadou un curs de gătit cu Chris Schlesinger și acesta a fost singurul curs de gătit pe care l-am făcut vreodată. În 20 de minute am învățat mai multe despre gătit decât învățasem până atunci sau de atunci și până azi, deoarece Chris m-a învățat de fapt cum să mă gândesc la ceea ce încerc să fac și mi-a spus în ultimă instanță: **A) Ar trebui să guști mâncarea pe măsură ce o faci, un lucru pe care îl fac un număr surprinzător de mic de oameni, și B) sarea și uleiul de măsline sunt de fapt feluri de a trișa, sunt arme secrete și funcționează mereu."**

Audiogon

Seth este un audiofil. Îi place în mod deosebit să se concentreze pe echipamentul analog și, în multe feluri, anacronic, făcut și acum manual. Audiogon este un website „pe care poți găsi oameni care cumpără lucruri noi și le vând 6 luni mai târziu în stare perfectă".

SFATURI PENTRU CREȘTEREA ȘI EDUCAREA COPIILOR

„Ce ar putea fi mai important decât copilul tău? Te rog să nu vii cu scuza că ești ocupat. Dacă îți petreci 2 ore pe zi departe de orice dispozitiv electronic, privindu-ți copilul în ochi, vorbind cu el și rezolvând probleme interesante, vei crește un copil diferit, comparativ cu o persoană care nu face asta. Acesta este unul dintre motivele pentru care pregătesc cina în fiecare seară. Pentru că este un mediu minunat și semi-distractiv în care copilul îți poate spune adevărul. În care poți purta conversații cu mize mici, dar extrem de importante, cu o persoană importantă pentru tine."

DESPRE EDUCAȚIE ȘI DESPRE ÎNVĂȚAREA COPIILOR

„Mai devreme sau mai târziu, părinții trebuie să-și asume responsabilitatea pentru faptul că își introduc copiii într-un sistem care îi îndatorează și care îi învață să devină rotițe în cadrul unei economii care nu mai vrea rotițe. Părinții iau decizia.... [și] de la 3 p.m. până la 10 p.m., copiii respectivi sunt educați acasă. Și fie sunt educați acasă și se uită la *Familia Flintstone*, fie sunt educați acasă și învață ceva util.

Eu cred că trebuie să-i învățăm două lucruri pe copii: 1) cum să conducă, și 2) cum să soluționeze probleme interesante. Pentru că realitatea este că există o mulțime de țări pe lume în care oamenii sunt dispuși să fie obedienți și să muncească mai mult pe mai puțini bani decât noi. **Deci nu putem învinge competiția fiind mai obedienți decât ea.** Prin urmare, fie trebuie să conducem mai bine, fie trebuie să rezolvăm mai bine decât ceilalți...

Îți înveți copiii să rezolve probleme interesante atunci când le oferi probleme interesante spre rezolvare. Și apoi, nu-i critica atunci când dau greș. Deoarece copiii nu sunt proști. Dacă sunt certați de fiecare dată când încearcă să rezolve o problemă interesantă, vor reveni pur și simplu la tactica memorării conținutului din manual pentru nota 10. Eu îmi petrec enorm de mult timp cu copiii... cred că este un privilegiu să privești în față un copil încrezător, energic și inteligent și să-i spui adevărul. Și lucrul pe care i-l putem spune unui copil de 11 ani este: «Chiar nu mă interesează cum te-ai descurcat la testul de vocabular. Dar mă interesează să știu dacă ai ceva de spus»."

✸ Un exemplu de lucru pe care îl crezi și pe care ceilalți îl consideră nebunie curată

„În adâncul sufletului, sunt convins că **oamenii sunt maleabili** într-un sens bun: sunt flexibili și au capacitatea să se dezvolte. Cred că aproape toate lucrurilc sunt **dobândite, nu înnăscute, și asta îi face pe oameni să se simtă nelalocul lor, pentru că îi face responsabili,** dar eu chiar cred asta."

✸ Audiobookurile preferate ale lui Seth, pe care le ascultă în repetate rânduri

TF: Întâi voi oferi lista și după aceea felul în care recomandă să o folosești.

Goals: Setting and Achieving Them on Schedule (Scopurile: Cum să le stabilești și să le atingi conform planului), How to Stay Motivated (Cum să rămâi motivat) și *Secrets of Closing the Sale (Secretele încheierii unei vânzări)*, de Zig Ziglar: „Zig este bunicul tău și al meu. Este bunicul lui Tony Robbins. Niciunul dintre noi nu ne-am afla aici dacă nu ar fi Zig".

Lucrările Pemei Chödrön: „Aproape opusul. Am devenit mult mai bun la [perioade lungi și dificile] mulțumită Pemei, mulțumită meditației și pentru că știam cum să stau liniștit și să nu insist să dispară tensiunea."

Leap First (Sari primul): Inspirată de [Zig și Pema] și de câteva eforturi depuse de mine, am scris această carte pentru filantropie; este un audiobook scurt și îl poți cumpăra de la Sounds True.

The Art of Possibility (Arta posibilității), de Rosamund Stone Zander și Benjamin Zander: „... care este foarte greu de găsit în format audio dar merită efortul de a o căuta".

The War of Art (Războiul artei), de Steven Pressfield: „Și aceasta este greu de găsit în formă audio. Vocea lui Steve mi se pare fascinantă; cu mult înainte să-l cunosc eram fascinat ascultându-l cum își citește propria lucrare. *The War of Art* este una dintre cărțile acelea importante, cel puțin pentru mine... Când am ajuns într-un final să dau peste ea, am spus: «De ce nu am fost informat? De ce a durat atât de mult ca această carte să ajungă pe biroul meu?» Trebuie să-ți clarifici ție însuți de ce te temi și dacă îți pasă suficient de mult ca să dansezi cu frica aceea, pentru că ea nu va dispărea niciodată."

Just Kids (Puști pur și simplu), de Patti Smith: „Acesta este de departe cel mai bun audiobook înregistrat vreodată de Patti Smith. Nu va schimba felul în care faci afaceri, dar s-ar putea să schimbe felul în care trăiești. Este vorba despre dragoste, pierdere și artă."

Debt (Datoria), de David Graeber: „O recomand în format audio pentru că David este repetitiv uneori și un pic eliptic, dar în format audio este în regulă fiindcă poți asculta din nou."

TIM: „Începând de la Zig și Pema și mergând în jos până la *Datoria* lui David, cu care ar trebui să încep sau cu care îmi recomanzi tu să încep?"

SETH: „Din punctul meu de vedere, dacă te simți blocat, *The War of Art* și *The Art of Possibility* se potrivesc cel mai bine. Dacă te simți stresat, Pema se potrivește cel mai bine. Dacă trebuie să vezi un drum mai colorat decât cel pe care îl urmezi deja, care este în Technicolor, Zig se potrivește cel mai bine. Și dacă vrei doar să plângi un pic, *Just Kids* este alegerea bună; după aceea, *Debt* este cea care seamănă cel mai mult cu lectura unei cărți. Cred că sunt puțini cei care ar trebui să asculte *Debt* de zece ori."

✹ Cea mai bună achiziție a lui Seth care a costat 100 $ sau mai puțin

„Poți să ajungi obsedat de ciocolata artizanală. Nu spun că ar trebui, ci că este cu putință. Așadar, eu am început să fiu obsedat și de acolo am dus lucrurile mai departe. Acum un an eram pe cale să înființez propria companie de ciocolată, pentru că nu este ceva chiar atât de dificil. Apoi am dat peste două branduri care o făceau mult mai bine decât aș putea s-o fac eu vreodată... Sunt două companii de ciocolată pe care aș vrea să le prezint: **Rogue** [din partea de vest a Massachusettsului] și **Askinosie.** Și sunt consultant pentru o nouă companie ageră numită Cacao Hunters, în Columbia."

✹ Ce sfat ți-ai da ție, cel de la 30 de ani?

„Am avut parte de numeroase hopuri după 30 de ani. S-au întins pe 9 ani și nu mi-aș spune mie, cel de la 30 de ani, nimic. **Pentru că, dacă nu aș fi avut parte de hopurile acelea, nu aș mai fi cine sunt și eu mă bucur că sunt cine sunt."**

OBSESIILE PREFERATE – CAFEAUA ȘI VOTCA

Seth nu bea nici cafea, nici alcool. Cu toate acestea, îi place să pregătească votcă și câte un espresso complicat pentru familie și pentru oaspeții săi. Aproape toate persoanele din această carte au unele obsesii minore, așa că descrierea lui Seth mi se pare hilară. Reţeta sa pentru votcă este pur și simplu delicioasă:

„Povestea cu cafeaua... să începem de la ea. Nu beau cafea. Aş fi vrut să beau. Am nevoie de un viciu. Dar îmi place s-o pregătesc. Îmi place – fără să fiu unul dintre oamenii aceia care măsoară totul, pentru că nu-mi stă în obicei – să am o idee intuitivă a felului în care se obține un espresso plăcut la gust. Înainte aveam un aparat Slayer sofisticat, un dispozitiv digital masiv care nu are ce să caute în bucătăria cuiva și în niciun caz în bucătăria mea. Așa că, atunci când am început să-mi fac de cap, l-am vândut cu un preț bun și am schimbat tabăra, pornind în direcţia complet opusă, spre un aparat complet manual, produs în Elveţia, vechi de 17 ani. Trebuie să tragi de mâner.

Și îmi prăjesc singur boabele de cafea, un lucru esențial. Am învățat lucrul acesta de la Marco Arment [cofondator Tumblr, creatorul Instapaper și Overcast]. Să îți prăjești singur boabele de cafea este mai important decât orice altceva, dacă vrei să pregătești cafea. Cred că asta este o metaforă. Știu că asta este o metaforă. Și vrea să spună că îți poți petrece mult timp încercând să corectezi lucrurile mai târziu, dar simplul fapt că pornești la drum cu materiile prime potrivite face o diferență uriașă."

TIM: „Urmează votca...."

SETH: „La mică distanţă de casa mea este un loc numit [Blue Hill at] Stone Barns Center, care a fost reședința de vară a familiei Rockefeller. Este un restaurant bun. La bar – nu consum nici alcool, dar am înțeles că la bar – se servește votcă cu miere și fulgi de ovăz. Am făcut inginerie inversă pentru a descoperi rețeta și, deși nu am un alambic, o produc în beciul meu. Pentru cei interesați, rețeta constă în cumpărarea unei sticle de votcă – nu vrei să cumperi una superieftină, dar nu vrei nici una scumpă, pentru că ajungi să plătești mai mult decât face –, pe care o torni peste aproape o jumătate de kg de fulgi banali de ovăz, nefierți, și peste jumătate de borcan de miere. Laşi amestecul la frigider timp de 2 săptămâni, amestecând în el când și când. Apoi, strecori lichidul la loc în sticla inițială și asta este tot."

✸ Un ultim sfat?

„Trimite cuiva un bilet de mulțumire mâine."

„Cu toții avem, să zicem, douăzeci sau treizeci de momente de mare suferință în viață la care ne putem raporta. În esență, eu încerc să scriu despre ele și, după aceea, despre cum am încercat să-mi revin de pe urma lor."

JAMES ALTUCHER

James Altucher (TW: @JALTUCHER, JAMESALTUCHER.COM) este managerul unui fond speculativ american, antreprenor și autor de best-selleruri. A înființat, singur sau împreună cu alții, peste 20 de companii, printre care Reset și Stockpickr. 17 au dat faliment, 3 dintre ele i-au adus zeci de milioane. A scris 17 cărți, printre care *The Power of No* (*Puterea lui Nu*[*]). Nu am văzut pe nimeni care să-și creeze mai repede decât James un public de cititori mai numeros și mai atașat.

Animalul spiritual: șoarecele

[*] Volum apărut sub acest titlu la Editura ACT și Politon, București, 2016. (n.red.)

TF: Citatul de pe pagina anterioară explică felul în care James a evoluat, ajungând de la statutul de necunoscut la milioane de cititori, și asta mai repede decât reușesc majoritatea scriitorilor să ajungă la mia de cititori. James s-a specializat în explorarea suferinței și a temerilor proprii și prezintă luminița de la capătul tunelului fără să ignore bezna din interiorul lui. Este revigorant, într-o lume plină de entuziasmații „guru" ai gândiri pozitive, care o țin numai în zâmbete forțate și în gesturi de salut.

Câteva dintre cele mai populare postări de pe blogul meu din 2007 și până acum au fost cele care mi-au luat cel mai puțin timp, dar au fost cele mai stânjenitoare. Pentru a le scrie, mă întreb de obicei: „Cu ce lucru stânjenitor mă lupt? Și ce fac în legătură cu asta?"

„DACĂ NU POȚI PRODUCE 10 IDEI, PRODU 20"

James recomandă obiceiul de a nota 10 idei dimineața pe un carnețel de chelner sau pe o agendă mică. Acest obicei urmărește să ne dezvolte „mușchiul pentru idei" și încrederea în privința creativității la cerere, așa că exersarea regulată este mai importantă decât subiectele:

„Ce se întâmplă dacă [tu] chiar nu poți să găsești 10 idei? Aici apare trucul magic: dacă nu poți găsi 10 idei, găsește 20 de idei... Pui prea multă presiune asupra ta. Perfecționismul este DUȘMANUL mușchiului ideatic... creierul încearcă să te ferească de rău, de găsirea unei idei stânjenitoare și tâmpite care ar putea să te facă să suferi. Poți să împiedici [lucrul acesta] forțându-ți creierul să găsească idei proaste.

Deci, să presupunem că ți-ai notat 5 idei pentru o carte și că toate sunt destul de bune. Și acum te-ai blocat... Bun, acum putem să venim cu câteva idei proaste. Uite una: Dorothy și vrăjitorul de pe Wall Street. Dorothy este prinsă într-un uragan în Kansas și aterizează chiar la intersecția dintre Broadway și Wall Street, în New York City, și trebuie să-și croiască drum pe Wall Street pentru a-l găsi pe «Vrăjitorul de pe Wall Street» (Lloyd Blankfein, directorul general al Goldman Sachs), ca să se poată întoarce înapoi în Kansas. În schimb, el îi oferă un job de trader algoritmic. Ce idee proastă! Bun, trecem mai departe, la următoarele 15 idei.

[După aceea] îmi împart pagina în două coloane. În prima coloană scriu lista cu idei. În cealaltă coloană este lista PRIMILOR PAȘI. Nu uita, doar primul pas. Pentru că nu ai nici cea mai vagă idee unde te va purta primul pas. Unul dintre exemplele mele preferate: lui Richard Branson nu i-au plăcut serviciile companiilor aeriene cu care zbura, așa că a avut o idee: «Voi înființa o nouă companie aeriană». Cum naiba ar putea un director de revistă să înființeze o companie aeriană de la zero, fără niciun ban? Primul său pas: i-a sunat pe cei de la Boeing ca să-i întrebe dacă nu au vreun avion pe care ar putea să-l închirieze. Nicio idee nu este atât de mare încât să nu poți să faci primul pas. Dacă primul pas pare prea greu, fă-l mai simplu. Și repet, nu-ți face griji dacă ideea este proastă. Toate acestea sunt niște antrenamente."

TF: Dacă nu poți găsi 10 idei bune, găsește 20 de idei. Mantra aceasta s-a dovedit a fi foarte valoroasă. Cu aproape un an în urmă, am încercat să compun o listă cu „Cele mai nebunești lucruri pe care aș putea să le fac" în timp ce mă aflam la o conferință *Wired* și ascultam gânditori neconvenționali precum creatorul emblematic Platon. După câteva liniuțe la capăt de rând (de ex., „Să-mi donez toți banii", „Să-mi vând toate posesiunile", „Să mă retrag offline timp de 6 luni"), m-am blocat. Așa că am adoptat efectiv stilul lui James, am hotărât să-mi abandonez standardele și să bat câmpii. Lucrurile au ajuns repede în inima zonei „ideilor proaste", ajungând chiar să includă: „Să-mi amputez ambele picioare" (WTF?). Dar lista s-a tot mărit și una dintre idei a fost: „Ia o vacanță pe termen nedeterminat de la startupuri", care s-a dovedit a fi una dintre cele mai importante idei din ultimii 5 ani (vezi pag. 427 pentru mai multe detalii).

EXEMPLE DE LISTE PENTRU EXERCIȚIUL CELOR „10 PE ZI" AL LUI JAMES

Ideile lui James nu se referă toate la afaceri. De fapt, sunt puține care au legătură cu asta. El intră în amănunte: „Este dificil să găsești mai mult de 3.000 de idei de afaceri pe an. Mă consider norocos dacă am câteva. Secretul este fie să te distrezi cu asta, fie să nu o mai faci deloc".

În cuvintele sale, comprimate din cauza spațiului, iată câteva exemple ale genurilor de liste pe care le face:

10 idei vechi pe care le pot înnoi

10 lucruri ridicole pe care le-aș inventa (de ex., toaleta inteligentă)

10 cărți pe care le pot scrie (*Ghidul alege-te pe tine însuți pentru educație alternativă* etc.)

10 idei de afaceri pentru Google/Amazon/Twitter/etc.

10 oameni cărora le pot trimite idei

10 idei de podcasturi sau filmulețe pe care aș putea să le fac (de ex., *Prânzul cu James*, un podcast video în care iau prânzul cu alți oameni pe Skype și stăm de vorbă)

10 domenii în care pot să elimin intermediarul

10 lucruri cu care nu sunt de acord și pe care restul lumii le consideră de-a dreptul dogmatice (facultate, deținerea unei locuințe, votul, medicii etc.)

10 feluri în care să iau postări proprii mai vechi și să le transform în cărți

10 oameni cu care vreau să fiu prieten (apoi stabilesc primul pas pentru a-i contacta)

10 lucruri pe care le-am învățat ieri

10 lucruri pe care le pot face diferit astăzi

10 feluri prin care pot să economisesc timp

10 lucruri pe care le-am învățat de la X, unde X este o persoană cu care am vorbit de curând sau a cărui carte am citit-o sau despre care am citit o carte. Pornind de aici, am scris postări despre Beatles, Mick Jagger, Steve Jobs, Charles Bukowski, Dalai Lama, Superman, Freakonomics etc.

10 lucruri la care vreau să devin mai bun (și apoi 10 feluri în care pot deveni mai bun pentru fiecare în parte)

10 lucruri care mă interesau când eram mic și a căror explorare m-ar amuza acum (De exemplu, poate aș reuși să scriu povestea aceea de benzi desenate „Fiul doctorului Strange" pe care o am în plan dintotdeauna. Și acum îmi trebuie 10 idei pentru intrigă.)

10 feluri în care aș putea să încerc să rezolv o problemă pe care o am (Asta m-a salvat de Fisc în nenumărate rânduri. Din păcate, Biroul de Permise Auto este imun la superputerile mele.)

SCURT ȘI CUPRINZĂTOR

Despre valoarea ignoranței selective, după ce a lucrat la un ziar

„Esențialmente, ți se spune ceva de genul: «Găsește lucrul care-i va speria cel mai mult pe oameni și scrie despre el».... Este ca și cum ziarul ar sărbători în fiecare zi Halloweenul. Mă feresc de ziare." **TF:** Multe persoane productive procedează la fel, printre care și Nassim Taleb.

Lumea nu are nevoie de explicațiile tale. Despre a spune „Nu":

„Acum nu mai dau explicații și mă surprind uneori când încep să mă explic, spunând lucruri de felul: «O, îmi pare rău, nu pot să ajung. Am o programare la doctor în ziua aceea. Sunt foarte bolnav. Mi-am rupt piciorul în weekend» sau altceva. Spun pur și simplu: «Nu pot s-o fac. Sper că este în regulă».”

Nu ți-ai găsit încă marele obiectiv global? Poate că nici nu trebuie să găsești unul.

„Nu-ţi mai bate capul cu scopul. Poţi să fii fericit şi fără să ai unul. Căutarea unui singur scop a ruinat multe vieţi.”

CUM SĂ CREEZI UN MBA PENTRU LUMEA REALĂ

Este distractiv să te gândești să faci un MBA.

Este atractiv din mai multe motive: dezvoltarea unor noi competențe în afaceri, dezvoltarea unei rețele de afaceri mai bune sau – cel mai adesea – îți iei la propriu o vacanță de 2 ani, care arată bine într-un CV.

În 2001 și, după aceea, în 2004, am vrut să fac toate aceste trei lucruri.

În acest scurt capitol îți voi povesti experiența mea cu programele pentru MBA și felul în care am creat unul propriu. Eu sper că te va face să iei în considerare experimentele în lumea reală în locul instruirii teoretice, presupozițiile netestate (mai ales cele referitoare la toleranța la risc) și jocul afacerilor ca întreg. Nu trebuie să dai 60.000 $ pe an ca să pui în practică principiile pe care le voi discuta.

Un ultim avertisment: Niciunul dintre lucrurile de aici nu are ca scop să-mi dea o aură de expert în investiții, pentru că nici nu sunt.

Începuturi

Ah, Stanford Graduate School of Business (GSB)! Stanford, cu străzile lui mărginite de palmieri și cu acoperișurile de țiglă roșie, a ocupat dintotdeauna un loc unic în gândurile mele.

Dar fantezia mea de a urma GSB a ajuns la o intensitate de-a dreptul febrilă după ce am ascultat un curs intitulat *Entrepreneurship and Venture Capital (Antreprenoriatul și capitalul de risc)*, predat de Peter Wendell, care a condus investițiile în etapele inițiale ale unor companii ca Intuit.

În 30 de minute, Pete mă învățase mai multe despre lumea reală a capitalului de risc din baseball decât toate cărțile pe care le citisem despre asta.

Eram în al nouălea cer și eram pregătit să aplic la GSB. Cine nu ar fi fost?

Așa că am început cu entuziasm un proces pe care aveam să-l repet de două ori: am descărcat aplicația pentru a începe, am făcut turul întregului campus și am asistat la un curs.

Dar celelalte cursuri m-au pus serios pe gânduri. Câteva erau incredibile, predate de celebrităţi care le făcuseră pe toate, dar multe, multe altele erau predate de teoreticieni cu doctorate, care foloseau cuvinte mari şi o mulţime de slideuri în PowerPoint. Un profesor a stat 45 de minute ca să ne prezinte un şir întreg de slideuri cu ecuaţii, care puteau fi rezumate astfel: „Dacă vei construi un produs prost, oamenii nu-l vor cumpăra". Nu aveam nevoie de cineva care să-mi demonstreze acest lucru şi cu atât mai puţin de cineva care să mă înece în analiză matematică pentru asta.

La sfârşitul cursului, m-am întors spre ghidul pentru studenţi care se ocupa de tur şi l-am întrebat cum i se părea acest curs comparativ cu restul. Mi-a răspuns că „este de departe preferatul" lui.

Asta a pus cruce ideii de şcoală de afaceri pentru mine.

Cum să faci o mică avere

Până în 2005, terminasem cu învârtitul în jurul cozii în privinţa şcolii de afaceri, dar încă ardeam de dorinţă să învăţ mai multe despre capitalul de risc. În 2007, am început să iau prânzul mai des cu strălucitul Mike Maples, care fusese unul dintre cofondatorii Motive Communications (cu o capitalizare de piaţă de 260 milioane $ la momentul IPO*) şi unul dintre directorii fondatori ai Tivoli (vândut IBM-ului cu 750 milioane $). În momentul de faţă este unul dintre partenerii fondatori ai Floodgate Fund.

De obicei, conversaţiile noastre se învârteau în jurul a câteva subiecte, printre care performanţele fizice, campaniile de marketing (tocmai lansasem *4 ore – săptămâna de lucru*) şi unul dintre subiectele pe care se concentra pe vremea aceea: investiţiile de tip „angel"**.

Comparativ cu capitalul de risc tradiţional, investiţiile de tip *angel* presupun investiţia unor sume relativ mici de bani – de cele mai multe ori între 10 şi 50 de mii $ – în startupuri aflate în perioada de început. În lumea lui Mike, „perioada de început" putea să însemne doi ingineri cu prototipul unui website sau putea să însemne un antreprenor în serie

* IPO – Initial Public Offering (ofertă publică iniţială). (n.red.)

** Un *angel investor* sau un *business angel* este de obicei primul investitor într-o afacere care nu îi aparţine şi care, pentru aportul adus, primeşte între 5-25% din părţile sociale/acţiunile firmei. Investitorii privaţi de acest fel aleg să-şi investească propriile resurse şi acceptă, în general, să îşi asume un risc mult mai mare fără garanţii. Acest lucru înseamnă ca urmăresc să obţină câştiguri mult mai mari din investiţii, cum ar fi de peste zece ori valoarea iniţială a investiţiilor într-o perioadă de cinci ani. (n.red.)

care avusese succes și care venea cu o idee nouă. De obicei, „îngerii" au o experiență relevantă în afaceri și sunt considerați „investitori avizați". Cu alte cuvinte, recomandările și prezentările lor sunt la fel de valoroase ca banii pe care îi pun la bătaie.

După câteva prânzuri cu Mike, îmi găsisem școala de afaceri.

Am hotărât să creez un „Fond Tim Ferriss" pe 2 ani, care să ia locul școlii de afaceri de la Stanford. Nu aveam să parcurg etapele legale pentru a crea un fond viabil din punct de vedere legal; aveam pur și simplu să elaborez un plan și să-mi investesc propriul capital ca și când aș fi avut un astfel de fond.

Stanford GSB nu este ieftină. I-am rotunjit costul la ~60.000 $ pe an în 2007, ajungând la un total de 120.000 $ pe doi ani. Obiectivul meu pentru Fondul Tim Ferriss era să cheltuiesc în mod inteligent 120.000 $ în 2 ani, făcând investiții de tip *angel* cu valori cuprinse între 10 mii și 20 mii $, adică între 6 și 12 companii în total. Obiectivul acestei „școli de afaceri" urma să fie acela de a învăța cât mai mult cu putință despre finanțarea startupurilor, structurarea unui contract, designul rapid al unui produs, discuțiile din jurul achizițiilor etc., în funcție de ocaziile ivite.

Dar curriculumul avea să fie doar unul dintre componentele școlii de afaceri. Cealaltă parte avea să o constituie cunoașterea „studenților", de preferință cei mai buni și mai influenți jucători din lumea investițiilor în startupuri. Școala de afaceri = curriculum + rețea.

Cea mai importantă caracteristică a MBA-ului meu: am planificat „pierderea" celor 120.000 $.

Am început lucrul la Fondul Tim Ferriss considerând cei 120 de mii $ ca pe un cost de școlarizare irecuperabil, așteptându-mă totuși ca lecțiile pe care urma să le învăț și oamenii pe care urma să-i cunosc să facă în timp să merite investiția. Planul meu pe 2 ani a fost acela de a cheltui metodic 120.000 $ pentru experiența de învățare, nu pentru profitul generat de investiție.

Te rog să observi că nu aș sugera să copiezi această strategie pentru investițiile de tip *angel* decât dacă:

1. Ai un avantaj informațional clar (acces din interior)* care îți asigură un avantaj competitiv. Eu trăiesc în mijlocul Silicon Valley și cunosc numeroși directori generali și investitori de top, așa că am surse mai bune de informație decât marea majoritate a lumii. Investesc rareori în companii listate tocmai pentru că știu

---

* *Insider acces*, în original. (n.red.)

că profesioniștii dispun de mai multe instrumente și de mai multe fonduri decât mine.

2. Ești 100% împăcat cu pierderea fondurilor pentru „MBA"-ul tău. Ar trebui să joci doar cu sume cu a căror pierdere ești complet împăcat. Dacă eventuala pierdere financiară te duce la depresie sau disperare, fie ea și moderată, nu ar trebui să investești.
3. Ai înființat și/sau ai gestionat afaceri de succes în trecut.
4. Limitezi fondurile pentru investițiile de tip *angel* la 10-15% sau chiar mai puțin din activele tale lichide. Eu sunt de acord cu tehnica de investiții de tip „barbell"* (halteră) a lui Nassim Taleb, pe care o implementez în proporție de 90% în clase de active conservatoare, cum ar fi echivalentele numerarului, restul de 10% fiind plasați în investiții speculative, care pot avea de câștigat de pe urma unor „lebede negre"** pozitive.

Chiar și atunci când sunt respectate criteriile de mai sus, oamenii își supraestimează toleranța la risc. Chiar dacă ai de investit doar 100 $, este important să analizezi această idee. În 2007, un administrator financiar m-a întrebat: „Care este toleranța ta la risc?" și i-am răspuns sincer: „N-am nici cea mai vagă idee". L-a descumpănit complet.

După aceea, l-am întrebat care era media răspunsurilor clienților săi. Mi-a răspuns că „majoritatea răspund că nu s-ar panica decât atunci când s-ar ajunge la o scădere de circa 20% într-un trimestru".

Următoarea mea întrebare a fost: „Când se panichează de fapt cei mai mulți dintre ei și încep să vândă la preț scăzut?" Răspunsul lui: „După ce se ajunge la o scădere de 5% într-un trimestru".

Dacă nu ai pierdut 20% într-un trimestru, îți este practic imposibil să prezici felul în care vei reacționa. De asemenea, s-ar putea să nu ai probleme să pierzi 20 $ din 100 $, dar să-ți ieși din minți când pierzi 20.000 $ din 100.000 $. Cifra absolută poate să conteze la fel de mult ca procentul.

Ca să citez replica celebră a lui Cus D'Amato, primul antrenor legendar al lui Mike Tyson: „Toată lumea are un plan până ia un pumn în față". Potențialilor investitori de tip *angel* le sugerez următoarele: să intre într-un

* Strategia de tip *barbell* este o strategie de investiții care implică achiziționarea de obligațiuni și valori mobiliare pe termen scurt și lung, dar fără intermediari. (n.red.)

** Un eveniment este considerat a fi o „lebădă neagră" dacă este un caz izolat, aflat dincolo de așteptări, și dacă are un impact deosebit. Un astfel de eveniment poate fi și pozitiv, și negativ. (n.red.)

cazinou sau să meargă la cursele de cai și să nu plece de acolo până nu au jucat 20% dintr-o investiție tipică și nu au văzut banii topindu-se.

Să presupunem că plănuiești să faci investiții în valoare de 25.000 $. Ți-aș spune să pierzi intenționat 5.000 $ în decurs de 3 ore, dar nu pe toți o dată. Este important să sângerezi încet, pe măsură ce încerci să înveți jocul, să exerciți puțin control asupra unui lucru pe care nu-l poți controla. Dacă nu ești afectat de pierderea lentă a celor 5.000 $ (sau 20% din investiția tipică planificată), te poți gândi să faci prima investiție de tip *angel*.

Dar acționează cu prudență. Chiar și printre cei mai străluciți oameni din lumea startupurilor există o maximă: „Dacă vrei să faci o mică avere, începe cu o avere mare și fă investiții de tip *angel*".

Prima afacere și prima lecție

Și deci, ce am făcut? Am trecut imediat la fapte și mi-am încălcat propriile reguli ca prostănacul.

Era un startup foarte promițător care, dacă te bazai pe corelația dintre ierarhizarea stabilită de Alexa și evaluare (ai grijă la abordarea aceasta), era subevaluat, ca fiind de 5 ori mai puțin decât în realitate! Chiar dacă ajungea la o lovitură de succes, cum ar fi o retragere de 25 milioane $, puteam să-mi recuperez cu ușurință cei 120 de mii $ planificați!

M-am entuziasmat foarte tare și le-am scris un cec de 50 000 $. „Este un pic cam prea agresiv pentru prima afacere, nu ți se pare?", m-a întrebat Mike la o cafea. Nici pe departe. Intuiția mea îmi vorbea tare și răspicat. Bazându-mă pe ceilalți investitori și pe toată agitația din jurul afacerii, eram convins că această companie era pe cale să crească vertiginos.

Startupul a ajuns pe butuci în 2 ani și a dat ortul popii la scurt timp după aceea, așa că am pierdut 50.000 $. Ups!

Respectarea regulilor

Lecția nr. 1: Dacă ai formulat reguli inteligente, respectă-le naibii!

Mai jos sunt câteva care ulterior au funcționat bine pentru mine. Observă că nu trebuie să le respect pe toate, dar că vreau să le respect pe cele mai multe:

» Dacă are un singur fondator, acesta trebuie să fie tehnic. Doi cofondatori tehnici sunt ideali.

» Trebuie să fiu dornic să folosesc chiar eu produsul. Lucrul acesta elimină un număr mare de companii grozave, dar vreau o piață verificată pe care să o înțeleg.

» Referitor la punctul anterior: produse/servicii orientate spre client (de ex., Uber, Twitter, Facebook, etc.) sau produse/servicii focalizate pe afaceri mici (de ex., Shopify), nu software pentru marile companii. Pot să influențez direct evaluarea acestor companii prin platforma mea, prin promovare în fața publicului meu, prin prezentări pentru jurnaliști etc.

» Peste 100.000 de utilizatori activi SAU fondatori în serie care au avut *exit**-uri anterioare SAU peste 10.000 de consumatori care plătesc. Ori de câte ori se poate, vreau să pun gaz pe foc, nu să-l aprind eu.

» O creștere a activității de la o lună la alta de peste 10%.

» Un „tabel de capitalizare" curat, finanțare anterioară minimă (sau deloc), fără finanțare de tip *bridge***.

» Companii cu sediul în SUA sau companii dispuse să creeze entități în care se poate investi, cu sediul în SUA. Spre exemplu, Shopify a început din Canada.

» Fondatorii au avut vreodată locuri de muncă proaste în domeniul serviciilor, cum ar fi chelner sau picol într-un restaurant? Daca da, au tendința să rămână mai multă vreme cu picioarele pe pământ. Pretențiile mai mici și o doză mai mică de megalomanie înseamnă de obicei hotărâri mai bune și tovarăși mai buni de pahar, pentru că, în mod normal, chestia asta durează câțiva ani buni.

Urmând aceste reguli, până la sfârșitul lui 2010 am avut norocul să mă bucur de două *exit*-uri de succes.

Prima, Daily Burn, a fost achiziționată de IAC. Asta mi-a garantat că nu aveam să pierd bani din fondul meu de 2 ani, presupunând că nu aveam să sparg prostește profiturile. O notă marginală relevantă despre Daily Burn: respecta toate cerințele din lista mea de control, dar majoritatea investitorilor cărora le-am propus să participe (însă nu toți) au

---

* *Exit* – Punctul la care un investitor (de obicei unul de capital de risc) își vinde acțiunile pentru a-și obține câștigurile. În general, este o mișcare plănuită încă din momentul hotărârii de a investi și s-ar putea să fie inclusă în planul global al firmei. (n.red.)

** Finanțarea de tip *bridge* (punte) are loc atunci când investești într-un startup pentru o scurtă perioadă de timp, pentru a ajuta respectivul startup să ajungă la următoarea rundă de primire de fonduri, pe baza înțelegerii că îți vei primi banii investiți înapoi. (n.red.)

refuzat, deoarece cofondatorii locuiau în Alabama și Colorado, nu într-un centru tehnologic. Pe atunci, Mike Maples mi-a explicat o regulă simplă, pe care am aplicat-o în mai multe afaceri după aceea: **De obicei, nu e recomandat să-ți încalci regulile pentru a co-investi alături de investitori celebri, dar dacă le respecți atunci când alții resping un startup poate să ducă la rezultate extrem de bune.**

Cel de al doilea *exit* ar putea să pară ciudat. Amintește-ți că motivul principal pentru care mă apucasem de la bun început de MBA-ul meu din lumea reală era învățarea.

Cel de al doilea *exit* a fost propria mea companie! Folosind ceea ce am învățat grație investițiilor de tip *angel* despre structura înțelegerilor și despre procesul de achiziție, ideea de „vânzare" a unei companii nu m-a mai intimidat la fel de mult ca până atunci. Așa cum învățasem, nu trebuia să fie ceva complicat; prin urmare, BrainQUICKEN a fost vândută spre sfârșitul lui 2009. Asta înseamnă, luând în calcul doar aceste două afaceri, că ROI*-ul în cazul MBA-ului meu a fost de două ori și ceva mai mare decât „taxa de studii".

Totuși, s-ar putea ca unor oameni suma aceasta să li se pară ceva mărunt (120-200.000 $ pentru doi ani de muncă?), dar trebuie să subliniez două lucruri importante:

1. Faptul că mi-am vândut compania mi-a eliberat complet programul și am putut să mă concentrez pe alte lucruri cum ar fi cartea *4 ore – corpul*, care a ajuns pe locul 1 pe lista de bestselleruri a New York Times și care a creat mii de oportunități.
2. Povestea nu se termină cu cele două *exit*-uri. Acestea au fost doar începutul.

Investițiile în startupuri pot fi nelichide și blocate timp de până la 7-10 ani. Acesta este motivul pentru care „viața" majorității fondurilor cu capital de risc este de 10 ani. Acesta este timpul de care au nevoie majoritatea firmelor de succes pentru a ajunge la oferta publică inițială sau pentru a fi cumpărate. Cu alte cuvinte, s-ar putea ca MULTĂ vreme să nu știi dacă te pricepi sau nu la investiții de tip *angel*, dacă ai făcut pariuri bune sau proaste.

Deci, care sunt celelalte pariuri pe care le-am făcut între 2007 și 2009? Câteva dintre ele au sfârșit prin a avea loc după etapele inițiale** sau de serie A, pe măsură ce am început să fiu invitat în afaceri de felul acesta:

---

* ROI – *Return of Investment*, adică rata de recuperare a investiției. (n.red.)

** *Seed stages*, în limba engleză. (n.red.)

» Shopify (IPO – consultant)
» Uber (va fi discutat mai târziu, dar pare să fie cel mai mare dintre toate)
» Facebook (IPO)
» Twitter (IPO)
» Alibaba la 9 $/acțiune (IPO)

În timp ce scriu aceste rânduri, în 2016, mi-au reușit 6 din 10 *exit*-uri și am putut, de asemenea, să vând câteva acțiuni de la companii private pe „piața secundară". Atunci când startupurile încep runde noi de finanțare, actualilor deținători de acțiuni li se oferă uneori această opțiune.

Trebuie menționat totodată că a trebuit să-mi adaptez strategia în materie de investiții între 2008 și 2010, din cauza greșelii mele de 50.000 $ și a limitei autoimpuse de 120.000 $ pentru capitalul de început.

Am adoptat regulile suplimentare de mai jos care, deși par arbitrare, m-au ajutat să filtrez 90% din oportunități și să nu pierd bani. Le-am utilizat cam până prin 2010, moment în care am ajuns să am mai mult capital și A) am preferat să investesc bani în loc de timp (mai ușor de apreciat la scară), și B) puteam să adopt reguli ușor diferite, pentru că aveam o plasă de siguranță mai mare.

Chiar dacă nu ești deloc interesat de jocul startupurilor, ar trebui să te intereseze cum decizi formal să adopți reguli care să prevină deciziile proaste și dăunătoare. Iată câteva care m-au ajutat pe mine.

Dacă *exit*-ul fiecărui startup are loc la o valoare de 5 ori mai mare decât estimarea actuală de Serie A, ar trebui să poată acoperi două treimi din capitalul fondului tău.

Majoritatea startupurilor în care investești vor eșua, așa că succesele trebuie să acopere pierderile.

Să zicem că un startup ți-a propus să investești 15.000 $ și că va ajunge să fie estimat la o valoare de 1,5 milioane $ „post-bani" după runda de finanțare. Dacă folosim regula „celor două treimi" și fondul tău este de 120.000 $ (ca al meu între 2007 și 2009), nu ar trebui să investești 15.000 $ în acest startup, din moment ce 15.000 X 5 = 75.000 $. Două treimi din 120 de mii înseamnă 80 de mii, așa că fie va trebui să investești un pic mai mult, să reduci estimarea valorii sau să contribui cu consultanță (detaliată mai jos) și să primești mai multe acțiuni în schimb. Asta nici măcar nu explică diluarea, care nu face parte din subiectul acestei cărți, dar este probabilă în majoritatea cazurilor.

Dacă *exit*-ul unui startup se produce la o valoare estimată de 3 ori mai mare decât cea actuală, ar trebui să rămâi cu 300.000 $

Aceasta a fost una dintre metodele mele preferate de a califica sau descalifica un startup. Oricât de mult mi-ar plăcea de cineva, nu pot să-mi iau încă un job part-time pe o perioadă de 7-10 ani pentru un profit de 50.000 $.

Să zicem că un startup are parte de o evaluare post-investiție* de 3 milioane $. Dacă îl ajut să-și mărească valoarea de 3 ori și ceva, până la 10 milioane $, cu câți bani mă retrag dacă nu mai există nicio altă rundă de finanțare? Dacă ajung la 50.000, din punctul meu de vedere nu merită. Dacă, luând în considerare timpul investit, pot să câștig de 5 ori suma respectivă făcând altceva, nu are niciun sens să accept afacerea.

Trecerea de la investitor > investitor/consultant > consultant

Să presupunem că ți-ai propus să cheltuiești 60 de mii $ pe an cu investițiile de tip *angel*, la fel cum am făcut eu, fără să-mi dau seama în ce mă băgam. Asta înseamnă două lucruri:

1. Nu vei putea să respecți regulile anterioare de „acoperire a două treimi din fond" și nici „să câștigi 300.000 $ la 3x" pentru multe companii. Poate că vei face între 3 și 6 investiții.
2. În general, în investițiile de tip *angel*, 3-6 investiții nu sunt suficiente, pentru că aici majoritatea profesioniștilor presupun că 9 din 10 vor eșua.

Prin urmare, este aproape imposibil să obții o distribuție statistică bună cu 60.000 $ pe an. Pur și simplu nu ies calculele. Și nu ies mai ales atunci când o dai în bară, cum am făcut eu entuziasmându-mă și spărgând 50.000 $ pentru prima investiție.

Iată cum mi-am corectat direcția și m-am ocupat de această problemă:

În primul rând, am investit sume foarte mici în câteva startupuri selecte, ideal în cele aflate în rețele apropiate „seed accelerator"** (nu-

* *Post-money*, în original – Aplicată în domeniul startupurilor, evaluarea post-investiție se referă la valoarea unei companii după ce a avut parte de o finanțare din afară și/sau după ce i s-a adăugat o injecție cu capital bilanțului contabil; se referă la evaluarea unei companii după ce a beneficiat de noi investiții din partea unor capitaliști de risc sau a unor investitori de tip *angel*. Evaluarea care i se face înainte de adăugarea acestor fonduri se numește evaluare pre-investiție (*pre-money*). (n.red.)

** Cunoscute și ca *startup accelerators*, acestea sunt niște programe cu termen fix, bazate pe studiul de cohortă, care includ investiții de început, conexiuni, mentorat, elemente educaționale, toate culminând cu o prezentare publică sau cu un program demonstrativ, pentru a accelera creșterea. (n.red.)

mite anterior „incubatoare"), cum ar fi Y Combinator şi Techstars. După aceea, am făcut tot ce mi-a stat în puteri pentru a oferi mult peste valoarea investiţiei mele. Cu alte cuvinte, am vrut ca fondatorii să se întrebe: „De ce dracu ne ajută tipul ăsta atât de mult pentru nişte acţiuni ridicol de puţine?" A fost un element hotărâtor în crearea unei reputaţii de persoană importantă care adaugă valoare, cineva care ajută mult pentru foarte puţin.

În al doilea rând, sprijinindu-mă pe această reputaţie în plină dezvoltare, am început să negociez înţelegeri mixte cu startupurile, făceam investiţii, dar solicitam participaţiuni adiţionale pentru consultanţă. Acţiunile „pentru consultanţă" sunt acţiuni pe care le primesc în timp (spre exemplu, $^1/_{24}$ din numărul total în fiecare lună, timp de 2 ani), dar pe care nu trebuie să le plătesc. Startupul poate să revoce înţelegerea în orice moment, dacă nu am rezultate bune.

În al treilea şi ultimul rând, am făcut saltul spre consultanţă. După ce s-a terminat primul an al Fondului Tim Ferriss, peste 70% din „investiţiile" mele în startupuri erau mai curând investiţii sub formă de timp decât sub formă de bani. În ultimele 6 luni ale fondului am scris un singur cec pentru un startup.

Trecerea graduală de la investiţii la consultanţă mi-a permis să reduc cantitatea totală de capital investit, să cresc procentajele acţiunilor şi să obţin rezultate cu cei 120.000 $, în ciuda erorilor mele timpurii. Cred totodată că strategia aceasta a dus la rezultate mai bune şi pentru startupuri.

În ultimă instanţă, startupurile au devenit găina mea cu ouă de aur şi atunci când CB Insights a analizat primii investitori de tip *angel* din 2014, m-au plasat pe locul al 6-lea. Ironic este că acum nu mai fac deloc acest gen de investiţii, chiar dacă în esenţă îmi vor aduce de 10 ori mai mulţi bani decât am câştigat din cărţi şi din tot restul. De ce? Vei afla la pagina 384.

Dar ajunge cu toată povestea asta despre tehnologie. Hai să ne uităm la alte opţiuni.

Crearea unui program de master propriu

Cum ai putea să-ţi creezi propriul MBA sau alt program de master? Iată trei exemple cu costuri ipotetice, care depind în mod evident de program:

Masterat în scriere creativă – 12.000 $/an

Cum ai putea să cheltuieşti (sau să sacrifici) 12.000 $ pe an pentru a deveni un scriitor creativ de talie mondială? Dacă câştigi 75.000 $ pe an, asta ar putea să însemne să intri într-un grup de scriitori şi să negociezi să-ți iei lunea liber de la serviciu (ca să te poți concentra pe elaborarea unui roman sau a unei piese de teatru) în schimbul unei reduceri cu 10-15.000 $ a salariului.

Masterat în științe politice – 12.000 $/an

Recurge la aceeași strategie de a dedica o zi pe săptămână voluntariatului sau activității desfășurate într-o campanie politică. Ia hotărârea de a citi o carte pe săptămână din curriculumul obligatoriu din primul an de studii de la departamentul de științe politice al Universității din Georgetown.

MBA – 30.000 $ pe an

Ia-ți angajamentul să cheltuiești 2.500 $ pe an pentru a testa diferite „muze" care să fie surse automate de venit. Ca punct de plecare, vezi *4 ore – săptămâna de lucru* sau caută pe Google „muse examples Ferriss" (exemple de muze Ferriss).

Și per ansamblu

Ia-ți angajamentul, în limite rezonabile financiar, să acționezi, nu să teoretizezi.

Învață să dai piept cu dificultățile din lumea reală, în loc să te refugiezi în uterul protector al lumii academice. Poți să controlezi majoritatea riscurilor și nici nu-ți închipui ce profituri poți avea!

Resurse

Pentru tocilarii pasionați de tehnologie, iată câteva resurse din care să învățați despre investițiile de tip *angel*, despre înființarea de companii tehnologice sau despre alegerea startupului potrivit pentru care să lucrezi:

Venture Deals, de Brad Feld și Jason Mendelson

Venture Hacks (venturehacks.com), co-înființat de Naval Ravikant (pag. 594) și de Babak „Nivi" Nivi. Material „cum să" gratuit despre aproape toate fațetele imaginabile ale acestui joc. Este posibil ca unii termeni sau câteva norme să fie depășite, dar asta înseamnă mai puțin de 20% din material, pe când teoria și strategia jocului sunt absolut exacte.

AngelList, unde Naval și Nivi au fost din nou cofondatori. Este foarte bun pentru a găsi afaceri, a vedea cine și în ce investește și pentru a găsi joburi în startupuri cu o creștere rapidă. Sunt consultant al AngelList și îmi poți vedea tot portofoliul la **angel.co/tim**

„Perdanții au obiective.
Învingătorii au sisteme."

SCOTT ADAMS

Scott Adams (TW: @SCOTTADAMSSAYS, BLOG.DILBERT.COM) este creatorul benzilor desenate cu *Dilbert*, care au fost publicate în 19 limbi, în peste 2.000 de ziare din 57 de țări. Este autorul bestsellerurilor *How to Fail at Almost Everything and Still Win Big (Cum să pierzi în aproape orice privință și cu toate astea să fii un mare învingător)*, *God's Debris (Rămășițele lui Dumnezeu)* și *The Dilbert Principle (Principiul Dilbert)*.

Animalul spiritual: ciobănescul australian

DIN CULISE

» Mama lui Scott a născut-o pe sora lui mai mică sub hipnoză, lucru care i-a fost prezentat ca opțiune de către medic. Nu a luat niciun fel de anestezic, nu a simțit durere și a fost trează pe toată durata nașterii.

» Naval Ravikant (pag. 594) pune îmbunătățirea felului în care scrie pe seama scurtei postări „Ziua în care ai devenit un scriitor mai bun" de pe blogul lui Scott.

BENZI DESENATE MAI PUȚIN CUNOSCUTE PE CARE LE CITEȘTE ȘI CARE-I PLAC

F Minus

Pearls Before Swine

CELE ȘASE ELEMENTE ALE UMORULUI

Scott crede că există șase elemente ale umorului: obrăznicia, inteligența, drăgălășenia, bizarul, răutatea și recognoscibilul. Trebuie să ai cel puțin două dimensiuni pentru a avea succes.

„Dă-mi voie să-ți ofer un exemplu. Copiii și cățeii sunt drăguți, iar în categoria bizarului intră cam tot ce este nelalocul lui. Dacă știi istoria desenelor animate, știi că *The Far Side* a folosit în principal dimensiunea lucrurilor nelalocul lor. Și atunci, ai un animal vorbitor.

Din clipa în care animalul începe să vorbească, are o dimensiune. El dă de fapt startul unei curse și este deja înaintea ta dacă tu ești desenatorul care stă pe loc spunându-și: «Cred că o să fac o caricatură despre orice, lumea întreagă e o pânză». El are deja bizarul, după care va face animalul să spună ceva, adeseori într-un context sau cu o dispoziție emoțională specifică unei ființe umane. Asta este dimensiunea «recognoscibilă».

Uită-te la cea mai bună bandă desenată din toate timpurile, și cred că aproape toată lumea ar fi de acord că aceasta este *Calvin și Hobbes*. Aici ai un tigru vorbitor care este în același timp bizar și drăguț. Așa că au dus *The Far Side* cu o dimensiune mai departe, ca punct de plecare. Din clipa în care începi să citești *Calvin și Hobbes*, ai deja dimensiunea drăgălășeniei, pentru că felul în care este desenată este uluitor. Are drăgălășenie dublă. Are un copil și un animal, iar animalul este cool. Așadar, autorul începe de aici, înainte chiar să fi scris vreo glumă. Apoi, în cazul în care copilul face un lucru obraznic sau cuiva i se întâmplă ceva rău («răutatea»), ai încă o dimensiune..."

UNEORI, TOT TREBUIE SĂ AMÂNI LUAREA UNEI DECIZII

„Cum aveam personajul acesta, Dilbert, și era tipul de persoană mai singuratică, am vrut să-i dau un câine, ca să aibă pe cineva cu care să interacționeze. Și aș fi vrut ca numele câinelui să fie cumva legat de Dilbert. Așa că primul nume al lui Dogbert a fost Dildog."

TIM: „Numele de Dildog a apărut vreodată în scris?"

SCOTT: „Nu, am hotărât cu înțelepciune că nu era o decizie comercială bună, cel puțin nu pentru ziare, pentru că toate sunt agresiv de puritane*."

„SISTEME" VERSUS „OBIECTIVE"

Scott m-a ajutat să-mi mut concentrarea pe „sisteme" în loc de „obiective", ca să folosesc chiar limbajul său. Asta înseamnă să alegi proiecte și obiceiuri care, chiar dacă duc la „eșecuri" în ochii lumii exterioare, îți oferă aptitudini sau relații transferabile. Cu alte cuvinte, alegi opțiuni care îți dau posibilitatea să „reușești" inevitabil în timp, în vreme ce-ți construiești atuuri pe care le vei folosi în proiecte ulterioare.

La nivel fundamental, ne putem reprezenta sistemele întrebându-ne: „Ce aptitudini sau relații de durată pot dezvolta" spre deosebire de: „Ce obiectiv pe termen scurt aș putea realiza?" Primul are un puternic efect de tipul bulgărelui de zăpadă, în timp ce al doilea reprezintă o situație binară reușești/dai greș, fără niciun premiu de consolare. Scott scrie pe larg despre asta în cartea sa *How to Fail at Almost Everything and Still Win Big: Kind of the Story of My Life*. Iată un exemplu din lumea reală:

„Când am început să fac blogging, viitoarea mea soție m-a întrebat de mai multe ori ce obiectiv aveam. Bloggingul însemna un volum dublu de muncă, dar îmi aducea un venit cu doar 5% mai mare, care nu făcea niciun fel de diferență în viața mea. Părea o pierdere de timp realmente. Am încercat să-i explic că bloggingul e un sistem, nu un obiectiv. Dar nu am reușit niciodată să explic bine. Voi încerca din nou aici.

Scrisul este o aptitudine care necesită exercițiu. Așa că prima parte a sistemului presupune să exersez în mod regulat. Nu știam exact pentru ce anume exersam, și din cauza aceasta era un sistem, nu un obiectiv. Treceam de la o poziție cu șanse mici (de la a fi un scriitor neexperimentat) la o poziție cu șanse bune (un scriitor expert, cu o vizibilitate mai mare).

Cea de a doua parte a sistemului meu de blogging este un fel de R&D** pentru scris. Scriu despre o varietate de subiecte și văd care dintre ele

* Referire la *dildo* (din Dildog) care înseamnă vibrator. (n.red.)

** R&D – Research and Development (cercetare și dezvoltare). (n.red.)

stârnesc cele mai bune reacții. Scriu, de asemenea, și pe „voci" diferite. Am o voce umoristică și autocritică, o voce furioasă, o voce meditativă, una analitică, una pe jumătate nebună, o alta jignitoare și tot așa. Cititorii reușesc foarte bine să-mi transmită ce merge și ce nu merge.

Atunci când *Wall Street Journal* mi-a remarcat postările de pe blog, mi-au propus să scriu câteva articole pentru blogul lor. Mulțumită experienței mele și faptului că știam ce subiecte aveau parte de cele mai bune reacții, articolele mele de colaborator au fost foarte populare. Nu au însemnat mari surse de bani, dar toată povestea și-a avut locul în sistemul meu de exersare publică.

Faptul că am scris pentru *Wall Street Journal,* plus practica mea publică de pe blog au atras atenția editurilor, iar atenția respectivă s-a transformat într-un contract de carte. Iar contractul respectiv a generat solicitări de a vorbi în public, solicitări stânjenitor de bănoase. Așa că, în cele din urmă, a sosit și ziua în care bloggingul a început să-mi aducă bani, dar nu am știut dinainte care va fi drumul pe care îl va urma. Bloggingul a stârnit zeci de oportunități de afaceri în ultimii ani, așa că ar fi putut lua orice direcție."

TF: Podcastul meu nu a fost niciodată gândit să fie o afacere. Eram complet extenuat după *The 4-Hour Chef,* care a avut aproape 700 de pagini, și îmi doream să iau o pauză relaxantă, dar creativă de la marile proiecte. Cum îmi plăcuse să fiu intervievat de Joe Rogan, de Marc Maron, de *Nerdist* și de alți grei din lumea podcastului, am hotărât să încerc varianta audio în format lung, timp de șase episoade. Dacă nu-mi plăcea, după aceea aveam să renunț și să-mi văd de treabă. Raționamentul meu: în cel mai rău caz, această experiență m-ar fi ajutat să-mi perfecționez metoda de a lua interviuri, să-mi cizelez întrebările și să scap de ticurile verbale, toate acestea urmând să-mi fie de folos în proiectele ulterioare. Unul sau două episoade nu-mi asigurau suficient exercițiu pentru o creștere explozivă a curbei de învățare așa că, întrucâtva arbitrar, am ales o perioadă de testare de șase episoade. Și iată-mă ajuns la aproximativ 200 de episoade.

DESPRE STRANIA EFICIENȚĂ A AFIRMAȚIILOR

Cred că la punctul acesta detaliile fac diferența, așa că va fi mai lung decât de obicei. Este unul dintre lucrurile acelea care n-ar trebui să funcționeze, dar care, cu toate astea, continuă să-ți îmbunătățească sorții de izbândă. Am testat metoda lui Scott în viața mea după un eveniment live cu Tony Robbins, despre care vorbesc mai în detaliu la pagina 494. Până atunci, iată povestea despre origini a lui Scott:

„În primul rând, dă-mi voie să spun [că nu cred] că, dacă reciți niște afirmații, ceva miraculos se va întâmpla și universul se va schimba în vreun fel [ne-științific]... Am spus că am recurs la această tehnică și că am avut o anumită experiență, pe care o voi împărtăși bucuros, după care voi spune povestea...

Aveam vreo 20 de ani. Făceam un curs de hipnoză, ca să învăț cum să devin hipnotizator profesionist și să obțin atestatul respectiv. Într-o zi [o femeie de la curs] a zis: «Trebuie să încerci o chestie numită *afirmațiile*. Am citit despre ele într-o carte, dar nu-mi amintesc titlul». Așa că nu pot să-ți spun pentru că nici ea nu mi-a spus. Însă a continuat: «Funcționează în felul următor:»

Tot ce ai de făcut este să alegi un obiectiv pe care să-l notezi de 15 ori pe zi, recurgând la o propoziție anume, cum ar fi: «Eu, Scott Adams, voi ajunge astronaut», spre exemplu. Și să faci lucrul acesta în fiecare zi. După aceea, vei avea impresia că universul începe să-ți prezinte oportunități. Ți se va părea că sunt niște coincidențe, dar faptul că sunt sau nu coincidențe o să îți pară mai puțin relevant decât acela că vor apărea peste tot.

Așa că eu, din postura de persoană rațională, mi-am spus: asta mi se pare o mare pierdere de timp. Nu există niciun fel de probă științifică pentru asta, bla, bla, bla. Tipa m-a convins în parte fiindcă era membră Mensa*, adică nu era proastă.

Iată cele două afirmații demne de menționat: în prima am zis că voi deveni un autor bestseller. Asta se întâmpla înainte să fi scris vreo carte și fără să fi urmat vreun curs de scriere creativă, cu excepția unuia de 2 zile despre cum să scrii în afaceri; și asta a fost tot. *The Dilbert Principle* a devenit bestseller.

Am avut o perioadă... în care mi-am pierdut vocea [începând din 2005, din cauza disfoniei spasmodice]. Nu am putut să vorbesc timp de trei ani și jumătate... asta a fost a doua oară când am folosit afirmațiile. Iar afirmația pe care am folosit-o a fost: «Eu, Scott Adams, voi vorbi perfect.» Acum îmi dau seama că nu vorbesc perfect, dar dacă-ți spun toată povestea o să înțelegi că nu e vorba numai de asta."

TIM: „Mai exact, cum practici aceste afirmații?"

---

* Mensa – Organizație internațională non-profit a oamenilor cu un IQ mult peste medie; membrii ei se clasează printre primii 2% la testele de inteligență folosite de organizație. Este compusă din grupuri naționale aflate sub autoritatea formală a Mensa International. (n.red.)

SCOTT: „Îți voi spune exact cum am făcut, dar îți spun totodată că sunt sigur că metoda exactă nu contează. Cred că ce contează este gradul de concentrare și cât de mult i te dedici. Asta pentru că ultima afirmație pe care am pomenit-o mi-am spus-o în gând în timp ce șofam, dar fără pauze, ani la rândul, în jur de 3 ani. La început, pe vremea aceea, foloseam un pix sau un stilou și o bucată de hârtie și cred că scriam propoziția de 15 ori pe zi. Iată din ce cauză cred eu că funcționează, dar există mai multe posibilități. Una dintre ele este un lucru despre care am învățat cu multă vreme în urmă... nu-mi amintesc cine a numit-o așa, dar ai auzit vreodată de expresia «activare reticulară»? În principiu, este vorba despre ideea că este ușor să-ți auzi numele rostit într-o mulțime de oameni.

Auzi zgomotul de fundal *bla, bla, bla*, «Tim Ferriss», *bla, bla, bla*. Și te întrebi cum de ai auzit tocmai asta în toată larma aceea? În principiu, creierul nu este capabil nici pe departe să proceseze toți stimulii din mediu. Așa că cel mai bun lucru pe care îl poate face este să programeze niște filtre mici. Și își programează filtrele în funcție de lucrurile la care ești atent. În funcție de cele pe care îți consumi cea mai mare parte a energiei... Așa îți setezi filtrele. Așa că filtrele sunt setate în mod automat pe numele tău, pentru că asta contează cel mai mult pentru tine.

Dar probabil că poți folosi aceste afirmații – și asta este doar o ipoteză – pentru a-ți concentra mintea și memoria pe un lucru foarte specific. Și asta ți-ar permite să observi lucruri din mediul înconjurător care probabil că se găseau deja acolo. Doar că filtrul tău fusese programat să le ignore, așa că îl reglezi puțin prin acest truc de memorie și repetiție, până când se lărgește un pic pentru a lăsa să treacă câteva lucruri suplimentare. Mai mult, există și unele date științifice care să confirme asta...

În cele din urmă, am hotărât să încep afirmația: «Eu, Scott Adams, voi ajunge un autor celebru de benzi desenate.» Și care sunt șansele de a deveni un creator celebru de benzi desenate? Cred că în jur de 2.000 de oameni prezintă pachete marilor sindicate, oamenilor care-ți oferă marele contract, marele succes. S-ar putea ca aceștia să aleagă 5-6 oameni. Dintre ei, majoritatea se vor da bătuți după un an sau doi, așa că este vorba despre ceva foarte rar. În realitate, Dilbert a fost probabil cea mai mare reușită sau una dintre cele mai mari din ultimii 20 de ani."

ANTICIPAREA CANDIDATURII LUI TRUMP – CE PUTEM ÎNVĂȚA

Pe 22 septembrie 2015, Scott Adams a anticipat corect în cadrul podcastului meu că peste 10 luni Donald Trump va deveni candidatul republicanilor. La vremea aceea, lucrul acesta era considerat ridicol. Scott își baza afirmația pe ceea ce considera că ar fi capacitățile hipnotice ale lui Trump și experiența sa cu mass-media, nu pe politica lui. Acestea ar putea să pară niște știri răsuflate, dar există câteva lecții numai bune de a fi puse în practică în ceea ce a observat Scott:

„Să luăm exemplul dezbaterii în care el [Trump] a venit ca un bufon prost pregătit care avea să se distrugă singur. Iar Megyn Kelly de la Fox News credea că da, exact asta avea să se întâmple, așa că a început direct, citez: «Chiar ați spus toate lucrurile acelea răutăcioase despre femei?» Oricare alt politician ar fi fost măturat de pe scenă de chestia asta, fiindcă nu ar fi contat ce răspuns dădea...

Răspunsul logic, pe care [l-ar fi] putut da cineva: «Ei, dar au fost scoase din context» sau ceva similar, este un lucru pe care oamenii îl spun de obicei și care, tot de obicei, este adevărat. Dar publicul nu aude asta. Aude doar sentimentul pe care l-a avut când Megyn Kelly a rostit numele acelei persoane [plus] lucruri rele despre femei.

Acesta este începutul și sfârșitul eforturilor mentale pentru, să zicem, cel puțin 20% din public; întâmplător, aceștia sunt cam aceiași 20% care pot fi hipnotizați cu ușurință. Dar ce a făcut Trump? Imediat ce i-a fost adresată întrebarea, aproape că a întrerupt-o pe Kelly și a zis: «Doar despre Rosie O'Donnell». Asta, amice, este hipnoză. El a folosit o ancoră pe care toată lumea putea să o vizualizeze și despre care publicul său de bază avea deja o părere negativă. Părerea lor negativă despre Rosie O'Donnell a fost aproape sigur mai mare, mai puternică, mai vizuală și mai importantă decât orice spusese Megyn Kelly cu câteva clipe înainte...

Ea avea un careu de popi, dar el a jucat o mână și mai bună și a făcut lucrul acesta fără prea multe eforturi și cu o metodă bine înțeleasă. Este o tehnică de negociere. Arunci o ancoră și ai deviat atenția tuturor. În loc să se transforme într-un sexist, și ar fi putut să devină astfel din prima zi, a devenit omul care spune lucrurilor pe nume.

Știu că urmărești știrile, așa că știi ce a urmat. Roger Ailes de la Fox News a intervenit spunând: «Trebuie să cădem la pace cu Donald Trump pentru că povestea asta scapă de sub control», și Donald Trump a căzut la pace cu el. Cum interpretezi asta? Hai să-ți spun cum o interpretez eu. Eu interpretez că Donald Trump tocmai a cumpărat Fox News fără să plătească un șfanț. Pentru că, dacă ei îl vor în emisiunea lor, depinde numai de el, iar el le-a demonstrat că nu are nevoie de ei."

TF: Aici l-am întrebat pe Scott despre o replică isteață pe care Trump o folosește frecvent pentru a-i bloca pe jurnaliști, o exclamație rapidă de genul: „Verifică-ți informațiile, [introduceți numele jurnalistului aici]."

SCOTT: „Verifică-ți informațiile" este ceea ce eu numesc „manevra ascendentului moral". Jobs a făcut exact același lucru când a minimalizat Antennagate, spunând doar: «Toate smartphone-urile au probleme. Noi încercăm doar să ne mulțumim clienții». Cu aceste două fraze, el a eliminat o știre de nivel național în mai puțin de 30 de secunde."

„INUNDAȚIA" MATINALĂ – ÎȚI ASCULȚI CORPUL, NU MINTEA

Ca să aibă de luat cât mai puține decizii, Scott se trezește, apasă pe un buton pentru cafea și ia același mic dejun în fiecare dimineață: un baton de proteine Cliff Builder's de 20 de grame cu aromă de ciocolată și unt de arahide. În etapa următoare, caută să afle lucruri noi, pentru a produce idei pentru benzile desenate:

„Există un proces în care, după ce îți golești mintea, trebuie să o alimentezi. Poate că folosești alte cuvinte pentru chestia asta, dar știu că și tu o faci. Așa că îți golești mintea, apoi o inunzi cu informații noi, care nu sunt identice cu cele vechi. Deci, dacă mă uit la știri, mă uit la ceva ce nu am mai văzut. Nu mă uit pentru a cincea oară la problema de ieri. Mă uit la o problemă nouă. Mă gândesc la o idee nouă. După aceea însă trebuie să descoperi unde anume, în tot acel torent, poți găsi fragmentul cu care merită să lucrezi. **Și aici utilizez modelul corpului uman.** Eu parcurg cumva un ciclu întreg trecând prin toate chestiile acestea.

Modelul este așa: «Creierul nu poate să găsească o legătură bună, nu în mod direct în sens intelectual. Este implicat și el, firește, dar ce vreau să spun este că, în timp ce **mă gândesc la ideile acestea și le las să-mi treacă prin minte, îmi monitorizez corpul, nu mintea. Și atunci când se schimbă ceva în corp, înseamnă că am găsit ceva de care vor fi interesați și alți oameni."**

TF: B.J. Novak (pag. 419) a exprimat o idee foarte asemănătoare. Această reacție corporală – un semi-chicotit involuntar, un puseu de adrenalină, un val de endorfine, o schimbare bruscă a emoțiilor – poate să funcționeze ca un detector de metale în găsirea materialului de calitate. E nevoie de antrenament, dar funcționează.

DESPRE DIVERSIFICARE PENTRU GESTIONAREA STRESULUI

Citatul de mai jos a apărut ca răspuns la întrebarea mea: „Ce sfaturi ți-ai oferi ție, cel de la 30 de ani?":

„La 30 de ani nu aveam acces la marijuana medicinală, așa că pânza pe care ar trebui să pictez ar fi mai limitată. Încă din adolescență – când aveam o grămadă de probleme medicale datorate stresului – am hotărât că una dintre prioritățile mele de top va fi aceasta: să învăț să nu mă mai stresez. În momentul acesta m-aș considera campion mondial **la evitarea stresului în zeci de feluri. Mare parte din asta vine din modul în care te raportezi la lume, dar cea mai mare parte ține de fapt de procesul de diversificare.** Nu-mi voi face griji că aș putea să pierd un prieten dacă am o sută, pe când dacă am doar doi prieteni voi fi foarte îngrijorat. Nu-mi voi face griji că aș putea să-mi pierd jobul fiindcă șeful mă va concedia, pentru că am mii de șefi de la ziare de peste tot. Una dintre modalitățile prin care să nu-ți mai faci griji din cauza stresului este să-l elimini. Nu-mi fac griji din cauza firmelor la care am cumpărat acțiuni, pentru că am un portofoliu diversificat. Diversificarea reușește să-ți reducă stresul în aproape toate domeniile vieții."

HARDWARE DILBERT – PE CE DESENEAZĂ SCOTT

Tabletă Wacom Cintiq

LOGICA DUBLEI SAU TRIPLEI AMENINȚĂRI

Ca „sfaturi în materie de carieră", Scott a scris următoarele rânduri, scurtate puțin din motive de spațiu. Aceasta este efectiv mantra mea și vei înțelege de ce o aduc în discuție:

> Dacă vrei o viață medie, obișnuită, nu ai nevoie de prea multă planificare. Pur și simplu, ferește-te de necazuri, mergi la școală și aplică la joburile care ar putea să-ți placă. Dar dacă vrei ceva extraordinar, ai două trasee: 1) Devino cel mai bun la un lucru specific. 2) Devino foarte bun (între primii 25%) la două sau mai multe lucruri.
>
> Prima strategie este atât de dificilă încât este aproape imposibilă. Sunt puțini cei care ajung să joace în NBA sau să scoată un album de platină. Eu le-aș recomanda oamenilor să nici nu încerce măcar.
>
> Cea de a doua strategie este relativ ușoară. Toată lumea are câteva domenii în care ar putea să ajungă printre primii 25% cu un anumit efort. În ceea ce mă privește, pot să desenez mai bine decât majoritatea oamenilor, dar sunt departe de a fi artist. Și nu sunt mai amuzant decât un artist mediu de stand-up comedy care nu ajunge celebru, dar sunt mai amuzant decât majoritatea oamenilor. Magia se naște din faptul că sunt puțini cei care pot să deseneze bine și să născocească glume. Combinația dintre cele două este cea care face ca talentul meu să fie atât de rar. Iar atunci când adaugi în ecuație și trecutul meu din domeniul afacerilor,

obţii brusc un subiect pe care puţini caricaturişti ar putea spera să-l înţeleagă fără să-l fi trăit.

Eu le recomand întotdeauna tinerilor să devină oratori buni (printre primii 25%). Oricine poate s-o facă dacă exersează. Dacă îmbini talentul acesta cu oricare altul, devii brusc şeful oamenilor care au un singur talent. Sau să obţii o diplomă în economie, în plus pe lângă diploma de inginer, de jurist, de medic, de om de ştiinţă sau de orice altceva. Vei simţi imediat că deţii controlul sau poate că îţi vei înfiinţa propria firmă, folosindu-te de aceste cunoştinţe combinate.

Capitalismul recompensează lucrurile care sunt rare şi valoroase totodată. Obţii raritatea combinând două sau mai multe lucruri pe care le faci „destul de bine", până când nu mai are nimeni altcineva combinaţia ta... Cel puţin una dintre calităţile acestei combinaţii ar trebui să se refere la comunicare, fie scrisă, fie verbală. Şi poate să fie ceva simplu, cum ar fi să înveţi să vinzi mai bine decât 75% din oameni. Asta ar fi una. Acum, adaugă în ecuaţie pasiunea ta, oricare ar fi ea, şi ai obţinut două, pentru că acesta este lucrul în care vei investi energia necesară ca să ajungi printre primii 25%. Dacă ai o înclinaţie pentru o a treia aptitudine, poate afacerile sau oratoria, dezvolt-o şi pe aceea.

Par recomandări generice, dar ţi-ar fi greu să găseşti o persoană de succes care să nu aibă trei talente în topul primilor 25%.

TF: Marc Andreessen (pag. 198) a descris cu multă vreme în urmă conceptul de dublă-/triplă-ameninţare de mai sus, numind scrierile lui Scott drept „formula secretă prin care poţi deveni chiar director general. Toţi directorii generali de succes sunt aşa". El a reluat ideea că ai putea să cultivi asta în şcoală, obţinând combinaţii neobişnuite de diplome, cum ar fi inginerie + MBA, drept + MBA sau licenţă în fizică + economie.

SHAUN WHITE

Shaun White (TW/FB/IG: @SHAUNWHITE, SHAUNWHITE.COM) este snowboarder și skateboarder profesionist. Printre numeroasele sale realizări se numără două medalii olimpice de aur și recordul X Games pentru numărul de medalii de aur, 15 (dar și cel mai mare număr total de medalii, 23). Shaun ocupă locul doi pe lista 100 Most Powerful and Marketable Athletes (Cei mai influenți și mai comercializabili 100 de sportivi) întocmită de *BusinessWeek*. El deține pachetul majoritar de acțiuni pentru seria de evenimente Air + Style, care a fost descrisă ca „o combinație între Coachella și X Games."

DIN CULISE

» Shaun s-a născut cu un defect la inimă numit tetralogia Fallot. Câteva dintre valve nu i se închideau bine, având nevoie de mai multe operații pe cord deschis pentru a corecta asta. În copilărie leșina dacă alerga prea mult pe terenul de fotbal.

» Episodul podcastului cu Shaun a fost înregistrat cu public, cu casa închisă, la The Troubadour în L.A., unde Guns N' Roses au dat recitalul care le-a adus contractul cu Geffen.

✸ Cum arată monologul tău interior înainte să susții o probă olimpică?

„Îmi spun: «La sfârșitul zilei, **cui îi pasă? Ce mare chestie?** Sunt aici, voi încerca să dau tot ce am mai bun, dar apoi mă întorc acasă, unde mă așteaptă familia mea... Chiar dacă lumea mea este complet absorbită de asta, ce contează?»"

TF: A preluat fraza „dar apoi mă întorc acasă, unde mă așteaptă familia mea" de la Andre Agassi, unul dintre mentorii săi. Și mie și lui Shaun ne place și recomandăm autobiografia lui Andre, *Open (Deschis)*.

DEPĂȘIREA PRESIUNII SOCIALE, PLUS VALOAREA OBIECTIVELOR „PROSTEȘTI"

„Am avut parte de o situație uimitoare când am fost în Japonia, la o competiție numită Toyota Big Air, unde intrasem cu un *wild-card**. Îmi plătisem călătoria până acolo. Mama a venit cu mine cu avionul. Ne plăteam singuri hotelul, mesele, toate costurile. Toți ceilalți concurenți fuseseră invitați [și biletul de avion și hotelul le fuseseră asigurate]. Odată ajunși acolo, erau plătiți *per diem* [diurnă] ca să-și facă apariția și mai exista și un fond de 50.000 $ pentru marele premiu.

Într-o seară, toată lumea a ieșit în oraș și a petrecut nebunește și cum eu eram copil, am rămas la hotel cu mama. La eveniment se prezintă cu toții mahmuri și cu o atitudine de genul: «Știți ceva, săriturile sunt nașpa» – pentru că ei sunt snowboarderi, așa că – «Nu e deloc *cool* și nu vrem să ne întrecem azi. Facem doar o demonstrație și apoi împărțim banii între noi». Eu fac repede calculele și mă gândesc: «Aoleu, asta nu acoperă nici măcar costul zborului de întoarcere». Așa că le-am zis: «Eu nu vreau să fac asta. Nu vreau să împărțim banii».

---

* Wild-card – În sport, un *wild-card* (ortografiat și *wildcard* sau *wild card*) este, în general, un drept extraordinar de participare la o competiție acordat unui sportiv sau unei echipe care nu s-a calificat pe cale normală. (n.red.)

M-au luat peste picior și mi-au zis: «A, pe tine te interesează doar banii...», dar eu am rămas pe poziții: «Astăzi sunt în formă. Nu vrea s-o fac». Era o fotografie mare cu fețele tuturor concurenților și pe a mea au desenat semnul dolarului pe ochi. Aveam cam 15 ani. Mă simțeam intimidat. Eroii mei mă ironizau, dar știi ce, prietene, am câștigat... Premiul a fost 50.000 $ și o mașină. Și eu eram ceva de genul: «O, Doamne! Ce facem acum?»"

TIM: „Care au fost sursele acestei puteri în fața presiunii sociale? Este ceva neobișnuit pentru un puști de 15 ani, mai ales că îți înfruntai idolii, care se treziseră brusc să arunce cu săgeți în tine. Ai moștenit-o de la părinți? Este un lucru pe care l-ai avut dintotdeauna sau este vorba despre altceva?"

SHAUN: „Investisem muncă, investisem timp, aveam sentimentul că sunt cel mai bun concurent și tipii aceștia ajunseseră acolo cu biletul plătit... Pur și simplu m-am gândit: știi ceva? Asta este ziua mea și nu-i las să mi-o strice. Am muncit pentru obiectivul acesta. Știi, de obicei, eu îmi stabilesc obiective. Îmi stabilesc obiective în fiecare sezon... de obicei, este vorba de două obiective. Unul este foarte serios și celălalt este ceva amuzant, ceva caraghios."

TIM: „Cum ar fi? Îmi poți da câte un exemplu din fiecare?"

SHAUN: „Ai să [râzi] – este ridicol. Unul dintre ele era să câștig Jocurile Olimpice și celălalt era să văd cât de multe mașini pot câștiga. Pentru că, pe atunci, industria producătoare de automobile dădea mașini gratis. Eram într-o perioadă în care succesele veneau unul după altul și cred că, până la sfârșitul competiției, ajunsesem să am nouă mașini. Erau un Suzuki Sidekick, apoi un Volvo, un Jeep și niște mașini oarecare... în cele din urmă, am ajuns să le donez, pentru că ar fi trebuit să plătesc impozit pe ele și alte chestii de genul ăsta."

TIM: „Încă mai stabilești astfel de obiective?"

SHAUN: „Stabilesc, da. Le aleg mereu la întâmplare. Pentru Jocurile Olimpice de la Vancouver – nu-mi vine să cred că-ți povestesc despre asta – obiectivul meu erau să câștig Olimpiada, din nou, iar celălalt obiectiv era să port [niște] pantaloni și pantalonii pe care îi comandasem erau cu steagul american. Urmărește-mă... văzusem o fotografie de-a lui Axl Rose îmbrăcat cu ceva asemănător. Probabil că erau un pic mai comozi și mai scurți. Și eu îmi ziceam ceva de genul: «Asta n-o să-mi iasă, dar pot să comand niște pantaloni de genul acesta». Era doar un obiectiv caraghios, «Doamne, dacă voi câștiga, poate ajung pe coperta *Rolling Stones* sau ceva de genul ăsta...»

Dar în asta constă distracția, pentru că elimină o parte din presiune. Câștigarea Jocurilor Olimpice este un obiectiv foarte mare, ești foarte stresat dacă ți-l stabilești. Așa că este plăcut să mai ai unul care să-l contrabalanseze. Totul era foarte serios pe atunci și acesta era felul meu de a face față acestei realități."

TF: Shaun a ajuns pe coperta revistei *Rolling Stones* purtând pantalonii cu steagul Americii.

DESPRE CUM ESTE SĂ FII „EXCEPȚIONAL"

Uneori, faptul că ești în afara punctelor de atracție cunoscute reprezintă un avantaj enorm – un lucru pe care Malcolm Gladwell (pag. 622) îl explorează în cartea sa *Outliers (Excepționalii)*. Următoarea poveste spusă de Shaun mi-a amintit și de logica lui Richard Betts atunci când alege restaurante, la pagina 612:

„Citeam [*Excepționalii*] și eram uimit de povestea despre jucătorii de hochei și despre un soi de anomalie din sistem. Am început să aplic asta în viața mea și mă gândeam: «Oamenii ar crede că am fost dezavantajat de faptul că am crescut în California de Sud. Ei bine, eu nu cred că m-a dezavantajat absolut deloc. Afară era soare și era plăcut în cea mai mare parte a anului sau în anotimpul rece». Iernile noastre nu se aseamănă cu cele din Colorado sau Vermont. Așa că numărul zilelor în care mă puteam antrena erau, nu știu, de două sau de trei ori mai multe decât zilele celui care și-a petrecut copilăria în altă parte.

Și apoi, în același timp, era persoana care construia parcurile de la Bear Mountain și Snow Summit Resort [în California de Sud] – era un munte mic – așa că [administratorii] ziceau ceva de genul: «A, da, fă ce vrei», iar tipul ăsta construia niște locuri nemaipomenite pentru sărituri, o rampă *half pipe** uimitoare. În prezent, el construiește traseele pentru cele mai importante evenimente din lume. Dar acolo a luat startul, în munții aceia.

Știi, nu aveau de gând să-l lase să meargă la Aspen și să dărâme pista specială sau cum îi zice. De asemenea, pe rampa *half pipe* pentru snowboarding era instalat un lift T-bar, ca un cablu de remorcare. Așa că mă gândeam: «Uau, mă pot antrena mult mai multe zile pentru că este însorit și pot să fac mai multe coborâri, pentru că nu trebuie să-mi scot placa și să urc înapoi pe jos». Îmi fac exercițiul, mă așez pe scaun și mă duce înapoi sus. Mi-am dat seama că «acumulam luni întregi de antrenament

* Half pipe – pârtie / rampă folosită în sporturi extreme, în formă de U, pe care se pot face diverse trick-uri. (n.red.)

în aceste mici ferestre, comparativ cu cineva care locuiește în Vermont sau în altă parte, unde temperatura este mult sub 0°C, și care trebuie să urce pista pe jos. Persoana aceea ar fi frântă».

Știi, când ți-e frig, e chiar înspăimântător să spui: «Bun, voi încerca flipul acesta». Ba nu, nu-l vei încerca. Acum este superintimidant, e frig și vrei să te duci acasă și să te încălzești. Eu aveam condițiile în care zăpada era moale, aveam un tip care construia cel mai bun teren din zonă, așa că... au existat o mulțime de lucruri amuzante în cartea aceea pe care am putut să le aplic în viață."

ACCEPTĂ REPREZENTAȚIA DE O SEARĂ ȘI VEZI CE ALTE UȘI SE DESCHID

„Muzica a fost ceva ciudat, pentru că nimeni din familia mea nu are nici cea mai mică înclinație spre muzică... am câștigat o chitară la un concurs de snowboard și m-am gândit: «Uau, cum ar fi să fiu la o petrecere undeva și să cânt o melodie?», și piesa aceea s-a transformat în: «Bun, acum mă pregătesc să devin chitarist..»

Eu sunt chitară solo într-o trupa numită Bad Things. Este formată în principal din prietenii mei din cartier, cu care am copilărit, și din câțiva tipi incredibil de talentați pe care i-am cunoscut în L.A. Am început să ne compunem singuri piesele și am primit câteva oferte să dăm spectacole; a fost un moment când am fost invitați să concertăm la Lollapalooza. Și eu eram ceva de genul: «Mamă, o să fie foarte tare!»"

[**TF:** În acest moment al povestirii, am zis „Uau..." în șoaptă.]

„Stai puțin... era vorba să cântăm pe scena copiilor. Așa că am zis: «Știți ce ar fi foarte punk rock? Să mergem acolo și să dăm spectacolul pe scena copiilor». Pentru că nu cred că ar trebui să fiu pe scena principală. Simplul fapt că eu sunt unul dintre membrii grupului nu înseamnă că ar trebui să primim automat această propunere. Așa că ne-am dus și ne-am făcut treaba. Am făcut un spectacol foarte bun pentru copii. Apoi s-a întâmplat ceva neașteptat. Semăna cu o fază de film. Trupa principală de pe scena Grove de la Lollapalooza a hotărât că nu va mai da spectacolul. Au pus un afiș mare afară pe care scria: «Nu ne vom expune arta aici». Fanii lor le-au distrus complet echipamentul și s-a dezlănțuit nebunia.

Ei [organizatorii] s-au uitat de jur împrejur, ceva de genul: «Ne trebuie o trupă care să cânte pe scena principală». Și eu am zis: «Noi suntem o trupă». Efectiv, «Noi suntem o trupă». Era o nebunie. Ne-au zis: «Urmați-ne!» Eu mă gândeam: «O, Doamne, acesta este momentul nostru, trebuie s-o facem». Așa că am dat una dintre cele mai incredibile reprezentații pe care le-am susținut vreodată. Ne-am ridicat la înălțimea ocaziei. Am reușit un spectacol uimitor și, exact ca oricine pune mâna pe o chitară și visează să ajungă pe scenă, visezi la momentul acela când ieși de pe scenă și mulțimea te ovaționează și-ți mai cere o piesă. Și cel mai bun moment de atunci a fost când m-am uitat la prietenii mei și ei erau ceva de genul: «mai avem vreo piesă? Nu, nu mai avem niciuna». [Organizatorul] ne-a spus: «Cântați-o din nou pe prima ».”

FIFTY SHADES OF CHICKEN (CINCIZECI DE NUANȚE DE PUI)

Acesta este titlul cărții pe care Shaun o „dăruiește cel mai des”. Cât se poate de serios. Am presupus că va fi o mare glumă, dar are aproape 700 de recenzii pe Amazon și o medie de 4,8 stele.

LEGEA CATEGORIEI

„În lumea ideilor, a numi ceva înseamnă a stăpâni lucrul respectiv. Dacă poți să numești o problemă, poți să o stăpânești."
– Thomas L. Friedman

Eu le recomand mereu antreprenorilor să citească *The 22 Immutable Laws of Marketing* (*Cele 22 de legi imuabile ale marketingului**), de Al Ries și Jack Trout, indiferent dacă este prima dată când înființează o firmă sau dacă sunt antreprenori în serie încununați de succes, care lansează un produs nou. „Legea categoriei" este capitolul pe care îl reiau cel mai des și am inclus mai jos o versiune prescurtată. Inițial a fost publicată în 1993, așa că o parte din referințele referitoare la „ziua de azi" sunt depășite, dar principiile sunt atemporale.

Legea categoriei

Cum se numește cea de a treia persoană care a traversat Oceanul Atlantic cu avionul?

Dacă nu știai că Bert Hinkler a fost al doilea om care a traversat Atlanticul în zbor, s-ar putea să te gândești că nu ai de unde să cunoști numele celei de a treia persoane. Dar îl cunoști. Aceasta a fost Amelia Earhart.

Dar Amelia este oare cunoscută ca fiind a treia persoană care a traversat Atlanticul în zbor, sau ca prima femeie care a reușit să facă asta?

După ce Heineken a devenit un mare succes, oamenii de la Anheuser-Busch ar fi putut să-și spună: „Ar trebui să venim și noi cu bere importată". Dar n-au făcut-o. În schimb, ei și-au zis: „Dacă există o piață pentru bere scumpă de import, poate că există o piață și pentru bere autohtonă scumpă". Așa că au început să promoveze Michelob, prima bere autohtonă scumpă, care a ajuns în scurt timp să fie vândută de două ori mai bine decât Heineken. (De fapt, Anheuser-Busch au venit și ei cu o bere

* Volum apărut la Editura Brandbuilders, București, 2004. (n.red.)

de import, cu Carlsberg, care se bucură de o reputație foarte bună în Europa. Totuși, în Statele Unite, Carlsbergul *me-too** nu s-a impus.)

Miller Lite a fost prima bere light autohtonă. A fost nevoie de 5 ani pentru ca un importator să se gândească: „Dacă există o piață pentru bere light autohtonă, poate că există o piață și pentru berea light de import”. Rezultatul a fost Amstel Light, care a devenit cea mai bine vândută bere light de import.

Dacă nu ai fost primul care a pătruns în mintea potențialului cumpărător, nu dispera. Găsește o altă categorie în care să fii primul. Nu este chiar atât de greu pe cât ți-ai putea închipui.

După ce IBM a devenit un mare succes în computere, toată lumea s-a înghesuit în domeniu. Burroughs, Control Data, General Electric, Honeywell, NCR, RCA, Sperry. Erau porecliți Albă ca Zăpada și cei șapte pitici.

Care dintre pitici s-a făcut mare și s-a transformat într-un puternic jucător global, cu 126.000 de angajați și cu vânzări de 14 miliarde $, o companie numită frecvent „a doua cea mai mare companie de computere din lume”? Niciunul dintre ei. După IBM, compania de computere care s-a bucurat de cel mai mare succes în anii ’70 și ’80 a fost Digital Equipment Corporation. IBM era prima în domeniul computerelor, DEC era prima în domeniul *minicomputerelor*.

Multe alte companii din domeniul computerelor (și antreprenorii care le dețineau) au devenit bogate și faimoase aplicând un principiu simplu: dacă nu poți fi primul într-o categorie, creează o categorie nouă în care să poți fi primul.

Tandem a fost prima în domeniul computerelor cu toleranță la defecte** și a construit o afacere de 1,9 miliarde $. Așa că Stratus a încetat să mai fie prima în privința minicomputerelor tolerante la defecte.

Sunt dificile legile marketingului? Nu, sunt destul de simple. Pe de altă parte, dezvoltarea practică a lucrurilor este cu totul altceva.

Cray Research a avut un succes foarte mare cu primul supercomputer. Prin urmare, Convex a pus lucrurile cap la cap și a lansat primul mini-supercomputer.

Uneori, poți să transformi un învins într-un învingător inventând o categorie nouă. Commodore era doar un producător de computere personale

---

* Me too – Termen folosit pentru a descrie produsul unei companii conceput astfel încât să fie asemănător cu un produs popular făcut de altă companie. (n.red)

** Toleranța la defecte a unui sistem este un atribut arhitectural al acestuia, care face posibilă operarea chiar și atunci când în structura sa intervin unul sau mai multe defecte. (n.red.)

printre atâția alții, care nu avea niciun pic de succes până când nu a făcut din Amiga primul computer multimedia.

Există numeroase feluri prin care poți fi primul. Dell a pătruns în domeniul aglomerat al computerelor personale ca prima firmă care a vândut computere prin telefon.

Atunci când lansezi un produs nou, prima întrebare pe care trebuie să ți-o pui nu este: „În ce fel este noul produs mai bun decât concurența?", ci „Este primul la ce?" Cu alte cuvinte, care este categoria în care acest nou produs este primul?

Charles Schwab nu a deschis o firmă mai bună de brokeraj. El a fost primul broker care făcea reduceri.

Ideile acestea contrazic gândirea din marketingul clasic, care este orientată spre brand: cum îi fac pe oameni să prefere brandul meu? Lasă brandul în pace! Gândește-te la categorii. Potențialii clienți adoptă o atitudine defensivă în privința brandurilor. Fiecare povestește de ce brandul său este cel mai bun. Dar potențialii clienți sunt deschiși la categorii. Toată lumea este interesată de noutăți. Sunt puțini cei interesați de ceea ce este realmente mai bun.

Atunci când ești primul într-o categorie nouă, promovează categoria. În esență, nu ai nicio concurență. DEC le spunea clienților săi potențiali că ar trebui să-și cumpere un mini-computer, nu un minicomputer DEC.

La începuturi, Hertz vindea servicii de închiriere de mașini. Coca-Cola vindea răcoritoare. Programele de marketing ale ambelor companii erau mai eficiente în vremurile acelea.

TF: La fel ca DEC și „minicomputerele", eu am creat termenul de „lifestyle design"* și l-am lansat în *4 ore – săptămâna de lucru*. Iată cum a apărut prima dată, câteva paragrafe fiind înlăturate:

> „Noii oameni bogați sunt cei ce abandonează «planul de viață», tot tergiversat [fă economii și retrage-te după 20-40 de ani] și își creează un stil de viață luxos chiar în prezent, folosindu-se de moneda lor de schimb: timpul și mobilitatea. Aceasta este o formă de artă și o știință pe care o vom numi *lifestyle design*...
>
> Nu 1.000.000 $ în bancă reprezintă fantezia. Fantezia este stilul de viață care presupune o libertate totală. Atunci, întrebarea este: cum poți trăi precum un milionar, în libertate totală, fără să ai mai întâi 1.000.000 $?"

---

* Lifestyle design – designul stilului de viață. (n.red.)

Urmează instrumentele și principiile, cum ar fi geoarbitrajul, trierea e-mailurilor, metoda excursiilor luxoase și „mini-retragerile din activitate" (alt termen pe care l-am creat) etc.

„Lifestyle design" a însemnat o sintagmă nouă și concisă pentru un lucru care anterior avea nevoie de câteva fraze. Nu am încercat în niciun fel să o transform într-o marcă înregistrată sau să o protejez. În schimb, am propagat-o cât mai mult și mai repede cu putință, am folosit-o în interviurile din presă, în discursurile principale ale conferințelor, în articole și în alte locuri. Am vrut să pătrundă în limba populară și să se formeze comunități de „designeri ai stilului de viață" online și în toată lumea. După ce *4 ore – săptămâna de lucru* a fost parodiată de Jay Leno și de *The Office*, am atins ținta. Efectul secundar a fost că – cel puțin în primul an – de fiecare dată când cineva folosea sau definea expresia „lifestyle design", era menționat și numele meu sau cartea *4 ore – săptămâna de lucru*. Asta pentru că eu eram proprietarul acțiunilor mentale, ale „categoriei" mentale, nu al mărcii înregistrate. Firește, acum a ieșit în lume, a crescut mare și are o viață proprie. În momentul scrierii acestor rânduri, există ~14,6 milioane sau ~585 de mii de rezultate la căutarea expresiei „lifestyle design" pe Google, în funcție de omiterea și, respectiv, folosirea ghilimelelor.

„Eu nu fac artă pentru a câștiga proiecte care să aducă o grămadă de bani, eu inițiez proiecte care aduc o grămadă de bani pentru a putea să fac și mai multă artă.”

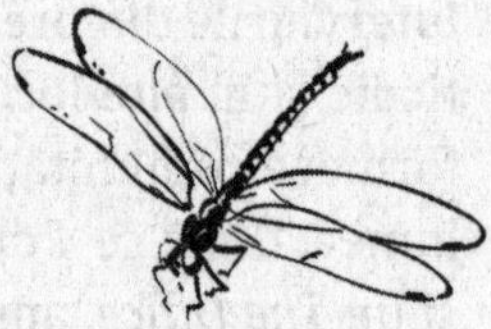

CHASE JARVIS

Chase Jarvis (TW/FB/IG: @CHASEJARVIS, CREATIVELIVE.COM) este director general la CreativeLive și se numără printre fotografii cu cel mai mare succes din lume din punct de vedere comercial. Este cea mai tânără persoană din toate timpurile care a devenit Hasselblad Master, Nikon Master și ASMP Master. Chase a lucrat ca fotograf pentru Nike, Apple, Columbia Sportswear, REI, Honda, Subaru, Polaroid, Lady Gaga, Red Bull și mulți alții. Este cunoscut pentru stilul hiperkinetic și pentru accentul pe care îl pune pe sport și portretistică. CreativeLive este o platformă de învățare online care difuzează cursuri live, cu înaltă rezoluție, unui număr de peste 2 milioane de studenți din 200 de țări. Toate cursurile pot fi urmărite gratuit live și pot fi cumpărate pentru a fi vizionate ulterior. Printre profesori se numără câștigători ai Premiului Pulitzer și vedete din lumea afacerilor.

Animalul spiritual: libelula

făcusem treaba, făcusem cercetare și știam cu cât sunt plătiți oamenii de top... M-am plasat în categoria respectivă imediat... Am stabilit tariful la 2.000-2.500 $ pe zi.

Ei [primii clienți cu care am semnat un contract] mi-au spus: «Bine, păi e o ședință foto care durează șase zile».... Mi-am făcut socoteala în minte și am rămas trăsnit. Era mai mult decât câștigasem anul trecut, dar aveam să scot banii ăia săptămâna următoare. Mi-au zis: «E în regulă. S-ar putea să fie nevoie de o zi în plus...»

Eu am răspuns: «Discutăm mai târziu despre asta» [ca să par neafectat], și simțeam că o să-mi vină să vomit. Era un joc cu mize mari aici... era un indicator pentru direcția în care voiam să mă îndrept. Știam că vreau să fiu la un nivel superior de preț. Voiam să muncesc mai puțin și să fac lucruri mai sofisticate. Acum nu vreau să las impresia că n-am făcut nimic. Acesta a fost un fel de program de obținere a succesului peste noapte, întins pe 10 ani... mâncam, respiram și dormeam fotografie, [și apoi] **când am putut să încep să-mi monetizez arta, am făcut-o la un nivel foarte ridicat de preț.** O mică observație: dacă cineva îți răspunde cu «da» prea repede, nu ai cerut suficient de mult."

TF: Eu și Chase avem mai multe filosofii în comun, inclusiv următoarea: nu am acceptat să mi se facă reclamă pentru podcast până nu am atins 100.000 de descărcări per episod, măsurate în perioada standard din domeniu: 6 săptămâni de la publicare. De ce? Podcasterii novici (și eu eram unul dintre ei), bloggerii și artiștii de toate felurile se lasă distrași de monetizare în etapele inițiale. Pentru podcasting: în primele 3-9 luni ar trebui să-ți dezvolți arta și să oferi un produs din ce în ce mai bun. „Conținutul de calitate este cel mai bun SEO", după cum mi-a spus Robert Scoble inițial.

În esență, ai două opțiuni, și majoritatea oamenilor aleg opțiunea A.

Opțiunea A: Poți să pierzi între 30% și 50% din timp pentru a convinge câțiva sponsori mici să se angajeze de timpuriu și apoi să te oprești la 30.000 de descărcări pe episod, pentru că ai neglijat partea creativă. Lucrurile se înrăutățesc și mai mult dacă te împotmolești în lumea înțelegerilor dubioase de afiliere.

Opțiunea B: Poți să joci cu bătaie lungă, adică să aștepți 6-12 luni până ajungi la o masă hotărâtoare, apoi să obții 300.000 de descărcări pe episod și să câștigi de 10 ori mai mult pe episod, cu branduri mult mai mari, care își permit să îți ofere mai mult pe măsură ce crești. Graba strică treaba. În cazul acesta, poate foarte ușor să reprezinte diferența dintre 50.000 $ pe an și peste 1 milion $ pe an.

ÎN LOC SĂ-ȚI CORECTEZI SLĂBICIUNILE, AMPLIFICĂ-ȚI PUTEREA

„Totul este un remix, dar cum arată varianta ta de remix? Să presupunem că am relații cu o mulțime de celebrități, așa că aș putea să obțin o fotografie a lor pe care nu ar putea-o obține nimeni altcineva, pentru că au stat pe canapeaua mea și s-au jucat la PlayStation... Ideea este să te întrebi: «Care este caracteristica unică pe care o aduc eu și cum aș putea să o amplific?». Amplifică-ți atuurile în loc să-ți corectezi slăbiciunile.

Chiar dacă nu ești cel mai bun în a surprinde ceva vizual vorbind, dar ești un bun povestitor și ai propria artă vizuală, atunci ai o narațiune incredibilă care să o însoțească. Când intri în galeriile de artă – eu nu am destui bani pentru așa ceva, dar sunt un tip înclinat spre clasic –, vezi pe pereți lucrări care costă 10 milioane $ și nu-ți poți da seama despre ce este vorba. Citești placa de lângă și îți spui: «Este o poveste al naibii de bună. Acum înțeleg cum se vând chestiile astea»."

DIFERIT, NU DOAR MAI BUN

„Am fost foarte inspirat de Andy Warhol, Jean-Michel Basquiat [el a mutat graffitiul de pe stradă în galeriile de artă] și Robert Rauschenberg [un tip care a lucrat la scară mare, cu materiale amestecate nebunește], de artiștii din New Yorkul anilor 1950, 1960 și 1970, pentru că erau spărgători de tipare... [Unii dintre ei] făceau artă despre cum se face artă. Reinventau jocul în timp ce îl jucau.

Dacă mă uit de jur împrejur și toată lumea face X, cum faci să mergi în zig când toată lumea merge în zag? Am reușit să fac asta în fotografie, înregistrându-mi faptele în timp ce învățam să-mi stăpânesc arta... Asta se întâmpla cu 10 ani înainte ca transparența să devină *cool*, iar eu am fost efectiv atacat pentru că făceam publice secretele meseriei."

SPECIALIZAREA ESTE PENTRU INSECTE (CUM AR ZICE HEINLEIN)*

„Toată cariera mi s-a spus: trebuie să te specializezi, specializează-te. M-am «specializat» ocupându-mă de lucrurile care mă interesau. Am vorbit mult despre sporturile de acțiune, dar am vorbit și despre modă,

---

* Din *Time Enough for Love*: „O ființă umană ar trebui să poată să schimbe un scutec, să plănuiască o invazie, să tranșeze un porc, să controleze un vas aflat în larg, să proiecteze o clădire, să scrie un sonet, să-și echilibreze conturile, să construiască un zid, să pună la loc un os rupt, să aline muribunzii, să execute ordine, să dea ordine, să coopereze, să acționeze singură, să rezolve ecuații, să analizeze o problemă, să împrăștie bălegarul, să programeze un computer, să gătească o masă delicioasă, să lupte eficient, să moară vitejește. Specializarea este pentru insecte." (n.aut.)

breakdance și despre tot felul de chestii culturale. Am făcut emisiuni TV, am filmat reclame, am făcut campanii publicitare, am înființat startupuri și [am creat] prima aplicație pentru iPhone, care distribuia imagini pe rețelele sociale. În mod normal aș fi fost numit diletant, dar faptul că am putut să realizez toate lucrurile acestea [m-a făcut] să descopăr că se influențează unele pe altele."

(Amintește de sfaturile despre carieră ale lui Scott Adams de la pag. 292.)

ARATĂ-ȚI MUNCA

Atât Chase cât și Derek Sivers (pag. 213) sunt mari fani ai cărții *Show Your Work (Arătă-ți munca)*, de Austin Kleon.

DAN CARLIN

Dan Carlin (TW/FB: @HARDCOREHISTORY, DANCARLIN.COM) este realizatorul podcastului meu preferat, *Hardcore History*, și, de asemenea, al celui numit *Common Sense*. Jocko Willink (pag. 456) este și el un mare fan al *Hardcore History*. Pont: începe cu „Wrath of the Khans" (Furia hanilor).

DESPRE CUM SĂ FACI CEVA PENTRU CARE NU EȘTI CALIFICAT

„Dacă am învățat ceva din podcasting, este că **nu trebuie să te temi să faci un lucru pentru care nu ești calificat.**"

TF: Asta este o temă comună în această carte. Kamal Ravikant, fratele lui Naval Ravikant (pag. 594), mi-a povestit că Naval i-a spus la un moment dat (parafrazat): „Dacă aș fi făcut mereu doar ce eram «calificat» să fac, acum aș fi măturător pe undeva". Sau cum am mai auzit spunându-se: „Arca lui Noe a fost construită de amatori, Titanicul de profesioniști". Dan îi dezarmează preventiv pe eventualii critici ai calificării sale spunând în aproape fiecare episod: „Trebuie să aveți în vedere că nu sunt istoric, dar...".

ORIGINEA PODCASTULUI *HARDCORE HISTORY*

„Aveam obiceiul să spun la masa de seară niște povești pe care le-am spus toată viața. Cum deja făceam un podcast despre evenimente curente [*Common Sense – De bun simț*], soacra mea m-a întrebat: «De ce nu faci un podcast despre chestiile pe care ni le povestești la cină?». I-am răspuns că nu pot să fac asta: «E istorie și eu nu sunt calificat să vorbesc despre istorie. Nu am un doctorat. Nu sunt istoric». Și ea mi-a spus: «Nu mi-am dat seama că ai nevoie de un doctorat ca să poți spune povești». M-am gândit o vreme la asta... Majoritatea istoricilor din perioada premodernă nu aveau nici ei doctorate. Și ei sunt simpli povestitori. Atâta vreme cât nu susțin că aș fi istoric și atâta timp cât folosesc lucrările lor... îți voi vorbi despre controversă [istorică] și apoi îți voi spune: «Iată ce spune istoricul A despre asta și iată ce spune istoricul B despre asta». Am fost surprins de cât de mult le place ascultătorilor să audă despre ceea ce se numește «istoriografie», adică procesul prin care istoria este scrisă, făcută și interpretată. Le place să audă despre asta! Așa că vorbesc efectiv despre teorii diferite. Nu inventez eu chestiile astea. Apelez la experți ca să-ți spun ție o poveste."

TF: Atunci când citește relatări istorice diferite și adesea contradictorii, Dan își bazează emisiunile pe răspunsurile la întrebarea: „Ce este ciudat la povestea asta?"

„FĂ DIN DEFECTE SEMNUL TĂU DISTINCTIV"

„Eram întotdeauna «pe roșu» cum se spune, când vorbeam la radio... Răcneam atât de tare, și încă o fac, încât acul indicator sărea direct în zona roșie. Mi se spunea: «Nu trebuie să vorbești așa tare, că o să dai peste cap compresia stației de radio». După un timp, am început să las în scris câteva rânduri [o introducere pe care să o citească alții pentru el] care să-l anunțe pe tipul cu voce puternică: «Urmează Dan Carlin, care vorbește atât de tare...», sau ceva de felul ăsta.

Acesta este stilul meu. Adică: «Fac asta intenționat. De fapt, dacă tu faci asta, mă imiți». Deci, în parte, iei un lucru pe care îl faci deja și spui: «Nu, nu, lucrul acesta nu este negativ. Asta am eu de oferit, amice. Am copyright pe chestia asta. Vorbesc foarte tare, după care vorbesc foarte încet și, dacă ai o problemă cu asta, nu știi ce înseamnă un stil fain». **Fă din defecte semnul tău distinctiv**."

✹ Sfaturi pentru tine, cel de la 25-30 de ani?

„Îmi aduc aminte că ieșeam de la televiziune, unde lucram ca reporter. Munceam în tura de noapte. Lucrasem la câteva știri toată ziua și eram complet nemulțumit de ele când le-a venit momentul să fie prezentate pe post. Îmi amintesc că am ieșit din sediul televiziunii pe la miezul nopții. Era situat undeva pe munte, un loc superb. Mi-aduc aminte că m-am uitat în zare și am spus doar: «O, Doamne, când o să ajung să-mi placă asta? Când voi fi cu adevărat mulțumit de munca pe care o fac?» Și mereu privesc în urmă la asta... dacă aș putea să mă întorc și să-mi spun: «**Nu te mai stresa, toate se vor rezolva în cele din urmă**». Nu am vrea cu toții să știm asta? Spune-mi că totul se va rezolva și pot să-mi văd liniștit de viață la 20 de ani. Perioada de la 20 de ani a fost foarte dificilă pentru mine... Dacă mi-aș fi putut spune: «Nu-ți mai face griji, totul o să fie în regulă»... m-aș fi scutit de o grămadă de stres emoțional și de griji. Eu sunt o persoană anxioasă din fire. **Pe de altă parte, dacă mi-ai fi spus asta, poate că m-aș fi relaxat atât de mult încât realitatea mea [actuală] nu s-ar mai fi înfiripat niciodată. Așa că acesta este motivul pentru care nu poți să te întorci în timp și să calci pe un fluture – ai da totul peste cap.** Așadar nu m-aș întoarce înapoi și nu mi-aș spune asta, Tim, pentru că mi-aș distruge viitorul."

RAMIT SETHI

Ramit Sethi (TW/IG: @RAMIT, IWILLTEACHYOUTOBERICH.COM) a absolvit Universitatea Stanford în 2005, obținând licențe și masterate în tehnologie, psihologie și sociologie. Și-a dezvoltat blogul despre finanțe personale ajungând la peste 1 milion de cititori pe lună, apoi și-a transformat proiectele secundare din facultate în afaceri de mai multe milioane de dolari, având peste 30 de angajați. Astăzi, sunt săptămâni în care ajunge la venituri de 5 milioane $. Într-un spațiu financiar saturat de „guru" cu legitimitate dubioasă, Ramit a fost întotdeauna dispus să vină cu cifre reale.

Animalul spiritual: drepnea neagră

DIN CULISE

» Eu și Ramit râdem de multe ori că suntem binecuvântați și blestemați cu titluri de carte care te duc cu gândul la o escrocherie. E greu să găsești ceva mai rău decât *I Will Teach You to Be Rich (Te voi învăța să devii bogat)* și *4 ore – săptămâna de lucru*. Ușoare de ținut minte, greu să nu te simți jenat din cauza lor.

» De 20 de ani încoace, la fiecare câțiva ani, Ramit a citit *Iacocca: An Autobiography*, de Lee Iacocca și William Novak.

UN OM PE CARE-L CHEMA „ASS"

„Numele pe care l-am primit la naștere a fost de fapt Amit, un nume indian mult mai des întâlnit. La vreo două zile după ce mă născusem, tata s-a trezit, s-a întors spre mama și i-a spus: «Nu putem să-i dăm numele Amit pentru că va avea inițialele ASS». Și partea cea mai tare este că s-au purtat ca niște adevărați imigranți – părinții mei sunt din India; s-au dus la spital și, fiindcă n-au vrut să achite taxa de 50$ pentru schimbarea numelui, au spus că au uitat să adauge un R și au modificat gratis. Mamă, tată, vă mulțumesc."

TF: Legat de asta, am primit de curând următorul sms de la Ramit: „Apropo, cred că ți-am povestit că surorile mele și-au dorit un câine 15 ani în șir. Nu puteam să ne luăm pentru că tata era alergic. Doar că... am aflat că nu e. Ne-a mințit pentru că nu suferă animalele de companie."

EȘTI J. CREW?

„Noi trimitem milioane de e-mailuri lunar, cu mai multe milioane [de variante combinate] de serii automatizate de e-mailuri și obținem în jur 99% din venituri prin e-mail.

[E-mailurile mele] arată ca niște e-mailuri obișnuite. Eu nu sunt J. Crew. J. Crew își vând brandul, așa că e-mailurile lor trebuie să fie frumoase. E-mailurile mele arată ca și când ți-aș scrie ție pentru că vreau să fii prietenul meu... Din acest motiv, par foarte simple. În culise se întâmplă o mulțime de lucruri, dar ele îți lasă impresia... că ți-am scris o notă în fugă."

TF: Unul dintre motivele pentru care am evitat ani la rând să folosesc newsletterele prin e-mail a fost complexitatea pe care le-o atribuiam. Nu voiam să concep șabloane frumoase sau să expediez misive superbe, demne de paginile unei reviste. Ramit m-a convins să trimit e-mailuri cu texte simple pentru newsletterul meu 5-Bullet Friday, care a devenit una dintre cele mai puternice părți ale afacerii mele în decurs de 6 luni.

CÂTEVA DINTRE INSTRUMENTELE SPECIFICE ACTIVITĂȚII SALE

Infusionsoft: Software de automatizare completă a vânzărilor și marketingului, pentru companii mici, se concentrează în mod deosebit pe „pâlnii"*.

Visual Website Optimizer: software de testare A/B pentru oamenii de marketing.

SFATURI DE LA UN MENTOR

„Tacticile sunt grozave, dar tacticile devin bunuri de larg consum."

TF: Dacă înțelegi principiile, poți crea și tacticile. Dacă depinzi de tactici perisabile, te afli mereu într-o situație dezavantajoasă. Din acest motiv, Ramit studiază psihologia comportamentală și elementele de persuasiune care sunt înnăscute. Una dintre cărțile pe care le dăruiește cel mai des este *Age of Propaganda (Epoca propagandei)*, de Anthony Pratkanis și Elliot Aronson, iar cartea sa preferată despre copywriting este una veche: *The Robert Collier Letter Book (Scrisorile lui Robert Collier)*, apărută pentru prima dată în 1931.

„INDIENII NU ÎNCASEAZĂ PUMNI ÎN FAȚĂ, OMULE. EI NU SAR LA BĂTAIE. NOI PARTICIPĂM LA CONCURSURI DE ORTOGRAFIE."

Din nu știu ce motiv zăpăcit, l-am întrebat pe Ramit: „Îți amintești când a fost ultima oară când ai luat un pumn în plină figură?" Mi-a răspuns cu replica de mai sus.

1000 DE FANI ADEVĂRAȚI

„[«1.000 True Fans» (1.000 de fani adevărați), de Kevin Kelly] a fost unul dintre articolele creative care m-au inspirat să realizez un material excelent, nu să stau să reciclez ceea ce exista deja. Știam că, dacă ajung la 1.000 de fani adevărați, voi putea să trăiesc făcând ce vream să fac și că îi voi transforma mai apoi în 2.000, 5.000, 10.000. Exact așa s-a întâmplat.

În ceea ce privește felul în care am ajuns la primii 1.000 de fani adevărați, poți să-mi analizezi postările. Acestea au tendința să fie foarte, foarte lungi [și definitorii]. În unele cazuri au o lungime de 15, 20 sau 25 de pagini. Dacă ai un material bun, dacă este captivant, nu există o limită maximă până la care să scrii... Ideea mea nu este să scrii «texte mai lungi». Ideea este «să nu-ți faci griji din cauza spațiului».

În al doilea rând, nu pot să nu recomand postările de pe alte bloguri. Am făcut una pentru tine [«The Psychology of Automation»] – și scrierea

* Se referă la *sales funnels*, pâlniile de vânzări. (n.red.)

ei mi-a luat între 20 și 25 de ore. A fost foarte detaliată. A cuprins și un video și tot felul de lucruri; chiar și în ziua de azi, când întreb persoanele pe care le întâlnesc cum au auzit de mine, multe îmi răspund: «A, de la Tim Ferriss»."

TF: Când am lansat *4 ore – săptămâna de lucru*, am recurs la aceeași strategie a postării pe Gigaom, Lifehacker și pe alte siteuri.

„EU DAU GRATIS 98% DIN MATERIALUL MEU, DAR APOI MULTE DINTRE CURSURILE MELE DE REFERINȚĂ SUNT EXTREM DE SCUMPE. DE 10-100 DE ORI MAI SCUMPE DECÂT ALE CONCURENȚEI."

TF: Am adoptat strategia lui Ramit în ce privește stabilirea prețului și vânzarea. Rareori vând produse cu preț mare dar, atunci când o fac, percep de 10-100 ori mai mult decât ar percepe „competitorii". În general, îmi împart conținutul într-un stil foarte binar: gratuit sau ultra-premium.

„Gratuit" înseamnă că 99% din ceea ce fac este gratuit pentru toată lumea (de ex., podcastul, blogul) sau aproape gratuit (cărțile). Scriu despre subiecte A) care îmi plac și despre care vreau să învăț mai multe, și B) care cred că vor atrage oameni inteligenți, ambițioși și realizați. Lucrul acesta face cu putință varianta ultra-premium.

Ultra-premium înseamnă:

» Din an în Paște, ofer un produs sau o oportunitate foarte limitată, cu un preț mare, cum ar fi un eveniment cu 200 de locuri, la un preț de 7.500 $-10.000 $ locul. Pot să vând o oportunitate rară, ultra-premium, în decurs de 48 de ore, cu o singură postare pe blog, așa cum am făcut cu evenimentul „Opening the Kimono" (OTK) în Napa. Bineînțeles, după aceea trebuie să întreci toate așteptările. Cum măsor satisfacția clienților? Grupul de Facebook creat pentru participanți este și acum activ... după *5 ani*.

» Utilizez rețeaua și contactele pe care le-am construit cu ajutorul materialelor „gratuite" pentru a găsi oportunități excelente care nu au legătură cu ele, cum ar fi investiții în firme tech aflate în etapa de început. Am găsit Shopify, spre exemplu, prin fanii de pe Twitter în timp ce aduceam la zi *4 ore – săptămâna de lucru*. Am început să consiliez Shopify când aveau ~10 angajați. Acum au peste 1.000 și sunt o companie cotată la bursă (SHOP). Fanii de pe rețelele de socializare mi-au recomandat Duolingo când se afla în testarea beta* privată şi am investit în prima rundă de finanţare. Acum au 100 de milioane de utilizatori şi sunt cel mai popular software de învăţare a unei limbi străine.

Deschiderea faţă de rutele indirecte înseamnă că nu sunt obsedat să-mi vând „conţinutul" şi nu am fost niciodată. Reţeaua pe care am dezvoltat-o parţial prin scris este averea mea. Daca vrei să-ţi măreşti veniturile de 10 ori în loc să ţi le măreşti cu 10%, cele mai bune oportunităţi sunt cele aparent improbabile (de ex., cărţi → startupuri).

LISTELE DE CONTROL

Şi eu şi Ramit suntem obsedaţi de listele de control şi amândurora ne place cartea lui Atul Gawande *The Checklist Manifesto (Manifest pentru lista de control)*. Am pus cartea aceasta pe un raft în living, astfel încât să i se vadă coperta, ca un memento continuu. Şi Malcolm Gladwell (pag. 622) îl consideră pe Atul Gawande unul dintre inovatorii săi preferaţi. Ramit creează liste de control pentru un număr cât mai mare cu putinţă de procese de afaceri, pe care le organizează utilizând un software numit Basecamp. Caută pe Google „entrepreneurial bus count"**, dacă vrei un articol bun despre motivul pentru care listele de control îţi pot salva startupul.

✸ Cine îţi vine în minte când auzi expresia „persoană de succes"?

„Îmi vine în minte un tip pe care l-am cunoscut de curând, Mark Bustos. Are un cont fantastic de Instagram (@markbustos) şi este un frizer foarte sofisticat din New York. Lucrează într-un salon de top şi în weekenduri tunde persoanele fără adăpost din New York. Îşi înregistrează activitatea şi scrie povestea lor. Mi se pare uimitor că este un frizer de elită, care lucrează cu clienţi celebri şi alte lucruri de felul acesta, după care, în weekend – în ziua lui liberă – se plimbă şi se pune la dispoziţia oamenilor care, în mod normal, nu ar avea niciodată ocazia să se tundă, mai ales să fie tunşi de cineva ca el."

---

* După înlăturarea greşelilor descoperite în faza „alpha" se trece la versiunea „beta". În această fază softul este testat intens în practică de către câţiva clienţi importanţi ai producătorului. De obicei, versiunea „beta" este gratuită, dar limitată la foarte puţini clienţi (potenţiali). (n.red.)

** Se referă la riscul antreprenorial de tip bus, adică la posibilitatea ca un număr de oameni care lucrează la un proiect să dispară brusc, fără ca proiectul respectiv să piardă vreo caracteristică esenţială şi de neînlocuit. (n.red.)

✸ Doi oameni de la care Ramit a învățat (sau pe care i-a urmărit îndeaproape) în ultimul an

Jay Abraham și Charlie Munger.

TF: Jay Abraham este unul dintre mentorii lui Daymond John (pag. 359) și autor al cărții *Getting Everything You Can Out of All You've Got (Cum să scoți tot ce se poate din ceea ce ai)*, una dintre cărțile pe care Ramit le dăruiește cel mai des. Eu recomand frecvent lucrările lui Jay persoanelor care mă întreabă despre cum se structurează „JV-urile" (joint ventures), adică asocierile în participațiune.

A TRECUT MULTĂ VREME... ȘI TE-AI ÎNGRĂȘAT

„Dacă ești supraponderal și cobori din avion [în India], primul lucru pe care ți-l va spune familia este: «Uau, te-ai îngrășat»."

TF: Dacă vrei să te exprimi cu o sinceritate atât de brutală în SUA, îți sugerez să citești mai întâi articolul intitulat „I Think You're Fat" („Cred că te-ai îngrășat") publicat de prietenul meu A.J. Jacobs în *Esquire*.

1.000 DE FANI ADEVĂRAȚI – REVĂZUT

Am recomandat articolul „1.000 True Fans" al lui Kevin Kelly câtorva milioane de oameni, la propriu. Mulți dintre invitații din această carte au făcut același lucru. Formularea mea obișnuită este: „Dacă vei citi un singur articol despre marketing, alege-l pe acesta". Iată un rezumat foarte simplificat: **„Succesul" nu trebuie să fie ceva complicat. Începe prin a face 1.000 de persoane extrem, extrem de fericite.**

Articolul original al lui Kevin a ajuns să fie depășit pe alocuri, așa că a avut amabilitatea să scrie un nou rezumat al conceptelor fundamentale pentru cititorii acestei cărți.

De când am citit originalul, cu aproape 10 ani în urmă, i-am testat conceptele în mai multe zeci de afaceri, multe dintre acestea fiind astăzi companii în valoare de mai multe miliarde de dolari. La final am inclus câteva dintre lucrurile fundamentale pe care le-am învățat și câteva recomandări.

Kevin intră în scenă

Am publicat pentru prima dată ideea aceasta în 2008, când era în fază embrionară și neprelucrată, iar acum, 8 ani mai târziu, eseul meu inițial trebuie adus la zi – de altcineva, nu de mine. Aici mă voi mulțumi să reformulez ideile de bază, care cred că vor fi de folos oricui face ceva sau face să se întâmple ceva. – KK

Pentru a fi un creator de succes, nu ai nevoie de milioane. Nu ai nevoie de milioane de dolari, de milioane de utilizatori, de clienți sau de fani. Pentru a-ți câștiga experiența ca meșteșugar, fotograf, muzician, designer, autor, animator, creator de app-uri, antreprenor sau inventator, ai nevoie doar de 1.000 de fani adevărați.

Un *fan adevărat* este definit ca „un fan care va cumpăra orice produci". Acești fani împătimiți vor face 360 km cu mașina ca să te vadă cântând; vor cumpăra versiunea cartonată, versiunea broșată și versiunea audio a cărţii tale; vor cumpăra următoarea ta figurină, fără să o vadă sau să ştie ceva despre ea; vor plăti pentru versiunea „best-of" pe DVD a canalului tău gratuit de pe YouTube; se vor duce la masa bucătarului tău şef o dată pe lună; vor cumpăra noua ediţie a setului super de lux cu rezoluţie mare a materialului tău, chiar dacă au versiunea cu rezoluţie mică. Au programat o alertă Google pentru numele tău; au salvat pagina de pe eBay unde apar ediţiile tale cu tiraj epuizat; vin la inaugurările tale. Te roagă să le semnezi exemplarele; cumpără tricourile, cănile şi şepcile cu tine; aşteaptă cu nerăbdare să-ţi apară noile lucrări. Ei sunt fanii adevăraţi.

Dacă ai în jur de 1.000 de fani de felul acesta (cunoscuţi şi ca superfani), îţi poţi câştiga existenţa; asta dacă te mulţumeşti să-ţi câştigi existenţa, nu să câştigi o avere.

Iată cum arată matematica. Trebuie să îndeplineşti două criterii: mai întâi, trebuie să creezi în fiecare an destul cât să obţii, în medie, un profit de 100$ de la fiecare fan adevărat. Lucrul acesta este mai uşor de realizat în anumite domenii artistice şi afaceri decât în altele, dar este o bună provocare creativă în fiecare domeniu, pentru că întotdeauna este mai uşor şi mai bine să le oferi mai mult actualilor tăi utilizatori decât să găseşti noi fani.

Al doilea: trebuie să ai o relaţie directă cu fanii. Adică, ei trebuie să te plătească direct pe tine. Astfel îţi rămâne întregul lor sprijin, spre deosebire de un mic procent din ce plătesc ei, pe care ar urma să-l primeşti de la casa de discuri, editură, studio, retailer sau alt intermediar. Dacă rămâi cu toţi cei 100 $ de la fiecare fan adevărat, atunci ai nevoie de numai 1.000 pentru a câştiga 100.000 $ pe an. Majoritatea oamenilor îşi pot asigura traiul din asta.

1.000 de clienţi este un obiectiv mult mai realizabil decât un milion de fani. Obiectivul mai multor milioane de fani plătitori nu este realist, mai ales în perioada de început. Dar un grup de 1.000 de fani este un lucru realizabil. Ba s-ar putea chiar să-ţi aminteşti 1.000 de nume. Dacă ai atrage un nou fan adevărat în fiecare zi, ai avea nevoie de doar câţiva ani pentru a câştiga 1000. Un grup de fani adevăraţi este un lucru realizabil. Să mulţumeşti un fan adevărat este plăcut şi revigorant. E un sentiment care recompensează artistul să-şi păstreze autenticitatea, să se axeze pe aspectele unice ale operei sale, calităţi pe care fanii adevăraţi le apreciază.

Numărul 1.000 nu este absolut. Importanţa lui ţine de un ordin aproximativ de mărime – cu 3 ordine mai mic decât un milion. Numărul propriu-zis trebuie adaptat de la o persoană la alta. Dacă poţi să câştigi doar 50$ pe an de la un fan adevărat, atunci ai nevoie de 2.000 de fani.

(La fel, dacă poţi să vinzi de 200 $ pe an, ai nevoie de doar 500 de fani adevăraţi.) Sau s-ar putea să ai nevoie de numai 75.000 $ pe an pentru a-ţi duce traiul, caz în care iar scazi numărul. Sau, dacă eşti într-un duet ori dacă ai un partener, trebuie să înmulţeşti cu 2, ajungând astfel la 2.000 de fani etc.

O altă modalitate de a calcula sprijinul unui fan adevărat este să urmăreşti să câştigi de la el salariul lui dintr-o zi. Oare îl poţi încânta sau mulţumi suficient de mult încât să câştigi cât obţine el pentru o zi de muncă? Ştacheta este ridicată, dar nu imposibilă, pentru 1.000 de oameni din întreaga lume.

Şi, desigur, nu vei avea doar superfani. Chiar dacă sprijinul a 1.000 de fani adevăraţi ar putea să fie suficient pentru a-ţi câştiga traiul, este posibil să ai 2 sau 3 fani obişnuiţi pentru fiecare fan adevărat. Imaginează-ţi nişte cercuri concentrice, în care fanii adevăraţi ocupă centrul şi fanii obişnuiţi ocupă un cerc mai larg în jurul acestora. Fanii obişnuiţi îţi pot cumpăra ocazional creaţiile sau poate le-au cumpărat o singură dată. Dar cumpărăturile lor îţi măresc veniturile totale. Poate că ei îţi aduc 50% în plus. Chiar şi aşa, vrei să te concentrezi pe superfani, pentru că entuziasmul fanilor adevăraţi poate să sporească fidelitatea fanilor obişnuiţi. **Fanii adevăraţi nu sunt doar sursa directă a veniturilor tale, ei sunt şi principala ta forţă de marketing în rândurile fanilor obişnuiţi.**

Fanii, cumpărătorii şi suporterii au existat dintotdeauna. Ce este nou aici? Chiar dacă în vremurile vechi relaţiile directe cu clienţii erau implicite, beneficiile vânzărilor retail moderne au dus la situaţia în care majoritatea creatorilor din ultimul secol nu au mai intrat în contact direct cu cumpărătorii. De multe ori, nici măcar editurile, studiourile, casele de discuri şi producătorii nu deţineau informaţii esenţiale, cum ar fi numele clienţilor. Spre exemplu, chiar dacă lucra în domeniu de sute de ani, nicio editură din New York nu cunoştea numele cititorilor principiali şi loiali. În cazul creatorilor de dinainte, intermedierile acestea (şi de multe ori erau mai mult de una) însemnau că aveai nevoie de un public mai numeros pentru a avea succes. După apariţia omniprezentelor sisteme de comunicare şi de plată *peer-to-peer** – cum este web-ul în ziua de azi –, toată lumea are acces la instrumente excelente care îţi permit să vinzi direct oricui, oriunde în lume. Aşa că un creator din Bend, Ore-

* Literalmente „de la egal la egal". Într-o reţea *peer-to-peer*, un grup de calculatoare sunt conectate împreună astfel încât utilizatorii pot partaja resurse şi informaţii. Nu există nici o locaţie centrală pentru autentificarea utilizatorilor, stocarea de fişiere, sau accesul la resursele de informaţie. (n.red.)

gon, poate să vândă și să livreze o melodie unei persoane din Kathmandu, Nepal, la fel de ușor ca o casă de discuri din New York (poate chiar mai ușor). Noua tehnologie le permite creatorilor să păstreze relațiile astfel încât consumatorul să poată deveni fan și creatorul să poată păstra întreaga sumă plătită, ceea ce reduce numărul de fani necesari.

Această nouă posibilitate a creatorului de a păstra prețul în întregime este revoluționară, dar o a doua inovație tehnologică amplifică și mai mult această putere. Una dintre virtuțile fundamentale ale unei rețele *peer-to-peer* (cum este web-ul) este că cel mai obscur nod se găsește la doar un click distanță de cel mai popular nod. Cu alte cuvinte, cea mai obscură sau mai slab vândută carte, idee sau piesă muzicală se află la doar un click distanță de cartea, ideea sau piesa muzicală ajunsă bestseller. În perioada de început a expansiunii web-ului, marele agregatoare* de conținut și de produse, ca eBay, Amazon, Netflix etc, au observat că totalul vânzărilor *tuturor* articolelor obscure cu vânzări mici ajunge să egaleze, sau, în unele cazuri, să depășească, vânzările celor câteva articole care se vând cel mai bine. Chris Anderson (succesorul meu de la *Wired*) a numit acest efect „coada lungă", după forma curbei distribuției vânzărilor reprezentată vizual într-un grafic: o linie joasă, aproape interminabilă, de articole din care se vând doar câteva exemplare pe an și care formează o „coadă" lungă, după linia abruptă și verticală a celor câteva bestselleruri. Dar aria cozii este la fel de mare ca aria capului. Cunoscând lucrul acesta, agregatorii aveau foarte mult de câștigat dacă încurajau publicul să dea click pe articolele obscure. Au inventat motoarele de recomandare și alți algoritmi pentru a canaliza atenția spre creațiile rare din coada lungă. Chiar și companiile de căutare pe web ca Google, Bing și Baidu au descoperit că este în interesul lor să recompenseze căutătorii cu lucruri obscure, pentru că puteau totodată să vândă publicitate și în coada lungă. Urmarea a fost că lucru cel mai obscur a devenit mai puțin obscur.

Dacă locuiești în oricare dintre cele 2 milioane de orașe mici de pe Pământ, s-ar putea să fii singurul locuitor de acolo care vrea muzică death-metal, care este interesat de zvonuri sau își dorește o mulinetă pentru stângaci. Înainte de apariția web-ului, nu aveai cum să-ți satisfaci dorința respectivă. Ai fi rămas singur cu pasiunea ta. Dar acum, satisfacția

---

* Agregator – Termenul face referire la un site sau un soft care are ca scop prezentarea informațiilor dintr-un anumit domeniu sau după anumite criterii. Cele mai frecvente agregatoare sunt cele de știri și majoritatea se bazează pe feed-ul RSS. Pe partea de aplicație, web sau software, agregatorul mai este cunoscut sub denumirea de feed reader, news reader, RSS reader. (n.red.)

se găsește la doar un click distanță. Indiferent care sunt interesele tale de creator, cei 1.000 de fani adevărați sunt la un click distanță de tine. Din câte văd, nu există *nimic* – niciun produs, nicio idee, nicio dorință – care să nu aibă un grup de fani pe internet. Orice lucru făcut sau gândit poate să intereseze o persoană dintr-un milion – și este o ștachetă joasă. Dar, chiar dacă ar fi interesat doar un singur om dintr-un milion, asta tot înseamnă un potențial de 7.000 de persoane de pe planetă. Asta înseamnă că la *orice* apel de 1-la-un-milion pot răspunde 1.000 de fani adevărați. Șmecheria este să găsești și în realitate fanii respectivi sau, mai exact, să-i faci să te găsească ei pe tine.

Una dintre numeroasele inovații noi care îl ajută pe creatorul cu fani adevărați este crowdfundingul*. Să-ți pui fanii să-ți finanțeze următorul produs este genial. Toată lumea are de câștigat. În lume există în jur de 2.000 de platforme diferite de crowdfunding, multe dintre ele specializate în anumite domenii: strâng fonduri pentru experimente științifice, pentru armată sau pentru documentare. Fiecare dintre ele are condiții proprii și un model diferit de finanțare, pe lângă interesele speciale. Unele platforme solicită obiective de finanțare de tip „totul sau nimic"; altele permit finanțarea parțială; altele strâng bani pentru proiecte duse la bun sfârșit; altele, ca Patreon, finanțează proiecte în desfășurare. Susținătorii de pe Patreon ar putea să finanțeze o revistă lunară, o serie de clipuri video sau salariul unui artist. Cel mai faimos și mai mare crowdfunder este Kickstarter, care a strâns 2,5 miliarde $ pentru mai mult de 100.000 de proiecte. Numărul mediu de susținători pentru un proiect reușit pe Kickstarter este de 290 de finanțatori – deci mult mai puțini de 1.000. Asta înseamnă că, dacă ai 1.000 de fani adevărați, poți să faci o campanie de crowdfunding pentru că un fan adevărat va deveni prin definiție un finanțator Kickstarter. (Deși succesul campaniei tale depinde și de ceea ce le ceri fanilor tăi.)

Adevărul este că găsirea a 1.000 de fani adevărați este o activitate cronofagă, uneori exasperantă și nu este pentru toată lumea. Făcută bine (și de ce nu ai face-o bine?) se poate transforma într-un job cu normă întreagă. În cel mai bun caz, va fi o misiune cu jumătate de normă obositoare și dificilă care necesită învățare continuă. Există o mulțime de creatori care nu vor să aibă de-a face cu fanii și, sincer, nici n-ar trebui. Ei ar trebui doar să picteze, să coasă sau să facă muzică și să angajeze pe

* Crowdfunding – Tehnică de finanțare a proiectelor folosind resurse online (forumuri, platforme de socializare etc.) desprinsă din crowdsourcing. La baza ei stă ideea de a apela la o comunitate ca un potențial finanțator pentru a dezvolta un produs. (n.red.)

altcineva care să se ocupe de superfanii lor. Dacă este și cazul tău și apelezi la cineva care să se ocupe de fani, acesta îți va altera formula, mărind numărul de fani de care ai nevoie, însă s-ar putea să fie cea mai bună combinație. Dar dacă mergi atât de departe, de ce să nu „subcontractezi" interacțiunile cu fanii intermediarilor – casele de discuri, studiourile, editurile și retailerii? Este în regulă să lucreze pentru tine, dar amintește-ți că, în cele mai multe cazuri, s-ar descurca și mai prost decât tine.

Calculul cu cei 1.000 de fani adevărați nu este o alegere binară. Nu trebuie să urmezi ruta aceasta și să excluzi o alta. Mulți creatori, printre care și eu, vor avea relații directe cu superfanii, pe lângă intermediarii convenționali. Cărțile mele au fost publicate de câteva edituri mari din New York, am recurs și la auto-publicare și m-am folosit și de Kickstarter ca să public pentru fanii adevărați. Am ales fiecare format în funcție de conținut și de obiectiv. Dar, în fiecare situație, faptul că îmi cultiv fanii adevărați îmbogățește ruta pe care o aleg.

Ideea de reținut: 1.000 de fani adevărați sunt o rută alternativă spre succes, pe lângă faimă. În loc să încerci să ajungi pe culmile înguste și improbabile ale hiturilor de platină, ale marilor succese și statutului de celebritate, poți să cauți o legătură directă cu 1.000 de fani adevărați. Indiferent cât de mulți fani reușești să atragi efectiv, în drumul tău te vei bucura de o apreciere sinceră și autentică, nu de o pasiune trecătoare. Este un destin mult mai sănătos la care să aspiri. Și ai șanse mult mai mari să ajungi efectiv acolo.

Câteva gânduri de la Tim

Kevin face distincție între „a-ți câștiga existența" și „a câștiga o avere", aceasta fiind un punct de plecare important pentru discuție. Totuși, trebuie observat că acestea nu se exclud neapărat reciproc. Atragerea a 1.000 de fani adevărați ține și de felul în care creezi hituri uriașe, mega-bestselleruri și faimă mondială (ai grijă ce-ți dorești). Toate lucrurile mari sunt mici la început și strict focalizate (vezi Peter Thiel, pag. 262). 1.000 de fani adevărați înseamnă primul pas, indiferent dacă vrei o afacere care să genereze 100.000 $ pe an sau următorul Uber. Am văzut asta la toate startupurile mele care au avut parte de cea mai rapida creștere și care au avut cel mai mare succes. Ele pornesc la drum concentrându-se strict pe 100-1.000 de persoane, reducând dimensiunile nișei prin mesaje și targeting (demografic, geografic etc.), pentru a ajunge la un număr accesibil, gestionabil și rentabil.

Deci, ai putea să te întrebi: „De ce aș ținti spre 100.000 $ prăpădiți, când aș putea să încerc să clădesc o afacere de un miliard de dolari?" Din două motive: 1) Dacă urmărești ultimul obiectiv de la bun început, ajungi de multe ori să-i neglijezi pe cei 1.000 de fani adevărați care joacă rolul de cea mai puternică forță neplătită de marketing în „trecerea faliei" care te desparte de tendința generală. Dacă nu-ți formezi această armată inițială, ai șanse mari să dai greș. 2) Chiar vrei să construiești și să administrezi o companie mare? Pentru majoritatea oamenilor nu este o experiență plăcută; este un tiran care consumă tot. Desigur, există directori generali care găsesc un echilibru și cărora le place acest montaigne russe, dar sunt excepții. Citește *Small Giants (Micii uriași)*, de Bo Burlingham pentru câteva exemple fantastice de companii care au ales să fie cele mai bune, nu cele mai mari.

Și, așa cum observa Kevin, în realitate, numărul fanilor adevărați poate fi mult mai mic de 1.000. Lucrul acesta este deosebit de adevărat dacă A): produci conținut care atrage un grup de nișă, dar bogat, și apoi B) lansezi și cauți oportunități de a obține unele venituri indirecte care nu se bazează pe tranzacții la fața locului (de ex., conferințe plătite, oportunități de investiții, consultanță). Acestea pot fi mult mai rentabile decât majoritatea acțiunilor de publicitate, a borcanelor pentru bacșiș și altora asemenea.

O obiecție destul de des întâlnită la „cei 1.000 de fani adevărați" vine de la muzicieni, spre exemplu, care spun ceva de genul: „Dar eu nu pot să vând un album decât cu 10 $ și nu pot să scot mai mult de unul pe an. Asta înseamnă doar 10.000 $ și nu ajung ca să trăiești. Metoda cu «1.000 de fani adevărați» nu funcționează". Zeci de autori de cărți vin cu un argument similar, dar argumentul este greșit. Nu uita, un fan *adevărat* va cumpăra *orice scoți la vânzare*. Dacă refuză să cumpere de mai mult de 10 $, nu ai depus eforturile necesare pentru a găsi și a cultiva fanii adevărați. Dacă ai fani adevărați, ție îți revine responsabilitatea să iei în calcul (și să testezi) opțiunile cu preț mai mare și mai valoroase în afara paradigmei de 10$. Nu te lăsa legat de modelul de stabilire a prețurilor pe care îl practică liderii actuali. În 2015, la o licitație, Wu-Tang Clan a vândut unei persoane un singur album făcut la comandă – într-o cutie din argint și nichel lucrată manual de artista britanico-marocană Yahya – cu 2 milioane $. Între 10 $ și 2 milioane $ există o mulțime de opțiuni. Vezi strategia mea „gratuit sau ultra-premium" de la pag. 323, care mi-a asigurat libertate de creație și financiară completă.

Nu trebuie să sacrifici integritatea propriei arte pentru un venit respectabil. Trebuie doar să creezi o experiență grozavă și să percepi un preț suficient de mare.

Nu ești sigur cât să ceri? Poate că ar trebui să-ți stabilești Ținta de Venit Lunar pentru stilul tău de viață ideal și să pornești de acolo. Dacă vrei exemple și un exercițiu simplu cu o foaie de calcul, intră pe fourhourworkweek.com/tmi

FURĂ SECRETELE KICKSTARTER

Cum să strângi 100.000 $ în 10 zile

Rândurile de mai jos au fost scrise de Mike Del Ponte, unul dintre fondatorii Soma, un startup pe care îl consiliez (FB/IG/TW: @somawater, drinksoma.com). El a strâns 100.000 $ pe Kickstarter în 10 zile și l-am rugat să ne împărtășească câteva dintre cele mai bune instrumente și trucuri pe care le poți utiliza pentru a-i imita succesul.

De reținut că „AV" de mai jos se referă la „asistent virtual", pe care el îl găsește prin Upwork sau Zirtual.

Mike intră în scenă

De câte ori nu ai visat să lansezi un produs nou, dar nu ai făcut decât să abandonezi lupta?

Nu am nici măcar banii cu care să pornesc la drum! Ce se întâmplă dacă nu are succes?

În trecut, scuzele acestea aveau o oarecare greutate, pentru că lansarea unui produs nou pe piață putea fi extrem de scumpă. De multe ori, trebuia să creezi prototipul, să produci și apoi să speri că oamenii vor dori ce vinzi tu. Dacă nu, puteai să sfârșești cu un depozit plin de datorii: stocuri nevandabile.

În ziua de azi există opțiuni noi. Platformele de crowdfunding, cum ar fi **Kickstarter** și **Indiegogo**, îți permit să prezinți (să testezi) un produs nou înainte să începi fabricarea, eliminând astfel o doză uriașă de risc. Dacă oamenilor le place propunerea ta, poți să atragi mii sau chiar milioane de dolari pentru a-ți finanța visul. În cel mai rău caz, ai putut să-ți testezi ideea fără să investești prea mult timp sau prea mulți bani.

Dar planificarea și conducerea unei campanii Kickstarter sunt adeseori făcute într-un stil haotic.

Pentru pregătirea campaniei noastre, nu am vrut să lăsăm nimic la voia întâmplării, așa că am intervievat 15 dintre creatorii care realizează venituri de top pe Kickstarter.

Am lucrat cu firme de PR care percep 20.000 $ pe lună și care au nevoie de 3 luni pentru a planifica o lansare. Urmează sfaturile noastre – bazate pe ceea ce am învățat – și sunt șanse mari să obții rezultate mai bune fără să cheltuiești ceva.

Utilizând asistenți virtuali, tehnici de growth hacking* și principiile din cărțile lui Tim, am strâns peste 100.000 $ în mai puțin de 10 zile. Și fiindcă ne-au rămas aproape 30 de zile libere după ce ne-am atins obiectivul, am putut să ne relaxăm de sărbători.

Iată câteva dintre secretele mai puțin evidente pe care le-am aflat:

Găsește MED**-ul pentru traficul de pe Kickstarter

Dacă vrei să strângi o grămadă de bani pe Kickstarter, trebuie să direcționezi foarte mult trafic spre proiectul tău. Și trebuie ca traficul respectiv să fie format din potențiali susținători ai proiectului. Aplicând conceptul de MED (din *4 ore – corpul*), știam că trebuie să descoperim și să ne axăm pe cele mai bune surse de trafic.

Prietenul meu Clay Herbert este expert în Kickstarter. Unul dintre lucrurile pe care mi le-a arătat este un truc simplu care utilizează monitorizarea bit.ly. Bit.ly este un serviciu de scurtare a linkurilor utilizat de milioane de oameni... și de Kickstarter. Dacă adaugi un + la sfârșitul oricărui URL bit.ly, poți vedea statistici referitoare la linkul respectiv. Spre exemplu: aici pot fi găsite statistici pentru linkul scurt pe care Kickstarter l-a generat pentru campania noastră: http://kck.st/VjAFva +

[**TF:** Asta te va lăsa mască. Mergi la orice proiect Kickstarter, dă click pe Share și alege o rețea socială, cum ar fi Twitter. Va apărea un tweet pre-completat cu un link scurt. Copiază și lipește linkul respectiv într-un tab nou, adaugă + la sfârșit și apasă pe Return. Voilà.]

Pentru a găsi sursele principale de referință, i-am dat AV-ului nostru o listă de proiecte asemănătoare cu al nostru de pe Kickstarter și i-am cerut să enumere lista de referenți pentru fiecare proiect. Pornind de la aceste date, am hotărât să ne concentrăm întreaga atenție pe doar două obiective:

1. Să obținem acoperire mediatică de la blogurile adecvate
2. Să ne activăm rețelele ca să atragem atenția pe Facebook, Twitter și e-mail

---

* Growth hacking-ul este cel mai bun mod pentru startupuri și companii consacrate să obțină o creștere rapidă și sustenabilă printr-o abordare de marketing bazată pe date și experimentare. (n.red.)

** *Minimum effective dose* – doza minimă eficientă. (n.red.)

Știam că, dacă facem asta, vom fi incluși în secțiunile cu Cele mai populare proiecte de pe Kickstarter și tocmai în felul acesta îi faci pe oamenii care navighează pe Kickstarter să arunce un ochi la proiectul tău și să-l susțină.

Găsește bloggeri relevanți utilizând Google Images

Începe prin a afla cine a prezentat proiecte de pe Kickstarter similare cu al tău. Poți face lucrul acesta utilizând un truc simplu pe Google Images. Dacă iei un fișier imagine cu *drag and drop* și îl pui în bara de căutare a images.google.com, vei afla toate website-urile care au postat vreodată imaginea aceea. Foarte tare, nu-i așa?

Iată procesul pe care îl va utiliza AV-ul:

» Găsește 10 proiecte de pe Kickstarter similare cu al tău și fă următoarele cu fiecare:
  ✓ Click dreapta și salvează 2-3 imagini pe desktop.
  ✓ Ia fiecare fișier imagine de pe desktop și adu-l în bara de căutare a Google Images.
  ✓ Analizează blogurile enumerate în pagina de rezultate pentru a vedea care dintre ele ar putea fi relevant pentru proiectul tău.

» Într-o foaie de calcul Media List pe care o creezi tu completează câmpurile următoare: publicare, URL, numele și prenumele scriitorului și linkuri către alte postări relevante ale scriitorului respectiv.

» Acum ai zeci de bloguri care au șanse mari să fie relevante, organizate într-o foaie de calcul. AV-ul poate găsi mai multe site-uri asemănătoare cu cele din lista ta de media, căutând pe SimilarSites.com.

Analizează traficul de pe site pe SimilarWeb.Com sau pe Alexa.com

Mai mare nu înseamnă automat mai bun, dar este de ajutor să cunoști dimensiunile publicului unui blog. Cere AV-ului să afle cât de mulți vizitatori lunari unici are fiecare blog și adaugă datele respective în foaia de calcul. **TF:** Personal, eu utilizez extensia SimilarWeb de la Chrome.

Găsește relații pe Facebook

Aceasta s-ar putea să fie cea mai importantă parte a eforturilor tale de PR. În cazul nostru, 8 din 10 postări valoroase pe bloguri au apărut prin relații. Atunci când am abordat un blogger fără nicio relație, ne-au răspuns mai puțin de 1%. Dacă eram prezentați de cineva, rata noastră de succes era de peste 50%.

Cum găsești relațiile? Facebook. Cere-i AV-ului să se logheze pe contul tău de Facebook, să caute bloggerii din lista ta de media și să introducă prietenii comuni în foaia ta de calcul. De asemenea, poți să dai o căutare și pe rețelele profesionale de genul LinkedIn.

Folosește instrumentele adecvate

TextExpander îți permite să lipești orice mesaj salvat – indiferent dacă este vorba de un număr de telefon sau de un e-mail de două pagini – în orice document sau spațiu pentru text, tastând doar o abreviere. Lucrul acesta este deosebit de util pentru informațiile repetitive. Este o aplicație absolut necesară care ne-a ajutat să economisim probabil între 1 și 2 ore de tastat pe zi.

Unul dintre instrumentele pe care ar fi trebuit să le utilizăm, dar n-am făcut-o, este **Boomerang**, un plug-in al G-mail care îți permite să-ți planifici e-mailurile. În ziua lansării am redactat e-mailuri pentru influencer-ii noștri și pentru prietenii care erau la curent, utilizând TextExpander și, după aceea, le-am personalizat puțin pe fiecare. Dar ar fi trebuit să scriem și să salvăm aceste e-mailuri personalizate cu câteva zile înainte de lansare. În felul acesta, le-am fi putut programa să fie expediate automat de Boomerang în clipa în care făceam lansarea. Asta ne-ar fi economisit mai multe ore prețioase în ziua lansării.

TF: Pentru încă vreo 10 ponturi suplimentare și o jumătate de duzină de șabloane de e-mail pe care Soma le-a utilizat în cadrul activităților de PR și al lansării (numai acestea ți-ar economisi 100 de ore), intră pe **fourhourworkweek.com/kickstarter.**

„Din când în când, dacă ai noroc, prima idee care-ți vine este bună. De obicei, vine doar după o mulțime de idei proaste."

ALEX BLUMBERG

Alex Blumberg (TW: @ABEXLUMBERG, GIMLETMEDIA.COM) este director general și cofondator al Gimlet Media, cei care au făcut *Reply All*, *StartUp*, *Mystery Show* și alte podcasturi de mare succes. Este un jurnalist de radio premiat. Înainte de Gimlet, a lucrat ca producător pentru *This American Life* și a fost cofondator al *Planet Money*. Alex a fost de două ori prezent în podcastul meu, prima dată pentru un interviu și a doua oară printr-un fragment din cursul său de 21 de lecții CreativeLive, *Power Your Podcast with Storytelling (Adaugă forță podcastului tău cu ajutorul poveștilor)*.

Ce caută un povestitor audio în secțiunea „Bogat?" Amintește-ți ce am scris în „Cum să folosești această carte" (pag. 14): întrebările sunt târnăcoapele tale. Întrebările bune sunt cele care-i fac pe oameni să se deschidă, sunt cele care deschid uși noi și creează oportunități.

Animalul spiritual: vidra

ÎN GENERAL – PUNE ÎNTREBAREA TÂMPITĂ PE CARE TOATĂ LUMEA SE TEME SĂ O PUNĂ

„De multe ori, în centrul unei povești există o întrebare elementară, foarte tâmpită, pe care nu o pune nimeni. Unul dintre cele mai mari articole pe care l-am făcut vreodată, «The Giant Pool of Money» (Uriașa piscină cu bani) s-a bazat tocmai pe o astfel de întrebare tâmpită: «De ce împrumută băncile bani unor oameni care nu au cum să-i dea înapoi?» **De cele mai multe ori, cel mai inteligent lucru pe care-l poți face este să pui întrebarea tâmpită care trebuie.**"

(Malcolm Gladwell discută și el despre asta la pag. 622.)

ÎN SPECIAL – UTILIZEAZĂ ÎNTREBĂRILE ȘI ÎNDEMNURILE CORECTE

Pentru Alex, „înregistrările" (interviurile) bune trebuie să conțină istorisiri ca prim ingredient, nu răspunsuri cu da-sau-nu cu prea puține informații. Cum face să stârnească ceea ce el ar numi „momente autentice de emoție"? Cum îi faci pe oameni să-și depene amintirile? Să le vină spontan să spună istorioare amuzante? Cum faci ca replicile lor să fie memorabile – concrete și specifice – nu abstracte și generale? Alex și-a petrecut 20 de ani gândindu-se la asta și testând diferite metode.

În general, încearcă să acopere trei elemente de bază: circumstanțele (de ex., unde, când, cine, ce), emoțiile și detaliile. Iată câteva fraze specifice pe care le folosește și pe care le-am împrumutat; poți observa că pseudocomenzile sunt uneori mai eficiente decât întrebările:

Îndemnuri care să ducă la povestiri (majoritatea intervievatorilor nu prea se pricep la asta)

„Povestiți-mi despre o situație când..."

„Povestiți-mi despre o zi [sau un moment, o perioadă] când..."

„Spuneți-mi povestea ... [felului în care ați ales specializarea X în facultate, felului în care l-ați cunoscut pe cutare etc.]"

„Povestiți-mi despre ziua în care ați realizat că____..."

„Care au fost etapele prin care ați trecut pentru a ajunge la____?"

„Descrieți-mi conversația care a avut loc când..."

TF: Pe ultima o folosesc frecvent cu oameni care se gândeau la un moment dat să-și dea demisia dintr-un job și să-și înființeze o companie. Eu spun ceva de genul: „Descrie-mi conversația care a avut loc când i-ai pomenit prima dată soției/soțului că vrei să renunți la cariera bănoasă din X şi vrei să-ţi înfiinţezi propria companie". Nu a dat greş niciodată, am obţinut mereu o poveste bună.

Întrebări suplimentare când apare ceva interesant, poate doar în trecere

„Cum te-a făcut să te simţi acest lucru?"

„Ce părere ai despre asta?"

TF: Eu spun adeseori: „Explică-mi asta puţin mai mult..." sau „ Ce ai învăţat din asta?"

Momeli de uz general

„Dacă fostul tău eu ar putea să-l vadă pe noul eu, ce ar spune noul tău eu?"

„Pari foarte încrezător acum. Aşa ai fost mereu?"

„Dacă ar trebui să descrii discuţia din mintea ta cu privire la [decizia sau evenimentul X], cum ar arăta?"

TF: Eu o schimb pe ultima în ceva de genul: „Când faci X [sau „Când ţi s-a întâmplat X"] cum sună dialogul tău interior? Ce îţi spui ţie?"

CÂTEVA DINTRE INSTRUMENTELE LUI ALEX

Înregistrări pe teren

Microfon tip „shotgun"* Audio-Technica AT8035

Reportofon TASCAM DR-100mkII

Căşti Sony MDR-7506

Cablu(ri) XLR

Software

Avid Pro Tools pentru editare

Chartbeat pentru analiză

---

* Au primit acest nume datorită directivităţii înguste pe care aceste microfoane o au, fiind utilizate de regulă în transmisii live ale evenimentelor sportive sau ale celor de televiziune, deoarece acestea „prind" sunete specifice de la distanţe mari. (n.red.)

APARATURA PENTRU PODCAST PE CARE O FOLOSESC EU

Fiindcă oamenii mă întreabă tot timpul despre aparatura pe care o folosesc pentru podcast, și sunt de părere că toată lumea ar trebui să încerce să lanseze un podcast cel puțin o dată pentru a învăța, capitolul acesta vine cu răspunsul.

Înregistrarea audio poate fi infinit de complexă, dar poți face să rămână simplă. Așa cum ar spune Morgan Spurlock (pag. 252): „Când începi să utilizezi chestii sofisticate, chestiile sofisticate încep să se rupă". Sugestia mea ar fi să începi cu înregistrarea unor interviuri telefonice de pe Skype. Îți permite să încerci să faci podcast cu costuri foarte mici și să trișezi, adică să consulți întrebări, notițe și copiuțe în Evernote sau în alt program în timp ce vorbești. Te scapă de presiune. Interviurile în persoană sunt mult mai greu de aranjat, mai greu de făcut bine și, tehnic vorbind, mai ușor de făcut varză.

Mai jos găsești „doza mea minimă eficientă" pentru a produce un podcast care să nu fie luat în râs de tot internetul. Încă mai folosesc toate aceste instrumente. Dacă vrei linkuri cu trimitere directă la fiecare dintre acestea, vizitează fourhourworkweek.com/podcastgear.

Pentru interviurile în persoană

» **Magnetofon portabil cu 6 canale Zoom H6:** pentru înregistrările în persoană, folosesc H6 cu microfoane simple de scenă (mai jos). Atunci când înregistrezi interviuri cu 2-4 persoane, este mai bun decât modelul mai vechi H4n. Pont de la un profesionist: pune ÎNTOTDEAUNA baterii noi pentru fiecare interviu important. Eu folosesc căști earbuds simple pentru verificările de sunet.

» **Microfonul vocal cardioid Shure SM58-LC:** îi mulțumesc lui Bryan Callen (pag. 530) că mi l-a prezentat. Am încercat tot felul de microfoane pretențioase de lavalieră, de tip boom etc. La prețul lui, nimic nu întrece acest microfon de scenă din școala veche pentru podcastingul în persoană. Ai putea să îl dai de perete și probabil că nu ar avea nimic. Câțiva oameni îl folosesc montat pe stative, dar eu nu. Prefer să îl țină oaspeții, pentru că sunt șanse mai mici să se îndepărteze de microfon. Nivelul sunetului (volumul) este în felul acesta mai constant, reducând efortul din post-producție.

» **Cablu de microfon XLR cu 3 pini (2 m):** pentru a conecta microfonul SM58-LC la magnetofonul H6 Zoom. Să nu faci treabă de mântuială aici. Din experiența mea limitată, dacă există ceva care să meargă prost (și să fie detectat când e prea târziu), este vorba despre o legătură defectă la una dintre acestea.

» **Set de 5 huse Bluecell de protecție pentru microfoane:** Acestea minimalizează clinchetul, pocnetele și alte sunete emise de voce, dar și zgomotele de fundal sau vântul. Brandul nu contează prea mult.

Pentru interviurile telefonice/prin Skype

» **Programul Ecamm de înregistrare a apelurilor de pe Skype:** acesta este folosit pentru a înregistra „telefoniștii" care utilizează Skype. Nu am găsit niciun software care să mă lase cu gura căscată, dar acesta își face treaba. L-am utilizat în peste 50% dintre interviurile din podcastul meu. Zencastr are și el recenzii bune, dar are uneori nevoie de foarte mult spațiu pe hard disk-ul persoanei intervievate.

» **Microfon dinamic cardioid USB/XLR Audio-Technica ATR2100-USB:** acesta este microfonul meu standard de voiaj pentru toate interviurile telefonice. Poate fi utilizat și pentru a înregistra mesaje de întâmpinare, mesaje de la sponsori, etc., cu QuickTime. De multe ori le trimit invitaților acest microfon prin Amazon Prime dacă au nevoie pentru că face toți banii. Ai grijă să folosești un burete de protecție sau un „filtru pop."

» **Yellowtec iXm:** folosesc microfonul acesta pentru înregistrările din timpul călătorilor care apar în ultimul moment și pentru prezentările post-producție. Este un microfon uluitor *all-in-one*, care-ţi permite să înregistrezi fără un Zoom sau laptop. Corectează automat sunetul și – sincer să fiu – produce cele mai bune înregistrări audio comparativ cu toate celelalte microfoanele pe care le dețin. Îl utilizez pentru mesajele mele introductive („Bine ați venit la un nou episod din *The Tim Ferriss Show...*") și mesajele de la sponsori, pe care le înregistrez separat de interviuri. Dacă plec într-o călătorie dar *s-ar putea* să am nevoie de un microfon, pe acesta mi-l pun în rucsac. Acest „rebel" costă binișor, dar ador calitatea și confortul pe care mi-l oferă.

Post-producția și editarea

- **Orice:** cred că am editat 20 din primele 30 de episoade folosind GarageBand, în ciuda faptului că-mi displăcea. De ce? Pentru că am putut să-l învăț repede și m-a obligat să păstrez formatul podcastului cât se poate de simplu. Absurditățile sofisticate nu erau posibile nici pentru un luddit* ca mine, nici pentru software, și exact asta îmi doream: o constrângere pozitivă. Dacă GarageBand ți se pare prea de amatori pentru primele 1-3 episoade, aș pune pariu că 99% dintre voi vă veți lăsa păgubași până la episodul 5. Majoritatea celor care aspiră să facă podcasturi renunță pentru că sunt copleșiți de aparatură și de editare. La fel ca Joe Rogan, eu am hotărât să înregistrez și să public conversații întregi (minimizând post-producția), nu doar segmentele mai importante.
- **Nu complica lucrurile:** iată câteva dintre opțiunile pe care le-au utilizat editorii/inginerii mei: Audacity (gratuit), Ableton, Sound Studio și Hindenburg. Dacă ar trebui să învăț alt program de editare, probabil că aș alege Hindenburg.
- **Auphonic:** utilizez frecvent Auphonic.com pentru a-mi termina și cizela podcasturile, după ce am editat cu programele de mai sus. Este un instrument web de masterizare** audio post-producție, proiectat să îmbunătățești calitatea audio generală a podcastului.

LUCRURI PE CARE NU LE FOLOSESC

Până în ziua de azi, nu am folosit niciun fel de preamplificatoare, mixere sau alte feluri de hardware. Acestea ar îmbunătăți puțin lucrurile, dar eu n-am considerat că gradul suplimentar de complexitate, bagajul în plus și riscul de defectare mecanică ar merita.

---

* Persoană care se opune tehnicii și schimbărilor aduse de tehnologie. (n.red.)

** Masterizarea este pasul final care se face înaintea imprimării unui album – atât din punct de vedere tehnic, cât și din punct de vedere creativ. (n.red.)

ED CATMULL

Împreună cu Steve Jobs și John Lasseter, Ed Catmull (TW: @EDCATMULL, PIXAR.COM) este unul dintre cofondatorii studiourilor de animație Pixar. Este actualul președinte la Pixar și al studiourilor de animație Walt Disney. Ed a primit cinci Premii Oscar și a contribuit la numeroase evoluții importante din domeniul graficii asistate de computer ca informatician. El a scris *Creativity, Inc.*, despre care *Forbes* a spus că „...s-ar putea să fie cea mai bună carte de business scrisă vreodată”.

UN FAPT MAI PUȚIN CUNOSCUT

1995, ultimul an în care a apărut *Calvin și Hobbes*, a fost și anul în care am cumpărat pentru prima dată acțiuni la o companie – Pixar.

CU TOȚII ÎNCEPEM DE LA PRAF ȘI PULBERE

„A trebuit să [reluăm lucrurile de la zero la nivel intern] cu *Toy Story 2*. A trebuit s-o facem cu *Ratatouille* ... [din moment ce] toate filmele noastre sunt praf și pulbere la început."

TIM: „De ce spui așa ceva? Adică prima variantă a proiectului este întotdeauna aproximativă?"

ED: „Asta este una dintre marile percepții eronate pe care le au oamenii, că [la început] un film nou este varianta în fașă a filmului final, pe când, în realitate, filmul final nu are nicio legătură cu materialul cu care ai pornit la drum. Ne-am dat seama că prima variantă este întotdeauna praf. Nu spun asta pentru că aș vrea să-mi reduc meritele sau pentru că am fi noi modești. O spun pentru că sunt efectiv praf și pulbere.

INCREDIBILA PUTERE STRATEGICĂ ȘI DE PREDICȚIE A LUI STEVE JOBS

„Am intrat la bursă la o săptămână după ce a apărut [*Toy Story*]... logica lui Steve Jobs a fost că, deși voia să intrăm la bursă – și avea câteva motive pe care noi le-am privit cu scepticism, sincer să fiu – ar fi vrut să o facem după lansarea filmului, pentru a demonstra lumii că se năștea o nouă formă de artă și că merita să investești în ea..."

TIM: „E prea mare curiozitatea ca să nu întreb: care erau argumentele lui în favoarea ofertei publice inițiale, pe care lumea le privea cu scepticism?"

ED: „Pe atunci, făceam primul film. Dacă după aceea aveam să devenim companie tranzacționată la bursă, cum niciunul dintre noi ceilalți nu mai fusesem într-o companie tranzacționată la bursă și nici măcar nu știam ce înseamnă asta, [ne gândeam]: asta ar putea să fie o mare sursă de distragere a atenției... Era și o viziune de genul: «Haideți să facem câteva filme, să ne dovedim valoarea și să avem câteva realizări în palmares înainte să intrăm pe bursă», dar Steve avea altă logică. El spunea: «În clipa asta, avem un contract pentru trei filme cu Disney». Deși termenii financiari [de împărțire a profitului] din contract erau cei mai buni pe care i-am fi putut obține în situația respectivă, după ce [deveneam] o companie de succes, procentul din profituri care ne revenea nouă era de fapt destul de mic.

Așa că Steve a vrut să renegocieze contractul, și noi aveam cu toții o relație foarte bună cu Disney. Dar Steve ne-a spus că, dacă după 3 ani, am forma o companie independentă și ne-am despărți de ei, vom deveni cel mai urât coșmar al lor, pentru că vor fi ajutat la lansarea unui concurent de succes... Toate acestea erau înainte să se întâmple, deci noi nu știam ce avea să fie. Dar Steve făcea pronosticuri, pentru că era convins că filmul va fi un mare succes.

Așa că ne-a spus: «Se va întâmpla că, imediat ce filmul va ieși pe piață, Michael Eisner își va da seama că a ajutat la formarea unui competitor, așa că va vrea să renegocieze și, dacă renegociem, vrem să fim parteneri 50/50».

Ar trebui să precizez că vorbesc de un Steve diferit de cel din urmă cu câțiva ani, când se lansa în proiecte riscante și încerca să obțină aproape totul pentru sine. Acum ajunsese într-un punct în care spunea că nu este bine sa te găsești în situația aceea. Un parteneriat 50/50 ar fi fost o situație în care ar fi bine să te afli. Este o poziție bună. O opțiune demnă de urmat pentru că dovedește buna ta credință. Dar dacă suntem parteneri 50/50, trebuie să venim și cu jumătate din bani. Și Pixar nu avea bani."

TIM: „Corect. Aveați nevoie de fonduri pentru asta."

ED: „Da, aveam nevoie de fonduri. Deci, dacă suntem cotați la bursă, putem să strângem fondurile respective. Și atunci, când vom renegocia, vom putea cere un contract de 50/50. Așa că filmul s-a lansat și, după câteva luni, Steve a primit telefonul de la Michael Eisner care îi spunea că vrea să renegocieze. Așa că Steve i-a răspuns: «Bun, noi vrem să fie 50/50». Și totul s-a derulat exact cum prezisese Steve că se va desfășura. Mie mi s-a părut uimitor. Chiar a anticipat totul corect."

DACĂ NU POȚI SĂ CITEȘTI, ÎNCEARCĂ SĂ ASCULȚI

„Creierul meu funcționează diferit. Se pare că nu pot să citesc poezie... După ce citesc poezie câteva secunde, mi se oprește creierul.

Toate acestea pentru că apărut o traducere nouă a *Iliadei*, făcută de Robert Fagles, și aceasta era în versuri. Problema mea a fost că nu am putut să o citesc. Așa că o prietenă mi-a spus într-o seară la cină: «N-o citi, ascult-o». Am cumpărat caseta, am ascultat-o și am descoperit că sunt complet fascinat. Am fost surprins de faptul ca povestea a fost transmisă oral acum 2.800 de ani într-o limbă diferită, unei culturi diferite. Firește că fusese gândită pentru a fi transmisă oral, fiindcă avea ritmul acela specific."

CURSURILE PREFERATE DE LA THE TEACHING COMPANY

Timp de mai mulți ani, Ed a ascultat cursuri ale Teaching Company în timp ce făcea naveta:

„Au cursuri despre economie, despre Shakespeare, și altele. Cel mai mare impact asupra mea l-a avut suita de cursuri despre istoria lumii... Deși trebuie să recunosc că a fost unul despre perioada regelui Henric al VIII-lea, *Tudorii și Stuarții,* care m-a fascinat așa de tare, încât imediat după ce l-am terminat, l-am luat de la capăt."

PENTRU A DEVENI ARTIST, ÎNVAȚĂ SĂ VEZI

În liceu, Ed își dorea să se facă animator și avea note bune la materiile artistice. Totuși, când s-a apropiat de primul an de facultate, nu a văzut un traseu care să-l ducă până la nivelul necesar pentru a fi animator la Disney, așa că s-a reorientat spre fizică. Mulți oameni cred că este un domeniu diferit și fără nicio legătură. El nu este de acord:

„Chiar și în ziua de azi, majoritatea oamenilor le consideră două lucruri radical diferite unul de altul. Dar eu aș vrea să propun o manieră diferită de a le privi. Cred că sursa este înțelegerea fundamental eronată a artei pe care o au majoritatea oamenilor. Deoarece ei cred ca arta înseamnă să înveți să desenezi sau să înveți un anumit gen de exprimare de sine. **Dar, în realitate, artiștii învață să vadă."**

MEDITAȚIE

Ed practică meditația vipassana între 30 și 60 de minute pe zi, într-o singură ședință. S-a apucat de asta după ce a vizitat Symbol of Man Center, care este tibetan.

✸ Cartea pe care o dăruiești sau o recomanzi cel mai des?

„Aș zice că sunt câteva cărți pentru copii pe care le-am dăruit de câteva ori, cum ar fi *One Monster After Another (Un monstru după altul)*, de Mercer Mayer. Ador cartea asta!"

TRACY DiNUNZIO

Tracy DiNunzio ((TW: @TRACYDINUNZIO, TRADESY.COM) este ucigătoare. Ea este fondatoarea și directorul general al Tradesy, care s-a lansat ca o rachetă. A strâns 75 milioane $ de la investitori, printre care Richard Branson, Kleiner Perkins și subsemnatul, iar printre membrii consiliului de administrație se numără legendarul John Doerr. Tradesy are misiunea să-ți ofere la cerere prețul cu care se revinde orice deții tu. Sloganul lor este „Cash in on your closet"*.

Animalul spiritual: albina

* Profită de ce ai în dulap. (n.red.)

„NIMENI NU VREA SĂ TE AJUTE CÂND TE PLÂNGI"

„M-am născut cu spina bifida, un defect congenital în care vertebrele nu ți se sudează în jurul șirei spinării. Asta se datorează probabil faptului că tatăl meu a fost contaminat cu substanța chimică Agent Orange când a fost în Vietnam... Am pictat foarte mult în timp ce mă recuperam după operații, așa că a trebuit să utilizez tehnici interesante, cum ar fi să mă târăsc pe podea ca să pictez un tablou, pentru că nu puteam să stau în picioare. [Ca mecanism de adaptare] am încercat să mă văicăresc și să mă înverșunez împotriva lumii. Nu a mers. Era pur și simplu groaznic... Stephen Hawking are cel mai bun citat despre asta și o poveste legitimă... [El] este probabil mai îndreptățit decât oricine altcineva să se plângă. El spune că **«nimeni nu vrea să te ajute când te plângi»**, și o spune cât se poate de simplu și fără ocolișuri. Doar el ar putea să spună adevărul acesta sincer și dur, dar așa este, nu? **Dacă-ți petreci timpul concentrându-te pe ce nu merge și dacă exprimi și proiectezi această atitudine în fața celor pe care-i cunoști, nu devii o sursă de dezvoltare pentru ceilalți, ci una distructivă.** Asta atrage și mai multă distrugere.

Cum mă gândeam la cât de mult sufăr și vorbeam despre felul în care sufăr, viața mea a pornit energic într-o direcție negativă. La un moment dat, probabil prin 2006 sau 2007, m-am hotărât să încep o «dietă împotriva văicărelii», spunându-mi: «Nu doar că nu voi mai spune nimic negativ despre situația în care sunt, mai mult, nu-mi voi da voie să *gândesc* ceva negativ despre asta»... A durat mult timp și nu am fost perfectă, dar... înlocuirea acestor gânduri m-a ajutat să încep să-mi îndrept viața într-o direcție mai bună, în care nu mai eram obsedată de lucrurile greșite... și m-a ajutat totodată să nu mai simt durerea fizică la fel de tare, lucru foarte eliberator și cumva necesar dacă vrei să faci ceva."

ALEGE PUBLICUL POTRIVIT ÎN FAȚA CĂRUIA SĂ DAI CHIX

„Dacă cineva are de gând să încerce să atragă investitori, recomandarea mea ar fi să treacă mai întâi prin 10 întâlniri cu investitori de la care de fapt nu vrea să obțină finanțare, pentru că la început va da chix. Eu am fost multă vreme praf."

TF: Chiar și Jerry Seinfeld dă chix cu materialul preliminar (vezi documentarul *Comedian*), așa că îl prelucrează în localuri mici. Nike își testează multe dintre produsele și campaniile noi în locuri ca Noua Zeelandă, înainte să vină pe scena cea mare a Statelor Unite. Eu am fost respins de 27 de ori când le-am propus editurilor din New York City *4 ore – săptămâna de lucru*. Din fericire, de cele mai multe ori ai nevoie de o singură editură, un singur investitor principal, un X. Rezervă-i pe cei din lista de interese după ce ai făcut 10 încercări.

PHIL LIBIN

Phil Libin (TW: @PLIBIN, EVERNOTE.COM) este cofondatorul și președintele executiv al Evernote. Evernote are în jur de 150 de milioane de utilizatori și eu, personal, îl utilizez de cel puțin 10 ori pe zi. Este creierul meu extern pentru a stoca toate informațiile, documentele, articolele online, listele etc. din viața mea. A fost utilizat pentru a stoca toată cercetarea pentru această carte. Phil este director executiv la General Catalyst, o firmă cu capital de risc care a investit în companii ca Airbnb, Snapchat, Stripe și Warby Parker. Lista cu mentorii lui Phil mă lasă cu gura căscată, așa cum ilustrează profilul acesta.

Animalul spiritual: caracatița

- **Cine este primul om care-ți vine în minte când te gândești la expresia „persoană de succes"?**

„Primul *lucru* care mi-a venit în minte când ai zis «de succes» a fost iPhone-ul... cred că nu mă gândesc că oamenii ar fi cumva «de succes»... Mii de oameni ar merita să aibă succes pentru că sunt superinteligenți, interesanți și muncesc mult, dar pur și simplu nu au avut noroc."

- **Documentar de văzut musai**

The Gatekeepers (2012) prezintă interviuri cu toții șefii în viață ai Shin Bet, serviciul israelian de securitate, care vorbesc deschis despre viață, război și pace. Deviza Shin Bet este „Magen veLo Yera'e", ceea ce înseamnă literalmente „scutul nevăzut" sau „apărătorul care nu trebuie văzut".

JEFF BEZOS ȘI PUNEREA PRESUPOZIȚIILOR SUB SEMNUL ÎNTREBĂRII

„Efectiv, de fiecare dată când stau de vorbă cu Bezos [Jeff Bezos, fondatorul Amazon.com], viața mea se schimbă... [Spre exemplu,] am trăit toată viața crezând că vreau să merg pe Marte... lucrul ăsta a apărut în *The Brady Bunch*. Credeam că ar fi cel mai mișto lucru din lume.

La un moment dat, dacă-mi voi structura viața cum trebuie, poate că voi avea ocazia să merg acolo. Cred că este foarte important ca omenirea să poată să facă asta... și am stat de vorbă cu Elon [Musk] de câteva ori și am fost foarte încântat de tot ce face el și SpaceX....

M-am întâlnit cu Jeff Bezos ceva mai târziu și i-am povestit că am putut să stau de vorbă cu Elon și că sunt superentuziasmat de Marte. Chiar sper că într-o bună voi merge acolo. La care Bezos se uită la mine și-mi trântește: «Marte e o prostie». Și eu răspund: «Ce?» El continuă: «După ce vom putea pleca de pe planetă, ultimul lucru pe care vrem să-l facem va fi să ne îndreptăm spre altă gravitație.»

Bezos a spus: «Toată ideea asta, motivul pentru care desprinderea de pământ este atât de dificilă, vine din faptul că mai întâi de toate trebuie să învingem gravitația. După ce o să facem asta, de ce am mai vrea să ne ducem pe Marte? Ar trebui să locuim pe stații spațiale și să extragem resurse din asteroizi și totul va fi mult mai bine decât dacă am fi pe Marte». Și în 30 secunde mi-a schimbat cursul vieții, pentru că are absolută dreptate."

MIKITANI DESPRE REINVENTAREA NECESARĂ – REGULA LUI 3 ȘI 10

Phil crede că Hiroshi Mikitani, fondator și director general al Rakuten, este unul dintre cei mai impresionanți oameni din lume. Aproape 90% din populația cu acces la internet a Japoniei are un cont pe Rakuten, cea mai mare piață online din țară. Mikitani l-a învățat pe Phil „regula lui 3 și 10".

„[Asta înseamnă în esență] că absolut toate lucrurile din compania ta se năruie de fiecare dată când îți triplezi dimensiunile.

El a fost primul angajat al Rakuten și acum au ajuns la 10.000 sau peste. Mi-a spus că, atunci când ești singur, totul merge cumva. Te descurci. După aceea, la un moment dat, ai trei oameni și lucrurile sunt cumva diferite. Luarea deciziilor și toate celelalte sunt diferite când ai trei oameni. Dar te adaptezi la situație. Apoi, te descurci bine pentru un timp. Ajungi la 10 oameni și totul se năruie din nou. Rezolvi și asta, după care ajungi la 30 de oameni și totul este diferit, apoi la 100, și apoi la 300, și apoi la 1.000.

Teoria lui este că totul se năruie în aceste puncte de 3 și de 10 [multiplii lui 3 și puterile lui 10]. Și când zice «totul», se referă la totul: felul în care te ocupi de salariile angajaților, felul în care stabilești ședințe, genul de comunicații folosite, felul în care faci bugetul, cine ia efectiv deciziile. Pur și simplu, fiecare parte implicită și explicită a companiei se schimbă semnificativ atunci când se triplează.

Părerea lui este [că] numeroase companii se confruntă cu probleme din această cauză. Când ești un startup care crește rapid, ai parte de necazuri colosale pentru că treci ca acceleratul prin câteva dintre aceste triplări, fără să realizezi. Și apoi, te întorci și-ți dai seama... că ați ajuns la 400 de oameni, dar o parte din procesele și sistemele voastre au fost adoptate când erați 30... Ar trebui să te gândești constant, mereu, la felul în care te poți reinventa și la cum te raportezi la cultura firmei.

Marile companii ajung să aibă necazuri dintr-un motiv diametral opus. Să zicem că ajungi la 10.000 de angajați în compania ta și că, teoretic, ți-ai dat seama cum să administrezi lucrurile la 10.000. Și atunci, următoarea problemă majoră va apărea abia la 30.000. Dar probabil că nu vei ajunge niciodată la 30.000 sau cu siguranță vei ajunge acolo abia peste câțiva ani. O companie s-ar putea să aibă nevoie de un deceniu sau mai mult ca să ajungă de la 10.000 la 30.000 de oameni. Dar nimeni nu vrea să aștepte un deceniu sau mai mult pentru a se reinventa, așa că marile companii avansează mereu prostiile astea de inițiative de inovație, pentru că au impresia că trebuie să facă ceva. Dar acestea nu au de fapt legătură cu nicio schimbare fundamentală din cadrul companiei."

TF: Ți-ai depășit propriile sisteme și convingeri? A venit vremea să treci la un nivel superior? Sau, la nivel personal, să punem întrebarea pe care ar pune-o Jerry Colonna, consultant executiv pentru câteva dintre cele mai mari vedete din Silicon Valley: **„În ce fel ești complice la crearea condițiilor pe care susții că nu le vrei?"**

CHRIS YOUNG

Chris Young (TW: @CHEFCHRISYOUNG, CHEFSTEPS.COM) este un experimentator, inventator și inovator obsesiv. Este specialist în domenii diverse, de la aviația extremă la matematică și BBQ*-uri de dimensiuni apocaliptice. Mai mult decât orice, este unul dintre cei mai clari gânditori pe care îi cunosc.

Chris este principalul coautor al lucrării în șase volume care a redefinit genul său, *Modernist Cuisine (Bucătăria modernistă)*. Chris a fost totodată bucătarul-șef care a fondat bucătăria experimentală la restaurantul The Fat Duck al lui Heston Blumenthal, laboratorul culinar secret din spatele felurilor inovatoare de mâncare la unul dintre cele mai bune restaurante din lume. Înainte să devină bucătar-șef, a obținut licențe în matematică teoretică și biochimie. În prezent, este director general al ChefSteps, cu sediul deasupra Pike Place Market în Seattle, Washington.

Animalul spiritual: fregata

---

* BBQ – *barbecue* (grătar). (n.red.)

DIN CULISE

- Eu și Matt Mullenweg (pag. 231) am vizitat de mai multe ori laboratorul lui Chris. Căutați „Ferriss aerated green apple sorbet" pentru a vedea un videoclip în care semăn cu Puff, Dragonul Magic.
- În afara programului, Chris se antrenează să doboare un record mondial cu deltaplanul fără motor. Locația vizată: Patagonia.
- Chris a fost omul meu de știință de referință pentru secțiunea „Scientist" din *The 4-Hour Chef* și câteva dintre rețetele sale m-au făcut să ajung la o demonstrație live de gătit cu Jimmy Fallon.
- Chris este bun prieten cu scriitorul de science-fiction Neal Stephenson, care a scris câteva dintre cărțile mele preferate din toate timpurile, printre care *Snow Crash (Căderea zăpezii)* și *Cryptonomicom*. Mulți invitați din această carte recomandă *Snow Crash* și *The Diamond Age (Epoca de diamant)* (Seth Godin, pag. 267, și Kelly Starrett, pag. 151). În fiecare an, Chris și Neal țin The Annual Loudness Fest, în curtea din spatele casei lui Neal, unde construiesc mașini nebunești și aparate de gătit. „Nu a fost mare lucru să săpăm o groapă de 1,8 m x 1,8 m x 1,8 m în grădina din spatele casei sale, pe care am transformat-o într-un jacuzzi pentru a găti sous-vide* un porc de 135 kg", mi-a spus Chris. „În următorii 5 ani, fiecare an trebuia să fie și mai exagerat, mai neobișnuit, mai ridicol de periculos. Periculos în sensul că poate dăm foc caselor vecinilor sau poate omorâm pe cineva turnând beton sau poate facem pe cineva scrum, fiindcă ne-a venit să gătim cu magmă... lucruri de felul ăsta."

✹ Ce ai scrie pe un panou?

„Totul s-a rezolvat cu bine până la urmă", pe care l-ar pune lângă liceul său. „Liceul nu a fost o perioadă grozavă a vieții mele."

„JOBURILE INTERESANTE SUNT CELE PE CARE LE INVENTEZI TU."

Iată ce l-a sfătuit pe Chris tatăl său, un antreprenor de succes, când era în primul sau al doilea an de liceu:

„Îmi amintesc clar cum îmi spunea să nu-mi fac griji în legătură cu ceea ce aveam să fac pentru că **munca pe care aveam să o fac nu fusese inventată încă... Joburile interesante sunt cele pe care le inventezi**

---

* Sous-vide (*vacumat*, *vidat*, în lb. fr.) se referă la procesul de a vida și sigila materia primă într-o pungă specială, urmând apoi să fie gătită într-o baie de apă la o temperatură foarte precis setată. (n.red.)

tu. Acesta este un lucru pe care sper să i-l transmit mai departe fiului meu: Nu-ți face griji pentru ce fel de loc de muncă vei avea... Fă lucrurile de care ești interesat și, dacă le faci foarte bine, vei găsi o modalitate de a le îmbina cu oportunități bune de afaceri."

„LA CE LUCRURI INTERESANTE LUCREZI? DE CE ȚI SE PAR INTERESANTE? CE ESTE SURPRINZĂTOR LA ELE? SE MAI GÂNDEȘTE ȘI ALTCINEVA LA ASTA?"

Acestea sunt întrebările obișnuite ale lui Heston Blumenthal, fostul chef executiv de la The Fat Duck, care era pe atunci restaurantul de pe locul 1 la nivel mondial. Chris explică: „Nu am văzut pe nimeni mai curios ca el... stătea de vorbă cu aproape oricine despre ocupația respectivului. Pune oricui întrebări de felul celor de mai sus despre orice, indiferent că vorbea cu psihologi, antrenori sportivi, bucătari, scriitori sau oameni cu alte ocupații".

Asta m-a făcut să zâmbesc. L-am întâlnit pe Heston o dată, la începutul anilor 2000, la o sesiune de autografe într-o școală culinară din San Francisco. M-am apropiat timid de el și l-am întrebat: „Care este modalitatea dvs. preferată de a găti fasolea? Mi-e jenă să vă întreb, dar am probleme mari când încerc să o fac să iasă cum trebuie". Și-a îndreptat spatele, m-a privit direct în ochi și mi-a spus: „Să știi că oamenii nu știu cât de complexă poate să fie fasolea". Mi-a pus în jur de zece întrebări de clarificare, apoi mi-a făcut un masterat de 5 minute în gătitul fasolei. De atunci sunt unul dintre fanii lui.

„DACĂ AI AVEA 100 DE MILIOANE $, CARE ESTE LUCRUL PE CARE L-AI REALIZA ȘI CARE NU AR AVEA NICIO VALOARE PENTRU CEILALȚI DACĂ L-AR COPIA?"

Gabe Newell, cofondatorul miliardar al companiei de dezvoltare și de distribuție de jocuri video Valve, este cel care a finanțat în cea mai mare parte compania lui Chris, ChefSteps. A fost un susținător uriaș, dar numai după ce i-a adresat niște întrebări care i-au pus mintea la treabă:

„Și atunci Gabe m-a întrebat: «Dacă ți-aș da 100 milioane $, ce ai realiza? Adică un lucru care, odată realizat, să nu aibă nicio valoare pentru cineva care ar vrea să-l copieze?» Să-ți dau un exemplu: atunci când Intel face un nou aparat de fabricat chipuri, acesta valorează miliarde și miliarde de dolari și nimeni nu are nimic de câștigat din copierea lui, pentru că trebuie să cheltuiască și mai multe miliarde ca să recupereze decalajul și altele ca să afle toate lucrurile pe care Intel le știe despre asta și, după aceea, trebuie să fie de 10 ori mai buni pentru a face pe cineva să vrea să le cumpere produsul. Așa că e o pierdere de vreme pentru toată lumea [să încerce să copieze]".

TF: Unul dintre primii 10 cei mai buni investitori de capital de risc pe care îl cunosc utilizează o variantă a acestui test hotărâtor ca modalitate de măsurare a caracterului „disruptiv": pentru fiecare 1 $ de venit pe care-l generezi, poți să generezi costuri de 5-10 $ pentru una dintre firmele dominante? Dacă da, va investi. Ca să fac o paranteză, rămânând la același subiect, unul dintre pdf-urile mele preferate din domeniul afacerilor care circulă pe internet este „Valve: Handbook for New Employees" din compania lui Gabe. După cum s-a exprimat Chris: „Este singurul document de resurse umane pe care ai să vrei să-l citești cu bună știință."

TRUCUL MENTAL ACCIDENTAL JEDI

Chris a obținut primul job de bucătar făcând apel fără să vrea la orgoliul chef-ului (William Belickis). Lucrase ca *stagiar* (ca intern) până atunci și voia să treacă la normă întreagă:

„La sfârșitul perioadei mele, William a fost foarte amabil. M-a primit pentru o discuție în sala de mese, unde bea un pahar cu vin. Mi-a oferit și mie unul. Mi-a spus: «Să știi că perioada asta nu este cea mai bună. Nu cred că pot să-ți ofer un job pe măsura ta». Fiindcă fusese foarte onest, i-am spus: «Vă înțeleg pe deplin. Există vreun loc bun în oraș în care mi-ați recomanda să merg să lucrez? Sunt foarte hotărât să fac asta. Chiar vreau să văd despre ce este vorba».

Și lucrul de care nu mi-am dat seama atunci este că aceasta a fost cea mai bună replică pe care i-aș fi putut-o da lui William, pentru că avea un orgoliu enorm și pur și simplu nu putea să spună că ar exista cineva cât de cât bun în oraș. Așa că l-am auzit bolborosind: «Păi, chiar nu ai avea unde. Cred că eu sunt probabil cea mai potrivită persoană care să te învețe. Ce-ar fi să revii marți?»"

RESPECTĂ STANDARDUL

Chris mi-a spus că, atunci când a ajuns el la The Fat Duck, Heston nu mai țipa la oameni, dar „își făcea cunoscută nemulțumirea în alte feluri... chiar ne presa, pe tine, echipa și pe toți ceilalți să ne luptăm mereu pentru excelență". L-am rugat să-mi dea un exemplu. Iată răspunsul său, scurtat din motive de spațiu:

„A venit o comandă pentru [aspic de prepeliță] și am văzut că nu era făcut cum ar trebui. Cu toate astea, am pus deasupra crema de langustină și am expediat-o să fie servită, știind că nu era perfectă. S-a întors înapoi ca un bumerang. Heston a apărut pur și simplu de după colț, ținând-o într-o mână și a zis doar: «Chris!». S-a uitat la mine, s-a uitat la farfurie, apoi iar la mine, iar la farfurie și... «În niciun caz!» A pus-o înapoi. Îmi amintesc privirea aceea care te spulbera – ceva de genul: dacă mai faci asta o dată, să nu mai treci pe aici. Îmi amintesc lecția pentru că mi-a spus: «Putem să facem altceva. Dacă nu este gata, nu o servim trăgând speranța că nu se va observa că nu este chiar așa de bună. O corectăm. Facem altceva, dar nu încerca să strecori un lucru despre care știi că este sub standard». Ai nevoie de lecția respectivă o singură dată. Nu se ridică la înălțimea standardului și tu știi care este acesta. **Respectă standardul. Cere ajutor. Repară. Fă orice trebuie. Dar nu trișa".**

TIM: „Dar cum recunoști granița fină dintre insistența pe respectarea unor standarde ridicate și situațiile în care ești doar un măgar arogant?" [Chris conduce în prezent o companie cu peste 50 de angajați.]

CHRIS: „În zilele bune, primul lucru pe care îl fac este să încerc să mă dau un pas înapoi și să mă întreb: «**Care e contextul în care acționează această persoană? I-am asigurat eu contextul potrivit?**»... Dat fiind întregul contextul pe care l-a avut, poate că și eu aș fi luat aceeași decizie sau aș putea să-mi imaginez că altcineva ar lua aceeași decizie. Așa că încerc să mă gândesc din ce în ce mai mult la următoarele: «Ce context și vizibilitate am eu și ce are celălalt? **Nu cumva sunt oare nedrept pentru că operez dispunând de un set mai bogat de informații?**»"

MANUALUL ANTI-ABUREALĂ

Una dintre cărțile pe care Chris și-a dat seama că o dăruiește foarte des este o carte despre termodinamică al cărei tiraj s-a epuizat, intitulată *The Second Law (Cea de a doua lege)*. „A fost scrisă de P.W. Atkins, un profesor de chimie fizică de la Oxford. Cartea este pur și simplu o lectură fenomenală, lejeră și bogată în grafice despre felul în care funcționează lumea din punct de vedere energetic. Mi s-a părut incredibil de utilă atunci când încercam să înțeleg cum să fac ceva, cum să fac ceva să funcționeze sau să înțeleg dacă un anumit lucru este măcar posibil. Este adesea detectorul meu de abureală."

✸ La cine te gândești când auzi expresia „persoană de succes"?

Chris spune că la tatăl său și la Winston Churchill. Despre ultimul:

„Există o serie grozavă de cărți despre Winston Churchill, *The Last Lion (Ultimul leu)*, de William Manchester. Cel de al treilea volum a apărut

DIN CULISE

- » Chase și Rick Rubin (pag. 549) sunt primii oameni care m-au făcut să meditez constant.
- » Tot Chase este primul om care mi-a făcut cunoştinţă cu Moscow Mule (bere piperată din ghimbir, vodcă, suc de lămâie).
- » La prima noastră vizită la Casa Albă, gardienii au strigat de mai multe ori la el să plece de pe iarbă, pe când el căuta unghiuri optime pentru selfie-uri. Chiar am crezut că vor folosi pistolul cu electroşocuri. În tot restul zilei respective, am strigat la el: „IEŞI DE PE IARBĂ!" de fiecare dată când făcea câte un pas pe ea prin D.C., și el sărea ca pisicile când văd un castravete. (Caută pe Google. Asta face cât banii pe care i-ai dat pe carte.)

„CREATIVITATEA ESTE O RESURSĂ INFINTĂ. CU CÂT O FOLOSEȘTI MAI MULT, CU ATÂT AI MAI MULTĂ."

Chase a parafrazat aici un citat din Maya Angelou și a discutat felul în care creativitatea se aseamănă cu meditația.

DESPRE PRIMA LUI VÂNZARE

„Prima vânzare a avut loc pentru că am copilărit schiind şi făcând snowboarding şi eram foarte familiarizat cu subiectul. Mă înţelegeam bine cu un grup mare [de sportivi] și aveam fotografii cu oameni care purtau echipamentul de anul viitor, pentru că îi cunoșteam atât pe producători cât şi pe reprezentanţi. Dacă ai fotografiile potrivite cu oamenii potriviţi purtând echipamentul potrivit, producătorii încep să te caute... Producătorii mi-au văzut lucrările, au luat legătura cu mine și am ajuns să le concesionez; nu să le vând direct, ci să le concesionez o imagine pentru 500 $ și o pereche de schiuri.

Cred că pe atunci câştigam probabil 10 $ pe oră. Şi mi-am spus: «Ia stai aşa, tocmai am vândut asta cu 500 $, după ce am fost câteva zile la schi cu prietenii mei. Aş vrea să repet chestia asta, aşadar ce am de făcut? Ce a funcţionat şi ce nu a funcţionat?»... Am început pur şi simplu să fac asta în continuu, ridicând de fiecare dată miza."

CUM SĂ CÂȘTIGI BINE DIN PRIMA ZI

„Am manipulat sistemul în favoarea mea, stabilind remunerația zilnică pentru primul meu angajament la câteva mii de dolari pe zi. M-am forțat până la un punct extraordinar de incomod și mi-am impus să dau rezultate de cea mai bună calitate. Am cerut banii corespunzători pentru că îmi cu doar câțiva ani în urmă, postum. Dar primele două, care vorbeau doar de viața lui de până la izbucnirea celui de al Doilea Război Mondial, nu pomeneau nici măcar în trecere despre ceea ce s-a petrecut după începerea celui de al Doilea Război Mondial. Îmi amintesc că mă gândeam, [înainte să facă lucrurile pe care le asociem cu el]: era autor de bestselleruri înainte de 20 de ani, a luptat în războaie, a fost unul dintre cei mai bine plătiți scriitori și un membru important al Parlamentului".

DAYMOND JOHN

Daymond John (TW/FB/IG: @THESHARKDAYMOND, DAYMONDJOHN.COM) este director general și fondator al FUBU, pe care l-a dezvoltat de la un buget de 40 $ la un brand de lifestyle în valoare de 6 miliarde $. Este ambasador prezidențial pentru Global Entrepreneurship și apare în cadrul emisiunii Shark Tank de pe ABC. Daymond a primit peste 35 de premii din partea industriei, printre care Marketer of the Year, din partea *Brandweek*, Marketing 1000 Award for Outstanding Ad Campaign, din partea *Advertising Age*, și New York Entrepreneur Award, din partea Ernst&Young. A scris trei cărți care s-au bucurat de succes, printre care *The Power of Broke (Puterea de a fi falit)*.

Animalul spiritual: mangusta

„Dacă ieşi în lume şi începi să atragi atenţia şi să faci vânzări, lumea te va găsi. Vânzările vindecă totul. Poţi să vorbeşti despre cât de bun este planul tău de afaceri şi despre cât de bine te vei descurca. Îţi poţi inventa opiniile, dar nu îţi poţi inventa faptele. Vânzările vindecă tot."

„Timp de cinci zile pe săptămână îmi citesc obiectivele înainte să mă duc la culcare şi când mă trezesc. Sunt 10 obiective centrate pe sănătate, familie, afaceri etc., cu date de expirare, pe care le actualizez la fiecare 6 luni."

„Părinţii m-au învăţat mereu că locul de muncă nu mă va îmbogăţi niciodată, doar temele făcute mă vor ajuta să reuşesc."

„Nu-mi pasă că eşti fratele meu... dacă ne apucăm să jucăm fotbal american, voi încerca să-ţi crăp capul. Asta nu înseamnă că nu te iubesc. Nu înseamnă că nu te respect."

- **Care a fost cea mai bună investiţie pe care ai făcut-o sau care a fost investiţia care a meritat cel mai mult? Poate să fie o investiţie în bani, timp, energie sau altceva.**

„Cea mai bună investiţie a fost aceea de a-mi face timp să fiu curier şi să merg pe jos pentru First Boston, când eram în liceu. Alergam prin tot Manhattanul şi am întâlnit tot felul de oameni. Câţiva erau directori importanţi complet nefericiţi. Alţii erau angajaţi debutanţi extrem de fericiţi. Nu mai văzusem niciodată aşa ceva în viaţa mea şi asta mi-a deschis complet ochii faţă de oportunităţi."

- **Ai vreun citat după care îţi trăieşti viaţa sau la care te gândeşti adesea?**

„Banii sunt un slujitor foarte bun, dar un stăpân îngrozitor."

- **Cărţile pe care le dăruieşti sau le recomanzi cel mai des?**

*Think and grow rich (De la idee la bani**), *Who moved my cheese? (Cine mi-a luat caşcavalul?***), *Blue Ocean Strategy (Strategia oceanului albastru****), *Invisible Selling Machine (Maşina invizibilă de vânzări), The richest man in Babilon (Cel mai bogat om din Babilon*****) şi *Genghis Khan*

---

* Volum apărut sub acest titlu la Editura Curtea Veche, Bucureşti, 2011. (n.red.)

** Volum apărut sub acest titlu la Editura Curtea Veche, Bucureşti, 2013. (n.red.)

*** Volum apărut sub acest titlu la Editura Publica, Bucureşti, 2015. (n.red.)

**** Volum apărut sub acest titlu la Editura Amaltea, Bucureşti, 2004. (n.red.)

and the making of the modern world (Genghis-Han și nașterea lumii moderne).*

TF: Ultima carte, cea cu Genghis-Han, mi-a fost recomandată de mai mulți miliardari.

* Volum apărut sub acest titlu la Editura Corint, București, 2017. (n.red.)

NOAH KAGAN

Noah Kagan (TW/IG: @NOAHKAGAN, SUMOME.COM) a fost angajatul cu numărul 30 la Facebook, angajatul cu numărul 4 la Mint.com (vândut celor de la Intuit cu 170 de milioane $) și este Chief Sumo (fondator) la SumoMe, care oferă instrumente gratuite pentru creșterea traficului pe website-uri. Pentru ca lucrurile să rămână picante, a devenit expert în materie de taco și a creat patru produse diferite, care i-au adus sume cu peste 7 cifre. Noah a fost profesorul meu în episodul „Starting a Business" (Cum să începi o afacere) din cadrul *The Tim Ferriss Experiment*.

ACCEPTĂ PROVOCAREA CAFELEI

Iată ce recomandă Noah antreprenorilor aspiranți (el îi numește „wantrapreneurs"*) și antreprenorilor care au început să se culce pe o ureche: cereți o reducere de 10% din prețul următoarei cafelei pe care o veți bea. „Mergi la casă și comandă o cafea. Dacă nu bei cafea, comandă un ceai. Dacă nu bei ceai, comandă apă. Nu contează ce. Apoi cere să ți se facă o reducere de 10%... Provocarea cafelei pare cumva caraghioasă, dar ideea este că – în afaceri și în viață – nu trebuie să te plasezi pe poziții extreme, dar trebuie să știi să ceri și să depui eforturi."

Animalul spiritual: veverița dungată

* Joc de cuvinte, combinație între *want* și *entrepreneur.* (n.red.)

ÎMBUNĂTĂȚEȘTE INSTRUMENTELE DE LA „VÂRFUL PÂLNIEI"

Ia ca obiectiv îmbunătățirea articolelor din amonte care generează rezultate în cascadă în aval. Spre exemplu, caută zonele de blocaj tehnic („punctele înguste") care afectează aproape tot ce faci la calculator. Care sunt acele lucruri care, dacă se defectează sau încetinesc, îți anihilează lista cu lucruri de făcut? Iată două dintre recomandările simple ale lui Noah pe care le-am adoptat:

» Mărește viteza mouse pad-ului. Intră în Settings sau în Systems Preferences și dublează-ți viteza. Ai nevoie de mai puțin de 30 de secunde pentru a face asta.

» Investește în cel mai bun router pe care ți-l poți permite. În prezent, Noah folosește routerul dual band* gigabit ASUS RT-AC87U Wireless-AC2400. Kevin Rose (pag. 378) și alții folosesc tehnologia Eero pentru a îmbunătăți Wi-Fi-ul în toată casa.

✹ **Legat de asta – „Care este cea mai bună investiție pe care ai făcut-o sau care a meritat?"**

Operația Lasik.

APLICAȚII / SOFTWARE DE TESTAT

Facebook News Feed Eradicator: Trebuie să te concentrezi? Salvează-te de FB și de sinele tău mai slab.

ScheduleOnce (alege opțiunea de 99$ pe an): Aceasta poate elimina acel schimb interminabil de replici de genul: „Ce zici de marțea sau de joia viitoare la 10 a.m.?" care îți macină viața.

FollowUp.cc: Pentru automatizarea e-mailurilor de urmărire și a celor de memento. Eu folosesc o rudă apropiată numită Nudgemail, combinată cu Boomerang. Nu va mai trebui vreodată să-ți amintești să-i răspunzi cuiva.

O ȘMECHERIE RAPIDĂ DE PE GMAIL

Și eu, și Noah, utilizăm mereu șmecheria de pe Gmail cu „+". Să presupunem că adresa ta de e-mail este bob@bobsmith.com. După ce te înregistrezi pentru servicii sau newslettere, cum poți afla cine îți distribuie

---

* Router dual band – se referă la faptul că poate difuza două rețele Wi-Fi. Ca toate routere obișnuite, lucrează pe frecvența 2.4GHz (este cea mai răspândită și, practic, toate rețelele Wi-Fi lucrează pe ea). Doar că acesta, fiind dual band, poate lucra pe frecvența 5GHz. Aceasta este caracteristica principală a routerului dual band și ceea ce îl deosebește de un router obișnuit. (n.red.)

e-mailul sau cum poți reduce pagubele dacă cineva îți descoperă e-mailul cu care te loghezi? Companiile cad mereu pradă hackerilor. Folosește „+" ca măsură ieftină de siguranță. Dacă adaugi + și un cuvânt la început, mesajele vor continua să-ți fie livrate în inbox. Spre exemplu, te înregistrezi pentru Instacart? Ai putea să utilizezi bob+insta@bobsmith.com. Eu apelez la șmecheria asta și beneficiez zilnic de pe urma ei.

NU ÎNCERCA SĂ GĂSEȘTI TIMP. REZERVĂ-L.

În zilele de marți, de la 10 a.m. la 12 după prânz, Noah nu-și programează nimic în afară de „învățare". Lucrul acesta este un memento de preț apropo de faptul că, pentru lucrurile importante, trebuie să-ți rezervi întotdeauna timp. Ele sunt reale doar dacă sunt trecute într-o agendă. Intervalul cuprins între 9 a.m. și 1 p.m. din zilele mele de miercuri este în prezent rezervat pentru „creație" – scriu, înregistrez podcasturi sau elaborez altceva care să ducă la un produs „ulterior" tangibil. Închid Wi-Fi-ul în acest interval, ca să fiu cât mai nereactiv cu putință. (Vezi Neil Strauss, pag. 385, și Ramit Sethi, pag. 320)

O OBSESIE COMUNĂ

Cartea *Vă țineți de glume, domnule Feynman!* de Richard P. Feynman. „Dacă ne întâlnim vreodată în persoană, am un exemplar în plus pentru că este realmente uluitoare."

✹ Care este cel mai prost sfat care se dă în afacerea sau în zona ta de competență?

„Că ar trebui să faci o prioritate din a-ți crește publicul de pe social media (Instagram, FB, Twitter, Snapchat, YouTube). Mai bine îți dezvolți lucrurile pe care le poți controla pe deplin și care îți influențează direct vânzările, cum ar fi lista de e-mailuri. Nu-ți plătești facturile din like-uri. Dar ți le plătești din vânzări."

✹ Trei persoane sau surse din care ai învățat în ultimul an – sau pe care le-ai urmărit îndeaproape?

Andrew Chen (echipa de dezvoltare de la Uber), Tomasz Tunguz (întreprinzător cu capital de risc și expert în serviciile de software [SaaS]), Jonathan Siegel (președintele Earth Class Mail)

CÂND VREI SĂ ANGAJEZI BINE – „CINE?" ESTE DE MULTE ORI MAI IMPORTANT DECÂT „CE?"

„Cartea *Who (Cine)* [de Geoff Smart, Randy Street] este o variantă condensată a *Topgrading (Evaluarea de top)* și am auzit de ea la Mint, unde era folosită de fondator."

TF: Acum le recomand această carte tuturor fondatorilor de startupuri, care o recomandă și ei, la rândul lor, altora.

CLASICII COPYWRITINGULUI

Noah este cunoscut pentru talentul său de copywriter și recomandă două resurse: *The Gary Halbert Letter (Scrisoarea lui Gary Halbert)* (cunoscută și ca *The Boron Letters*) și *Ogilvy on Advertising (Ogilvy despre publicitate)*.

✹ Cea mai bună achiziție a lui Noah care a costat 100 $ sau mai puțin

NutriBullet, un blender micuț cu cană detașabilă, pe care îl face frecvent cadou. Doar amesteci, bei și clătești. Nu trebuie să-l cureți. Noah are un blender Vitamix de 500 $, dar a încetat să-l mai folosească, preferând mult mai convenabilul NutriBullet de 79,99 $.

CINE NU SE RUȘINEAZĂ, NU CÂȘTIGĂ – STIMULENTE DE PE INSTAGRAM

Cu puțin timp în urmă, Noah a câștigat 18 kg de masă musculară în ~6 luni. Unul dintre trucurile motivaționale la care a apelat a fost acela de a-și încărca feed-ul de pe Instagram cu imagini și videoclipuri care îi desființau scuzele. Acum fac și eu același lucru. Prea bătrân? Prea masiv? Prea ocupat? Există cineva care-ți poate dovedi că te minți singur. Iată câteva conturi din feed-ul meu personal (@timferriss):

@matstrane: Tipul ăsta de 53 de ani mă face să-mi fie rușine că mă plâng de vârsta mea. El a început să se antreneze la vârsta de 48 de ani.

@gimnasticbodies (dl antrenor Sommer, pag. 35): Majoritatea elevilor săi au început să facă gimnastică din postura de adulți sedentari.

@arboonell: Amelia Boone (pag. 28), cea mai dură femeie pe care am întâlnit-o vreodată. Este avocat cu normă întreagă la Apple și singura persoană care a câștigat de 3 ori World's Toughest Mudder, o cursă de 24 de ore.

@bgirlmislee: Această dansatoare de breakdance și cascadoare reușește să facă *power moves* care erau considerate „imposibile" pentru femei prin anii 1990 (cum ar fi săltări stând într-o singură mână).

@jessiegraffpwr: Concurentă la Female Ninja Warrior. Forța ei de prindere îmi face antebrațele să plângă de cât sunt de slabe.

@jujimufu: Acrobat anabolic „cu mușchi proeminenți" care execută mișcări de capoeira în aer, șpagate și alte nebunii. Puterea și flexibilitatea nu se exclud reciproc. Mai este și nostim pe deasupra.

KASKADE

Kaskade (TW/FB/IG: @KASKADE, KASKADEMUSIC.COM) este considerat de foarte multă lume drept unul dintre „întemeietorii" muzicii house progresive. A fost votat de două ori ca America's Best DJ de *DJ Times*, a fost cap de afiș în cadrul festivalului Coachella și a fost nominalizat de cinci ori pentru un Grammy.

CUM AI FĂCUT ROST DE PRIMUL TĂU ECHIPAMENT?

„L-am abordat pe proprietarul unui club din Utah și l-am întrebat: «Care este cea mai proastă seară? Cea mai slabă?» și el mi-a răspuns: «Lunea. Nici măcar nu mai deschid». Și i-am spus: «Prietene, lasă-mă pe mine să intru în acțiune luni seara». Barul acesta fusese deschis prin anii 1940 și încă avea decorul original. Se numește Club Manhattan. Este un loc uluitor la subsol. Revenind, proprietarul mi-a spus: «Îți dau un procent din încasările de la intrare. Îți chemi prietenii, inviți câțiva oameni și vedem ce se mai întâmplă». Seara aceea s-a dovedit a fi un succes enorm. Am făcut asta timp de 5 ani și în cele din urmă am ajuns să o fac câte două nopți pe săptămână. Aveam lunea și apoi am luat și joia... Lucram la un magazin de îmbrăcăminte ca să mă întrețin în timp ce mergeam și la școală; dar am demisionat după prima săptămână... Lucrurile au început să-mi meargă bine și apoi, când am început să câștig destui bani, mi-am cumpărat primul echipament pentru studio."

MAI ÎNTÂI PUNE PIETRELE MARI

„Când pot, călătoresc cu familia. Sunt căsătorit și am trei copii, așa că încerc mereu să-mi dau seama cum să fac pentru ca lucrurile să meargă bine. Știi, ca atunci când trebuie să cari pietre cu o găleată. Ce este foarte important aici și cum pot să umplu găleata cu lucrurile cu adevărat importante?"

TF: Am auzit pentru prima oară de această metaforă vizuală de la un profesor universitar și reprezintă o modalitate grozavă de a te gândi la priorități. Parafrazându-l pe profesorul meu: „Imaginează-ți că ai un borcan mare din sticlă. Lângă tine sunt câteva pietre mari, o grămăjoară de pietre de dimensiunea unei biluțe și o grămadă de nisip. Ce se întâmplă dacă pui mai întâi nisipul sau pietricelele? Pietrele mari nu mai încap. Dar dacă pui pietrele mari, apoi pietrele de dimensiune medie și abia după aceea grămăjoara de nisip, încap toate". Cu alte cuvinte, lucrurile mărunte își găsesc loc pe lângă lucrurile mari, dar lucrurile mari nu-și găsesc loc pe lângă cele mărunte.

NU UITA CINE EȘTI

„De fiecare dată când plecam de acasă, tata îmi spunea: **«Nu uita cine ești»**. Acum, când sunt și eu tată, lucrul acesta mi se pare foarte profund. Pe atunci reacționam cam așa: «Tată, ce naiba? Ești ciudat rău. De parcă aș putea să uit cine sunt? Ce tot vorbești?» Acum mă gândesc: «Doamne, omul ăla chiar era inteligent»."

✸ Festivalurile preferate?

Kaskade adoră Coachella, dar a menționat și de Electric Zoo din New York. „Se ține în Randall's Island și vezi linia orizontului în timp ce cânți."

✸ Albume emblematice cu care să începi?

Homework al celor de la Daft Punk (*Discovery* este și el foarte bun, dar este un fan mai mare al *Homework*)

Orice album Kraftwerk

„Frustrarea este o chestiune de așteptări."

LUIS VON AHN

Luis von Ahn (TW: @LUISVONAHN, DUOLINGO.COM) este profesor de informatică la Carnegie Mellon University și director general la Duolingo, o platformă gratuită de învățare a limbilor străine, cu peste 100 de milioane de utilizatori. Este cea mai populară modalitate de a învăța limbi străine din lume și l-am cunoscut ca investitor în prima etapă de finanțare. Înainte de asta, Luis era cunoscut pentru că inventase CAPTCHA*-urile, pentru că fusese MacArthur Fellow (beneficiar al „bursei pentru genii") și pentru că vânduse două companii firmei Google înainte să împlinească 30 de ani. Luis a fost numit printre primii 10 tipi străluciți de către revista *Popular Science*, și printre Cele mai creative 100 de persoane din business de revista *Fast Company*.

Animalul spiritual: bufnița

---

* CAPTCHA – metodă automată de a determina dacă utilizatorul unui software (site de internet etc.) este o persoană sau un program de calculator. Numele metodei este acronimul expresiei *„Completely Automated Public Turing Test to Tell Computers and Humans Apart"*. (n.red.)

CUM ÎI PRINDEA PE TRIȘORII DE LA CURS LA CARNEGIE MELLON CU „CAPCANELE GOOGLE"

„[Una dintre problemele pe care le dădeam] se numea Puzzle-ul lui Giramacristo. Cuvântul respectiv era inventat. M-am asigurat că nu exista absolut nimic de felul acesta pe Google. Apoi am făcut un website care oferea soluția corectă, dar care înregistra IP-ul fiecărui vizitator. Și la CMU*, îți poți da seama ce dormitor este după adresa de IP. Așa că puteam afla ce persoane accesau site-ul. Se pare că 40 de studenți din 200 căutaseră pe Google răspunsul și asta mi s-a părut amuzant. Făceam o mulțime de lucruri de felul acesta. De obicei, studenții erau cu toții îngroziți că aproape orice putea să fie o șmecherie. [Eu le spuneam doar: «Dacă recunoașteți, primiți 0 la temă» și oamenii recunoșteau.] Făceam asta la prima și poate la a doua temă, după care se învățau minte și nu mai trișau."

ORIGINEA BUFNIȚEI VERZI, MASCOTA ȘI LOGOUL DUOLINGO

„Abia porneam la drum cu Duolingo și angajasem o companie canadiană să ne ajute la branding... Se numește silverorange. Ei au făcut logo-ul Firefox, spre exemplu. Ne place să lucram cu ei și în una dintre primele noastre ședințe despre brandingul companiei, asociatul meu, Severin [Hacker] a zis: «Știți ceva, nu mă pricep eu prea mult la design și nu-mi pasă în mod deosebit. Dar să vă spun un lucru: urăsc culoarea verde. O urăsc».

Toți ne-am gândit că ar fi hilar dacă mascota noastră ar fi o chestie verde; și de aceea este verde. Am făcut o glumă pe seama cofondatorului nostru. Începând de atunci, a trebuit și va trebui să vadă asta în fiecare zi a vieții lui. N-ar fi trebuit să ne spună asta."

VALOAREA LUI „NU ÎNȚELEG"

„Coordonatorul meu pentru doctorat [de la Carnegie Mellon a fost] un tip care se numea Manuel Blum, pe care mulți îl consideră părintele criptografiei [criptării etc.]. Este uimitor și foarte amuzant. Am învățat foarte multe de la el. Când l-am cunoscut eu, cu vreo 15 ani în urmă, cred că avea în jur de 60 de ani, dar se purta de parcă era mult mai bătrân decât în realitate. Se purta de parcă ar fi uitat tot...

A trebuit să-i explic la ce lucram, și pe atunci era vorba de CAPTCHA, semnele acelea distorsionate pe care trebuie să le tastezi peste tot pe internet. La asta lucram pe atunci [au fost ulterior achiziționate de Google]

---

* CMU – Carnegie Mellon University. (n.red.)

și a trebuit să-i explic și lui. Era foarte amuzant, pentru că, de obicei, începeam prin a-i explica ceva și prima frază pe care o spunea era: «Nu înțeleg despre ce vorbești», după care încercam să găsesc o altă modalitate de a-i spune; și așa trecea o oră întreagă, iar eu nu treceam mai departe de prima propoziție. Și el îmi spunea: «Păi, s-a terminat ora. Hai să ne întâlnim săptămâna viitoare». Cred că am ținut-o așa luni întregi, și la un moment dat am început să mă gândesc: «Nu înțeleg de ce crede lumea că tipul ăsta ar fi așa de inteligent». Mai târziu, [am înțeles ce făcea]. Era de fapt prefăcătorie. În realitate, ceea ce spuneam eu era neclar și nu înțelegeam nici eu pe deplin ce încercam să-i explic. El nu făcea decât să sape mai adânc, și mai adânc, și mai adânc, până când ajungeam să-mi dau seama, de fiecare dată, că exista ceva care nu-mi era clar în minte. El m-a învățat cu adevărat să mă gândesc în profunzime la lucruri și cred că nu am uitat niciodată asta."

TF: Săptămâna asta, încearcă să experimentezi spunând mai des: „Nu înțeleg. Îmi poți explica?" (Vezi ce spune Malcolm Gladwell despre tatăl său, la pag. 622.)

CREAREA UNUI STARTUP ÎN AFARA SILICON VALLEY

„Este uimitor că, atunci când stai de vorbă cu oamenii [din Silicon Valley la evenimente din domeniu], afli că durata medie în care o persoană ocupă un post la una dintre aceste companii [startup] este de circa un an și jumătate... În timp ce la noi [în Pittsburgh], oamenii chiar nu mai pleacă. Pentru că, în materie de startupuri, deși nu suntem singura opțiune din oraș – aș fi nedrept dacă aș spune asta –, nu există foarte multe alternative."

TF: Eu am avut parte de *exit*-uri încununate de succes cu fondatori care își aveau sediul peste tot, din Oklahoma și Colorado (Daily Burn) până la Ottawa, Canada (Shopify). Din punct de vedere al recrutării, Shopify este una dintre companiile majore de referință din domeniul tehnologic din Canada de Est și nu se confruntă cu un număr mare de plecări voluntare. Oamenii s-au stabilit în Ottawa și nu sunt vânați de Facebook, Google, Uber. Familiile acestea nu vor să se mute în San Francisco și, prin urmare, Shopify nu trebuie să intre într-un război sângeros al ofertării.

Crezi că ești condamnat pentru că te afli departe de epicentrul domeniului în care activezi? Vezi dacă nu poți găsi beneficii, pentru că s-ar putea să existe câteva avantaje mai puțin evidente.

STRATEGIA PÂNZEI

„Oamenii de seamă s-au dovedit întotdeauna tot atât de pregătiți să se supună pe cât au dovedit apoi că sunt capabili să comande."
– Lord Mahon

Dacă vrei mentori mari, trebuie să devii un discipol mare. Dacă vrei să conduci, trebuie ca mai întâi să înveți să urmezi. Ben Franklin, legendarul antrenor din Liga Națională de Fotbal Bill Belichick și multe alte figuri istorice pe care le asociezi cu ideea de „lider" au urmat o strategie simplă la începutul drumului lor. Eu am folosit aceeași strategie pentru a-mi construi rețeaua. Aceasta explică și felul în care prima mea carte a depășit momentul critic și tot ei i se poate atribui și succesul investițiilor mele în tehnologie.

Ryan Holiday (TW/FB/IG: @RYANHOLIDAY, RYANHOLIDAY.NET) o numește „strategia pânzei", fiind el însuși un mare practicant. Strateg și scriitor, Ryan a abandonat facultatea la 19 ani pentru a-și începe ucenicia cu Robert Greene, autorul cărții *The 48 Laws of Power* (*Succes și putere. 48 de legi pentru a reuși in viață**), și a devenit director de marketing la American Apparel, la 21 de ani. Actuala sa companie, Brass Check, a consiliat atât clienți ca Google, TASER și Complex cât și numeroși autori de bestselleruri. Holiday a scris patru cărți, cele mai recente fiind *Ego Is the Enemy (Inamicul este egoul**)* și *The Obstacle Is the Way (Obstacolul este adevărata cale)*, care aproape că a generat un cult în rândul antrenorilor din Liga Națională de Fotbal, al sportivilor de talie mondială, al liderilor politici și altor fani din jurul lumii. Holiday locuiește într-o fermă mică lângă Austin, Texas.

Ryan intră în scenă

În sistemul roman al artelor și științelor exista un concept pentru care noi avem doar un corespondent parțial. Oamenii de afaceri de succes,

---

* Volum apărut sub acest titlu la Editura Teora, București, 2015. (n.red.)

** Volum apărut sub acest titlu la Editura ACT și Politon, București, 2019. (n.red.)

politicienii sau playboy-ii bogați susțineau financiar câțiva scriitori, gânditori, artiști și interpreți. Acești artiști nu erau doar plătiți să creeze opere de artă, ci se achitau de un număr de îndatoriri, primind în schimb protecție, hrană și cadouri. Unul dintre roluri era acela de *anteambulo* – care înseamnă literalmente „cel care deschide drumul". Un *anteambulo* mergea în fața protectorului său peste tot prin Roma, deschizând drumul, trimițând mesaje și, în general, făcându-i acestuia viața mai ușoară. Celebrul epigramist Marțial a îndeplinit rolul acesta mai mulți ani, servindu-l pentru un timp pe protectorul Mela, un om de afaceri bogat, fratele filosofului stoic și consilierului politic Seneca. Nefiind născut într-o familie bogată, Marțial a mai fost în serviciul unui alt om de afaceri numit Petilius. Ca tânăr scriitor, își petrecea cea mai mare parte a zilei mergând de la vila unui protector bogat la a altuia, făcându-le servicii, prezentându-le omagiile sale, primind în schimb sume simbolice și favoruri.

Iată care este problema: la fel ca cei mai mulți dintre noi, cu stagiile noastre și pozițiile pentru debutanți (sau mai târziu, cu editurile, cu șefii sau cu clienții noștri), Marțial a detestat din tot sufletul fiecare clipă. Credea că sistemul acesta îl transforma cumva într-un sclav. Visând să ducă traiul unui nobil de la țară – la fel ca protectorii pentru care lucra –, Marțial își dorea bani și un domeniu care să-i aparțină. Acolo visa că își va putea scrie în cele din urmă capodoperele, în pace și independență. De aceea, scrierile sale sunt punctate de ura și amărăciunea pe care i le stârneau elita romană, de care credea că este ținut fără milă la distanță.

Din cauza furiei sale neputincioase, Marțial nu putea să vadă că tocmai poziția sa unică de marginalizat al societății era cea care îi asigura o perspectivă atât de fascinantă asupra culturii romane încât a supraviețuit până în ziua de azi. Dacă nu s-ar fi lăsat afectat de un astfel de sistem, dacă ar fi putut să se împace cu el? Dacă – *vai* – ar fi putut să aprecieze oportunitățile pe care i le oferea? Nu. Se pare că l-au ros pe dinăuntru.

Este o atitudine comună care trece dincolo de societăți și generații. Geniul furios, neapreciat la justa sa valoare, este forțat să facă lucruri care nu-i plac, pentru oameni pe care nu-i respectă, ca să-și croiască un drum prin lume. *Cum îndrăznesc să mă facă să mă umilesc în halul ăsta! Ce nedreptate! Ce risipă!*

Vedem lucrul acesta în procese legale recente, în care stagiarii își dau angajatorii în judecată din cauza salariului. Vedem copii care preferă să locuiască cu părinții decât să se coboare să facă o muncă pentru care sunt „supracalificați". Îl vedem în incapacitatea de a ajunge la acord cu altcineva în termenii respectivului, în refuzul de a face un pas înapoi pentru ocazia de a face mai mulţi paşi înainte. *N-o să-i las să câştige de pe urma mea. Prefer să nu ne alegem niciunul cu nimic.*

Merită să aruncăm o privire la aşa-zisele umilinţe de a „servi" pe cineva. Pentru că, în realitate, modelul ucenicíei este responsabil pentru un segment important din marea artă a istoriei lumii – toată lumea, de la Michelangelo şi până la Leonardo da Vinci şi Benjamin Franklin, a fost nevoită să folosească un sistem de felul acesta – şi, dacă chiar ai să devii atât de important pe cât crezi, nu este aceasta doar o obligaţie neimportantă şi temporară?

Atunci când cineva începe să muncească pentru prima oară sau intră într-o organizaţie nouă, primeşte frecvent următorul sfat: fă-i pe ceilalţi să cadă într-o lumină favorabilă şi îţi va merge bine. Ţi se spune să laşi capul jos şi să fii la dispoziţia şefului. Bineînţeles că puştiul care a fost ales dintre atâţia alţi puşti pentru această poziţie nu vrea să audă una ca asta. Un absolvent de Harvard nu se aşteaptă la asta – în fond, el a obţinut diploma respectivă tocmai pentru a evita această umilinţă închipuită.

Să reformulăm situaţia, să nu mai pară atât de înjositoare: nu este vorba să pupi în fund. Scopul nu este acela să faci pe cineva *să dea* bine. Ideea este să oferi sprijinul necesar, astfel încât ceilalţi să poată *să fie* buni. Sfatul acesta ar putea fi reformulat mai bine în felul următor: găseşte o pânză pe care ceilalţi să poată picta. Fii un *anteambulo*. Eliberează drumul pentru cei aflaţi deasupra ta şi, în cele din urmă, vei reuşi să creezi un drum pentru tine însuţi.

Atunci când te afli la început de drum, putem fi siguri de câteva realităţi fundamentale: 1) nu eşti nici pe departe atât de bun sau de important pe cât crezi că eşti; 2) ai o atitudine care trebuie recalibrată; 3) multe din lucrurile pe care crezi că le ştii sau dintre lucrurile pe care le-ai învăţat din cărţi sau de la şcoală sunt depăşite sau eronate.

Există o modalitate fabuloasă de a elimina toate lucrurile acestea din sistem: asociază-te cu oamenii şi cu organizaţiile care se bucură deja de succes, încorporează-ţi identitatea în identitatea lor şi avansaţi împreună simultan. Este cu siguranţă mai fascinant să-ţi urmăreşti propria glorie, deşi nici pe departe la fel de eficient. Respectul este soluţia pentru a avansa.

Acesta este celălalt rezultat al unei astfel de atitudini. Îţi micşorează egoul într-o perioadă critică din cariera ta, ceea ce-ţi permite să asimilezi tot ce poţi, fără obstacolele care blochează vederea şi progresul celorlalţi.

Nimeni nu încurajează linguşirea. Mai degrabă, ideea este să vezi ce se petrece din interior şi să cauţi oportunităţi pentru *altcineva*, nu pentru tine însuți. Amintește-ți că *anteambulo* înseamnă să eliberezi drumul – să găsești direcția în care cineva intenționează să se îndrepte și să ajuți persoana respectivă să-și pregătească bagajele, redându-i libertatea de a se concentra pe atuurile sale. Trebuie să faci lucrurile mai bune, nu doar să lași impresia că faci asta.

Multă lume a auzit de celebrele scrisori ale lui Benjamin Franklin, scrise sub pseudonimul Silence Dogood. „Ce inteligent era copilul-minune", își spun ei și pierd cu totul din vedere partea cea mai impresionantă: Franklin scria scrisorile respective și le înainta tipografiei strecurându-le pe sub ușă, pentru ca abia mult mai târziu să i se atribuie meritul pentru ele. Cel care a avut de câștigat de pe urma imensei lor popularități a fost fratele său, proprietarul tipografiei, căci le publica de multe ori pe prima pagină a ziarului. Totuși, Franklin juca un joc cu bătaie lungă – învăța cum funcționează opinia publică, aducea în atenție lucrurile în care credea, își cizela stilul, tonul și inteligența. S-a folosit de această strategie în repetate rânduri în timpul carierei sale – publicând la un moment dat în ziarul unui competitor pentru a slăbi poziția altui competitor –, pentru că Franklin a observat că existau beneficii constante atunci când îi punea pe alții într-o lumină favorabilă și le permitea să își atribuie meritele ideilor sale.

Bill Belichick, antrenorul șef al echipei New England Patriots, care a câștigat patru ediții ale Super Bowl-ului, a avansat în ierarhia Ligii Naționale de Fotbal pentru că iubea și stăpânea la perfecție o parte a muncii de antrenor pe care ceilalți o detestau la acea vreme: analiza filmărilor. S-a oferit voluntar fără plată pentru primul său job din fotbalul profesionist, la Baltimore Colts – și observațiile sale, care furnizau muniție și strategii esențiale pentru joc, au fost atribuite exclusiv antrenorilor mai importanți. S-a dezvoltat făcând ceva considerat a fi muncă de jos, a cerut să o facă și s-a luptat să devină cel mai bun într-un domeniu pe care ceilalți îl considerau sub demnitatea lor. „Era ca un burete, absorbea tot, asculta tot", povestea un antrenor. „Îi dădeai o sarcină și el dispărea într-o cameră; îl vedeai doar după ce termina, după care voia să facă și mai mult", povestea altul. După cum îți poți imagina, în scurt timp Belichick a început să fie plătit.

Înainte de asta, ca tânăr jucător în echipa liceului, cunoștea atât de bine jocul încât era un fel de antrenor secund chiar și atunci când juca. Tatăl lui Belichick, care a fost la rândul lui antrenor secund de fotbal pentru cei din Marină, l-a învățat o lecție esențială din politica fotbalului: dacă voia să-i ofere antrenorului feedback sau să-i conteste o decizie, trebuia să facă asta în privat și discret, astfel încât să nu-și jignească superiorul. A învățat cum să devină o stea în ascensiune, fără să amenințe sau să-și înstrăineze pe cineva. Cu alte cuvinte, a ajuns să stăpânească strategia pânzei.

Se poate vedea cu ușurință felul în care sentimentul de îndreptățire și aerul de superioritate (manifestările egoului) ar fi făcut imposibile realizările acestor doi oameni. Franklin nu ar fi fost publicat niciodată, dacă ar fi fost convins că recunoașterea meritelor sale este mai importantă decât exprimarea creativă – și într-adevăr, atunci când a aflat, fratele său l-a bătut la propriu din gelozie și furie. Belichick și-ar fi scos din sărite antrenorul și probabil că ar fi fost trimis pe banca de rezerve, dacă ar fi căutat să-l sfideze în public. Nu ar fi acceptat cu siguranță să muncească pe degeaba la primul loc de muncă și nu ar fi stat să urmărească mii de ore de filmări, dacă i-ar fi păsat de statut. Măreția are origini modeste; sursa ei este munca de jos. Asta înseamnă că ești persoana cea mai puțin importantă dintre toți, până în clipa în care schimbi situația venind cu rezultate.

Un vechi proverb ne spune: „Mai puține vorbe și mai multe fapte". Ceea ce ar trebui să facem este să actualizăm acest proverb și să-l aplicăm la strategia noastră de început. Fii *mai puțin*, fă *mai mult*. Imaginează-ți ce s-ar întâmpla dacă te-ai gândi la o modalitate prin care să ajuți fiecare persoană pe care o întâlnești, ceva ce ai putea face pentru ea. Și dacă ai privi situația într-un fel în care doar ea ar avea de câștigat, nu tu? Efectul pe care l-ar avea în timp ar fi unul profund: rezolvând probleme diferite, ai învăța foarte multe. Ți-ai face reputația că ești indispensabil. Ai avea nenumărate relații noi. Ai dispune de un set enorm de favoruri la care poți apela mai târziu.

La asta se referă strategia pânzei: te ajuți pe tine, ajutându-i pe ceilalți. Faci un efort concertat de a-ți sacrifica recunoașterea pe termen scurt în schimbul unui beneficiu pe termen lung. În timp ce tot restul lumii urmărește să-i fie recunoscute meritele și să fie respectată, tu te poți dispensa de merite. Te poți dispensa atât de mult încât să te *bucuri* atunci când sunt atribuite altcuiva, nu ție – asta și urmăreai, de fapt. Lasă-i pe ceilalți să-și culeagă laudele pe datorie, în timp ce tu amâni și acumulezi dobândă pe împrumut.

Partea de *strategie* este cea mai dificilă. Este ușor să fii înverșunat, ca Marțial. Să detești până și gândul deferenței. Să-i disprețuiești pe cei care dispun de mai multe resurse, mai multă experiență sau de o poziție socială mai bună. Să-ți spui că tot timpul pe care ți-l petreci făcând munca altora și tot timpul în care nu muncești pentru a te perfecționa pe tine înseamnă doar o irosire a darurilor pe care le ai. Să-ți repeți: *Nu mă voi lăsa înjosit în felul acesta.*

După ce reziști acestui impuls emoțional și egocentric, strategia pânzei este ușoară. Căile sunt nesfârșite.

» Poate că este vorba de găsirea unor idei pe care să i le cedezi șefului tău.

» Să găsești oameni, gânditori și staruri în ascensiune pe care să-i prezinți unii altora. Să încrucișezi firele pentru a crea scântei noi.

» Să afli care sunt lucrurile pe care nimeni altcineva nu vrea să le facă și să le faci tu.

» Să găsești ineficiențele, risipa și redundanțele. Să identifici breșele și cârpelile ca să faci loc unor resurse pentru domenii noi.

» Să produci mai mult decât oricine altcineva și să-ți dăruiești ideile fără să ceri nimic.

Cu alte cuvinte, descoperă oportunități care să încurajeze creativitatea celorlalți, găsește mijloace și persoane pentru colaborare și elimină distragerile care le împiedică progresul și concentrarea. Este o strategie plină de satisfacții care se poate amplifica la infinit. Privește fiecare persoană ca pe o investiție în relații și în dezvoltarea ta.

Strategia pânzei îți stă mereu la dispoziție. Și nu are termen de expirare. Este una dintre puținele pe care vârsta nu le limitează – indiferent dacă ești tânăr sau în vârstă. Poți să începi oricând – înainte să obții un job, înainte să te angajezi și în timp ce faci altceva, dacă începi ceva nou sau te afli în cadrul unei organizații unde nu ai nici aliați puternici, nici susținere. Ba s-ar putea chiar să realizezi că nu ai niciun motiv pentru care să încetezi să o mai folosești, chiar dacă ai avansat până în poziția din care îți conduci singur proiecte. Las-o să devină naturală și permanentă; lasă-i și pe alții să o folosească pentru tine în timp ce tu ești prea ocupat să o folosești pentru superiorii tăi.

Pentru că, dacă dai la o parte o dată această manta, vei vedea acel lucru pe care cei mai mulți oameni nu-l înțeleg la justa lui valoare din cauza propriului ego: persoana care eliberează drumul este cea care îi controlează în ultimă instanță direcția, la fel cum pânza modelează pictura.

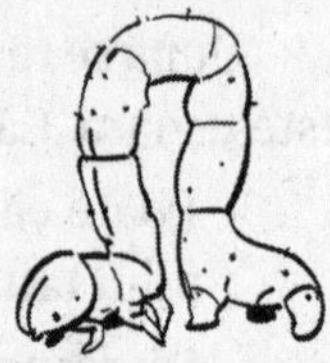

KEVIN ROSE

Kevin Rose (TW/IG: @KEVINROSE, THEJOURNAL.EMAIL) este unul dintre cei mai buni analiști al investițiilor profitabile din lumea start-upurilor. El poate să prezică până și trendurile non-tech cu o precizie uluitoare. A fost cofondator al Digg, Revision3 (cumpărat de Discovery Communications) și Milk (cumpărat de Google). Ulterior, a fost partener general la Google Ventures, unde a făcut parte din echipa de investiții care a finanțat companii ca Uber, Medium și Blue Bottle Coffee. În prezent, este director general la Hodinkee, cea mai mare piață online și cel mai mare site de știri din domeniul ceasurilor de mână. A fost inclus în Top 25 Angel Investors alcătuit de Bloomberg și în Top 25 Most Influential People on the Web, alcătuit de *Time*. Are un newsletter lunar popular intitulat *The Journal*.

Sunt bun prieten cu Kevin și împreună realizăm o emisiune video regulată (oarecum) care se numește *The Random Show*, și care s-a ales cu numele acesta pentru că atât conținutul, cât și intervalele la care apare sunt extrem de dezordonate. Și profilul acesta a fost gândit să fie cumva aleatoriu. De ce se bucură de un tratament special? Pentru că el a fost prima persoană pe care am invitat-o în podcastul meu.

L-am inclus în secțiunea „Bogat” datorită următorului segment de la pag. 381, care se concentrează pe strategia sa în materie de investiții.

Animalul spiritual: omida

POVESTEA DE FUNDAL ȘI ELEMENTE ALEATORII

» Kevin adoră ceaiul. Îi place atât de mult încât pe interiorul bicepsului stâng are un tatuaj cu împăratul chinez Shennong (în traducere „fermierul divin"), care este considerat descoperitorul ceaiului. Două dintre ceaiurile sale preferate, ușor de găsit, sunt produse de Red Blossom Tea Company: ceaiul oolong Tung Ting dark roast și, dacă vrei ceva mai moderat, ceaiul alb Silver Needle.

» A fost invitatul meu pentru primul episod al *The Tim Ferriss Show*, care nu avea un nume pe atunci. El mi-a sugerat TIMTIMTALKTALK (e o poveste lungă) și mii de fani încă folosesc porecla respectivă în social media. Fir-ai să fii, KevKev!

» Cea mai proastă întrebare pe care i-am pus-o a fost: „Dacă ai putea să fii un tip de cereale pentru micul dejun, ce fel de cerealele ai alege și de ce?" În momentul acela beam vin și lucrurile s-au încâlcit rău.

» În 2012, Kevin și soția sa, Darya Pino Rose, om de știință în domeniul neuroștiințelor, au petrecut trei săptămâni în Japonia cu mine și cu iubita mea de atunci. Într-o seară, după cină, m-am dus relaxat la fosta mea iubită care stătea pe trotuar și mi-am băgat mâna în buzunarul ei de la spate, strângând-o direct de fund. „O, bună, TimTim", m-a salutat Darya cu naturalețe. Cele două doamne arătau identic din spate: același păr, aceeași constituție, aceeași talie. Scuze, KevKev!

» Kevin este singurul om pe care l-am văzut aruncând ca pe o minge un raton. Acesta îi atacase câinele și imaginile au fost prinse de camerele de supraveghere din două unghiuri. Le găsești pe YouTube (dă o căutare după „Kevin Rose raccoon") și par niște imagini generate de computer.

» Avem amândoi aceeași supă de oase preferată – supa de pui cu șofran de India și ghimbir de la Brodo, în New York City.

CUM SĂ TE CONFRUNȚI CU TROLII DIN MEDIUL ONLINE

Kevin este un maestru în materie de combatere a idioțeniilor din mediul online. Eu eram surescitat din cauza unui comentator anonim și insistent în 2009, iar Kevin mi-a pus două întrebări simple la care m-am gândit de multe ori de atunci:

„Oamenii pe care îi respecți sau de care îți pasă lasă comentarii încărcate de ură pe internet?" (Nu.)

„Chiar vrei să te lupți cu oameni care dispun de timp liber la infinit?" (Nu.)

- **Unul dintre instrumentele lui preferate pentru monitorizarea obișnuințelor și schimbarea comportamentală**

Aplicația Way of Life.

SOLUȚIA LA ZAHĂRUL DIN SÂNGE

Cu câteva luni în urmă, am primit un sms de la Kevin, care-mi spunea: „Am găsit Sf. Graal", însoțit de o fotografie cu ecranul aparatului Dexcom de monitorizare continuă a glicemiei care arăta că avea nivelul în jur de 79 mg/dL (o valoare scăzută, dar sănătoasă) după ce consumase două beri, un cotlet de porc cu glazură de miere, 4 felii de pâine de porumb cu unt și miere și o porție de gnocchi de cartofi.

În ce consta „Sf. Graal"? 25 mg de acarboză (¼ de tabletă) cu mâncarea. A învățat șmecheria asta de la Peter Attia (pag. 86), cu care i-am făcut eu cunoștință.

INVESTIȚIILE INSTINCTUALE

Ca investitor, Kevin reprezintă acea dublă amenințare rară: este excelent și atunci când investește în companii tehnologice aflate în primele etape (Series Seed sau A), și atunci când investește în firmele cotate la bursă. Majoritatea celor care se descurcă bine la una, se descurcă îngrozitor la cealaltă.

Când îl întreb despre oricare dintre ele, el îmi răspunde adesea cu variante ale întrebărilor următoare:

„Oare o înțelegi?"

„Crezi că vor domina și vor crește peste 3 ani?"

„Crezi că tehnologia aceasta va face mai mult sau mai puțin parte din viața noastră peste 3 ani?"

A făcut zeci de investiții spectaculoase bazându-se pe răspunsurile sale la aceste întrebări, plus o dimensiune suplimentară: răspunsul emoțional. Ai putea respinge discuțiile despre „instinct" cu o simplă fluturare a mâinii, dar, cum ar zice maxima, „o dată înseamnă că ai avut noroc, de două ori înseamnă că ești bun". Kevin și-a reprodus succesul de nenumărate ori.

Există numeroase metode tehnice complexe de a investi, tratate *ad nauseam* în alte părți. Aici avem și perspectiva alternativă care nu este la fel de răspândită.

Kevin intră în scenă

Chiar înainte să mă îndrept spre scena unei conferințe de tehnologie, fondatorul TechCrunch, J. Michael Arrington, m-a întrebat: „Ai investit într-o mulțime de startupuri grozave, cum îți alegi companiile?" I-am răspuns: „Am încredere în instinctul meu". Omul a părut nemulțumit și mi-a spus: „Trebuie să găsești un răspuns mai bun decât ăsta".

Eu i-am admirat întotdeauna pe investitorii din domeniul tehnologiei care alcătuiesc o teză mare, atotcuprinzătoare, pentru a-și prezenta filosofia investițională. „Software-ul înghite lumea", „economia de jos în sus" și „investițiile în companii dinozaur", ca să amintim doar câteva.

Genul acesta de investiție tematică este o strategie grozavă pentru fonduri, dar nu a fost niciodată valabilă pentru mine, ca investitor de tip *angel*.

În cazul meu, decizia de a investi într-un startup apare după ce urmez un proces înclinat puternic spre EQ* (coeficient emoțional). Procesul acesta începe cu explorarea emoțională a ideii. Dacă ajunge să depășească acest obstacol, trec apoi la obișnuita verificare, utilizând date obiective pentru a valida presupozițiile antreprenorilor în privința aspectelor cuantificabile ale afacerii.

Așadar, cum explorezi emoțional o idee?

Atunci când evaluez un produs nou, iau caracteristicile noi (nu pe toate) și analizez exhaustiv felul în care ar putea să influențeze emoțiile consumatorilor care îl utilizează. După aceea, iau aceleași caracteristici și mă gândesc la felul în care ar putea să evolueze în timp.

Să luăm, spre exemplu, notițele mele cu privire la Twitter (care m-au determinat să fac o investiție în 2008). Am fost intrigat de câteva caracteristici noi:

Scrierea de tweet-uri – un *sharing* public rapid.

Reacția emoțională: poți să tastezi 140 de caractere mai ușor și mai repede decât dacă ai începe să-ți faci un blog. Teama și timpul asociate scrierii unei postări lungi nu există aici. Poți să faci actualizări prin mesaje text, nu ai nevoie de niciun fel de computer (amintește-ți că asta se întâmpla înainte de „app"-uri). Lucrul acesta ar putea să constituie un uriaș punct de atracție pentru celebritățile care nu folosesc tehnologia.

Urmărirea – un nou concept nonconformist care le permite utilizatorilor să urmărească oameni pe care nu-i cunosc. Chiar dacă lucrul acesta pare un lucru banal astăzi, la vremea aceea a dat peste cap modelul bidirecțional al prieteniei care se bucura de mai multă popularitate.**

Reacția emoțională: crearea unei baze de urmăritori pare un fel de joc sau de competiție. Utilizatorii își vor încuraja prietenii și fanii să-i urmărească, atrăgând și mai mulți utilizatori. Jocul acesta de a-ți aduna laolaltă prietenii și fanii reprezintă marketing gratuit pentru Twitter. Urmărirea face ca *sharing*-ul să fie implicit public. Asta le oferă fanilor o legătură mai profundă cu oamenii pe care îi admiră, dar pe care nu-i cunosc. [**TF**:

---

* EQ – emotional quotient. (n.red.)

** *Following*, în original. (n.red.)

La început, Twitterul a utilizat și o listă „Top 100" cele mai urmărite conturi pentru a stimula competiția.]

Distribuirea conținutului.

Reacția emoțională: utilizatorii au început să utilizeze codul „RT" pentru a se referi la un „retweet" (asta era o practică răspândită înainte să fie dezvoltată opțiunea oficială pentru retweet). Această opțiune ad hoc le permite utilizatorilor să distribuie mesajele dincolo de graficul lor social, oferind o vizibilitate mărită mesajului unui utilizator. Natura în timp real a Twitterului le permite știrilor noi să fie cunoscute mai repede decât în presa tradițională (chiar și decât Digg, care pe atunci era startupul meu).

Percepând aceste caracteristici prin ochii utilizatorilor, pot să-mi formez o idee despre entuziasmul față de ele.

Genul acesta de gândire poate fi aplicată și trendurilor mai mari dintr-un domeniu.

Colegul și prietenul meu David Prager a fost unul dintre primii proprietari ai unei mașini Tesla Model S. Din momentul în care a primit-o, a avut amabilitatea să le permită tuturor prietenilor săi să facă o tură de probă cu ea. Lucrul care mi-a rămas întipărit nu a fost mașina, ci sunetul pe care îl scotea. După ce m-a lăsat într-un loc, a călcat cu putere accelerația și a urcat rapid un deal mare din San Francisco. Nu am auzit decât murmurul/bâzâitul electric al accelerației. Pentru mine, asta a semănat cu multe din filmele științifico-fantastice pe care le văzusem în copilărie – era sunetul viitorului.

Câteva zile mai târziu, îmi amintesc că am auzit un autobuz mare de oraș care încerca să urce pe același deal. Motorul diesel pârâia și se forța, de parcă și-ar fi ieșit din formă, luptându-se să tragă o gură de aer.

Mie mi-a fost clar că, deși vor fi adoptate lent de către consumatori, odată cu progresele tehnologice în materie de stocare a energiei (sunt doar o chestiune de timp), vehiculele electrice vor fi viitorul industriei.

Aceste impresii m-au făcut să cumpăr acțiuni ale companiei într-o perioadă în care era mai degrabă nepopulară.

De fapt, am utilizat acest cadru general mai mult pentru a mă feri de investițiile proaste decât pentru a găsi investiții bune. Când mi-am analizat întâlnirile din anul calendaristic precedent, am observat că, în medie, m-am întâlnit cu 18 companii înainte să găsesc una în care să merite să investesc. Asta înseamnă o mulțime de refuzuri.

Spre exemplu, forma concretă pe care o are în prezent echipamentul pentru realitatea virtuală nu trece de testul meu. Unitățile sunt mari, butucănoase, au nevoie de computere demențial de scumpe și instalarea lor este un haos. Deși este plăcută, experiența nu este decât puțin mai bună decât jocurile tradiționale.

Așa că, până acum, m-am ferit de investițiile în VR*. La un moment dat (peste mai mulți ani), combinația potrivită între putere, dimensiuni, preț și tehnologie a realității se va concretiza într-un dispozitiv care va fi probabil adoptat în masă. Dar, pe moment, eu spun pas.

[**TF**: Kevin a anticipat explozia realității augmentate (AR**) cu câteva luni înainte să explodeze Pokémon Go, subliniind că AR-ul și VR-ul nu sunt unul și același lucru.

Consider că este important să consemnez: și eu cred în date obiective și în utilizarea lor pentru a lua decizii, mai ales în etapele târzii de finanțare. Dar în etapa inițială, în perioada germinației unei idei, pariul se bazează în cea mai mare parte pe calitatea echipei și pe legătura emoțională pe care simți că o ai cu produsul.

Mulți investitori cred că nu ar trebui să ai încredere în instinct, iar când duce la succes, îl pun pe seama norocului chior. Bineînțeles, intuiția creativă variază de la o persoană la alta. Nu există nicio formulă magică aici. Dar eu cred că putem privi intuiția ca pe un instrument la care putem apela atunci când evaluăm idei pentru care dispunem de foarte puține date, cum ar fi startupurile care urmează să se lanseze.

---

* VR – virtual reality. (n.red.)

** AR – augmented reality. (n.red.)

NEIL STRAUSS

Neil Strauss (TW: @NEILSTRAUSS, NEILSTRAUSS.COM) a scris opt bestselleruri *The New York Times*, printre care *The Game (Jocul)* și *The Truth (Adevărul)*. A fost și redactor la *Rolling Stone* și jurnalist cu normă întreagă la *The New York Times*. În afară de asta, a pus bazele unor companii foarte profitabile. Chiar dacă nu ai de gând să scrii vreodată, gândirea lui poate fi aplicată aproape în orice domeniu.

Animalul spiritual: peștele gelatinos

NU ACCEPTA NORMELE VREMURILOR TALE

„Vorbeam cu un prieten miliardar și i-am spus: «Chiar mi-ar plăcea să scriu o carte despre felul în care funcționează mintea ta». El comenta despre diferența dintre o persoană care nu este miliardară și una care este... Mi-a spus: «**Cea mai mare greșeală pe care o poți face este să accepți normele vremurilor tale**». Numai când nu accepți normele inovezi, indiferent că este vorba de tehnologie, de cărți, de orice. Așadar, neacceptarea normei este secretul marelui succes și al schimbării lumii."

✹ Recomandare conexă de carte pentru artiști

Life is Elsewhere (Viața e în altă parte)*, de Milan Kundera; „Cred că este o analogie a alegerii pe care o avem cu toții de făcut în viață: îți vei împlini potențialul sau vei ceda presiunii sociale actuale și nu vei deveni nimic?"

✹ Cea mai bună achiziție făcută de Neil cu 100 $ sau mai puțin

„Freedom [app]. Nu am niciun fel de interes în asta, dar există un program de computer care mi-a salvat probabil viața. Este programul meu preferat. Te întreabă: «Câte minute de libertate vrei?» Și tu scrii câte minute vrei: «120 de minute de libertate». După aceea, ești decuplat complet de la internet în tot acest interval, indiferent ce s-ar întâmpla. Deci, imediat ce mă apuc de scris, primul lucru pe care îl fac este să programez Freedom, pentru că, dacă scrii și vrei să cauți ceva, cauți respectivul lucru, apoi rămâi blocat într-o trecere nesfârșită de la un clickbait** la altul. Dar ceea ce poți face este să salvezi toate lucrurile pe care vrei să le cercetezi și să le cauți după ce expiră timpul respectiv. Vei descoperi că este mult mai eficient."

TF: Eu și Neil, și mulți alți scriitori, utilizăm „TK" ca înlocuitor al lucrurilor pe care vrem să le cercetăm mai târziu (de ex., „Pe atunci, el avea vârsta de TK ani."). Aceasta este o practică răspândită, deoarece aproape că nu există niciun cuvânt englezesc care să conțină TK (cu excepția enervantului ăluia de Atkins), lucru care face să ne fie foarte ușor să utilizăm Control-F când vine vremea să facem căutările sau să verificăm informațiile.

---

* Volum apărut la Editura Humanitas, București, 2012. (n.red.)

** Clickbait – un link (sau un website) care îți atrage atenția și încurajează oamenii să citească (sau să urmărească). Clickbait-ul se folosește pentru a exploata „curiozitatea" unui individ, aducând informații care să atragă atenția utilizatorului, dar nu suficientă informație pentru a satisface această curiozitate, „obligându-te" astfel să dai click pe conținut. (n.red.)

EDITEAZĂ ÎNTÂI PENTRU TINE, PENTRU FANI, APOI PENTRU HATERI

Neil își editează scrierile în trei etape. Parafrazat:

Prima dată, editez pentru mine. (Ce-mi place mie?)

A doua oară, editez pentru fanii mei. (Ce le-ar plăcea cel mai mult și ce i-ar ajuta cel mai mult pe fanii mei?)

A treia oară, editez pentru haterii mei. (Ce ar încerca aceștia să critice, să discrediteze sau să ia peste picior?)

Neil intră în detalii cu privire la ultima situație: „Eu mă folosesc întotdeauna de exemplul lui Eminem. Nu-l poți critica pe Eminem pentru că [în piesele sale] joacă rolul criticilor, pentru ca apoi să le răspundă... Nu există vreun lucru pe care oamenii să-l fi spus despre el și care [să nu fi] primit deja un răspuns sau să nu fi fost realizat într-un fel conștient. Și atunci, chiar vreau să le răspund criticilor – întrebărilor și criticilor – într-un fel care să fie totuși plăcut și antrenant. [În asta constă] ideea de «protecție anti-hater».”

TF: „Protecția anti-hater” poate să ia mai multe forme, fie că glumești pe seama ta („Știu că lucrul acesta este ridicol de contradictoriu, dar...”), fie că prezinți o critică probabilă și îi răspunzi direct (de ex., „Câțiva oameni ar putea să spună, pe bună dreptate... [critică].”) Seneca reușește să o ilustreze de minune pe ultima în *Scrisorile către Lucilius*, iar Scott Adams (pag. 292) a utilizat o tehnică similară în romanul său *God's Debris*.

> „Blocajul scriitorului nu există în realitate... Blocajul scriitorului este aproape echivalentul impotenței. Presiunea pentru performanță pe care o exerciți asupra ta este cea care te împiedică să faci un lucru pe care ar trebui să-l poți face în mod firesc.”

BLOCAJUL SCRIITORULUI ESTE CA IMPOTENȚA

Ideea aceasta este aproape un refren pentru jurnaliștii experimentați. Indiferent că ne referim la idei (vezi James Altucher, pag. 276) sau la scrisul în sine, secretul este să îți cobori temporar standardele.

Unul dintre cele mai bune sfaturi referitoare la scris pe care le-am primit a fost o mantră: „Două amărâte de pagini pe zi”. Un autor mai experimentat a asociat-o cu IBM, care acum câteva decenii chiar reprezenta *gorila* de 400 kg în multe domenii diverse. Oamenii lor din vânzări erau celebri pentru eficiența incredibilă și pentru doborârea recordurilor. Cum a reușit IBM această performanță? În anumite feluri, făcând exact pe dos față de ce te-ai aștepta să facă. Spre exemplu, IBM a stabilit obiective de vânzări foarte mici. Ei urmăreau ca oamenii care făceau vânzări să nu se simtă intimidați când pun mâna pe telefon. Voiau ca aceștia să-și formeze un obicei și abia apoi să-și depășească normele și obiectivele. Exact asta s-a întâmplat. În ceea ce privește scrisul, mi s-a spus că obiectivul meu ar trebui să fie „două amărâte de pagini pe zi". Doar atât. Dacă reușești să scrii două pagini amărâte, chiar dacă nu le vei folosi niciodată, ai dreptul să te simți „încununat de succes" în ziua respectivă. Uneori, abia încropești două pagini și chiar sunt groaznice. Dar cel puțin în 50% din timp vei reuși să scrii probabil 5, 10 sau chiar – în rarele zile miraculoase – 20 de pagini. Redactează urât și editează frumos.

FII VULNERABIL DACĂ VREI SĂ FIE ȘI CEILALȚI

Neil este un intervievator veteran și mi-a destăinuit chiar din primele momente un secret de aur: deschide-ți inima și arată-te vulnerabil față de persoana pe care urmează să o intervievezi înainte să începeți. Funcționează incredibil de bine. Înainte să apăs butonul de înregistrare, aloc 5-10 minute pentru glume, încălzire, verificarea sunetului etc. La un moment dat, destăinui informații personale sau susceptibile de a fi criticate (spre ex., cât de mult am detestat să fiu citat trunchiat înainte, și că înțeleg acest sentiment; cât de tare mă lupt cu termenele limită, din cauza presiunilor exterioare, etc.). Asta îi face pe cei intervievați mult mai dispuși să facă același lucru mai târziu. Uneori, le cer sincer un sfat, dar fără să întrerup discuția, cam așa: „Tu ești foarte bun la X și eu chiar am probleme cu Y. Vreau să-ți respect timpul și, evident, să facem interviul acesta, dar aș vrea să te întreb despre asta la un moment dat".

Ascultătorii mă întreabă frecvent: „Cum reușești să creezi raporturi bune atât de repede?" Lucrurile de mai sus reprezintă prima parte a tacticii mele.

În partea a doua, abordez preventiv temeri obișnuite în timpul acelor 5-10 minute. Și mie mi-a tras-o presa înainte și aș vrea ca oaspeții mei să știe că A) știu cât este de îngrozitor; și B) interviul meu este un spațiu sigur în care pot să fie deschiși și să experimenteze. Printre temele pe care le abordez:

» Asta nu este o emisiune de genul „te-am prins"; intenția mea este să-i pun într-o lumină bună.
» Întreb: „Să dăm pe repede înainte și să ajungem la o săptămână sau la o lună după publicarea acestui interviu. În ce fel crezi că ar putea să fie o reușită pentru tine? Cum ar arăta dacă ar fi „de succes"?

» Întreb: „Există vreun subiect despre care ai prefera să nu vorbim?"
» Foarte similar emisiunii TV *Inside the Actors Studio* (l-am angajat pe cercetătorul lor șef să citească transcrierile și să mă ajute să mă perfecționez), invitatul are dreptul la „editarea finală". Înregistrarea nu este live (99% din timp), așa că putem să ștergem orice vor. Spre exemplu, dacă se gândesc să taie ceva a doua zi dimineața, putem să eliminăm partea respectivă.
» Le spun: „Eu sugerez întotdeauna să fii cât mai natural și mai deschis cu putință. Fanilor mei le plac poveștile și detaliile tactice. Putem oricând să eliminăm ceva, dar nu putem să adăugăm lucruri interesante mai târziu".

✹ Trei oameni sau surse de la care ai învățat – sau pe care le-ai urmărit îndeaproape – în ultimul an?

Rick Rubin, Laird Hamilton, Gabby Reece și Elmo (Elmo pentru că s-a uitat la el împreună cu băiețelul lui).

TF: Neil m-a prezentat lui Rick, care, la rândul lui, m-a prezentat lui Laird și lui Gabby. Elmo nu m-a sunat niciodată înapoi.

✹ Există citate pe care le urmezi în viață sau la care te gândești frecvent?

„Fii deschis la orice urmează să se întâmple." – John Cage

„Indiferent care ar fi situația, acțiunea corectă presupune întotdeauna compasiune și dragoste." (Parafrazat după unul dintre profesorii săi, Barbara McNally)

„Răspund doar prin e-mail
la interviurile tipărite
Pentru că ei sunt genul de oameni
cărora le place să dea alt sens spuselor tale
Să poată trage concluzia că ai spus
ceva absurd."

– *versuri din „Get Me Gone" al trupei Fort Minor*

MIKE SHINODA

Mike Shinoda (TW: @MIKESHINODA, MIKESHINODA.COM) este cunoscut mai ales ca rapper, textier, interpret la clape și chitară ritmică și ca unul dintre cei doi soliști (da, toate acestea) ai Linkin Park, care a vândut peste 60 de milioane de albume la nivel mondial și a câștigat două premii Grammy pe parcurs. Mike a colaborat cu toată lumea, de la Jay Z la Depeche Mode, și este și solist de rap în trupa sa Fort Minor. Și, ca și când toate acestea nu ar fi de ajuns, el a făcut grafica, producția și mixajul pentru toate proiectele enumerate mai sus. L-am întâlnit pe Mike prima dată atunci când i-am luat un interviu pentru BlogWorld & New Media Expo, în 2008.

Animalul spiritual: leopardul zăpezilor

Sunt un mare fan al Fort Minor și versurile de pe pagina anterioară capătă un înțeles special atunci când ai fost defăimat. Aproape toți invitații din această carte au fost citați trunchiat în presă. De obicei, este rezultatul unui interviu dat prin telefon și urmările pot fi dezastruoase. Pentru cel care a luat interviul, este vorba doar de un articol care va atrage clickuri și va deveni popular. Pentru tine, poate fi vorba de un necaz derutant care îți va bântui pentru totdeauna pagina de Wikipedia.

Mike a intrat în detalii în timpul conversației noastre: „Nu am impresia că oamenii sunt neapărat incorecți. Dar îți dai seama că fiecare are propriul scop. Nici măcar revistele de muzică nu-ți iau interviu pentru că le-ar plăcea muzica, nu? Zi de zi își spun: «Avem nevoie de banii din reclame, avem nevoie de clickthrough*...» Dacă ai o frază de 40 de cuvinte care poate fi ciopârțită până ajunge la 7 [și] chiar este excitantă, [nu mai are importanță] că nu are nicio legătură cu ce ai spus tu în interviu. Este doar clickbait, [dar] asta vor încerca să obțină pentru că pe asta se bazează afacerea lor."

TF: Morala poveștii este că, ori de câte ori ai posibilitatea, dă interviurile prin e-mail. O dovadă scrisă te va salva dacă oamenii nu se comportă cum trebuie. Dar ce se întâmplă dacă nu te poți limita la inbox? Ce se întâmplă dacă nu poți (sau nu vrei) să te ferești de apelurile telefonice? Tactica mea a evoluat pe parcursul anilor, dar acum cere respectarea a două condiții: să eviți neplăcerea timpului irosit și să nu te trezești citat greșit sau pus într-o lumină falsă.

Neplăcerea apare atunci când aloci între 1 și 3 ore pentru un interviu în scris, dar ajungi să fie folosită o singură frază pe post de citat. Restul de 99% din întrebări și răspunsuri nu vede niciodată lumina zilei. Chiar dacă jurnalistul înregistrează apelul (un pas în direcția corectă), eu nu am putut niciodată să folosesc înregistrarea respectivă, pentru că are un șef care are și el un șef care are și el un șef. Situația aceasta consumă timp și mă întristează. Și atunci, cum o corectezi?

Simplu: înregistrezi și tu, pentru tine – lucru care îndeplinește o funcție dublă, îți păzești spatele și combați intențiile rele – spunând: „Mă bucur să luăm legătura! De obicei, pentru interviurile prin telefon, înregistrez discuția [prin Skype, utilizând Ecamm Call Recorder; Zencastr funcționează de asemenea bine], apoi îți trimit prin e-mail un link spre Dropbox. Presupun că este în regulă?" Dacă este de acord, nu încalci legea dacă faci înregistrarea și totul e în regulă. Dacă nu este de acord,

---

* Clickthrugh – procesul prin care un vizitator dă click pe o reclamă de pe net și ajunge astfel la site-ul firmei care face reclama. (n.red.)

ar trebui să privești asta ca pe un avertisment și să o lași baltă. Nu mori dacă ratezi o oportunitate de a apărea în presă, dar un citat oribil scos din context poate să persiste ca o boală incurabilă.

În prezent, înainte să fiu de acord să dau un interviu, abordez problema astfel: „S-ar putea să vreau să încarc înregistrarea audio în podcastul meu după ce apare interviul, lucru pe care l-am mai făcut și înainte. Presupun că este în regulă, nu?". Altfel, chiar nu merită să pierd 2 ore (să nu uităm de e-mailurile de urmărire, de verificare a datelor, etc.) pentru o mențiune de un singur rând în vreun articol scris. Dar atunci când învoiala funcționează... poate să fie minunat. Unul dintre cele mai populare „între-episoade"* pentru podcast a fost cel cu jurnalistul și absolut hilarul scriitor satiric Joel Stein de la *Time* (TW: @thejoelstein), care a fost fenomenal. A fost grozav pentru amândoi.

CE URMĂRESC EI?

Înainte să începi o colaborare, dă dovadă de inteligență și pune-ți următoarea întrebare: „Care sunt lucrurile pe care le urmăresc ei și cum se desfășoară ele în timp? Cum măsoară ei «succesul»? Suntem pe aceeași lungime de undă?" Să nu faci pariuri pe termen scurt pe trucuri ieftine, de genul totul sau nimic, dacă joci cu bătaie lungă. De multe ori va exista o presiune din partea oamenilor care se gândesc la o promovare în trimestrul următor, iar nu la cariera ta pe 1-10 ani. Mike mi-a spus o poveste despre sugestiile pe care Linkin Park le-a primit la începuturi, de la casa lor de discuri:

„Și ne-au spus ceva de genul: «Băieți, voi aveți nevoie de o stratagemă. Am vrea ca Joe să se îmbrace într-un halat de laborator și să poarte o pălărie de cowboy. Și tu, Chester, ar trebui să-ți arunci un pantof la începutul fiecărui show». Erau niște tâmpenii ale casei de discuri care păreau scoase dintr-un film ca *This Is Spinal Tap (Aceștia sunt Spinal Tap)*. Dar erau reale, erau sugestii serioase. Cred că [dacă le-ai aminti de ele acum] ar spune: «O, nu, era doar o glumă». Dar eu îți garantez că nu glumeau."

Membrii trupei au căzut de acord între ei să se țină tare pe poziții și au oferit casei de discuri două alternative: ne dați afară sau ne lăsați să facem ce știm să facem. A mers. Eu am „ratat" multe oportunități financiare grozave care se bazau pe trucuri ieftine. Potrivit faimoasei afirmații a lui Thomas Huxley: „Este mult mai bine dacă omul merge orbecăind în libertate decât dacă merge drept în lanțuri". Dacă ești bun, vei avea mai multe ocazii.

---

* *Inbetweenisodes*, în original. (n.red.)

SCURT ȘI LA OBIECT

✹ Fapt mai puțin cunoscut

Amândoi suntem mari fani ai filmelor animate ale lui Hayao Miyazaki. De fapt, *Princess Mononoke* a fost una dintre sursele principale de inspirație ale videoclipului „In the End" al celor de la Linkin Park. Și dacă tot m-ați întrebat, muzeul meu preferat din întreaga lume este Muzeul Ghibli din Tokyo, creat în „Mitaka Forest" de Miyazaki.

✹ Trupe mai puțin cunoscute pe care mi le-a prezentat Mike

Royal Blood: îmi place melodia „Figure It Out" și o ascult când scriu.

Doomriders: „Come Alive" este pentru fanii heavy metal şi amintește de Danzig. Este foarte potrivită pentru antrenamente sau pentru piñata*.

✹ Atât Mike cât și Justin Boreta de la The Glitch Mob (pag. 394) utilizează Ableton Live pentru editare.

Boreta utilizează plug-in-uri Universal Audio care să imite tot echipamentul outboard** care poate fi cumpărat. Ira Glass, gazda *This American Life*, utilizează Ableton pentru reprezentațiile live.

✹ La cine te gândești când auzi expresia „persoană de succes"?

Mike s-a gândit la Rick Rubin (pag. 549), atât pentru compunerea cântecelor și producție cât și pentru lecțiile de viață.

---

* Piñata – piniata, pineata sau pinnata, este o jucărie ce se agață în mijlocul spațiului petrecerii, la o înălțime suficient de mare, astfel încât copiii să nu ajungă prea ușor la ea. În interiorul acesteia se ascund surprizele petrecerii: confetti, bomboane sau jucării. Participanții lovesc pe rând figurina veselă, cu un băț special, până reușesc să o spargă și să obțină cadourile din interior. (n.red.)

** Echipament outboard – se folosește pentru a schimba felul în care sună un instrument muzical. (n.red.)

JUSTIN BORETA

Justin Boreta este unul dintre membrii fondatori ai The Glitch Mob (TW/IG: @THEGLITCHMOB, THEGLITCHMOB.COM). Ultimul lor album, *Love Death Immortality*, a debutat în topurile Billboard ca Albumul Electronic nr. 1, Discul Indie nr. 1 și Album Digital Overall nr. 4. The Glitch Mob este un grup deținut de artiști, așa că este un startup autentic care a reușit prin forțe proprii. Muzica lor a fost coloana sonoră a unor filme ca *Sin City: A Dame to Kill For (Sin City: Am ucis pentru ea)*, *Edge of Tomorrow (Prizonier în timp)*, *Captain America: The First Avenger (Căpitanul America: Primul răzbunător)* și *The Amazing Spider-Man (Uimitorul Om-Păianjen)*. Remixul lor pentru „Seven Nation Army" al celor de la The White Stripes apare în cel mai vizionat trailer al unui joc video din toate timpurile, *Battlefield 1*.

Animalul spiritual: calamarul uriaș

✸ Există citate după care îți ghidezi viața?

„Fii tăcerea care ascultă." – Tara Brach

„Viața nu ar trebui să fie o călătorie spre mormânt dominată de intenția de a ajunge acolo în siguranță, într-un corp drăguț și bine păstrat, ci una în care mai derapezi ajungând pe marginea drumului într-un nor de fum, complet stors de puteri, absolut sleit, dar strigând în gura mare „Uau! Ce călătorie!" – Hunter S. Thompson, *The Proud Highway: Saga of a Desperate Southern Gentleman, 1955-1967*. (*Splendida cale: Saga unui gentleman sudist disperat, 1955-1967*)

JUSTIN: „Mi-am pus un memento pentru ziua lui Hunter S. Thompson în fiecare an. Îmi amintește să nu mă iau prea în serios și să mă distrez în timpul derulării evenimentelor. Las și câteva pagini goale în jurnalul meu de dimineață, ca să alcătuiesc o secțiune de citate pe parcursul jurnalului (extrag citate din ceea ce citesc, din podcasturi etc.). În felul acesta, pot să revin la el și să-l răsfoiesc cu ușurință când caut vreo idee."

✸ Dacă ai putea să iei un singur album, o singură carte și un singur articol de lux cu tine pe o insulă pustie, care ar fi acestea?

Selected Ambient Works, al celor de la Aphex Twin, *The Unbearable Lightness of Being* (*Insuportabila ușurătate a ființei**), și un vas Chemex pentru cafea.

✸ Unul dintre artiștii preferați ai lui Justin – Boards of Canada

„Este o muzică foarte vibrantă, frumoasă și, pentru mine, albumele lor sunt ca un vechi prieten pe care îl pot revedea la nesfârșit."

✸ Cel mai bun sfat pe care l-ai primit vreodată?

„Un lucru pe care mi l-a spus tata când eram foarte, foarte mic, aveam probabil 5 sau 6 ani, și anume: «**Nu forța lucrurile**». Aparent, este ceva foarte simplu... dar eu cred că acesta este efectiv principiul nostru călăuzitor pentru procesul creativ... [Atunci când încerci să bagi cu forța un știft pătrat într-un orificiu rotund] obții rareori ceea ce urmăreai, indiferent că este vorba de un act de creație sau de viață în general..."

TF: Întrebarea pe care mi-o pun de fiecare dată când mă opintesc o perioadă mai lungă de timp este: „Cum ar arăta lucrurile dacă ar fi ușoare?"

---

* Volum apărut sub acest titlu la Editura Humanitas, București, 2013. (n.red.)

✸ Care este cel mai prost sfat care se oferă în domeniul tău sau în sfera ta de competență?

„Există foarte multe sfaturi proaste despre cum să ai inspirație sau să cauți o revelație. Cum spune Chuck Close: «Inspirația este pentru amatori» – noi, ceilalți, ne punem pur și simplu la treabă. Și credem că din activitatea în sine vor lua naștere alte lucruri și că – prin muncă – te vei lovi de alte posibilități și vei deschide uși la care nici nu ai fi visat vreodată dacă ai fi stat degeaba căutând o «idee artistică» măreață."

✸ Dacă ai putea să-ți dai ție, cel de la 20 de ani, un sfat, care ar fi acela?

„«Relaxează-te. Calmează-te». Am impresia că atât eu cât și alți oameni de 20-25 de ani se stresează foarte mult pentru ca lucrurile să fie într-un anumit fel. Nu contează la fel de mult pe cât îți închipui."

TIM: „Da, așa este. Îți vei aminti de asta peste 10 ani? Probabil că nu."

JUSTIN: „Nu. Oamenii uită și un tweet după 12 minute."

SCURT ȘI LA OBIECT

✸ Există trei oameni sau surse de la care ai învățat – sau pe care le-ai urmărit îndeaproape – în ultimul an?

„Revista *Nautilus*, *Brain Pickings*, Esther Perel."

✸ Care a fost cea mai bună sau cea mai importantă investiție pe care ai făcut-o vreodată?

„După ce am fost concediat, am hotărât să urmez alt drum și să mizez totul pe muzică. Am ajuns la limita de creditare a cardului de credit ca să-mi cumpăr prima pereche de monitoare profesioniste de studio (boxe): Genelec 8040A. Monitoarele sunt de departe cea mai importantă achiziție pe care o vei face pentru un studio. Folosesc și astăzi perechea respectivă."

✸ Recomandare de podcast

Radiolab: „In The Dust of This Planet". Episodul explorează motivul pentru care un tratat academic puțin cunoscut a ajuns să apară brusc în cultura pop (în *True Detective* și în reviste de modă, pe jachetele lui Jay Z, etc.).

✸ Rutina matinală

În fiecare dimineață, Justin face 20 de minute de meditație transcendentală, urmată de pendulări cu kettlebell-ul de 24 kg în aer liber. Eu fac exact același lucru de 2 sau 3 ori pe săptămână, urmărind să ajung la

50-75 de repetiții de pendulări cu două mâini, cum am discutat în *4 ore – corpul.*

Muzică pentru somn

Justin ascultă *From Sleep* al lui Max Richter, un album compus și cu o versiune scurtată pe Spotify. „Îl pun foarte încet când mă pregătesc să mă culc, așa că, de obicei, se termină la 15 sau 20 de minute după ce am adormit. Sau, dacă sunt acasă, pun cronometrul Sonos pentru somn. Începe să aibă un efect pavlovian de knockout după un timp, dacă îl folosesc în fiecare zi, ca un cântec de leagăn. Dacă ți se pare prea multă melodie, există un artist care se numește Mute Button care are lungi înregistrări cu sunete din natură, de foarte bună calitate. Sunetele blânde ale ploii plus cronometrul pentru somn sunt fantastice. Mi se pare grozav să pot înăbuși cumva zgomotele din hotel atunci când călătoresc."

SCOTT BELSKY

Scott Belsky (TW: @SCOTTBELSKY, SCOTTBELSKY.COM) este antreprenor, scriitor și investitor. Este unul dintre partenerii de la Benchmark, o firmă de capital de risc cu sediul în San Francisco. Scott a fost cofondator al Behance în 2006 și a ocupat postul de director general până în 2012, când Adobe a cumpărat Behance. Milioane de oameni utilizează Behance pentru a-și afișa portofoliile și pentru a căuta și a găsi talente de top în industriile de creație. Este investitor și consultant în Pinterest, Uber și Periscope, printre multe alte startupuri cu o creștere rapidă.

Animalul spiritual: ursul polar

✸ Un lucru pe care îl crezi, dar pe care alții îl consideră nebunesc?

„Este esențial să te rătăcești și să-ți dai planurile peste cap din când în când. Este o sursă de creativitate și de perspectivă. Hărțile, asistenții competenți și planificarea sunt periculoase, pentru că ai putea să ajungi să-ți trăiești viața exact așa cum ai planificat. Dacă faci asta, potențialul tău nu are cum să-ți depășească așteptările."

✸ Cum a reușit un „eșec" să-ți pregătească terenul pentru un succes ulterior?

„Cele mai dificile decizii pe care trebuie să le iei în afaceri sunt cele care-i dezamăgesc pe oamenii la care ții. Una dintre cele mai mari greșeli pe care le-am comis în perioada de început la Behance a fost că făceam prea multe lucruri. Aveam mai multe produse pe piață, mai multe linii de afaceri și energia noastră era împărțită în prea multe direcții. În cele din urmă, la 5 ani de la startul afacerii, am ajuns în fază critică. Nu mai aveam timp și trebuia să ne concentrăm pe un singur lucru. Am închis mai multe proiecte, printre care și aplicația noastră populară de task-management, și am dezamăgit mii de clienți. Dar făcând lucrul acesta, i-am dat echipei posibilitatea să se concentreze pe crearea unui produs care a ajuns în cele din urmă la mai multe milioane de persoane creative din toată lumea.

Din această experiență, am înțeles la ce se referă scriitorii prin «uciderea preferaților» – adică acele elemente din intrigă și acele personaje care distrag atenția într-un roman. **Uneori trebuie să încetezi să mai faci lucrurile care-ți plac, pentru a susține singurul lucru care contează cel mai mult."**

✸ Cel mai prost sfat pe care îl auzi dat adesea?

„«Caută tipare!» Ca antreprenor și investitor, sunt înconjurat de oameni care încearcă să categorisească și să generalizeze factorii care generează succesul unei companii... Majoritatea oamenilor uită că inovația (și investițiile în inovații) este o afacere din domeniul excepțiilor.

Este ușor să înțelegi de ce majoritatea investitorilor se bazează pe recunoașterea tiparelor. Totul începe cu o companie de succes care ia pe toată lumea prin surprindere cu un model nou. Poate că este vorba de Uber și de rețelele *on-demand*, de Airbnb și de economia colaborativă* sau de Warby Parker și de e-comerțul integrat pe verticală. După aceea

---

* *Sharing economy*, în original – o afacere care te ajută să faci afaceri, împărțind cu alții bunurile tale. (n.red.)

vin analizele nesfârşite şi adoptarea în masă a unei serii de strategii care au fost deja aplicate... Desigur, [companiile respective] pot să creeze o derivată de succes, dar nu vor schimba lumea.

Eu încerc să învăţ din trecut fără să mă inspir din el. De fiecare dată, marea mea întrebare este: «Ce au încercat ei şi de ce a mers?» Când aud poveşti de succes sau poveşti despre eşecuri, caut detaliile minore care au făcut o mare diferenţă. **Ce element din înţelepciunea convenţională a fost respins?...** Mă feresc să privesc un succes anterior ca fiind reprezentativ pentru viitor. Până la urmă, micul secret este că toate succesele au fost aproape un eşec. Sincronizarea şi circumstanţele imposibil de controlat joacă un rol mai important decât am vrea să recunoaştem.

Poate că cea mai mare lecţie a trecutului ar fi că este foarte important să ne lăsăm inspiraţi de lucrurile care ne surprind. Când întâlnesc un model de afaceri neobişnuit într-un domeniu nepopular, încerc să găsesc un fir care să merite urmărit. Mă forţez să nu mai compar ce aflu cu trecutul. Dacă examinezi doar tiparele din trecut, nu vei ajunge prea departe."

✸ Sfaturi pentru tine, cel de la 30 de ani?

„Într-un mediu nepotrivit, creativitatea ta este compromisă. La 30 de ani am presupus că punctele mele forte mă vor însoţi întotdeauna, indiferent de domeniul în care le aplicam. M-am înşelat. Adevărul este că mediul în care te afli contează."

✸ Ce ai scrie pe un panou?

„«Nu este vorba de idei, ci despre a le pune în practică». L-aş expune în toate campusurile universitare din lume. Când suntem tineri, suntem minunat de creativi şi de idealişti... **Adevărul este că minţile tinere şi creative nu au nevoie de mai multe idei, ele trebuie să-şi asume mai multă responsabilitate pentru ideile pe care le au deja."**

CUM SĂ-ȚI DOBÂNDEȘTI LIBERTATEA

Atunci când te gândești la „bogăție", poți să devii cu ușurință obsedat de acumulare. Este un lucru natural, dar nu întotdeauna și util. De multe ori, nu banii sunt principalul obstacol care ne ține pe loc. Începând din 2004, am călătorit prin lume timp de aproape 18 luni. Lecțiile pe care le-am învățat au format bazele pentru mare parte din prima mea carte, *4 ore – săptămâna de lucru*. Cât am călătorit – de pe străduțele lăturalnice ale Berlinului și până la lacurile ascunse ale Patagoniei – nu am avut aproape nimic: un rucsac și o valijoară. Am luat doar două cărți cu mine. Una a fost *Walden** a lui Henry David Thoreau (desigur) și cealaltă *Vagabonding: An Uncommon Guide to the Art of Long-Term World Travel (Hoinăreala: Un ghid neobișnuit al artei de a călători mult timp prin lume)*, a lui Rolf Potts (TW: @rolfpotts, rolfpotts.com).

Am schițat o listă cu destinații de vis pe coperta interioară a cărții *Vagabonding*, când am cumpărat-o, care cuprindea locuri precum: Stockholm, Praga, Paris, Munchen, Berlin și Amsterdam. Lista continua. Folosind harta rutieră a lui Rolf și ponturile sale, le-am bifat pe toate. Am avut ocazia să explorez multe dintre ele pe rând, câte 2-3 luni, în ritmul meu, fără grabă și fără griji. A fost un vis devenit realitate. Citind-o de mai multe ori în timpul călătoriilor, mi-am dat seama că nu călătorim doar pentru a schimba peisajul exterior, ci călătorim pentru a reinventa peisajul interior.

Animalul spiritual: crabul hermit

Rolf intră în scenă

Dintre atâtea replici dezinvolte scandaloase pe care le auzi în filme, există una care mi-a rămas în minte. Nu vine dintr-o comedie cu vreun tip zăpăcit, dintr-un film științifico-fantastic ezoteric sau dintr-un thriller de

---

* Volum apărut sub titlul *Walden sau Viața în pădure* la Editura ACT și Politon, București, 2016. (n.red.)

acțiune plin de efecte speciale. Am auzit-o în *Wall Street*-ul lui Oliver Stone, atunci când personajul jucat de Charlie Sheen – un jucător influent și promițător la bursă – îi povestește iubitei despre visurile lui.

„Cred că, dacă fac o grămadă de bani înainte să împlinesc 30 de ani și ies din escrocheria asta, o să pot traversa China pe motocicletă."

Atunci când am văzut pentru prima dată scena aceasta, cu câțiva ani în urmă, era să cad de pe scaun de uimire. La urma urmei, Charlie Sheen sau oricine altcineva ar putea să spele toalete timp de 8 luni și ar avea suficienți bani ca să traverseze China pe motocicletă. Și dacă n-ar avea o motocicletă proprie, dacă ar spăla toalete încă două luni, ar câștiga suficient pentru a-și cumpăra una când ajunge în China.

Problema este că majoritatea americanilor nu consideră probabil ciudată această scenă din film. Din cine știe ce motiv, o călătorie pe termen lung spre tărâmuri îndepărtate o vedem ca pe un vis recurent sau ca pe o tentație exotică, dar nu ca pe un lucru valabil aici și acum. Dimpotrivă, mânați de datoria noastră nebunească față de teamă, de modă sau de ratele lunare cu care achităm lucruri de care nu avem de fapt nevoie – ne reducem călătoriile la niște puseuri explozive scurte și frenetice. Astfel, pe măsură ce ne risipim averea pe ideea abstractă a unui „stil de viață", călătoriile devin doar un accesoriu – o experiență monotonă, sintetizată, pe care o cumpărăm la fel cum am cumpăra haine sau mobilă.

Cu puțin timp în urmă, am citit că agenții de turism au rezervat și vândut anul trecut aproape 250.000 de vacanțe pe termen scurt la mănăstiri sau schituri. Din Grecia și până în Tibet, enclavele spirituale se transformau în atracții turistice, iar experții puneau acest „boom al consolării" pe seama faptului că „oamenii realizați, dar mereu ocupați, caută o viață mai simplă".

Bineînțeles, lucrul pe care nu s-a obosit nimeni să-l scoată în evidență a fost că achiziționarea unui pachet de vacanță pentru a găsi o viață mai simplă seamănă cu situația în care te folosești de o oglindă ca să vezi cum arăți atunci când nu te uiți într-o oglindă. În realitate, ți se vinde doar aspirația fantezistă la o viață mai simplă și – la fel cum oricât te-ai chinui să-ți întorci capul sau să-ți rotești ochii nu vei reuși să te vezi atunci când nu te vezi în oglindă – niciun fel de combinație de vacanțe de 1 săptămână sau de 10 zile nu va reuși să schimbe cu nimic viața pe care o duci acasă.

În cele din urmă, această uniune forțată dintre timp și bani are un fel al ei de a ne face să ne învârtim în cerc. Cu cât asociem mai mult o experiență cu valoarea sa în bani, cu atât credem că banii sunt lucrul de care avem nevoie pentru a trăi. Și cu cât asociem mai mult banii cu viața, cu atât ne convingem singuri că suntem prea săraci pentru a ne cumpăra libertatea. Cu o mentalitate de felul acesta, nu-i de mirare că există atât de mulți americani care cred că sejururile prelungite peste graniță sunt apanajul exclusiv al studenților, al nonconformiștilor din contracultură și al leneșilor cu bani.

În realitate, călătoriile pe termen lung nu au nimic de-a face cu factorii demografici – vârsta, ideologia, veniturile –, ci doar cu viziunea personală. Pentru călătoriile pe termen lung nu trebuie să fii student la facultate, trebuie să fii student al vieții cotidiene. Călătoriile pe termen lung nu sunt o rebeliune împotriva societății, sunt o acțiune de bun simț în cadrul societății. Călătoria pe termen lung nu presupune „un teanc mare de bani"; presupune să treci prin lume într-un mod mai atent.

Această modalitate deliberată de a trece prin lume a fost întotdeauna o componentă intrinsecă a unei tradiții venerabile de călătorie, discretă și accesibilă, cunoscută ca „hoinăreală".

Să hoinărești presupune că iei o pauză prelungită de la viața ta normală – 6 săptămâni, 4 luni, 2 ani –, pentru a străbate lumea așa cum consideri tu.

Dar dincolo de călătoria în sine, să hoinărești este un fel de viziune asupra vieții. Hoinăreala se referă la folosirea prosperității și posibilităților epocii informaționale pentru a-ți spori opțiunile personale, nu averea. Hoinăreala înseamnă să cauți aventura în viața normală și viața normală în aventură. Hoinăreala este o atitudine, o curiozitate prietenoasă față de oameni, de locuri și de lucruri care transformă o persoană în explorator, în cel mai adevărat și viu sens al cuvântului.

Hoinăreala nu este un stil de viață și nu este o modă. Este doar o manieră neobișnuită de a privi viața – o ajustare a valorilor din care acțiunile decurg în mod natural. Și, mai mult decât orice, hoinăreala se referă la timp, singurul nostru bun autentic, și la felul în care alegem să-l folosim.

John Muir, fondatorul Sierra Club (un vagabond autentic, dacă a existat vreodată unul), avea obiceiul să se arate uluit de călătorii înstăriți care vizitau Yosemite și care își luau tălpășița după doar câteva ore de admirat priveliștea. Muir îi numea pe aceștia „săraci cu timpul" – oameni care erau atât de obsedați să se îngrijească de bogăția lor materială și de poziția lor socială că nu puteau să-și facă timp să se delecteze realmente cu splendoarea sălbăticiei Sierrei californiene. Unul dintre cei care l-au vizitat pe Muir în Yosemite în vara lui 1871 a fost Ralph Waldo Emerson, care, văzând arborii sequoia, a exclamat: „Este o minune că putem vedea copacii aceştia şi că nu ne minunăm mai mult". Totuşi, când Emerson a plecat grăbit câteva ore mai târziu, Muir s-a întrebat cu ironie dacă celebrul transcendentalist a văzut realmente copacii.

După aproape un secol, naturalistul Edwin Way Teale a folosit exemplul lui Muir pentru a deplânge ritmul frenetic al societăţii moderne. „Libertatea, aşa cum o cunoştea John Muir", scria el în cartea sa din 1956, *Autumn Across America (Toamna pe cuprinsul Americii)*, „cu abundenţa sa de timp, cu zilele sale neîncorsetate, cu paleta sa largă de opţiuni... libertatea de felul acesta pare mai rară, mai greu de obţinut şi mai îndepărtată cu fiecare generaţie."

Dar lamentaţia lui Teale despre deteriorarea libertăţii personale era o generalizare tot atât de superficială în 1956 pe cât este şi acum. Aşa cum ştia John Muir, hoinăreala nu a fost niciodată reglementată de definiţia publică schimbătoare a stilului de viaţă. Mai degrabă a fost mereu o opţiune privată în cadrul unei societăţi care ne cere în mod constant să procedăm altfel.

Există o poveste din tradiţia Părinţilor Pustiei, acei călugări creştini care au trăit în deşertul egiptean cu 1700 de ani în urmă. Doi călugări, Teodor şi Lucius, aveau amândoi o dorinţă puternică de a pleca şi a vedea lumea. Dar, din moment ce depuseseră jurăminte de ascultare, lucrul acesta nu le era îngăduit. Aşa că, pentru a-şi astâmpăra dorul de ducă, Teodor şi Lucius au învăţat să-şi „ignore ispitele" plasându-şi călătoriile în viitor. Când venea vara, îşi spuneau unul altuia: „Plecăm la iarnă". Când sosea iarna, îşi spuneau: „Plecăm la vară". Au ţinut-o aşa mai bine de 50 de ani, fără să părăsească vreodată mănăstirea sau să-şi calce jurămintele.

Bineînţeles, cei mai mulţi dintre noi nu am depus jurăminte de felul acesta, dar, chiar şi aşa, alegem să trăim ca nişte călugări, ne ţintuim singuri de o casă sau de o carieră şi folosim viitorul ca pe un fel de ritual fals care justifică prezentul. În felul acesta, ajungem să ne petrecem (cum spunea Thoreau) „cea mai bună parte a vieţii câştigând bani pentru a ne bucura de o libertate îndoielnică în timpul celei mai nevaloroase părţi a acesteia". Ne-ar plăcea să lăsăm totul baltă şi să explorăm lumea exterioară, ne spunem în sinea noastră, dar se pare că nu găsim niciodată momentul potrivit. Astfel, deşi avem o cantitate nelimitată de opţiuni, nu alegem nimic. În timp ce ne înţepenim în propria viaţă, păstrarea certitudinilor noastre domestice ajunge să ne obsedeze atât de tare încât uităm de ce ni le-am dorit de la bun început.

Hoinăreala înseamnă să dobândim curajul de a slăbi forța cu care ne ținem de așa-zisele certitudini ale acestei lumi. Hoinăreala înseamnă refuzul de a amâna călătoriile pentru o altă perioadă, aparent mai adecvată, a vieții. Hoinăreala înseamnă să preiei controlul asupra circumstanțelor în care te afli, în loc să aștepți pasiv ca ele să-ți hotărască destinul.

De aceea, întrebarea despre cum și când să începi hoinăreala nu este deloc o întrebare. Hoinăreala începe acum. Chiar dacă realitatea practică a călătoriilor este la o depărtare de luni sau de ani, hoinăreala începe în momentul în care încetezi să mai inventezi scuze, începi să economisești bani și începi să te uiți pe hărți simțind fiorul narcotic al posibilității. După aceea, realitatea hoinărelii ajunge să fie percepută mai clar, pe măsură ce îți schimbi viziunea asupra lumii și începi să accepți cu brațele deschise incertitudinea palpitantă pe care o promit călătoriile autentice.

În acest fel, hoinăreala nu se reduce la ritualul de a-ți face vaccinurile și bagajele. De fapt, este un exercițiu continuu de a privi și a învăța, de a-ți înfrunta temerile și a-ți transforma obișnuințele, de a cultiva o fascinație nouă pentru oameni și locuri. Și această atitudine nu poate fi învățată la ghișeul din aeroport cu permisul de îmbarcare în mână; este un proces care începe de acasă. Este un proces în care, la început, încerci apele care te vor purta spre locuri noi și minunate.

Desigur, câștigarea libertății presupune muncă, iar munca este un element intrinsec al hoinărelii, atât din motive psihologice cât și din motive financiare.

Pentru a înțelege importanța psihologică a muncii, trebuie doar să te uiți la oamenii care călătoresc prin lume pe banii familiei. Numiți uneori „trustafarieni"*, oamenii aceștia sunt printre cei mai vizibili și mai puțin fericiți călători din lumea călătorilor. Se îmbracă după moda locală, se mută dintr-o destinație exotică în alta, sunt obsedați să facă voluntariat pentru cauzele politice locale, fac experiențe cu droguri exotice și se interesează superficial de toate religiile neoccidentale imaginabile. Dacă stai de vorbă cu ei, îți vor spune că sunt în căutarea a ceva „plin de sens".

Totuși, lucrul pe care îl caută de fapt este același cu motivul pentru care au început să călătorească de la bun început. Cum nu au muncit niciodată pentru a-și câștiga libertatea, experiențele lor de călătorie nu au nicio referință personală, nicio legătură cu restul vieții lor. Cheltuiesc mulți bani și mult timp pe drum, dar nu încep niciodată să investească

* Trustafarian – tânăr de bani gata cu veleități de hippy. (n.red.)

destul din ei înșiși. Și de aceea, experiențele din călătoriile lor au o valoare redusă.

Thoreau a abordat pe scurt această noțiune în *Walden*. „Cine va progresa mai mult până la sfârșitul lunii", se întreba el, „băiatul care și-a făcut singur un cuțit de buzunar din minereul pe care l-a extras și l-a topit de unul singur, citind despre tot ce ar trebui să știe despre asta, sau băiatul care... a primit un briceag Rodgers de la tatăl său? Care dintre ei are șanse mai mari să se taie la degete?"

La un anumit nivel, ideea că libertatea este legată de muncă ar putea să pară puțin deprimantă. N-ar trebui. În ciuda tuturor experiențelor uluitoare care te așteaptă în ținuturile îndepărtate, partea „plină de sens" a călătoriei începe întotdeauna acasă, cu o investiție personală în minunile care urmează să vină.

La nivel practic, există nenumărate feluri în care să câștigi bani pentru călătorii. În drumul meu, am întâlnit vagabonzi de toate vârstele, din toate domeniile și din toate clasele sociale. Am întâlnit secretare, bancheri și polițiști care și-au dat demisia și au luat o pauză de hoinăreală înainte să înceapă ceva nou. Am întâlnit avocați, agenți de bursă și lucrători sociali care au cerut câteva luni libere atunci când s-au mutat cu cariera pe meleaguri noi. Am cunoscut specialiști talentați – chelneri, designeri web, stripteuze – care au descoperit că își pot finanța câteva luni de călătorii cu câteva săptămâni de muncă. Am întâlnit muzicieni, șoferi de camion și consilieri de carieră care au luat pauze lungi între două locuri de muncă. Am întâlnit soldați semi-pensionați, ingineri și oameni de afaceri care și-au rezervat un an sau doi pentru călătorii înainte să se apuce de altceva. Unii dintre cei mai prolifici vagabonzi pe care i-am întâlnit sunt muncitorii sezonieri – tâmplarii, angajații din parcuri, pescarii – care își petrec anual iarna în zone calde și exotice ale lumii. Alții – profesori, doctori, barmani, jurnaliști – au decis să călătorească cu tot cu cariera lor, alternând munca și călătoriile după cum li se pare necesar. Până să mă apuc de scris, o serie întreagă de joburi (peisagistică, vânzări retail, posturi temporare) mi-au asigurat bani în perioada de hoinăreală.

„Nu-mi place munca", spune Marlow în *Inima întunericului* a lui Joseph Conrad, „dar îmi place ce implică aceasta: ocazia de a te găsi pe tine însuți". Marlow nu se referea la hoinăreală, dar noțiunea rămâne valabilă. Munca nu este doar o activitate care aduce bani și creează dorințe: este perioada de gestație a hoinărelii, în care îți câștigi integritatea, începi să-ți faci planuri și să-ți pui viața în ordine, cum se spune. Munca este atât timpul în care visezi la călătorii și îți iei notițe, cât și momentul când trebuie să termini proiectele neterminate. Munca este momentul în care dai piept cu problemele de care, altfel, ai putea fi tentat să fugi. Munca este felul în care îți achiți datoriile financiare și emoționale, astfel încât călătoriile tale să nu fie o evadare din viața reală, ci descoperirea acesteia.

Poate că unii dintre voi vor spune: „Sună fantastic, dar eu am doar 2 săptămâni de concediu pe an".

Vestea bună este că, din postura de cetățeni ai unei democrații stabile și prospere, oricare dintre noi avem puterea de a ne crea propriul timp liber.

Pentru a transpune această putere în realitate, nu trebuie decât să utilizăm în mod strategic (chiar și numai pentru câteva săptămâni sau luni) o tehnică de eliberare personală valabilă de când lumea, cunoscută popular sub numele de „demisie". Și în ciuda implicației sale peiorative, demisia nu trebuie să fie chiar atât de nesăbuită pe cât pare. Mulți oameni pot să obțină timp pentru hoinăreală printr-o „plecare constructivă" – adică, pot să cadă la învoială cu angajatorul pentru o perioadă sabatică specială și pentru un concediu pe termen lung.

Și nici părăsirea locului de muncă în mod permanent nu trebuie să fie un act negativ – mai ales într-o epocă în care sunt șanse mari ca munca să fie definită de specializarea joburilor și de fragmentarea sarcinilor. Dacă acum 100 de ani ar fi fost o dovadă de nechibzuință să-ți iei un job cu intenția să-l abandonezi, în epoca competențelor portabile și a opțiunilor diversificate de angajare, acțiunea aceasta devine de bun simț. Având asta în vedere, nu-ți face griji că peregrinările îndelungate ar putea să-ți lase un „gol" în CV. Ba chiar, la întoarcere, ar trebui să-ți treci în CV experiența de vagabondaj cu entuziasm și fără vreun regret. Enumeră competențele profesionale pe care le-ai câștigat călătorind: independență, flexibilitate, capacitate de negociere, planificare, îndrăzneală, autosuficiență, improvizare. Vorbește deschis și cu încredere despre experiențele tale de călătorie – sunt șanse bune ca viitorul tău angajator să fie interesat și impresionat (și poate chiar un pic invidios).

Așa cum arăta Pico Iyer, acțiunea de a renunța „nu înseamnă că abandonezi definitiv, ci că treci mai departe; efectuezi o schimbare de direcție nu pentru că ceva nu ți se potrivește, ci pentru că tu nu te potrivești cu ceva. Cu alte cuvinte, nu este o plângere, ci o opțiune pozitivă, nu este un impas în drumul cuiva, ci un pas într-o direcție mai bună. Renunțarea, indiferent că renunți la un loc de muncă sau la un obicei, înseamnă să faci o plimbare, ca să fii sigur că încă mergi în direcția visurilor tale".

În felul acesta, renunțarea nu ar trebui să fie niciodată privită ca sfârșitul unui lucru neplăcut, fără tragere de inimă. De fapt, este un pas vital pentru a începe ceva nou și minunat.

„Vorbesc mereu cu câte un director general și îi spun: «Uite ce e, cu o zi înainte ca un lucru să devină cu adevărat revoluționar, el este doar o idee nebunească. Dacă nu a fost o idee nebunească, nu este revoluționar; este o îmbunătățire progresivă. Deci, unde anume în compania ta se testează ideile nebunești?»"

PETER DIAMANDIS

Dr. Peter H. Diamandis (TW: @PETERDIAMANDIS, DIAMANDIS.COM) a fost ales unul dintre primii 50 cei mai mari lideri ai lumii de către revista *Fortune*. Peter este fondatorul și președintele executiv al XPRIZE Foundation, cunoscută mai ales pentru XPRIZE Ansari în valoare de 10 milioane $, pentru zboruri private în spațiu. În ziua de azi, XPRIZE este lider mondial în proiectarea și desfășurarea unor competiții globale la scară largă pentru rezolvarea căderilor de piață. El (împreună cu J. Craig Venter și Bob Hariri) este cofondator și președinte al Human Longevity, Inc. (HLI) și cofondator și director executiv al Planetary Resources, o companie care proiectează navete spațiale care să caute materiale prețioase pe asteroizii din apropierea Pământului (serios). Este autor al mai multor cărți, printre care *Bold (Îndrăzneț)* și *Abundance (Abundența)*, care au primit elogii de la Bill Clinton, Eric Schmidt și Ray Kurzweil, printre alții.

Animalul spiritual: vulturul

DIN CULISE

» După Tony Robbins, prieten cu Peter, acesta din urmă este persoana cel mai des descrisă de către jucătorii de prim rang drept o „forță a naturii".

» Peter este unul dintre tipii aceia care, de fiecare dată când îi întâlnești, te fac să dai din cap și să te întrebi (productiv): „Ce mama naibii fac eu cu viața mea?!" M-a întrebat de curând: „Care este marele tău proiect ambițios?", făcându-mă să reanalizez multe dintre întrebările și conceptele din acest profil.

„IROSIREA UNEI PROBLEME ESTE UN PĂCAT GRAV"

Asta se leagă foarte bine cu tema de „a te scărpina unde te mănâncă" ce apare de-a lungul întregii cărți. Peter detaliază: „Eu privesc problemele ca pe niște mine de aur. Cele mai mari probleme ale lumii sunt și cele mai mari oportunități de afaceri din lume".

„ATUNCI CÂND 99% DIN OAMENI SE ÎNDOIESC DE TINE, FIE TE ÎNȘELI ÎNGROZITOR, FIE EȘTI PE CALE SĂ FACI ISTORIE."

„Am văzut asta mai zilele trecute și îi aparține lui Scott Belsky [pag. 398], care a fost unul dintre fondatorii Behance."

„CEA MAI BUNĂ MODALITATE DE A DEVENI MILIARDAR ESTE SĂ AJUȚI UN MILIARD DE OAMENI."

Împreună cu Ray Kurzweil, Peter a fost cofondatorul Singularity University. În 2008, în cadrul conferinței de înființare de la Centrul de Cercetare Ames al NASA din Mountain View, California, a luat cuvântul cofondatorul Google, Larry Page. Printre altele, el a subliniat felul în care evaluează proiectele:

„Acum folosesc un criteriu foarte simplu: lucrezi la ceva care poate să schimbe lumea? Da sau nu? Pentru 99,99999% dintre oameni, răspunsul este «nu». Cred că trebuie să instruim oamenii în legătură cu felul în care pot schimba lumea."

ORIGINILE XPRIZE ȘI ALE SUPERCREDIBILITĂȚII

„Adevărul este că am citit o carte, *The Spirit of St. Louis*, pe care mi-a dăruit-o bunul meu prieten Gregg Maryniak... și apoi m-am gândit: «Hei, dacă aș putea să creez un premiu [Lindbergh a traversat Atlanticul pentru a câștiga un premiu], poate că aș reuși să motivez echipe care să construiască navete spațiale private și acestea ar fi mijlocul prin care aș putea să-mi duc fundul în spațiu».

Am început să meditez la asta în timp ce citeam cartea. 10 milioane de dolari sunt bani destui. Îl voi numi «XPRIZE» pentru că nu aveam nici cea mai vagă idee cine avea să pună la bătaie cele 10 milioane. «X» avea să reprezinte numele persoanei care urma să vină în cele din urmă cu banii, ca o variabilă care urma să fie înlocuită. Așa că mă chinui să-i strâng, 100 $ de aici, 1000 $ de dincolo, făceam rost de fondurile inițiale ca să pun planul în mișcare. Am ajuns în St. Louis, unde un om uimitor, Al Kerth, mi-a spus: «Te voi ajuta și eu să strângi o parte din capitalul inițial»; era ambițios și rezona cu pasiunea mea, cu angajamentul meu față de asta.

Ca să n-o mai lungim, după un an și mai multe genunchiere uzate, am reușit să strâng o jumătate de milion de dolari în cecuri de 10 mii și de 20 de mii $, după care strângerea noastră de fonduri a început să stagneze.

Luăm foarte îndrăzneața decizie să anunțăm oricum premiul de 10 milioane $, chiar dacă nu avem banii pregătiți... felul în care lansezi o idee mare și îndrăzneață în lume chiar contează... Fiecare dintre noi avem o limită de credibilitate în privința ideilor. Le judecăm constant.

Dacă faci un anunț sub limita de credibilitate, oamenii îl resping fără să îl examineze; apoi avem limita de supercredibilitate. Dacă faci un anunț peste limita de supercredibilitate, oamenii vor spune: «Uau, când va avea loc? Cum aș putea să mă implic?»

[Deci, suntem în] mai 1996. Am o jumătate de milion de dolari. Iau decizia să cheltuiesc jumătate din ei pe evenimentul de lansare și îl facem sub Arcul din St. Louis. Pe podium, lângă mine, nu se află unul, ci douăzeci de astronauți. Mai sunt prezenți șeful NASA*, șeful FAA** și familia Lindbergh, când anunț premiul de 10 milioane $. Aveam vreun ban? Nu. Aveam vreo echipă înregistrată să concureze? Nu. Dar lansarea premiului de 10 milioane $ a ținut prima pagină a ziarelor din toată lumea...

Mă gândeam: «Cine n-ar vrea să dea 10 milioane $, dacă reușește cineva? Banii se dau doar în caz de succes». Problema a fost că, mai târziu, pe parcursul următorilor 5 ani, între 1996 și 2001, 150 de directori generali m-au refuzat.

---

* National Aeronautics and Space Administration – Administrația Națională de Aeronautică și Spațială. (n.red.)

** Federal Aviation Administration – Administrația Federală a Aviației. (n.red.)

Ajung în cele din urmă să mă întâlnesc cu familia Ansari. Aici sunt mult mai multe detalii. Adevărul este că au fost mai multe ocazii când, la 3 noaptea, eram ispitit să renunţ şi singurul lucru care m-a făcut să merg mai departe a fost că eram animat de obiectivul meu cu mare capacitate transformatoare; astăzi suntem aici şi purtăm această conversaţie tocmai pentru că nu am renunţat. Şi nu intru mai mult în detalii."

TIM: „Ador povestea asta şi cred că mi-ar plăcea să subliniez, atât pentru mine cât şi pentru restul lumii, că tu aveai şi o răspundere publică..."

PETER: „Îmi dădusem foc la corăbii, prietene."

TIM: „Cine a fost cel mai greu de convins dintre toţi să vină cu tine pe scenă?"

PETER: „A, şeful NASA, fără nicio îndoială."

TIM: „Cum a sunat propunerea? Cum l-ai convins?"

PETER: „Propunerea mea a sunat aşa: «Uitaţi ce e, nu aţi vrea ca antreprenori de pretutindeni să lucreze la tehnologii noi şi să nu mai cheltuiţi voi bani cu asta?»"

TF: Peter este un maestru al persuasiunii. Şi am văzut câţiva experţi, dar el e chiar în fruntea listei. Una dintre cărţile pe care o recomandă el pentru cultivarea capacităţii de a negocia acorduri favorabile este o carte pentru copii, o lectură de 10 minute: *Stone Soup*. „Este o poveste pentru *copii* şi cea mai bună diplomă în MBA pe care o poţi citi. Punând laolaltă [conceptul] supercredibilităţii şi *Stone Soup*, [obţii o fundaţie foarte solidă]. Indiferent că eşti student antreprenor sau că ai 60 de ani şi fondezi cea de a 20-a companie, *Stone Soup* este foarte importantă."

OBICEIURI MATINALE

Peter face stretching în timpul duşului de dimineaţă:

„Mă ocup mai ales de partea inferioară a corpului, după care fac şi un exerciţiu de respiraţie şi [o] mantră afirmativă... [Exerciţiul de respiraţie] este o respiraţie profundă accelerată care urmăreşte doar să-mi oxigeneze şi să-mi mărească plămânii. Există două elemente care sunt legate foarte mult de longevitatea umană. E ciudat... Unul se referă la oamenii care folosesc aţa dentară şi al doilea la cei care au un VO_2* max mai mare."

---

* Odată cu efortul fizic, volumul oxigenului folosit creşte la o limită valorică: VO_2 max. Acesta este volumul maxim al oxigenului pe care corpul îl poate consuma pe minut in timpul exerciţiilor intense. Aceste valori sunt diferite în funcţie de: sex, vârstă, nivelul de activitate fizică. Chiar dacă exerciţiul continuă să crească în intensitate, volumul de oxigen consumat nu poate trece peste VO_2 max. (n.red.)

TF: Exercițiul de respirație al lui Peter se concentrează pe dilatarea plămânilor prin inspirații ample și rapide. Mantra afirmativă pe care o repetă de mai multe ori este: „Eu sunt bucurie. Eu sunt dragoste. Eu sunt recunoștință. Eu văd, aud, simt și știu că rostul vieții mele este acela de a inspira și de a ghida transformarea umanității pe Pământ și dincolo de el".

Respirația lui Peter se aseamănă cu o parte din exercițiile lui Wim Hof (pag. 68), pe care acum le fac în timpul unui duș rece („pregătirea" stării, după Tony Robbins, pag. 240), imediat după meditația de dimineață.

În ceea ce privește legătura dintre ața dentară și longevitate, Peter este primul care recunoaște că aici s-ar putea să fie vorba despre corelare, nu despre cauzalitate: oamenii suficient de meticuloși ca să folosească ața dentară în mod regulat au și alte obiceiuri care contribuie direct la o viață mai lungă.

OBICEIURI ÎNAINTE DE CULCARE

Înainte să meargă la culcare, Peter își trece întotdeauna în revistă cele trei „victorii ale zilei". Este ceva asemănător cu analizarea de seară a Jurnalului de 5 minute pe care o fac eu. (pag. 175).

CUM IESE DIN DEPRESII

TIM: „Cum arăta monologul tău interior folosit ca să scapi de starea aceea depresivă de 2 zile? [După ce unul dintre primele sale startupuri dăduse faliment.] Adică, ce ritual urmezi?"

PETER: „Ca să fiu complet sincer, monologul interior a durat probabil vreo 2 săptămâni, nu 2 zile. Însemna să revin la: «**De ce cred eu că lucrul acesta este important?**» Era: «Uite cât de departe am ajuns de data asta». Ideea este să-ți amintești care este scopul tău în viață, nu-i așa? De ce te afli aici. Dacă nu ai descoperit care sunt scopul și misiunea vieții tale, ignoră tot ce am zis. Acesta este primul lucru pe care trebuie să-l faci: descoperă ce trebuie să faci pe această planetă, de ce ai venit aici și ce te face să te trezești dimineața."

CUM SĂ-ȚI GĂSEȘTI OBIECTIVUL SAU MISIUNEA PRINCIPALĂ

Peter recomandă programul *Date with Destiny* al lui Tony Robbins, care, crede el, îi ajută pe oameni să-și îmbunătățească „sistemul de operare". Așa și-a elaborat el mantra afirmativă. Peter pune și următoarele trei întrebări:

„Ce voiai să te faci când erai mic, înainte să-ți spună cineva ce ar trebui să faci? Ce ai fi vrut să devii? Ce ai vrut să faci mai mult decât orice?

Dacă Peter Diamandis sau Tim Ferriss ți-ar da 1 miliard $, pe ce l-ai cheltui, în afară de petreceri, mașini Ferrari și așa mai departe? Dacă te-aș pune să cheltuiești 1 miliard $ pentru a face lumea mai bună, pentru a soluționa o problemă, de ce te-ai ocupa?

Unde te-ai duce astfel încât să intri cât mai mult în contact cu idei noi, probleme noi și oameni noi? Contact cu acele lucruri care îți acaparează «timpul petrecut la duș» [lucrurile acelea la care nu poți să nu te gândești la duș]?" [Peter recomandă un mediu asemănător cu cel existent la Singularity University.]

TF: Încă te chinui să-ți găsești un obiectiv sau o misiune? Cam 5-6 persoane de aici (de ex., Robert Rodriguez) au sugerat cartea *Start with Why* (Întreabă-te de ce*) a lui Simon Sinek.

AVANTAJELE DE A GÂNDI 10X VERSUS 10%

„I-am luat un interviu lui Astro Teller [pentru cartea mea *Bold*]. Astro este șeful Google X (care acum se numește «X»), divizia de proiecte neconvenționale secrete a Google... El spune: «Atunci când urmărești *să lansezi o rachetă* în spațiu – , adică o chestie care este de 10 ori mai mare, nu cu 10% mai mare – se întâmplă o serie de lucruri...»

În primul rând, atunci când încerci să devii cu 10% mai mare, concurezi cu toată lumea. Toată lumea încearcă să ajungă cu 10% mai mare. Când încerci să ajungi de 10 ori mai mare, ești de unul singur. În ceea ce mă privește, [să luăm ca exemplu mineritul pe asteroizi]. Nu am prea multă competiție în domeniul exploatării miniere a asteroizilor și nici a prospectării. Sau să luăm longevitatea umană, încercarea de a adăuga 40 de ani la durata vieții prin HLI**. Nu există prea multe companii [care încearcă asta].

În al doilea rând, atunci când încerci să devii de 10 ori mai mare, trebuie să începi cu o coală goală de hârtie și să abordezi problema complet diferit. Îți dau exemplul meu preferat: Tesla; felul în care Elon a înființat Tesla și a construit de la zero cea mai sigură și mai extraordinară mașină, nu doar din America ci chiar din întreaga lume. Reușești să faci așa ceva dacă nu ai o moștenire din trecut pe care să o tragi după tine în prezent. Este important.

În al treilea rând, atunci când încerci să ajungi de 10 ori mai mare, nu cu 10%, lucrurile nu sunt de obicei de 100 de ori mai grele, dar recompensa este, totuși, de 100 de ori mai mare."

* Volum apărut sub acest titlu la Editura Amaltea, București, 2009. (n.red.)

** HLI – Human Life International. (n.red.)

ȘI MAI MULTE ÎNTREBĂRI EXCELENTE DE LA PETER

„Una dintre întrebări este: «Există cumva o mare provocare sau o problemă care să intereseze un miliard de oameni asupra căreia te poți concentra?»

În următorii 6 ani, vor ajunge să aibă acces online între trei și cinci *miliarde* de consumatori noi. Sfinte Sisoie, este ceva extraordinar. De ce au nevoie? Ce ai putea să le oferi, pentru că ei reprezintă zeci de trilioane de dolari care pătrund în economia globală și reprezintă totodată o sursă uimitoare de inovație. Deci, mă gândesc mult la asta și îmi pun o astfel de întrebare.

O altă întrebare pe care o pun ar fi: «Cum te-ai perturba pe tine?» Una dintre cele mai importante descoperiri este aceea că toți antreprenorii, toate afacerile, toate companiile vor ajunge să fie perturbate. Am avut onoarea să stau de vorbă cu Jeff Immelt, director general la GE, în timpul ședințelor cu echipa lui de conducere. Lucru valabil și pentru Muhtar Kent, președinte și director general la Coca-Cola, și pentru cei de la Cisco și de la multe alte companii. Îi întreb: «Cum vă veți perturba singuri și cum încercați să vă perturbați? Dacă nu faceți asta, vă așteaptă o mare surpriză». Găsiți-i pe cei mai inteligenți angajați cu vârsta de 20 și ceva de ani din compania voastră. Nu contează dacă lucrează la trierea corespondenței sau în altă parte. Dați-le permisiunea să se gândească cum ar putea să vă doboare compania."

LEGILE LUI PETER

Peter are un set de reguli care-i dirijează viața. Cele 28 de Legi ale lui Peter au fost adunate la un loc de-a lungul deceniilor. Iată câteva dintre preferatele mele:

Legea a 2-a: Atunci când ai de ales... alege ambele variante.

Legea a 3-a: Proiectele multiple duc la succese multiple.

Legea a 6-a: Atunci când ești obligat să faci un compromis, cere mai mult.

Legea a 7-a: Dacă nu poți să câștigi, schimbă regulile.

Legea a 8-a: Dacă nu poți să schimbi regulile, ignoră-le.

Legea a 11-a: „Nu" înseamnă pur și simplu să începi din nou cu un nivel mai sus.

Legea a 13-a: Când nu știi ce să faci, GÂNDEȘTE-TE!

Legea a 16-a: Cu cât te miști mai repede, cu atât timpul trece mai încet, cu atât trăiești mai mult.

Legea a 17-a: Cea mai bună modalitate de a prezice viitorul este să-l creezi tu însuţi. (Adoptată de la Alan Kay)

Legea a 19-a: Obţii lucrurile pentru care creezi motivaţie.

Legea a 22-a: Cu o zi înainte ca un lucru să devină revoluţionar, el este doar o idee nebunească.

Legea a 26-a: Dacă nu poţi măsura un lucru, nu poţi să-l îmbunătăţeşti.

SOPHIA AMORUSO

Sophia Amoruso (TW/IG: @SOPHIAAMORUSO, GIRLBOSS.COM) este fondatoarea și președinta executivă a Nasty Gal, un magazin global online unde poți găsi îmbrăcăminte, pantofi și accesorii noi, dar și vintage. Înființată în 2006, Nasty Gal a fost declarat retailer-ul cu cea mai rapidă creștere în 2012 de revista *Inc.*, mulțumită ratei sale de creștere de 10,160% pe o perioadă de 3 ani.

Sophia a fost numită „noul fenomen în modă" de revista *Forbes* și a devenit una dintre cele mai de seamă și mai emblematice figuri din retail. Ea a înființat de curând Fundația #Girlboss, care acordă subvenții financiare femeilor din lumea designului, modei și muzicii. Prima carte a Sophiei, *#GIRLBOSS (Femeia-șef)*, este bestseller *New York Times* și a fost publicată în 15 țări.

SĂ SARI ȘI SĂ CONSTRUIEȘTI UN AVION ÎN TIMP CE CAZI

„**Îmi place să fac promisiuni pe care nu sunt sigură că le pot respecta, și apoi să mă gândesc cum să procedez.** Cred că poți forța lucrurile să se întâmple doar prin simplul fapt că îți iei angajamentul de a le face uneori... începusem să le las feedback clienților mei pe eBay spunându-le [chestii de genul]: «Hei, în curând apare nastygalvintage.com.» [La scurt timp după aceea, mi-am dat seama]: «O, rahat, ar fi cazul să fac un website. Ar fi cazul să-l fac efectiv». Așa că am elucidat situația, am lansat website-ul și, cam în perioada în care l-am lansat, eBay a hotărât să mă suspende. Nu era vorba de o tranziție, a fost la propriu: «Voi încerca povestea asta cu website-ul și, dacă nu merge, sper să pot reveni la eBay». A devenit destul de repede evident că asta nu avea să fie o opțiune. Am fost suspendată pentru că am lăsat URL-ul în feedbackul pentru clienți."

O ZI CARE SE ÎNCHEIE BINE...

TIM: „Când erai director general al companiei, în zilele când priveai înapoi și aveai o reacție de genul: «Da, fir-ar al dracului, azi am rupt tot», cum arătau primele 60-90 de minute din ziua ta sau care erau obiceiurile tale de dimineață?"

SOPHIA: „**O zi care se termina bine era una care începuse cu sport.** Asta fără niciun dubiu."

La cine te gândești atunci când auzi expresia „persoană de succes"?

„Aș vrea mult ca oamenii să țină minte că și ei pot face tot ce fac cei pe care-i admiră. Poate nu chiar tot, dar **nu te lăsa chiar așa de impresionat.** Cred că în partea asta înclin eu. Nu există niciun motiv pentru care nu poți avea lucrurile pe care le au oamenii pe care-i admiri. «Succesul» te face să crezi că ar exista un fel de destinație ultimă – chiar dacă am realizat ceva și tu [Tim] ai realizat ceva – ți-am spus că azi-noapte plângeam. Nu este ceva de felul: «Am terminat, am ajuns la capăt» sau altceva asemenea.

✸ Sfaturi pentru tine, cea de la 30 de ani?

„Nu o să fie ușor... provocările sunt mai mari atunci când aspirațiile sunt mai mari."

„O comedie bună funcționcază cxact în același fel în care funcționează un mister. [Ceea ce înseamnă că], în tot acest timp, poanta se află fix sub ochii tăi, doar că nu îți dai seama."

B.J. NOVAK

B.J. Novak (TW: @BJNOVAK, LI.ST) este cunoscut pentru munca depusă ca actor, scriitor, regizor și producător executiv la serialul de comedie *The Office* de la NBC, laureat al Premiului Emmy. A apărut în filme cum ar fi *Inglourious Basterds (Ticăloși fără glorie)* al lui Tarantino și *Saving Mr. Banks* (În căutarea poveștii) de la Disney. Este autorul apreciatei culegeri de proză scurtă *One More Story (Încă o poveste)* și al bestsellerului New York Times *The Book with No Pictures (Cartea fără ilustrații)*, apărut în peste 1 milion de exemplare. Ultima lui realizare, dar nu și cea mai puțin importantă, este aceea de a fi cofondatorul li.st, care propune o modalitate nouă de a crea și a descoperi liste despre orice și despre toate.

Animalul spiritual: pescărușul

„DE FIECARE DATĂ CÂND ÎMI SPUN: «DAR CÂȘTIG FOARTE MULȚI BANI», REPREZINTĂ UN SEMNAL DE ALARMĂ CĂ NU FAC CE TREBUIE."

Privind în urmă la cariera sa, B.J. a observat că ar fi putut să stagneze de mai multe ori. În loc de asta, el a devenit foarte celebru pentru *The Office* și alte mega-succese. Cum a reușit să aleagă în repetate rânduri calea corectă? El explică mare parte din alegerile făcute corect prin aceea că a respectat regula de aur de mai sus.

Dacă te surprinzi spunând: „Dar câștig foarte mulți bani" despre un loc de muncă sau un proiect, fii atent. „Dar câștig foarte mulți bani" sau „Dar câștig bani frumoși" sunt semnale de alarmă că probabil nu te găsești pe drumul cel bun sau că, cel puțin, nu ar trebui să rămâi multă vreme acolo. Banii se pot regenera oricând. Timpul și reputația nu.

CUM SĂ ATRAGI VIP-URI CÂND EȘTI UN NIMENI

Una dintre activitățile extracuriculare pe care B.J. le desfășura ca student la Harvard consta în organizarea unui spectacol numit *The B.J. Show*, împreună cu alt puști pe care îl chema în mod convenabil tot B.J. În ultimul an, cei doi B.J. au hotărât să facă un spectacol și să-l invite pe Bob Saget să dea o reprezentație. Auziseră că, în realitate, starul principal din *Full House* era un comic de stand-up foarte bun.

Dar cum ar fi putut doi puștani necunoscuți să convingă o mare celebritate să vină pe degeaba?

Lui B.J. Novak (B.J. de aici înainte) i-au venit două idei. Prima a fost aceea de a-l „omagia" pe Bob în publicația *The Harvard Lampoon*, sperând că acesta va fi de acord să dea un spectacol pentru a primi distincția. Cea de a doua parte a propunerii era că toți banii câștigați de pe urma show-ului aveau să fie donați acțiunilor caritabile. Tactica aceasta a avut atât de mult succes încât B.J. a folosit-o în repetate rânduri în viață. Ori de câte ori e posibil, donează întotdeauna banii pentru filantropie, pentru că asta îți permite să interacționezi cu oameni aflați mult deasupra ta în ierarhie.

B.J. l-a sunat din senin pe managerul lui Saget (care mai târziu avea să devină managerul lui B.J.), i-a făcut propunerea și totul a mers strună. Saget a venit în Boston cu Jonathan Katz, creatorul *Raising Dad* (noul lor serial de la vremea aceea), le-a plăcut stilul îndrăzneț în care scria B.J. și i-au oferit un loc de muncă în echipa lor.

PUNE-ȚI ÎN CALENDAR OBIECTIVUL PE TERMEN LUNG ÎNAINTE SĂ TE LOVEASCĂ DURERE PE TERMEN SCURT

Prima dată când B.J. a încercat să facă stand-up comedy într-o seară a amatorilor în L.A., a ieșit un dezastru. I-au trebuit 3 luni pentru a-și recăpăta curajul să urce înapoi pe scenă. B.J. îi sfătuiește pe cei care fac pentru prima dată comedie să semneze angajamente în avans pentru prima lor săptămână de spectacole (în serile pentru amatori), ca să nu poată să renunțe după prima reprezentație. El a învățat că nu poți să privești fiecare noapte ca pe un referendum care decide dacă trebuie să continui sau nu. „Am fost foarte slab un timp, dar hai să zicem că spui 20 de glume și la 3 dintre ele scoți câteva râsete de milă – ei bine, pe cele 3 le păstrezi. Și apoi, după un timp, una dintre ele va prinde bine – ei, aceea va fi gluma cu care deschizi. Și apoi două dintre ele prind bine – acum ai și o glumă cu care să închei... Cam în felul acesta se desfășoară lucrurile."

TF: Programează (și, dacă este posibil, achită) lucrurile în avans pentru a te împiedica să dai înapoi. Eu am aplicat asta la ședințele de AcroYoga de dimineața devreme, la antrenamentele de gimnastică făcute noaptea târziu, la lecțiile de tras cu arcul, etc. Ia-ți angajamente atunci când ai multă energie, ca să nu poți da înapoi când simți că ai mai puțină energie.

PENTRU A DEVENI MARE, IA ÎN VIZOR ȚINTE MICI (ȘI TECH-UL, DACĂ POȚI)

B.J. spune că a fost straniu când *The Office* a început să aibă atât de mult succes, pentru că nu urmăreau să obțină un succes uriaș la nivel național. Ei încercau doar să obțină „statutul de film cult" cu un public mic și fidel. Unul dintre factorii care au făcut diferența a fost lansarea Apple iTunes Store. Publicul lor, care-i idolatriza, era foarte tânăr și foarte bun cunoscător într-ale tehnologiei, lucru care i-a transformat într-un succes uriaș în iTunes Store, chiar dacă nu se bucurau de prea mult succes pe NBC la momentul acela. *The Office* a fost unul dintre primele seriale care a devenit un hit online și a creat unul dintre principalii factori virali pentru un serial TV din prime-time.

TF: Te sfătuiesc din nou să revezi „1.000 de fani adevărați" (pag. 326). Am plănuit ca *4 ore – săptămâna de lucru* să beneficieze de pe urma lansării Twitterului în cadrul conferinței SXSW prin 2007, unde am susținut una dintre prezentările principale. Îi vizam intenționat pe cei care adoptă de timpuriu o tehnologie. De atunci, am făcut lucrul acesta pentru fiecare lansare de carte, adoptând diferite tehnologii care nu sunt însușite de multă lume, dar a căror influență crește cu repeziciune (de ex., Product Hunt, BitTorrent Bundles).

DESPRE COLABORAREA CU STEVE CARELL

Odată, B.J. i-a prezentat o grămadă de glume lui Steve Carell, care a zis: „Pe bune, astea chiar mi se par niște glume". Din perspectiva lui Steve, comedia era un produs secundar al autenticității. Asta este diferența dintre un puști care știe că e isteț și unul care nu știe. (Cel care știe că e isteț nu este isteț.)

IMPORTANȚA PERIOADEI DE „CER ALBASTRU"

Procesul de scriere a unui sezon din *The Office* începea cu perioada de „cer albastru", care era partea preferată a anului pentru B.J.

Timp de 2-4 săptămâni, discuțiile din biroul scenariștilor se învârteau în jurul întrebării: „Dar dacă...?" pusă de fiecare persoană, la nesfârșit. Scenariile nebunești erau încurajate, nu penalizate. Toate ideile, indiferent ce se întâmpla, erau valide în timpul acestei perioade. Etapele de găsire a ideilor și cele de filtrare/editare erau complet separate. Așa cum mi-a explicat B.J., pentru el „totul este idee și punere în practică, și, dacă separi ideea de punerea ei în practică, nu pui prea multă presiune pe niciuna dintre ele".

„EU CRED CĂ CEA MAI IMPORTANTĂ PARTE A PROCESULUI DE CREAȚIE ESTE SĂ FIU ÎNTR-O DISPOZIȚIE BUNĂ."

De obicei, B.J. își petrece primele câteva ore din zi „activându-se" și intrând într-o dispoziție bună, până îi vine o idee care îl entuziasmează sau până ajunge la o concentrație atât de mare de cofeină și lehamite față de el însuși, că trebuie să facă ceva în privința asta. (Vezi Paulo Coelho, pag. 559.)

B.J. ar putea avea nevoie de mai multe ore de plimbare, de citit ziare la cafea, de ascultat muzică, etc., înainte să-și intre în ritm și să simtă că poate scrie, intervalul optim fiind între 11 dimineața și 2 noaptea. El crede că „obținerea unei dispoziții emoționale bune pentru munca creativă merită orele de care ai nevoie ca să o obții".

Și a adăugat: „Am citit cartea *Daily Rituals (Ritualuri zilnice)* și m-am simțit demoralizat de numărul mare de oameni care își încep ziua foarte devreme". Mie, care am fost bufniță nocturnă toată viața, mi s-a părut interesant să aflu că *momentul* în care îți începi treaba în fiecare zi contează mai puțin decât să înveți *cum* să-ți începi treaba sistematic, indiferent de felul în care mintea ta creață poate să o facă.

FĂRĂ ASPIRINĂ ARTIZANALĂ

B.J. bea același tip de cafea în fiecare zi, o cafea neagră Pike Place, într-un pahar Venti, de la Starbucks. El a descoperit că pregătirea cafelei acasă este o treabă cam imprevizibilă, care „seamănă cu administrarea unui Tylenol artizanal". El vrea o doză standard de cafeină.

DACĂ AR FI SĂ PREDEA UN CURS DE SCRIERE DE COMEDIE

P.J. O'Rourke, unul dintre editorii revistei *National Lampoon*, spunea că, dacă ar ajunge vreodată să țină un curs de scriere creativă sau de engleză, ar da ca temă parodiile, pentru că înveți cu adevărat un lucru atunci când încerci să-l parodiezi. Prin urmare, B.J. ar alege ca temă parodierea literaturii pe care studenții o citesc sau o studiază la alte cursuri. Asta i-ar face să se deschidă. Trăsnăile sunt esențiale în comedie.

ȘI ÎN CEEA CE PRIVEȘTE SCRIEREA DE SCENARII...

Acestea sunt scenariile pe care le-ar da B.J. studenților ca temă de studiu:

Casablanca a spart formatul standard din perioada sa și acum a devenit formatul standard.

Pulp Fiction a spulberat complet formatul cronologic.

Ferris Bueller povestește filmul în fața camerei de luat vederi.

The Naked Gun (Un polițist cu explozie întârziată) ar face orice pentru un hohot de râs.

Adaptation (Hoțul de orhidee) se comentează singur în întregime și încalcă toate regulile.

ÎNVAȚĂ CUM SĂ CONVINGI (ȘI SĂ RÂZI)

Lui B.J. îi plac și recomandă două podcasturi despre dezbatere, cel de al doilea fiind total burlesc: *Intelligence Squared* și *The Great Debates*.

CUTII DE PANTOFI CU CARNEȚELE

B.J. folosește un carnețel Moleskine Cahier pentru notițe scrise la repezeală în timpul zilei. Îi plac pentru că sunt mult mai subțiri decât o agendă Moleskine standard, așa că este mai ușor să-l poarte după el și are un sentiment de împlinire atunci când termină unul. El dă comandă de exemplare în diferite culori, cumpărând totodată și rezerve mari de etichete de diferite forme. De fiecare dată când începe un carnețel nou, își scrie numele și numărul de telefon pe prima pagină și lipește un sticker în partea din stânga sus, lucru care îi spune care este carnețelul pe care îl folosește la momentul respectiv. Nu le datează, lucru care poate fi problematic, dar are impresia că absența datelor ajută într-o oarecare măsură procesul creativ. Păstrează carnețelele netranscrise într-o cutie albă și folosește o cutie roșie pentru cele pe care le-a transcris deja pe computer.

✸ Playlistul lui B.J. atunci când lucrează

Programul de radio „Morning Becomes Eclectic", care transmite muzică nouă fără reclame, de la 9 dimineața până la prânz, în fiecare zi din cursul săptămânii.

Sirius XM #35 – muzică Indie

Postul „Early Blues" Pandora

✸ Cine îți vine în minte când auzi expresia „persoană de succes"?

Shakespeare, pentru că el a făcut ca lucrurile în mișcare să devină permanente și populare.

✸ Cele mai dăruite cărți

The Oxford Book of Aphorisms (Dicționar de aforisme), de John Gross, pentru că aceasta conține cele mai geniale fraze scurte din istorie. Poți să-ți petreci ore întregi pe o singură pagină sau pur și simplu să răsfoiești cartea.

B.J. mai recomandă *Daily Rituals*, de Mason Currey, tuturor celor cărora le-ar plăcea să afle care erau obiceiurile zilnice ale unor legende ca Steve Jobs, Charles Darwin și Charles Dickens. „Este foarte reconfortant să vezi că fiecare avea propriul sistem și să vezi cât de disfuncționali erau mulți dintre ei." Ce mică e lumea: eu am produs versiunea audio a cărții *Daily Rituals*.

✸ Sfaturi pentru eul său mai tânăr

B.J. a fost foarte neliniștit în timpul primului sezon al *The Office*, pentru că încerca mereu să mai scrie ceva în plus, lucru pe care nu avea timp să îl termine. Nu s-a bucurat deloc de experiența incredibilă și irepetabilă a *The Office*. B.J. își dorește să-și fi spus pe atunci că trăiește o perioadă foarte specială din viață și că ar trebui să o asimileze și să se bucure de ea, să nu mai fie atât de neliniștit din cauza a ceea ce s-a dovedit a fi absolut nimic.

„Și știi ce altceva le mai spun mereu oamenilor? Dacă Will Smith nu joacă în niciun film timp de 3 ani, nu întrebi în dreapta și în stânga: «Unde este Will Smith?» Oamenii nu sunt absolut deloc atenți la nimeni. Ai crede că sunt, dar nu e adevărat. **Așa că, dacă ești talentat, stai**

deoparte cât vrei să stai. Le vei recâștiga din nou atenția dacă ai un motiv să o faci."

✹ Documentare preferate

Catfish – „Este un clișeu, dar este un documentar genial, care a definit o generație."

To Be and to Have – „Este un film frumos și simplu despre o școală cu o singură sală de clasă din Franța și despre ce se petrece de-a lungul unui an."

The Overnighters – „Acesta se ocupă de prospecțiunile petroliere din Dakota de Nord, care au devenit poate mai mari decât Goana după Aur din anii 1800, datorită procesului de «fracturare hidraulică»*."

* *Fracking*, în orig. Este un proces complex care constă în pomparea sub presiune a unui amestec de apă și de substanțe chimice toxice în formațiunea de rocă sau cărbune, cu scopul de a fractura rocile pentru a obține acces la resursele de sub ele. (n.red.)

CUM SĂ SPUI „NU" ATUNCI CÂND CONTEAZĂ CEL MAI MULT

„Înțelepciunea înseamnă să scapi de lucrurile neesențiale."

– Lin Yutang

„Disciplina echivalează cu libertatea."

– Jocko Willink (pag. 456)

Capitolul acesta te va învăța cum să spui „nu" atunci când contează cel mai mult.

Îți va explica și ce cred eu despre investiții, despre depășirea „fricii de a rata ceva" (FOMO) și cum să reduci anxietatea.

În final, îți va spune cum să omori găina cu ouă de aur atunci când nu-ți mai e de niciun folos.

Voi analiza în special o decizie dificilă – decizia de a spune „nu" investițiilor în startupuri, aceasta fiind de departe cea mai lucrativă activitate din viața mea. Chiar dacă nu te percepi pe tine ca „investitor" – deși ești, indiferent dacă îți dai seama de asta sau nu – procesul pe care l-am folosit pentru a ajunge la „nu" ar trebui să se dovedească util.

Atenționare pentru toți profesioniștii din investiții care citesc aceste rânduri:

» Sunt conștient că există excepții pentru fiecare dintre „regulile" pe care le folosesc. În mare parte, acest fragment este la fel de subiectiv precum temerile pe care le-am avut.

» Poate că regulile mele sunt simpliste, dar mi-au asigurat o rentabilitate ridicată a investiției și m-au lăsat să dorm. De fiecare dată când am încercat să fiu „sofisticat", universul mi-a tras un șut în ouă.

» Mulți investitori în startupuri recurg la abordări diametral opuse și au rezultate foarte bune.

» Am făcut unele investiții în etape ulterioare (afaceri cu rentabilitate de 2-4x), care contrazic o parte din lucrurile de mai jos (cum ar fi să țintești la mai mult de 10x), dar acestea au implicat de obicei o reducere față de valoarea contabilă din cauza unor vânzători aflați în situații dificile sau a vreunui eveniment atipic.
» Numeroase concepte sunt simplificate pentru a evita derutarea publicului neinițiat.

Drumul spre NU

Deci, de ce am hotărât să mă dau bătut și să schimb viteza?

Mai jos se găsesc întrebările pe care mi le-am pus pentru a ajunge la această concluzie de cotitură. Revin frecvent la aceste întrebări; de obicei lunar. Sper că te vor ajuta să elimini zgomotul și conflictul interior din viața ta.

Faci acel lucru pe care doar tu ești capabil să-l faci, lucrul pentru care simți că ai fost lăsat pe pământ? Poți fi înlocuit?

Îmi amintesc de un mic dejun cu Kamal Ravikant (fratele lui Naval, pag. 594). Stăteam în bucătăria unui prieten dând gata niște ouă, somon și cafea și vorbeam despre visurile, temerile, obligațiile și viețile noastre. Investițiile deveniseră o parte însemnată a averii și a identității mele. În timp ce enumeram opțiunile pe care le vedeam pentru următoarea mea mare lovitură, l-am întrebat dacă n-ar trebui să fac o strângere de fonduri și să devin un întreprinzător cu capital de risc cu normă întreagă, din moment ce făceam deja acest lucru, dar încercam să-l contrabalansez cu alte 5-10 proiecte. El mi-a sesizat anxietatea. Nu era unul dintre visurile mele; doar simțeam că ar fi o prostie să nu bat fierul cât e cald.

El a cumpănit atent în tăcere și apoi mi-a zis: „Am participat la evenimente în care oamenii veneau la tine plângând pentru că slăbiseră peste 45 kg cu dieta săracă în carbohidrați. Ca întreprinzător cu capital de risc, nu vei avea niciodată un astfel de impact. Dacă nu investești într-o companie, se va găsi pur și simplu alt investitor. Ești perfect înlocuibil."

A mai făcut o pauză și a încheiat cu: „Te rog să nu te oprești din scris".

M-am gândit la conversația aceea în fiecare zi de atunci.

Câțiva oameni au menirea să fie întreprinzători cu capital de risc și ei sunt un Michael Jordan al acelei lumi. Ei ar trebui să-și cultive darul respectiv. Dar dacă eu nu mai investesc, nimeni nu-mi va simți lipsa. Atâta lucru era clar în 2015. Niciodată nu au fost atât de mulți investitori în startupuri și – imediat după ei – fondatori care își bazează verdictul de „viabil" pe cea mai mare estimare și pe termeni de care nu a mai auzit nimeni înainte. Există desigur excepții, dar este aglomerat. Dacă ies pe una din ușile laterale, petrecerea startupurilor va continua nestânjenită.

Cu siguranță nu sunt cel mai bun scriitor din lume. Nu sunt nebun să-mi închipui așa ceva. Oamenii ca John McPhee și Michael Lewis mă fac să vreau să plâng în pernă.

DAR... dacă nu mai scriu, poate că irosesc cea mai mare oportunitate pe care o am, creată cu mult noroc, de a avea o influență de durată asupra unui număr mare de oameni. Sentimentul acesta imperativ a fost multiplicat de o sută de ori în cele două luni dinaintea deciziei, pentru că am avut câțiva prieteni apropiați care au murit în accidente pe care nu le prevăzuse nimeni. Viața este scurtă. Sau altfel spus: viața lungă nu ne este nicidecum garantată. Aproape toată lumea moare fără să fie pregătită.

Obosisem să fiu interșanjabil, indiferent cât de lucrativ era jocul. Chiar dacă se dovedește că m-am înșelat în privința scrisului, m-aș înjura singur dacă nu aș încerca măcar.

Tu îți irosești cumva abilitățile unice? Sau șansa de a le găsi?

Cât de des spui: „Da, pe toți dracii!"?

Filosoful-programator Derek Sivers (pag. 213) este unul dintre preferații mei.

Gândirea lui incisivă m-a impresionat întotdeauna și filosofia lui „da, pe toți dracii" sau „nu" a devenit una dintre regulile mele orientative preferate. De pe blogul lui:

> Aceia dintre voi care se implică adesea în prea multe treburi sau care se simt prea împrăștiați ar putea să aprecieze o filosofie pe care o testez: dacă nu spun „DA, PE TOȚI DRACII!" în legătură cu ceva, atunci spun *nu*. Explicația? Atunci când decid dacă să mă implic în ceva, dacă simt că e vorba de ceva care nu mă face să spun: „Uau! Asta ar fi uluitor! Absolut! Da, pe toți dracii!" – răspunsul meu va fi *nu*. Când spui *nu* celor mai multe lucruri, îți lași loc în viață să te cufunzi cu totul în lucrul acela rar care te face să spui, „DA, PE TOȚI DRACII!" Cu toții suntem ocupați. Toți ne-am asumat prea multe obligații. Calea de scăpare este să spunem *da* la mai puține lucruri.

Pentru a deveni „o persoană de succes", trebuie să răspunzi cu „da" la o mulțime de experimente. Pentru a afla la ce ești cel mai bun sau ce te pasionează cel mai mult, trebuie să încerci o grămadă de lucruri, să vezi ce merge.

Totuși, după ce treci de la atac la apărare, trebuie să răspunzi nemilos cu „nu", ca răspuns prestabilit standard. În loc să arunci cu sulița, ridici scutul.

Între 2007 și 2009 și, din nou, între 2012 și 2013, am spus *da* mult prea multor lucruri „cool". N-aș vrea să merg la o conferință în America de Sud? Să scriu un articol care-mi va lua mult timp ca autor invitat pentru o revistă celebră? Să investesc într-un startup în care se găseau deja cinci dintre prietenii mei? „Sigur, pare cool", spuneam eu, trecând sarcinile respective în calendar. Mai târziu, aveam să plătesc prețul de a mă simți distras și copleșit. Agenda mea devenise o listă cu agendele tuturor celorlalți.

Dacă spui *da* prea multor lucruri „cool", vei ajunge să fii îngropat de viu și vei fi transformat într-un jucător de categorie B, chiar dacă ai înzestrări de categoria A. La început, pentru a-ți dezvolta avantajul, înveți să-ți stabilești prioritățile; pentru a-ți menține avantajul, trebuie să te aperi de prioritățile altora.

După ce ajungi la un nivel decent în ceea ce privește succesul profesional, nu te va omorî lipsa de oportunități. Faptul că te îneci în angajamente „aparent cool" este ceea ce te va face să te scufunzi.

În prezent, mă surprind spunând „da, pe toți dracii" din ce în ce mai rar când e vorba de noi startupuri. Acesta a fost indiciul că trebuie să părăsesc calm scena, mai ales atunci când pot să fac o muncă pe care o iubesc (adică scrisul), folosind doar 1/10 din energia pe care o consum.

Trebuia să nu mai sădesc semințele propriei mele distrugeri.

Cât de mult din viața ta este alocată pentru a face comparativ cu a gestiona? Ce părere ai despre împărțire?

Unul dintre eseurile mele preferate despre gestionarea timpului este „Maker's Schedule, Manager's Schedule" („Programul celui care face și programul celui care gestionează"), scris de Paul Graham, faimos datorită Y Combinator. Citește-l.

Așa cum a observat investitorul Brad Feld, dar și mulți alții, nu ai cum să faci muncă creativă de excepție dacă încerci să iei 30 de minute de aici și 45 de minute de dincolo. Segmentele de timp mari, continue – de minim 3-5 ore – îți oferă spațiul care trebuie pentru a face legătura între lucruri și a obține o imagine de ansamblu. Și doar o dată pe săptămână nu este suficient. Trebuie să existe suficientă rezervă în sistem pentru o sinteză de mai multe zile, în care unitatea centrală de procesare să funcționeze intens. În cazul meu, asta înseamnă cel puțin 3 sau 4 dimineți pe săptămână în care funcționez pe modul „a face" până la 1 p.m. cel puțin.

Dacă sunt distras de tot felul de stimuli, acest lucru este imposibil. E-mailurile și mesajele de genul: „Avem extrem de multe solicitări, dar am putea să vă facem și dvs. loc pentru 25 de mii $. Valabil până mâine. Sunteți interesat?" sunt doar kryptonită creativă.

Mi-e dor să scriu, să creez și să lucrez la proiecte mai mari. Dacă spun „da" la asta, înseamnă că spun „nu" la toate jocurile în care alerg după mai mulți iepuri.

Ce binecuvântări în exces s-au transformat în blesteme? În ce privință ai prea mult dintr-un lucru bun?

Atunci când sunt exagerate, majoritatea lucrurilor împrumută trăsăturile opusului lor. Astfel:

Pacifiștii devin militanți. Luptătorii pentru pace devin tirani. Binecuvântările devin blesteme. Ajutorul devine o piedică. Mult devine puțin.

Pentru a analiza acest concept în profunzime, citește despre calea de mijloc a lui Aristotel.

În primii 1-2 ani în care am făcut investiții de tip *angel*, criteriile mele de bază erau simple (și le completau pe cele de la pag. 281 din MBA-ul Lumii Reale):

» Produse sau servicii orientate spre consumator.

» Produse cărora aș fi putut să le fiu un utilizator fidel, produse care îmi satisfăceau o nevoie personală.

» Ținta demografică inițială trebuiau să fie bărbații cu vârsta cuprinsă între 25 și 40 de ani, care stăpânesc tehnologia, din orașe mari din S.U.A., precum S.F., NYC, Chicago, L.A. etc. (îmi oferea posibilitatea să contribui la accelerarea creșterii/profitabilității cu publicul meu.)

» O valoare estimată pre-finanțare mai mică de 10 milioane $.

» Popularitate dovedită și creștere constantă (care să nu fi fost măsluite prin achiziții plătite).

» Fără „party rounds" – runde multiple de finanțare fără un investitor principal clar. Acestea duc adeseori la o slabă verificare prealabilă a afacerii și la prea puțini oameni cu mize suficient de mari încât să le pese cu adevărat.

Respectarea acestor cerințe mi-a permis să obțin rapid foarte multă valoare, chiar și în schimbul unui cost relativ ieftin (adică am achiziționat o participație minusculă în companie).

Capacitatea mea de a da o mână de ajutor s-a răspândit prin viu grai și am obținut ce îmi doream: un „flux de oferte" grozav. Ofertele au început să curgă în masă de la alți fondatori și investitori.

Trecem mai departe și ne oprim în 2015, când fluxul grozav de oferte ajunsese să-mi paralizeze restul vieții. Mă înecam în prea mulți stimuli. În loc să-mi aducă în viață lucruri mărețe, le împiedica. Mă bucur că am revenit la origini, iar pentru asta trebuie să cauterizezi binecuvântările care s-au transformat în poveri.

Și oricum, de ce investești?

Pentru mine, obiectivul „investițiilor" a fost dintotdeauna simplu: **alocarea resurselor (adică bani, timp, energie) pentru a îmbunătăți calitatea vieții.** Este o definiție personală, așa cum probabil va fi și a ta.

Există cuvinte atât de uzate încât au devenit lipsite de sens. Dacă te surprinzi folosind termeni nebuloși ca „succes", „fericire" sau „investiții", merită să-i definești clar sau să nu-i mai folosești deloc. Răspunsul la întrebarea: „Cum ar arăta lucrurile dacă aș avea _____?" te ajută să clarifici situația. **Viața dă prioritate cererilor specifice și pedepsește dorințele vagi.**

Deci, aici, „investițiile" înseamnă alocarea de resurse (adică bani, timp, energie) pentru a îmbunătăți calitatea vieții.

Lucrul acesta este valabil și pentru prezent, și pentru viitor. Sunt dispus să accept o scădere *ușoară și temporară* a calității vieții în momentul de față pentru un randament cu *probabilitate ridicată* de 10x, indiferent dacă ROI-ul ia forma banilor, a timpului, energiei sau altor lucruri. Ideea aceasta ar avea nevoie de o carte întreagă, dar invers:

O investiție care generează un ROI financiar foarte mare, dar care mă transformă într-un pachet de nervi sau îmi provoacă insomnie sau accese de furie pentru o perioadă lungă de timp, NU este o investiție bună.

Nu investesc de obicei în acțiuni listate la bursă tocmai din acest motiv, chiar dacă știu că asta înseamnă că voi câștiga mai puțin decât aș putea. Stomacul meu nu poate să facă față suișurilor și coborâșurilor, dar – la fel ca șoferii care-și sucesc gâtul ca să vadă un accident – nu reușesc să ignor graficele. Verific fără să mă pot abține Google News și Google Finance, deși știu că este auto-sabotaj. Mă transform în dl Piață al lui Benjamin Graham. Pe post de contraexemple, prietenii ca Kevin

Rose (pag. 378) și Chris Sacca (pag. 192) sunt programați diferit și se simt în largul lor când joacă în arena respectivă. Pot să fie raționali, nu reactivi.

Mi-ați putea spune că ar trebui să învăț să mă stăpânesc, în loc să evit acțiunile. Aș fi de acord să-mi temperez caracterul reactiv, dar nu sunt de acord ca principala strategie de investiții (sau de viață) să fie corectarea slăbiciunilor.

Toate marile mele victorii au venit din punctele forte, nu din corectarea slăbiciunilor. Investițiile sunt îndeajuns de grele și când nu trebuie să-ți modifici comportamentul fundamental. Nu te apuca să urci dealul cu un bolovan în spate doar fiindcă poți.

În lumea lor, rechinii de la bursă m-ar mânca de viu, dar îi bat pe 99% dintre ei în mica mea groapă de nisip cu investiții în startupuri aflate în etapele de dezvoltare. Eu trăiesc în mijlocul comutatoarelor informaționale și cunosc operatorii.

Din 2007 și până de curând, investițiile în startupuri mi s-au părut, în mod paradoxal, o activitate cu un grad scăzut de stres. Lucru valabil și în cazul tranzacțiilor cu opțiuni. Chiar dacă au un risc ridicat, fac față cu brio deciziilor binare. Cu alte cuvinte, mă pregătesc și mă informez foarte bine și mă dedic unei investiții pe care nu o pot inversa. Zicala „ce s-a făcut, e bun făcut" îmi permite să dorm bine noaptea, pentru că nu există niciun fel de decizie de cumpărare-vânzare în viitorul apropiat. Sunt protejat în fața eului meu inferior și oscilant. Lucrul acesta mi-a adus un număr semnificativ de investiții cu un ROI cuprins între 10x-100x.

Totuși, în ultimii doi ani, lucrurile s-au schimbat.

Pe măsură ce fondatorii și investitorii de vreme bună au luat cu asalt scena „fierbinte" a domeniului tehnologic, aceasta a devenit un potop zgomotos. Spre exemplu, acolo unde înainte găseai doar o mână de micro întreprinzători cu capital de risc, acum găsești câteva sute. Firmele cu capital privat și fondurile speculative pariază din ce în ce mai devreme. Terenul de joc a devenit aglomerat. Iată ce a însemnat asta pentru mine personal:

» Am primit între 50 și 100 de prezentări pe săptămână. Asta a constituit o problemă pentru inbox, dar lucrurile devin și mai rele, pe măsură ce...

» Multe dintre acestea erau prezentări nesolicitate, în care alți investitori îmi trimiteau un e-mail și treceau în cc 2-4 fondatori, scriind: „Mi-ar plăcea să-i cunoști pe A, B și C", fără să mă întrebe dacă pot să comunice altora adresa mea de e-mail.

» După aceea, fondatorii respectivi aduc alți și alți oameni și de acolo lucrurile curg într-o cascadă oribilă. Până să-mi dau seama ce se întâmplă, între 20 și 50 de persoane pe care nu le cunosc îmi trimit e-mailuri cu întrebări și solicitări. Din această cauză, a trebuit să-mi șterg adresa de e-mail de două ori în ultimele 6 luni. Este imposibil de susținut.

Există o bulă tech? Întrebarea asta este mult peste competența mea și este de asemenea irelevantă. Chiar dacă mi s-ar garanta că nu va avea loc nicio implozie în următorii 3-5 ani, tot aș alege să ies acum. Am pierdut plăcerea de a mai juca, în mare parte din cauza comunicațiilor excesive. În plus, minutul marginal este mai important pentru mine decât dolarul marginal (o lecție învățată de la Naval Ravikant).

Dar de ce nu ai elimina 50% sau chiar 90% și nu ai fi mai selectiv? O întrebare bună. Asta urmează...

Te păcălești singur cu un plan pentru moderație?

„Primul principiu este că nu trebuie să te păcălești pe tine însuți, deși tu ești cel mai ușor de păcălit." – **Richard P. Feynman**

În privința cărui aspect din viață ești un profesionist al moderației? În ce privință ești tipul totul-sau-nimic? Și în care îți lipsește un întrerupător de închidere? E în interesul tău să te cunoști pe tine însuți.

Dieta săracă în carbohidrați din *4 ore – corpul* aduce rezultate acolo unde alte diete dau greș din mai multe motive, dar cel mai important este acela că acceptă comportamentele umane implicite, în loc să încerce să le corecteze. În loc să spunem „nu trișa" sau „de acum nu mai ai voie să mănânci X", planificăm dinainte „zile de trișat" în fiecare săptămână (de obicei, sâmbăta). Oamenii care urmează o dietă vor trișa indiferent ce se întâmplă, așa că diminuăm consecințele programând trișarea în mod regulat și limitând-o la 24 de ore.

Cu excepția zilelor de trișat, adepții dietei sărace în carbohidrați nu păstrează în casă „alimentele domino". Ce sunt alimentele domino? Sunt alimentele care *ar putea fi* acceptabile dacă ființele umane și-ar putea limita strict porțiile, dar care nu sunt permise pentru că, practic, niciunul dintre noi nu poate să facă asta. Printre alimentele domino obișnuite se numără:

Boabele de năut

Untul de arahide

Cajuul sărat

Alcoolul

Lucrurile care declanșează un comportament de tip domino nu se limitează la mâncare. Există oameni care, dacă joacă 15 minute *World of Warcraft*, vor juca 15 ore. Ori 0, ori 15 ore.

În ceea ce mă privește, startupurile sunt un aliment de tip domino.

În teorie, declarații precum: „Mă voi limita la o singură afacere pe lună" sau „Voi face doar două afaceri pe trimestru" sună grozav, dar nu am văzut NICIODATĂ ca această idee să funcționeze efectiv în cazul meu sau al vreunuia dintre prietenii mei, investitori de tip *angel*. Zero! Firește, există modalități de a selecta prezentările. Da, poți întreba orice investitor cu capital de risc care-ți prezintă o propunere de afaceri dacă fondatorul este unul dintre primii 2 cei mai buni antreprenori pe care-i cunoaște și să o respingi dacă răspunsul e negativ. Dar ce se întâmplă dacă îți propui să nu te bagi decât în două afaceri pe trimestru și dai de două ocazii excelente chiar în prima săptămână? Ce faci în cazul acesta? Dacă investești în acestea două, vei putea să ignori toate propunerile pe care le vei primi în următoarele 10 săptămâni? Foarte improbabil.

Pentru mine, este totul sau nimic. Nu pot să lucrez cu jumătăți de măsură când e vorba de a investi în startupuri. Indiferent că alegi 2 sau 20 de startupuri pe an, trebuie să le selectezi din volumul total de startupuri apărute.

Dacă accept chiar și un singur startup, alte 50 vor apărea să-mi ocupe ca prin minune tot timpul (sau cel puțin inboxul). Nu vreau să angajez oameni care să le trieze, așa că am ajuns la concluzia că trebuie să ignor toate prezentările de startupuri noi.

Află în ce privință poți da dovadă de moderație și în care nu.

Spui că „sănătatea este pe primul loc".... dar chiar este adevărat?

După ce am luat boala Lyme și am funcționat la o capacitate de ~10% timp de 9 luni în 2014, am pus sănătatea pe primul loc. Înainte de Lyme, făceam mișcare și mâncam sănătos, dar când venea momentul să pun în aplicare, aspectul „sănătatea pe primul loc" devenea negociabil. Acum este efectiv pe primul loc. Ce înseamnă asta?

Dacă dorm prost și am o întâlnire dimineața devreme, contramandez întâlnirea în ultima clipă dacă este nevoie și recuperez somnul pierdut. Am sărit peste o ședință de antrenament și am o videoconferință în 30 de minute? La fel. O petrecere de ziua unui prieten apropiat care continuă până noaptea târziu? Doar dacă pot să dorm până târziu a doua zi dimineața. În practică, plasarea strictă a sănătății pe primul loc are reale repercusiuni sociale și de afaceri. Acesta este prețul pe care am realizat că TREBUIE să-l plătesc fără părere de rău, altfel voi pierde săptămâni sau luni întregi din cauza bolii și a oboselii.

Nu merge să plasezi sănătatea pe primul loc doar în jumătate din timp. Aici e vorba de absolut totul sau nimic. Dacă vine pe primul loc doar în jumătate din timp, vei face compromisuri exact atunci când este cel mai important să nu faci.

Falsa urgență, obișnuită în rândul startupurilor, face ca sănătatea mentală și fizică să fie o raritate. **M-au obosit toate urgențele nejustificate de tip „grăbește-te și semnează" din ultima clipă, la fel ca și simulările de incendiu înrudite cu ele. Este o cultură a cortizolului.**

Ești supra-corelat?

[**NOTĂ**]: Doi prieteni investitori au fost de părere că secțiunea aceasta este greoaie, pentru că erau cufundați în subiecte similare. Ești liber să sari peste ea dacă merge greu, dar eu cred că aici se găsesc câteva concepte importante pentru novici.]

„Corelat" se referă la faptul că investițiile au tendința să se aprecieze sau să se deprecieze în același timp.

Așa cum îi spunea Ray Dalio, legendarul manager de fonduri speculative, lui Tony Robbins (pag. 240): „Este aproape o certitudine că, indiferent în ce îți vei investi banii, va veni o zi când vei pierde între 50% și 70%". Merită să-ți amintești că, dacă pierzi 50%, ai nevoie de un randament ulterior de 100% pentru a reveni la punctul de plecare. Nu e o socoteală ușoară.

Așadar, cum faci să reduci riscul portofoliului tău la minim?

Numeroși investitori „reechilibrează" clasele de active, pentru a menține anumite procentaje (de ex., X% în obligațiuni, Y% în acțiuni și Z% în bunuri, etc.). Dacă o clasă de active se apreciază brusc, ei lichidează o parte din ea și cumpără mai mult din clasele de active cu rezultate mai slabe. Există argumente pro și contra, dar practica este răspândită.

Între 2007 și 2009, pe durata MBA-ului din Lumea Reală care m-a învățat să fac investiții de tip *angel* (pag. 281), mai puțin de 15% din activele mele lichide erau în startupuri. Dar majoritatea startupurilor sunt nelichide. De obicei, nu voi putea vinde acțiuni mai devreme de 7-12 *ani* după ce am investit, cel puțin în cazul celor care au avut cel mai mult succes până acum. Ce înseamnă asta? În 2015, startupurile reprezentau peste 80% din activele mele. Aoleu!

Din moment ce nu pot să iau din jetoanele de pe masă, cel mai simplu prim pas pentru reducerea stresului a constat în reducerea activelor nelichide.

Am vândut părți mari din acțiunile lichide – în cea mai mare parte investiții făcute în startupuri din China aflate în primele etape de dezvoltare (de ex., Alibaba) – ca să ajung la nivelul la care „să pot dormi noaptea", chiar dacă prețurile erau mai mici decât maximele istorice din ultimele 6-12 luni. **Ai grijă să nu te raportezi la prețurile mari din trecut (cum ar fi: „Voi vinde când revine prețul X pe acțiune...").** Mai am doar 1 sau 2 pachete de acțiuni rămase.

S-ar putea ca unii dintre voi să sugereze să-mi protejez investițiile în startupuri apelând la poziționări „short"* pe piață, și mi-ar plăcea să fac asta, dar nu sunt punctul meu forte și poți să ajungi foarte ușor să ai probleme juridice dacă acționezi la voia întâmplării.

Cea mai bună asemănare cu o „acoperire" pe care am văzut-o în lumea întreprinzătorilor cu capital de risc dependentă-de-piețele-bull sunt investițiile în afaceri de genul Uber, care A) se bucură de foarte multă popularitate la nivel internațional (similară cu companiile americane blue chip**), și B) ar putea fi considerate contra-ciclice din punct de vedere macroeconomic. Spre exemplu, ne putem imagina că o corecție sau o prăbușire a pieței ar putea să reducă numărul celor care își cumpără o mașină și/sau să ducă la o creștere a numărului de oameni care se înscriu ca șoferi Uber pentru a-și suplimenta sau înlocui joburile. Valabil și pentru Airbnb și alții care au mai multe costuri variabile decât fixe, comparativ cu liderii pieței (cum ar fi Hilton).

Unde e graba? Poți să te „retragi" și să revii?

Eu joc pe termen lung în domeniul startupurilor. Într-un fel sau altul, am de gând să mă ocup de asta și peste 20 de ani.

Iată realitatea: dacă cheltuiești doar banii proprii sau nu mizezi pe comisioanele de management în vreo altă formă, poți să aștepți propunerile

---

* Atunci când te poziționezi *short*, vinzi și te aștepți ca valoarea activului să scadă. Astfel, vei putea cumpăra respectivul activ la un preț mai scăzut pe viitor, iar diferența dintre prețul de vânzare și cel de cumpărare vor reprezenta marja de profit obținută. (n.red.)

** Termenul de *blue chip* este o etichetă folosită pentru companiile publice considerate cele mai solide, mai eficiente și mai stabile de pe piață. De obicei, ele vând produse și servicii bine cunoscute și larg acceptate și au drept caracteristică principală performanțele financiare pozitive, inclusiv în perioadele dificile, ceea ce contribuie la consolidarea renumelui de companie puternică, capabilă de dezvoltare. (n.red.)

perfecte, chiar dacă durează ani întregi. S-ar putea să nu fie „cea mai bună" strategie, dar este mai mult decât suficient. Pentru a deveni putred de bogat, nu este nici pe departe necesar să pariezi în fiecare an pe un Facebook sau pe un Airbnb. Dacă reușești să câștigi un pariu decent pe unul dintre unicornii aceștia non-imaginari, din lumea afacerilor concrete, la fiecare 10 ani, sau dacă îți reușesc 2 sau 3 investiții care transformă 25.000 $ în 2,5 milioane $, te poți retrage și te poți bucura de o calitate scandalos de ridicată a vieții. Mulți ar susține că trebuie să investești în 50-100 de startupuri pentru a prinde lozul câștigător. Eu cred că este posibil să-ți îmbunătățești șansele destul de mult (Peter Thiel de la pag. 262 ar fi probabil de acord) și mare parte din asta depinde de respectarea unor criterii riguroase, să te asiguri că ai un avantaj informațional, analitic sau comportamental, și că ești SINCRONIZAT.

Multe dintre cele mai bune investiții pe care le-am făcut au fost în timpul „recesiunii dot-com" din 2008-2009 (Uber, Shopify, Twitter etc.), când doar cei mai căliți au rămas în picioare pe câmpul de luptă presărat cu cadavrele startupurilor. În perioadele dificile, când startupurile nu mai împodobesc coperțile revistelor, fondatorii nu au încotro și trebuie să dezvolte companiile. LinkedIn în 2002 ar fi un alt exemplu.

Firește, chiar și în perioadele „spumoase" se formează companii grozave. Doar că spuma îmi îngreunează de zece ori munca și activitatea de detectiv, iar *marja de siguranță* devine mult mai mică.

Gândește-te la „marja de siguranță" ca la un spațiu de manevră.

Warren Buffett este unul dintre cei mai de succes investitori din secolul al XX-lea și se descrie pe sine ca „investitor în valoare". Obiectivul lui este să cumpere acțiuni la preț redus (sub valoarea lor intrinsecă), ca să poată obține profit chiar și în cel mai rău caz. Acest preț redus este numit „marjă de siguranță" și este un principiu fundamental pentru câteva dintre cele mai strălucite minți din lumea investițiilor (ca de ex., Seth Klarman). Nu garantează o investiție bună, dar lasă loc pentru eroare. Revenind la lumea startupurilor...

Dacă au succes, vreau ca fiecare dintre investiții să aibă capacitatea să-mi aducă înapoi „fondul integral", acesta fiind capitalul total pe care l-am alocat pentru startupuri pe o perioadă de doi ani, spre exemplu. De obicei, asta înseamnă un potențial pentru o rentabilitate de cel puțin 10 ori mai mare. Acel minim de 10x este o parte importantă a rețetei mele care îmi permite o marjă pentru rateuri.

Dacă vreau ca ROI-ul care justifică fondul să aibă o șansă infinitezimală să se producă, eu trebuie: A) să știu algebră elementară, ca să mă asigur că sumele investite de mine (mărimea cecurilor) îmi permit asta, și B) să mă feresc de companiile care par supraevaluate, unde prețul de 10x pare un lucru nemaivăzut până atunci.

Dacă începi să ridici osanale verificărilor de proastă calitate și să justifici lucrurile spunând că „ar putea fi următorul Uber!", vei fi aproape sigur omorât de 1000 de răni de câte 25.000 $ care vor sângera lent. În ciuda euforiei actuale, aplicarea unei tehnici similare pariului lui Pascal în materie de startupuri este o modalitate grozavă de a da faliment.

Investitorii buni în startupuri care sugerează „promiscuitatea" sunt totuși metodici

Un subiect popular pe tărâmul startupurilor este cel de a „ținti la Lună", acele startupuri incredibil de ambițioase care fie vor schimba lumea, fie vor arde până ajung pulbere de stele.

Eu sunt fanul finanțării fondatorilor coioși (în rândul cărora intră și femeile, cum ar fi Tracy DiNunzio, pag. 348) și îmi doresc să fie finanțate o mulțime de astfel de inițiative, dar iată realitatea portofoliului meu: în timp ce semnam actele de investiții pentru toate succesele pe care l-am avut, mă gândeam de fiecare dată: „Nu voi pierde niciodată bani cu afacerea asta".

Afacerile de genul „va fi un succes extraordinar sau nu va fi nimic" sfârșesc de obicei prin a fi nimic. Eu nu susțin că afacerile de felul acesta nu pot să meargă, dar încerc să nu mă specializez în ele.

În prezent, adevărații unicorni nu sunt preferații presei, firmele cu valori estimate la un miliard de dolari. Aceia au devenit groaznic de expirați. Unicornii sunt startupurile cu o creștere mare și cu o marjă rezonabilă de siguranță.

Din fericire, eu nu mă grăbesc și pot să aștept să se schimbe cursul evenimentelor.

Dacă aștepți să cumperi când toată lumea vinde și singurii rămași sunt credincioșii adevărați, te poți asigura că fondatorii mânați de valori intrinseci constituie cel puțin jumătate dintre oamenii prezenți la ședințele tale.

S-ar putea să fie morbid, dar este practic. Dacă investești pe viață, nu te grăbi. Sincronizarea surclasează de multe ori tehnica.

Ai parte de un eșec sau un succes de proporții? Un scurt ghid practic

„Împacă-te cu faptul că spunând «nu» înseamnă adeseori că-ți pierzi popularitatea, dar câștigi respectul."

– Greg McKeown, *Esențialismul**

* Volum apărut la Editura ACT și Politon, București, 2016. (n.red.)

Dacă te simți copleșit, s-ar putea să se dovedească util să-ți pui două întrebări:

1. În această perioadă copleșitoare, nu cumva viața îmi arată exact ce ar trebui să elimin?
2. Am parte de un *eșec de proporții* sau de un *succes de proporții*?

Așa cum ar spune Marcus Aurelius și Ryan Holiday (pag. 372), „obstacolul este calea". Asta nu înseamnă să observi problemele, să le accepți și să le lași să supureze. Și nici nu înseamnă să le cauți explicații și să le transformi în ceva bun. Pentru mine, înseamnă să te folosești de suferință ca să găsești claritate. Dacă durerea este analizată, nu ignorată, îți poate arăta ce să elimini din viața ta.

În cazul meu, primul pas este întotdeauna același: îmi notez care sunt cele 20 de procente din activitățile și oamenii care îmi provoacă 80% sau mai mult din emoțiile negative.

Cel de al doilea pas este un exercițiu de „încadrare a temerii" pe hârtie (pag. 508), în care întreb și răspund: „Care este cel mai rău lucru care s-ar putea întâmpla dacă nu mai fac ceea ce mă gândeam să fac? Cum aș putea să îndrept pagubele?"

Dă-mi voie să-ți împărtășesc un exemplu din lumea reală: o transcriere a paginii din jurnal care m-a convins să scriu asta și să îmi iau o vacanță prelungită de la startupuri.

Întrebările din mintea mea erau: „Care este cel mai rău lucru care s-ar putea întâmpla dacă nu aș mai face investiții de tip *angel* timp de 6-12 luni? Chiar contează aceste ipoteze negative? Cum aș putea să îndrept orice eventuală daună? Aș putea să fac o încercare de două săptămâni?"

Așa cum vei observa, am făcut liste cu avantajele *garantate* versus dezavantajele *speculative*. Dacă definim „riscul" așa cum îmi place mie – probabilitatea unui rezultat negativ ireversibil –, vedem cât de proștești (și de inutil de dureroase) au fost toate frământările și tergiversările mele. Tot ce trebuia să fac era să aștern lucrurile pe hârtie.

Am amânat alarma de 4 sau de 5 ori, așa că m-am trezit pe la 10:15, nu la 8:33. Neliniștea mea este generată în cea mai mare parte de e-mailuri și de startupuri: propuneri noi, oferte noi etc.

Să fac o încercare de 2 săptămâni în care să spun „nu" la TOATE propunerile și prezentările pe care nu le-am solicitat?

De ce ezit? Dacă spun „nu" la toate:

Argumente PRO:

- *Reducerea garantată cu 100% a anxietății*
- *Sentiment de libertate*
- *Mai puțină indecizie, mai puține griji, mult mai mult timp pentru CREAȚIE, pentru CITIT, pentru (antrenament) FIZIC, pentru EXPERIMENTE*

Argumente CONTRA (adică de ce să nu?):

- *S-ar putea să descopăr următorul Uber (șanse mai mici de 10%)*
- *Cui îi pasă. Nu s-ar materializa timp de cel puțin 7-9 ani. Dacă Uber intră la bursă, nu va conta.*
- *Nu mai ajung la alte afaceri. Dar cui îi pasă?*
  - *O cină cu 5 prieteni rezolvă asta.*
  - *O postare pe blog [în care le cer cititorilor să-mi furnizeze idei] rezolvă asta.*
  - *NICIUNA dintre cele mai bune afaceri ale mele (Shyp, Shopify, Uber, Twitter, Facebook, Alibaba etc.) nu a venit pe filiera prezentărilor nesolicitate făcute de cunoștințe.*

Dacă încerc 2 săptămâni, cum să mă asigur că fac ce trebuie:

- *Nici măcar nu mă uit la e-mailurile venite de la startupuri [noi].*
- *Nici un apel-conferință. [Mențiune] „vacanță de la apeluri-conferință" → trimiți un e-mail sau faci o analiză cu asistentul, la finalul zilei.*
- *Oferă [un număr mai mare de] „ore de consultații la birou" vinerea [pentru portofoliul actual]?*

În cele din urmă mi-am dat seama: dacă introduc o politică de evitare a startupurilor timp de 2 săptămâni, sistemul va persista. Aș putea la fel de bine să îl fac semipermanent și să-mi iau cu adevărat o „vacanță de la startupuri".

Provocarea mea pentru tine: notează acele lucruri care încep cu „dar dacă"

„Sunt un om bătrân și am avut parte de o mulțime de necazuri, dar majoritatea nu s-au întâmplat niciodată." **– Mark Twain**

„Cel care suferă înainte să fie nevoie, suferă mai mult decât este nevoie." **– Seneca**

Diseară sau mâine dimineață gândește-te la o decizie pe care ai tot amânat-o și pune la îndoială acele întrebări ambigue „dar dacă" care te țin prizonier.

Dacă nu acum, atunci când? Dacă rămâi la statu quo, cum va arăta viața ta și gradul tău de stres peste 6 luni? Peste 1 an? Peste 3 ani? Care dintre apropiații tăi va avea de suferit?

Sper că vei găsi puterea să spui „nu" atunci când contează cel mai mult. Și eu mă străduiesc să fac același lucru și doar timpul îmi va spune dacă am reușit sau nu. Până acum, lucrurile au ieșit mai bine decât aș fi putut să-mi imaginez.

În ce îmi voi investi timpul pe viitor? Desigur, în mai multe experimente nebunești și în proiecte creative. Lucrurile au s-o ia razna.

Dar mai important de atât este ce ai face *tu* dacă ai avea brusc mai mult timp la dispoziție?

Ai face surfing în fiecare zi, ca avocatul din *4 ore – săptămâna de lucru*, care a renunțat la viața haotică pentru a-și construi propriul paradis de afaceri în Brazilia? Ai călători cu familia în toată lumea mai bine de 1000 de zile? Ai învăța limbi străine sau ai munci de la distanță în peste 20 de țări, construind totodată o afacere uriașă? Toate sunt cu putință. Știu, pentru că toate acestea au fost studii de caz de la cititorii mei. Opțiunile sunt practic nelimitate.

Așadar, începe prin a ți le nota. Cercetează-ți serios temerile și o să vezi că, de cele mai multe ori, monștrii mentali nu sunt decât niște sperietori inofensive de ciori. Uneori, ai nevoie doar de o bucată de hârtie și de câteva întrebări pentru a reuși să faci un pas uriaș înainte.

Ce ai de pierdut? Cel mai probabil, aproape nimic.

3

ÎNȚELEPT

„Lupta se sfârșește atunci când începe recunoștința."

– *Neale Donald Walsch*

„Nu există niciun drum spre fericire;
fericirea însăși este drumul."

– *Thich Nhat Hanh*

„Ceea ce cauți te caută."

– *Rumi*

„[La sfârșitul vieții,] poți să lași să se destrame multe dintre regulile care ne guvernează viața. Pentru că ajungi să conștientizezi că ne mișcăm în niște sisteme sociale și că multe din lucrurile care ne ocupă cea mai mare parte a zilei nu aparțin vreunei ordini naturale. Cu toții navigăm printr-un fel de suprastructură pe care am creat-o noi, ființele umane."

BJ MILLER

BJ Miller (TW: @ZENHOSPICE, ZENHOSPICE.ORG) este medic specializat în îngrijiri paliative la Universitatea California din San Francisco și consultant al Zen Hospice Project din San Francisco. Se preocupă profund de cum să le asigure pacienților săi un sfârșit demn și onorabil.

A ajuns expert în trecerea de la viață la moarte. Astfel a învățat cum ne putem îmbunătăți esențial viața, adeseori prin schimbări foarte mici. A asistat sau a fost implicat în moartea a circa 1000 de oameni și a observat anumite tipare din care putem învăța cu toții. BJ are trei membre amputate din cauza unei electrocutări accidentale din facultate. Conferința sa TED din 2015, „What Really Matters at the End of Life" („Ce contează cu adevărat la finalul vieții"), a fost printre cele mai vizionate 15 conferințe TED din 2015.

„SĂ NU CREZI TOT CE GÂNDEȘTI"

Acesta a fost răspunsul lui BJ atunci când l-am întrebat ce ar scrie pe un panou. Nu era sigur de sursă, dar l-a pus pe seama unui autocolant auto. Până la sfârșitul acestui profil, vei vedea cât de mult iubește BJ tipul acesta de absurditate.

PRIVITUL STELELOR CA TERAPIE

„Atunci când ai probleme de orice fel, privește în sus. Gândește-te la cerul nopții câteva clipe și dă-ți seama că ne aflăm cu toții pe aceeași planetă, în același timp. Din câte ne putem da seama, suntem singura planetă pe care există viață ca a noastră. Apoi începi să privești stelele și îți dai seama că lumina pe care o vezi este străveche, [câteva dintre] stelele la care te uiți nici măcar nu mai există în clipa în care lumina ajunge la tine. Simplul fapt că mă gândesc la chestiuni elementare legate de cosmos îmi dă fiori, mă copleșește, mă scoate din minți și, cumva, îmi pune toate neliniștile nevrotice la locul lor. Și asta li se întâmplă multora; când ajungi aproape de linia orizontului tău, în pragul morții, simți că ești într-o mai mare armonie cu cosmosul."

TF: Ed Cooke (pag. 564) face ceva surprinzător de asemănător și am început și eu să fac „terapie cu stelele" ori de câte ori pot. Prin comparație cu efortul depus, efectele sunt infinit mai multe.

SĂ TE DELECTEZI CU PERISABILUL

Cele ce urmează constituie răspunsul lui BJ la întrebarea: „Ce achiziție de 100 $ sau mai puțin a avut un impact pozitiv asupra vieții tale în ultima perioadă?"

„Probabil că aș alege un excelent Pinot Noir de la Joseph Swan din Sonoma County. Seamănă cu lucrările artistice ale lui Andy Goldsworthy sau ale oricui se delectează cu efemerul. Farmecul unei sticle de vin, măiestria, toată munca pe care o presupune... de fapt tocmai delectarea cu efemeritatea sa, cu dispariția, mă ajută foarte mult. Am obținut foarte mult dintr-o sticlă minunată de vin, nu doar gustul și ușoara amețeală; am găsit în ea simbolul plăcerii pe care ți-o oferă un lucru care dispare."

IATĂ UN BUN MOTIV SĂ TE ÎNDOIEȘTI DE FIECARE DATĂ CÂND SPUI „NU POT"

Ai răbdare cu acest text și citește-l până la capăt. Merită! Reprezentanța Scuderia, care comercializează motociclete în San Francisco, l-a ajutat și ea pe BJ în misiunea lui aparent scandaloasă.

TIM: „Nu vreau să mă concentrez pe ceva probabil superficial, dar tocmai ai menționat în trecere că „ai mers cu motocicleta ta". Îmi cer scuze dacă întrebarea o să ți se pară ciudată, însă trei membre ți-au fost afectate [efectiv amputate]. Cum mergi cu motocicleta?"

BJ: „Să știi că acesta a fost un fel de vis vechi care s-a materializat de curând."

TIM: „Felicitări! Adică, este fantastic. Doar că sunt foarte curios în legătură cu logistica."

BJ: „Mulțumesc. Păi, mi se pare interesant că întrebi. Omul care m-a ajutat să transform acest vis în realitate, Randy, a ajuns în cele din urmă să-mi fie pacient și să fie oaspetele nostru la Zen Hospice Project, la scurt timp după ce mi-a transformat motocicleta. Așa că povestea aceasta este destul de lungă, prietene.

Îmi plac vehiculele pe două roți. Iubesc stilul de viață giroscopic. Îmi place senzația și mi-a plăcut dintotdeauna să merg pe bicicletă. Mi-am dorit mereu să urc pe o motocicletă. Dar mergeam mereu pe la ateliere, oamenii se uitau la mine și nu găseam niciodată un mecanic care să fie dispus să nu se dea bătut și care să încerce să o facă.

Un tip numit Mert Lawwill, un bătrân campion de curse de motocicletă – aproape legendar în lumea aceea – locuia în zona asta [în California de Nord] în Tiburon. Nu știu ce l-a inspirat pe Mert, dar este mecanic și foarte îndemânatic și, când a ieșit la pensie, și-a propus să construiască o componentă protetică care să se potrivească foarte bine la montarea unui braț pe o bicicletă sau o motocicletă"

Așa că prima piesă din puzzle a fost să descopăr invenția lui Mert și să fac rost de ea, lucru care m-a ajutat să-mi atașez brațul protetic de ghidon într-un mod foarte funcțional."

TIM: „Cum sunt modificate comenzile manuale?"

BJ: „Randy s-a gândit cum să facă... Aprilia a produs un model, Mana, fără ambreiaj. Asta este, de fapt, transmisie automată. Așadar o piesă uriașă din puzzle a fost rezolvată. După aceea, Randy a găsit o modalitate de cuplare a frânelor, cea de pe față cu cea de pe spate, într-un anumit raport, într-o singură manetă. Așa că picioarele mele protetice nu fac decât să se țină de motocicletă, nimic altceva. La fel și brațul meu protetic: nu face decât să se țină de motocicletă, nimic altceva. Toată acțiunea este pe mâna dreaptă. Frânele sunt pe o singură manetă. După aceea, Randy a construit o cutie și a mutat toate comenzile – luminile de semnalizare, claxonul și toate celelalte – pe partea dreaptă a motocicletei, la așa distanță încât să ajung cu degetul mare la ele. Am accelerația, frâna și apoi cutia de semnalizare, toate pentru o singură mână."

TIM: „Mi se pare grozav."

BJ: „Asta e tot. Și pleci ca vântul!"

TIM: „Aici trebuie să fac o pauză de câteva clipe și să-i întreb pe toți cei care ne ascultă: Ce scuze prostești aveți ca să nu încercați să obțineți ce vă doriți? Vă rog, scrieți-ne, spuneți-ne pe social media de ce scuzele astea sunt reale, scriind la final #bullshit. O, Doamne, omule, asta e o poveste foarte tare."

MIRACOLUL UNUI BULGĂRE DE ZĂPADĂ

BJ a povestit cum s-a trezit într-o unitate de arși după ce s-a electrocutat în facultate și și-a pierdut trei membre:

„O unitate de arși este un loc special. Un loc înspăimântător. Durerea pe care o îndură pacienții este absolut oribilă. Este foarte dificil să lucrezi într-o unitate de arși. De obicei, clinicienii nu rezistă prea mult timp aici. Infecțiile sunt lucrul care îi ucide adesea pe cei care au căzut victimă arsurilor, după ce au rezistat traumei inițiale, așa că unitățile de arși sunt medii extrem de sterile. Toată lumea poartă uniformă medicală completă, mască și mănuși. În primele câteva săptămâni aveam voie să primesc o singură persoană în rezerva în care mă aflam.

Ești rupt de toate. Nu există zi sau noapte. Camera mea nu avea ferestre. Chiar și atunci când ai oameni lângă tine, există mai multe straturi de îmbrăcăminte care se interpun între tine și ei. Nu ai niciun fel de legătură cu lumea exterioară. Nu ai voie să atingi nimic. Și ai parte de o doză considerabilă de durere, care nu te părăsește nici atunci când ești atent la ceva. Nu este deloc plăcut.

Deci, asta era prin noiembrie. La un moment dat în decembrie – sau poate că era la începutul lui ianuarie – aveam două asistente de care mă atașasem foarte mult și s-ar putea ca una dintre ele să fi fost [cea care mi-a adus bulgărele de zăpadă]. [Una dintre ele se numea] Joi Varcardipone. Este posibil să fi fost Joi. Ningea afară și eu nu știam.

Ea a avut geniala idee de a-mi aduce pe ascuns un bulgăre de zăpadă, ca să ating zăpada. Doamne, a fost incredibil. Un lucru atât de simplu și de mărunt, nu? Dar ea mi l-a pus în mână și simpla senzație a contrastului dintre zăpada aceea rece de pe piele mea sfărâmicioasă și arsă – o piele respingătoare și inflamată –, vederea zăpezii care se topește și se transformă în apă, miracolul ei simplu, mi s-a părut ceva pur și simplu incredibil. M-a făcut să conștientizez cu adevărat că, atâta vreme cât ne aflăm în corpul nostru, noi, ființele umane, suntem mașinării care simt. Dacă suntem decuplați, dacă simțurile ne sunt sugrumate, suntem sugrumați și noi. A fost cel mai terapeutic moment pe care mi l-aș fi putut imagina.

Nu mi-aș fi imaginat niciodată asta. În primul rând, senzația, simplul fapt că țineam în mână bulgărele acela de zăpadă. Dar și perspectiva sugerată, inerentă la care m-a ajutat să ajung: *Totul se schimbă.* Zăpada se transformă în apă. Este frumoasă pentru că se schimbă. Lucrurile sunt trecătoare. În clipa aceea, senzația că fac parte din această lume stranie mi s-a părut foarte frumoasă. M-am simțit din nou o parte a lumii, nu ceva izolat de ea. A fost un sentiment puternic."

PUTEREA MĂRTURIEI ȘI A ASCULTĂRII

L-am întrebat pe BJ: „Dacă ai fi chemat ca medic sau consilier pentru cineva care a suferit răni asemănătoare cu ale tale, cum ar arăta conversația voastră? Sau ce resurse, lecturi sau activități i-ai recomanda?" El mi-a răspuns:

„Cred că am avut necazuri atunci când am încercat să vin cu idei preconcepute despre consiliere. De multe ori, nu este nevoie de asta. Este pur și simplu vorba despre camaraderie și despre prezență. Deci, ca să-ți răspund la întrebare, atunci când intru în camera unor astfel de oameni, sunt prezent cu totul și le stau la dispoziție pentru orice întrebare pe care o au. Dar cred că cea mai mare parte a puterii vizitei stă în vizita în sine, în faptul că suntem împreună și avem în comun același corp ciudat."

TF: De când am stat de vorbă cu BJ, am observat că lucrul acesta este valabil în mai multe domenii. De foarte multe ori, pentru „a rezolva" problema cuiva, trebuie doar să o asculți în întregime. Mi-am dat seama că, până și în social media sau pe blogul meu, faptul că oamenii știu că asculți – că-i prețuiești ca pe un colectiv – este mai important decât să răspunzi fiecăruia. Spre exemplu, uneori pun un punct în fața numelui unui cititor atunci când îi răspund pe Twitter (de ex., „ .@Widgett, este o întrebare bună. Răspunsul este..."), astfel încât toată lumea să vadă răspunsul. Chiar dacă nu le pot răspunde tuturor, demonstrez că sunt atent la comentariile de pe blog și la @răspunsuri. Este un fel de „Te-am văzut". Simplu.

- **Ce i-ai răspunde unui pacient introvertit, dacă ți-ar spune: „Dă-mi între unul și trei lucruri pe care le pot urmări, face, absorbi, privi etc., fără interacțiune umană"?**

„Cred că l-aş pune să se uite la o carte cu fotografii ale picturilor lui Mark Rothko. Probabil că l-aş pune să asculte ceva de Beethoven. Şi probabil că aş rezerva al treilea lucru pentru privitul în spaţiu."

✸ Documentarul preferat?

„*Grizzly Man*. Orice lucrare artistică la care nu sunt sigur dacă să plâng în hohote sau să râd isteric – iubesc sentimentul acesta. Poţi să mergi în ambele direcţii şi nici măcar nu eşti sigur care este emoţia corectă. Eşti în acelaşi timp atras şi dezgustat de ceva. Asta am simţit eu urmărind filmul respectiv, aşa că am convingerea că este o operă cinematografică uluitoare."

UNEORI, PRĂJITURELELE SUNT CEL MAI BUN MEDICAMENT

Pentru pacienţii din azil aflaţi în pragul morţii, marile conversaţii existenţiale nu sunt întotdeauna medicamentul potrivit. O alternativă straniu de eficientă este să pregăteşti împreună cu ei nişte prăjiturele.

„Simpla bucurie de a simţi mirosul unei prăjituri. Fiindcă miroase absolut grozav. [Şi seamănă cu bulgărele de zăpadă.] Eşti răsplătit pentru că eşti viu şi prezent în clipa respectivă. Când miroşi o prăjitură nu o faci în numele unei stări viitoare. Este ceva grozav în clipa respectivă, prin ceea ce este ea, pentru nimic altceva. Şi acesta este un alt lucru care ne aduce înapoi la artă. Arta de dragul artei. Arta, muzica şi dansul. O parte din intensitatea artei vine din inutilitatea ei şi din delectarea cu ideea nebunească că universul este, poate, lipsit de sens şi cât de remarcabil este lucrul acesta. Una dintre modalităţile prin care putem să trăim realmente până în clipa morţii o constituie tocmai preţuirea acestor clipe mărunte."

✸ Sfaturi pentru tine, cel de la 30 de ani?

„Ia-o mai uşor! Vreau să spun să iei viaţa foarte în serios, dar trebuie să iei în serios şi lucruri precum cheful de joacă şi inutilitatea... Nu intenţionez să dau un caracter uşuratic lucrurilor, dar cred că m-aş încuraja cumva să fiu mai relaxat şi să rezist pe poziţii, să nu susţin că aş şti încotro se îndreaptă totul. Nu trebuie să ştii încotro merge totul."

„Dacă ești în căutarea unei formule a măreției, cred că cea mai apropiată este asta: consecvență animată de un atașament profund față de muncă."

„Viața este un proces continuu de a deveni cine suntem."

MARIA POPOVA

Maria Popova (TW: @BRAINPICKER, BRAINPICKINGS.ORG) a scris pentru publicații ca *Atlantic* și *New York Times*, dar cred că cel mai uimitor proiect al ei este BrainPickings.org. Înființat în 2006 ca un e-mail săptămânal către șapte prieteni, *Brain Pickings* are în prezent câteva milioane de cititori pe lună. *Brain Pickings* este munca pe care o singură femeie o face din dragoste – o cercetare asupra felului în care ar trebui să trăim și ce înseamnă să duci o viață bună. Adesea, citește câte o carte pe zi, sintetizând înțelepciunea atemporală și plină de înțeles care merită să fie păstrată în memorie și răspândită. Calitatea și productivitatea ei sunt uluitoare.

Animalul spiritual: pudelul

DIN CULISE

Maria are un tatuaj pe antebraț (ca Ryan Holiday, pag. 372), care spune: „What to focus on:" (pe ce să te axezi), iar sub el e un cerc ca cel de darts. În centrul cercului este scris cuvântul „Happy" (fericit). Maria spune: „Asta este o lucrare a artistului Marc Johns, pe care am avut-o pe perete mai mulți ani. Când treceam printr-o perioadă deosebit de dificilă, am ajuns la concluzia că este unul dintre adevărurile acelea simple și uriașe pe care le uităm cu prea multă ușurință și un fel de incantație minunată pe care să o descoperim când ne trezim. Am pus-o pe braț ca să fie cât mai greu cu putință să o ocolesc la începutul fiecărei zile".

UNEORI, CEL MAI BUN „NU" ESTE SĂ NU DAI NICIUN RĂSPUNS

„De ce să faci efortul să explici de ce un anumit lucru nu este ceea ce trebuie, dacă ei nu și-au făcut temele ca să-și dea seama dacă este ceea ce trebuie?" Maria ar putea să-și petreacă toată ziua răspunzând la prezentări proaste cu refuzuri politicoase. Mă gândesc adeseori la politica ei de mai sus. Oare persoana a alocat 10 minute ca să-și facă temele? Este foarte atentă la detalii? Dacă nu, nu încuraja o incompetență și mai mare acordându-i o recompensă. Cei care se dovedesc neglijenți în luna de miere (la început), devin și mai neglijenți mai târziu. Dacă vrei un exemplu hilar al felului în care să verifici prin sondaj atenția la detalii, caută pe Google „David Lee Roth Ferriss." Neil Strauss (pag. 385) scrie adeseori jos de tot pe pagina pe care a postat o ofertă de job pe Craiglist: „Nu trimiteți un răspuns prin e-mail, sunați la [un număr de telefon] și lăsați un mesaj cu A, B și C". Toți cei care răspund prin e-mail sunt descalificați. Nu ceda impulsului de a le răspunde tuturor pentru că te simți vinovat. Maria spune: **„Vinovăția [este] interesantă pentru că este reversul prestigiului și amândouă sunt motive oribile ca să faci ceva".**

CUM SĂ RESPINGI CÂNTECUL DE SIRENĂ AL SOLICITĂRILOR DIN PARTEA PRESEI

„Poate că o apariție de două minute la CNN o va face pe bunica ta să fie mândră de tine, dar dacă drumul și pregătirile și logistica îți răpesc 20 de ore din timp, iar scrisul tău are de suferit [și] în cele din urmă nu vei fi mândru de rezultat, atunci poate că nu merită. De multe ori, **mă gândesc că paradoxul constă în faptul că acceptarea solicitărilor pe care le primești se face pe socoteala muncii însăși – motivul inițial al acelor solicitări – și că aceasta trebuie întotdeauna protejată."**

TF: Acesta este motivul pentru care am încetat aproape cu totul să mai investesc, să accept invitații de a lua cuvântul și de a da interviuri. Maria a povestit cum celebrul neurolog și scriitor Oliver Sacks (RIP) obișnuia să țină „o coală de hârtie pe peretele de lângă biroul lui pe care scria pur și simplu «NU!», cu litere mari și cu semnul exclamării. Era acolo pentru a-i aminti să refuze invitațiile care-i răpeau din timpul alocat scrisului."

✱ Care este textul la care revii în mod repetat?

„În clipa de față, și răspunsul s-ar putea să fie diferit peste vreo 9 ani, jurnalele lui Henry David Thoreau. Dacă tot vorbim despre intersecția dintre lumea exterioară și cea interioară, nimeni nu scrie mai frumos ca el despre dialogul neîntrerupt dintre cele două. În reflecțiile sale personale există atât de multe – chiar *foarte multe* – adevăruri universale veșnice, despre orice, de la cea mai bună definiție a succesului la pericolele statului pe scaun, despre care el a scris cu 150 de ani înainte ca noi să începem să spunem: «Statul pe scaun e doar un alt fel de a fuma»."

Și când te gândești la toți artiștii și scriitorii care se plâng de cât de dificilă este munca și, vai, cât de obositor este procesul de creație și, vai, ce genii chinuite sunt ei. Nu te lăsa păcălit... De parcă dificultatea, lupta și chinul ar conferi cumva seriozitate muncii pe care ai ales-o. Faptul că faci ceva minunat doar pentru că îți place pare cumva frivol în cultura noastră și acesta este un cusur al culturii, nu al muncii pe care artistul a ales s-o facă." Asta i-a amintit de un text din jurnalul lui Thoreau, din martie 1842:

„Thoreau scrie: «Se poate observa că muncitorul cu adevărat eficient nu-și va umple ziua cu muncă, ci se va apropia cu pas relaxat de activitatea sa, înconjurat de o aureolă de tihnă și comoditate. Ziua lui va avea o marjă generoasă pentru relaxare. El urmărește doar să-și asigure grânele, și nu exagerează valoarea tecii»." Gândește-te cât de frumoasă este metafora aceasta care spune să nu confundăm teaca – semnele exterioare ale productivității, cum ar fi aglomerarea cu treburi, calendarul încărcat sau programul inteligent de computer care răspunde la e-mailuri – cu bobul, miezul și substanța muncii propriu-zise. Și, după aceea, spune: «Cei care muncesc mult, nu muncesc intens». Îmi place asta."

> „Avem o cultură în care capacitatea de a supraviețui dormind foarte puțin se poartă ca un fel de insignă de onoare ce simbolizează etica muncii, rezistența sau o altă virtute, când, de fapt, este un eșec total și profund al priorităților și al respectului de sine."

Pentru a ne aminti de acest „eșec profund", eu, Maria și cel puțin șase alți invitați din această carte am citit și recomandăm *Despre scurtimea vieții* a lui Seneca.

ANTETUL MARIEI DE PE FACEBOOK ȘI O REGULĂ BUNĂ DE URMAT ÎN VIAȚĂ

„Aceasta ar trebui să fie o regulă cardinală a internetului (și a condiției umane): Dacă nu ai răbdare să citești ceva, să nu ai nici aroganța de a comenta despre lucrul respectiv."

CÂND IEI NOTIȚE, ALEGI NESTEMATELE

Eu și Maria avem un proces aproape identic de a lua notițe din cărți: „Subliniez în aplicația Kindle din iPad și, după aceea, Amazon are o funcție în care îți poți vedea pe desktopul computerului notițele și pasajele subliniate acolo. Le copiez de pe pagina respectivă și le lipesc într-un fișier Evernote, ca să am toate notițele despre o anumită carte într-un singur loc. Fac și o captură de ecran a paginii specifice de pe iPad Kindle cu pasajul pe care l-am subliniat, după care o trimit la adresa de e-mail a Evernote-ului meu, fiindcă, după cum știi, Evernote are o funcție de recunoaștere optică a literelor. Așa că, atunci când voi căuta prin el, va căuta și prin textul din imaginea respectivă. Nu trebuie să aștept până termin cartea ca să-mi cercetez toate notițele... Iubesc Evernote. Îl folosesc de mai mulți ani și probabil că fără el nu aș putea să-mi duc ziua la bun sfârșit."

Atunci când Maria citește o carte în format fizic și face notițe pe margini (lucru pe care îl numește „marginalia"), adaugă uneori „LF" pentru a indica un „limbaj frumos". Eu folosesc „FR", abreviere pentru „frază", pentru a mă referi la același lucru. Amândoi creăm propriul indice la începutul cărților pe paginile aproape goale, cum ar fi pagina de titlu. Asta face ca examinarea ulterioară să fie mult mai rapidă. Spre exemplu, aș putea să am „FR 8, 12, 19, 47", ca indicații pentru paginile unde am găsit niște expresii extraordinare, la care voi adăuga și altele, pe măsură ce le descopăr.

CITITUL ÎN MIȘCARE

Maria citește majoritatea textelor lungi de pe iPad la sala de sport. Prima alegere este bicicleta eliptică, unde face antrenament de intensitate ridicată (HIIT)*. Planul B pentru cardio constă în sprinturi (care exclud

* HIIT – high-intensity interval training, în original. (n.red)

cititul, acesta fiind motivul pentru care reprezintă planul B) și planul C constă în sărituri cu coarda. Ea călătorește cu o coardă de sărit grea.

CÂND NU ȘTII CE SĂ FACI, OCUPĂ-TE DE NEVOILE TALE

„Atunci când Kurt Vonnegut scria: «Scrie ca să faci pe plac unei singure persoane», el spunea de fapt că trebuie să scriem pentru noi înșine. Nu încerca să fii pe placul altora, fii doar pe placul tău... În clipa în care începi să o faci pentru un public, ai pierdut pe termen lung, **fiindcă, dacă vrei să creezi ceva care să-ți aducă satisfacții și să dureze pe termen lung, lucrul cel mai important este să-ți păstrezi entuziasmul...** Încercarea de a prezice [lucrurile de care] va fi interesat publicul și de a te contorsiona astfel încât să te pliezi pe așteptările lui te va face să detești ceea ce faci și va ajunge să te otrăvească; iar aceste lucruri vor începe să răzbată din opera ta. **Întotdeauna, dar absolut întotdeauna, se vede când îți displace ceea ce faci.** Și nu există nimic mai neplăcut decât să citești scrieri pline de resentiment."

TF: Ca să nu-mi pierd entuziasmul, eu includ în cărțile mele glume pentru inițiați și referințe din *Războiul Stelelor*, lucruri pe care doar câțiva prieteni le înțeleg. În *4 ore – corpul* era o propoziție care i-a scos din minți pe editori: „Fiindcă sunt bărbat, frate." E o poveste lungă.

✹ Din cele peste 4.600 de articole de pe *Brain Pickings*, cu ce ne recomandă Maria să începem?

„The Shortness of Life: Seneca on Busyness and the Art of Living Wide Rather Than Living Long" (Despre scurtimea vieții: Seneca despre afaceri și despre arta de a trăi mai deplin, nu mai mult)

„How to Find Your Purpose and Do What You Love" (Cum să îți găsești scopul și să faci ceea ce-ți place)

„9 Learnings from 9 Years of *Brain Pickings*" (9 învățăminte după 9 ani de *Brain Pickings)*

Orice despre Alan Watts: „Alan Watts mi-a schimbat viața. Am scris mult despre el."

✹ Care este cel mai prost sfat care se dă în domeniul tău sau în sfera ta de competență?

„«Urmărește-ți visurile!» Este un lucru imposibil de făcut fără cunoaștere de sine, iar asta durează ani întregi. Îți descoperi «visul» (sau sensul) în însăși actul de a merge pe un drum, pe care ești ghidat în mod egal de alegere și de șansă."

✹ Trei persoane sau surse de la care Maria a învățat sau pe care le-a urmărit îndeaproape în ultimul an

„Trei scriitori și gânditori pe care am ajuns să-i cunosc prin scrierile lor excepțional de pătrunzătoare și frumoase și care mi-au devenit prieteni dragi: memorialistul, romancierul și eseistul Dani Shapiro, un fel de Virginia Woolf al zilelor noastre; excepționalul scriitor pe teme științifice James Gleick; cosmologa, romanciera și cea care polenizează societatea cu știința, Janna Levin."

✹ Care este cea mai bună sau cea mai rentabilă investiție pe care ai făcut-o?

O ediție foarte rară a cărții *Poems from William Blake's „Songs of Innocence" (Poeme din „Cântecele inocenței" ale lui William Blake)*, ilustrată de Maurice Sendak.

SCURT ȘI LA OBIECT

„Cultura știrilor este o cultură lipsită de nuanțe."

✹ Dacă ai fi sigură că toți demnitarii sau liderii ar citi o carte, care ar fi aceea?

„E aproape evident că acea carte ar fi *Republica* lui Platon. Ba chiar sunt șocată că nu este obligatorie înainte să depui jurământul pentru o funcție de demnitate publică, așa cum Constituția este obligatorie pentru noi, imigranții, atunci când vrem să obținem cetățenia americană."

JOCKO WILLINK

Jocko Willink (FB/TW: @JOCKOWILLINK; JOCKOPODCAST.COM) este una dintre cele mai înfricoșătoare ființe umane imaginabile. Are 105 kg fără niciun pic de grăsime. Are centura neagră în jiu-jitsu brazilian și învingea câte 20 de membri ai Navy SEAL într-o singură sesiune de antrenament. Este o legendă în lumea operațiunilor speciale și ochii lui se uită mai degrabă *prin* tine decât la tine. Interviul pe care mi l-a acordat mie a fost primul pe care l-a făcut vreodată și a luat internetul prin surprindere.

Jocko și-a petrecut 20 de ani în Marina SUA și a comandat SEAL Team Three's Task Unit Bruiser, cea mai decorată unitate de operațiuni speciale din războiul din Irak. La întoarcerea în Statele Unite, Jocko a devenit responsabilul cu pregătirea fizică a tuturor echipelor SEAL de pe Coasta de Vest, elaborând și introducând unele dintre cele mai dificile și mai realiste antrenamente de luptă din lume. După ce s-a pensionat din Marină, a fost unul dintre cofondatorii Echelon Front, o companie de consultanță în domeniul leadershipului și managementului, și a fost coautor al cărții *Extreme Ownership: How U.S. Navy SEALs Lead and Win (Proprietate absolută: Cum conduc și câștigă membrii U.S. Navy SEAL)*, bestseller *New York Times* care a ocupat locul 1. Acum vorbește despre război, leadership, afaceri și viață în foarte apreciatul său podcast, *Jocko Podcast*. Este un surfer împătimit, soț și tată a patru copii „foarte motivați".

DISCIPLINĂ EGAL LIBERTATE

La întrebarea: „Ce ai scrie pe un panou?", Jocko a răspuns: „Mantra mea este foarte simplă și sună așa: «Disciplină egal libertate»."

TF: Eu interpretez asta ca însemnând, printre altele, că te poți folosi de constrângerile pozitive pentru a spori liberul arbitru și rezultatele vizibile. Zilele neorganizate pot părea idilice, dar te paralizează prin paradoxul alegerilor continue (de ex., „Ce ar trebui să fac acum?") și oboseala decizională (de ex., „Ce să mănânc la micul dejun?"). În schimb, ceva foarte simplu, cum ar fi ședințele de antrenament programate din timp, funcționează ca o schelă pe care îți poți planifica și realiza ziua mai eficient. Asta îți conferă un sentiment mai puternic de autonomie și de libertate. Jocko adaugă: „Asta mai înseamnă că, dacă îți dorești libertate în viață – fie ea libertate financiară, mai mult timp liber sau poate să nu ai parte de boală și de o sănătate precară – o poți obține doar prin disciplină".

„DOI ÎNSEAMNĂ UNU ȘI UNU ÎNSEAMNĂ NICIUNUL."

Este o expresie comună des întâlnită în rândul membrilor SEAL. Jocko explică: „Înseamnă doar: «Să ai mereu o rezervă»." Dacă ai două lucruri de un fel, s-ar putea să strici sau să pierzi unul dintre ele și să rămâi astfel doar cu unul singur; dacă ai doar unul, s-ar putea să îl strici sau să-l pierzi și rămâi cu buza umflată. Unul dintre citatele mele preferate din Franz Kafka se referă la asta: „Mai bine să ai, dar să nu-ți trebuiască, decât să-ți trebuiască și să nu ai". Unde în viața ta sau în afaceri ai putea să elimini „punctele singulare de eșec"? Jocko mai adaugă: „Și nu te limita doar la lucruri – fă un plan de rezervă pentru cele mai probabile evenimente nedorite".

SĂ CUNOȘTI ÎNTUNERICUL CA SĂ POȚI VEDEA LUMINA

„Cred că, pentru a putea vedea cu adevărat lumina și strălucirea, trebuie să vezi întunericul. Cred că, dacă te ascunzi de întuneric, nu vei aprecia – și nu vei înțelege pe deplin – frumusețea vieții."

Pe 4 iulie 2016 i-am scris un mesaj lui Jocko ca să-i mulțumesc pentru serviciul adus. Ne-am salutat și l-am întrebat ce mai fac el și familia sa. Mi-a răspuns: „Toate merg bine. Cu excepția cărții despre masacrul de la My Lai pe care o citesc. Ce coșmar. Sunt recunoscător pentru ce avem..."

Toate persoanele intervievate în această carte au diverse metode pentru a obține rezultate. Majoritatea celor care s-au bucurat de succes decenii la rând au și metode de cultivare a recunoștinței. Gândindu-se la prietenii săi care au făcut sacrificiul suprem în război, Jocko se simte cu adevărat recunoscător pentru fiecare răsărit, pentru fiecare zâmbet, pentru fiecare hohot de râs, pentru fiecare respirație. De asemenea, ascultă adesea poveștile celor care au avut de-a face cu oroarea, cu ghinionul și cu întunericul. Dacă ești dispus să citești o carte „întunecată", care să te ajute să pui lucrurile în perspectivă, două dintre preferatele mele sunt *Mai este oare acesta un om?* și *Armistițiul* (combinate adeseori într-un singur volum), de Primo Levi. Mi-au fost recomandate de iluzionistul David Blaine, care și-a tatuat pe braț numărul primit de Levi în lagăr. Când l-am întrebat ce a învățat din carte, mi-a răspuns: „Totul".

DACĂ VREI SĂ FII MAI TARE, FII MAI TARE

„Dacă vrei să fii mai tare din punct de vedere mental, este simplu: fii mai tare. Nu sta să te gândești la asta." Aceste cuvinte ale lui Jocko l-au ajutat pe un ascultător – dependent de droguri – să renunțe la droguri, după mai multe încercări nereușite. Logica simplă a stârnit ecouri: înainte de toate, „să fii mai tare" este *decizia* de a fi mai tare. Poți „să fii mai tare" imediat, odată cu următoarea decizie pe care o iei. Îți este greu să spui „nu" desertului? Fii mai tare. Fă ca asta să fie prima decizie. Te simți fără suflu? Urcă scările chiar și așa. Valabil și aici. Nu contează că pornești la scară mare sau la scară mică. Dacă vrei să fii mai tare, fii mai tare.

„ASUMĂ-ȚI RESPONSABILITATEA TOTALĂ PENTRU LUMEA TA"

Atunci când Jocko era comandant al SEAL Task Unit, comandantul de escadră SEAL, care conducea toți membrii SEAL de pe Coasta de Vest, organiza ședințe cu toți comandanții unităților Task Unit, ca să stabilească ce nevoi și probleme au trupele, pentru ca apoi să le aloce resurse:

„[Comandantul de escadră SEAL] făcea turul încăperii, pentru că voia să obțină feedback direct de la liderii de pe linia frontului. Oamenii aceștia erau colegii mei. Îl întreba pe unul dintre lideri: «De ce ai nevoie?» și liderul răspundea: «Păi, ghetele pe care le avem sunt ok pe vreme caldă, dar noi ne pregătim să ajungem într-un climat mai rece. Avem nevoie de ghete noi și avem nevoie de ele săptămâna asta, înainte de următoarea etapă de antrenamente». Comandantul de escadră îi răspundea: «În regulă, se rezolvă». Apoi întreba următoarea persoană, care spunea: «Nu avem internet la baza de antrenament care simulează condițiile din deșert, și oamenii noștri se simt izolați de lume. Chiar trebuie să instalăm Wi-Fi și acolo». «În regulă, se rezolvă.» Tipul următor spunea: «Noi avem nevoie de mai multe antrenamente cu elicopterele pentru că avem impresia că nu lucrăm suficient de mult cu ele. Chiar avem nevoie de asta». Comandantul de escadră era de acord să se ocupe și de asta. În cele din urmă ajungea la mine. Mă întreba: «Jocko, tu de ce ai nevoie?» și eu îi răspundeam: «Noi suntem în regulă, domnule». Aluzia era evidentă: dacă am probleme, mă ocup singur de ele. Le voi rezolva și nu am de gând să mă plâng. Mi-am asumat responsabilitatea totală pentru lumea mea. Asta funcționa în două feluri. Atunci când aveam nevoie de ceva, era vorba de ceva semnificativ, de ceva real. Și când îi spuneam comandantului: «Uite, șefule, avem nevoie de chestia asta de aici», primeam lucrul respectiv aproape instantaneu, fiindcă știa că am foarte mare nevoie de el.

Nu-ți poți acuza șeful că nu-ți asigură sprijinul de care ai nevoie. O mulțime de oameni vor spune: «Este vina șefului meu». Nu, în realitate, este vina ta pentru că nu l-ai educat, nu l-ai influențat, nu i-ai explicat în așa fel încât să înțeleagă de ce ai nevoie de sprijinul pe care îl ceri. Asta înseamnă responsabilitate totală. Să răspunzi de tot."

UN MOTIV BUN SĂ TE TREZEȘTI DEVREME

„Mă trezesc și sunt în picioare până în 4:45. Îmi place să am o victorie psihologică asupra adversarului. Atunci când mă trezesc dimineața, eu – și nu știu de ce se întâmplă asta – mă gândesc la inamic și la ceea ce face el. Știu că nu mai sunt militar activ, dar asta mi-a rămas în cap: undeva, într-o peșteră, stă un tip care se leagănă înainte și înapoi, cu o mitralieră într-o mână și o grenadă în cealaltă. Mă așteaptă și ne vom întâlni. Când mă trezesc dimineața, mă întreb: ce pot să fac ca să fiu pregătit pentru momentul acela, care va veni? Asta mă face să sar din pat."

TF: Povestioara asta a făcut așa de mulți ascultători să înceapă să se trezească devreme, încât pe Twitter există hashtagul #0445club, unde sunt prezentate fotografii cu ceasuri de mână. Funcționează și acum, la mai bine de un an de la podcast.

CEAIUL ALB DE RODIE ȘI DINCOLO DE EL

Jocko nu bea deloc cafea și aproape niciun pic de cafeină. Singura lui slăbiciune este ceaiul alb de rodie, băut ocazional („...care cred că-ți merge direct la suflet."). Dar...

„[În timpul] primei mele misiuni în Irak, patrulam mult în vehicule și eu purtam – într-un șir de săculeți agățați în fața scaunului meu – o grenadă cu efect acustic și luminos, încă o grenadă cu efect acustic și luminos, apoi o grenadă de fragmentare, aceasta fiind din acelea care omoară oameni, apoi altă grenadă de fragmentare. Și, după aceea, în următoarele trei buzunare, găseai Red Bull, Red Bull, Red Bull."

TIM: „Dar tu ești un tip tare, și o spun ca pe un compliment. Cum arăți după 3 Red Bull?"

JOCKO: „Și mai mult Jocko."

TF: Jocko nu vrea să fie dependent de cofeină. Referitor la asta, un alt prieten din SEAL care de obicei ia o singură masă pe zi, mi-a trimis cele ce urmează: „Mi se pare hilar când unii tipi [din forțele speciale] devin morocănoși dacă nu consumă pudra proteinică la fiecare 2 ore. Eu am avantajul uriaș că pot să transform orice în combustibil, inclusiv gunoiul, sau că pot să stau fără să mănânc".

CE DEFINEȘTE UN BUN COMANDANT?

„Răspunsul care îmi vine imediat în minte este «umilința». Pentru că trebuie să fii umil și trebuie să poți fi instruit... Ulterior, când am ajuns să conduc instrucția, concediam câte doi lideri din fiecare SEAL Team pentru că nu puteau să conducă. Și în 99,9% din cazuri, problema nu venea din capacitatea lor de a trage cu arma, din lipsa unei bune condiții fizice sau pentru că nu erau persoane de încredere. Sursa problemei era aproape întotdeauna capacitatea lor de a asculta, de a-și deschide mintea și de a vedea că s-ar putea să existe o modalitate mai bună de a face lucrurile. Și asta apare din lipsa umilinței...

Îi supunem pe tipii aceștia la o instrucție foarte realistă și dificilă, ca să nu spun mai mult. Dacă există indivizi care au făcut instrucția pe vremea când mă ocupam eu de asta, probabil că acum chicotesc pentru că era foarte realist. De fapt, era la limita nebuniei. Puneam foarte multă presiune pe acești oameni și îi copleșeam. Un lider bun ar veni și ar spune [ceva de genul]: «Mi-am pierdut capul, nu am controlat situația. Nu am făcut treabă bună. Nu am văzut ce se petrecea. M-am lăsat absorbit de această problemă tactică minoră, care se afla chiar sub nasul meu». Fie își aduc singuri criticile acestea, fie întreabă: «Unde am greșit?» După ce li se spune, dau din cap aprobator, își scot carnețelul și iau notițe. Tipii de genul acesta sunt cei care o vor scoate la capăt, care vor face ce trebuie. Cei aroganți, cărora le lipsește modestia, nu pot să accepte să fie criticați de ceilalți și nici măcar nu pot să-și facă o autoevaluare cinstită pentru că sunt convinși că știu deja tot. Dă dovadă de modestie sau vei fi umilit."

DESPRE IMPORTANȚA DETAȘĂRII

„Probabil că aveam 20 sau 21 de ani. Eram în primul meu pluton SEAL și ne antrenam pe o platformă petrolieră în California. Nu mai fuseserăm niciodată pe o astfel de platformă și urcaserăm până la un nivel superior. Peste tot pe nivelurile acestea se găseau echipamente, cutii și obiecte, iar podeaua era din grilaje de oțel, nu din materiale solide, deci se vedea prin ea. Este un mediu complex. Așa că urcăm, ajungem pe platformă și, din cauza complexității, toată lumea încremenește.

Eu așteptam. Eram tipul cel nou, așa că nu mă prea simțeam obligat să fac ceva. Dar apoi mi-am zis: «Cineva trebuie să facă ceva», așa că am luat pur și simplu ceea ce se cheamă poziția «high port»*: am îndreptat arma cu vârful în sus [pentru a indica]: «Acum nu trag». Am făcut un pas înapoi ieșind din linie, m-am uitat în jur și am văzut care era situația.

Apoi am zis: «Cei din stânga pe loc, cei din dreapta la pas». Toată lumea a auzit și a executat. Și mi-am zis: «Hmm... asta trebuie să faci: să te dai un pic în spate și să observi». Mi-am dat seama că este absolut esențial să te detașezi de situație, ca să poți vedea ce se petrece. Acum, când stau de vorbă cu executivii sau cu managerii intermediari, le explic că asta fac mereu.

Sună oribil, dar este ca și cum, uneori, nu particip la propria mea viață. Sunt un observator al tipului care acționează. Deci, dacă port o conversație cu tine și încercăm să discutăm un detaliu, eu privesc și spun [în sinea mea]: «Stai puțin, nu cumva sunt prea emotiv acum? Ia stai, privește-l. Ce reacție are?» Pentru că nu te citesc corect dacă te privesc prin prisma emoțiilor sau a orgoliului. Nu pot să-mi dau seama la ce te gândești dacă sunt prea emotiv. Dar, dacă fac un pas în afară, pot să te văd pe tine cel adevărat și să apreciez dacă te înfurii sau dacă îți este șifonat orgoliul sau dacă nu cumva ești pe cale să cedezi pentru că te-ai săturat de mine. În schimb, dacă m-aș dezlănțui în mintea mea, toate acestea ar putea să-mi scape. Așa că, din postura de lider, capacitatea de a te detașa este esențială."

✹ La cine te gândești când auzi expresia „persoană de succes"?

„Primii oameni care-mi vin în minte sunt adevărații eroi ai Task Unit Bruiser: Marc Lee, primul membru SEAL care a murit în Irak; Mike Monsoor, al doilea membru SEAL care a murit în Irak, decorat post-mortem cu Medalia de Onoare, după ce a sărit pe o grenadă pentru a salva trei camarazi din echipa noastră. Și Ryan Job, unul dintre oamenii mei [care

---

* High port – Arma este ținută cu vârful în sus și aproape de corp. (n.red.)

a fost] grav rănit în Irak, și-a pierdut vederea la ambii ochi, dar a reușit să revină în America, a fost pensionat din Marină pe motive medicale, însă a murit din cauza complicațiilor după cea de a 22-a operație. Acești oameni, acești bărbați, acești eroi au trăit, au luptat și au murit ca niște războinici."

✹ Cele mai des dăruite sau recomandate cărți?

„Cred că există o singură carte pe care am dăruit-o întotdeauna și am dăruit-o unui număr mic de oameni. Este o carte numită *About Face (Despre îndrăzneală)*, a colonelului David H. Hackworth. Cealaltă carte pe care am citit-o de mai multe ori este *Meridianul s*ângelui [de Cormac McCarthy]."

✹ Documentare preferate?

„*Restrepo (Restrepo: Proiectul lui Sebastian Junger)*, pe care sunt sigur că l-ai văzut. [**TF:** A fost coprodus și cofilmat de Sebastian Junger, următorul profil.] Există și un episod de o oră intitulat «A Chance in Hell: The Battle for Ramadi» («O șansă în Iad: Bătălia pentru Ramadi»)."

IDEI PE FUGĂ

✹ Intri într-un bar. Ce comanzi?

„Apă."

✹ Cum arată alimentația ta în general?

„În general, seamănă cu o friptură."

✹ Ce fel de muzică ascultă Jocko?

Două exemple:

Pentru antrenamente – Black Flag, *My War*, fața B

În general – White Buffalo

DIN CULISE

» Peter Attia (pag. 86) mi-a făcut cunoștință cu Jocko. Odată, am fost martor când Peter i-a luat un interviu lui Jocko pe scenă. Peter a spus publicului: „Jocko poate să facă 70 de tracțiuni corecte...", la care Jocko a intervenit imediat: „Nu, nu pot să fac 70 de tracțiuni. Pot să fac 67".

» Jocko este un mare fan al podcastului *Hardcore History*, găzduit de Dan Carlin (pag. 317), la fel ca mine.

» Atunci când a dormit la mine, după interviul nostru, prietena mea de atunci m-a trezit a doua zi la 8 dimineața zicându-mi: „Ummm... cred că s-a trezit și citește de vreo 5 ore. Ce să fac?”

» Singura dată când l-am văzut pe Jocko făcând ochii mari a fost când i-am spus că am învățat să înot după 30 de ani. În timp ce lucram la capitolul acesta, mi-a trimis un mesaj cu următoarele: „Îți mulțumesc că m-ai inclus în cartea ta... Mă voi revanșa față de tine într-o bună zi, oricât de ciudat ar părea, legându-ți picioarele unul de altul și mâinile la spate și forțându-te să înoți/să supraviețuiești.”

ÎNCERCAREA DE A AFLA ANIMALUL SPIRITUAL AL LUI JOCKO

Am depus toate eforturile, știind că șansele sunt slabe. A durat ceva vreme. Cel mai bun rezultat la care am ajuns a fost sugestia soției lui Jocko. Ea e de părere că animalul lui spiritual ar semăna probabil cu logoul Snaggletooth al celor de la Motörhead (merită să-l cauți pe Google). Iată o parte din mesajele schimbate:

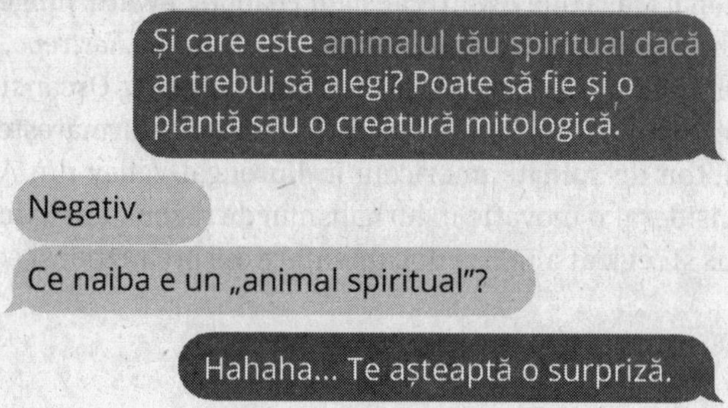

SEBASTIAN JUNGER

Sebastian Junger (TW: @SEBASTIANJUNGER, SEBASTIANJUNGER.COM) este autorul de bestselleruri care au ajuns pe primul loc pe lista *New York Times*, printre care *The Perfect Storm (Furtuna perfectă)*, *Fire (Focul)*, *A Death in Belmont (O moarte la Belmont)*, *War* (*Războiul*) și *Tribe (Tribul)*. Ca jurnalist distins cu mai multe premii, a câștigat atât un National Magazine Award cât și un Peabody Award. Junger mai este și producător de documentare, filmul său de debut, *Restrepo*, co-regizat împreună cu Tim Hetherington, fiind nominalizat la Oscar și câștigând Premiul Marelui Juriu la Sundance. *Restrepo*, care urmărește misiunea unui pluton de soldați americani în Korengal Valley din Afganistan, este considerat o inovație în jurnalismul de război. Între timp, Junger a produs și regizat alte trei documentare despre război și consecințele sale.

„CUM DEVII BĂRBAT ÎNTR-O LUME CARE NU-ȚI CERE CURAJ?”

Elaborare: „În ce privește comunitatea și societatea noastră de acasă, [din fericire] nu mai este nevoie să organizăm și să pregătim tinerii pentru violența de grup, ca să putem supraviețui. Timp de 2 milioane de ani asta a fost norma pentru ființele umane, fie contra prădătorilor, fie contra altor ființe umane... Dacă tinerilor nu li se oferă posibilitatea să intre într-un grup bun și util, atunci vor forma un grup rău. Dar, într-un fel sau altul, vor forma un grup și vor găsi ceva, un adversar, față de care să-și dovedească îndemânarea și unitatea.”

EFECTUL CALMANT AL ACȚIUNII CARE IA LOCUL AȘTEPTĂRII

„Tipii din forțele speciale erau pe dos [față de cei din unitățile non-elitiste]. Imediat ce aflau că urmează să se confrunte cu un atac copleșitor, nivelul cortizolului scădea. Deveneau super-calmi. Motivul pentru care nivelul cortizolului scădea era acela că se simțeau stresați în așteptarea necunoscutului, însă, imediat ce aflau că urmau să fie atacați, aveau un plan de acțiune. Începeau să umple saci de nisip. Începeau să-și curețe puștile. Începeau să aducă muniție suplimentară, pregăteau pungile de plasmă, tot ce se face de obicei înaintea unui atac. Această stare de a fi ocupați cu ceva le dădea un sentiment de stăpânire și control, care le reducea nivelul obișnuit de neliniște pe care l-ar fi resimțit așteptând într-o zi obișnuită, într-un loc periculos.”

PARTEA BUNĂ A DEZASTRULUI

„Mi se pare un foarte mare noroc, ceva frumos, minunat și, totodată, într-un mod straniu, tragic faptul că în societatea modernă au fost eliminate crizele. Atunci când reintroduci o criză cum ar fi Blitzul* de la Londra sau cutremurul din Avezzano, Italia, de la începutul secolului al XX-lea, despre care am scris, [lucrurile se schimbă]. În Avezzano, au murit circa 95% din populație. Spun din memorie, dar a fost un număr incredibil de victime, ca în cazul unei explozii nucleare... Oamenii au trebuit să apeleze unii la alții, așa că toată lumea – membrii claselor superioare, membrii claselor inferioare, țăranii și nobilimea – s-au ghemuit în jurul acelorași focuri. Unul dintre supraviețuitori a zis: «Cutremurul ne-a dat ceea ce legea ne promite, dar nu reușește, de fapt, să ne ofere: egalitate între oameni».”

---

* Blitz – se referă la bombardarea continuă a Regatului Unit de către Germania nazistă în perioada septembrie 1940 – 10 mai 1941, în timpul celui de al Doilea Război Mondial. (n.red.)

„Sentimentul de «noi» ferește o mulțime de oameni de demonii lor psihici."

– Sebastian despre motivul pentru care dezastrele și crizele, cum ar fi atacurile din 11 septembrie sau bombardamentele Blitz ale Londrei din al Doilea Război Mondial, duc de multe ori la o *scădere* semnificativă a cazurilor de sinucidere, a infracțiunilor violente, a simptomelor de boli psihice etc.

MISIUNEA JURNALISMULUI ESTE ADEVĂRUL

„Misiunea jurnalismului este adevărul. Jurnalismul nu are misiunea de a îmbunătăți societatea. Există lucruri, există fapte, există adevăruri care par retrograde, dar nu contează, pentru că jurnalismul nu are misiunea să facă totul să fie mai bun. Rostul său este să le ofere oamenilor informații adevărate despre cum stau lucrurile."

DESPRE MAJORITATEA „BLOCAJELOR SCRIITORULUI" ÎN NONFICȚIUNE

„**Problema nu este că m-am blocat. Problema este că nu dispun de suficientă cercetare pentru a scrie cu autoritate și în cunoștință de cauză despre acel subiect.** Asta înseamnă mereu [mai degrabă] că nu am muniție, nu că nu pot să-mi găsesc cuvintele... Nu am bunurile. Nu am fost în lume și nu m-am întors cu bunurile despre care scriu și **niciodată nu trebuie să rezolvi o problemă de cercetare prin limbaj.** Niciodată nu trebuie... să forțezi lucrurile și să acoperi doar o mică parte a cercetării, numai pentru că ești un artist al prozei."

SĂ NU FOLOSEȘTI CÂRJE VERBALE

„Doamne, nu sufăr deloc lenea... Există niște clișee de genul: «Obuzul a lovit muchia dealului». Pur și simplu nu mai vreau să citesc asta niciodată. Spune-o într-un mod original sau n-o mai spune deloc. Irosești timpul tuturor, inclusiv timpul tău, dacă te bazezi pe genul acesta de figuri de stil."

MESAJ DE ÎNCEPUT DE AN ȘCOLAR LA UN LICEU

„Voi sunteți programați să reușiți. Cel mai greu lucru pe care îl veți face în viață va fi să dați greș la ceva și, dacă nu o veți face, nu veți avea parte de o viață completă. Veți trăi o viață precaută, pe un drum care este aproximativ garantat de muncă. Și în felul acesta nu veți extrage maximul din lumea aceasta uluitoare în care trăim. Trebuie să faceți cel mai greu lucru pentru care nu ați fost pregătiți în această școală și în nicio altă școală: trebuie să fiți pregătiți să dați greș. În felul acesta, veți putea să vă extindeți și să vă dezvoltați. În timp ce vă transformați prin procesul eșecului și învățării, veți pătrunde cu adevărat în profunzimile ființei umane pe care o puteți întruchipa."

✹ Ce sfaturi i-ai da eului tău mai tânăr?

„Mi-aș spune: «Publicul nu este o amenințare». Atunci când realizezi că avem nevoie unii de alții și că putem învăța unii de la alții, tracul dispare."

✹ Ce sfaturi ți-ar da eul tău de la 70 de ani ție, cel din ziua de azi?

„Lumea este o serie de posibilități și oportunități aflate în continuă desfășurare și, când vine vorba de viață, șmecheria este că, pe de o parte, trebuie să ai curajul să pătrunzi în lucruri nefamiliare și, pe de altă parte, trebuie să ai înțelepciunea să te oprești din explorare atunci când descoperi un lucru care merită aprofundat. Este valabil pentru un loc, o persoană sau o vocație. Este foarte greu să echilibrezi aceste două lucruri – curajul de a explora și angajamentul de a rămâne pe loc – și să găsești raportul corect. Cred că eul meu de la 70 de ani mi-ar spune: «Ai grijă să nu exagerezi într-o direcție sau în alta, din cauză că ai o concepție greșită cu privire la cine ești»."

PENTRU CE ȚI-AI DA VIAȚA?

La sfârșitul conversației noastre de mai bine de două ore, l-am întrebat dacă are câteva observații de transmis la despărțire.

„Pentru cine ți-ai da viața? Pentru ce idei ai muri? În cea mai mare parte a istoriei omenirii, răspunsurile la aceste întrebări ar fi venit repede în mintea oricărei persoane. Orice comanș ți-ar fi spus imediat pentru cine și pentru ce și-ar da viața. Lucrurile sunt din ce în ce mai complicate în societatea modernă și, atunci când pierzi răspunsul pregătit la acele întrebări omenești străvechi, pierzi și o parte din tine. Îți pierzi o parte din identitate. Eu îi întreb pe oameni: «Pentru cine ți-ai da viața? Pentru ce ți-ai da viața? Și ce datorezi comunității tale?» În cazul nostru, comunitatea este țara. Ce-i datorezi țării tale, în afară de taxe? Există vreun alt lucru pe care îl datorezi tuturor? Nu există un răspuns corect sau greșit, dar cred că este o întrebare pe care ar trebui să ne-o punem fiecare."

✹ Cartea pe care o dăruiești sau o recomanzi cel mai des?

At Play in the Fields of the Lord (*La joacă pe câmpurile Domnului*), de Peter Matthiessen

DIN CULISE

» L-am cunoscut pe Sebastian la nunta lui Josh Waitzkin (pag. 628), care mi l-a descris prin sms drept „unul dintre cei mai supli scriitori pe care-i cunosc. Foarte puţină abureală între muşchi".

» Sebastian este un tip masiv și nu arată ca un alergător, dar se mișcă bine. A reușit să alerge o milă (1,6 km) în 4'12", 2 mile (3,2 km) în 9'4", 5 mile (8 km) în 24'5" și, la maraton, 2h și 21 min.

» După interviul pe care i l-am luat la mine acasă, am băut ceai și Sebastian a stat câteva minute pentru a trimite niște e-mailuri de pe laptop. Am observat că tasta cu o singură mână și l-am întrebat dacă s-a accidentat. A râs timid și mi-a explicat că nu era vorba de nicio rană. Din câte se pare, Sebastian nu a învăţat niciodată să tasteze fără să se uite la fiecare tastă. Şi-a scris toate cărţile și articolele căutând din ochi și tastând cu o singură mână. Incredibil.

MARC GOODMAN

Marc Goodman (TW: @FUTURECRIMES, MARCGOODMAN.NET) a făcut carieră în instituțiile de aplicare a legii și în tehnologie. A fost numit *futurist-in-residence* la FBI, a fost consultant pentru Interpol și a lucrat ca agent de poliție de teren. Marc conduce Future Crimes Institute, un grup de experți și centru de informare care studiază și consiliază cu privire la problemele de securitate și risc pe care le implică tehnologiile emergente. Marc a scris *Future Crimes: Inside the Digital Underground and the Battle for Our Connected World (Infracțiunile viitorului: În lumea digitală underground și bătălia pentru lumea noastră interconectată).*

Animalul spiritual: câinele Golden Retriever

PREFAȚĂ

Înțelepciunea înseamnă să știi și cum să te aperi, și cum să dispari când este necesar. Primul pas este să recunoști amenințările.

GOOGLE POATE SĂ HOTĂRASCĂ CINE TRĂIEȘTE ȘI CINE MOARE

„Realitatea este că, în 2008 [în Mumbai], teroriștii utilizau motoarele de căutare ca Google pentru a hotărî cine va trăi și cine va muri... Atunci când distribui ceva pe Facebook, nu trebuie să-ți faci griji doar din cauza presei sau a companiilor de marketing."

CUM SUNT RĂPIȚI FRECVENT CEI CARE CĂLĂTORESC PENTRU AFACERI

Grupările crimei organizate se pricep foarte bine să mituiască angajații companiilor aeriene pentru a primi listele de zbor (de pasageri). Apoi, caută fiecare nume pe Google, creează o listă cu ținte cu valoarea ridicată și ajung devreme la aeroport pentru a căuta numele care-i interesează pe cartoanele ținute de șoferii limuzinelor. Îi plătesc sau îi amenință pe aceștia, iar șoferii pleacă, fiind apoi înlocuiți:

„Directorul care vine cu avionul din New York, San Francisco sau Londra coboară din avion, vede cartonul pe care îi este scris numele, se îndreaptă spre persoana îmbrăcată ca un șofer de limuzină, urcă în mașină și este astfel răpit. Ba chiar sunt câțiva care au fost uciși."

TF: Acesta este motivul pentru care apelez la Uber sau folosesc pseudonime pentru orice servicii de transport când călătoresc. Atunci când folosești un nume inventat pentru rezervarea unei mașini și vezi o pancartă cu numele tău real pe ea, știi că ți s-a întins o cursă. Asta nu este paranoia dacă ajungi să ai succes – sau doar lași impresia pe internet că ai avea succes – și călătorești mult peste hotare.

ARME BIOLOGICE PERSONALIZATE

Eu și Marc am discutat despre felul în care infractorii (sau nebunii inteligenți) ar putea să se folosească de informațiile tale genetice, dacă sunt făcute publice sau dacă sunt furate de hackeri:

„Îți dau un exemplu perfect. Există un medicament numit Warfarină, un anticoagulant. Există un procent mic de oameni care au un marker genetic care-i face alergici la acesta și care ar putea muri dacă le-ar fi administrat. Deci, acesta ar fi un exemplu perfect. Este un medicament obișnuit care există în ziua de azi și nu poți să stabilești dacă cineva este sau nu alergic la Warfarină doar uitându-te la persoana respectivă. Dar dacă [ai datele ei genetice], deții o informație suplimentară. Iar acest lucru ar putea fi fatal".

TF: Am discutat despre arme biologice personalizate cu aproape 10 ani în urmă cu un om de știință calificat care a lucrat la NASA. Ele sunt reale. Pentru a-ți extinde orizontul pe această temă, citește excelentul articol intitulat „Hacking the President's DNA", publicat de Marc în *The Atlantic*. Dacă ești o posibilă țintă importantă, trebuie să gândești defensiv. CRISPR* și tehnologiile înrudite ar putea să transforme viitorul imediat într-o perioadă înfloritoare pentru armele biologice. Păzește-ți datele genetice cu foarte multă atenție. Chiar dacă utilizezi nume false, am văzut companii care pot să schițeze trăsăturile faciale din datele ADN-ului. Anonimatul va deveni practic imposibil.

✸ Există citate după care îți conduci viața sau la care te gândești frecvent?

[Printre altele]

„Viitorul este deja aici – doar că este distribuit inegal." – William Gibson

„Dacă vom continua să ne dezvoltăm tehnologia fără înțelepciune și fără prudență, slujitorul nostru ar putea să se transforme în călăul nostru." – Omar N. Bradley

✸ Care este cel mai prost sfat care se dă în domeniul tău sau în sfera ta de competență?

„Dacă nu ai nimic de ascuns, nu ai de ce să-ți faci griji în privința vieții private, și că trebuie să ne sacrificăm viața privată în schimbul siguranței."

✸ Trei persoane sau surse de la care ai învățat – sau pe care le-ai urmărit îndeaproape – în ultimul an?

David Brooks, articolul „The Moral Bucket List". Nir Eyal, *Hooked (Captivat**)*. Orice lucru scris de Kevin Kelly, cel mai recent: *The Inevitable (Inevitabilul)*.

---

* *Clustered regularly interspaced short palindromic repeats* (grupuri de repetări scurte palindromice în ordine intercalată) este o tehnologie de editare genetică. (n.red.)

** Volum apărut sub acest titlu la Editura ACT și Politon, București, 2018. (n.red.)

SAMY KAMKAR

Samy Kamkar (TW: @SAMYKAMKAR, SAMY.PL) este unul dintre cei mai inovatori hackeri din Statele Unite. Este celebru pentru că a creat virusul cu cea mai rapidă răspândire din toate timpurile, un vierme MySpace numit „Samy", lucru care i-a adus o vizită din partea Serviciului Secret al Statelor Unite. De curând, a creat SkyJack, o dronă specială care sparge protecția dronelor din apropiere, permițând oricărui operator să controleze o mulțime de aparate. În plus, a descoperit urmărirea ilegală a telefoanelor mobile efectuată de dispozitivele mobile Apple iPhone, Google Android și Microsoft Windows Phone. Descoperirile sale au dus la intentarea unei serii de procese colective împotriva acestor companii și la o audiere pe tema confidențialității în Congres.

De ce este Samy inclus la secțiunea „Înțelept"? Pentru că, repet, sentimentul de siguranță și utilizarea propriilor resurse nu se reduce la ofensivă. Este important să pui la punct defensiva de bază. Viața este un sport full-contact și, mai devreme sau mai târziu, vei fi vizitat de lebedele negre.

Animalul spiritual: bursucul african

POVESTEA DE FUNDAL

Samy a fost – poate surprinzător – unul dintre mentorii mei din episodul „Dating Game" al serialului TV *The Tim Ferriss Experiment*. În 15-20 de minute, el a arătat cum și-a optimizat și automatizat toate întâlnirile online în L.A. și în alte orașe. Bazându-se pe datele pe care le-a prelucrat, mi-a spus că pozele la bustul gol și animalele erau „precum cocaina". Nu l-am crezut, așa că am comparat în jur de 10 dintre fotografiile mele de profil cu o altă fotografie cu mine la bustul gol și cu un pisoi pe umăr. Era o poză stânjenitoare, caraghioasă. Nici măcar Neil Strauss (pag. 385) nu ar fi vrut să iasă câștigătoare. Din păcate, a ieșit.

MUZICĂ PENTRU CONCENTRARE MAXIMĂ

Pentru a ajunge la concentrare maximă, lui Samy îi place să scrie cod pe AudioMolly.com, The Glitch Mob și Infected Mushroom. Pornind de la recomandarea lui, am descoperit câțiva dintre preferații mei actuali: Pegboard Nerds („Blackout") și David Starfire (*Karuna*) – pe AudioMolly.

✹ Ce sfat ți-ai da ție, cel de la 20 de ani?

„Nu mai comite infracțiuni."

INSTRUMENTELE UNUI HACKER

L-am întrebat de mai multe ori pe Samy cum aș putea să mă protejez de oameni ca el. Instrumentele de mai jos rezolvă peste 90% dintre cele mai des întâlnite amenințări la adresa securității. Eu folosesc în jur de jumătate dintre ele în momentul de față. Capitolul acesta e dens, așa că poți spicui sau poți reveni la el ca la o referință, în caz că este necesar.

Dacă nu faci nimic altceva, iată o măsură de precauție de 60 de secunde: pune bandă adezivă sau o acoperitoare peste camera de la laptop (și poate și peste camera telefonului) atunci când nu o folosești. Samy mi-a explicat cât este de ușor să preiei controlul asupra unei camere. Este terifiant. Lucrul acesta poate fi utilizat pentru a-ți supraveghea casa și pentru a afla când nu ești acasă. Poate fi folosită și pentru a te surprinde când te joci cu chelul. Acoperirea ei înseamnă 60 de secunde cheltuite cu folos.

Samy intră în scenă

Cum să-ți protejezi datele din computer și din dispozitivele mobile în cazul în care ți se fură sistemele sau când călătorești în străinătate

- **Utilizează BitLocker pe Windows sau FileVault pe OS X.** Datele vor fi criptate atunci când computerul este închis sau în stand-by. Criptează-ți hard drive-ul utilizând „full disk encryption" pentru a-ți proteja datele confidențiale în cazul în care îți pierzi vreodată dispozitivul sau îți este furat, împiedicându-i pe ceilalți să extragă date din dispozitiv fără parolă.
- **You'll Never Take Me Alive!** este un instrument gratuit pentru computerele cu Windows și OS X, care face ca sistemul să intre în hibernare, împiedicând un hoț de laptopuri să-ți acceseze datele criptate, dacă aparatul este deconectat de la curent sau de la cablul de Ethernet în timp ce ecranul este blocat **[TF: de ex., cineva îți smulge laptopul când ești în cafenea și o rupe la fugă cu el]**. Pentru asta, este nevoie să folosești criptarea FileVault sau BitLocker a hardului.

- Utilizează un PIN pe dispozitivul cu iOS sau cu Android, ca să criptezi datele local. Chiar dacă este posibil ca PIN-ul să nu pară sigur, de obicei, datele îți sunt bine protejate, datorită mecanismelor utilizate pentru a preveni spargerea codurilor PIN de pe dispozitive prin forță brută și implementărilor relativ sigure (chiar dacă imperfecte) de securitate pe hardware din cadrul iOS și Android. **[TF: Dacă ai iPhone, ți-aș recomanda să treci de la un PIN de 4 la unul de 8 caractere. Dacă cineva încearcă să-ți spargă parola prin forță brută, lucrul acesta va crește timpul necesar de la circa 4-5 zile la peste 100 de zile (iPhone: Settings → Touch ID & Passcode → Change Passcode)]**
- Să nu utilizezi niciodată de două ori aceeași parolă! Diferențiază-ți parolele suficient încât cineva care-ți cunoaște parola pentru un site să nu o poată ghici pe aceea pentru un altul. Eu încerc să folosesc parole lungi, dar „simple", care sunt ușor de ținut minte, cum ar fi versurile unui cântec relevant pentru site. O parolă lungă, chiar dacă este formată în cea mai mare parte din cuvinte englezești, este de regulă mai puternică decât o parolă scurtă formată din caractere aleatorii. Pentru persoanele obișnuite, nepasionate de tehnică, aș sugera utilizarea unui program ca 1Password sau LastPass (sau KeePass, dacă vrei cu sursă deschisă), pentru a-ți aminti toate acestea. Eu, personal, folosesc VeraCrypt (mai jos) dar acesta este mai încâlcit. Diferența dintre asta și un instrument ca 1Password este că 1Password este încorporat în browser și, dacă este descoperită o vulnerabilitate, software-ul are acces la parolele mele data viitoare. Este ceva improbabil, dar un mic risc tot există.
- **Ia în considerare utilizarea instrumentului gratuit, multiplatformă*, VeraCrypt.** Dacă ai impresia că s-ar putea să fii obligat să dezvălui parola de la computer când treci granița sau prin criptanaliză de tip „furtun de cauciuc" (iei bătaie cu un furtun de cauciuc până ciripești), poți utiliza „volume ascunse", ca să ascunzi date cu două parole, iar dezmințirea ta să fie plauzibilă. Aceste „volume ascunse" sunt hard diskuri sau directoare criptate care au o parolă ce decriptează fișierele pe care le-ai pus acolo și pe care nu ai probleme să le arăți, în timp ce o a doua parolă poate

* Multiplatformă (*cross-platform*, în lb. engl.) – termen folosit în industria IT ca atribut al unui program sau aplicație. Înseamnă că programul respectiv este produs în mai multe variante, fiecare putând fi utilizată în mod specific pe câte o platformă hardware sau sistem de operare anume. Uneori, însă, pentru folosirea pe o anumită platformă suplimentară, este nevoie de recompilarea programului sursă. (n.red.)

decripta același folder care conține datele adevărate, confidențiale, pe care le protejezi, fără nicio modalitate de a demonstra că există o singură parolă sau două pentru respectivul volum de informații. Eu, personal, nu utilizez o a doua parolă pentru vreunul dintre drive-urile mele criptate... sau poate că da?

Detectarea unui malware sau a unui software cu comportament nociv în computer

» Un număr foarte mare de programe vor încerca să se conecteze la internet, având de regulă, dar nu neapărat, scopuri legitime. Dacă vrei să împiedici sau cel puțin să afli atunci când o aplicație face asta, poți utiliza **NetLimiter cu Windows** sau **Little Snitch cu OS X**, pentru a detecta și a decide dacă permiți sau blochezi o anumită aplicație care încearcă să se conecteze astfel și pentru a afla la ce anume se conectează. Poți folosi **Wireshark** pentru analize suplimentare, menționat mai jos.

» Poți folosi **BlockBlock cu OS X**, care te anunță dacă un program încearcă să se instaleze singur când aprinzi computerul, chiar și atunci când se ascunde prin vreo crăpătură sau vreun colțișor al sistemului și ai opțiunea clară de a-l bloca dacă vrei. Unii viruși, vreun malware sau programele enervante vor încerca să facă asta și tu poți să hotărăști dacă ar trebui să se activeze sau nu când deschizi computerul.

» Nu conecta prin USB niciun dispozitiv în care nu ai încredere! Există chiar și țigări electronice care se încarcă prin USB și care conțin malware. Dacă vrei să încarci ceva, este mai sigur să utilizezi un încărcător/adaptor USB [pentru priza de perete] decât computerul.

Cum să îți păstrezi anonimatul pe internet

» **Tor** este un software multiplatformă gratuit care îți permite să navighezi pe internet în mod anonim și te ajută să te aperi de supravegherea rețelei. Te va ajuta să-ți schimbi adresa IP de fiecare dată când îl utilizezi și să-ți criptezi comunicarea din rețea; cu toate acestea, ultima „verigă" din lanțul Tor va putea întotdeauna să-ți vadă traficul necriptat, deși nu [va] putea să-ți detecteze adresa IP. Eu aș alege Tor în locul oricărui serviciu VPN, pentru că niciun nod din Tor nu-ți cunoaște IP-ul și ce accesezi, spre deosebire de VPN, care ar putea fi forțat să dezvăluie datele respective.

» Atunci când faci o poză cu smartphone-ul, acesta înregistrează de obicei în imagine atât coordonatele GPS cât și alte date despre fotografie, cum ar fi dispozitivul folosit. Acestea se numesc date EXIF și sunt metadate ascunse în imagine și care pot fi extrase de oricine, dacă trimiți imaginea direct. Poți să dezactivezi stocarea locației în telefon pe diferite platforme **[Vezi Settings, Systems Preferences etc. Spre exemplu, pe iPhone 6: Settings → Privacy → Location Services]** sau să utilizezi un software gratuit după aceea pentru a face asta. Caută „EXIF removal tool" și găsește un instrument pentru sistemul tău de operare sau pentru platforma ta mobilă pentru a face asta atunci când vrei să ascunzi locația din imagini.

» Dacă vrei să fii deosebit de șiret, poți utiliza o aplicație gratuită numită **LinkLiar cu OS X**, ca să-ți maschezi sau randomiza adresa MAC (Media Access Control). O adresă MAC este un identificator de hardware fix și unic al plăcii de rețea din computerul tău și nu se schimbă niciodată. Am descoperit că unele companii mari monitorizează adresele MAC, ca să afle care a fost ultimul loc în care ai fost, așa că nu strică să o manipulezi din când în când.

Accesarea unor date interesante și controlul site-urilor web pe care le vizitezi

» Dacă un site web livrează imagini, fișiere video sau audio computerului tău, înseamnă că în majoritatea cazurilor le poți descărca direct, chiar dacă site-ul încearcă să te oprească. **În Chrome (instrumente similare există și în Firefox și Safari) poți să mergi la View → Developer → Developer Tools, să dai click pe tab-ul Network, să dai refresh paginii și vei vedea tot conținutul care poate fi transferat. După aceea, poți să dai click dreapta pe orice fișier, cum ar fi o imagine pe care site-ul nu ți-ar permite altfel să o descarci, și să dai click pe Copy Link Address pentru a obține URL-ul direct.** Tab-ul Elements este și el deosebit de util. [**TF:** Mai poți să utilizezi această metodă și pentru a lua ușor cu copy și paste citatele bune pe care unele site-uri te împiedică să le iei altfel.]

» Dacă vreun site încearcă să te forțeze să te înscrii, să completezi un formular pe care nu vrei să-l completezi sau dacă apar ferestre agasante care acoperă pagina sau site-ul se întunecă, tot din Developer Tools **poți să utilizezi tab-ul Elements (menționat mai**

sus), să dai click dreapta pe orice element din tab și apoi click pe Remove. Nu te speria, dacă elimini ce nu trebuie, poți să dai refresh paginii și să încerci din nou! Are efect doar asupra paginii de pe computerul tău, dar poate fi un instrument util pentru a o schimba după plac.

» **Google Reverse Image Search** este un instrument surprinzător de util dacă încerci vreodată să faci o recunoaștere sau doar să afli proveniența unei imagini sau unde altundeva mai este utilizată pe internet. Intră pe Google Images și aduci imaginea pe pagină cu *drag and drop*.

Instrumentele pe care le utilizează hackerii

Deși nu sunt avocat, utilizarea acestor instrumente într-o rețea și cu dispozitivele personale, cum ar fi LAN*-ul de acasă, nu va avea probabil niciun fel de consecințe. Singurul mod în care poți înțelege securitatea sau lipsa securității propriei rețele este să folosești aceleași instrumente pe care le-ar folosi și atacatorii. Celor interesați să învețe le sugerez călduros să le utilizeze pe acestea – atât băieții buni cât și cei răi utilizează exact aceleași instrumente!

» Pentru a învăța despre instrumentele inițiale pe care le-ar utiliza un hacker, un atacator sau o persoană doar curioasă în legătură cu securitatea, eu sugerez instrumente de început cum ar fi Wireshark, Charles (web debugging proxy), NightHawk (*spoofing* ARP/ND și *sniffing* de parole)**, arpy (spoofing ARP), dsniff (sniffing de parole) și Kali Linux (testarea penetrării) și căutarea unor tutoriale despre intruziune, sniffing și atacul man-in-the-middle***. În decurs de doar câteva minute și cu un instrument ca Wireshark, începi să vezi tot traficul care intră și iese din computerul tău, în vreme ce instrumente ca NightHawk și arpy, în combinație cu Wireshark, te pot ajuta să inspectezi și să interceptezi tot traficul dintr-o rețea!

---

* Local Area Network (rețea locală). (n.red.)

** *Sniffing* se referă la actul de interceptare a pachetelor TCP (Transmission Control Protocol). *Spoofing* se referă la actul de trimitere nelegitimă a unui pachet de așteptare ACK. (n.red.)

*** Man-in-the-middle (MITM) – Este un atac care are loc atunci când o entitate externă interceptează o comunicare între două sisteme. Acest lucru se poate întâmpla pentru orice formă de comunicare online, cum ar fi e-mail, site-uri de socializare și navigare pe web. Nu numai că încearcă să îți asculte conversațiile private, ci și să-ți fure toate informațiile de pe dispozitive. (n.red.)

» Pentru a intra și mai în profunzime în problematica securității, ți-aș recomanda să înveți programare. Este mai ușor decât crezi! Studiind programare vei învăța cum ar putea cineva să creeze un program, iar asta te va ajuta să parcurgi pașii în sens invers și să profiți de el, ca și cum l-ai fi creat tu.

GENERALUL STANLEY McCHRYSTAL & CHRIS FUSSELL

Stanley McChrystal (TW: @STANMCCHRYSTAL, MCCHRYSTALGROUP.COM) s-a pensionat din Armata SUA cu gradul de general cu patru stele, după mai bine de 34 de ani de serviciu. Fostul Ministru al Apărării, Robert Gates, l-a descris pe McChrystal ca fiind „probabil cel mai bun războinic și lider în luptă pe care l-am întâlnit vreodată".

Din 2003 și până în 2008, McChrystal a fost comandant al unității Joint Special Operations Command (JSOC), unde a cules laurii pentru moartea lui Abu Musab al-Zarqawi, liderul Al-Qaeda din Irak. Ultima sa funcție a fost aceea de comandant al tuturor forțelor americane și forțelor Coaliției în Afganistan. Este colaborator principal la Jackson Institute for Global Affairs de la Yale și cofondator al McChrystal Group, o firmă de consultanță în domeniul leadershipului.

Chris Fussell (TW: @FUSSELLCHRIS) este fost ofițer U.S. Navy SEAL și fost aghiotant (mâna dreaptă) al generalului McChrystal și, în momentul de față, director al McChrystal Group.

Animalul spiritual: Chris Fussell = elf din Pământul de Mijloc

„ROSTUL VIEȚII ESTE O VIAȚĂ CU ROST."

Asta mi-a răspuns Stan la întrebarea: „Dacă ai putea pune oriunde un panou și ai putea să scrii ceva pe el, ce ai scrie?" Este un citat din Robert Byrne.

O MASĂ PRINCIPALĂ PE ZI

Stan se recompensează cu o cină serioasă, fiindcă în timpul zilei nu-i priesc mesele mai mici.

DESPRE CREAREA UNEI „ECHIPE ROȘII"

STAN: „Conceptul de «echipă roșie» este gândit pentru testarea unui plan. Se poate întâmpla ca, pe măsură ce elaborezi un plan – ai o problemă și dezvolți o modalitate de a soluționa problema respectivă – să ajungi să te îndrăgostești de el. Începi să-i ignori defectele, pur și simplu pentru că, după părerea mea, așa funcționează mintea... Uneori, sari efectiv peste problemele serioase pe care le are sau peste punctele vulnerabile, deoarece nu îți dorești decât să funcționeze. După cum descriem noi lucrurile, **uneori, un plan poate ajunge să fie o succesiune de miracole, caz în care** încetează să mai fie un plan solid. Și atunci, echipa roșie înseamnă să alegi oameni care nu s-au atașat de plan și [să îi întrebi]: «Cum ați răsturna planul acesta sau cum ați face să-l anihilați?» Dacă ai o echipă roșie foarte competentă, vei obține rezultate șocante."

TOATĂ LUMEA SPUNE CĂ EȘTI GROZAV, DAR ...

TIM: „Am auzit povești despre felul în care selecționezi oamenii pentru McChrystal Group. Și am mai auzit că, uneori, începi o propoziție pe care ceilalți trebuie să o termine. Mai exact, să zicem că, atunci când îi iei un interviu lui Chris, spui: «**Toată lumea spune că Chris este grozav, dar...**», după care aștepți în tăcere. Chiar faci asta?"

STAN: „Așa fac... Asta pune persoana respectivă în situația în care trebuie să spună în ce fel crede că este percepută de către ceilalți. Pentru că există o anumită percepție și adeseori, în procesul de selecție, ne dăm seama care este fiindcă solicităm informații de la alte persoane. Dar atunci când spui cuiva: «Toată lumea te iubește, dar oamenilor nu le place asta la tine» sau «te-ar angaja, dar...» [se întâmplă] două lucruri. **Primul, îl obligi să se confrunte cu întrebarea: «Ce nu le place oamenilor la mine?» Și al doilea, trebuie să ți-l spună.** Poate să fie un lucru de notorietate publică, dar dacă nu are curajul să-l înfrunte și să-l spună cuiva care se gândește să-l angajeze, după părerea mea, asta ne spune ceva despre personalitatea respectivei persoane."

TIM: „Care sunt răspunsurile care reprezintă un semnal de alarmă pentru tine și care sunt cele care nu reprezintă? Chris, dacă vrei să adaugi ceva..."

CHRIS: „Mie îmi place întotdeauna să întorc [procedura obișnuită de a lua un interviu] cu susul în jos [și să spun ceva de genul,]: «Noi suntem o comunitate mică. Cu tine nu am lucrat, dar îi cunosc pe mulți dintre colegii tăi, așa că, după asta, vom solicita informații de la oamenii care te plac și de la oamenii care nu te plac. Nimeni nu este perfect; și eu am detractorii mei, la fel ca tine. Ce vor spune oamenii care nu îți poartă un respect deosebit?

Pentru mine, lucrul cel mai important este dacă au un răspuns. A) Asta dovedește că au curajul necesar pentru a-l înfrunta, și B) demonstrează că sunt conștienți de următorul fapt: «Chiar dacă mă bucur de considerația colegilor și am o carieră grozavă, există cineva undeva care ar avea probabil de spus că...» Ar putea spune că am fost profund egoist într-o situație, că par prea bun în ziare, că sunt leneș la unele tipuri de antrenament fizic sau orice altceva. Arată-mi că, dacă știi care este problema, te străduiești să o rezolvi. Nu mă interesează ce părere ai. Vreau doar să știu că ești conștient de felul în care te văd ceilalți."

✸ La cine te gândești când auzi expresia „persoană de succes"?

CHRIS: „Voi răspunde în următorul fel și nu sunt sigur dacă este chiar la subiect. Am avut un mentor foarte bun la începutul carierei mele, care mi-a dat un sfat pe care îl urmez și în ziua de azi, și anume că ar trebui să ai o listă cu trei persoane pe care să le urmărești mereu: cineva mai în vârstă decât tine pe urmele căruia vrei să calci, un coleg de-o seamă cu tine despre care crezi că este mai bun și pe care îl respecți, și un subordonat care ocupă un post pe care l-ai ocupat și tu acum un an, doi sau trei, dar care face o treabă mai bună dacă o făceai tu la vremea aceea. Dacă ai aceste trei persoane cu care te compari constant și de la care înveți mereu, vei deveni mai bun decât ești în mod exponențial."

RUTINA DE ANTRENAMENT A LUI STAN

Dacă este acasă, acolo își începe antrenamentul:

- » O serie de flotări, numărul maxim de repetiții pe care le poate face
- » 100 de abdomene, 3 minute plank, 2-3 minute de yoga
- » O serie de flotări, numărul maxim de repetiții pe care le poate face

- 50-100 de abdomene crunch, în poziţia picior peste picior (cu picioarele ridicate), 2,5 minute plank, 2-3 minute de yoga
- O serie de flotări, numărul maxim de repetiţii pe care le poate face
- 50-100 de abdomene în poziţia picior peste picior (primele două variaţii combinate), 2 minute plank, 2-3 minute de yoga
- O serie de flotări, numărul maxim de repetiţii pe care le poate face
- 60 de forfecări cu picioarele (flutter kicks), urmate de menţinere în poziţie; 1,5 minute plank; o serie de abdomene crunch, plank 1 minut, 2-3 minute de yoga.

STAN: „După aceea, plec de acasă şi mă duc la sală, pentru că aceasta deschide la 5:30. Este la trei străzi de casa mea."

TIM: „Presupun că ne referim la 5 dimineaţa."

STAN: „Da. Dacă mă trezesc la 4, pot să fac toate aceste exerciţii de la 4:30 până pe la 5:20 şi, apoi, la 5:25, plec la sală. Acolo fac 4 serii de tracţiuni, alternate cu haltere cu banca înclinată şi ridicare de greutăţi în picioare. [Exerciţiile de menţinere a echilibrului stând într-un picior constituie pauza de odihnă dintre ele.] După aceea mai fac alte câteva exerciţii, şi le pot face pe toate în 30-35 de minute. Aşa că, până la 6:15 sau 6:20, termin cu exerciţiile la sală, pornesc înapoi spre casă, mă spăl şi după aceea mă apuc de lucru."

DE CE ESTE IMPORTANT PENTRU STAN SĂ FACĂ SPORT

Pe lângă aspectele referitoare la imaginea de sine şi la performanţă:

„Îţi asigură o disciplină a zilei. Am observat că, dacă am o zi groaznică, dar am făcut antrenament, la sfârşitul zilei voi spune: «Măcar m-am antrenat bine», fără să mai conteze aproape nimic altceva. Când a apărut articolul din *Rolling Stone*, s-a întâmplat pe la 1:30 noaptea. Am aflat despre el, am dat câteva telefoane, mi-am dat seama că avem o problemă de proporţii, m-am îmbrăcat şi am alergat o oră. Mi-am limpezit mintea, m-am detensionat. Problema nu a dispărut, dar este un lucru pe care îl fac în situaţiile de felul acesta."

TREI PRACTICI PENTRU TĂRIE MENTALĂ

Cele ce urmează au reprezentat răspunsul la întrebarea: „Care sunt cele trei teste sau practici din armată pe care ar putea să le folosească şi civilii, ca să-şi dezvolte tăria mentală?":

STAN: „Prima este să te forţezi mai mult decât crezi că poţi. Vei descoperi o nouă profunzime înăuntrul tău. Cea de a doua este să intri în grupuri care se confruntă cu dificultăţi, cu neplăceri. Noi o numeam „privaţiune comună". Vei descoperi că, după ce ai trecut prin nişte greutăţi, vei fi mai pasionat de lucrurile faţă de care ţi-ai luat angajamentul. Şi, în final, stârneşte o doză de teamă şi fă-i pe oameni să o depăşească."

TF: Cred că aceste trei elemente explică în mare parte popularitatea explozivă a curselor cu obstacole ca Spartan Race (vezi Joe De Sena, pag. 65) şi World's Toughest Mudder (vezi Amelia Boone, pag. 28).

SFATURI PENTRU TINE, CEL DE LA 30 DE ANI?

STAN: „Cred că, până pe la probabil 35 de ani, eram obsedat de control, pentru că organizaţiile pe care le comandam şi din care făceam parte erau îndeajuns de mici ca să le pot supraveghea îndeaproape. Aveam o personalitate foarte puternică şi, dacă munceai şi studiai din greu, puteai să mişti aproape toate piesele de şah fără nicio problemă. În jurul vârstei de 35-40 de ani, când ajungi la nivelul batalionului, care înseamnă vreo 600 de oameni, **brusc trebuie să conduci diferit şi ceea ce trebuie să faci este să îi ajuţi pe oameni să se dezvolte. Sfatul pe care l-aş da oricărui tânăr este că totul se reduce la pregătirea oamenilor care urmează să facă treaba.** Cu excepţia cazului în care te vei ocupa personal de sarcina respectivă, timpul de dezvoltare pe care îl investeşti în cei care o vor face, indiferent dacă aceştia vor îndruma la rândul lor pe alţii care o vor duce la bun sfârşit sau dacă o vor face chiar ei, **din fiecare clipă pe care o petreci ocupându-te de asta vei avea un câştig înmiit."**

PENTRU ACEIA DINTRE NOI CARE SUSŢIN CĂ NU AU TIMP SĂ CITEASCĂ

Stan parcurge majoritatea cărţilor în format audio, un obicei pe care l-a dobândit peste hotare, pentru că este dificil să cari după tine cărţi în format fizic atunci când eşti trimis în diverse teatre de operaţiuni. Probabil că acum „citeşte" în format audio 70% din timp.

STAN: „Am învăţat să alerg cu audiobookuri. Mintea îmi rămâne concentrată la ele în timp ce ridic greutăţi... **Şi am un set de difuzoare mici în baie. Aşa că intru la baie dimineaţa şi ascult cartea acolo. Dau drumul audiobookului şi [ascult] în timp ce mă spăl pe dinţi, mă bărbieresc, îmi pun echipamentul de antrenament, fiindcă soţia mea este în dormitor...** Am observat că parcurg foarte, foarte repede cărţile, pentru că, dacă te antrenezi o oră şi jumătate zilnic, parcurgi cărţile mult mai repede decât dacă ţi-ai aloca un anume timp lecturii... Îmi plac mai mult relatările istorice ample, care se întind pe o perioadă de 20, 30 sau

40 de ani, sau cele despre marile proiecte, cum ar fi construcția Canalului Panama, construcția barajului Boulder [cunoscut în ziua de azi ca Barajul Hoover], pentru că au un început, un mijloc, o încheiere și constituie o provocare. Am și obiceiul de a citi mult pe o singură temă. Am citit șapte sau opt cărți despre George Washington și despre alți părinți fondatori; și fiindcă acestea se suprapun, ajungi să cunoști dintr-odată mai multe despre o epocă, iar noua carte este mai interesantă pentru că umple golurile. Așa că, un timp, citesc lacom pe un anumit subiect, după care trec la altul."

✸ Cărți pe care să le citim pentru a afla despre realitățile războiului?

CHRIS: „Păi, în comunitatea operațiunilor speciale, unul dintre clasici ar fi *Gates of Fire* (*Porțile focului*), de Steven Pressfield. O lectură de nivel înalt, realmente..."

✸ Cartea pe care Stan o dăruiește cel mai des

„Probabil că cele mai multe exemplare pe care le-am dăruit au fost dintr-o carte scrisă în 1968 de Anton Myrer, intitulată *Once an Eagle (Cândva am fost vultur)*. Este povestea a două personaje care intră în armată în Primul Război Mondial, trec și prin cel de al Doilea Război Mondial și continuă în anii de după război."

✸ Filmul preferat al lui Stan

The Battle of Algiers (Bătălia pentru Alger). Durează cam 15 minute ca să fii absorbit de film, dar ai răbdare și urmărește-l. Am amânat luni întregi vizionarea filmului și îmi doresc să-l fi văzut imediat după ce mi l-a recomandat Stan. Acest film în stil documentar, filmat în Alger, recreează evenimentele din ce în ce mai violente din 1957, în timp ce Algeria ocupată luptă să-și obțină independența față de Franța. Filmul umanizează ambele tabere și este extrem de relevant pentru evenimentele contemporane. Mai mult, explorează binele și răul naturii umane, în sens larg.

„Îți poți da seama de adevăratul caracter al unui om după felul în care reacționează față de el câinele și copiii lui."

„Dacă nu crezi în Dumnezeu, ar trebui să crezi în tehnologia care ne va face nemuritori."

SHAY CARL

Shay Carl (TW/IG: @SHAYCARL, YOUTUBE.COM/SHAYTARDS) a avut primul computer la 27 de ani. Era muncitor și a încărcat primul videoclip pe YouTube în timpul unei pauze de la montarea unui blat de granit. Pe repede înainte spre ziua de azi:

- Canalul său SHAYTARDS a ajuns acum la aproape 2,5 miliarde de vizualizări. Celebrități ca Steven Spielberg au apărut alături de Shay și familia acestuia.
- A fost cofondator al Maker Studios, care a fost vândut celor de la Disney cu aproape 1 miliard $.
- A fost căsătorit timp de 13 ani și are 5 copii.
- A pierdut peste 90 de kilograme de la greutatea sa maximă.

Animalul spiritual: vulturul pleșuv

DIN CULISE

» Shay a venit cu avionul din Utah în California pentru podcastul pe care l-am făcut împreună. În San Francisco l-am păcălit să încerce o serie de lucruri pentru prima dată, printre care AcroYoga (pag. 79) și să se lase lovit cu crengi într-un spa rusesc.

» Este investitor în DietBet.com, pe care l-am utilizat cu zeci de mii de fani, fără să știu că este și el implicat. Trebuie să pui bani la bătaie ca să te determine să slăbești și strategia funcționează. Cei care ating anumite obiective „câștigă" și primesc o parte din potul total. Jucătorii au slăbit peste 2.270.000 kg și DietBet a achitat peste 21 de milioane $.

„SECRETELE VIEȚII SE ASCUND ÎN SPATELE CUVÂNTULUI «CLIȘEU»."

Shay își amintește că făcea o plimbare cu bicicleta în perioada în care a slăbit rapid: „Îmi amintesc exact unde eram. Mi-am spus atunci: «Secretele vieții se ascund în spatele cuvântului *clișeu*» Așa că, de fiecare dată când auzi un lucru pe care îl consideri clișeu, sugestia mea ar fi să ciulești urechile și să asculți cu mai multă atenție." Auzise de un milion de ori anumite fraze cum ar fi: „Mănâncă mai multe legume", dar le ignorase ani la rând, pentru că păreau mult prea simpliste. În cele din urmă, simplitatea a fost cea care a funcționat. Nu a avut nevoie de răspunsuri sofisticate. Acestea fuseseră tot timpul sub nasul lui. Ce sfaturi ignori pentru că ai impresia că sunt o platitudine sau un clișeu? Poți să extragi din ele vreo acțiune ce poate fi verificată?

SĂ ÎNVEȚI DE LA EUL TĂU VIITOR – UN EXERCIȚIU PE CARE ÎL FACEM AMÂNDOI

L-am întrebat pe Shay ce sfat și-ar da lui, cel de la 25 de ani, și iată ce mi-a răspuns:

„Poate că mi-aș fi spus: «Abandonează facultatea mai devreme». Dar nu cred că aș schimba ceva... Este ușor să te gândești: «Bine, ia să vedem ce i-aș spune eului meu de la 25 de ani?» Și atunci, mă gândesc: «Dacă am 45 de ani și sunt întrebat același lucru, ce mi-aș spune mie, cel de la 36 de ani [vârsta pe care o are Shay în momentul de față]?»"

TF: Asta m-a îndemnat să-i spun o poveste, pe care o voi relata și aici pe scurt. Nu scriu niciodată ficțiune, dar una dintre puținele scrieri pe care le-am pierdut a fost una de ficțiune, iar acest lucru m-a întristat multă vreme. Era o nuvelă scurtă despre cum am plecat la schi, m-am întors la cabană ca să mă delectez cu ciocolată fierbinte și cu vin și m-am trezit că, la masă, în fața mea, stătea un străin bătrân și înțelept. După câteva ore de conversație, străinul se dovedește a fi eul meu viitor. Îl rog să mă sfătuiască și el îmi oferă avantajul privirii retrospective pe care o are asupra evenimentelor. A fost amuzant să scriu povestioara, dar – și asta pare un pic straniu – am extras și o mulțime de sugestii specifice, de pus în practică, de pe urma acestui exercițiu. Când am lăsat pixul, eram oarecum derutat și mi-am spus: „Nu știu ce am făcut acum, dar mi se pare un truc magic foarte tare". Mai târziu, am descoperit că firul poveștii seamănă cu o operă spectaculoasă scrisă de Jorge Luis Borges, intitulată *Celălalt (El Otro)*. Când i-am spus lui Shay această poveste, i s-au luminat ochii. A intervenit imediat:

„Tocmai aveam de gând să sugerez exact ce ai povestit tu acum. Gândește-te la vârsta pe care o ai acum și apoi imaginează-te cu 10 ani mai în vârstă. Apoi întreabă-te: «Ce mi-aș spune mie, dacă aș fi mai bătrân?» Cred că asta este înțelepciunea pe care ai descoperit-o în exercițiul respectiv.... [Dacă faci exercițiul acesta și apoi începi să pui răspunsurile în aplicare,] cred că vei crește exponențial mai repede decât ai fi făcut-o altfel."

MUNCA VA FUNCȚIONA ATUNCI CÂND NIMIC ALTCEVA NU O VA FACE

Shay este membru al Bisericii lui Isus Hristos a Sfinților din Zilele din Urmă (mormonă). În podcastul meu a vorbit pentru prima dată public despre lupta sa cu alcoolismul și despre cum a reușit să-l depășească:

„Nu este ușor să te faci bine. Este dificil. Avem o înclinație naturală spre dependență și spre lucrurile ușoare. Este ușor să bei alcool și să scapi de durere. Este ușor să nu te trezești dimineața ca să faci sport. Este ușor să treci pe la drive-in și să cumperi un Big Mac, nu-i așa? Ce lucru greu ești dispus să faci? Îmi amintesc că bunicul spunea: «**Munca va funcționa atunci când nimic altceva nu o va face**»."

CUM FILMEAZĂ SHAY VIDEOCLIPURI

O cameră Canon PowerShot G7 X și Final Cut Pro X. Își privește ziua ca și cum ar fi formată din 3 acte și o filmează în trei segmente: dimineața, după-amiaza și seara. Filmează 10-15 minute în total și niciodată mai mult de 2 minute odată.

DOUĂ IDEI PENTRU A-ȚI ÎMBUNĂTĂȚI DISPOZIȚIA

Shay mi-a explicat de ce postarea zilnică a unor filmulețe, adică „vlogging-ul" (video + blogging), este un fel de terapie ieftină:

„Fiziologic, simt că trupul meu este diferit... Chiar te simți mai bine doar dacă stai drept, zâmbești și te prefaci până ajungi să te simți exact așa. Există o putere reală în asta."

TF: Asta m-a inspirat să experimentez cu vlogging-ul de scurtă durată cam vreo 15 zile, pentru a-mi îmbunătăți dispoziția. Am făcut lucrurile cât mai simple cu putință, utilizând iPhone-ul pentru filmulețe Q&A de 10 minute cu Facebook Live. Am încărcat filmulețele FB pe YouTube și mi s-a părut incredibil cât de repede s-a format un public numeros care revenea, lucru care nu se mai întâmplase înainte. Așa cum mi-au explicat Casey Neistat (pag. 248) și Shay, nu calitatea producției, ci relația pe care o construiești este importantă. Efectele „mimării" bunei-dispoziții au durat cel puțin 2-3 ore.

Shay are o altă tactică pentru a-și însenina starea sufletească și probabil că cel mai bine ar fi să o utilizezi departe de aeroporturi:

„S-ar putea să pară nebunie curată, dar nu fac decât să privesc în oglindă și să râd de mine... să dărâm acel zid al afectării care nu-mi permite să fiu caraghios. Cred că capacitatea de a nu lua lucrurile prea în serios ascunde o putere reală."

✹ Cine îți vine în minte atunci când auzi expresia „persoană de succes"?

„Pentru mine, definiția succesului spune că trebuie să te înțelegi bine cu părinții, cu bunicii [dacă mai trăiesc] și cu copiii tăi. Să îndeplinești sarcina dificilă de a te înțelege cu ceilalți ca ființe umane."

DE LA RAZELE URSULEȚILOR INIMOȘI* PÂNĂ LA EXIT-UL DE 1 MILIARD $

„[Maker Studios] s-au dezvoltat absolut fulminant. Era pentru prima dată când vedeai influencerii** din social media strângându-se laolaltă. Dacă vrei, era ca razele ursuleților inimoși. Știi cum se adună ursuleții inimoși toți la loc și se țin de mână și transmit raza aceea, care este mult mai puternică decât puterea individuală? Înțelegi la ce mă refer."

TF: Ce fel de grup primul-de-felul său ai putea să constitui, dacă ai avea un pistol la tâmplă? Ar putea să te ajute recitirea „Legii Categoriei" (pag. 308) și „1.000 de Fani Adevărați" (pag. 326).

---

* Care Bear, în original. Este vorba de un serial de desene animate. (n.red.)

** *Influencer* – (sau *endorser*) este persoana din mediul online care a trecut la nivelul în care a devenit o imagine reprezentativă pentru industria în care își desfășoară activitatea. El este cel care creează comunități în jurul blogului, contului său de Facebook, Instagram sau Snapchat, canalului de Youtube, comunități active pe care are puterea de a le influența și a le determina să acționeze. (n.red.)

Ce ai scrie pe un panou?

„«VEI MURI!»” [**TF:** Majusculele îi aparțin.]

Shay își amintește constant că viața este scurtă și moartea inevitabilă. Și eu, la rândul meu, includ *memento mori* (lucruri care să-mi amintească de mortalitate) în programul meu, indiferent că este vorba de lecturi din Seneca și din alți stoici, că-mi petrec timp cu asistenții de la azil, că merg prin câte un cimitir (cum ar fi Omaha Beach) sau că pun memoriile celor decedați de curând cu coperta la vedere în sufragerie.

„Dacă câștigi 68.000 $ pe an, la nivel global, faci parte din cei mai bogați 1%."

WILL MACASKILL

Will MacAskill (TW: @WILLMACASKILL, WILLIAMMACASKILL.COM) este profesor asociat de filosofie la Lincoln College, Universitatea din Oxford. La doar 29 de ani, este probabil cel mai tânăr profesor asociat (cu statutul *tenure**) de filosofie din lume. Will este autorul cărții *Doing Good Better (E mai bine să faci bine)* și cofondator al mișcării „altruismului eficient". Și-a dat cuvântul să doneze tot ce câștigă peste 36.000 $ pe an organizațiilor caritabile pe care le consideră cele mai eficiente. El este, de asemenea, cofondator a două organizații nonprofit cunoscute: 80.000 Hours, care pune la dispoziție cercetare și consiliere cu privire la felul în care poți să-ți aduci contribuția în lume prin cariera pe care o ai, și Giving What We Can, care îi încurajează pe oameni să-și ia angajamentul să doneze cel puțin 10% din venit celor mai eficiente organizații caritabile. Cumulat, ele au strâns peste 450 milioane $ din donații promise pe toată durata vieții și se numără printre primele 1% organizații nonprofit la capitolul creștere.

* *Tenure* – Statut care garantează angajarea permanentă a unui profesor într-o universitate și îl protejează în fața unei concedieri fără motiv. Conceptul este strâns legat de libertatea academică, deoarece siguranța pe care o acordă acest statut le permite profesorilor să facă cercetări și să țină cursuri despre orice subiect, chiar și despre cele controversate. (n.red.).

„Nu poţi să transformi o organizaţie caritabilă proastă într-una bună doar pentru că ai cheltuieli modeste."

TF: Will mi-a prezentat GiveWell.org, un site care desfăşoară cercetări amănunţite pentru a afla cât realizează în realitate organizaţiile nonprofit şi fundaţiile (în privinţa vieţilor salvate, a îmbunătăţirii calităţii vieţii etc.) per dolar cheltuit. Asta elimină problema majorităţii celorlalţi „evaluatori" ai filantropiei, care privesc cheltuielile administrative şi generale mici ca pe un indicator imperfect al „eficienţei." Bineînţeles, dacă o asociaţie caritabilă nu face ce trebuie, faptul că are costuri reduse nu are nicio relevanţă, de unde şi citatul lui Will. Totul se reduce la rezultatele din lumea reală.

Conform GiveWell.org, în 2016, trei dintre cele mai eficiente organizaţii caritabile cu un impact puternic sunt:

» Against Malaria Foundation
» Deworm the World Initiative
» Give Directly

Două dintre modelele filosofice ale lui Will

» Peter Singer, filosof moral australian şi profesor Ira W. DeCamp de bioetică în cadrul University Center for Human Values de la Princeton University. Cele mai celebre cărţi ale sale sunt *Practical Ethics* (*Etica practică*) şi *Eliberarea animalelor*, surprinzător de uşor de citit.
» Derek Parfit, care şi-a petrecut toată viaţa la Colegiul All Souls de la Oxford, care este de elită până şi pentru Oxford. Derek a scris o carte intitulată *Reasons and Persons (Motive şi persoane)* şi pe care Will o consideră una dintre cele mai importante cărţi scrise în secolul al XX-lea.

„URMEAZĂ-ŢI PASIUNEA" ESTE UN SFAT GROAZNIC

„Cred că interpretează greşit faptul de a-ţi găsi o carieră satisfăcătoare şi un job satisfăcător, unde cel mai mare factor prezicător al satisfacţiei unui job este munca care te solicită intelectual, deci natura jobului. Nu are prea multă legătură cu persoana ta... Ceea ce contează este dacă jobul îţi asigură varietate, îţi oferă un feedback bun, îţi permite să-ţi exerciţi autonomia, să-ţi aduci contribuţia faţă de lume în sens mai larg – adică, este cu adevărat însemnat? Face din lumea asta un loc mai bun? – şi, de asemenea, dacă îţi dă ocazia să-ţi foloseşti o competenţă pe care ţi-ai dezvoltat-o."

Cărțile pe care le dăruiește cel mai des pentru îmbunătățirea vieții și a eficienței generale

Mindfulness, de Mark Williams și Danny Penman. Această carte este o introducere practică și accesibilă în meditația mindfulness și include un curs de 8 săptămâni de meditație ghidată. Will a terminat acest curs și a avut un impact important asupra vieții sale.

The Power of Persuasion (*Puterea convingerii*), de Robert Levine. Capacitatea de a fi convingător, de a promova idei și de a-i convinge pe alții este o meta-competență care se transferă în mai multe zone ale vieții. Cartea aceasta nu a devenit prea populară, dar este cea mai bună carte despre persuasiune pe care a găsit-o Will. Intră în chestiuni mai profunde decât celelalte cărți din aceeași categorie.

Sfaturi pentru tine cel de la 20 de ani?

„Unul dintre ele este că, în viață, muncești 80.000 de ore. Este extraordinar de important să-ți dai seama cum poți să le folosești cel mai bine și, în clipa aceasta, tu – Will cel de 20 de ani – nu faci decât să gândești și să plutești în derivă. [Nu-ți] petreci prea mult timp gândindu-te la genul acesta de macro-optimizare. Poate că te întrebi: «Cum aș putea să-mi fac temele cât mai bine cu putință?» și să te gândești la *micro*-optimizare, dar nu te întrebi: «Care sunt obiectivele mele supreme în viață și cum pot optimiza totul ca să le ating?»

Una dintre analogiile pe care le folosesc eu este că, dacă ieși să iei cina în oraș, o să-ți ia vreo două ore. Îți ia 5 minute să stabilești unde vrei să mergi să mănânci. Mi se pare rezonabil să acorzi 5% din timp felului în care ai de gând să utilizezi restul de 95%. Dacă ai proceda la fel și în privința carierei, asta ar însemna 4.000 de ore sau 2 ani de muncă. Ba chiar cred că demersul este unul legitim: să utilizezi intervalul acesta de timp pentru a-ți da seama care sunt lucrurile în care îți vei investi restul vieții."

PROCESUL DICKENS – CÂT TE COSTĂ OPINIILE TALE?

„Procesul Dickens" (numit uneori și „Tiparul Dickens") are legătură cu *Poveste de Crăciun*, scrisă de Charles Dickens. Este unul dintre exercițiile pe care le-am făcut pe parcursul mai multor zile în cadrul evenimentului Unleash the Power Within (UPW) al lui Tony Robbins.

Prietenul meu Navin Thukkaram este multi-multi-milionar și duce o viață de poveste. El a participat la UPW de 11 ori și mi-a spus că, chiar dacă voi pierde câteva ședințe, nu am voie să pierd Procesul Dickens live. Acesta era motivul principal pentru care el participă în fiecare an. Acesta funcționează ca un fel de upgrade și restart anual. Capitolul acesta îți va oferi un rezumat simplificat al experienței mele.

În nuvela *Poveste de Crăciun*, Scrooge este vizitat de Fantomele Crăciunului trecut, actual și viitor. În cadrul Procesului Dickens trebuie să-ți analizezi convingerile care te limitează – să zicem primele două sau trei convingeri care te defavorizează – pentru fiecare segment temporal. Tony te îndrumă să pătrunzi în profunzime în fiecare dintre ele și îmi amintesc că am răspuns și am vizualizat variațiuni ale următoarelor întrebări:

- Cât te-a costat fiecare convingere în trecut și cât i-a costat pe cei dragi ție? Ce ai pierdut din cauza acestei convingeri? Încearcă să vezi acest lucru, să-l auzi, să-l simți.
- Cât te costă fiecare dintre ele și cât îi costă pe cei dragi în prezent? Încearcă să vezi acest lucru, să-l auzi, să-l simți.
- Cât te va costa fiecare pe tine și pe cei dragi peste 1 an, peste 3, peste 5 și peste 10 ani de acum în colo? Încearcă să vezi acest lucru, să-l auzi, să-l simți.

De ce funcționează atât de bine această metodă? L-am întrebat pe Tony la câteva luni după aceea, pe măsură ce observam propriile rezultate constante, și el mi-a trimis următorul exemplu printr-un mesaj audio:

„Dacă în clipa aceasta cineva tușește groaznic [din cauza cancerului la plămâni], cum de fumează în continuare? Își spune în sinea lui: «Păi, am fumat ani de zile și n-am avut niciodată probleme». Sau își spune: «Va fi mai bine în viitor; la urma urmei, George Burns a trăit 102 ani fumând trabucuri». Oamenii aceștia găsesc excepția de la regulă, pentru că nimeni nu știe cum va fi viitorul. Îl putem inventa, ne putem convinge singuri că totul va fi în regulă. Sau ne putem aminti o perioadă din trecut când a fost în regulă. Așa reușesc oamenii să se eschiveze.

Atunci când suferim într-unul din segmentele temporare – adică, trecut, prezent sau viitor – nu facem decât să trecem în altul, în loc să ne schimbăm, pentru că schimbarea le aduce oamenilor prea multă incertitudine, prea multă instabilitate și prea multă frică."

Procesul Dickens nu te lasă să te ferești de niciun segment temporal.

Bineînțeles, una este să citești despre înot și cu totul altceva să te duci să înoți. Procesul live a durat cel puțin 30 de minute, cu Tony pe scenă și cu 10.000 de oameni în public. Am auzit sute, poate chiar mii de oameni plângând. A fost picătura care a umplut paharul rezistenței, în mod productiv. Puși să se confrunte cu o reprezentare vie și dureroasă, participanții (inclusiv subsemnatul) nu mai puteau să găsească justificări sau să accepte „reguli" distructive în viață. Așa cum mi-a spus Tony mai târziu, „nimic nu se compară cu dinamica unei cufundări totale în grup, când nu există nimic în jurul tău care să-ți distragă atenția. Te concentrezi în întregime să răzbești și să treci la nivelul următor, și această atitudine face ca Procesul Dickens să funcționeze".

După ce simți durerea acută a convingerilor tale distrugătoare, formulezi două sau trei convingeri de înlocuire pe care le folosești ca să avansezi. Faci asta pentru „a nu fi tras înapoi [în convingerile vechi] de tiparele vechi de limbaj. Una dintre principalele mele trei convingeri limitative era: „Nu am capacitatea să fiu fericit", pe care am înlocuit-o cu: „Fericirea este starea mea naturală". După acest eveniment, pentru a-mi înrădăcina această convingere, am început să apelez dimineața la metoda afirmațiilor, despre care mi-a spus Scott Adams (pag. 292). Sunt conștient cât de superficiale pot părea lucrurile acestea pe hârtie, însă în următoarele 3-4 săptămâni am observat o schimbare uriașă. După aproape un an, pot să spun următoarele: nu m-am simțit niciodată mai fericit atât de constant în viața mea de adult.

Poate că a venit momentul să iei o pauză de la urmărirea obiectivelor, ca să găsești nodurile din viața ta; odată desfăcute, totul va merge mai bine și mai ușor. Este incredibil ce se poate întâmpla când nu mai conduci cu frâna de mână trasă.

„Să fii antreprenor înseamnă să fii dispus să faci o treabă pe care nimeni altcineva nu vrea să o facă, [pentru] a putea să-ți trăiești restul vieții făcând ce vrei să faci."

„De obicei, îmi dau seama că un lucru este important atunci când îmi stârnește puțină teamă. Mă gândesc: «Uau, s-ar putea să o dau în bară.»"

KEVIN COSTNER

Kevin Costner (TW: @MODERNWEST) este un producător de filme de renume internațional. Este considerat unul dintre cei mai vizionari povestitori din generația sa și printre cei mai apreciați de critici. Costner a produs, a regizat și a avut roluri în filme memorabile, cum ar fi *Dansând cu lupii*, *JFK*, *The Bodyguard*, *Field of Dreams (Terenul de baseball)*, *Tin Cup (Campionul)*, *Bull Durham*, *Open Range (Luptă în câmp deschis)*, *Hatfields & McCoys (Clanul Hatfields și clanul McCoys)* și *Black or White*, printre altele. A fost distins cu două Oscaruri, două premii Globul de Aur și un premiu Emmy. Este coautorul cărții *The Explorers Guild (Breasla exploratorilor)*.

CLARITATEA DIN APROPIEREA MORȚII ȘI SCHIMBAREA MACAZULUI

Kevin mi-a povestit cum s-a dus cu mașina, o furgonetă Datsun veche, la prima lui audiție adevărată (pentru o punere în scenă a basmului *Rumpelstiltskin**, la un teatru comunitar). Pedala de accelerație s-a rupt și a ajuns la podea, făcând vitezometrul să sară brusc de la 100 la 130 km/h. A văzut leduri de frână în față:

„La un moment dat mi-a revenit calmul, cam pe la jumătatea acestei întâmplări, și mi-am dat seama că nu vreau să mor. Am tras de ambreiaj. Nu am auzit în viața mea un scrâșnet atât de îngrozitor, dar [s-a cuplat]... am putut să învârt cheia și să opresc motorul, am mers în gol până la un refugiu, am intrat pe banda de urgență și n-am omorât pe nimeni. Am ieșit din nenorocita aia de mașină, am sărit peste gard și am făcut autostopul ca să ajung la audiție, fiindcă nu aveam de gând s-o ratez. Am lăsat mașina pe autostradă.

Pentru că trebuia să ajung într-un loc. Era un loc [unde] urma să se întâmple ceva... și, firește, nu s-a întâmplat nimic. N-am fost suficient de bun. Nu eram suficient de talentat. Nu știam prea multe despre *Rumpelstiltskin*... Dar imaginația mea începuse să se înflăcăreze analizând posibilitățile.

Începusem să mă îndrăgostesc de ceva. Nu știam dacă voi putea să-mi câștig traiul din asta, dar am reușit în cele din urmă să scap de șoaptele [părinților mei] din minte, șoapte care spuneau: «Ce ai de gând să devii?» Și eu le răspundeam: «Nu vă privește. Voi fi ce vreau să fiu».

„Când mi-am spus că nu-mi mai pasă de ceea ce cred ceilalți despre ceea ce fac, cu excepția mea, **am simțit că mi-a fost luată de pe umeri povara întregii lumi și totul a devenit posibil. Lucrurile s-au schimbat și numai ceilalți își făceau griji. Acum ei erau cei îngrijorați. Dar, pentru mine, totul s-a îndreptat în acea direcție în care m-am simțit liber.**"

SĂ PRESUPUNEM...

Pentru rolul din filmul *JFK*, Kevin nu a vrut să exagereze cu supozițiile. A vrut să se protejeze pe sine și propria credibilitate și a inventat o metodă elegantă de a evita capcanele:

„Când mă loveam de anumite lucruri de care nu eram sigur și asupra cărora mai aveau și alte persoane îndoieli, spuneam: «Oliver [Stone], nu prea îmi vine să spun chestia asta. Mi-ar conveni mai mult dacă aș spune *să presupunem că...*, în loc de *asta chiar s-a întâmplat.*» Pentru că acest

---

* Fata morarului. (n.red.)

să presupunem că prezintă oamenilor lucrurile. Deoarece, dacă nu a existat niciun martor ocular, spui ceva de felul: să presupunem că s-a întâmplat asta... Și, spre cinstea sa, Oliver nu s-a opus acestei idei. A zis: «Bine. Să zugrăvim totuși tabloul acesta, pentru că eu sunt convins că aceasta este imaginea adevărată».”

ASUMAREA DE RISCURI

Kevin mi-a descris o conversație rară, de la suflet la suflet, pe care a avut-o cu tatăl său, care îl critica pentru că se făcuse actor. La momentul acela, Kevin era adult și se bucura de succes. Tatăl său era în cadă:

„S-a uitat la mine și mi-a spus: **«Știi ceva? Eu nu mi-am asumat niciodată vreun risc în viața mea”.** Aproape că am avut propriul meu moment *Field of Dreams*. Am vărsat câteva lacrimi. El a continuat: «Am scăpat din nenorocita aia de perioadă Dust Bowl* și, Kevin, când am găsit un loc de muncă, nu am vrut să-l pierd. Trebuia să mă țin de el, fiindcă știam că așa vom avea din ce să trăim». Și i-am spus: «Am avut. Am avut». Și felul în care stăteam eu cu tata acolo a fost unul dintre momentele acelea absolut uluitoare.”

* Dust Bowl (sau Dirty Thirties) a fost o perioadă de puternice furtuni de nisip, care s-au abătut asupra preriilor din SUA și Canada în anii 1930. (n.red.)

„La un anumit nivel, înțelepciunea înseamnă doar capacitatea de a-ți urma propriile sfaturi. Este foarte ușor să le dai oamenilor sfaturi bune. Este foarte dificil să urmezi sfaturile pe care tu le consideri bune... Dacă cineva ar veni la mine cu lista mea de probleme, aș putea să rezolv situația persoanei respective cu foarte multă ușurință."

SAM HARRIS

Sam Harris (TW: @SAMHARRISORG, SAMHARRIS.ORG) a obținut o diplomă de licență în filosofie la Stanford University și un doctorat în neuroștiințe la UCLA. Este autorul bestsellerurilor *The End of Faith* (*Sfârșitul credinței**), *Letter to a Christian Nation (Scrisoare către o națiune creștină), The Moral Landscape (Peisajul moral), Free Will (Liberul arbitru), Lying (Minciuna), Waking up (Trezirea****)* și *Islam and the Future of Tolerance: A Dialogue (Islamul și viitorul toleranței: un dialog)* (cu Maajid Nawaz). El este și gazda podcastului popular *Waking Up with Sam Harris.*

Animalul spiritual: bufnița

* Volum apărut sub acest titlu la Editura Herald, București, 2016. (n.red.)

** Volum apărut sub acest titlu la Editura Herald, București, 2015. (n.red.)

DIN CULISE

Eu și Sam ne-am întâlnit pentru prima dată în toaleta de la TED, în 2010, imediat după ce mâncasem accidental [cu toată sinceritatea] două negrese uriașe cu marijuana. Nu eram pregătit pentru THC* sau pentru Sam Harris, și în niciun caz pentru un mega-THC și pentru Sam Harris.

„RUTINA" MATINALĂ

„Lucrul pe care ar trebui să îl ai în minte este imaginea unui haos controlat. Nu vorbim despre mecanismele unse ale unei mașinării bine calibrate. Vorbim despre cineva care iese împleticit din dormitor căutând cafeină și care poate și-a verificat sau nu e-mailul înainte să fluiere ceainicul. Dar meditez frecvent și încerc să fac asta în fiecare zi [între 10-30 de minute]."

DESPRE CONȘTIENTIZAREA RISCURILOR INTELIGENȚEI ARTIFICIALE

„Jaan Tallinn, unul dintre întemeietorii Skype-ului, spunea că, atunci când stă de vorbă cu oamenii pe tema asta, pune doar două întrebări pentru a-și face o idee dacă interlocutorul său va putea să înțeleagă cât de îngrijorătoare și de presantă este problema inteligenței artificiale. Prima este: «Ești programator?» – relevanța acestei întrebări fiind evidentă – și cea de a doua este: «Ai copii?» El spune că a descoperit că, dacă oamenii nu au copii, grijile lor referitoare la viitor nu sunt suficient de bine calibrate pentru a înțelege cât de înspăimântătoare este perspectiva construirii de roboți superinteligenți fără să fi găsit o soluție la problema controlului [să ne asigurăm că inteligența artificială este în acord cu interesele noastre, chiar și atunci când este de o mie sau de un miliard de ori mai mare]. Cred că aici există un sâmbure de adevăr. Firește, nu se limitează la inteligența artificială. Se întinde la toate subiectele care produc îngrijorare. Este mai dificil să te îngrijoreze soarta civilizației la un nivel abstract, decât să te îngrijoreze experiențele pe care copiii tăi le vor avea în viitor."

EXPLORAREA „AUTO-TRANSCENDENȚEI"

„De-a lungul timpului, Buddha și nenumărate alte persoane contemplative au stat ca mărturii ale iubirii necondiționate, în lipsa unui termen mai bun. Asta se leagă într-o oarecare măsură de ceea ce eu aș numi

* THC – Tetrahidrocanabinol, o rășină uleioasă, derivat benzo-piranic de tip canabinoidic. Este principala substanță activă din canabis, întâlnită în drogurile vegetale hașiș și marijuana. El a fost pentru prima dată izolat în anul 1964 de Raphael Mechoulam din Israel. (n.red.)

«auto-transcendență» care cred că este chiar mai importantă. Deci, există un fenomen care este evident mai profund decât oricare dintre modalitățile noastre provinciale de a vorbi despre el în contextul religiei. Există un adevăr mai profund al psihologiei umane și al naturii conștiinței. Cred că trebuie să-l explorăm în termeni care să nu ne oblige să ne mințim, pe noi sau pe copiii noștri, în ceea ce privește natura realității și să nu ne lăsăm pradă limbajului dezbinător de a alege o echipă în competiția dintre religii. [Cartea mea *Trezirea*] vorbește despre fenomenul auto-transcendenței și despre modalitățile în care oamenii îl pot explora fără să creadă vreun lucru pe temeiuri nefondate. Una dintre principalele modalități este cuprinsă în diferitele tehnici de meditație, mindfulnessul fiind, după părerea mea, cea mai utilă și cea care ar trebui adoptată prima. Ar mai fi și utilizarea drogurilor psihedelice, care nu este chiar același lucru cu meditația, dar măcar ne dezvăluie totuși că sistemul nervos uman este plastic într-un sens foarte important, ceea ce înseamnă că felul în care percepem lumea poate fi transformat radical."

MINDFULNESS ȘI SPOROVĂIALA MINTALĂ

„«Mindfulness» este doar calitatea aceea a minții care îți permite să fii atent la priveliști, sunete și senzații, ba chiar la gânduri, fără să te pierzi printre ele și fără să te agăți de ce este plăcut sau să dai la o parte ce este neplăcut...

Suntem extrem de condiționați să ne pierdem în gânduri și să purtăm conversația aceasta cu noi înșine din clipa în care ne trezim până când adormim. Nu este decât sporovăiala minții și este atât de captivantă încât nici măcar nu suntem conștienți de ea. În esență, suntem într-o stare de visare, astfel că ne vedem de treburile zilnice și percepem mediul prin acest văl de gânduri. Dar nu facem altceva decât să vorbim cu noi înșine nonstop și, până nu rupem vraja respectivă și nu începem să privim gândurile în sine, ca pe obiecte ale conștiinței care vin și trec, nu putem nici măcar să fim atenți cu un strop de claritate la propria respirație sau la orice altceva."

✵ Ce este meditația „vipassana"?

„Este o metodă prin care ești deosebit de atent, într-un mod necritic, la lucrurile pe care le încerci oricum."

TF: Mulți dintre invitații din această carte ascultă meditațiile ghidate ale lui Sam din SoundCloud sau de pe site-ul lui. Caută „Sam Harris guided meditations". Conform lui Sam, „oamenilor li se pare foarte util să audă vocea cuiva care să le amintească să nu se piardă în gânduri, la fiecare câteva secunde."

VALOAREA TABERELOR DE MEDITAȚIE INTENSIVĂ

„În cazul meu, [meditația] nu a devenit utilă sau, altfel spus, nu a devenit cu adevărat meditație, până nu am participat la prima sau la primele două tabere intensive. Îmi amintesc limpede experiența. Eram foarte disciplinat și, un an de zile, stăteam câte o oră în fiecare zi, dimineața, înainte să ajung în prima tabără de 10 zile. Îmi amintesc că, la un moment dat, pe la jumătatea primei mele tabere vipassana de 10 zile, am privit înapoi la anul respectiv și mi-am dat seama că nu făcusem decât să mă gândesc, stând cu picioarele încrucișate, în fiecare oră în care exersasem în anul respectiv. Asta nu înseamnă că lucrul acesta este valabil pentru toți cei care practicați meditația fără să fi mers vreodată în vreo tabără, dar foarte probabil este adevărat pentru mulți dintre voi... Un refugiu silențios este o încercare în care poți dezvolta suficientă energie și atenție pentru a trece la un alt nivel..."

DESPRE PUTEREA ȘI DEZAVANTAJUL PSIHEDELICELOR

În fantasticul și lungul său eseu „Drogurile și sensul vieții", Sam scria:

„Dacă ea [fiica mea] nu încearcă un psihedelic ca psilocibina sau LSD-ul cel puțin o dată în viața ei de adult, îmi voi face griji că este posibil să fi pierdut unul dintre cele mai importante ritualuri de trecere de care poate avea parte o ființă umană... o viață fără droguri nu este nici imaginabilă în viitorul apropiat și, după părerea mea, nici dezirabilă."

L-am întrebat despre aceste rânduri în timpul conversației noastre și a adăugat:

„Vreau să precizez că am căpătat un respect din ce în ce mai sănătos pentru problemele care pot apărea cu psihedelicele, probleme care, după părerea mea, au consecințe de durată... Cred că psihedelicele continuă să fie indispensabile pentru o mulțime de oameni. Și în mod cert au fost indispensabile pentru mine. Nu cred că aș fi descoperit vreodată meditația dacă nu aș fi luat, în special, MDMA, dar ciupercile și LSD-ul au jucat și ele un rol important pentru mine, dezvăluindu-mi un peisaj lăuntric care merita explorat...

Impresia aceasta că ești o identitate care călătorește în capul tău – sentimentul acesta pe care toată lumea îl numește «eu» – este o iluzie a cărei validitate poate fi negată în mai multe feluri... Este vulnerabilă dacă începi să o analizezi, iar această analiză poate lua mai multe forme.

Puterea unică și dezavantajul [psihedelicelor] este că ele vor funcționa garantat într-un fel sau altul...

Ipoteza [etnobotanistului Terence McKenna] era că, dacă înveți pe cineva să mediteze sau să facă yoga, nu ai niciun fel de garanție că se va întâmpla ceva. Poate să facă asta o săptămână. Poate să facă asta un an. Cine știe ce se va întâmpla? Ar putea să se plictisească pur și simplu și să rătăcească, fără să știe că există un *acolo*. Dar dacă îți dau 5 grame de ciuperci sau 300 de micrograme de LSD și îți spun să stai pe canapea o oră, garantez că vei avea parte de o transformare radicală a experienței tale. Nu contează cine ești. Un marfar încărcat de semnificații se va năpusti asupra ta și nu trebuie decât să ne uităm la ceas pentru a ne da seama când se va întâmpla...

Dacă ai o experiență bună, vei realiza că viața omenească poate fi nespus de sublimă – că este cu putință să te simți în largul tău în univers într-un mod pe care nu ți l-ai fi putut imagina înainte. Dar dacă ai o experiență rea – și experiențele rele sunt tot atât de rele pe cât sunt de bune experiențele bune – vei avea parte de o întâlnire agonizantă cu nebunia. Este la fel de patologică ca în oricare dintre nebunii care bântuie străzile, bătând câmpii singuri, complet rupți de ceilalți. Poți să ai experiența aceasta și putem spera că va dispărea, căci în aproape toate cazurile, chiar dispare. Dar, cu toate acestea, este dură și are urmări. O parte dintre acestea sunt bune. Eu unul cred că îți oferă o bază pentru compasiune, mai ales față de cei care suferă de boli mentale, pe care nu ai putea să o obții altfel."

APELEAZĂ LA CER CÂND MEDITEZI

Privește cerul în timp ce meditezi. „Adeseori, eu meditez după-amiaza. Încerc de multe ori să o fac afară. Dacă ai auzit de Dzogchen, știi că yoghinii Dzogchen apelează frecvent la cer ca sprijin pentru practica lor. Meditezi cu ochii deschiși, privind la cerul senin sau la orice loc în care poți să vezi orizontul. Îmi place să meditez așa. Nu am mereu ocazia să o fac, dar am observat că îți limpezește mintea într-un mod foarte util."

MAI MULTE ÎN ÎNREGISTRAREA AUDIO

Ascultă episodul nr. 87 al *The Tim Ferriss Show* (fourhourworkweek.com/87), ca să afli ideile lui Sam despre următoarele:

» Ce cărți le-ai recomanda tuturor oamenilor să citească? (6:55)

» Un experiment mental pe care merită să-l asculți: Problema Troleului (55:25)

CAROLINE PAUL

Caroline Paul (TW: @CAROWRITER, CAROLINEPAUL.COM) este autoarea a patru cărți publicate. Ultima este bestsellerul *New York Times*: *The Gutsy Girl: Escapades for Your Life of Epic Adventure (Fata curajoasă: escapade pentru o viață de aventuri epice)*. Când era mai tânără, Caroline se speria și de umbra ei, dar a ajuns la concluzia că teama o oprea să ajungă la viața pe care și-o dorea. De atunci, a concurat în Echipa Națională de Sanie a SUA în vederea calificării la Jocurile Olimpice și s-a luptat cu incendiile, fiind una dintre primele femei pompier din San Francisco, unde a făcut parte din grupul Rescue 2. Membrii Rescue 2 nu se luptă doar cu incendiile; ei sunt chemați și atunci când trebuie să caute scafandri (adică, să caute cadavrele), pentru acțiuni de salvare care presupun coborârea pe frânghii sau coardă, accidente cu materiale periculoase, precum și în cazul celor mai grave accidente auto și feroviare.

DIN CULISE

» Caroline are o soră geamănă identică care a fost superstar TV în *Baywatch*.

» Caroline a inclus multe dintre tehnicile lui Charles Poliquin (pag. 101) în antrenamentele ei cu greutăți, după ce l-a cunoscut prin Andre Benoit, sportiv canadian, participant la jocurile olimpice de sanie.

„SECRETELE NU-ȚI PERMIT SĂ AJUNGI LA INTIMITATE"

„Tatăl meu a fost superconservator. A votat cu Nixon. A crezut până la moarte că Nixon a fost un președinte grozav. A fost fără îndoială un republican trup și suflet. Nu i-am spus multă vreme [că sunt lesbiană], până când nu mi-a spus sora mea: «De ce ții secret? Secretele limitează intimitatea». Eu i-am spus: «Nu, nu trebuie să știe», la care ea mi-a răspuns: «Este o parte a vieții tale despre care nu știe nimic, iar tu te ferești de el. Chiar dacă el s-ar putea să nu-și dea seama, asta creează o distanță. Trebuie să-i spui».

Și a avut foarte multă dreptate. I-am spus, după care am înlemnit. Însă el a fost foarte drăguț. Întâi a fost șocat, după care s-a chinuit puțin și a zis: «Păi, cunosc câteva persoane gay». A început să enumere persoanele gay pe care le cunoștea. Chiar a fost foarte drăguț."

GĂTITUL ÎN CAZARMA POMPIERILOR

Pompierii din Rescue 2 trebuie să gătească pe rând pentru ceilalți membri ai echipei:

„Erau trei șmecherii. [Prima] îmi amintesc că o dată a venit un tip la mine și mi-a spus: «Tu nu pui nici pic de dragoste în mâncarea asta». Am fost foarte șocată să aflu că pompierul acela înalt și voinic voia dragoste în farfuria lui cu mâncare, și avea dreptate. Eram atât de îmbufnată când găteam că nu puneam nici picătură. El a fost puțin ofensat de asta. Acum încerc să pun dragoste în mâncarea pe care o pregătesc.

A doua era să-i dau culoare... Mie îmi este foarte greu să fac asta. La mine totul arăta cumva cenușiu. Și cea de a treia era să știi să pregătești trei meniuri complete."

MÂNDRIA POATE FI UN INSTRUMENT

„Pentru mine, mândria a funcționat, pentru că teama mea de eșec era mult mai mare decât frica de foc. Ca să fiu sinceră, nu am simțit prea des frica de foc. Nu încerc să susțin că sunt foarte curajoasă. Pur și simplu a existat o teamă mai mare – umilirea, eșecul, dezamăgirea femeilor. Mândria poate fi un factor motivant foarte puternic."

O carte pe care ai dărui-o oricărui student când își termină studiile?

„Aș alege *The Things They Carried* (*Lucrurile pe care le-au suportat*), de Tim O'Brien. Este o carte frumoasă a unui scriitor care a luptat în Vietnam. Cartea aceasta m-a făcut să mă reapuc de citit. Când ajungi la facultate, te îndepărtezi cumva de lectură."

SĂ PUI TEAMA LA LOCUL EI

În anii '90, Caroline a urcat ilegal pe podul Golden Gate, cățărându-se până la ~230 de metri pe cabluri subțiri. A vorbit despre „punerea fricii la locul ei" și am rugat-o să intre în detalii.

„Nu sunt contra fricii. Cred că frica este cu siguranță importantă. Ea există tocmai ca să rămânem în siguranță. Dar am impresia că anumiți oameni îi dau prea multă însemnătate. Este unul dintre numeroasele lucruri de care ne folosim pentru a evalua o situație. Eu sunt pro-bravură. Asta este paradigma mea.

Frica este doar unul dintre numeroasele lucrurile care se întâmplă. Spre exemplu, atunci când am urcat pe pod, eram cinci persoane care hotărâseră că vor să meargă pe cablu în toiul nopții. Te rog să nu faci asta, dar noi am făcut-o. Că tot vorbim despre frică – mergeam pe un cablu pe care trebuia să pui un picior în fața celuilalt, până ajungeai la înălțimea unei clădiri de 70 de etaje, fără nimic sub tine și cu două cabluri subțiri pe fiecare parte.

Este doar o plimbare, tehnic vorbind. Chiar nu o să se întâmple nimic, dacă nu are loc un cutremur sau nu lovește o rafală catastrofală de vânt. Nu vei păți nimic atâta timp cât îți păstrezi starea mentală intactă. În situațiile de felul acesta, analizez toate emoțiile pe care le simt, de la anticipație la euforie, concentrare, încredere, amuzament și teamă. Apoi, iau teama și spun: «Bun, ce grad de prioritate să-i acord acestui lucru? Fiindcă eu chiar vreau să-l fac». Așa că o pun la locul ei. Este ca atunci când zidești, cărămidă cu cărămidă sau când ridici un zid de piatră. Unești părțile unele cu altele."

TIM: „Ai vizualizat cărămizile? Sugerează un exercițiu pentru cineva care nu are practica aceasta: «Data viitoare când simți că ți-e teamă, fă asta». Ce i-ai sfătui să facă?"

CAROLINE: „Persoana respectivă trebuie să-și compartimenteze fiecare emoție, ca și cum ar fi un bloc mic, separat, după care să îl pună la locul lui într-un rând. După ce îți evaluezi pregătirea și situația, lucrurile se schimbă adesea. Dacă te-ai opri și te-ai uita cu adevărat, cred că viața oamenilor s-ar schimba radical, mai ales a femeilor. Femeile se grăbesc foarte, foarte mult să spună că sunt speriate. Este un lucru pe care chiar aș vrea să-l schimb."

ÎNCURAJAREA FETELOR

Despre obișnuitele diferențe de educație între băieți și fete:

„În cazul băieților, există o încurajare activă – în ciuda posibilității că s-ar putea să se rănească –, astfel că un fiu este îndrumat să treacă la fapte, de multe ori pe cont propriu. Dar atunci când o fată se hotărăște să facă un lucru care ar putea să implice o doză de risc, e mult mai probabil ca părinții să-i dea o mână de ajutor, după ce o avertizează cu privire la acest risc. Ce le spune asta fetelor? Că sunt fragile și că au nevoie de ajutorul nostru. Lucrul acesta este inoculat foarte devreme. Așa că, firește, până devenim femei și ne găsim un loc de muncă sau intrăm într-o relație, aceasta va deveni una dintre paradigmele noastre dominante: teama."

TIM: „Ce le-ai spune femeilor care ne ascultă și își spun în sinea lor: «Dumnezeule. Are absolută dreptate. Am fost crescută într-un fel de bulă. Nu vreau să mai fiu programată în felul acesta. Vreau să mă condiționez să mă pot opune temerii și să o pun la locul ei»".

CAROLINE: „Le-aș spune că a venit momentul să adopte o paradigmă a vitejiei în locul paradigmei fricii. Așa că, atunci când ai un băiat sau o fată, sau un bărbat și o femeie care se confruntă cu exact aceeași situație, vor exista două reacții emoționale opuse. Bărbatul va încerca să facă apel la bravura lui, iar femeia va apela la teamă."

TIM: „Asta subliniază ceva important. Curajul trebuie exersat. Este un talent pe care trebuie să-l dezvolți. Eu mă simt un laș uneori. Stăm aici, la mine acasă și facem interviul acesta și pe măsuța mea de cafea este un citat pe o placă de lemn adusă de ape [din Anaïs Nin]. Spune că «viața se contractă sau se dilată proporțional cu curajul». Chiar am asta pe măsuța mea de cafea, așa că o văd în fiecare zi."

FRAGILITATEA ESTE SUPRAAPRECIATĂ

„Sper ca nimeni să nu se accidenteze, dar accidentările nu sunt un lucru atât de rău pe cât cred oamenii. Dacă nu faci ceva pe considerentul că s-ar putea să te accidentezi, atunci ai ales un motiv foarte prost. Ne putem accidenta în orice situație. Până și simplul fapt că te urci în mașină este periculos. Cred că ar trebui să punem frica asta la locul ei. Fetelor li se spune adesea: «Oh, ai putea să te lovești», și gândul acesta capătă proporții gigantice. În cazul băieților nu se întâmplă asta. Și, cu toate acestea, fetele și băieții sunt identici din punct de vedere fizic până la pubertate. Se pot accidenta la fel și sunt la fel de capabili, dacă nu cumva fetele sunt chiar *mai* capabile în perioada aceasta. Nu are sens ca lor să li se spună că sunt mai fragile și să fie tratate ca atare. Asta le determină cumva să fie excesiv de precaute..."

TF: Două dintre rândurile mele preferate din scrierile lui Caroline sunt din contraeditorialul ei din *New York Times*, intitulat „Why Do We Teach Girls That It's Cute to Be Scared?" („De ce le învățăm pe fete că este drăguț să se sperie?"): „...Avertizând fetele să stea departe de aceste experiențe, nu le protejăm. Din nefericire, le pregătim insuficient pentru viață".

EXERCIȚIUL MEU MENTAL PREFERAT: ÎNCADRAREA FRICII

Capitolul acesta descrie în detaliu procesul meu de „încadrare a fricii", pe care îl folosesc constant și pe care îl programez cel puțin o dată pe trimestru. Acesta este adaptat după un capitol din *4 ore – săptămâna de lucru.*

Încadrarea fricii și depășirea stării de paralizie

„De multe ori statul pe loc s-a dovedit a fi un pas greșit."

– Prăjitură cu răvaș

„Teama ta trebuie să primească un nume, ca să o poți alunga."

– Yoda, în *Războiul stelelor: Imperiul Contraatacă*

Rio de Janeiro, Brazilia

Șase metri și distanța se reducea văzând cu ochii.

„Aleargă! Aleargăăăăăăăăăă!" Hans nu vorbea portugheză, dar înțelegea foarte clar: să-și miște fundul mai repede. Și-a înfipt adidașii în stânca neregulată și s-a aruncat cu pieptul înainte spre 900 de metri de gol.

La ultimul pas, și-a ținut respirația și panica l-a adus în pragul leșinului. Marginile câmpului vizual i s-au întunecat, vederea i s-a concentrat pe un singur punct luminos, după care... a început să plutească. Albastrul intens al cerului i-a lovit câmpul vizual în clipa în care și-a dat seama că curentul ascendent de aer cald l-a prins pe el și aripile parapantei. Frica a rămas în urma lui, pe piscul muntelui, și, la mii de metri deasupra pădurii tropicale de un verde splendid și al plajelor de un alb imaculat, Hans Keeling văzuse lumina.

Asta era duminică.

Luni, Hans s-a întors la cabinetul său de avocatură din Century City, paradisul corporatist luxos al Los Angeles-ului, și a înaintat preavizul de trei săptămâni. Timp de aproape 5 ani, își înfruntase ceasul deșteptător cu aceeași groază: trebuie să fac *asta* încă 40 sau 45 de ani? O dată, după un proiect extenuant făcut pe jumătate, dormise la serviciu, sub birou, iar a doua zi dimineața s-a trezit și și-a continuat lucrul. În dimineața respectivă și-a promis ceva: dacă se mai întâmplă de două ori, demisionează. A treia oară a fost cu o zi înainte să plece în vacanța din Brazilia.

Cu toții ne facem promisiuni de felul acesta, iar Hans își promisese lucruri similare și înainte, dar acum situația era întrucâtva diferită. El era diferit. Descoperise ceva în timp ce cobora spre pământ, plutind încet în cercuri concentrice: riscurile nu sunt chiar atât de înfricoșătoare după ce ți le asumi. Colegii i-au spus ce se aștepta să audă: își distruge singur viitorul. Era unul dintre avocații care avansau în ierarhie – ce naiba mai vrea?

Hans nu știa exact ce vrea, dar gustase din asta. Pe de altă parte, știa ce îl plictisea de moarte și era sătul de asta. Gata cu zilele trăite ca un mort viu, gata cu mesele alea de seară în timpul cărora colegii nu făceau decât să-și compare mașinile, mânați de euforia cumpărării unui BMW nou, care dura până își cumpăra altcineva un Mercedes și mai scump. Se terminase.

Imediat a început o transformare stranie: pentru prima oară după mult timp, Hans se simțea împăcat cu sine și cu ceea ce făcea. Întotdeauna îl speriaseră turbulențele care mai apăreau când călătorea cu avionul, de parcă ar fi putut să moară cu tot ce avea mai bun înăuntrul lui, dar acum putea să treacă printr-o furtună violentă și să doarmă ca un prunc. Realmente straniu!

Un an și ceva mai târziu, încă mai primea oferte nesolicitate de angajare de la firme de avocatură, dar la momentul acela înființase deja Nexus Surf, o companie de aventuri de surfing de prim rang, cu sediul în paradisul tropical din Florianopolis, Brazilia. O cunoscuse pe fata visurilor sale, o Carioca* cu pielea de culoarea caramelului pe care o chema Tatiana și își petrecea cea mai mare parte a timpului relaxându-se la umbra palmierilor sau făcându-și clienții să se distreze mai bine ca niciodată.

Oare de asta se temuse el atât de tare?

În prezent, își recunoaște vechiul eu în profesioniștii pe care îi învață surf, care muncesc exagerat de mult și nu se bucură de nimic. În timp ce așteaptă valul potrivit, ies la iveală adevăratele emoții: „Doamne, aș vrea să pot să fac ce faci tu”. Iar el le răspunde de fiecare dată la fel: „Poți”.

Soarele care apune se reflectă în suprafața apei, creând unui peisaj zen pentru un mesaj despre care știe că este adevărat: nu se cheamă că te dai bătut atunci când îți iei o pauză nedeterminată de la traiectoria ta

* Nativ sau locuitor al orașului Rio de Janeiro, Brazilia. (n.red.)

curentă. Ar putea să-și reia cariera juridică exact de unde a lăsat-o dacă ar vrea, dar nu se gândește nici pe departe la asta.

În timp ce vâslesc înapoi spre țărm după o ședință uluitoare, clienții săi își revin și-și regăsesc calmul. Pășesc pe țărm și realitatea își înfige adânc colții: „Aș face-o, dar nu pot să arunc totul pe fereastră".

El râde.

Puterea pesimismului: definirea coșmarului

„S-ar putea ca acțiunea să nu aducă întotdeauna fericirea, dar nu există fericire fără acțiune."

– Benjamin Disraeli, fost prim-ministru britanic

A face sau a nu face? A încerca sau a nu încerca? Majoritatea oamenilor vor vota cu nu, indiferent dacă se consideră curajoși sau nu. Incertitudinea și perspectiva eșecului pot fi ca niște zgomote înfricoșătoare în întuneric. Majoritatea oamenilor vor prefera nefericirea în locul incertitudinii. Ani la rând mi-am stabilit obiective, mi-am luat angajamentul de a-mi schimba direcția și nu s-a întâmplat nimic. Eram la fel de nesigur și de speriat ca restul lumii.

Am găsit soluția din întâmplare, în 2004. Pe atunci, aveam mai mulți bani decât visasem vreodată și eram absolut nefericit, mai rău ca niciodată. Nu aveam timp deloc și mă forțam să muncesc până la extenuare. Îmi înființasem propria companie doar ca să ajung să-mi dau seama că îmi va fi aproape imposibil să o vând. Ups. Mă simțeam prins în capcană și, în același timp, aveam impresia că sunt idiot. „Ar trebui să pot rezolva chestia asta", îmi spuneam eu. De ce sunt atât de prost? De ce nu pot să găsesc o soluție?! Pune-te pe treabă și nu mai fi așa de (completează cu un cuvânt injurios)! Ce e în neregulă la mine? Adevărul este că nu era nimic în neregulă cu mine.

Greșelile critice comise în perioada de început a companiei nu aveau să-mi permită să o vând niciodată. Puteam să angajez elfi magici și să-mi conectez creierul la un supercomputer, că tot nu avea să se schimbe ceva. Micuța mea avea câteva malformații congenitale grave. (Asta s-a dovedit a fi încă o limitare autoimpusă și un construct fals. BrainQUICKEN a fost cumpărată de o firmă cu capital privat în 2009, lucru despre care vorbesc mai mult în MBA-ul din lumea reală de la pag. 281.) Atunci, întrebarea s-a transformat în: „Cum fac să mă eliberez de acest Frankenstein, făcându-l în același timp să se autosusțină? Cum mă smulg din tentaculele muncii obsesive și ale spaimei că mă voi face praf dacă nu muncesc câte 15 ore pe zi? Cum scap din închisoarea asta pe care am ridicat-o singur?" O călătorie, am hotărât eu. Un an sabatic petrecut în jurul lumii.

Așa că am făcut călătoria, nu? Păi, ajung și la asta. În primul rând, am considerat că ar fi prudent să jonglez cu rușinea, stânjeneala și furia mea timp de 6 luni, și, în tot acest timp, am reluat o listă nesfârșită de motive pentru care călătoria mea imaginară și lașă nu m-ar fi putut ajuta niciodată. Una dintre cele mai productive perioade pe care le-am avut, normal.

Apoi, într-o zi, în timp ce mă extaziam imaginându-mi cât de rele vor fi suferințele mele viitoare, am dat peste o idee neprețuită. A fost cu siguranță unul din momentele de vârf ale fazei mele „don't happy, be worry": De ce nu mă hotărăsc cum va arăta coșmarul meu cu exactitate: care ar fi cel mai rău lucru care ar putea să se întâmple ca urmare a călătoriei mele?

Păi, evident, afacerea mea ar putea să dea faliment când eu sunt plecat peste mări și țări. E chiar probabil că așa va fi. Dintr-o greșeală nu mi-ar fi transmisă o scrisoare legală de avertisment și m-aș trezi dat în judecată. Compania mea ar fi închisă și produsele mi s-ar strica pe rafturi, în timp ce eu mă scobesc între degetele de la picioare cuprins de o nefericire singuratică pe o plajă friguroasă din Irlanda. Plângând în ploaie, îmi închipuiam eu. Contul din bancă mi s-ar diminua cu 80% și, cu siguranță, mașina și motocicleta mea, puse la păstrare, ar ajunge să fie furate. Bănuiam că, în timp ce i-aș da unui maidanez să mănânce niște resturi, cineva avea să mă scuipe în cap de la un balcon, câinele s-ar speria și m-ar mușca direct de față. Doamne, ce târfă crudă și nemiloasă e viața!

Înfrângerea fricii = Definirea fricii

„Stabilește un anumit număr de zile în timpul cărora să te mulțumești cu cea mai sărăcăcioasă și mai ieftină mâncare, cu veșminte aspre și urâte, spunându-ți în tot acest timp: «Asta să fie starea de care mă temeam?»"

– Seneca

Apoi s-a întâmplat ceva ciudat. În lupta mea neobosită de a deveni nefericit, am început să dau înapoi fără să-mi dau seama. După ce am trecut de agitația vagă și de anxietatea ambiguă care îmi defineau coșmarul, cel mai prost scenariu cu putință, nu mi-am mai făcut la fel de multe griji la ideea că voi face o călătorie. Brusc, am început să mă gândesc la măsuri simple pe care aș putea să le iau pentru a-mi salva resursele rămase și pentru a reveni la normal, dacă aș avea brusc necazuri atât de mari. Aș putea să mă angajez oricând ca barman pe termen scurt, ca să-mi plătesc chiria, în caz că ar fi necesar. Aș putea să vând câteva piese de mobilier și să reduc ieșirile la restaurant. Aș putea să fur banii de mâncare ai copiilor de grădiniță care treceau în fiecare dimineață pe lângă apartamentul meu. Existau mai multe opțiuni. Mi-am dat seama că nu ar fi chiar atât de greu să mă întorc la punctul de plecare, ca să nu mai vorbim de supraviețuire. Niciunul dintre lucrurile acestea nu avea cum să fie letal; nici pe departe. Erau doar niște biete pișcături pe drumul vieții.

Mi-am dat seama că, pe o scară de la 1 la 10, unde 1 înseamnă nimic iar 10 înseamnă ceva care schimbă permanent viața, cel mai pesimist caz pe care mi l-am imaginat ar putea avea un impact *temporar* și s-ar situa undeva la 3 sau 4. Cred că lucrul acesta este valabil pentru majoritatea oamenilor și pentru majoritatea eventualelor dezastre de felul: „Sfinte Sisoie, s-a ales praful de viața mea". Nu uita că acesta este coșmarul unui dezastru cu șanse de 1 la un milion să se întâmple. Pe de altă parte, dacă mi s-ar împlini cel mai fericit caz, sau măcar un caz probabil, acesta ar avea cu ușurință un efect pozitiv de 9 sau 10, care mi-ar schimba *definitiv* viața.

Cu alte cuvinte, riscam un 3 sau 4 improbabil și temporar pentru un 9 sau 10 probabil și permanent și, cu puțin efort suplimentar, aș fi putut lesne reveni la închisoarea mea de bază a dependenților de muncă, dacă aș fi vrut. Toate acestea au fost echivalentul unei descoperiri semnificative: practic, nu exista niciun risc, doar beneficii potențiale uriașe care-mi puteau schimba viața, pe lângă faptul că puteam să revin la traiectoria anterioară fără să depun mai mult efort decât depuneam la momentul respectiv.

Atunci am luat hotărârea de a face călătoria și am cumpărat un bilet doar dus spre Europa. Am început să-mi planific aventurile și să elimin lucruri, atât din bagajul fizic cât și din cel psihic. Niciunul dintre dezastrele mele nu s-a materializat și, de atunci, viața mea a fost aproape de basm. Afacerea a mers mai bine ca niciodată și am uitat cu totul de ea, în timp ce mi-a finanțat 15 luni de călătorii în stil mare în jurul lumii.

Q&A: Întrebări și Acțiuni

„Sunt bătrân și am văzut multe necazuri mari, dar majoritatea nu s-au întâmplat niciodată." – **Mark Twain**

Dacă te sperie gândul de a face pasul cel mare sau îl amâni pur și simplu pentru că ți-e teamă de necunoscut, iată și antidotul. Notează-ți răspunsurile, dar nu uita că prea multă analiză nu va fi la fel de fructuoasă și nici la fel de prolifică ca atunci când scrii tot ce-ți trece prin cap. Scrie fără să revizuiești – ia-ți volumul ca obiectiv. Alocă fiecărui răspuns câteva minute.

1. Definește-ți coșmarul, absolut cel mai rău lucru care se poate întâmpla, dacă ai face ceea ce te gândești să faci. Ce îndoieli, temeri și „dar dacă" îți răsar în minte când analizezi marile schimbări pe care poți – sau trebuie – să le faci? Imaginează-ți-le până în cele mai mici detalii. Ar însemna sfârșitul vieții? Care ar fi impactul permanent, presupunând că există, pe o scară de la 1 la 10? Lucrurile acestea sunt realmente permanente? Care crezi că sunt șansele ca ele să se producă efectiv?
2. Ce măsuri ai putea să iei pentru a repara daunele sau pentru a pune lucrurile pe o traiectorie ascendentă, chiar dacă temporar? Sunt șanse mari să fie mai ușor decât îți închipui. Cum ai putea să preiei din nou controlul asupra lucrurilor?
3. Care sunt rezultatele sau beneficiile, atât temporare cât și permanente, ale scenariilor mai probabile? Acum, că ai definit coșmarul, care sunt cele mai probabile sau cele mai clare rezultate pozitive, indiferent că sunt interne (încredere, stimă de sine etc.) sau externe? Pe o scară de la 1 la 10, care ar fi impactul acestor rezultate mai probabile? Care sunt șansele de a obține cel puțin un rezultat pozitiv? Au existat oameni mai puțin inteligenți care au făcut asta înainte și au reușit să o scoată la capăt?
4. Dacă ai fi concediat astăzi, ce ai face pentru a-ți recăpăta controlul financiar? Imaginează-ți această ipoteză și parcurge întrebările de la 1 la 3 de mai sus. În cazul în care ți-ai da demisia pentru a testa și alte opțiuni, cum ai face să revii pe aceeași traiectorie profesională, dacă ar fi absolută nevoie să o faci?
5. Ce lucruri amâni pentru că ți-e teamă? De obicei, lucrurile pe care ne temem cel mai mult să le facem sunt cele pe care ar trebui să le facem urgent. Fie că este vorba de un telefon, de o conversație sau de indiferent ce altă acțiune, ceea ce ne împiedică să facem ce trebuie este teama de rezultatele necunoscute. Gândește-te care ar fi cel mai rău caz, acceptă-l și treci la acțiune. Voi repeta un lucru pe care s-ar putea să vrei să ți-l tatuezi pe frunte: *Lucrurile pe care ne temem cel mai mult să le facem sunt*

cele pe care ar trebui să le facem urgent. Sau, ca să folosesc o formulare pe care am auzit-o, succesul din viața unei persoane poate fi măsurat de obicei prin numărul de conversații stânjenitoare pe care este dispusă să le poarte. Promite-ți să faci în fiecare zi câte un lucru de care te temi. Eu am deprins obiceiul acesta încercând să iau legătura cu celebrități sau cu oameni de afaceri faimoși, pentru a le cere sfatul.

6. Cât te costă – din punct de vedere financiar, emoțional și fizic – amânarea unei acțiuni? Nu te limita să evaluezi doar potențialele dezavantaje ale acțiunii. Este la fel de important să măsori costurile cumplite ale inacțiunii. Dacă nu faci lucrurile care te entuziasmează, unde vei ajunge peste 1 an, peste 5 ani sau peste 10? Cum te vei simți știind că ai permis împrejurărilor să-și impună voința asupra ta și că ai lăsat încă 10 ani din viața ta limitată să se scurgă, făcând lucruri care știi că nu te vor împlini? Dacă vei comprima cei 10 ani și vei afla cu o certitudine de 100% că aceștia sunt un drum spre dezamăgire și regret, și dacă definim riscul ca pe „probabilitatea unui rezultat negativ ireversibil", inacțiunea este cel mai mare risc dintre toate.
7. Ce mai aștepți? Dacă nu poți să răspunzi la asta fără să apelezi la conceptul de trei parale al „sincronizării optime", răspunsul este simplu: ți-e frică, la fel ca tuturor celorlalți. Măsoară costul inacțiunii, înțelege că majoritatea greșelilor pe care le-ai putea face sunt improbabile și reparabile și dezvoltă-ți cel mai important obicei al celor care excelează și care se bucură să înfăptuiască: acțiunea.

„Productivitatea este pentru roboți. Lucrurile la care ființele umane se vor pricepe realmente sunt să pună întrebări, să fie creative și să experimenteze."

KEVIN KELLY

Kevin Kelly (TW: @KEVIN2KELLY, KK.ORG) este „nonconformist senior" la revista *Wired*, pe care a cofondat-o în 1993. De asemenea, se numără printre cofondatorii All Species Foundation, o organizație nonprofit care urmărește să catalogheze și să identifice toate speciile de viețuitoare de pe pământ. În timpul liber scrie bestselleruri, a participat la înființarea Proiectului Rosetta, care se ocupă de alcătuirea unei arhive a tuturor limbilor umane documentate, și este membru în consiliul Long Now Foundation. Ca membru al acestuia din urmă, cercetează cum să readucă la viață și să restabilească speciile amenințate sau dispărute, printre care mamutul lânos. S-ar putea ca el să fie „cel mai interesant om din lume" la propriu.

DIN CULISE

În 10 septembrie 2008, am participat la prima întâlnire a Quantified Self, în casa pitorească a lui Kevin, în stilul unei cabane de lemn. Din acea adunare mică, de 28 de persoane, „QS" s-a dezvoltat, devenind o referință în cultura pop și un fenomen internațional, cu organizații în peste 20 de țări.

STAI JOS, STAI JOS. MERGI, MERGI. NU TE CLĂTINA.

„Mantra Zen este: «Stai jos, stai jos. Mergi, mergi. Nu te clătina»... Este vorba despre ideea că, atunci când ești cu o persoană, aceasta este prioritatea totală. Orice altceva înseamnă că faci mai multe lucruri deodată. Nu, nu, nu, nu. Interacțiunile dintre persoane, de la om la om, sunt cele mai importante dintre toate. M-am dedicat acestui lucru. Dacă merg la o piesă de teatru sau la film, atunci acolo sunt, la film. Nu sunt nicăieri altundeva. Sunt acolo 100%, și am de gând să fiu atent. Dacă merg la o conferință, atunci merg la conferință."

TF: Este foarte asemănătoare cu regula „nu fi măgar" a lui Derek Sivers (pag. 213). Într-o lume a distragerilor de tot felul, a te ocupa de un singur lucru odată constituie o superputere.

CEASUL CARE MERGE INVERS

„Chiar am un ceas care merge invers și care l-a inspirat pe Matt Groening de la *Futurama**, așa că au făcut un mic episod despre el. Am luat tabelele de mortalitate care estimau vârsta la care urma să moară o persoană născută când m-am născut eu și am calculat numărul de zile. Mi-am programat computerul să afișeze acest lucru, adică să-mi spună câte zile mai am. Ascultă aici: nimic nu-ți concentrează mai bine timpul ca atunci când știi numărul de zile care ți-au mai rămas. Desigur, sunt șanse mari să trăiesc mai mult de atât. Sunt sănătos etc. Dar chiar și așa, mai am 6.000 și ceva de zile. Nu sunt chiar așa de multe pentru a face toate lucrurile pe care vreau să le fac.

Am învățat ceva de la prietenul meu Stewart Brand [fondatorul *Whole Earth Catalog*, președinte al Long Now Foundation], care și-a organizat zilele rămase împărțindu-și viața în segmente de câte 5 ani. El susține că, în ceea ce îl privește, orice idee măreață, importantă, care merită îndeplinită, durează în jur de 5 ani, din momentul în care se gândește la ea până în momentul în care nu se mai gândește. Și dacă te gândești la lucruri în termenii unor proiecte de 5 ani, le poți număra pe degetele de la două mâini, chiar dacă ești tânăr."

---

* Sitcom animat american, premiat cu Emmy. (n.red.)

TF: Un investitor de foarte mare succes în firme cu capital privat pe care îl cunosc folosește o foaie de calcul Excel, care să-i afișeze numărătoarea inversă până la momentul morții. *Memento mori* – amintește-ți că vei muri. Este o modalitate grozavă de a-ți aminti să trăiești.

* **Un proiect manual pe care ar trebui să-l întreprindă orice ființă umană?**

„Trebuie să-ți construiești casa, propriul adăpost. Nu este chiar atât de dificil de realizat, crede-mă. Eu mi-am construit singur casa."

SCRIE PENTRU A GĂSI IDEI, NU PENTRU A LE EXPRIMA

„Lucrul pe care l-am descoperit eu, pe care l-au descoperit numeroși scriitori, este că scriu pentru a gândi. Se întâmplă să spun: «Cred că am o idee», dar când încerc să o scriu, îmi dau seama că «n-am nici cea mai vagă idee», și că de fapt nu știu la ce mă gândesc până nu încerc să aștern lucrurile în scris... Asta a fost revelația."

CE PROBLEMĂ AI ATUNCI CÂND EȘTI NOSTRADAMUS

Kevin are un palmares incredibil de prezicere a inovațiilor și trendurilor tehnologice. Este o binecuvântare și un blestem:

„Dilema este că orice prognoză adevărată despre viitor va fi respinsă. Orice viitor credibil acum va fi greșit, așa că ești împotmolit. Dacă oamenii îl cred, este greșit și, dacă nu-l cred, cu ce te alegi?"

TF: Unul dintre instrumentele cu ajutorul cărora enunță predicții incredibile (dar care se dovedesc corecte) constă în crearea unor liste cu lucrurile pe care toată lumea le consideră adevărate sau care urmează să fie adevărate, și întrebând pentru fiecare dintre ele: „Dar dacă asta n-ar fi adevărat?" și gândindu-se la implicații.

POȚI SĂ INVERSEZI UN PLAN DE VIAȚĂ AMÂNAT ȘI SĂ-L FACI SĂ MEARGĂ?

„Mulți, foarte mulți oameni muncesc din greu încercând să economisească banii necesari pentru a se retrage din activitate și a putea călători. Ei bine, eu am hotărât să întorc lucrurile cu susul în jos și să călătoresc când eram foarte tânăr, când nu aveam niciun ban. Și am avut experiențe pe care, practic, nu le-aș fi putut cumpăra nici cu un miliard de dolari."

„NU VREI «OPTIMIZARE PREMATURĂ»"

„Îți recomand serios să o lași mai ușor. «Productivitatea» este pentru perioada de mijloc a vieții. Când ești tânăr, vrei să fii prolific, să faci și să creezi lucruri, dar nu trebuie să le măsori în termeni de productivitate. Trebuie să le măsori în termenii performanței extreme, trebuie să le măsori în satisfacție extremă."

IDEILE PE CARE NU LE POȚI DA ALTCUIVA ȘI NICI NU LE POȚI UCIDE...

„Am început să susțin ideea de a da înainte de toate. Povestește tuturor ce faci... încearcă să-ți dai ideile gratuit și oamenii vor fi fericiți, pentru că le plac ideile grozave. [Le ofer o idee și le spun:] «Hei, este o idee grozavă. Ar trebui să încerci». Prima dată încerc să dau totul gratuit, după care încerc să ucid tot [ce rămâne]. Ideile care continuă să revină sunt cele pe care nu le pot nici dărui și nici ucide, fiind astfel cele care mă fac să mă gândesc: «Hmmm, poate că pe asta ar trebui să o pun în practică»."

TF: Kevin Rose (pag. 378) face EXACT același lucru. L-am văzut făcând asta de zeci de ori.

CREEAZĂ O NOUĂ NIȘĂ

„Cea mai mare tentație cu care se confruntă oamenii este aceea că își doresc să fie altcineva, vor să joace în filmul altcuiva. Vor să fie cele mai grozave vedete, dar există deja atât de multe încât nu au încotro și ajung să imite pe cineva care ocupă deja nișa respectivă. Pentru mine, succesul înseamnă că îți creezi propria nișă. Să ai o nișă nouă, care nu exista înainte. Bineînțeles, asta au făcut Iisus și mulți alții. Este un lucru realmente dificil, dar cred că asta aș considera eu succes."

(Vezi „Legea Categoriei", pag. 308.)

TRUE FILMS

Pe TrueFilms.com, Kevin a analizat cele mai bune documentare pe care le-a văzut vreme de decenii. Seria de cărți cu același nume, *True Films 3.0*, conține cele 200 de documentare pe care consideră că ar trebui să le vezi înainte să mori și este disponibilă în format PDF pe kk.org. Trei documentare care ne plac amândurora sunt *The King of Kong*, *Man on Wire* și *A State of Mind*.

CEL MAI RĂU CAZ: UN SAC DE DORMIT ȘI FULGI DE OVĂZ

„Una dintre numeroasele deprinderi de viață pe care trebuie să le înveți când ești foarte tânăr este aceea de a fi extrem de chibzuit, genul de tip mărunțel care călătorește prin timp... în sensul de a-ți da seama de cât de puțin ai de fapt nevoie pentru a trăi, nu la modul de a supraviețui, ci de a fi chiar mulțumit... Asta îți aduce încrederea necesară pentru a-ți asuma riscuri, fiindcă te întrebi: «Care este cel mai rău lucru care s-ar putea întâmpla? Păi, cel mai rău lucru care s-ar putea întâmpla este că aș avea doar un rucsac și un sac de dormit și aș mânca fulgi de ovăz. Și aș fi în regulă».”

DE ASTA M-AM TEMUT ATÂT DE TARE?

„Viața noastră se irosește în detalii... Simplifică și iar simplifică.... Bogăția unui om este direct proporțională cu numărul de lucruri la care își permite să renunțe." – **Henry David Thoreau**, ***Walden***

Încadrarea fricii (pag. 508) este unul dintre instrumentele din trusa cu care stăpânești frica. Un alt instrument preferat al meu este *repetarea senzației de frică* – să mă confrunt în mod regulat cu doze mici din cel mai pesimist scenariu, pentru a-mi crește imunitatea. Un schimb de replici cu Jocko Willink (pag. 456) explică valoarea faptului de a-ți planifica să intri în contact cu „răul":

TIM: „Cum pregătești oamenii și cum îi condiționezi pentru a putea funcționa efectiv atunci când buboiul începe să se spargă?"

JOCKO: „Echipele SEALS se pricep foarte bine să te desensibilizeze în privința situațiilor groaznice, tocmai pentru a le putea face față atunci când apar."

Rândurile care urmează sunt un fragment din „Despre festivaluri și post", scrisoarea 18 din *Scrisorile morale către Lucilius*, pe care Seneca i le-a scris elevului său Lucilius.

Recitesc adeseori scrisoarea 18. În jumătate din situații îți dai seama că „oribilul" nu este atât de oribil, iar atunci când este, îl poți atenua înfruntându-te cu el în mod repetat.

După scrierea lui Seneca am inclus câteva exemple ale felului în care aplic eu aceste lucruri:

Seneca intră în scenă

Sunt atât de hotărât să pun la încercare statornicia minții tale [Lucilius] încât, inspirat de învățăturile oamenilor mari, îți voi da o lecție: stabilește un anumit număr de zile în timpul cărora te vei mulțumi cu cea mai sărăcăcioasă și mai ieftină mâncare, cu veșminte aspre și urâte, spunându-ți în tot acest timp: „Asta să fie starea de care mă temeam?" Sufletul ar trebui să se călească din timp pentru momentele cu încercări mai mari, tocmai în perioadele în care nu suferă de pe urma grijilor, și ar trebui să se întărească împotriva violenței Fortunei, atunci când aceasta se poartă cu blândețe. Pe timp de pace, soldatul face manevre, construiește lucrări defensive de pământ, fără să vadă vreun inamic, și se epuizează trudind din greu și de bunăvoie pentru ca, atunci când truda va deveni inevitabilă, să se descurce la fel de bine. Dacă vrei ca oamenii să nu dea înapoi atunci când apare criza, pregătește-i înainte de venirea ei. O astfel de pildă a fost urmată de cei care, imitând sărăcia, au ajuns în fiecare lună foarte aproape să vrea să nu-și mai revină din starea pe care au repetat-o atât de des.

Nu trebuie să crezi că mă refer la mese ca ale lui Timon, la cocioabele „săracilor" sau la orice alt fel de născocire de care se servesc milionarii luxoși pentru a alunga plictiseala din viața lor. Patul de paie să fie unul adevărat și haina aspră; pâinea să-ți fie tare și neagră. Îndură asta câte trei sau patru zile la rând, uneori chiar mai mult timp, pentru a te pune singur la încercare, să nu fie o simplă distracție. După aceea, te asigur, dragul meu Lucilius, că vei sări în sus de bucurie când te vei sătura dintr-un dram de mâncare și vei înțelege că liniștea sufletească a omului nu este în mâinile Fortunei; căci, chiar și atunci când este mânioasă, ea ne asigură suficient pentru nevoile noastre.

Cum ai putea să pui asta în practică? Iată câteva lucruri pe care le-am făcut în repetate rânduri, pe o perioadă cuprinsă între 3 și 14 zile, pentru a simula cum ar fi să-mi pierd toți banii:

» Am dormit într-un sac de dormit, fie pe jos, în sufragerie, fie afară
» Am purtat tricouri albe ieftine și o singură pereche de blugi pe toată durata perioadei de 3-14 zile
» Am utilizat CouchSurfing.com sau un serviciu similar pentru a locui gratis în casa celor care oferă adăpost, chiar și în propriul oraș
» Am mâncat doar A) fulgi de ovăz instant și/sau B) orez și fasole
» Am băut doar apă și cafea instant sau ceai ieftin
» Am gătit totul folosind un Kelly Kettle. Este un aparat care se folosește în tabere și care poate produce căldură din orice găsești în grădina din spatele casei sau pe marginea drumului (cum ar fi rămurele, frunze, hârtie).
» Am postit sau nu am consumat nimic în afară de apă și poate ulei din nucă de cocos sau pudră din ulei MCT (vezi pag. 50 pentru mai multe detalii despre post)
» Am accesat internetul doar de la bibliotecă

În mod straniu, s-ar putea să observi că te simţi mai fericit după această incursiune în simplitatea primară. Eu am remarcat asta de mai multe ori.

După ce înţelegi – şi ai nevoie să ţi se reamintească lunar sau trimestrial – cât de independentă este starea ta de bine de existenţa unui excedent financiar, îţi este mai uşor să îţi asumi „riscuri" şi să spui „nu" lucrurilor care par prea bănoase ca să le refuzi.

Avem de câştigat mai multă libertate dacă punem în practică un trai sărac decât dacă alergăm după avere. Suferă puţin în mod regulat şi suferinţele vor înceta cel mai adesea.

„Dacă ceva te jignește, privește înăuntru... Este semn clar că e ceva acolo."

WHITNEY CUMMINGS

Whitney Cummings (TW: @WHITNEYCUMMINGS, WHITNEYCUMMINGS.COM) este o comediantă, actriță, scriitoare și producătoare din L.A. Este producătoare executivă și, împreună cu Michael Patrick King, cocreatoare a comediei *2 Broke Girls* (*2 fete falite*) de pe CBS, nominalizată la premiile Emmy. A fost cap de afiș alături de comedianți precum Sarah Silverman, Louis C.K., Amy Schumer, Aziz Ansari și alții.

Primul ei stand-up special de 1 oră, *Whitney Cummings: Money Shot*, a avut premiera pe Comedy Central în 2010 și a fost nominalizat pentru un American Comedy Award. Cel de al doilea stand-up special, *Whitney Cummings: I Love You*, a avut premiera în 2014 pe Comedy Central, iar ultimul său stand-up special, *Whitney Cummings: I'm Your Girlfriend*, a avut premiera pe HBO.

Animalul spiritual: pasărea colibri

FAPT PUȚIN CUNOSCUT

Atât Whitney cât și Josh Waitzkin (pag. 628) recomandă cartea *The Drama of the Gifted Child (Drama copilului dotat. În căutarea adevăratului sine*)*, de Alice Miller.

„DACĂ VREI CA ARTA SĂ IMITE VIAȚA, TREBUIE SĂ AI O VIAȚĂ"

„[În timpul terapiei intensive, asemănătoare cu terapia pentru traume], a trebuit să înlocuiesc un gând negativ cu unul pozitiv timp de 28 de zile. Am început să-mi fac griji. Stăteam de vorbă cu terapeutul meu și cu mai mulți oameni din program și le-am spus: «Chiar mă tem că nu voi mai fi la fel de amuzantă, dacă nu mai sunt la fel de întunecată și dacă nu mai sufăr la fel de mult tot timpul».

[S-a dovedit că] lucrurile stau pe dos, pentru că irosesc foarte mult timp încercând să gestionez relațiile nesănătoase și stima mea scăzută de sine, în timp ce perfecționismul meu poate fi paralizant. **Perfecționismul duce la tergiversarea lucrurilor, care la rândul ei duce la paralizie.** Lăsam să treacă și câteva zile fără să scriu nimic, deoarece stima mea de sine era prea scăzută. Nu credeam că sunt destul de bună. Doar aceste mesaje vechi și depășite și instinctele de supraviețuire.

[Faptul că am făcut efortul și m-am înscris la terapie] mi-a oferit mult mai multă energie mentală și fizică. În viața mea există un mai mare echilibru acum și sunt mult mai productivă și mult mai vulnerabilă. Ca scriitor, trebuie să fii vulnerabil. Înainte, eram atât de extenuată din cauza muncii, eram realmente un caz de dependență cronică de muncă, încât nu aveam o viață. Și dacă vrei ca arta să imite viața, trebuie să ai o viață."

TIM: „Asta este o afirmație foarte profundă."

WHITNEY: „În cazul meu, arta imita arta, pentru că nu făceam decât să muncesc."

„A FACE PE PLACUL LUMII ESTE O FORMĂ DE NESIMȚIRE"

Whitney a scris, a produs și a jucat în *Whitney*, care a fost difuzat pe NBC între 2011 și 2013:

„Eram atât de conciliantă și mă temeam atât de mult că oamenii nu mă vor plăcea, încât...am încetinit procesul de scriere și am derutat angajații. În birou, oamenii propuneau glume și eu răspundeam cu «da» la toate, pentru că nu voiam să rănesc sentimentele cuiva. Trebuia să revin

* Volum apărut sub acest titlu la Editura Herald, București, 2013. (n.red.)

mai târziu și să le schimb, iar apoi – dintr-odată – apărea scenariul și glumele lor nu mai făceau parte din el și se simțeau trădați și mințiți.

Când am mers pentru prima dată la Al-Anon [grup de sprijin pentru dependenți] am auzit pe cineva spunând că «a face pe placul lumii este o formă de nesimțire», lucru care mi-a plăcut pe loc, pentru că de fapt nu mulțumești pe nimeni. Nu faci decât să-i superi pe oameni, pentru că ești nesincer și, în plus, nu le acorzi demnitatea propriei experiențe, [presupunând] că nu pot să facă față adevărului. Îi tratezi ca pe niște inferiori."

TF: După această conversație cu Whitney, am recitit *Lying* (*Minciuna*), de Sam Harris. Genurile de „minciuni nevinovate" pe care le descrie Whitney pot fi foarte distructive și Sam construiește o pledoarie convingătoare, ca să nu mai folosim atâtea jumătăți de adevăr.

„Codependența este utilizată incorect în mod frecvent.
E atunci când te uiți la ceilalți ca să vezi cum te simți tu."

ÎNCEPE CU „TE IUBESC"

În primele minute ale interviului pe care i l-am luat lui Whitney la masa din bucătăria unui prieten, am observat pe brațul ei câteva tatuaje foarte șterse. Erau făcute cu cerneală albă.

„Am un tatuaj alb în partea de jos a antebrațului stâng care spune «Te iubesc» și nu cred că l-a observat vreodată cineva dacă nu i l-am arătat eu... Mă luptam un pic cu răbdarea și cu compasiunea. Repet, sunt codependentă. Am crescut într-o familie de alcoolici... În copilărie am supraviețuit [exercitându-mi controlul ori de câte ori se putea], de parcă «dacă aș putea să-mi organizez băutura așa cum trebuie, aș fi în regulă». [Ca adult] am descoperit că sunt iritată de oamenii care nu fac cum vreau eu... «Nu-mi place felul în care ai acționat, nu-mi place felul în care ai spus asta, nu-mi place cum stai jos»; nu-mi place aproape nimic... «A venit la muncă în șlapi?» Era doar o modalitate de a nu mă concentra pe mine însămi. **Și cred că, în ultimă instanță, atunci când îi judecăm pe ceilalți, este doar un fel de a nu privi la noi înșine; un fel de a ne simți superiori, ipocriți sau cine mai știe cum. Terapeutul mi-a spus ca, de fiecare dată când mă întâlnesc cu cineva, să-mi spun «te iubesc» în minte și conversația va decurge mult mai bine.**

Este doar un mic truc interesant. Timp de 28 de zile, de fiecare dată când întâlnesc pe cineva, indiferent că este angajata de la Biroul de Permise Auto care mă pune să aștept 2 ore [sau altcineva], voi presupune că toată lumea lucrează cât de bine poate cu ce are la dispoziție, lucru pe care mulți dintre noi îl acceptăm cu greu."

TOTUL ÎNSEAMNĂ MATERIAL DE LUCRU

„Când am avut pentru prima dată bani – am crescut fără să am bani – mi-am cumpărat o mașină... Era un Lexus hibrid și, în prima zi în care l-am luat, i-am făcut plinul cu motorină. L-am distrus. A fost îngrozitor. Totuși, am extras o glumă grozavă din asta, un segment de 7 minute care a acoperit probabil întreaga pierdere. Așa că acum, când mă găsesc în situația în care se întâmplă ceva rău, mă gândesc: «O, bun, pot să folosesc chestia asta»."

TF: De curând am observat în Manhattan un tricou pe care scria DECIZIILE PROASTE ÎNSEAMNĂ POVEȘTI BUNE. Privește partea bună a lucrurilor sau măcar gândește-te să le povestești și altora partea proastă. S-ar putea să câștigi bani pentru un Lexus.

DESCHIDE-ȚI LARG INIMA ȘI O SĂ-ȚI IEI O CASĂ

„Există o diferență între a-ți fi frântă inima și a-ți lăsa inima să se deschidă larg. Când o lași să se deschidă, găsești substanță. Și astfel creezi personaje grozave. Așa ajungi să devii vulnerabil, iar acest aspect este important. Noi, comedianții, ne lăudăm cu cât de duri suntem, dar nu suntem decât niște porci spinoși. Sub masca asta suntem de fapt niște fricoși. [Și] tocmai acolo se află aurul...

Îmi amintesc că, la o întâlnire Al-Anon, am povestit un lucru care chiar mă făcuse să sufăr. Spuneam: «El a făcut asta, apoi a făcut asta...» și oamenii au început să râdă. Și m-am gândit: «O, Doamne, e amuzant pentru că li s-a întâmplat și altora, oamenii se raportează și rezonează la asta». Atunci când spui adevărul despre momentele tale stânjenitoare și îți descoperi umbra, are loc catharsisul, pentru că asta este de fapt râsul. **Ai cuvântul meu că, dacă ești comediant și spui adevărul și îți deschizi inima, o să-ți iei o casă."**

MATERIALUL REPREZINTĂ DOAR 10%

TIM: „Dacă ai avea 8 săptămâni la dispoziție să pregătești pe cineva să stea 5 minute pe scenă la o seară a amatorilor, ce ai face?"

WHITNEY: „L-aș pune să urce pe scenă din prima seară [și] în fiecare seară din cele 8 săptămâni, indiferent dacă are sau nu material... Materialul reprezintă doar vreo 10%. Tot ce contează este să te simți în largul tău pe scenă. Așa că aș răspunde că trebuie doar să urce pe scenă. În primul an și jumătate sau doi ani de stand-up nu faci decât să înveți să fii în elementul tău pe scenă. Materialul nu contează....

Am avut nevoie de mult timp pentru a înțelege că, imediat după ce ai urcat pe scenă, trebuie să te ocupi de ceea ce publicul deja gândește... Nu știu cine a rostit citatul acesta, dar într-adevăr «comedianții devin comedianți pentru a controla motivul pentru care oamenii râd de ei».

În primii doi ani, a trebuit să mă ocup la început chiar de numele meu de familie: Cummings*. După care toată lumea își spunea: «Foarte tare, nu mai trebuie să ne gândim la asta». Fiindcă, altfel, aveau următoarea reacție: «Chiar a zis că o cheamă Cummings? Numele ei de familie este Cummings?» și nu mai erau atenți. Așa că trebuia să-mi scot numele din discuție. «Putem să trecem mai departe? Da, numele meu de familie este Cummings, acum să trecem la altceva».”

TF: Vezi strategia asemănătoare a lui Neil Strauss de „protecție anti-hater” de la pag. 385.

CE TE SCOATE DIN SĂRITE?

Pentru a crea un material nou:

„Primul lucru pe care îl fac este să-mi dau seama ce te scoate din sărite. Deci, te scot din sărite limitările oamenilor? Te enervează toaletele din aeroporturi? Ce te scoate din sărite? În cea mai mare parte, comedia este doar o obsesie pentru nedreptate. Lucrul acesta este nedrept... Deci, ce te enervează? Louis C.K. spunea că «dacă te gândești la ceva de mai mult de trei ori pe săptămână, trebuie să scrii despre asta».”

DEFINIȚIA „DRAGOSTEI” PENTRU WHITNEY

„Definiția pe care o dau eu «dragostei» spune că ești dispus să mori pentru o persoană pe care ai vrea să o omori chiar tu. Din experiența mea, cam așa stau lucrurile.”

TERAPIA CU CAI

Unul dintre cele mai fascinante lucruri pe care mi le-a prezentat Whitney a fost terapia cu cai, care presupune să plimbi un cal fără căpăstru în jurul unui țarc, folosindu-te doar de limbajul corpului și de intenție. Ea a făcut asta la The Reflective Horse, în munții Santa Monica, în California de Sud.

---

* Cumming – înseamnă a ajunge la orgasm, a ejacula, în argou. (n.red.)

„Primul lucru pe care îl faci este să alegi un cal. Sunt patru cai și fiecare dintre ei suferă de ceva într-o măsură sau alta. Ți se vorbește despre fiecare în parte și tu îți alegi calul, lucru care îi spune pe loc tot ce trebuie să știe despre tine. Este ca un test Rorschach. După aceea, primul obiectiv este să duci calul de la un capăt al țarcului la celălalt, pe o distanță de circa jumătate de teren de fotbal.

Așa că mă gândeam: «Cum faci să duci un cal fără hățuri de la un capăt la altul, fără să-l controlezi?» Nu poți să apelezi nici la dulciuri. Nu pot să-mi folosesc farmecul, nu pot să mă folosesc de umor, nu pot să-mi utilizez inteligența; nu pot să apelez la niciunul dintre lucrurile pe care mă bazez în fiecare zi pentru a manipula și a păcăli oamenii să facă ceva. În esență, trebuie să-ți folosești intenția.

Așa că spui pur și simplu: «O să mergem până în capătul celălalt». Poți să folosești cuvinte, dacă vrei. Atâta timp cât spui ceva și vorbești serios, vei fi crezut.

Este o modalitate de a exersa felul în care ești prezent, ești conectat și ai o intenție cu aceste animale care sunt, în esență, o oglindă a psihicului tău... Aproape că am învățat [mai multe] din asta decât din orice altă carte sau terapie pe care am urmat-o... Terapia cu cai este atât de fascinantă tocmai din cauza lucrurilor care apar, căci felul în care relaționăm cu caii spune foarte multe despre felul în care încercăm să ne conducem afacerile, căsnicia, relațiile. Este o metaforă pentru tot, fiindcă felul în care faci orice lucru este felul în care faci totul."

SĂ FACI CAFEA CA UN SCLAV

„Eu o fac cu lapte de migdale și cu zahăr în întregime natural. Am chemat o femeie care mi-a aruncat toți agenții cancerigeni din casă, așa că îmi pregătesc singură laptele de migdale, ca un sclav Amish din zilele noastre."

MĂI SĂ FIE, NEIL GAIMAN ĂLA CHIAR E BUN

Și mie și lui Whitney ne place discursul inaugural al lui Neil Gaiman, „Make Good Art", pe care l-a ținut la Philadelphia's University of the Arts. M-am uitat la filmuleț de câteva zeci de ori pe YouTube, în perioadele mai dificile. Fragmentul preferat al amândurora este: „Clipa în care simți că umbli dezbrăcat pe stradă, dezvăluind lumii prea mult din inima și din mintea ta și din ceea ce ai înăuntru, arătând prea mult din tine însuți, acela este momentul în care s-ar putea să începi să faci ceva cum trebuie." Și da, știu că l-am mai pomenit o dată. Merită repetat.

✸ La cine se gândește Whitney ca la un „monstru" al comediei stand-up, ca la un veritabil maestru?

La Bill Burr.

✸ Comedianți mai puțin apreciați cărora să le acorzi atenție

Sebastian Maniscalco (cu totul și cu totul decent, nu înjură în tot spectacolul)

Jerrod Carmichael

Natasha Leggero

Tig Notaro

Chris D'Elia

Neil Brennan (cocreator al *Chappelle's Show*, împreună cu David Chappelle)

„Fericirea înseamnă să vrei ceea ce ai."

„Pinguinii sunt practic doar niște cârnați cu pene pentru urșii polari."

BRYAN CALLEN

Bryan Callen (TW: @BRYANCALLEN, BRYANCALLEN.COM) este un comic de talie mondială și un actor prolific. El călătorește pe tot globul făcând stand-up cu casa închisă și apare regulat în seriale precum *The Goldbergs (Familia Goldberg)* și *Kingdoms* (*Regatele*) și în filme ca *Warrior (Războinicul)*, *The Hangover* (*Marea mahmureală*) și *The Hangover 2* (*Marea mahmureală* 2). Este gazda unui podcast aflat în top pe iTunes numit *The Fighter and the Kid*, împreună cu fostul luptător UFC* Brendan Schaub (TW:@BRENDANSCHAUB).

Animalul spiritual: cocoșul sălbatic

---

* Ultimate Fighting Championship – cea mai mare organizație de arte marțiale mixte din lume, care găzduiește cei mai mulți dintre luptătorii de top din clasament și organizează evenimente peste tot în lume. (n.red.)

CELE TREI LUCRURI PE CARE NU LE POȚI SIMULA

„Sunt trei lucruri pe care chiar nu le poți simula: primul este lupta, al doilea este sexul și al treilea este comedia. Nu contează cine este editorul tău sau cât de celebru ești, prietene – dacă nu aduci bani, se așterne repede tăcerea."

PUNE ÎNTREBĂRI PERSONALE CA SĂ AI VIAȚĂ LUNGĂ ÎN COMEDIE

„Cred că pentru a scrie stand-up, dacă urmărești să ai viață lungă în acest domeniu, cel puțin din punctul meu de vedere, trebuie să începi prin a-ți pune întrebări personale. Eu scriu pornind de aici. Mă întreb de ce mă tem, de ce mi-e rușine, cine mă prefac că aș fi, cine sunt în realitate, unde sunt în comparație cu unde credeam că voi fi... Dacă te-ai privi pe tine din afară, dacă te-ai întâlni tu pe tine, ce ți-ai spune? Ce ți-ai spune ție?"

CĂRȚI CU IMPACT

Bryan este unul dintre cei mai împătimiți cititori pe care îi cunosc. Este un cititor vorace și îl rog adesea să-mi recomande cărți. Iluzionistul David Blaine îi acordă lui Bryan meritul de a fi prima persoană care l-a convins să citească mai mult. S-au cunoscut pe când Blaine urma școala de teatru și Bryan i-a spus: „Diferența dintre oamenii pe care îi admiri și toți ceilalți [este că primii sunt] oameni care citesc". Iată câteva dintre cărțile preferate ale lui Bryan:

„Îmi amintesc că am citit *Revolta lui Atlas* și *Izvorul*, de Ayn Rand. Sunt subiecte foarte bune pentru un om tânăr. Prezintă niște personaje îndrăznețe, puternice – ai putea chiar să le numești figuri christice – care te fac să îți spui în sinea ta: «Așa vreau să fiu și eu». Firește, am citit Nietzsche, *Genealogia moralei* etc., carte în care adevărurile și truismele sunt stabilite dinainte în mai multe feluri. Cred că sunt echivalentul cărnii roșii pentru intelect. Dar apoi am dat peste Joseph Campbell – *The Power of Myth* (*Puterea mitului*) și *Eroul cu o mie de chipuri*. Joseph Campbell a fost prima persoană care chiar m-a făcut să văd latura plină de compasiune a vieții, sau a gândirii... Pentru mine, Campbell a fost cel care a pus lucrurile cap la cap, dar nu într-un fel pe care aș putea să-l precizez... Pur și simplu te face să te bucuri că ești viu, [realizând] cât de mare este lumea aceasta și cât de asemănători și de diferiți suntem."

✹ Cele mai dăruite sau recomandate cărți?

„O să crezi că-ți fac reclamă, dar probabil că aș recomanda *The Art of Learning (Arta învățării)* [de Josh Waitzkin, pag. 628] și *4 ore – corpul*, nu glumesc, mai mult decât orice alte cărți."

CE AI SPUNE ÎNTR-UN DISCURS INAUGURAL LA UN COLEGIU?

„Păi, aș spune că, dacă urmărești să obții statut social și dacă alegi să faci ceva pentru că există un public pentru asta, probabil că ai ales drumul greșit.

Aș spune să te asculți pe tine însuți. Să mergi pe urmele fericirii tale. Și, ca să legăm lucrurile de discuția anterioară, iată ce a spus Joseph Campbell: «Există multă siguranță în nesiguranță». Suntem setați și programați să facem lucrurile sigure și rezonabile. Nu cred că ar trebui să alegem drumul acesta. Eu cred că poți să faci ceva pentru că asta trebuie să faci, sau pentru că asta este chemarea ta sau fiindcă ești îndeajuns de idealist încât să crezi că poți schimba ceva pe lumea asta.

Cred că ar trebui să încerci să răpui dragoni. Nu contează cât de mare este adversarul. Citim despre oameni care au făcut lucruri care erau considerate imposibile și îi admirăm. Asta face ca lumea să devină un loc mai bun în care să trăiești."

„Atunci când oamenii par să fie răutăcioși, nu sunt aproape niciodată așa. Sunt anxioși."

ALAIN DE BOTTON

Alain de Botton (TW: @ALAINDEBOTTON, ALAINDEBOTTON.COM) este o mulțime de lucruri, dar eu îl consider un soi rar de filosof practic. În 1997, a renunțat să mai scrie beletristică și s-a apucat de un eseu amplu intitulat *Cum îți poate schimba Proust viața*, care a devenit un succes imens neașteptat. Cărțile care au urmat au fost descrise ca o „filosofie a vieții cotidiene" și printre ele se numără *Eseuri de îndrăgostit, Statut și anxietate, Arhitectura fericirii: Arta secretă de a-ți decora viața,*

Știrile: *Manualul utilizatorului* și *Arta ca terapie*. În 2008, Alain a ajutat la deschiderea organizației The School of Life din Londra, care reprezintă o inițiativă socială menită să crească importanța învățării și a terapiei în cultura modernă.

NU PUNE PE SEAMA MALIȚIOZITĂȚII LUCRURILE CARE POT FI EXPLICATE ALTFEL

„Cred că Bill Clinton este cel care a spus că, atunci când avea de-a face cu cineva supărat, se întreba mereu: «Persoana asta a dormit? A mâncat? O mai supără și altceva?» Parcurgea această simplă listă de verificare... Atunci când ne ocupăm de un copil mic care se agită și plânge, nu spunem aproape niciodată că bebelușul «și-a pus în gând să ne facă felul» sau că are «intenții malefice».”

„SUCCESUL” TREBUIE SĂ INCLUDĂ PACEA

„Cuvântul «succes» a ajuns să fie contaminat de ideile noastre cu privire la o persoană extraordinară, foarte bogată etc., și lucrul acesta chiar nu ne ajută... În ultimă instanță, succesul adevărat include și pacea interioară.”

ATAC VERSUS APĂRARE

„Cu cât știi mai bine ce vrei cu adevărat și care e direcția în care te îndrepți, cu atât începe să-și piardă din importanță ceea ce fac ceilalți. Momentele în care drumul tău trece prin zonele de maximă ambiguitate [sunt cele] în care vocea celorlalți, haosul nebunesc în care trăim și zgomotul de fond din social media încep să capete importanță și devin foarte amenințătoare.”

NU TE AȘTEPTA SĂ FII ÎNȚELES DE CEILALȚI

„Este extrem de nedrept să învinuiești pe cineva pentru că nu te înțelege pe deplin, deoarece, în primul rând, noi nu ne înțelegem pe noi, și chiar dacă ne-am înțelege, ne-ar fi foarte greu să transmitem asta și celorlalți. Prin urmare, să ne înfuriem, să ne ieșim din fire și să ne amărâm că oamenii nu ne înțeleg pe deplin este un act crunt de imaturitate.”

PROBLEMA CU MAJORITATEA FILOSOFILOR MODERNI

„În zilele noastre, filosofii sunt de regulă angajați doar de universități... Când nimeni nu te plătește pentru domeniul în care ești specializat, este un semn că ceva nu merge cum trebuie... [În general] filosofii nu ne mai spun cum să trăim și cum să murim. Sunt foarte puțini.”

✹ Care sunt filosofii pe care Alain i-ar recomanda pentru viața practică?

Lista lui Alain coincide aproape 100% cu a mea: Epicur, Seneca, Marcus Aurelius, Platon, Michel de Montaigne, Arthur Schopenhauer, Friedrich Nietzsche și Bertrand Russell.

✹ Cele mai des dăruite sau recomandate cărți?

Insuportabila ușurătate a ființei, de Milan Kundera, *Eseurile* lui Michel de Montaigne.

✹ Documentarul preferat

Seria *Up*. Această serie, care continuă și în ziua de azi, este filmată în UK și revizitează același grup de oameni la fiecare 7 ani. A început cu ziua în care au împlinit 7 ani (*Seven Up!*) și continuă și în ziua de azi, când au ajuns la 50 de ani. Subiecții au fost aleși din medii sociale variate. Alan descrie aceste filme foarte modeste și cu o forță tăcută ca fiind „probabil cel mai bun documentar care există".

TF: Acestea sunt și preferatele lui Stephen Dubner de la pag. 625. Stephen spunea că, „dacă ești interesat de orice fel de știință sau de sociologie, de felul în care iau oamenii decizii sau de instruire *versus* natură, sunt indiscutabil cel mai bun lucru".

✹ Sfaturi pentru tine, cel de la 30 de ani?

„Aș fi spus: «Prețuiește ceea ce are bun clipa aceasta. Nu te gândi în fiecare clipă că te afli într-o călătorie permanentă. Oprește-te și bucură-te de priveliște».... Eu am avut dintotdeauna prejudecata aceasta că, dacă prețuiești clipa, îți slăbești hotărârea de a-ți îmbunătăți viața. Nu este adevărat, dar cred că, atunci când ești tânăr, există cumva asocierea asta... Erau oameni în jurul meu care spuneau lucruri de genul: «Oh, o floare, ce frumos!». O părticică din mine se gândea: «Ești un ratat absolut. Ai găsit timp să apreciezi o floare? Tu chiar n-ai planuri mai mari? Adică, la asta se rezumă ambiția ta?» Dar apoi, viața îți trage câteva șuturi și treci prin câteva lucruri și gata, a trecut timpul, ai câțiva ani în spate, începi să ai o părere mult mai bună despre lucrurile modeste ca florile și cerul frumos sau ca o dimineață în care nimic nu este nelalocul lui și toată lumea se poartă foarte drăguț cu toată lumea... Soarta poate să facă orice cu noi. Suntem creaturi foarte fragile. Nu trebuie decât să fim atinși sau loviți într-un punct mai sensibil... Nu trebuie decât să fim împinși un pic, și cedăm cu multă ușurință, indiferent că vorbim despre rușine sau de o boală fizică, despre presiunea financiară, etc. E nevoie de foarte puțin. Deci, trebuie să prețuim fiecare zi care trece fără să se producă un dezastru major."

LENEȘ: UN MANIFEST

Tim Kreider (TIMKREIDER.COM) este eseist și caricaturist. Cea mai recentă carte a sa este *We Learn Nothing* (*Nu învățăm nimic*), și mi-a plăcut atât de mult că am luat legătura cu Tim și am produs împreună audiobookul. Eseul care urmează este un fragment din cartea respectivă. A colaborat cu *The New York Times, The New Yorker, Men's Journal, The Comics Journal, Film Quarterly* și altele. Benzile sale desenate au fost adunate în trei cărți de Fantagraphics. Locuiește în New York City, într-un loc ținut secret pe Chesapeake Bay. Are o pisică de 19 ani.

Tim Kreider are cuvântul

Dacă trăiești în America secolului XXI, probabil că ai fost nevoit să auzi o mulțime de oameni care spun cât de ocupați sunt. A devenit răspunsul standard atunci când întrebi pe cineva ce mai face: „Sunt ocupat!" „*Foarte* ocupat." „*Demențial* de ocupat." Este, destul de evident, o laudă de sine deghizată în lamentație. Și răspunsul obișnuit este un fel de felicitare: „Asta nu e tocmai o problemă" sau „E mai bine decât să n-ai ce face".

Această aglomerare frenetică și auto-laudativă cu treburi este o problemă distinctivă a claselor superioare. Să observăm că, în general, nu oamenii care lucrează două schimburi unul după altul la Terapie Intensivă, care au grijă de părinții lor ajunși la vârsta senectuții sau care au câte trei joburi cu salariu minim pe economie și trebuie să facă naveta cu autobuzul simt nevoia să-ți spună cât de ocupați sunt; oamenii respectivi nu sunt *ocupați*, ci *obosiți. Extenuați. Rupți de oboseală.* Lucrul acesta îl spun cel mai adesea oameni a căror stare deplânsă de aglomerare este una autoimpusă: muncă și obligații pe care și le-au asumat voluntar, cursuri și activități la care și-au „încurajat" copiii să participe. Sunt ocupați datorită ambiției, determinării sau anxietății proprii, pentru că sunt dependenți de aglomerarea cu treburi și sunt îngroziți de lucrurile pe care ar trebui să le înfrunte în absența ei.

Aproape toți cunoscuții mei sunt ocupați. Se simt neliniștiți și vinovați când nu muncesc sau nu fac ceva care să le susțină munca. Își programează timpul pe care și-l petrec cu prietenii la fel cum elevii cu 10 pe linie au grijă să se înscrie la câteva activități extracuriculare pentru că dau bine în formularele de înscriere la facultate. I-am scris de curând unui prieten ca să îl întreb dacă nu vrea să facem ceva săptămâna asta și mi-a răspuns că nu are prea mult timp la dispoziție, dar să-l anunț dacă se întâmplă ceva și va încerca să chiulească câteva ore de la muncă. Întrebarea mea nu fusese un semnal preliminar pentru o invitație viitoare: fusese o invitație în sine. Prin aceasta îi propuneam să facem ceva împreună. Dar programul lui aglomerat era ca un fel de zgomot amplu, învolburat, prin care el striga la mine, așa că am renunțat să mai strig la el.

Am învățat de curând un neologism pe care, la fel ca în cazul noțiunilor de *corectitudine politică*, *sanctuarul bărbatului* și *furnizorul de conținut*, l-am recunoscut imediat ca pe un vestitor al unei noi cotituri urâte din cultură: *cumpărături de planuri**. Mai exact, amâni să-ți iei angajamentul pentru un anume plan dintr-o seară până nu afli care sunt toate opțiunile; abia apoi o alegi pe cea care are cele mai mari șanse să fie amuzantă/să te facă să avansezi în carieră/la care apar cele mai multe fete – cu alte cuvinte, tratezi oamenii ca pe niște opțiuni din meniu sau ca pe produsele dintr-un catalog.

Chiar și *copiii* sunt ocupați acum, timpul lor fiind programat până la nivelul jumătății de oră cu cursuri de dezvoltare, tutoriale și activități extracuriculare. La sfârșitul zilei se întorc acasă la fel de obosiți ca adulții, lucru care nu pare doar trist, ci chiar odios. Eu fac parte din generația celor crescuți cu cheia de gât și în fiecare după-amiază aveam la dispoziție trei ore, timp neorganizat și în cea mai mare parte nesupravegheat, în care obișnuiam să fac orice, de la răsfoirea *Enciclopediei lumii* până la urmărirea filmelor de animație și la întâlnirea cu prietenii în pădure, ca să ne aruncăm cu bulgări de pământ în ochi, toate acestea fiind lucruri care mi-au adus cunoaștere, deprinderi și perspective care și-au păstrat valoarea până-n ziua de azi.

Această aglomerare a programului nu reprezintă o condiție necesară sau inevitabilă a vieții; este un lucru pe care noi l-am ales, chiar dacă n-am făcut decât să ne dăm acordul tacit. Am stat de curând de vorbă pe Skype cu o prietenă care a plecat din New York din cauza chiriilor și care acum locuiește într-o reședință demnă de un artist într-un orășel din sudul Franței. Pentru prima dată după mulți ani, a spus că este fericită și relaxată. Continuă să-și facă treaba, dar asta nu-i mai ocupă toată ziua și nici toată mintea. Spune că se simte ca în facultate – are acolo un cerc

---

* *Political correctness, man cave, content-provider* și *planshopping*, în original. (n.red.)

de prieteni cu care iese la cafenea sau se uită la TV în fiecare seară. Are din nou un iubit. (Odată rezumase cu tristețe întâlnirile din New York: „Toată lumea este prea ocupată și toată lumea crede că poate găsi un partener mai bun".) Ceea ce ea considera a fi personalitatea proprie – ambițioasă, irascibilă, neliniștită și tristă – s-a dovedit a fi efectul deformator al mediului, al presiunii atmosferice zdrobitoare pe care o creau ambiția și competitivitatea. Nu cred că vreunul dintre noi ar vrea să trăiască așa, la fel cum nimeni nu vrea să participe la ambuteiajele din trafic, la înghesuiala de pe stadioane în care ești călcat în picioare sau la ierarhia de cruzime din liceu; este un lucru pe care ne obligăm colectiv să-l facem. S-ar putea ca această problemă să nu se numere printre cele care pot fi rezolvate printr-o reformă socială sau un regim de autoperfecționare; poate că pur și simplu așa stau lucrurile. Zoologul Konrad Lorenz spune că „existența grăbită în care s-a precipitat omul industrializat și comercializat" și toate afecțiunile specifice – ulcer, hipertensiune, nevroză etc. – este „o dezvoltare dezavantajoasă" sau o adaptare evolutivă disfuncțională generată de competiția feroce care se desfășoară între membrii speciei. El ne compară cu păsările al căror penaj lung și seducător le-a lăsat fără capacitatea de a zbura, transformându-le în prăzi ușoare.

Nu mă pot abține să nu mă întreb dacă nu cumva toată această epuizare histrionică nu este altceva decât o modalitate de a masca faptul că mare parte din ceea ce facem nu are nicio importanță. Am ieșit la un moment dat cu o femeie care era stagiară la o revistă și nu i se permitea să plece în timpul pauzei de prânz, ca nu cumva să fie urgent nevoie de ea. Era o revistă de divertisment al cărei *raison d'etre* devenise inutil atunci când au apărut butoanele de meniu pe telecomandă, așa că îmi vine greu să privesc această pretenție de indispensabilitate ca pe altceva decât ca pe o autoamăgire. Pornind de la volumul corespondenței mele prin e-mail și de la cantitatea de nimicuri de pe internet care-mi sunt trimise zilnic, presupun că majoritatea oamenilor care lucrează într-un birou muncesc la fel de puțin ca mine. Din ce în ce mai mulți oameni din această țară nu mai produc și nu mai fac nimic palpabil; dacă munca ta nu era realizată de o pisică, de un șarpe boa constrictor sau de un vierme dintr-o pălărie tiroleză din cărțile lui Richard Scarry, nu sunt convins că este necesară. Da, știu că toți suntem foarte ocupați, dar ce se realizează, mai exact? Oare toți oamenii aceia care întârzie la întâlniri și zbiară în telefoanele lor mobile opresc răspândirea malariei, dezvoltă alternative fezabile la combustibilii fosili sau creează ceva frumos?

Această aglomerare cu treburi funcționează ca un fel de asigurare existențială, o barieră în calea deșertăciunii: este evident că viața ta nu are cum să fie caraghioasă, superficială sau lipsită de sens atunci când ești *atât de ocupat*, când tot timpul tău este programat și ești solicitat în fiecare oră a vieții tale. Tot zgomotul, graba și stresul par născocite să acopere sau să îngroape vreo teamă aflată în centrul vieții noastre. Știu că, după ce-mi petrec o zi întreagă lucrând, făcând comisioane, răspunzând la e-mailuri sau uitându-mă la filme, ținându-mi creierul ocupat și distrat, imediat ce mă duc la culcare, toate grijile care nu-mi dau pace zilnic și întrebările despre imaginea de ansamblu, pe care am reușit să le țin la distanță, îmi inundă creierul ca niște monștri care se revarsă din dulap imediat ce ai stins lumina. Atunci când încerci să meditezi, creierul tău vine brusc cu o listă cu o mie de lucruri urgente care ar trebui să te obsedeze în loc să nu le iei în seamă. Unul dintre corespondenții mei sugerează că suntem cu toții înspăimântați de ideea de a rămâne singuri cu noi înșine.

Recunosc: eu nu sunt ocupat. Sunt cea mai leneșă persoană ambițioasă pe care o cunosc. La fel ca majoritatea scriitorilor, în zilele când nu scriu, mă simt ca un nemernic care nu merită să trăiască, dar, pe de altă parte, am sentimentul că 4 sau 5 ore sunt suficiente pentru a-mi câștiga încă o zi de ședere pe această planetă. În zilele obișnuite, scriu dimineața, după-amiaza fac o plimbare lungă cu bicicleta și mă achit de comisioane, iar seara îmi văd prietenii, citesc sau mă uit la un film. Cele mai bune zile din viața mea sunt cele dedicate unui dezmăț continuu, dar, vai, acestea sunt neregulate și din ce în ce mai dificil de organizat. După părerea mea, acesta este un ritm sănătos și plăcut în care să-ți petreci ziua. Și dacă mă suni și mă întrebi dacă n-aș vrea să las treaba baltă și să văd noua Aripă americană de la Met, să le fac ochi dulci fetelor din Central Park sau să beau coctailuri mentolate reci și roz cât e ziua de lungă, îți voi răspunde: „La ce oră?"

De curând însă, din cauza obligațiilor profesionale, am început să devin pe nesimțite ocupat. Pentru prima oară în viața mea, am putut să le spun oamenilor, fără să pufnesc în râs, că sunt „prea ocupat" ca să fac cutare sau cutare lucru pe care ar fi vrut ei să-l fac. Și am înțeles de ce apreciază oamenii lamentația asta: te face să te simți important, căutat și exploatat. Este, de asemenea, o scuză inatacabilă cu care să refuzi invitații plictisitoare, să te eschivezi de la anumite proiecte și să eviți interacțiunile umane. Numai că detestam să fiu realmente ocupat. În fiecare dimineață, aveam inboxul plin de e-mailuri care îmi cereau să fac lucruri pe care nu voiam să le fac sau care îmi prezentau probleme pe care trebuia să le rezolv. Situația a devenit din ce în ce mai insuportabilă, până când am fugit din oraș și am ajuns în acest Loc Confidențial de unde scriu asta.

În cea mai mare parte a timpului, aici nu sunt deranjat de obligații. Nu am televizor. Ca să-mi verific e-mailurile, trebuie să merg cu mașina până la bibliotecă. Uneori, trece și o săptămână fără să văd pe cineva. Știu. Mi-am adus aminte de piciorul cocoșului, de ploșnițe și de stele. Citesc mult. Și am reușit în sfârșit să scriu ceva ca lumea, pentru prima dată după mai multe luni. Este dificil să găsești ceva de spus despre viață fără să te cufunzi în lume, dar este aproape la fel de imposibil să-ți dai seama cam ce ai putea să spui sau cum ai putea să te exprimi mai bine fără să o părăsești din nou. Știu că nu toată lumea are o cabană izolată unde să fugă. Dar se pare că renunțarea la cablu și la internet este mai ieftină decât păstrarea lor. Și natura este încă gratuită practic, chiar dacă ființele umane au încercat să facă astfel încât accesul la ea să fie scump. Timpul și liniștea nu ar trebui să fie articole de lux.

Inactivitatea nu este doar o vacanță, un răsfăț sau un viciu: este la fel de indispensabilă pentru creier ca vitamina D pentru corp și, când suntem lipsiți de ea, suferim de o afecțiune mentală care ne desfigurează la fel de rău ca rahitismul. Spațiul și liniștea pe care ni le oferă inactivitatea sunt o condiție necesară pentru a ne distanța cu câțiva pași de viață, ca să o putem vedea în întregime, ca să găsim legături neașteptate și să așteptăm fulgerele sălbatice ale inspirației – este, în mod paradoxal, necesară tocmai ca să reușim să lucrăm. „Visele deșerte sunt de multe ori esența a ceea ce facem", scrie Thomas Pynchon în eseul său despre trândăvie. „Evrika" lui Arhimede în baie, mărul lui Newton, Jekyll și Hyde, structura benzenului: istoria este plină de povești despre inspirația care lovește în momente de inactivitate sau în vis. Aproape că te face să te întrebi dacă nu cumva trântorii, indolenții și nepricepuții sunt responsabili pentru mai multe din marile idei, invenții și capodopere ale lumii decât cei care trudesc din greu.

„Obiectivul viitorului este șomajul complet, pentru a ne putea juca. Din acest motiv, trebuie să distrugem actualul sistem politico-economic." Aceasta ar putea să pară proclamația unui anarhist care fumează din bong, dar îi aparține de fapt lui Arthur C. Clarke care, în pauzele dintre scuba diving și jocurile de pinball, a găsit timp să scrie *Sfârșitul copilăriei* și să-și imagineze sateliții de comunicații. Ted Rall a scris de curând un articol în care propunea să separăm veniturile de muncă, dând fiecărui cetățean o sumă garantată, lucru care pare genul de noțiune țicnită ce se va transforma într-un drept fundamental al omului în decurs de un secol, la fel ca abolirea sclaviei, votul universal și ziua de lucru de 8 ore.

Știu cât de eretic pare în America, dar chiar nu există niciun motiv care să ne împiedice să privim truda ca pe un rău de care lumea ar trebui scăpată, dacă este cu putință, la fel ca poliomielita. Puritanii au fost cei care au transformat munca într-o virtute, uitând, evident, că Dumnezeu o crease ca pedeapsă. Poate că acum, când bătrânul șef a plecat din birou, putem să ieșim cu toții la o pauză lungă de fumat.

Presupun că omenirea s-ar îndrepta destul de repede spre ruină, dacă toată lumea s-ar comporta ca mine. Dar eu aș sugera că viața ideală apare undeva la mijlocul distanței dintre indolența mea sfidătoare și agitația frenetică și neîntreruptă a restului lumii. Ce e drept, viața mea a fost absurd de comodă. Dar este posibil ca însăși poziția mea privilegiată în afara stupului să-mi fi oferit o perspectivă unică asupra acestuia. E ca atunci când ești șofer și te afli la bar: când nu bei, vezi beția mult mai clar decât cei care o trăiesc. Din păcate, singurul sfat pe care îl am de oferit celor ocupați va fi receptat la fel de ostil ca sfaturile pe care i le-aș da bețivanului. Nu le sugerez tuturor să-și dea demisia – ci poate să-și ia restul zilei liber. Mergeți și jucați puțin skee-ball. Faceți amor în mijlocul după-amiezii. Duceți-vă fiica la un matineu. Rolul meu în viață este acela de a fi o influență proastă, acel puști care stă la fereastra clasei și se scălâmbă la voi, cei care stați în bancă, rugându-vă ca măcar o dată să născociți o scuză și să plecați de acolo, să ieșiți afară la joacă.

Chiar dacă inactivitatea mea încăpățânată a fost mai curând un lux decât o virtute, am luat o decizie conștientă cu multă vreme în urmă, și anume aceea de a alege timpul în locul banilor, pentru că întotdeauna poți să câștigi mai mulți bani. Și am înțeles dintotdeauna că cea mai bună investiție a timpului limitat de care dispun pe pământ este să-l petrec cu cei pe care îi iubesc. Presupun că este posibil să mă trezesc pe patul de moarte și să regret că n-am muncit mai tare, n-am scris mai mult și n-am spus tot ce aveam de spus, dar cred că, în realitate, îmi voi dori încă o partidă de șah cu Nick, încă o conversație lungă în toiul nopții cu Lauren, și să râd pentru ultima oară sănătos și din adâncul inimii cu Harold. Viața este prea scurtă ca să fii ocupat.

CAL FUSSMAN

Cal Fussman (TW: @CALFUSSMAN, CALFUSSMAN.COM) este autor de bestselleruri *New York Times* și colaborator independent al revistei *Esquire*, unde este cunoscut ca fiind principalul autor al rubricii *What I've Learned. Austin Chronicle* a descris aptitudinile sale de intervievator ca „inegalabile". El a transformat istoria orală într-o formă de artă, conducând interviuri de cercetare cu figurile emblematice care au modelat istoria lumii în ultimii 50 de ani: Mihail Gorbaciov, Jimmy Carter, Ted Kennedy, Jeff Bezos, Richard Branson, Jack Welch, Robert De Niro, Clint Eastwood, Al Pacino, George Clooney, Leonardo DiCaprio, Tom Hanks, Bruce Springsteen, Dr. Dre, Quincy Jones, Woody Allen, Barbara Walters, Pelé, Yao Ming, Serena Williams, John Wooden, Muhammad Ali și mulți alții.

Născut în Brooklyn, Cal și-a petrecut 10 ani întregi călătorind prin lume, înotând deasupra unor rechini tigru de peste 5 metri lungime, plimbându-se cu gorilele de munte din Rwanda și căutând aur în Amazon. Cal a acceptat și rolul de cobai – a boxat cu campionul mondial Julio César Chávez și a lucrat ca somelier în vârful World Trade Center-ului. În prezent, locuiește cu soția sa, pe care a cunoscut-o în timp ce se afla în căutarea celei mai frumoase plaje din lume, și cu cei trei copii în Los Angeles, unde își petrece fiecare dimineață luând micul dejun cu Larry King.

Animalul spiritual: buretele

PREFAȚĂ

Scrierea acestui profil scurt a fost o adevărată provocare. Cal este specialist în povești lungi care durează câte 10 sau 15 minute și care apoi – *POC!* – te lovesc cu un val uriaș de emoții. Este un maestru. Când le-am spus ascultătorilor podcastului meu că voi face un al doilea interviu cu Cal, mi-au scris cu zecile variațiuni pe aceeași temă: „Te rog, lasă-l pe Cal să vorbească 3 ore. Aș putea să-l ascult spunând povești la nesfârșit". Eu îți recomand foarte mult să asculți ambele episoade cu Cal. Îți vor da fiori pe șira spinării.

CINA LA BAR, UN BILET PENTRU CELĂLALT CAPĂT AL LUMII

Cal a simțit pentru prima dată că a dat lovitura cea mare atunci când a primit un job la *Inside Sports* în New York City. Acolo putea să bea shoturi cu Hunter S. Thompson și să facă schimb de povestioare cu jurnaliști distinși cu Premiul Pulitzer:

„Eram doar un puști. Aveam 22 de ani. În fiecare seară toată lumea mergea vizavi la un bar numit The Cowboy. Pe atunci nu aveam niciun șfanț. Se dădeau niște porții mici, dar gratis, de *hors d'oeuvre* și acestea reprezentau cina mea, asta dacă tipii care puteau să-și deconteze cheltuielile nu ieșeau mai târziu în oraș... *Inside Sports* nu a fost un loc de muncă, a fost o experiență. Era câte un eveniment în fiecare seară. Cine vine diseară?"

Inside Sports a fost un succes artistic, dar nu și unul comercial. A dat ortul popii, iar Cal a rămas fără loc de muncă și, în mare parte, fără bani:

„Nu știam ce să fac, așa că i-am sunat pe mama și pe tata. Le-am spus: «Știți ceva, cred că-mi voi lua o vacanță ca să călătoresc», la care mama, care mă susține întotdeauna, mi-a spus: «Oh, Cal, e minunat». Când a spus asta, nu avea nici cea mai vagă idee că mă voi întoarce abia după 10 ani. Dar nici eu nu știam asta. Am cumpărat un bilet pentru Europa, am plecat cu câțiva tipi și asta a dat startul odiseei de 10 ani a lui «Cal plecat în jurul lumii»".

MAGIA GULAȘULUI

„În mersul pe culoar [în autobuz sau în tren, în timpul călătoriilor] erau toate mizele. Pentru că, în timp ce mergeam printre scaune, trebuia să caut din ochi un loc liber lângă cineva care să pară interesant. Cineva în care să pot avea încredere și care ar putea să aibă încredere în mine. Miza era mare, fiindcă știam că, la sfârșitul călătoriei noastre, indiferent de destinație, persoana aceea trebuia să mă invite la ea acasă. Pentru că nu aveam bani să stau noapte de noapte la hotel."

Întrebarea decisivă pe care o punea ca să găsească cazare și masă gratuite în Europa ca turist sărac era: „Îmi spuneți și mie cum pregătiți un gulaș perfect?" Se așeza intenționat lângă bunicuțe care apoi își deschideau inima. După câteva minute de gesticulări înflăcărate, oamenii din vagon săreau să dea o mână de ajutor la traducere, indiferent de țară. Cal nu a trebuit niciodată să-și facă griji că nu are unde să doarmă la noapte.

„În timpul [unei cine pe care a dat-o o bunicuță din Ungaria ca să mă îndoape cu gulaș,] unul dintre vecini m-a întrebat: «Ai băut vreodată palincă de caise? Că nimeni nu o face la fel ca taică-meu. Locuiește la o jumătate de oră de aici. Trebuie să vii să guști». În weekendul acela am băut palincă de caise și ne-am distrat de minune. Începe altă petrecere, un alt vecin vine la mine. «Ai fost vreodată în Kiskunhalas, capitala mondială a paprikăi? Nu poți să pleci din Ungaria fără să vizitezi Kiskunhalas.» Și iată-mă în drum spre Kiskunhalas. Vorbesc serios, cu o singură întrebare despre gulaș puteam să obțin 6 săptămâni de casă și masă; și uite așa m-am plimbat eu prin lume. 10 ani. *10 ani.*"

ȚINTEȘTE INIMA, NU CAPUL

„Lecția numărul unu. Atunci când oamenii mă întreabă ce ponturi [despre cum să iei un interviu] aș da, le răspund să ia în vizor inima, nu mintea. După ce ai câștigat inima, poți să treci și la minte. După ce ai câștigat și inima și mintea, drumul spre suflet ți se deschide liber."

FII DIFERIT, NU DOAR „MAI BUN"

Cal a putut să obțină ~30 de minute cu Mihail Gorbaciov pe când acesta se afla la apogeul carierei, deși un agent de presă îi alocase doar 2 minute și jumătate. Cum? „Țintești direct inima cu prima întrebare." Iată începutul poveștii:

„Deci, agentul de presă mă conduce în încăperea respectivă și, la momentul acela, mă gândeam: «Bun, dacă e vorba doar de 2 minute și jumătate, dă-ți toată silința». Îmi ridic privirea și îl văd pe Gorby. Era un pic mai bătrân decât îmi aminteam eu, avea în jur de 77 de ani pe atunci. Venise în oraș să vorbească despre armele nucleare și despre motivele pentru care ar trebui abolite. Ne-am așezat. Mă uit la el și știu sigur că se așteaptă ca prima întrebare să fie despre armele nucleare, politica mondială, perestroika sau Ronald Reagan. Este pregătit. Așa că mă uit în ochii lui și zic: «Care este cea mai bună lecție pe care ați învățat-o de la tatăl dvs.?» Este surprins, plăcut surprins. Își ridică ochii, dar nu răspunde. Se gândește. După un timp, de parcă ar vedea filmul propriului trecut pe tavan, începe să-mi spună o poveste. Este o poveste despre ziua în care tatăl său a fost chemat să se înroleze pentru a lupta în cel de al Doilea Război Mondial. Vezi tu, Gorbaciov locuia la o fermă și era o distanță mare între fermă și orașul în care tatăl lui trebuia să se alăture altor bărbați ca să plece la război..."

„NU TE PANICA. LASĂ TĂCEREA SĂ FACĂ TOATĂ TREABA."

Acesta a fost sfatul pe care mi l-a dat Cal, când i-am spus că intru în panică uneori și intervin brusc atunci când persoana intervievată încremenește – aparent blocată – după o întrebare. Un alt citat care m-a ajutat să rămân calm în astfel de situații îi aparține Kristei Tippett, realizatoare a programului public de radio și a podcastului *On Being*: „Să asculți înseamnă să fii prezent, nu numai să fii tăcut."

O ÎNTREBARE PE CARE CAL MI-A SUGERAT SĂ LE-O PUN MAI DES OAMENILOR

„Care sunt câteva dintre alegerile care te-au făcut ceea ce ești?"

„RAHATURILE DE CALITATE PRIND"

Cal l-a întrebat o dată pe Harry Crews, romancier și autor al cărților *A feast of Snakes* (*Banchetul șerpilor*) și *Car (Mașina)*, cum făcea să-și amintească ceva, dată fiind cantitatea de băutură și droguri pe care o consumă. Harry nu ținea niciun fel de jurnal. Răspunsul lui a fost: „Băiete, rahaturile de calitate prind". Asta și-a amintit Cal câteva decenii mai târziu, când o cutie întreagă cu notițe de cercetare i-a fost distrusă în pivniță – fuseseră făcute fleașcă de o furtună și paginile deveniseră negre. Varianta finală a articolului lui Cal, scrisă din memorie și intitulată „Drinking at 1300 Feet", este incredibilă. A câștigat un Premiu James Beard, echivalentul unui Oscar în lumea culinară. Unul dintre rândurile de început ale articolului este: „Cu toții cunoaștem sentimentul pe care îl ai atunci când vrei atât de mult să faci ceva foarte bine, încât te forțezi prea tare și nu mai poți să-l faci deloc".

„DECI, VREI SĂ SCRII O CARTE?"

Cal mi-a spus motivele pentru care uneori le dăruiește scriitorilor aspiranți *Un veac de singurătate* al lui Gabriel Garcia Marquez: „Dacă nu ai scris nicio carte și vrei să spui cuiva că ai vrea să scrii o carte grozavă, foarte bine. Citește asta și vezi ce înseamnă o carte grozavă".

DACĂ AI FI MILIARDAR...

Iată ce l-am întrebat pe Cal: „Dacă ai fi miliardar și ai putea să dai câte 2-3 cărți fiecărui elev din țară care termină liceul anul acesta, care ar fi ele?" Răspunsul său (actualizat între timp) este: „Pentru toată lumea, *Secretele succesului. Cum să vă faceți prieteni și să deveniți influent,* de Dale Carnegie. Pentru fete, *West with the Night (Vestul și noaptea),* de Beryl Markham. Pentru băieți, *The Right Stuff (Lucrul corect),* de Tom Wolfe. Sunt foarte potrivite pentru început de drum".

✹ Ce ai scrie pe un panou?

„ASCULTĂ!"

JOSHUA SKENES

Joshua Skenes (IG: @SAISONSF, SAISONSF.COM) a devenit celebru datorită felului în care folosește focul. Ca bucătar și proprietar al restaurantului Saison din San Francisco (trei stele Michelin), a avut parte de instrucție clasică și își adoră cuțitele japoneze Nenohi de cea mai bună calitate, dar nimic nu-i subjugă imaginația la fel ca o flacără deschisă. Pe spatele cărților sale de vizită sunt vizibile trei cuvinte, reliefate clar pe un fond ivoriu: JOACĂ-TE CU FOCUL.

ÎȚI AMINTEȘTI CĂ „RAHATURILE DE CALITATE PRIND”?

Josh a trebuit să adopte filosofia lui Cal Fussman (pag. 542) atunci când și-a mutat restaurantul Saison, la începuturi. Canalizarea a dat pe afară și i-a inundat restaurantul în ziua mutării, așa că toate carnețelele sale cu rețete scrise de mână au fost distruse. John a trebuit să privească partea bună a lucrurilor.

„Ne mutam într-un spațiu nou, așa că exista o latură pozitivă. Mă gândeam: «Pe toți sfinții, va trebui să începem de la zero». Avem același lucru cu care am început [înainte să deschidă prima dată]. Am totul aici [în cap].” A reinventat Saison fără carnețelele originale, dar și fără niciun bagaj. A devenit primul restaurant din istoria orașului San Francisco care a câștigat trei stele Michelin (alături de Benu).

✹ Care este cea mai bună decizie pe care ai luat-o în privința spațiului din noul tău restaurant?

„În realitate, luam lucrurile de la capăt. Cred că cea mai bună decizie pe care am luat-o a fost să spun: «Haideți să luăm lucrurile de la zero. **Haideți să golim cupa și să ne gândim efectiv la ce este valoros pentru noi acum. Ce este onest? Ce este sincer în ceea ce facem noi acum?** Haideți să facem asta». Și asta este și acum puterea care pune în mișcare Saison.”

✹ Cele mai dăruite sau recomandate cărți?

Cocktail Techniques (*Tehnici de cocteil*), de Kazuo Uyeda

The Dao of Taijiquan, de Tsung Hwa Jou

RICK RUBIN

MTV l-a numit pe Rick Rubin „cel mai important producător [de muzică] din ultimii 20 de ani". CV-ul lui Rick îi include pe toți, de la Johnny Cash până la Jay Z. Printre artiștii săi de heavy metal se numără formații ca Black Sabbath, Slayer, System of a Down, Metallica, Rage Against the Machine și Linkin Park. A lucrat cu cântăreți pop ca Shakira, Adele, Sheryl Crow, Lana Del Rey și Lady Gaga. În plus, i s-a recunoscut meritul de a fi contribuit la popularizarea hip-hopului, cu artiști ca LL Cool J, the Beastie Boys, Eminem, Jay Z și Kanye West. Și acesta este doar vârful aisbergului.

Animalul spiritual: ursul polar

DIN CULISE

» Rick a zis că face podcastul doar în sauna lui tip butoi, care era ucigător de fierbinte (vezi pag. 72). Mai făcusem cu el de zeci de ori înainte saună și băi cu gheață, dar niciodată cu aparatură electronică. Am făcut cercetări serioase și m-am gândit la toate... în afară de microfoane. Au devenit atât de fierbinți la atingere că a trebuit să le înfășurăm în prosoape.

» Rick a aflat de beneficiile saunei zilnice de la Chris Chelios, un prieten și fost jucător profesionist de hochei. Chris a avut una dintre cele mai lungi cariere din Liga Națională de Hochei: a jucat până la 48 de ani. Are cel mai mare număr de meciuri dintre toți jucătorii activi din Ligă și deține recordul pentru cel mai mare număr de meciuri jucate de un apărător în LNH. Chris consideră că sauna zilnică explică în mare parte longevitatea sa sportivă și absența îmbolnăvirilor.

» Rick poartă un tricou, pantaloni scurți și șlapi oriunde merge. Dacă într-un restaurant se cere ținută obligatorie, nu se duce.

» Rick și Kelly Starrett (pag. 151) au fost primii oameni care mi-au făcut cunoștință cu incredibila saltea ChiliPad (pag. 168).

» Adele a aruncat efectiv la gunoi prima versiune a albumului său *25*, bazându-se, printre altele, și pe feedbackul lui Rick. Ea a „revenit la faza de proiectare" și a luat totul de la capăt. Noul și mai bunul *25* a devenit cel mai bine vândut album din 2015.

PUTEREA PURIFICATOARE A FRIGULUI

„De multe ori, exercițiile fizice mă fac să mă simt mai bine, la fel și meditația, dar baia cu gheață este cea mai grozavă dintre toate. Este ceva magic – saună, gheață, saună, gheață. După a patra, a cincea sau a șasea repriză de stat în cada cu gheață, nu te mai deranjează nimic pe lume."

20 DE MINUTE DE SOARE DIMINEAȚA

Rick a pierdut peste 45 de kilograme după ce a luat mult în greutate. S-a remodelat complet din punct de vedere fizic, poate să vâslească foarte bine stând în picioare și pune multe din schimbările majore pe seama dr. Phil Maffetone, inclusiv îmbunătățirea ritmului circadian. Acum, se trezește în general între 7:30 și 8:30, renunțând la stilul existenței nocturne pe care l-a avut o viață întreagă. Cum a reușit? „Când eram la facultate [la NYU], nu alegeam niciodată cursuri care începeau înainte de ora 3 p.m., deoarece știam că nu mă duc... [Până să-l întâlnesc pe dr.

Maffetone], dormeam cu jaluzele trase şi, de obicei, ieşeam din casă la apusul soarelui. El mi-a spus: «De aici înainte, când te trezeşti, vreau să ieşi afară. Imediat ce te trezeşti, trage jaluzelele şi ieşi afară, în pielea goală dacă se poate, şi stai la soare 20 de minute».”

TF: Eu îmi fac acum meditația de dimineață afară și, ori de câte ori este posibil, la bustul gol. Am încercat și în pielea goală, dar a fost cât pe ce să fiu dat afară dintr-un hotel parizian, pentru că presupusa mea curte „privată” s-a dovedit a fi comună. *Bonjour!*

„CEA MAI BUNĂ ARTĂ ÎMPARTE PUBLICUL”

Prima oară am văzut numele lui Rick pe caseta primului album heavy metal pe care l-am cumpărat: *Reign in Blood*, al celor de la Slayer. L-am întrebat cum a fost cu semnarea contractului:

„Când am semnat [cu Slayer], plutea în aer o teamă îngrozitoare... Era primul album pe care îl făceau pentru o casă importantă de discuri [și le era teamă că] își vor compromite arta pentru bani... Mie mi-au plăcut dintotdeauna lucrurile extreme și ei erau extremi, așa că am vrut să pun accent pe chestia asta. Nu am vrut să se dilueze; nu cred în validitatea ideii diluării lucrurilor pentru un public obișnuit. Cred că oamenii vor lucruri foarte pasionale și, adeseori, cea mai bună versiune pe care ar putea să o întruchipeze nu este pentru toată lumea... **Cea mai bună artă împarte publicul.** Dacă lansezi un album, și jumătate din oamenii care îl ascultă îl plac fără rezerve, iar cealaltă jumătate îl detestă total, ai făcut treabă bună, fiindcă asta înseamnă să împingi acea graniță care îi delimitează.

✸ Sfaturi pentru tine, cel din tinerețe?

„Să fiu mai îngăduitor cu mine însumi, deoarece am impresia că mi-am reproșat prea multe. Am pretenții mari de la mine, sunt aspru cu mine și nu cred că ajut pe cineva dacă mă port astfel.”

TIM: „Unul dintre lucrurile cu care mă lupt și eu, pe de o parte, este că nu vreau să-mi reproșez întruna lucruri, dar, pe de altă parte, am impresia că perfecționismul meu este cel care mi-a permis să obțin puținul succes pe care l-am obținut până acum. Am auzit povești despre ZZ Top și albumul lor *La Futura* și despre cum ați lucrat împreună la el, din 2008 până în 2012, și și-au dat seama cât de valoroasă este dorința ta ca arta să fie cât mai reușită sau mai bună cu putință, iar asta înseamnă că trebuie să-și acorde tot timpul de care e nevoie și să îndure toate neplăcerile necesare. Vreau să fiu mai blând cu mine, dar îmi fac griji că, dacă fac asta, voi pierde doza aceea de magie, presupunând că există, care îmi permite să fac ceea ce fac."

RICK: „Eu cred că acesta este, de fapt, un mit. Cred că perspectiva ta asupra lucrurilor este caracteristică pentru tine [și nu depinde de perfecționism] – **este ca și cum ai câștiga războiul și, pentru a accepta faptul că ai câștigat războiul, ai un public. Oamenii sunt dispuși să asculte lucrurile care te interesează pe tine, lucrurile pe care ești interesat să le înveți și ce vrei tu să faci public. Poți să faci asta fără să te sinucizi. Căci sinuciderea ta nu va fi de folos nimănui, nici ție, nici publicului tău."**

VREI SĂ NU MAI FI BLOCAT? FĂ-ȚI SARCINA RIDICOL DE MICĂ

Cum îi ajută Rick pe artiștii care se simt blocați? „De obicei, le dau teme pentru acasă: o sarcină mică, realizabilă. Să-ți dau un exemplu. Am avut un artist cu care am lucrat de curând care nu a mai scos un album de mult timp și nu reușea să ducă nimic la bun sfârșit. Avea un fel de blocaj al scriitorului. Dar îi dădeam ca temă pentru acasă sarcini ușor de realizat, care păreau aproape o glumă. «Diseară vreau să scrii un cuvânt pentru cântecul acesta care ar avea nevoie de încă cinci rânduri și pe care nu-l poți termina. Până mâine, vreau doar un cuvânt care să-ți placă. Crezi că poți să găsești un singur cuvânt?»"

ÎNCEPUTUL ÎNSEAMNĂ SĂ LUCREZI CU INIMA, NU CU MINTEA

„Mare parte din job este mai mult emoție și «lucru cu inima» decât «lucru cu mintea». Mintea apare în poveste mai târziu, ca să vadă ce a oferit inima și ca să organizeze lucrurile acestea. Dar inspirația inițială vine dintr-un alt loc, iar acela nu este capul, și activitatea nu este una intelectuală."

ÎNVAȚĂ DE LA CORIFEI, NU DE LA COMPETIȚIE

„Mersul la muzeu și admirarea artei de calitate te pot ajuta să scrii cântece mai bune. Lectura marilor romane... un film bun... poezia... Singurul fel în care ajungi să folosești inspirația altor artiști este prin **cufundarea în marile opere ale tuturor timpurilor**... Să asculți cele mai frumoase cântece compuse vreodată ar fi o modalitate mai bună de a face eforturi pentru [a-ți găsi] o voce proprie în ziua de azi [decât] să asculți ce se dă la radio acum și să-ți spui: «Vreau să concurez cu asta»... [În materie de muzică], caută online *MOJO's* 100 Greatest Albums Ever Made, sau *Rolling Stone*'s 500 Greatest Albums of All Time, sau primele

100 de albume dintr-o surse de încredere și începe să-i asculți pe aceia care sunt considerați monștri sacri."

✹ La cine te gândești când auzi expresia „persoană de succes"?

Don Wildman. „Are 82 de ani și ieri a făcut 23 de tracțiuni pe plajă. Participă la Jocurile Olimpice pentru Seniori. S-a pensionat... pentru că a vrut să-și petreacă zilele bucurându-se de viață și făcând sport. Este unul dintre cei mai grozavi oameni de succes, un om care te însuflețește, te înalță spiritual din multe puncte de vedere."

TF: Laird Hamilton, Gaby Reece și Brian MacKenzie îl aduc și ei în discuție pe Don (vezi pag. 119). Eu vă recomand cu tărie să citiți un articol despre el din *Esquire*, apărut acum câțiva ani și intitulat „The World's Healthiest 75-Year-Old Man" („Cel mai sănătos bărbat de 75 de ani din lume"). Redau din articolul respectiv: „Wildman s-a pensionat oficial în 1994, la vârsta de 61 de ani [după ce și-a vândut compania firmei care avea să devină Bally Total Fitness], nu pentru că și-ar fi pierdut pasiunea pentru acest domeniu, ci pentru că simplul fapt de a avea un job – fie el și în industria fitnessului – îl împiedica să facă snowboarding 100 de zile pe an."

COLOANA SONORĂ A EXCELENȚEI

Așa cum am spus anterior, peste 80% dintre performerii de talie mondială pe care i-am intervievat meditează dimineața.

Dar ce se întâmplă cu restul de 20%? Aproape toți au activități similare meditației. Unul dintre obiceiurile care apar des constă în ascultarea în continuu a aceleiași melodii sau a aceluiași album, lucru care poate funcționa ca o mantră din exterior pentru a susține concentrarea și conștientizarea stării actuale.

Iată doar câteva exemple:

» Alex Honnold, un fenomen al cățărării în solo integral*: coloana sonoră a filmului *Ultimul mohican*

» Rolf Potts, autor al *Vagabonding (Hoinăreala)* și al altor cărți: *The Zen Effect* în cheia C timp de 30 de minute, creat de Rolfe Kent, cel care a compus muzica unor filme precum: *Sideways, Wedding Crashers (Spărgătorii de nunți)* și *Legally Blonde (Blonda de la Drept)*

» Matt Mullenberg, dezvoltatorul șef al WordPress, director general la Automattic: „Everyday" de A$AP Rocky și „One Dance" de Drake

» Amelia Boone, cea mai bună alergătoare din lume la cursele cu obstacole: „Tonight Tonight" al trupei The Smashing Pumpkins și „Keep Your Eyes Open" al celor de la NEEDTOBREATHE

» Chris Young, matematician și bucătar-șef experimental: „Live at the Rojan in Shanghai" al lui Paul Oakenfold, Essential Mix al lui Pete Tong

» Jason Silva, filosof și celebritate pe YouTube și la TV: „Time" de pe coloana sonoră a filmului *Inception* (Începutul), compusă de Hans Zimmer

---

* Cățărarea în solo integral, uneori numită și soloing liber, este o formă de cățărare liberă în care cățărătorul renunță la orice sistem de asigurare, atât solo cât și de grup, cum ar fi corzi, hamuri sau alte echipamente de protecție în timpul ascensiunii. (n.red.)

» Chris Sacca: „Harlem Shake" al lui Baauer și „Lift Off" al lui Jay Z și Kanye West, featuring Beyoncé. „Pot să trec ca acceleratul printr-o cantitate uimitoare de e-mailuri dacă se aude Harlem Shake pe fundal."

» Tim Ferriss: în momentul de față ascult „Circulation" al celor de la Beats Antique și „Black Out the Sun" al celor de la Sevendust, în funcție de ce am nevoie: stare de flux sau să mă înviorez.

Personal, eu duc ceva mai departe comportamentul acesta repetitiv ca de călugăr.

Atunci când am un termen limită pentru o carte, aleg 1-2 albume și 1-2 filme pentru momentele în care scriu noaptea, fiindcă lucrez cel mai bine între 11 seara și 4 dimineața. Am făcut un sondaj al celor mai prolifici autori pe care-i cunosc și peste 90% dintre ei lucrează cel mai bine atunci când restul lumii doarme, indiferent că încep după ora 10 seara sau se trezesc cu mult înainte de 6 dimineața. Eu, personal, las un film să meargă în fundal, fără sonor, ca să nu mă simt izolat, și ascult 1 sau 2 albume de mai multe ori; la fel și cu filmul. Asta înseamnă că am „văzut" câteva filme de peste 100 de ori, la propriu, din moment ce pot să pun același film de 3-6 ori pe noapte. Spre sfârșit, când încep să obosesc, trec de la muzica aleasă pentru „starea de flux" la muzica aleasă pentru „înviorare". Iată filmografia și discografia de la toate cărțile mele:

4 ore – săptămâna de lucru

Filme: *The Bourne Identity (Identitatea lui Bourne), Shaun of the Dead (Lupta cu zombi)*

Album pentru „starea de flux": *Gran Hotel Buenos Aires* al lui Federico Aubele

Album pentru „înviorare": *One-X* al celor de la Three Days Grace

4 ore – corpul

Filme: *Casino Royale, Snatch (Unde dai și unde crapă)*

Album pentru „starea de flux": *Luciano Essential Mix* (2009, Ibiza) featuring DeadMau5

Album pentru „înviorare": *Cold Day Memory* al celor de la Sevendust

The 4-Hour Chef

Filme: *Babe* (Da, filmul cu porcul. A fost primul lucru care a apărut gratuit pe Amazon Prime. L-am văzut o dată, în glumă, și m-a prins. „Ajunge, porcule. Ajunge." Mă face să râd de fiecare dată.)

Album pentru „starea de flux": „Just Jammin" extended single track al lui Gramatik

Album pentru „înviorare": *Dear Agony* a celor de la Breaking Benjamin

Instrumentele titanilor

Filme: Niciunul! Călătoream și, în loc de „film", mă uitam la oameni prin cafenelele nocturne din Paris și din alte orașe.

Album pentru „starea de flux": *I Choose Noise* al trupei Hybrid

Album pentru „înviorare": *Over the Under* al celor de la Down

JACK DORSEY

Jack Dorsey (TW: @JACK) este cofondator și director general la Twitter, fondator și director general la Square și membru în consiliul de administrație al The Walt Disney Company. A primit premiul „Innovator of the Year" în 2012, din partea ziarului *The Wall Street Journal* și a fost desemnat ca fiind printre „primii 35 de inovatori sub 35 de ani" de către *MIT Technology Review*, în 2008.

- **Ce carte sau cărți ai dăruit cel mai des?**

Bătrânul și marea, Fire de iarbă (prima ediție).

- **Dacă ai putea să expui oriunde un panou, ce ai scrie pe el?**

„Respiră!"

- **Ai vreun citat după care îți conduci viața sau la care te gândești des?**

„Nu știu nimic."

- **Care este cel mai prost sfat care se dă în domeniul tău?**

„Dă greș repede!"

- **Un lucru pe care îl crezi adevărat și pe care ceilalți îl consideră nebunesc?**

Ne naștem cu tot ce ne va trebui vreodată.

- **Trei oameni sau surse de la care ai învățat – sau pe care i-ai urmărit îndeaproape – în ultimul an?**

Wim Hof, Rick Rubin, Rick Owens

- **Care sunt episoadele tale preferate din *The Tim Ferriss Show*?**

Rick Rubin și Wim Hof

- **Care este cea mai bună sau cea mai valoroasă investiție pe care ai făcut-o vreodată?**

Faptul că îmi fac timp să mă duc pe jos la serviciu în fiecare zi (8 km, adică 1 oră și 15 minute)

„Există doar patru povești: o poveste de dragoste între două persoane, o poveste de dragoste între trei persoane, lupta pentru putere și călătoria. Toate cărţile din librării vorbesc despre aceste patru arhetipuri, despre aceste patru teme."

„Lumea se schimbă grație exemplului tău, nu din cauza părerii tale."

PAULO COELHO

Paulo Coelho (FB/TW: @PAULOCOELHO, PAULOCOELHOBLOG.COM) a fost mult timp una dintre sursele mele de inspirație în materie de scris. Printre cărţile sale, care au exercitat o atracție aproape universală, se numără *Alchimistul* și, cea mai recentă, *Spioana*, și au fost traduse în peste 70 de limbi. Ca scriitor, are un ritm incredibil de constant și, în medie, publică o carte la fiecare 2 ani. În timp ce scriu aceste rânduri, sunt presat de termene limită și mă simt adeseori cum se simțea și Kurt Vonnegut: „Când scriu, mă simt ca un om fără mâini și picioare, care ține un creion în gură". Avem multe de învățat de la Paulo.

POVESTEA DE FUNDAL

Sunt puțini cei care știu că *Alchimistul*, carte care a fost vândută în peste 65 de milioane de exemplare la nivel mondial, a fost publicată inițial de o mică editură braziliană, într-un tiraj de doar 900 de exemplare. Au refuzat să o retipărească! Abia după următorul său roman, *Brida, Alchimistul* a fost relansată și a dat lovitura.

Paulo s-a născut în Brazilia, dar acum locuiește la Geneva, în Elveția, unde a înregistrat un audio pentru podcastul meu.

CE OBICEIURI AI DIMINEAȚA? DAR ÎN CURSUL ZILEI?

„Stau jos, firește. Am cartea în minte, dar încep să tergiversez lucrurile. Dimineața îmi verific e-mailurile, mă uit la știri, verific tot ce se poate verifica, doar ca să amân, pe moment, să stau și să mă înfrunt pe mine. Timp de 3 ore, încerc să-mi spun: «Nu, nu, nu. Mai târziu, mai târziu, mai târziu». După aceea, la un moment dat, îmi spun – doar ca să nu mă fac de râs în propriii ochi: «Acum o să mă așez și o să scriu o jumătate de oră». Și asta fac. Bineînțeles, jumătatea aceasta de oră se transformă în 10 ore. Acesta este motivul pentru care îmi scriu cărțile foarte repede, pentru că nu mă pot opri... [Dar] nu mă pot opri [să nu amân]. **Probabil că acesta este ritualul meu lăuntric. Timp de 3 sau 4 ore trebuie să mă simt vinovat că nu scriu.** Apoi, ajuns în acest punct, încep să scriu și scriu nonstop...

O zi reușită în materie de scris este una în care sufăr dimineața și mă distrez seara, mă distrez scriind. [N-ar trebui] să descriu asta ca pe ceva distractiv. Este și dureros... sunt într-un fel de transă. Când mă duc la culcare, după 10 ore de scris, am încă adrenalina în sânge. Am nevoie de câteva ore ca să adorm. **Am un carnețel la îndemână și iau notițe, dar le iau doar ca să mi le scot din minte. A doua zi se dovedesc inutile.** Nu folosesc niciodată notițele pe care le iau... și asta este valabil de pe vremea când lucram la prima mea carte, *Jurnalul unui mag*. Nu pot schimba acest proces. Aș vrea să mă pot așeza și să încep scriu și să nu mă simt vinovat câte 4-5 ore în timpul zilei. Este imposibil."

TF: Până și celor mai buni din lume le este greu. Trebuie să reînvăț lecția aceasta frecvent. Pentru majoritatea scriitorilor care nu au început ca jurnaliști (de ex., Malcolm Gladwell, Neil Strauss), scrisul este greu și continuă să fie greu. Ce îl face mai ușor? Să știe că mulți dintre „cei mari" întâmpină aceeași problemă. Este reconfortant să știi că cei mai buni din domeniu – care, aparent, au depășit toate așteptările – continuă să poarte zilnic această luptă.

✹ Care sunt cele mai obișnuite greșeli sau slăbiciuni ale romancierilor aflați la prima carte?

„Nu complica lucrurile. Ai încredere în cititorul tău. El are foarte multă imaginație. Nu încerca să explici lucrurile. Fă o aluzie, iar el o va completa cu propria imaginație. Din acest motiv ezit să vând drepturile de ecranizare ale cărților mele, pentru că acolo ai totul. [Spectatorul] nu trebuie să gândească. Pe de altă parte, dacă spun, ca în *Aleph*, la început de tot: «Mă aflu în casa mea din Pirinei și aici se găsește un stejar», nu trebuie să descriu casa din Pirinei. Nu trebuie decât să plasez elementele importante: stejarul, pe mine și persoana cu care stau de vorbă. Asta-i tot... Ai încredere în cititorul tău. Înțelege că el poate să completeze spațiile goale. Nu da prea multe explicații."

✹ Cum găsești idei care te-ar putea ajuta la scris?

„Îi încurajez cu tărie pe scriitori să nu se gândească la scris de fiecare dată când fac ceva. Lăsați baltă carnețelele. Terminați cu luatul notițelor. Păstrați doar lucrurile importante. Lucrurile neimportante dispar. Atunci când te așezi la scris, există un proces de curățire, de purificare, în urma căruia rămân doar lucrurile importante. Este mult mai ușor decât să iei notițe și să te supraîncarci cu informații."

✹ Ce te ajută atunci când te blochezi sau stagnezi?

„Doar un singur lucru. Când simt că stagnez, îmi promit că trebuie să merg înainte [chiar și atunci] când nu mă simt inspirat. Trebuie să fiu disciplinat... Pe la jumătatea unei cărți ajung în acest punct: nu știu cum să duc povestea mai departe, chiar dacă este vorba despre o poveste de nonficțiune. Dar apoi spun: «Carte, tu chiar te lupți cu mine. Bun. O să stau aici și nu o să te las în pace până nu găsesc o ieșire. Poate să dureze 10 minute. Poate să dureze 10 ore. Dar, dacă nu ai suficientă disciplină, nu mergi mai departe..."

TF: Câteva persoane din această carte, inclusiv subsemnatul, au descoperit că *Bird by Bird*, cartea Annei Lamott, este o ancoră de salvare atunci când apare o criză în timpul scrierii unei cărți. Un prieten mai avea puțin și urma să înapoieze avansul editurii și să se dea bătut. I-am împrumutat exemplarul meu din *Bird by Bird*, și-a recăpătat încrederea și cartea lui a devenit un bestseller *New York Times*.

✹ Ai o echipă sau cercetători care te ajută?

„Nu, nu am cercetători. Nu, nu... Dacă îți încarci cartea ca rezultat al unei cercetări amănunțite, devii foarte plictisitor atât pentru tine cât și pentru cititorii tăi. Cărțile nu există ca să demonstreze cât de inteligent și de cultivat ești tu. Cărțile există pentru a-ți arăta inima, pentru a-ți descoperi sufletul și pentru a le spune fanilor tăi, cititorilor, că nu sunt singuri."

SFATURI PENTRU SCRIS DE LA CHERYL STRAYED

Cheryl Strayed (FB: CHERYLSTRAYED.AUTHOR, TW: @CHERYLSTRAYED, CHERYLSTRAYED.COM) este autoarea unor bestselleruri în lista *New York Times*, printre care: *Wild (Sălbăticie)*, *Tiny Beautiful Things (Micile lucruri frumoase)*, *Brave Enough* (*Suficient de curajos)* și *Torch (Torța)*. Eseurile lui Cheryl au fost publicate în *The Best American Essays*, *The New York Times*, *Washington Post Magazine*, *Vogue*, *Salon*, revista *The Sun*, *Tin House* și în alte publicații. Are un MFA* în scriere de ficțiune de la Syracuse University și o diplomă de masterat de la Universitatea din Minnesota. Trăiește în Portland, Oregon.

Fiecare scriitor din această carte are o manieră ușor diferită de a face lucrurile, dar toți încep cu același lucru: o pagină albă.

Chiar dacă nu te consideri scriitor (eu nu m-am considerat niciodată), așternerea gândurilor pe hârtie este cea mai bună modalitate de A) a dezvolta idei, și B) a-ți analiza și îmbunătăți gândirea. Chiar dacă scrii doar 30 de minute pe săptămână, beneficiile acestei activități se transferă tuturor celorlalte lucruri pe care le faci.

Ideile care apar mai jos sunt sfaturi pe care mi le-a dat Cheryl atunci când i-am cerut idei de teme pentru elevii care au citit *Wild*. Sunt geniale și reprezintă puncte fantastice de plecare pentru orice tip de jurnal personal sau de scriere, indiferent că vorbim de Paginile de Dimineață (pag. 175), o postare pe blog, începutul unui roman, o scrisoare către un prieten, o însemnare în jurnal, un scenariu sau un mesaj pe Tinder.

Încearcă să scrii de mână una sau două pagini. Scrie fără să te întrerupi și nu te opri ca să revizuiești. Primul pas este să creezi fără să analizezi. Sunt șanse mari să te surprinzi plăcut.

---

* MFA – Master of Fain Arts (masterat în arte frumoase). (n.red.)

» Scrie despre o situaţie când ţi-ai dat seama că te-ai înşelat.
» Scrie despre o lecţie pe care ai învăţat-o trecând printr-un moment dificil.
» Scrie despre o situaţie când te-ai îmbrăcat nepotrivit pentru o ocazie.
» Scrie despre un lucru pe care l-ai pierdut şi pe care nu-l vei recupera niciodată.
» Scrie despre o situaţie în care ai ştiut că ai făcut ce trebuie.
» Scrie despre un lucru pe care nu ţi-l aminteşti.
» Scrie despre cel mai nesuferit profesor al tău.
» Scrie despre o accidentare fizică.
» Scrie despre momentul când ai ştiut că ceva s-a terminat.
» Scrie despre a fi iubit.
» Scrie despre ceea ce gândeai în realitate.
» Scrie despre felul în care ai găsit drumul de întoarcere.
» Scrie despre amabilitatea străinilor.
» Scrie despre motivul pentru care n-ai putut să faci ceva.
» Scrie despre motivul pentru care ai făcut altceva.

ED COOKE

Ed Cooke (TW: @TEDCOOKE, MEMRISE.COM) este director general la Memrise și are un atestat de Maestru al Memorării. Asta înseamnă că poate să memoreze A) un număr de 1.000 de cifre într-o oră, B) cărțile amestecate dintr-un pachet în câteva minute, și C) 10 pachete de cărți amestecate în decurs de o oră. Poate și mai impresionant e faptul că îi poate instrui rapid pe alții să facă același lucru. În 2010, a fost intervievat de un jurnalist numit Joshua Foer. În 2011, sub tutela demnă de Yoda a lui Ed, Joshua a devenit următorul campion american la memorizare. Ed a avut nevoie de mai puțin de un an pentru a transforma un novice într-un talent de clasă mondială. Rezultatul a fost cartea lui Foer, *Memoria inteligentă. Arta și știința de a-ți aminti totul.*

Animalul spiritual: jaguarul

DESPRE MAGIA LUI JOHANN WOLFGANG VON GOETHE

„Goethe este foarte cool... La vârsta de 25 de ani scrie un roman, care este absolut genial [*Suferințele tânărului Werther*], despre necazurile tânărului Goethe. Este o poveste minunată despre un tânăr care se îndrăgostește și lucrurile nu merg prea bine... Goethe a scris cartea aceasta închizându-se trei luni într-o cameră de hotel, imaginându-și că cei mai buni cinci prieteni ai săi stau pe câte un scaun în jurul lui și discutând cu acești prieteni imaginari diferite posibilități de intrigă. Apropo, acesta este un exemplu de separare spațială de care vorbeam. [**TF:** Oamenii își amintesc bine în mod firesc fețe, persoane și locuri/spații, așa că le poți folosi pentru a crea strategii mnemonice, cum ar fi, spre exemplu, tehnica „palatului memoriei".] Când ești în propria minte, ești cumva închis și prins într-un spațiu îngust, așa că atunci când Goethe s-a imaginat în diferite locuri în spațiu și apoi a repetat o idee – sau un roman, în cazul acesta – prin perspective, a putut să obțină cinci puncte de vedere diferite și să formeze un teren de joacă multidimensional în care a creat o operă de artă... ceea ce, că tot am amintit de ea, este o tehnică minunată."

TF: Nu avem nevoie de prezența mentorilor chiar atât de des pe cât credem. În fiecare zi, mă întorc la exemplul câtorva persoane din această carte și îmi pun singur întrebări de genul: „Ce ar face Matt Mullenweg?" sau „Ce ar spune Jocko?"

CÂND TE SIMȚI CA UN RATAT (AȘA CUM NE SIMȚIM CU TOȚII UNEORI)

„Când eram la școală și pierdeam câte o dezbatere sau descopeream că sunt un ratat într-un sens mai general, făceam un lucru pe care îl numeam „truc mental". Stăteam pe closet sau ceva de genul acesta și doar mă gândeam: «Of, totul pare îngrozitor și mizerabil. Toate s-au dus naibii». Apoi, [mă gândeam]: «Dar, dacă stai să te gândești, stelele sunt foarte departe», apoi încercam să-mi imaginez lumea privind dinspre stele. După care dădeam un fel de zoom și lucrurile deveneau cam așa: «O, uite și personajul ăsta minuscul care există doar o fracțiune de timp și își face griji pentru X»."

TF: Această abordare este similară cu „terapia stelelor" pe care BJ Miller o descrie la pag. 445. Eu folosesc o combinație între acestea în fiecare seară înainte de culcare.

✹ Recomandări de carte

In Praise of Idleness and Other Essays (Omagiu trândăviei și alte eseuri), de Bertrand Russell

Cosmologia voioasă, de Alan Watts

Maxime și reflecții, de Goethe: „Călătoream prin lume la vârsta de 18 ani, un lucru pe care, în Anglia, oamenii îl fac între liceu și universitate. În haină aveam aforismele lui Goethe, gândurile lui lapidare la mine în buzunar. Am citit și recitit cartea... A avut de fapt un [impact] esențial asupra vieții mele, pentru că acestea sunt frânturi de înțelepciune pe orice temă imaginabilă și toate sunt geniale. Sunt lucruri de genul: «Compania femeilor înseamnă o educație în bunele maniere» sau «Îndrăzneala are în ea geniu, putere și magie». Unele pe care nu ți le amintești în forma lor exactă, dar care, cu toate acestea, funcționează ca microfiltre în interpretarea realității."

Touching the Rock: An Experience of Blindness, de John Hull. Este despre un om care ajunge să orbească, pe parcursul a 20 de ani. „Este un fel de teolog, dar are aceste reflecții minunate despre felul în care a ajuns să se bucure de lume [din postura de orb.] Un exemplu de referință este acela că ploaia e cel mai bun lucru pentru orbi, fiindcă poți să auzi lumea în trei dimensiuni. Răpăitul picăturilor de ploaie pe acoperișuri, pe asfalt, pe stâlpii de iluminat și pe clădiri te face să percepi spațiul – datorită ecoului – în 3D, pe când în cea mai mare parte a timpului, spațiul tău 3D se extinde doar câțiva metri în fața ta, restul fiind doar vid."

„Să privești pe cineva în ochi... este de multe ori antidotul pentru lucrurile care ne fac să suferim."

AMANDA PALMER

Amanda Palmer (TW: @AMANDAPALMER, AMANDAPALMER.NET) s-a remarcat prima oară ca fiind jumătatea unui duo de punk cabaret numit The Dresden Dolls, foarte apreciat la nivel internațional. „The Art of Asking", prezentarea ei de la TED devenit un succes neașteptat, a fost văzută de peste 8 milioane de ori. A continuat cu o carte care se ocupa pe larg de lecții, intitulată *The Art of Asking: How I Learned to Stop Worrying and Let People Help (Arta de a cere: cum am învățat să nu-mi mai fac griji și să-i las pe oameni să mă ajute)*. Am citit-o și mi-am îmbunătățit viața într-o după-amiază în care am cerut ajutor.

Animalul spiritual: leneșul

„IA DUREREA ASUPRA TA ȘI POART-O CA PE O CĂMAȘĂ"

Amanda povestește cum a căpătat porecla și numele de scenă: „Amanda Fucking Palmer":

„S-a întâmplat când Ben [Folds, producătorul primului ei album solo] cunoștea pe cineva care era prieten cu o rivală a mea, și aceasta se referea la mine – efectiv de fiecare dată – spunându-mi «Amanda Fucking Palmer». Așa că, Ben, pentru că lucram împreună de o lună de zile la un album, în Nashville, a început să-mi spună în glumă «AFP»... Îți pierzi mințile în studio și totul devine instantaneu umor scatologic. Asta s-a transformat în eterna glumă a studioului precum și în numele cu care mă alinta Ben; mie mi s-a părut îndeajuns de amuzant ca să mă apuc să-l folosesc și eu. Apoi s-a transformat în ceva important. Nici măcar nu știu cum s-a transformat în ceva important, dar cred că este o poreclă bună... Se prinde de tine și rămâne lipit."

TIM: „Îmi place. Ai dezarmat insulta adoptând-o în totalitate."

AMANDA: „Asta fiind oarecum filosofia mea de viață."

TIM: „Îmi place asta."

AMANDA: „Nu, vorbesc serios. Pur și simplu, ia durerea asupra ta și poart-o ca pe o cămașă."

TF: Acesta este exact motivul pentru care mă refer constant la mine însumi prin expresia „diletant profesionist" atunci când sunt intervievat de cineva care mă percepe ca pe un generalist care cochetează cu tot felul de lucruri (ceea ce probabil că și sunt). Simplul fapt că folosesc limbajul unui critic îl lasă pe acesta fără o parte din muniție.

TREI CUVINTE PENTRU REZOLVAREA CONFLICTELOR

„Sfatul de viață [pe care mi l-a dat mentorul meu] în cazul unui conflict sau a unei situații dificile cu părinții sau a unei dispute cu Neil [Gaiman, soțul ei] este: «Vorbește mai puțin». Asta e tot. Doar vorbește mai puțin."

EXPLICAȚIA SUCCESULUI SĂU CA ARTIST DE STRADĂ

„Am tratat fiecare client ca pe o poveste de dragoste de zece secunde."

PRACTICA DE MEDITAȚIE A AMANDEI

„Meditație vipassana elementară, nimic pretențios, nicio mantră nebunească, niciun zeu și nicio zeitate, stau pur și simplu pe pământ ca o ființă umană și sunt atentă la respirație și la corpul meu, lăsând gândurile să vină și să plece, încercând cât pot de mult să nu mă atașez de drama care vine în vizită."

DROPPING ASHES ON THE BUDDHA

„Una dintre cărțile mele preferate din toate timpurile, pentru că mi-a schimbat viața, este o carte care se numește *Dropping Ashes on the Buddha (Cenușa așternută peste Buddha)*. Este scrisă de maestrul zen Seung Sahn, care a fost un călugăr zen coreean. Am citit-o când aveam, poate, 24 de ani; este o carte micuță și constă într-o serie de scrisori pe care acest călugăr coreean foarte amuzant, foarte direct, foarte franc le-a scris studenților săi în anii '70 ai secolului trecut. A fost una dintre cărțile de genul: «O, Doamne, cred că am înțeles»... Am dat cartea aceasta unui număr de 30 sau 40 de oameni, în special celor care mi-au spus că se simt cumva pierduți și/sau deprimați sau fără o direcție sau unor tineri aflați într-un moment nebunesc de răscruce al vieții și au nevoie de ceva de care să se agațe. Dacă îți place, există o carte care o însoțește, a doua colecție de scrisori, care a fost numită *Only Don't Know (Doar că nu știu)*.

ȚINTEȘTE PRECIS, DEVINO STĂPÂN AL PROPRIEI CATEGORII

Rândurile care urmează sunt unul dintre fragmentele mele preferate din *The Art of Asking*, pe care l-am subliniat pentru că ilustrează foarte frumos filosofia celor „1.000 de fani adevărați" de care sunt atât de atașat (pag. 326):

> Dita Von Teese, vedetă pe scena varietăților, mi-a povestit la un moment dat un lucru pe care l-a învățat în primele zile ale carierei sale de dansatoare de striptease în L.A. Colegele ei – dansatoare blonde oxigenate, cu bronz fals, epilate în stil brazilian și cu bikini strălucitori – făceau striptease în club până rămâneau goale pușcă, pentru un public de 50 de bărbați, și primeau drept bacșiș câte un dolar de la fiecare tip. Dita urca pe scenă purtând mănuși de satin, un corset și un tutu și făcea un striptease erotic care se oprea la lenjeria intimă, derutând mulțimea. Și apoi, chiar dacă era ignorată de 49 de tipi, unul tot îi dădea un bacșiș de cincizeci de dolari.
>
> Omul acela, îmi spunea Rita, era publicul ei.

✸ Vreun citat după care îți conduci viața sau la care te gândești frecvent?

„«Cinstește-i pe cei care caută adevărul, ferește-te de cei care l-au găsit» [adaptat după Voltaire]. Ceva care ne amintește că drumul nu se sfârșește niciodată și că absolut nimeni nu a rezolvat chestia asta."

ERIC WEINSTEIN

Eric Weinstein (TW: @ERICRWEINSTEIN) este director administrativ al Thiel Capital, are un doctorat în fizică matematică de la Harvard și este cercetător asociat în cadrul Institutului Matematic al Universității Oxford.

DIN CULISE

» Acesta este sms-ul de la Eric care a dus la podcastul nostru: „Vrei să încerci un podcast despre [subiectele din șirul nostru de comentarii]... psihedelice, teorii despre tot și nevoia de a distruge educația pentru salvarea ei?"

» Cel mai viral lucru pe care l-a scris Eric a fost ceva despre *Kung Fu Panda*, filmul său preferat [„În *Kung Fu Panda*, cum ajunge Po să-și dezvolte capacitatea de a fi un luptător Kung Fu incredibil?", pe Quora]. Eric a mai scris despre wrestlingul profesionist ca metaforă pentru traiul într-o realitate construită și falsă [vezi „Kayfabe" pe Edge.org].

Animalul spiritual: orhideea oglindă

2.000-3.000 DE OAMENI, NU FAIMĂ ÎN GENERAL

Acesta este unul dintre mesajele pe care Eric mi le-a ştanţat în creier anul trecut şi care m-a influenţat în luarea multor decizii de atunci. Stăteam într-o cadă mare plină cu apă şi vorbeam despre lume (aşa cum fac matematicienii şi cobaii umani în San Francisco) şi mi-a spus: „În rândul publicului larg, faima este supraapreciată. Mai bine să fii celebru pentru 2-3.000 de oameni pe care îi alegi tu, pe sprânceană". Parafrazez, dar ideea este că nu ai nevoie şi nici nu vrei faimă în rândul publicului larg. Îţi aduce mai multe riscuri decât beneficii. Pe de altă parte, dacă eşti cunoscut de 2-3.000 de oameni de calibru mare (de ex., publicul live de la TED), poţi să faci tot şi orice îţi doreşti în viaţă. Îţi aduce beneficii potenţiale maxime şi dezavantaje minime.

ÎNTREBĂRI PE CARE SĂ ŢI LE ADRESEZI ATUNCI CÂND ABORDEZI COMPANIILE (SAU IDEILE) DOMINANTE

„Ce au de câştigat şi de la cine?"

„Ce anume nu-şi permit să spună sau să gândească?"

„CONSENSUL" AR TREBUI SĂ-ŢI DECLANŞEZE UN SEMNAL DE ALARMĂ

„Cumva, oamenii trebuie să înveţe că consensul este o problemă uriaşă. Nu există niciun «consens aritmetic», pentru că nu este necesar unul. Dar există un consens al Washingtonului. Există un consens în materie de climă. În general, consensul este un fel de a obliga oamenii să se prefacă că nu este nimic în neregulă. «Toată lumea să circule!» Cred că, parţial, ar trebui să înţelegem că oamenii nu ajung în mod natural la un grad ridicat de consens decât dacă fie ceva este absolut limpede, caz în care consensul nu este prezent, fie există o ameninţare implicită de violenţă la adresa mijloacelor de trai sau la persoană."

TF: Eu îmi încep aproape toate prezentările cu un slide care conţine un citat: „De fiecare dată când te trezeşti de partea majorităţii, este momentul să te opreşti şi să reflectezi". – Mark Twain. Şi nu este doar pentru publicul meu. Este şi pentru mine.

SCHIMBÂNDU-ŢI CUVINTELE, ÎŢI SCHIMBI LUMEA

Eric are un vocabular uluitor care de multe ori mă lasă cu gura căscată şi discutăm foarte mult despre puterea limbajului de a modela cultura.

Aşa cum am menţionat în profilul lui Reid Hoffman (pag. 258), unul dintre citatele mele preferate este din Ludwig Wittgenstein: „Limitele limbajului meu sunt limitele lumii mele". În parte ca urmare a discuțiilor mele cu Eric din toiul nopții, am început să inventez cuvinte noi și să le răspândesc în cultura pop. Poți să faci asta de amorul artei sau ca să te amuzi, dar uneori o faci pentru că o conversație națională serioasă are nevoie de câteva cuvinte noi. În prima categorie, primul meu cuvânt a fost „teleadulter"* dintr-un tweet din 6 aprilie 2016:

„Propunere de cuvânt nou – teleadulter (subs.) – Când partenerul tău se uită singur în secret la un serial TV, deși înțelegerea a fost să-l urmăriți împreună."

Cel de al doilea experiment, care intră în categoria celor „serioase", a devenit public în timpul conversației mele cu Eric: „bigotist"**.

În momentul de față nu există niciun fel de sancțiune atunci când pui cuiva cu prea multă ușurință o etichetă cu „ist" la urmă (sexist, rasist, etc.), în ciuda faptului că oamenii care sunt acuzați pe nedrept de așa ceva pot să ajungă să-și vadă căsătoria sau cariera distrusă. Asta se întâmplă de multe ori fie fără să existe niciun fel de dovadă, fie cu dovezi foarte îndoielnice sau chiar cu dovezi foarte solide care susțin contrariul. Daunele sunt foarte greu de reparat, chiar dacă acuzația este retrasă sau corectată. În cel mai bun caz, Google și Wikipedia vor continua să spună că „a fost acuzat de...", o ambiguitate care te condamnă.

Deci, ce-i de făcut? Eu cred că poți să răspunzi cu aceleași arme. Aici intervine termenul „bigotist".

Bigotist (subst.) – persoană care lasă să se înțeleagă că alții ar fi bigoți, în interes personal.

Să presupunem că un scriitor alege calea ușoară pentru aplauze ieftine (adică face senzație pentru clickuri) și îi acuză pe alții la întâmplare că ar fi niște „iști", cum ar fi sexiști sau rasiști. Calomniatorul respectiv ar putea să fie etichetat acum drept „un bigotist bine cunoscut" în prezentarea lor de pe Wikipedia, spre exemplu. Asta ar crea o consecință și un element de descurajare, pe care nu le văd în momentul de față, pentru comportamente atât de nesăbuite și de dăunătoare.

Corectitudinea politică scăpată de sub control și gloatele online hotărâte să linșeze pe cineva sunt sfârșitul dreptului la liberă exprimare. Luptați împotriva lor. Lumea în care trăim se transformă într-o „realitate a consensului" oribilă. Să nu plonjam direct în prăpastie.

---

* *Teledultery* în orig. (n.red.)

** *Bigoteer* în orig. (n.red.)

DEFINIREA UNEI PERSOANE CU „INFLUENȚĂ SUPERIOARĂ"

Eric a spus la un moment dat, în trecere, „persoană cu influență superioară" și l-am rugat să detalieze:

„Când ți se spune că ceva este imposibil, asta reprezintă sfârșitul conversației sau declanșează cumva un al doilea dialog în mintea ta, fiindcă te întrebi cum să faci să-l ocolești pe cel care tocmai ți-a spus că nu poți să faci lucrul respectiv? Deci, cum să trec de bodyguardul de la ușă, care mi-a spus că nu pot să intru în clubul de noapte? Cum îmi voi deschide o afacere când o reputație îngrozitoare și nu am niciun pic de experiență?"

TF: Eric descrie *Marțianul* drept „filmul suprem în materie de influență superioară".

CE ÎNSEAMNĂ „DESIGN CANONIC"?

„Păi să aruncăm o privire în natură. Există un virus foarte tare numit bacteriofag T4. Dacă îl cauți, seamănă cu un modul de aselenizare. Este foarte mișto. Materialul genetic este păstrat într-o capsulă numită «capsidă» care are forma unui icosaedru [un poliedru cu 20 de fețe]... Este tulburător să te gândești că, înainte ca Platon să se fi născut, natura elucidase obiectul acesta complicat cu 20 de laturi. Dar cum era atât de natural la nivel matematic, chiar dacă era complex, natura a descoperit designul canonic, chiar dacă nu a existat un designer canonic... Cum era o formă dată de Dumnezeu, nu a trebuit să fie „gândită" de nicio persoană. Sau să luăm descoperirea recentă care a demonstrat că greierii utilizează un mecanism de angrenaj pentru a sări. Te-ai fi gândit că noi am inventat angrenajul. Dar, în realitate, acesta este o idee atât de naturală încât selecția naturală le-a găsit cu mult înaintea noastră... Formele acestea nu au inventatori ci, mai curând, descoperitori."

✸ Cărțile pe care le dăruiești sau le recomanzi cel mai des?

„Prietenilor mei preocupați de știință le recomand să citească ***The Emperor of Scent*** *(Imperiul parfumului)*, de Chandler Burr, despre prietenul meu Luca Turin. Aceasta vorbește despre un om de știință renegat care a fost boicotat de revista *Nature*, de diferite conferințe sau de centrele de cercetare consacrate și este o introducere minunată în felul în care sunt marginalizate vocile disidenților. Cum Luca este un geniu al olfacției și chimiei, este capabil să adopte o perspectivă, care s-ar putea sau nu să fie adevărată, dar să meargă înainte și să se lupte pentru ea. Deci, aceasta este una dintre preferatele mele.

Mai am o recomandare ciudată, o carte intitulată ***Heraclitean Fire*** *(Focul lui Heraclit),* de Erwin Chargaff, care practic i-a desființat pe Watson și pe Crick. Le-a spus că nu îi consideră foarte buni sau foarte inteligenți și că nu stăpânesc chimia. Că nu au calificarea necesară să lucreze pe ADN etc. S-a dovedit că ei au avut dreptate și că el a greșit. Când am aflat că a existat cineva care a pariat contra lui Watson și Crick, m-am gândit: «Ei bine, acesta se va dovedi bancul secolului», dar se pare că omul care i-a desființat era la rândul lui un geniu. El scrie despre felul în care a încercat să se opună acestor tipi și despre cum a dat greș, pentru că ei aveau dreptate și el se înșela. Are suficientă prezență de spirit ca să se lupte cu asta.

Acestea sunt cărți pe care le consider incredibil de influente, pentru că vorbesc despre cum arată situația atunci când un singur om se opune celor mulți."

PUTEREA DE A GÂNDI INDIRECT

„Până în 1989, nimeni nu știa cum să producă genți de voiaj pe roți. Este greu să-ți imaginezi că toată lumea avea mintea atât de înțepenită încât nimănui nu-i venise ideea să încorporeze niște rotițe și un mâner telescopic. Asta a fost invenția unui tip pe nume Robert Plath, care cred că lucra ca pilot pentru Northwest. Dintr-un foc, el a convins pe toată lumea că vechile geamantane erau îngrozitoare. Deci chiar dacă nu exista o cerere foarte mare, el a creat cererea, fiindcă nimeni nu-și mai dorea vechile geamantane. Ai putea să compari între ele aceste inovații discrete, apărute dintr-o sclipire de geniu, când într-un domeniu, când în altul. Spre exemplu, în tenisul de masă de la începutul anilor '50, cel mai slab jucător din echipa japoneză care participa la Bombay Table Tennis Championships era un tip care se numea Hiroji Satoh. El a lipit două suprafețe din spumă pe ambele fețe ale unei palete de tenis de masă acoperite cu șmirghel și nimeni nu mai putea să interpreteze sunetele, pentru că operația asta a modificat sunetul mingii."

TIM: „Ca un amortizor montat la o armă."

ERIC: „Exact. Deci, dacă îți căptușești paleta de tenis cu un amortizor de sunet..."

TIM: „Amortizor de sunet. Simplul fapt că ai folosit expresia aceasta mă face să cred că ai o grămadă de arme ascunse în pivniță."

ERIC: „Nu pot nici să confirm, nici să infirm. Dar ideea că cel mai slab jucător al uneia dintre cele mai prost clasate echipe poate să devină campionul de necontestat numai printr-o inovație care s-a dovedit atât de importantă, îți arată cât de puternică este una dintre ideile acestea. [**TF:** „Ideile acestea" = deținerea unui „secret", așa cum este explicat în cartea lui Peter Thiel *Zero to One* (*De la zero la unu**): să știi sau să crezi un lucru pe care restul lumii îl consideră absurd.] Legile puterii sunt extraordinar de mult de partea ta dacă câștigi, așa că merită osteneala [să te aventurezi în afara regulilor]."

TIM: „Sau Dick Fosbury care a sărit pentru prima dată cu spatele peste ștachetă, în proba săriturii cu prăjina la Jocurile Olimpice, câștigând aurul..."

ERIC: „În 1968, ai dreptate."

TIM: „Ridiculizat, apoi imitat și, în cele din urmă, adoptat ca standard."

ERIC: „[În cazul umbrelei standard care este prost concepută] spre exemplu, eu m-aș gândi imediat la japonezi, să zicem, la dragostea lor pentru origami și la matematica împăturirii hârtiei. Acolo aș încerca să văd dacă pot să analizez silozul acela de cunoaștere, în căutarea unei idei pe care să o aplic la umbrele. Foarte frecvent, lucrul important este să fii prima persoană care leagă între ele lucruri care nu au mai fost conectate înainte și care observă că ceea ce reprezintă o soluție banală într-un domeniu nu este nici măcar gândit în altul."

PENTRU O MUNCĂ DE CREAȚIE AL NAIBII DE INTENSĂ

TIM: „Dacă încerci să faci un efort creativ intens, care presupune foarte multă sinteză sau, cum ar spune Naval Ravikant, «gândire ortogonală», cum ar arăta ciclul tău de lucru?"

ERIC: „Eu apelez la o tehnică ciudată. Utilizez «coprolalia» – sună pornografic."

TIM: „Un pic."

ERIC: „Știi șirurile de obscenități pe care le rostesc involuntar pacienții cu sindromul Tourette? [Acestea sunt coprolalia.] Deci, am observat că, atunci când folosim cuvinte care ne sunt interzise, lucrul acesta îi spune creierului că ne aflăm într-un spațiu nesigur. Este aproape un semn că intri într-o stare diferită... Atunci când trec la munca profundă, de foarte multe ori aceasta are o energie foarte puternică, agresivă. Nu este ușor să fii prin apropiere. Este foarte solicitantă și cred că probabil le-aș părea foarte autist celor care mă consideră o persoană socială, dacă ar ajunge să mă vadă atunci când lucrez."

---

* Volum apărut sub acest titlu la Editura Publica, București, 2015. (n.red.)

TIM: „Cum stimulezi asta? Pur și simplu începi să înșiri cât mai multe obscenități cu putință? Ca o incantație?"

ERIC: „Le spun într-o ordine anume. Sunt ca o mantră invariabilă pe care trebuie să o spun."

TIM: „Poți să ne-o spui și nouă sau este strict secretă?"

ERIC: „Nu, nu. Nu poți spune și altora cuvântul de meditație."

TIM: „Bine, atunci câteva indicii? Cât de lungă este?"

ERIC: „Probabil că îmi ia în jur de șapte secunde să o rostesc. Trebuie [de asemenea] să părăsești realitatea normală, în care începi să te gândești la [lucruri de genul]: «Bun, și cum îl voi afecta negativ pe vecinul meu?» Nu, momentul acesta îți aparține. Furi din timp. Iar actul creației este el însuși o acțiune violentă."

TF: Această tehnică ciudată pare să dea naștere rapid unei alte stări de spirit. Încearcă! Scrie o serie de înjurături care să poată fi citite în 7-10 secunde. Apoi, înainte să te apuci de o muncă creativă, citește-o repede și cu voce tare, ca și cum ai arunca o vrajă sau ești pe cale să-ți ieși din minți. Eric mai este de părere că noaptea târziu, în jurul orei 3, este momentul ideal pentru o muncă de creație intensă.

ERIC: „Când telefonul nu mai sună, când nu mai ai nici un fel de FOMO [frica de a nu rata ceva] pentru că toată lumea doarme. Este luni noaptea și ești singur cu o tablă goală în față. Atunci se înfăptuiește magia."

OBICEIURILE VECHI MOR GREU – ZÂMBETUL CEASULUI

„În aproape toate reclamele pentru ceasuri de mână, ceasurile sunt fixate la ora 10:10. [Până nu vezi asta], nu-ți vine să crezi că e adevărat. Dar, după aceea, îți dai seama că lumea ți-a jucat o festă, fiindcă 10:10 arată ca un zâmbet pentru cei care fac reclamă ceasurilor."

TIM: „Aha, cred că arată foarte simetric, nu-i așa?"

ERIC: „Da. Dar lucrul amuzant este că obiceiul s-a infiltrat atât de mult, încât uneori vezi reclame la ceasuri digitale fixate tot la ora 10:10, chiar dacă nu mai aduce a zâmbet."

CUM A ÎNCEPUT SĂ CONSUME PSIHEDELICE DUPĂ 40 DE ANI

Eric a crezut toată viața că, atunci când iei psihedelice, este ca și cum „ți-ai turna acid peste creier și l-ai face șvaițer". Chestia asta s-a schimbat în ultimii câțiva ani.

„Abia atunci când am început să cunosc persoane foarte dotate intelectual din domeniul științific, și nu numai... mi-am dat seama că acesta era un fel de secret la vedere al celor pe care eu îi numesc elita halucinogenă, indiferent că vorbim despre intelectuali, laureați ai Nobelului sau inventatori și programatori. Mulți dintre ei foloseau acești agenți fie pentru creativitate, fie pentru a obține acces la lucruri la care este dificil să ajungi prin terapie sau prin alte mijloace convenționale."

„DIFICULTĂȚI DE ÎNVĂȚARE" SAU „DIFICULTĂȚI DE PREDARE"?

„...Aici apar problemele, și anume că nu vorbim despre *dificultățile de predare*. Discutăm [doar] despre *dificultățile de învățare* și mulți dintre puștii pe care mi-i doresc sunt puști care au fost etichetați ca «persoane cu dificultăți de învățare», deși, în realitate, ei învață super-bine. Învață de parcă ar fi pe steroizi, dar au câteva carențe în schimbul superputerii lor, iar profesorii nu știu cum să trateze acest lucru.

Le punem copiilor respectivi eticheta de «copii cu dificultăți de învățare» pentru a mușamaliza faptul că economia învățământului presupune că un singur actor central, profesorul, trebuie să facă astfel încât o clasă de 20 de copii sau peste să progreseze în același ritm. Modelul acesta nu este bun. Aș vrea să scutesc un număr cât mai mare de copii periculoși [într-un sens bun] de o asemenea etichetă, indiferent dacă asta înseamnă că trebuie să abandoneze liceul sau să abandoneze facultatea. Dar nu fără un scop. **Ci ca să se apuce de ceva.** Să înceapă să creeze, să construiască. Să sară peste facultate și să se angajeze într-un laborator."

„RUTINA MATINALĂ" A LUI ERIC

„Practic, în fiecare dimineață duc o luptă împotriva unei zile noi, pe care o percep ca pe o serie de adversari care trebuie învinși. Nu sunt o persoană matinală. Așa că, în fiecare dimineață când mă dau jos din pat, sunt pur și simplu uimit că am făcut-o... Cred că Julian Schwinger, marele fizician de la Harvard, este cel care, atunci când a fost întrebat dacă poate să predea cursul de mecanică cuantică de la 9 a.m., s-a blocat o clipă. Persoana care îl întrebase a zis: «Care este problema, dle profesor Schwinger?» și acesta a răspuns: «Nu știu dacă pot să stau treaz până la o oră așa de târzie»."

✸ Sfaturi pe care ți le-ai da ție, cel de la 30 de ani?

„Cred că la 30 de ani încă mă luptam să pătrund în lumea academică sau să o părăsesc. Pe atunci nu înțelegeam că structura universităților țintea fie către o stare stabilă, fie către o dezvoltare minoră, fie să se reducă.

Nu era un loc sănătos în care să te afli pentru că majoritatea locurilor bune din competiţia scaunelor muzicale [adică posturile de profesor cu *tenure*] fuseseră înfiinţate în anii '60 şi aveau deja ocupanţi... Cred că ceea ce ar fi trebuit să fac era să ridic ancora şi să realizez că tehnologia urma să cunoască o dezvoltare explozivă. **Deşi eu îmi doream să fac ştiinţă mai mult decât tehnologie, este de preferat să te găseşti într-o lume aflată în expansiune, chiar dacă nu te afli în domeniul care ţi se potriveşte perfect, decât să te găseşti într-o lume care se contractă, unde ies la iveală cele mai rele comportamente umane.** [În ultima], mintea ţi-e manipulată să adopte modalităţi defensive şi să caute profit. Viaţa este prea scurtă ca să fii meschin, defensiv şi crud cu ceilalţi oameni care încearcă să inoveze alături de tine."

UN SFAT DE DESPĂRŢIRE?

„Aş vrea tare mult ca aceia dintre voi cărora vi s-a spus că aveţi dificultăţi de învăţare, că nu sunteţi buni la matematică, să sunteţi groaznici la muzică sau altceva de genul acesta, să căutaţi modalităţi neconvenţionale de a dovedi că ideile acestea erau greşite. Trebuie să credeţi în voi şi, în acelaşi timp, să credeţi că există [modalităţi, instrumente, metode] îndeajuns de eficiente care să facă lucrurile ce par foarte dificile să fie mult mai uşoare decât v-aţi imaginat."

SETH ROGEN & EVAN GOLDBERG

Seth Rogen (TW/FB: @SETHROGEN) este actor, scriitor și producător. Evan Goldberg (TW: @EVANDGOLDBERG) este regizor, scenarist și producător canadian. Au colaborat la filme cum ar fi *Superbad (Super-răi)* (pe care l-au conceput pe când erau adolescenți), *Knocked Up (Un pic însărcinată)*, *Pineapple Express (Pineapple Express: O afacere riscantă)*, *The Green Hornet (Viespea verde)*, *This Is the Funny People (Tipi simpatici)*, *Neighbors (Vecini de coșmar)* și *Sausage Party*. În plus, au scris pentru *Da Ali G Show* și pentru *The Simpsons (Familia Simpson)*.

Animalul spiritual: Seth = leneșul; Evan = cimpanzeul bonobo

FUCK, FUCK, FUCK

Am vizitat platoul de filmare al filmului *Neighbors 2*, în Atlanta, pentru a-i vedea pe Seth și Evan cu echipa lor în acțiune. Într-una din zile am asistat la brainstormingul din camera scenariștilor. Scenariul a fost afișat pe un ecran uriaș, iar o persoană stătea la tastatură. Toată lumea a început să propună idei, care erau apoi tastate la viteză maximă. Evan și ceilalți rosteau câte o înjurătură cel puțin o dată la fiecare propoziție și totul era transcris pe ecran. Am întrebat după aceea: „Dar nu vă ia mult timp să șlefuiți scenariul?", la care Evan mi-a răspuns zâmbind: **„Înjurăturile poți să le scoți mai târziu din scenariu".** Lucrul important era să faci brainstorming liber, fără să te editezi. Asta venea după aceea.

DE CE A MERS *SUPERBAD*

Superbad a mers pentru ca Seth și Evan au scris exact despre lucrurile prin care treceau pe atunci. Evan explică: „La momentul acela, nu știam decât că vrem foarte mult să ne culcăm cu cineva, nu ne culcam cu nimeni și nu eram super-cool". Chiar rentează să scrii despre ce știi.

Seth a început să facă stand-up atunci când avea 13 ani. El adaugă: „Este ceva care a venit din stand-up comedy. Există un comediant pe nume Darryl Lenox care încă dă spectacole și e grozav. Îmi amintesc că m-a văzut dând o reprezentație... Eu încercam să imit alți comedianți ca Steven Wright sau Seinfeld, ceva de genul: «Care e faza cu Krazy Glue?» și el mi-a spus: «Băiete, ești singura persoană de aici care ar putea să vorbească despre cum a încercat să obțină un *hand-job* pentru prima dată... Vorbește despre asta!'"

LECȚII DE LA JUDD APATOW

EVAN: „Eu aș spune că lucrul cel mai important pe care l-am învățat de la [Judd] este să nu păstrez lucrurile doar pentru mine. Ești înconjurat de oameni inteligenți. Cooptează-i. Cere părerea celorlalți. Spune-le ce crezi. Și cel mai important lucru dintre toate: emoția este cea care contează. Este o călătorie emoțională..."

SETH: „...Îmi amintesc de un moment când filmam o scenă din *Knocked Up* și improvizam, sau poate era vorba chiar de *40-Year-Old Virgin (Virgin la 40 de ani)*, și indicația pe care ne-a dat-o țipând la noi – pentru că el dă de multe ori indicații de regie din altă cameră, lucru ilar de altfel –, a fost: «Mai puțină spermă, mai multă emoție!» Chiar cred că este un sfat bun, care poate fi aplicat la scară largă."

TIM: „Ați menționat, de asemenea, că toate personajele trebuie să aibă o suferință de un fel sau altul."

EVAN: „Acesta este un Judd-ism de seamă."

TF: Judd le-a recomandat să citească *The Art of Dramatic Writing (Arta scrisului dramatic)* a lui Lajos Egri (Evan: „Dacă ești scriitor, 60% din el este inutil, 40% este aur), despre care Judd a spus că este cartea preferată a lui Woody Allen cu privire la scris.

IARBĂ PENTRU SCRIEREA CREATIVĂ

Evan și Seth sunt buni cunoscători ai marijuanei și utilizează diferite tipuri pentru scopuri diferite. Pentru scris și alte lucruri de tip creativ, Evan crede că „Jack Herer" este o iarbă bună. Este descrisă pe site-ul Leafly ca fiind „o varietate de cannabis predominant *sativa* care asigură combinația perfectă dintre stimularea cerebrală și relaxarea întregului corp".

✹ Vreun gând sau sfat de final?

EVAN: „În cele din urmă, *Superbad* a fost un succes, dar nu-ți face iluzii, timp de 10 ani a fost un eșec. Și primele cinci versiuni preliminare, dacă le citești, o [să îți spui în sinea ta]: «Este cea mai proastă chestie pe care am citit-o în viața mea»."

SETH: „Oamenii ne-au spus în repetate rânduri: «Nu cred că o să facă cineva filmul acesta», și nouă nu ne trecea prin cap să-i ascultăm. Nu a existat nici măcar o conversație în care să ne punem întrebarea: «Ar trebui să ne oprim cumva?» Pur și simplu nu am avut conversația asta. Ne-am zis: «Dă-i naibii pe ăștia. Să trecem la următorul»."

EVAN: „Este ca și cum ți l-ai imagina pe Stephen King scriindu-și prima carte și apoi spunând ceva de genul: «Doamne, sunt într-o fundătură. Mă apuc de altceva». Pur și simplu mergi mai departe."

SETH: „Să crezi orbește în tine."

8 TACTICI PRIN CARE SĂ LE FACI FAȚĂ HATERILOR

Viața este un sport full-contact, mai ales pe internet. Dacă intri în arenă, trebuie să te aștepți să-ți spargi nasul și să te zdrelești.

Datul din coate și obstrucționarea pot să ia multe forme. Iată una dintre primele recenzii pe care le-a primit *4 ore – săptămâna de lucru* pe Amazon, pe vremea când eram un biet flăcăiaș care încerca să se ridice și să stea drept pe picioarușele lui de Bambi pe net:

„Cartea aceasta are un titlu greșit. Subtitlul ar trebui să fie: «Evadează din rutina 9-17, trăiește oriunde, alătură-te noilor oameni bogați și devino cel mai mare nesimțit din lume». Nu o cumpărați. Probabil că va folosi banii voștri pentru a stabili un nou record în Guiness Book pentru cei mai mulți pisoiași strangulați într-un minut."

Ah, bine ai venit în oraș, puștiule. Vrei un șervețel?

Asta se întâmpla prin 2007. În ultimul deceniu am strâns o serie de reguli și de citate care mă ajută să-mi păstrez reputația și sănătatea mintală în cea mai mare parte intacte. Iată care sunt acestea:

Nr. 1 – Nu contează numărul celor care nu înțeleg. Contează numărul celor care înțeleg.

Chiar dacă obiectivul tău este să faci cel mai mare bine pentru cel mai mare număr de oameni, trebuie să-i găsești, să-i cultivi și să-i încânți doar pe primii 1.000 de fani adevărați și înfocați (pag. 326). Oamenii aceștia devin cea mai puternică forță de marketing și restul se rezolvă de la sine. Milioanele sau miliardele care nu înțeleg nu contează. Concentrează-te pe cei puțini care înțeleg. Ei sunt ca pârghia lui Arhimede pentru tine.

Nr. 2 – 10% dintre oameni vor găsi o modalitate de a privi totul ca pe o critică la persoană. Așteaptă-te la asta și tratează-o ca pe un fapt matematic.

Mai ales în timp ce-ți formezi un public, acest 10% se poate transforma într-un număr mare. Pregătește-te mental înainte să publici ceva. „O, acum am 1.000 de cititori. Asta înseamnă că 100 vor reacționa ca niște nesimțiți. Nu pentru că aș fi eu rău sau pentru că ei ar fi răi, ci pentru că așa funcționează matematica." Dacă anticipezi reacția, te va descumpăni mai puțin. Pe lângă asta, eu presupun că 1% dintre fanii mei sunt complet nebuni, cu acte în regulă, la fel ca populația generală, ceea ce mă ajută să fac față lucrurilor mult mai terifiante. Dacă presupui (în mod eronat) că toată lumea va răspunde cu zâmbete și cu high-five, vei fi luat la palme, vei reacționa impulsiv și vei produce pagube de trei ori mai mari. Și nu scapi de Orașul Nebunilor doar pentru că te ocupi de materiale care nu jignesc. Iată un comentariu real, *ad litteram*, lăsat pe blogul meu: „Tu le prezinți copiilor noștri un exemplu grav al călărețului care vine pe un cal alb. Să-ți fie rușine. Ești o ființă rea care a câștigat lumea, dar și-a pierdut sufletul". A continuat amenințându-mă că mă va aduce la Judecata de Apoi. S-a transformat într-o amenințare care merita atenția FBI-ului! Și nu vorbim despre un răspuns la postarea mea despre cum să omori pui de focă cu bâta. Nu am așa ceva. Era răspunsul la o postare de pe blog pe care o scrisesem pentru a susține strângerea de fonduri pentru clasele foarte sărace din școlile publice din S.U.A. (prin donorschoose.org), clase care nu au suficiente fonduri pentru cărți, pixuri, creioane etc.

Anticipează, nu reacționa!

Nr. 3 – Când nu știi ce să faci, taie-le oxigenul.

Iată cele trei reacții principale pe care le am eu în cazul criticilor online:

» Le tai oxigenul (le ignor) – 90%

» Torn gaz pe foc (le încurajez) – 8%

Intru în discuții cu trolii după prea mult vin (și regret din tot sufletul) – 2%

Nu voi discuta opțiunea numărul trei, dar primele două merită explicate.

Motivul pentru care vrei să le tai oxigenul la 90% dintre hateri este că orice altceva le va oferi prea multă influență pe Google. Cu alte cuvinte, dacă răspunzi public – în cel mai rău caz, postezi ceva pe un site foarte accesat și lași un link către critică – nu reușești decât să le faci cadou linkuri inbound puternice, să le crești traficul și să te asiguri de persistența și de vizibilitatea postării. În câteva cazuri, a trebuit să-mi mușc limba mai multe luni la rând, așteptând ca un lucru (o porcărie enervantă pe care aș fi putut să o resping cu ușurință) să iasă de pe prima sau chiar a doua pagină a rezultatelor căutării cu Google. Este foarte, foarte dificil să păstrezi tăcerea și este foarte, foarte important să ai tipul acesta de autocontrol. Uită-te din nou la scena cu „Așteaptăăă!", Așteaptăăăăă!" din *Braveheart (Inimă neînfricată)*.

Dar cum rămâne cu turnatul gazului pe foc în cazul a 8% din comentariile negative? De ce ar face cineva asta? În primul rând, trebuie să ne gândim că nu toți criticii sunt „hateri". Să analizăm un exemplu din lumea reală. Eric Karjaluoto a scris o postare cu titlul: „Is Tim Ferriss Acting Like an Asshole?"* ca reacție la un concurs de design pe care îl organizasem eu, lucru care a stârnit o controversă foarte violentă. Nu sunt de acord cu toate argumentele lui, dar avea câteva puncte de vedere bine chibzuite care mi s-au părut că ar contribui la o discuție mai interesantă. Așa că i-am promovat articolul. Din perspectiva mea, atunci când fac asta 8-10% din timp, reușesc să fac două lucruri: demonstrez că sunt deschis la critică și că nu mă iau prea în serios. Aceste două lucruri reușesc să reducă numărul haterilor adevărați care apar pe neașteptate.

Nr. 4 – Dacă răspunzi, nu exagera cu scuzele.

Există momente în care trebuie să-ți ceri iertare, când greșești cu consecințe grave sau când anticipezi și te înșeli, dar, de cele mai multe ori, simpla recunoaștere este suficientă.

Dacă spui „da, te înțeleg", într-un fel sau altul, îi vei dezarma pe cel puțin 80% dintre oamenii care par să fie hateri sau hateri aspiranți. Uneori vor face chiar o întoarcere la 180° și vor deveni cei mai puternici susținători ai tăi. Prezintă-le pur și simplu faptele sau urează-le noroc și lasă-i să tragă singuri concluziile. Eu folosesc frecvent ceva de genul: „Mulțumesc pentru feedback. Eu încerc mereu să mă perfecționez. Între timp, sper că ai găsit ce căutai".

Nr. 5 – Nu poți să convingi pe cineva cu argumente să abandoneze o idee la care nu a ajuns prin argumente.

Nr. 6 – „Să încerci să-i faci pe toți să te placă este semn de mediocritate. Vei evita deciziile dure și vei evita să-i înfrunți pe cei care trebuie înfruntați." – Colin Powell

* Se poartă Tim Ferriss ca un măgar? (n.tr.)

Nr. 7 – „Dacă vrei să devii mai bun, fii mulțumit când ești considerat nesăbuit și prost." – Epictet

Cato din Roma antică, omul pe care Seneca îl considera stoicul perfect, a pus în practică maxima lui Epictet, purtând togi mai închise la culoare decât se obișnuia și nepurtând tunică. Se aștepta să fie luat în râs și așa s-a întâmplat. A făcut asta pentru a se pregăti să se rușineze doar de lucrurile de care chiar trebuie să-ți fie rușine. Dacă vrei să faci ceva cât de cât interesant, trebuie să te pregătești să faci față criticilor – sau chiar să te bucuri de ele. Eu „mă fac de râs" regulat și intenționat din motive superficiale, cum făcea și Cato. Acesta este un exemplu de „repetare a senzației de frică" (pag. 520).

Nr. 8 – „O viață bună este cea mai bună răzbunare." – George Herbert

În timpul unei perioade dificile de acum câțiva ani, Nassim Taleb, faimosul autor al *Lebedei Negre*, mi-a trimis următorul aforism, care a venit exact la țanc și care exprima perfect lucrurile:

„Vigoare înseamnă să îți pese mai mult de cei puțini cărora le place opera ta decât de mulțimea care o detestă (artiștii); fragilitate înseamnă să îți pese mai mult de cei puțini care îți detestă opera decât de mulțimea care o iubește (politicienii)."

Alege să fii viguros.

„Iubesc calitatea ușurinței de utilizare
a cuvântului «fuck».”

MARGARET CHO

Margaret Cho (TW: @MARGARETCHO, MARGARETCHO.COM) este o polimată*. Este comediantă, actriță, autoare, creatoare de modă și cântăreață-compozitoare apreciată la nivel internațional. A jucat pe marele ecran și în seriale de televiziune cum ar fi *Sex and the City (Totul despre sex)* și *30 Rock*. În 1999, spectacolul său cu interpret unic, desfășurat în afara scenei de pe Broadway, *I'm the One that I Want (Sunt ce vreau să fiu)*, a făcut turul țării și s-a transformat într-un bestseller și într-un film artistic cu același titlu. Primul ei album, *Cho Dependent*, a fost nominalizat pentru un Grammy la categoria cel mai bun album de comedie.

* Polimat – persoană care are cunoștințe multe și variate. (n.red.)

CUM SĂ TE OCUPI DE PE SCENĂ DE CEI CARE DERANJEAZĂ

Margaret este cunoscută pentru faptul că se pricepe foarte bine să le închidă gura celor care îi întrerup spectacolele. A învățat foarte multe de la legendara Paula Poundstone:

„Încerc efectiv să aflu ce vor să spună... Adică aprofundez, fiindcă vreau să aflu **de ce a ales respectiva persoană să întrerupă un spectacol pentru care toată lumea a plătit și la care toată lumea a venit și a fost de acord să asiste. De ce vrea cineva să se revolte împotriva acestui lucru? Sunt curioasă care este motivul.** De obicei, le dedic foarte mult timp acestor oameni. Există posibilitatea de a crea un întreg show în jurul lor...

După aceea, pot să-i întreb cu cine au venit. Apoi pot să o întreb pe persoana cu care au venit [lucruri de genul,]: «De ce se poartă așa? Așa se poartă tot timpul? Este un caz special?» Mai pot să vorbesc și cu alți oameni care sunt așezați lângă ei: «Cum era persoana aceasta înainte de spectacol?» sau «Ce spunea? Ce ne-a adus până aici?»"

TF: Este pur și simplu genial. Uneori, cea mai bună modalitate de a dezamorsa sau de a învinge atacatorii este să pui întrebări scurte și să-i lași să vorbească. Chiar și un simplu: „De ce spui asta?" „De ce întrebi?" sau „De ce ai spune un asemenea lucru?" poate să-și atingă scopul. În mediul online, eu las persoanele celebre să răspundă hărțuitorilor mei prin citate. Dacă, spre exemplu, cineva este scandalizat de ceva ridicol din social media, unul dintre răspunsurile mele preferate, mai ales după câteva pahare de vin, este: „Cei care sunt jigniți ușor ar trebui să fie jigniți mai des" – Mae West.

ANDREW ZIMMERN

Andrew Zimmern (TW: @ANDREWZIMMERN, ANDREWZIMMERN.COM) este o personalitate TV care a câștigat de trei ori James Beard Award, este bucătar, scriitor și profesor. Din postura de creator, producător executiv și gazdă a francizei Bizarre Foods de pe Travel Channel (inclusiv *Bizarre Foods with Andrew Zimmern*, *Andrew Zimmern's Bizarre World*, *Bizarre Foods America* și noul *Bizarre Foods: Delicious Destinations*), Andrew a explorat cultura a peste 150 de țări, promovând modalități cu impact puternic de a gândi, a crea și a trăi cu mâncarea. Nu a fost un drum ușor. Acum au trecut peste 20 de ani de când nu se mai droghează, dar Andrew a fost la un moment dat un om al străzii dependent de heroină. Și-a schimbat cursul vieții cu ajutorul unui prieten de la clinica Hazelden din Minnesota.

Animalul spiritual: bătrâna și înțeleapta țestoasă de mare

CEL MAI IMPORTANT LUCRU ESTE SĂ FII TU, NU ACTORUL TĂU LĂUNTRIC

TIM: „Mă uit la câteva notițe pe care le-am luat după una dintre primele noastre «ședințe de terapie» [menite să mă ajute să mă pregătesc pentru o emisiune TV]... Una dintre recomandări a fost aceea că cel mai important lucru este să fii tu, nu actorul tău lăuntric. Fraza care mi-a rămas în minte a fost: «Primul episod stabilește cum urmează să fii...»"

ANDREW: „Primul episod, primul moment. Nu poți să-l mai ștergi cu buretele... Cred că ți-am spus povestea episodului 1 din seria 1 [din *Bizarre Foods*]. Era de fapt episodul pilot. Am fost la Asadachi, un restaurant din Tokio. În traducere, numele înseamnă «erecții matinale». Adevărat. Este un bar *getemono*, de genul celor în care oamenii fac afaceri și beau o grămadă... «Dacă tu mănânci fiere de șarpe, mănânc și eu», și afacerea este încheiată, ceva de genul ăsta.... O parte din mine avea toate replicile amuzante [cu care] să-mi bat joc de numele lor... [și, desigur] poți să râzi de oamenii aceștia. Este cel mai ușor lucru. Vezi oameni care fac asta tot timpul la TV. Dar o voce din capul meu mi-a spus: «Nu o face, pentru că, dacă o faci, va trebui să găsești tot timpul replici de felul acesta. Vei fi altcineva, nu cel care ești...» Sincer să fiu, eu, personal, am foarte mult respect pentru alte culturi. «N-o face. Nu ceda ispitei rapide, ușoare și meschine», lucru pe care îl facem întotdeauna. Este cea mai ușoară cale. [Așa că] n-am făcut decât să mă apropii, să mă întorc și să rostesc o frază inofensivă, după care am intrat pe ușă. Morala poveștii este că nu a trebuit să râd de oameni, de mâncarea lor sau de numele lor. S-a dovedit a fi cea mai bună decizie pe care am luat-o, pentru că oamenii vorbesc mereu despre respectul pe care îl am pentru celelalte persoane din emisiune, lucru care îmi face plăcere și cred că este ceva important pentru fiecare dintre noi atunci când suntem călători. [Și] **ai mult mai puțin de muncă atunci când ești tu însuți.**

✸ Dacă ar trebui să alegi trei plante aromatice sau mirodenii cu care să gătești anul viitor?

„Lumea plantelor aromatice și a mirodeniilor este vastă dar, înaintea lor, există alte elemente pe care aș prefera să le am în bucătărie sau pe o insulă pustie: **chili iute, ceapă franțuzească și lămâie**... Sigur, pot să aleg chimion sau coriandru sau altele asemenea, dar ele au un număr relativ limitat de utilizări. Dacă am lămâie, chili și allium, adică ceapă franțuzească, pot să fac orice. Pot să încerc continuu variații ale acestora... Sarea [poate să funcționeze] ca un acid și citricele sunt un acid [**TF:** De aceea, câțiva bucătari-șefi spun: „Eu folosesc lămâia cum folosesc alții sarea",] și în speciile de allium există o cantitate incredibilă de acid. În toate tipurile de chili există o cantitate incredibilă de acid. Motivul pentru care apelezi la ele ca să schimbi și să transformi mâncarea și pentru care inspiră tehnici nu este secret. Sunt mult mai adaptabile în bucătărie decât busuiocul, cimbrul sau altceva similar."

GĂSIREA REȚETEI POTRIVITE ÎN BUCĂTĂRIE SAU ÎN VIAȚĂ: CAUTĂ DETALIILE ȘI PE CEI CARE O PUN ÎN PRACTICĂ

„[Dacă intri] pe internet, găsești 20 de rețete pentru chec. Eu o aleg pe cea care menționează cu exactitate și dimensiunea tăvii. Pentru că, dacă cineva descrie atât de detaliat o rețetă, știi că a încercat-o. Cel care scrie o rețetă și spune: «Unge tava pentru chec» [fără să precizeze dimensiunile], știi că n-a făcut prăjitura. Este un indiciu imediat care îți spune că ceva nu este în regulă."

✹ **Care este cea mai bună sau cea mai rentabilă investiție pe care ai făcut-o?**

„Cel mai bun lucru pe care l-am făcut vreodată, pe lângă faptul că m-am cumințit acum 25 de ani, a fost să-mi pun în cui cariera legată de restaurant în 2002, să-mi vând acțiunile și să lucrez gratuit pentru un post local de radio, pentru o revistă și pentru un post TV, în efortul de a-mi crea propria platformă media. Am vrut să creez un produs cu o platformă serioasă și să încerc să fac ceva important în lume, dar nu aveam cum să fac lucrurile acestea fără să devin stagiar la 40 de ani, ca să învăț tot ce trebuia și să îmi reinventez cariera."

„Cinismul este boala care le răpește oamenilor darul vieții."

RAINN WILSON

Rainn Wilson (FB/IG/TW: @RAINNWILSON, SOULPANCAKE.COM) este celebru pentru rolul lui Dwight Schrute în serialul TV *The Office (La birou)* de pe NBC, câștigător al Premiului Emmy. Printre altele, a jucat și în *Super*, *Cooties*, *Juno*, *Monsters vs. Aliens (Monștri contra extratereștri)* și *The Rocker (Baterístul dezbrăcat)*. Este cofondator al firmei SoulPancake, companie media care urmărește să abordeze marile întrebări ale vieții. Este membru al consiliului Mona Foundation și cofondator al Lidè Haiti, o inițiativă educațională din Haitiul rural care le ajută pe femeile tinere, aflate în situații de risc, prin intermediul artelor. Este autorul cărții *The Bassoon King (Regele fagotului)*.

Animalul spiritual: leneșul

DIN CULISE

Pentru aceia dintre voi cărora v-ar plăcea să-mi trageți un pumn în față, Rainn v-a scutit de efort. Căutați „Rainn Wilson kicking Tim Ferriss in the face"*. E o poveste lungă.

✸ Ce sfat ți-ai da ție, cel de la 30 de ani?

„La 30 de ani eram un actor de teatru din New York care nu avea ce să mănânce, care se învârtea încercând să găsească roluri, reușind cu greu să câștige 17 mii $ pe an din munca de pe scenă. Am avut o mulțime de locuri de muncă cu jumătate de normă. Am fost «tipul care avea camionetă», fiindcă am avut o firmă de mutări. Cred că lucrul pe care l-aș discuta cu mine însumi ar fi să-mi zic că trebuie să am încredere în capacitatea mea. Trebuie să crezi că propria-ți capacitate este mai mare decât ai putea probabil să-ți imaginezi. Pentru mine, este un fel de întrebare divină. Dumnezeu ne-a dat talente și facultăți și nouă ne revine sarcina să le descoperim, să le dezvoltăm la maxim și să le utilizăm, așa încât să aducă un maxim de beneficii în lume. La 30 de ani aveam o capacitate mai mare decât credeam. Mă gândeam la mine în termeni de felul: «Păi, aș putea să găsesc ceva de lucru ca actor și poate aș reuși să obțin din când în când câte un rol scurt în *Law and Order (Lege și ordine)* și să câștig destui bani ca să mă pot întreține doar din actorie, să nu mai fie nevoie să conduc nenorocita asta de camionetă». Cam acestea erau limitele imaginației mele în ceea ce mă privește. **Așa că aș spune doar: «Crezi mai mult în tine. Ești mai mare de atât. Visează la scară mai mare», aș spune."**

SĂ AJUNGI LA „NORMAL"

Mi s-a părut reconfortant să aud lucrul acesta de la Rainn, pentru că și eu mă simt adeseori la fel:

„Îmi petrec mult timp în mintea mea și e cam nasol... Așa că există câteva instrumente pe care le utilizez ca să fac față. De-a lungul vieții am învățat că există anumite lucruri pe care trebuie să le fac doar ca să ies din propria minte și să ajung la normal. **Nu mă refer la a fi cu adevărat supereficient. Doar pentru a ajunge la normal trebuie să fac meditație, trebuie să fac câteva exerciții fizice.** Este grozav când pot să ajung în natură. Este și mai bine atunci când pot să joc puțin tenis, iar actoria acționează la fel. Jocul actoricesc, repetițiile, interpretarea personajelor, toate acestea sunt lucruri care mă ajută să ies din capul meu

---

* Cum îi trage Rainn Wilson un pumn în față lui Tim Ferriss. (n.red.)

și să încetez să analizez fiecare afurisit de lucru care apare și după care mă simt mizerabil și iau decizii foarte proaste."

DESPRE A FI CEA MAI BUNĂ VERSIUNE A TA

Așa cum se presupune că ar fi spus Oscar Wilde: „Fii tu însuți. Toți ceilalți sunt luați".

„Am fost distribuit într-un spectacol de pe Broadway când aveam în jur de 29 sau 30 de ani. A fost primul meu spectacol pe Broadway și am fost jalnic. Am dat chix. Reiau, eram foarte mult în capul meu. Eram foarte blocat, cerebral și rigid. Nu puteam să ies de acolo și am încercat de nenumărate ori, dar pur și simplu eram groaznic în rolul acela.

Însă, după ce am terminat spectacolul, mi-am spus: «Știi ceva, ia mai dă-o naibii. Nu o să mai fac asta niciodată... Nu pot. Viața este prea scurtă. Mă simt prea mizerabil și ca actor trebuie să fiu eu însumi. Trebuie să încorporez în jocul meu actoricesc cine sunt eu ca ființă umană. Sunt excentric și sunt straniu. Sunt un ciudat. Îmi cumpăr cămășile de la second hand, ăsta sunt eu și ăsta trebuie să fiu». Chiar m-a schimbat ca actor și ca artist... Nu aș fi avut niciodată succesul pe care l-am avut în L.A. și la TV și în filme interpretând personaje ciudate, dacă nu aș fi îndurat chinul acela groaznic."

✹ Gânduri de final?

„Nu vreau să par un măgar cu aere de superioritate, dar le-aș spune oamenilor să sape mai adânc. Putem să facem lumea să fie un loc mai bun. Putem să pretindem mai mult de la noi înșine. Putem să facem mai mult pentru ceilalți. Eu cred ca viața noastră este o călătorie... Săpați mai adânc în timpul călătoriei voastre și lumea va avea de câștigat de pe urma acestui lucru."

„Ca să fii fericit, cel mai important truc este să conștientizezi că fericirea este o alegere pe care o faci și o îndemânare pe care ți-o dezvolți. Alegi să fii fericit și apoi lucrezi la asta. Este la fel ca atunci când îți antrenezi mușchii."

NAVAL RAVIKANT

Naval Ravikant (TW: @NAVAL, STARTUPBOY.COM) este director general și cofondator al AngelList. Înainte de asta, a fost cofondator al Vast.com și al Epinions, care a fost listată la bursă ca parte a Shopping.com. Este investitor de tip *angel* și a investit în peste 100 de companii, inclusiv în mulți „unicorni" de mega-succes. Printre tranzacțiile reușite se numără Twitter, Uber, Yammer, Postmates, Wish, Thumbtack și OpenDNS. El este probabil persoana pe care o sun cel mai des atunci când vreau sfaturi în materie de startupuri.

Animalul spiritual: bufnița

POVESTEA DE FUNDAL

» Naval a crescut într-o familie săracă de imigranți: „Am venit în această țară [din India] când aveam 9 ani și fratele meu avea 11. Eram săraci. Mama ne-a crescut singură într-o garsonieră. În timpul zilei lucra ca servitoare în casă, iar seara mergea la școală, așa că noi eram copii cu cheia la gât... Mare parte din copilăria noastră a constat în urmărirea stilului de viață american, cu diferența că îl priveam din cealaltă parte a ferestrei, cu nasul lipit de geam, spunându-ne: «Vreau și eu asta. Vreau asta pentru mine și pentru copiii mei». Am crescut având o perspectivă foarte întunecată asupra lumii, privind prin ochii celui care nu are nimic..."

» Numele lui Naval înseamnă aproximativ „om nou" în sanscrită. Pe fiul său îl cheamă Neo, cuvânt care înseamnă „nou" în limba greacă, este o anagramă a cuvântului „one" (Naval mi-a atras atenția asupra acestui lucru) și, bineînțeles, este specificat și în *The Matrix*.

» Cu mulți ani în urmă, eu și Naval ne-am cunoscut pentru că m-a văzut că flirtez cu iubita lui de la vremea aceea (fără să știu că era iubita lui) într-o cafenea din San Francisco. A venit la mine cu un rânjet pe față și s-a prezentat.

» Fratele său, Kamal, este cel care m-a convins să mă „retrag" din investițiile în companii tehnologice aflate la început (pag. 426).

DE SUCCES ȘI FERICIT. FAC PARTE DIN COHORTE DIFERITE?

„Dacă vrei să ai succes, înconjoară-te cu oameni care au mai mult succes decât tine, dar, dacă vrei să fii fericit, înconjoară-te de oameni care au mai puțin succes decât tine."

REZOLVAREA CONFLICTELOR

„Prima regulă de rezolvare a conflictelor este să nu stai în preajma celor care intră constant în conflict... Întreaga valoare a vieții, inclusiv a relațiilor, este generată de dobânda compusă. Oamenii care se ceartă regulat cu ceilalți vor ajunge în cele din urmă să se certe și cu tine. Nu mă interesează niciun lucru nesustenabil sau dificil de susținut și aici intră și relațiile dificile."

CELE TREI OPȚIUNI PE CARE LE AI ÎNTOTDEAUNA ÎN VIAȚĂ

„În orice situație din viață ai doar trei opțiuni. Ai întotdeauna trei opțiuni. Poți schimba lucrurile, le poți accepta sau le poți abandona. Nu este o opțiune bună să stai degeaba, visând că le vei schimba, dar fără să o faci, visând că pleci, dar fără s-o faci, și să nu le accepți. Lupta aceasta, aversiunea aceasta este de vină pentru cea mai mare parte a nefericirii tale. Fraza pe care o folosesc probabil cel mai des cu mine însumi în mintea mea este formată dintr-un singur cuvânt: *acceptă*."

TEORIA CELOR CINCI CIMPANZEI

„Exista o teorie pe care eu o numesc «teoria celor cinci cimpanzei». În zoologie, poți să prezici dispoziția emoțională și tiparele de comportament ale oricărui cimpanzeu în funcție de cei cinci cimpanzei cu care își petrece cel mai mult timp. Alege-ți cu grijă cei cinci cimpanzei."

LECȚII DIN FIZICĂ ȘI DE LA MAFIA RUSEASCĂ

„Am învățat [despre importanța sincerității] din câteva locuri diferite. Unul ar fi că în copilărie aș fi vrut să fiu fizician și îl veneram pe Richard Feynman. Am citit tot ce a scris, tehnic și netehnic, tot ce-mi pica în mână. El a spus: «Nu trebuie să te înșeli niciodată, absolut niciodată, pe tine însuți, dar tu ești persoana cel mai ușor de înșelat».

Așa că baza din fizică este foarte importantă pentru că în fizică trebuie să spui adevărul. Nu faci compromisuri, nu negociezi cu oamenii. Nu încerci să-i faci să se simtă mai bine. Dacă ecuația ta este greșită, nu va funcționa. Adevărul nu este determinat prin consens sau popularitate – de obicei lucrurile stau chiar pe dos. Așa că eu cred că formarea științifică este importantă. Al doilea este că am crescut în preajma unor copii foarte duri din New York, câțiva dintre ei fiind chiar membri ai mafiei rusești. Odată am fost martorul unei întâlniri în care unul dintre ei l-a amenințat pe celălalt că îl va ucide.

Potențiala victimă a fugit și s-a ascuns, dar la un moment dat i-a dat voie agresorului să intre la el în casă, după ce acesta i-a promis că nu îl va ucide. Onestitatea era o virtute atât de puternică pentru ei, încât chiar și atunci când erau gata să se omoare unul pe altul, aveau încredere în cuvântul dat. Era mai presus de toate. Chiar dacă aici vorbim de onestitate în cadrul mafiei, mi-am dat seama cât de importantă este aceasta în relații."

ONESTITATEA CA VALOARE CENTRALĂ FUNDAMENTALĂ

Iată o povestioară care să-ți mai descrețească fruntea și nu uita, te rog, că amândoi locuim fericiți în San Francisco.

TIM: „Tu nu eziți niciodată să spui ce crezi cu adevărat. Înțeleg cum acest lucru ar putea fi interpretat greșit de oameni care sunt obișnuiți cu «aha»-urile politicoase și cu aprobările din cap în timpul conversației. Îmi amintesc că odată am fost amândoi invitați la o cină la care participau o mulțime de oameni, iar noi nu cunoșteam pe nimeni. Tu erai într-un grup, stăteai de vorbă la un pahar de vin, când am apărut eu într-o ținută destul de neobișnuită. Purtam o cămașă turcoaz cu mâneci lungi, pe care nu o port niciodată. Nu știu dacă îți mai amintești de asta."

NAVAL: „Nu-mi amintesc."

TIM: „Eram în blugi și aveam niște pantofi maro nepotriviți, de costum, care semănau cumva cu pantofii de bowling. Tu te-ai uitat la mine, ai zâmbit și m-ai întrebat: «De ce te-ai îmbrăcat ca un bancher gay?» Atunci, o doamnă, pe care nu o cunoștea niciunul dintre noi, a sărit în apărarea mea, la care eu am zis ceva de genul: «O, Doamne, hai că începem....»"

NAVAL: „Treaba asta cu onestitatea este o valoare centrală fundamentală."

TIM: „Ce e drept, exact așa arătam."

ȘI-A ÎNFIINȚAT PRIMA COMPANIE FIINDCĂ SE SIMȚEA RUȘINAT

„Lucram într-o companie tech care se numea @Home Network și le-am spus tuturor celor din preajma mea – șefului, colegilor, prietenilor: «Toată lumea înființează companii în Silicon Valley. Se pare că le iese. Voi înființa și eu una. Eu lucrez aici temporar. Sunt antreprenor». Le-am spus-o tuturor, dar nu intenționam să mă folosesc de asta ca să mă conving singur să o fac. Nu era un lucru calculat, intenționat.

Nu făceam decât să mă descarc, gândeam cu voce tare, eram excesiv de sincer. Dar n-am făcut-o [n-am înființat o companie]. Asta se întâmpla în 1996. Pe atunci, ideea de a înființa o companie era mult mai înfricoșătoare, mult mai dificilă. Cum era de așteptat, toată lumea a început să vină la mine și să-mi spună: «Ce mai cauți aici? Credeam că pleci ca să-ți înființezi o companie!» «Uau, ești tot aici. A trecut cam multișor de când spuneai lucrurile acelea». M-au făcut efectiv să mă simt rușinat că nu-mi înființez propria companie."

ACUM, FOLOSEȘTE INTENȚIONAT TEHNICA ACEASTA

„Spune-le prietenilor tăi că ești o persoană fericită. Apoi, vei fi obligat să te conformezi spuselor. Vei fi influențat de consecvență. Va trebui să te ridici la înălțimea ei. Prietenii tăi se vor aștepta să fii o persoană fericită."

90% FRICĂ, 10% DORINȚĂ

„Am observat că 90% din gândurile pe care le am vin din teamă. Restul de 10% vin probabil din dorințe. Am citit o definiție grozavă care spunea că «iluminarea este spațiul dintre gândurile tale», ceea ce înseamnă că iluminarea nu este un lucru pe care îl obții după ce ai stat 30 de ani izolat în vârful unui munte. Este un lucru pe care îl obții în fiecare clipă și poți fi iluminat într-o anumită măsură în fiecare zi."

✺ Cea mai bună achiziție a lui Naval care a costat 100 $ sau mai puțin?

„Grătarul teppanyaki. Este un grătar mic gen tavă de masă [caută „Presto 22-inch electric griddle"]. În materie de mâncare, am descoperit că prospețimea și calitatea mâncării care trece de pe grătar direct în gura ta contează mult mai mult decât ce îi faci tu. Spre exemplu, în majoritatea rețetelor, dăm totul prin sos până îi iese sufletul, gătim exagerat și procesăm exagerat, pentru că totul stă sub o lampă de încălzire timp de 10 minute."

✺ Ce ai scrie pe un panou?

„Nu știu dacă am mesaje de transmis lumii, dar sunt unele pe care aș vrea să mi le trimit mie însumi tot timpul. Unul dintre mesajele care mi-a rămas întipărit atunci când l-am descoperit este acesta: «**Dorința este un contract încheiat cu tine însuți care prevede că vei fi nefericit până obții ceea ce vrei**». Nu cred că suntem prea mulți cei care înțeleg că așa este. Cred că stăm și ne dorim lucruri cât e ziua de lungă și apoi ne minunăm de ce suntem nefericiți. Deci, mie îmi place să rămân conștient de asta pentru că, după aceea, pot să-mi aleg dorințele cu foarte mare atenție. Încerc să nu am niciodată mai mult de o dorință mare în viață în orice moment dat și în același timp recunosc că ea reprezintă axa suferinței mele. Îmi dau seama că acolo am ales să fiu nefericit. Cred că acesta ar fi un mesaj important."

TF: Naval a întâlnit pentru prima oară o variantă a textului îngroșat de mai sus pe un blog dispărut între timp care se numea *Delusion Damage*.

LEGILE LUI NAVAL

Rândurile de mai jos reprezintă răspunsul lui Naval la întrebarea: „Există citate după care îți conduci viața sau la care te gândești frecvent?" Acestea sunt aur pur. Acordă-ți timpul necesar pentru a le asimila.

„Acestea nu sunt toate citate de la alții. Multe dintre ele sunt maxime pe care le-am formulat pentru mine."

- Fii prezent mai presus de toate.
- Dorința înseamnă suferință (Buddha).
- Mânia este un cărbune încins pe care îl ții în mână așteptând să-l arunci în altcineva (proverb budist).
- Dacă nu te poți vedea lucrând cu cineva toată viața, nu lucra cu respectivul nici măcar o zi.
- Cititul (învățarea) este meta-competența supremă care poate fi transformată în orice altceva.
- Toate beneficiile reale din viață provin din dobânda compusă.
- Câștigă cu mintea ta, nu cu timpul tău.
- 99% din eforturi se irosesc.
- Sinceritate totală în orice împrejurare. Este aproape întotdeauna cu putință să fii sincer și pozitiv.
- Laudă specific, critică la modul general (Warren Buffett).
- Adevărul este cel care are putere predictivă.
- Fii atent la fiecare gând. (Întreabă-te de fiecare dată: „De ce mi-a venit gândul acesta?")
- Toată măreția vine din suferință.
- Dragostea este dăruită, nu primită.
- Iluminarea este spațiul dintre gândurile tale (Eckhart Tolle).
- Matematica este limbajul naturii.
- Fiecare clipă trebuie să fie completă în și prin sine.

CÂTEVA DINTRE TWEET-URILE LUI NAVAL CARE SUNT PREA BUNE PENTRU A NU LE MENȚIONA

„Subiectele la care alegi să lucrezi și oamenii cu care alegi să lucrezi sunt mult mai importante decât intensitatea cu care muncești."

„Educația gratuită abundă pe tot internetul. Dar dorința de a învăța este rară."

„Dacă mănânci, investești și gândești în conformitate cu ceea ce recomandă «știrile», vei ajunge falit din punct de vedere nutrițional, financiar și moral."

„Ne irosim timpul cu o gândire pe termen scurt și cu activități neproductive. Warren Buffett are nevoie de un an întreg pentru a decide și o zi pentru a acționa. Iar acțiunea aceea durează decenii."

„Armele nu sunt noi. Violența nu este nouă. Camerele conectate la internet sunt noi și asta schimbă totul."

„Ești plătit pentru a fi primul care are dreptate și, pentru a fi primul, nu poți să aștepți ajungerea la consens."

„Singurul lucru pe care l-am învățat în viață: «Nu există adulți». Toată lumea improvizează din mers. Lămurește singur lucrurile și apucă-te de treabă."

„O minte ocupată accelerează trecerea timpului subiectiv."

MAIMUȚE PE UN BOLOVAN CARE SE ÎNVÂRTE

De ce Naval nu mai caută nemurirea:

„Dacă studiezi chiar și cel mai mic fragment de știință, îți dai seama că, practic, noi nu suntem nimic. Suntem doar niște maimuțe pe un bolovan mic care orbitează în jurul unei stele mici, mărginașe, într-o galaxie uriașă, care se găsește într-un univers cutremurător de gigantic care, la rândul său, ar putea să facă parte dintr-un multivers gigantic.

Universul acesta există probabil de vreo 10 miliarde de ani sau mai mult și va continua să existe alte zeci de miliarde de ani după aceea. Așa că existența ta, existența mea sunt pur și simplu infinitezimale. Suntem ca un licurici care sclipește o singură dată în noapte. Nimic din ceea ce facem noi nu o să dureze. În cele din urmă, tu vei dispărea, faptele tale vor dispărea, copiii tăi vor dispărea, gândurile tale vor dispărea, planeta aceasta va dispărea, soarele va dispărea... totul va pieri.

Există civilizații întregi pe care ni le amintim acum doar printr-unul sau două cuvinte, cum ar fi «sumerian» sau «mayaș». Cunoști vreun sumerian sau vreun mayaș? Îl respecți foarte mult sau îl stimezi foarte mult pe vreunul dintre ei? A depășit vreunul dintre ei durata obișnuită a unei vieți? Nu.

Dacă nu crezi în viața de după moarte, [ar trebui să conștientizezi] că viața aceasta este scurtă și prețioasă și că este foarte important să nu ți-o petreci fiind nefericit. Nu ai nicio scuză să-ți petreci cea mai mare parte a vieții în nefericire. Nu ai la dispoziție decât 70 de ani din cei 50 și ceva de miliarde sau cât va exista universul."

GLENN BECK

Glenn Beck (FB/TW: @GLENNBECK, GLENNBECK.COM) a ajuns în cel mai jos punct al vieții sale când avea 30 de ani și era alcoolic, așa că și-a luat viața de la capăt. Dând pe repede înainte, ajungem în 2014, când *Forbes* l-a inclus pe lista lor anuală Celebrity 100 Power List și i-a estimat veniturile la 90 milioane $ pe anul respectiv. Asta îl plasa înaintea unor oameni ca Mark Burnett, Jimmy Fallon, Leonardo DiCaprio și Will Smith. Platformele lui Glenn – de radio, de televiziune, digitale (TheBlaze.com), de publicare etc. – au între 30 și 50 de milioane de vizitatori unici pe lună.

Obiectivul podcastului meu este să-i facă pe ascultători să iasă din zona de confort și să-i oblige să-și pună presupozițiile sub semnul întrebării. Invit în mod regulat gânditori divergenți care nu sunt de acord unii cu alții. Interviul acesta a apărut mulțumită unei ședințe de saună noaptea târziu cu un prieten vechi, un tip cu origini etnice mixte, absolvent al Universității Brown, care este liberal în aproape toate sensurile cuvântului. L-am întrebat întâmplător: „Dacă ai putea să alegi o persoană care să apară în podcast, pe cine ai alege?" Mi-a răspuns fără să stea pe gânduri: „Glenn Beck. Povestea lui este FASCINANTĂ». Și exact așa a fost...

CEA MAI IMPORTANTĂ LECȚIE PE CARE A ÎNVĂȚAT-O GLENN LA RADIO

„Dacă ar trebui să aleg un singur lucru, cel mai bun lucru pe care l-am învățat, l-am învățat din greșeală. A sunat cineva când eram în direct [în emisiunea de la radio, din primele zile] și mi-a spus: «Glenn Beck, tu ești dl. Perfecțiune, de parcă tu nu ai făcut niciodată ceva rău. Tu pur și simplu nu poți să accepți un defect la cineva». Am rămas blocat câteva clipe și încăperea s-a cufundat în tăcere. Apoi am zis: «Stai așa, dă-mi voie să-ți spun ceva. Nu ai nici cea mai vagă idee cine sunt și nici ce lucruri rele am făcut. Stai să-ți spun cine sunt eu». Și au urmat 15 minute în care am fost extraordinar și brutal de sincer și am spus, cu lux de amănunte, cine sunt de fapt. Cele mai rele lucruri. Fără scuze, nimic. Spuneam doar: «Credeai că știi? V-am mințit. Ăsta sunt eu». Mi-am închis microfonul și m-am uitat la stagiarul meu de pe atunci, producătorul care ocupa ultima poziție în ierarhie și care acum este producătorul meu executiv. I-am zis: «Însemnează ziua asta în calendarul tău. Asta a fost ziua în care Glenn Beck a pus punct carierei sale».

Dar s-a întâmplat pe dos. Copilărisem într-o lume în care totul era fabricat, totul era scris, cronometrat, produs perfect. În ziua aceea mi-am dat seama că oamenii sunt înfometați după autentic. Te vor accepta cu toate defectele tale, dacă așa ești în realitate. Dacă începi să-i minți, își pierd interesul. Suntem cu toții la fel. **Așa că cel mai bun sfat a fost unul pe care l-am învățat din greșeală, și anume: Fii dispus să eșuezi sau să reușești bazându-te pe cine ești în realitate. Nu încerca niciodată să fii altcineva.** Cine ești e suficient pentru orice vrei să faci."

DREPT NU ÎNSEAMNĂ RADICAL

Glenn a povestit ce a învățat de la o doamnă în vârstă care la vârsta de 16 ani a dat unui evreu un bol cu supă. Pe atunci, asta însemna o condamnare la moarte și a fost trimisă la Auschwitz:

„Ea a zis: «Glenn, **să nu uiți că cei drepți nu au devenit brusc drepți. Ei pur și simplu au refuzat să sară în prăpastie cu ceilalți**». Asta este tot ce trebuie să facem: să știm ce principii – nu ce interese – avem astăzi. Și în timp ce lumea sare în prăpastie, tu să nu-ți schimbi principiile. Să tratezi ființele umane cu dragoste și respect, indiferent dacă sunt sau nu ca tine, indiferent dacă au aceeași religie ca tine sau alta."

DESPRE O CONVERSAȚIE CARE I-A SCHIMBAT VIAȚA CU PROFESORUL WAYNE MEEKS DE LA YALE

Pe la 30 de ani, Glenn a făcut la Yale un semestru de cursuri de specializare în teologic și nu se simțea la locul lui:

„[Wayne] s-a întins peste masă, m-a prins de mână și mi-a spus: «Vrei să mă asculți o clipă? Tu înțelegi că locul tău este aici? E în regulă să te afli aici». Oricât de prostesc ar părea, votul acesta de încredere a făcut să mi se deschidă lumea. Pentru că era pentru prima oară când cineva îmi spunea: «Ești îndeajuns de inteligent. Poți să o faci»... Asta mi-a schimbat lumea. În unele feluri, aș vrea să nu se fi întâmplat. Aș vrea să nu fi însemnat atât de mult pentru mine. Dar am învățat din asta, astfel că în poziția mea de acum le spun și oamenilor acest lucru. Pentru că există ceva prostesc în noi care ne face să ne simțim ca și cum nu am fi la înălțime, ca și cum nu am fi suficient de inteligenți."

CITATUL CĂLĂUZITOR AL LUI GLENN

„Pune la îndoială cu îndrăzneală până și existența lui Dumnezeu; pentru că, dacă există un Dumnezeu, cu siguranță că aprobă mai mult omagiul rațiunii decât pe cel al fricii oarbe."
– Thomas Jefferson

„E un mistic care susține că există
o singură întrebare bună, și anume:
«Ce nu vreau să simt?»”

TARA BRACH

Tara Brach (FB: TARABRACH, TARABRACH.COM) are un doctorat în psihologie clinică și este una dintre cele mai bune profesoare de gândire budistă și de meditație din Occident. A înființat The Insight Meditation Community of Washington în Washington, D.C., și prelegerile ei sunt descărcate de sute de mii de ori în fiecare lună de pe TARABRACH.COM.

Am făcut cunoştinţă cu Tara prin Maria Popova (pag. 450), care a spus: „[Tara] mi-a schimbat viaţa, poate într-un mod mai profund decât oricine altcineva din viaţa mea.” Apoi, am citit prima carte a Tarei, *Radical Acceptance (Acceptarea radicală)*, după ce mi-a fost recomandată de un doctor în neuroştiinţe care lucrase cu Adam Gazzaley (pag. 164). Am citit câte 10 pagini în fiecare seară în cadă şi a avut un impact imediat şi uriaş. Atât de mare că m-am oprit iniţial din citit după 20%, pentru a încerca lecţiile în viaţa reală. Era foarte mult material cu care să lucrez.

Animalul spiritual: pantera

Lecția mea preferată, citată mai jos, este „Invitarea lui Mara la ceai". Se referă la recunoașterea mâniei și a altor tipuri de emoții pe care noi le considerăm „negative". În loc să încercăm să înăbușim sau să respingem o emoție, îi spunem acesteia/nouă înșine: „Te-am văzut". Paradoxal, lucrul acesta ajută la dispariția sau rezolvarea problemei. Spre exemplu, dacă meditezi și te simți cuprins de mânie, poate fiindcă îți amintești o jignire personală, ai putea să repeți în tăcere „mânie, mânie" și să-i recunoști prezența, lucru care îți permite să revii repede la lucrul pe care te concentrai, oricare ar fi el.

Eu am fost dintotdeauna un luptător și acceptarea calmă nu este ceva firesc pentru mine, lucru care face ca totul să fie și mai valoros.

Lupta cu emoțiile seamănă cu agitația atunci când ești prins în nisipuri mișcătoare – nu face decât să înrăutățească situația. Uneori, cea mai bună „apărare" se reduce la o acceptare mentală și la un semn cu ochiul.

Invitarea lui Mara la ceai

Această ființă umană este o casă de oaspeți:
În fiecare dimineață, un nou venit.
O bucurie, o întristare, o josnicie,
Un strop de conștientizare trecătoare, toate apar
Precum un oaspete neașteptat.

Întâmpină-i și bucură-i pe toți!...
Gândul întunecat, rușinea, răutatea,
Întâmpină-le la ușă râzând,
Și invită-le înăuntru.

Fii recunoscător oricărui oaspete ce vine,
Căci fiecare a fost trimis
Ca un ghid de dincolo.
– Rumi

Una dintre poveștile mele preferate despre Buddha ilustrează puterea unei inimi treze și prietenoase. Cu o noapte înainte să atingă iluminarea, Buddha a purtat o luptă grea cu zeul-demon Mara, care l-a atacat pe cel care era pe atunci bodhisattva Siddhartha Gautama cu toate armele sale: pofte sexuale, lăcomie, mânie, îndoială etc. Dând greș, Mara a plecat confuz în dimineața iluminării lui Buddha.

Totuși, se pare că Mara s-a descurajat doar temporar. Chiar și după ce Buddha a ajuns să fie venerat pe tot cuprinsul Indiei, Mara a continuat să-și facă apariția pe neașteptate. Ananda, tovarășul credincios al lui Buddha, care era tot timpul atent să nu i se întâmple ceva rău maestrului său, îl înștiința înspăimântat că „Cel Rău" a venit din nou.

În loc să-l ignore pe Mara sau să-l alunge, Buddha accepta calm prezența lui spunând: „Te-am văzut, Mara".

După aceea, îl invita la ceai și îl servea ca pe un oaspete de seamă. Buddha îi oferea lui Mara o pernă ca să poată sta comod, apoi umplea două cești de lut cu ceai, le așeza pe măsuța joasă dintre ei și abia apoi se așeza și el. Mara rămânea o vreme, după care pleca, dar pe toată durata șederii sale, Buddha rămânea nestingherit și calm.

Când Mara ne vizitează sub masca emoțiilor tulburătoare sau a poveștilor înspăimântătoare, putem spune: „Te-am văzut, Mara", recunoscând limpede realitatea poftelor și a fricii care trăiesc în toate inimile omenești. Acceptând aceste experiențe cu căldura compasiunii, îl putem servi pe Mara cu ceai, în loc să-l gonim plini de spaimă. Văzând ce este adevărat, ducem cu blândețe ceea ce vedem. De fiecare dată când recunoaștem și ne acceptăm rănile și temerile, dovedim că avem o inimă trează.

Obiceiul de a ne fi prieteni nouă înșine atunci când lucrurile merg bine – și de a da la o parte sau de a ignora orice formă de întuneric – are rădăcini adânci. Dar la fel cum relația cu un bun prieten este caracterizată de înțelegere și compasiune, putem învăța să aducem aceste calități și în viața noastră interioară.

Pema Chödrön spune că, prin practică spirituală, „învățăm să ne împrietenim cu noi înșine și cu viața noastră la cel mai profund nivel posibil". Ne împrietenim cu noi înșine atunci când nu ne respingem experiența. ci ne deschidem inima și îl invităm pe Mara de bunăvoie la un ceai.

„Cred că secretul într-un restaurant, și de fapt secretul în orice situație tensionată, este să îți păstrezi calmul și să nu îți ieși din fire, căci asta înseamnă 75% din succes. Vei elucida restul pe parcurs, dar atunci când îți pierzi calmul, toate încep să se năruiască rapid."

SAM KASS

Sam Kass (TW: @CHEFSAMKASS, TROVEWORLDWIDE.COM) aproape că a devenit jucător profesionist de baseball. În loc de asta, s-a specializat în istorie la Universitatea din Chicago, după care a devenit bucătarul-șef al familiei Obama. Ulterior, a devenit consilier-șef pe probleme de nutriție la Casa Albă și a fost plasat pe locul 11 în lista din 2011 a revistei *Fast Company* cu 100 Cele Mai Creative Persoane datorită muncii lui, care se concentrează pe crearea unor parteneriate cu sectorul privat pentru a reduce obezitatea infantilă la doar 5% până în 2030. Sam a fost prima persoană din istoria Casei Albe care ocupa simultan o poziție în cadrul Biroului Executiv al Președintelui și una în cadrul personalului Casei Albe. În prezent, este partener fondator al Trove, organizație ce reunește companiile, organizațiile și guvernele care vor să aibă un impact asupra lumii prin oamenii și instrumentele care îi ajută să realizeze asta.

DE LA PRIMUL SĂU SOUS-CHEF* – DOUĂ REGULI PENTRU BUCĂTĂRIE ȘI VIAȚĂ

„Prima este: să nu servești niciodată o mâncare pe care tu nu ai mânca-o. Să nu servești niciodată porcării. Este regula numărul 1. Poți să ai un standard înalt pentru toate. Regula numărul 2: atunci când ești copleșit de treburi, în loc să-i dai înainte, încercând să lucrezi cât de repede poți și să satisfaci toate comenzile, el mă sfătuia întotdeauna: «Fă un pas înapoi și fă-ți un plan. Uită-te la felurile de mâncare pe care le ai de făcut și găsește cea mai eficientă modalitate de a le pregăti». Deci, dacă ai cinci comenzi identice, nu le pregăti separat. Scoate-le, pregătește-le împreună și termină-le împreună."

PROFESIONIȘTII FOLOSESC ACREALA

„Una dintre diferențele dintre bucătarii casnici și profesioniști este nivelul de aciditate. Când crezi că este gata, mai adaugă lămâie. Profesioniștii ridică nivelul acidității. Este unul dintre secrete. Adăugăm un strop de acru în plus și asta face totul să capete un gust mai bun."

SECRETUL UNOR OUĂ GROZAVE

„Ouăle sunt printre cele mai dificile alimente de preparat. Testul la care apelează câțiva dintre cei mai mari bucătari-șefi din lume când e vorba de un bucătar nou este să îl pună să facă o omletă. Acesta este testul principal. Deci, mie îmi plac ouăle în toate felurile, dar aproape mereu moi, cum e oul fiert moale. Fac ouă ochiuri moi sau ouă bătute moi. Șmecheria la ouăle bătute moi – după ce îți scoți cuțitele pentru unt – este să spargi ouăle direct în tigaie, să le lași să se facă o secundă și apoi să le amesteci. Apoi, înainte să consideri că sunt făcute, ia-le de pe foc, pentru că se vor mai întări puțin în farfurie."

TF: În ultimii câțiva ani am ajuns la o aventură amoroasă cu ouăle fierte moi, care pot fi un răsfăț decadent atunci când sunt făcute cum trebuie. Iată tehnica mea: 1) Las apa să fiarbă până dă în clocot. 2) Adaug încet ouăle și pun cronometrul la exact 5 minute. 3) Reglez focul astfel încât să clocotească dar cu bule mici, nu ca un vulcan violent. 4) După 5

---

* *Sous chef* este al doilea la comandă, sub bucătarul-șef, deținând o mulțime de responsabilități. El trebuie să planifice cum sunt prezentate produsele alimentare pe farfurie, ține personalul din bucătărie în ordine, creează programul de lucru și trebuie să se asigure că toate produsele alimentare care merg către clienți sunt de cea mai bună calitate. (n.red.)

minute arunc apa fiartă și o înlocuiesc cu apă rece de la robinet. 5) Le scot, le decojesc și le mănânc.

✹ Sfaturi pentru eul tău mai tânăr la absolvirea facultății?

„«Pasiunea» este un cuvânt exagerat. Cred că pasiunea se dezvoltă... Eu m-am aruncat în domeniul culinar și, chiar dacă mă pasiona, nu a ajuns să devină pasiunea vieții mele decât după ce am combinat mâncarea cu sănătatea, cu sustenabilitatea, cu politica și cu politicile și cu ceea ce facem pentru a da o mână de ajutor, pentru a ne asigura că toți oamenii pot să ducă o viață sănătoasă, productivă și extraordinară prin mâncarea pe care o consumă.

Asta s-a transformat în pasiune... O mulțime de oameni [spun]: «Găsește-ți pasiunea». Eu cred că pasiunea vine dintr-o combinație între receptivitate, curiozitate și capacitatea de a te dedica cu totul atunci când găsești ceva care te interesează."

EDWARD NORTON

Edward Norton (TW: @EDWARDNORTON, CROWDRISE.COM) este actor, producător de filme și activist. A fost nominalizat la trei premii Oscar pentru jocul său din *Primal Fear (Avocatul diavolului)*, *American History X (Povestea X a Americii)* și *Birdman (Omul pasăre)*. A jucat în zeci de alte filme, printre care *Fight Club*, *The Illusionist (Iluzionistul)* și *Moonrise Kingdom (Aventuri sub clar de lună)*. Edward mai este ţi fondator de startupuri în serie (de ex., CrowdRise), ambasador ONU pentru biodiversitate, investitor de mare succes (de ex., Uber în etapa de început) și pilot, fiind foarte implicat și în conservarea naturii.

VREI SĂ FII LUAT ÎN SERIOS? ATUNCI IA LUCRURILE ÎN SERIOS

„[Toby Orenstein] era o regizoare grozavă... Dacă ai noroc, atunci când ești tânăr găsești pe cineva care nu-ți vorbește de sus, care ți se adresează ca unei persoane serioase și care te sfătuiește să iei lucrurile în serios, să iei munca în serios. Dacă cineva face asta cum trebuie, te simți înălțat. Ca tânăr, ai impresia că cineva îți spune: «Hei! Vrei să fii luat în serios? Atunci ia lucrurile în serios. Muncește, înțelegi? Nu merge în gol, înțelegi?» Aș spune că asta primeai de la ea."

✸ Unul dintre eseurile recomandate de Edward

„The Catastrophe of Success", de Tennessee Williams.

TF: Una dintre frazele mele preferate din această lucrare este: „Pentru mine, un loc convenabil în care pot să lucrez este un loc îndepărtat, printre străini, unde se înoată bine."

✸ Documentarele preferate ale lui Edward

The Cruise (Croaziera) al lui Bennett Miller și filmele lui Adam Curtis. „Are un film în patru părți intitulat *The Century of the Self (Secolul Sinelui)* și, după aceea, o serie în trei părți intitulată *The Power of Nightmares*

(*Puterea coşmarurilor)*. Cred că aceste filme sunt absolut geniale, dense, şi cu adevărat edificatoare."

TF: *The Century of the Self* mi-a fost recomandat de mai mulţi invitaţi ai podcastului.

✸ Trei filme preferate din ultima vreme?

„În ultimul timp am devenit un fan înfocat al cineastului francez Jacques Audiard. Cred că în ultimii câţiva ani a lansat un şir de filme de succes: *The Beat That My Heart Skipped* (Şi inima mi se opri în loc), *A Prophet (Un profet)* şi *Rust and Bone (Rugină şi oase).*

TF: *A Prophet* este acum unul dintre filmele preferate. Dacă îţi plac filmele cu gangsteri, este absolut superb şi îţi dă numeroase lecţii de leadership.

MARLON BRANDO: GENIUL REAL VERSUS GENIUL FALS

„Una dintre cele mai bune poveşti pe care le-am auzit despre tineri la cursurile de actorie şi diferenţa dintre ceea ce li se întâmplă oamenilor de regulă şi ce este un tip de geniu adevărat, autentic [se referă la Marlon Brando]. Harry Belafonte a vorbit despre perioada în care era coleg cu Marlon, la aceeaşi clasă de actorie. Amândoi aveau 19 sau 20 de ani şi stăteau în Greenwich Village. [Organizatorii cursului au zis:] «Bun. O persoană stă în apartamentul său şi cealaltă intră. Tu eşti persoana care stai pe canapea, la tine acasă. De aici continuaţi voi». Oamenii purtau tot felul de conversaţii forţate sau încercau să creeze un scenariu... Se pare că Marlon stătea pe o canapea şi a început să citească o revistă şi cineva, nu contează cine, a intrat pe uşă. El şi-a ridicat privirea, a sărit în picioare, l-a prins pe tip de guler, l-a aruncat pe uşă afară şi a închis uşa. Toată lumea avea o expresie de genul: «Ce faci acolo?» Şi el le-a răspuns: «Nu ştiu cine naiba era tipul ăla. A intrat pur şi simplu la mine-n casă. M-a speriat de mi-a stat inima». Înţelegi ce vreau să spun? A urmat o reacţie de genul: «Ia stai puţin. Mda, probabil că nu ar exista nicio scenă. Probabil că nu ar exista nicio conversaţie»."

„Vinul este un aliment,
nu un lux."

RICHARD BETTS

Richard Betts (TW:@YOBETTS, MYESSENTIALWINE.COM) a lucrat ca director de vinuri la The Little Nell în Aspen, între 2000 și 2008. Totodată, a luat din prima încercare examenul de maestru somelier organizat de The Court of Master Sommeliers, devenind cea de a noua persoană din istorie care a reușit asta. În momentul în care scriu aceste rânduri, în lume există doar 240 de maeștri somelieri. El a scris *The Essential Scratch & Sniff Guide (Un ghid esențial de râcâit și mirosit pentru a deveni un expert în vinuri)* și *The Essential Scratch & Sniff Guide to Becoming a Whiskey Know-It-All (Un ghid esențial de râcâit și mirosit pentru a ști totul despre whiskey)*.

Animalul spiritual: delfinul rotitor

ÎNCEPUTUL AVENTURII LUI RICHARD ÎN DOMENIUL VINURILOR

Richard era pe cale să devină avocat și... ura acest lucru. Cu câțiva ani în urmă, trăise un timp în Italia. Apoi: „Când urmam cursurile postuniversitare în Flagstaff, lucram ca funcționar pentru o mică firmă de mediu. Am descoperit că nu conta dacă te ocupai de dreptul mediului sau de falimente – jucai aceeași partidă de Monopoly, făceai aceleași mutări, treceai prin Park Place de fiecare dată. Nu făceai decât să înlocuiești pălăria cu pantoful sau cu partea care îți revenea ție. Jocul rămânea același și am observat că mie nu-mi plăcea. Așa că eram pregătit pentru acest moment... Trebuia să vină weekendul în care fusesem programat să-mi susțin disertația de master. Disertația a fost excelentă și, șase săptămâni mai târziu, ar fi trebuit să merg mai departe la cursurile postuniversitare de drept.

[În loc de asta], am ieșit din laborator, am sărit gardul și am traversat în fugă Route 66, acolo în Flagstaff, până la un mic restaurant/magazin de vinuri. Nu știam nimic despre vinuri. Știam doar că în Italia beam vin în fiecare zi și cât de mult însemna asta pentru mine. Am intrat și am cumpărat o sticlă, bazându-mă doar pe ceea ce vedeam... mă gândeam: «Cred că recunosc eticheta asta» și am luat vinul acasă, am scos dopul și am turnat într-un pahar. Prima aromă m-a purtat înapoi în timp, ducându-mă cu patru ani în urmă, în vremea când locuiam în Italia. Mi-am amintit clar de o cină luată la Osteria del Cinghiale Bianco, în Florența. Mi-am amintit unde stăteam, unde stătea invitata mea, ce a mâncat, cu ce era îmbrăcată, ce am mâncat eu și ce a făcut bine și ce a făcut rău chelnerița din seara aceea. Toate acestea mi-au revenit în minte de la un singur miros".

✹ Câteva exemple de vinuri cu prețuri sub valoarea lor sau subapreciate?

Grenache de la Rusden, Zinfandel de la Turley și Chenin Blanc de la Mosse. Și ține minte: „Încearcă să-l miroși cu gura deschisă, pentru că astfel vei obține mai multe informații."

EXPLICAȚIA TATUAJULUI „BE NICE" CARE LA ÎNCEPUT FUSESE DOAR LITERA „B"

„Era un fel de notiță pentru mine ca să fiu bun, să fiu atent, să fiu binevoitor... să fiu pur si simplu un tip bun. Uneori sar la ceartă, așa că acesta este un mic memento. O notiță pentru mine. S-a dezvoltat transformându-se în «fii drăguț», scurt și la obiect."

ȘCOALA CULINARĂ – O COMPARAȚIE ÎNTRE CARTOFI ȘI CARTOFI

„M-am dus să vorbesc cu un bucătar-șef și i-am zis: «Uite la ce mă gândeam... Fie îți cer un job, fie mă duc la școala culinară». El mi-a spus: «Uite cum stau lucrurile. Poți să vii azi la mine și să-mi ceri un job, că eu îți voi răspunde da, grozav, uite aici cartofii, treci la curățat. Sau poți să mergi la școala culinară, să-ți petreci doi ani din viață pregătindu-te, cheltuind 30 sau 40 de mii $ pe an pe taxele de acolo, după care poți să vii la mine și să-mi ceri un loc de muncă, la care eu o să zic că da, desigur, uite un vas cu cartofi, treci la curățat». E același lucru. Și eu am reacționat spunându-i ceva de genul: «În regulă, sunt destul de bun la mate. M-am prins. Unde sunt cartofii? Să trecem la treabă». Deci a fost foarte simplu."

IEȘIREA LA ATAC – EVITAREA INTENȚIONATĂ A ZONELOR FIERBINȚI PENTRU A OBȚINE UN ACCES MAI BUN

„Erau doi bucătari-șefi pentru care aș fi vrut să lucrez în Tucson, grozavi – bine văzuți la nivel național. Nimeni nu-și dorea să se mute acolo ca să lucreze cu ei, așa că [dacă mă duceam] obțineam acces imediat și-mi acceleram învățarea și traseul. Așa că m-am dus. Am mers la al doilea bucătar-șef și i-am spus: «Uite, vreau să lucrez cu tine Acesta este motivul pentru care mă aflu în Arizona», și el mi-a spus: «Grozav. Cu ce te-ai ocupat până acum?»"

TF: Richard a obținut postul. Ideea aceasta este foarte asemănătoare cu filosofia „ieșirii la atac" și cu procesul de luare a deciziilor al lui Chris Sacca (pag. 192), persoana care mi-a făcut cunoștință cu Richard. Competiția este supraestimată (vezi Peter Thiel, pag. 262) și uneori poți să împingi bolovanul la vale, în loc să urci dealul cu el în spate (vezi Seth Godin, pag. 267).

NU MUNCI PENTRU DISTINCȚII, FĂ DISTINCȚIILE SĂ MUNCEASCĂ PENTRU TINE

TIM: „Ce crezi că au în comun persoanele care au succes financiar dar care sunt nefericite în general?"

RICHARD: „Obiective nepotrivite. Eu cred că urmărirea aspectului financiar nu este drumul cel bun. Acel prim bucătar-șef care mi-a oferit primul job în domeniul vinurilor era un tip grozav. Am fost ignorați de presă în câteva rânduri, iar eu eram nou în lumea aceasta a mâncării și vinului. El mi-a spus: «**Uite ce e, Richard, dacă muncești pentru distincții, nu faci treabă bună. Dar dacă faci treabă bună, vor veni și distincțiile.**"

✹ Sfaturi pentru tine cel de la 25 de ani?

„Nu mai fi naibii atât de timid... Omule, îmi vin și acum în minte situații din ultimele 24 de luni când mă gândeam: «Doamne, Richard, chiar aş vrea să fi fost și tu mai direct. Aş vrea să fi cerut una-alta, în loc să fii atât de subtil și doar să sugerezi». Eu încerc să obţin lucruri în felul acela subtil și elegant care sună foarte frumos. Cred că, în parte, asta înseamnă că sunt timid. Uneori, semnalele pe care le transmiți în exterior sunt prea subtile pentru a fi auzite sau pur și simplu cineva vorbește mai tare decât tine."

✹ Cred că ești un dascăl spectaculos. Dacă ai preda la o clasă de a noua, ce i-ai învăța?

„Iubește-te pe tine însuţi... Trebuie să te iubești pe tine înainte să-i poţi iubi pe ceilalţi. Fără această iubire, nu se va întâmpla nimic productiv și nu avem decât să ne dăm cu toţii cu capul de pereţi."

MIKE BIRBIGLIA

Mike Birbiglia (TW: @BIRBIGS, BIRBIGS.COM) este unul dintre cei mai ocupați comedianți din lume, atât în fața camerei cât și în spatele ei. A pornit din postura de comediant de stand-up și a ajuns pe culmile domeniului – un turneu internațional al unei reprezentații solo, care amestecă laolaltă teatrul, filmul, povestirile și comedia stand-up. Printre proiectele sale se numără o mulțime de lucruri, de la turnee cu casa închisă și bestselleruri *New York Times* la filme artistice și apariții regulate în emisiunea *This American Life* de la radioul public, unde are o colaborare importantă cu gazda și producătorul Ira Glass. În ultima perioadă a fost creatorul, scenaristul și vedeta filmului *Don't Think Twice (Nu gândi de două ori)*.

Animalul spiritual: ursul grizzly

ARTA ÎNSEAMNĂ SOCIALISM, DAR VIAȚA ÎNSEAMNĂ CAPITALISM

„Soția mea a făcut observația că pe scenă toată lumea este egală, dar în afara ei oamenii sunt absolut inegali." Mike a scris undeva: „Arta înseamnă socialism, dar viața înseamnă capitalism", și acesta a devenit principiul călăuzitor al filmului său *Don't Think Twice*.

DOAR EMOȚIA REZISTĂ

Mike își acoperă pereții cu panouri de plută pe care prinde cartonașe de 7,5 x 12. Unul dintre preferatele sale conține doar 3 cuvinte ale lui Ezra Pound, citat pe care Mike îl consideră unul dintre cele mai bune citate despre scris: „Doar emoția rezistă".

UNEORI, TĂCEREA ESTE MAI RĂSUNĂTOARE DECÂT CUVINTELE

TIM: „Există o modalitate specifică prin care obții feedback, în cazul cuiva de felul lui Ira [Glass] sau al oricui altcuiva, care să-l facă cât mai util cu putință?"

MIKE: „De obicei, spun nimicuri și glume la telefon, în parte pentru că mi se poate oferi un feedback calm, într-o manieră care să nu fie critică. Când ești față-n față cu cineva [și spui o glumă, acesta s-ar putea] să se simtă presat: «Stai, ar trebui să râd sau să răspund politicos?» La telefon, este foarte ușor să evaluezi rapid lucrurile și pot să îmi dau seama când oamenii sunt interesați de ceea ce s-a spus. Quentin Tarantino – am citit asta – sună oamenii într-una și le propune filme la care lucrează. El susține că nici nu trebuie să audă cum râd; poate să înțeleagă și din tăcerea lor care le este gradul de interes."

SCRIE ÎN TRANSĂ ȘI JOACĂ ÎN TRANSĂ

„Încerc să scriu înainte ca inhibițiile să preia controlul. Încerc să lucrez de la 7:30 dimineața. Cum sunt și actor, spun de fiecare dată: «Scrie în transă și joacă în transă». Nu vrei să te gândești conștient la ceea ce așterni pe pagină. De multe ori, scriu în jurnal de parcă nu o să fie văzut niciodată de cineva, pentru ca, de cele mai multe ori, lucrurile pe care le-am scris în el să fie tocmai lucrurile pe care le public."

MIKE!!! AI O ÎNTÂLNIRE CU TINE ÎNSUȚI!

„De fapt, aceasta este o veritabilă ciudățenie pe care o recunosc rareori în fața cuiva și niciodată în public. Vrând să termin scenariul, am observat că îl tot amânam și mi-am analizat obiceiurile. [Mi-am dat seama că] amânam scrierea scenariului, dar nu amânam prânzul pe care trebuia să-l iau cu Brian Koppelman [pag. 668, un prieten comun], prânzul cu fratele meu sau altceva ce mai aveam de făcut... Așa că m-am gândit: «Sunt mereu punctual, ajung întotdeauna când promit să ajung, atunci de ce nu fac asta și pentru mine însumi?» Ca atare am pus o notiță lângă pat care spunea – cu trei semne de exclamare – «Mike!!! Ai o întâlnire la Café Pedlar [unde scriam], la 7 dimineața, cu mintea ta». Ce chestie caraghioasă! Îmi e rușine să recunosc, dar a funcționat!"

✹ Podcasturi recomandate

Sleep with Me: Mike, celebru pentru problemele reale pe care le are cu somnul, adoarme pe podcastul acesta. Odată a sărit pe fereastră de la etajul doi, în timpul unui episod de somnambulism, și a fost cât pe ce să moară.

Scriptnotes: Acesta a apărut în timpul discuției cu cel puțin 5-6 invitați. Recomandări autentice de la oameni de acțiune autentici.

✹ Ce ai scrie pe un panou?

„L-aș expune în Times Square și aș scrie: «Niciunei companii nu îi pasă de tine».

CUM SĂ ABORDEZI CELEBRITĂȚILE (ȘI SĂ-L FACI PE PREȘEDINTELE OBAMA SĂ SPUNĂ „CACA")

„L-am întâlnit [pe președintele Obama] cu 2 ani în urmă, când soția mea era însărcinată. Noi avem o înțelegere: de fiecare dată când întâlnim o persoană despre care știm că nu-i pasă că a făcut cunoștință cu noi, să încercăm să găsim o întrebare capcană care să o dezorienteze. Trebuie să răspundă sau trebuie să se gândească la această întrebare. Iată ce i-am sfătuit eu pe oameni. Dacă îl vezi vreodată pe Jimmy Fallon pe stradă, nu-i spune: «Îmi place *The Tonight Show!*» Întreabă-l doar ceva de genul: «Ce părere ai despre kiwi?», iar el nu va putea să nu reacționeze și să nu zică ceva de felul: «Îmi place kiwi!» Vorbește cu oamenii despre un lucru despre care nu se așteaptă să fie întrebați. Apoi, o să discuți cu Jimmy Fallon despre kiwi și o să-ți rămână amintirea asta toată viața.

Deci, cum soția mea era gravidă în luna a 4-a, dar încă nu spusesem nimănui, șmecheria cu Obama a fost: «De ce să nu-i spunem că ești gravidă?» Așadar, când ajungem în față, eu spun: «Dle președinte, ea este soția mea, Jen. Este gravidă, dar să nu spuneți nimănui». Și el nu s-a putut abține. Președintele Statelor Unite nu s-a putut abține și a spus: «Adică eu sunt primul care află?» Și soția mea i-a răspuns că da. Ea l-a întrebat:

«Aveți vreun sfat în materie de parenting?» Și el ne spune: «Păi, aveți grijă să dormiți». Și noi eram foarte încântați, fiindcă era președintele. Nu era așa amuzant, în sensul de comic, dar el este cumva ca șeful tău, doar că la puterea un milion. Însă a fost și mai tare pentru că a continuat: «Nu, de fapt, am un sfat. Când îl aduceți acasă, o să facă caca și...» Președintele a zis «caca» și în momentul când a zis «caca», mă gândeam: «Asta este cea mai tare zi din viața mea. Aș putea să mor chiar acum și aș fi împăcat». A zis: „Când îl aduceți acasă, o să facă caca și nu o să miroasă. Nu miroase la fel ca la adulți. La adulți miroase rău». Apoi m-a privit așteptând să confirm, iar eu aveam o expresie în genul: «Aveți perfectă dreptate, dle președinte; la adulți chiar miroase groaznic. Vă mulțumesc că m-ați invitat la Seminarul despre Caca ediția 2015».

Și a continuat: «După ce sunt aduși acasă, bebelușii vor un program bine organizat de masă și somn. Uneori, alăptarea la sân nu merge chiar din prima. Va fi o perioadă de bâjbâială. Nu vă pierdeți cu firea. Și dacă somnul nu se rezolvă chiar de la început, nu vă panicați». Apoi a făcut o pauză, s-a gândit și a completat: «Astea sunt sfaturi foarte bune». Și-a lăudat singur propriile sfaturi. Vorbesc serios, cel mai bun lucru pe care îl poți face este să le pui oamenilor întrebări la care nu se așteaptă."

✹ Sfaturi pentru tine, cel de la 20 de ani?

„Mi-aș spune: «**Notează totul undeva, pentru că toate trec nespus de repede**». Și mi-aș mai spune: «Ține un jurnal», lucru pe care l-am făcut, dar l-aș fi vrut mai meticulos. Apoi, mi-aș spune: «Nu te pleca în fața celor care controlează accesul spre vârful domeniului tău, în cazul meu, lumea spectacolului, ci doar în fața întreprinderii sau strădaniei». **Nu te pleca în fața celor care controlează accesul pentru că eu cred că, în realitate, nimeni nu îl controlează. Tu ești cel care o face...**

Nu-ți pierde vremea cu marketingul, încearcă doar să devii mai bun....

Și încă ceva, nu trebuie să fii bun; trebuie să fii grozav. Pentru că lucrul pe care îl observ eu pe măsură ce îmbătrânesc este că există o mulțime de oameni care sunt buni, o mulțime de oameni care sunt inteligenți și o mulțime de oameni care sunt deștepți. Dar nu găsești o mulțime de oameni care să-și dăruiască sufletul atunci când urcă pe scenă."

BORCANUL CU EXTRAORDINAR

Ideea asta nu-mi aparține. Îi aparține unei foste iubite care este o scumpă. Ea a făcut și mi-a dat în dar Borcanul cu Extraordinar, pentru că sunt foarte bun la realizări, dar, de obicei, nu știu deloc să apreciez. Iată cum funcționează:

Pe blatul din bucătărie am un borcan cu filet pe care am scris cu litere sclipitoare BORCANUL CU EXTRAORDINAR. De fiecare dată când se petrece ceva foarte cool într-o zi, ceva care m-a entuziasmat sau m-a umplut de bucurie, doctorul mi-a recomandat să notez respectivul lucru pe o bucată de hârtie și să o pun în acest borcan. Atunci când se întâmplă ceva grozav, îți imaginezi că îți vei aminti și peste 3 luni, dar nu o să-ți amintești. Borcanul cu Extraordinar creează un registru al lucrurilor excelente, care *chiar* s-au întâmplat, însă pe care le poți uita dacă ești deprimat sau dacă privești lumea prin ochelari cu lentile cenușii. Eu am tendința să sărbătoresc foarte puțin, asta dacă o fac, așa că această metodă îmi aduce dividende bune timp de săptămâni, luni sau ani.

Borcanul cu Extraordinar a avut un impact uriaș asupra calității vieții mele. Mi se pare ridicol să recunosc asta și probabil că eul meu de la 20 de ani ar vomita dar – Dumnezeule – funcționează.

Țin borcanul într-un loc în care pot să-l văd constant. De fiecare dată când numele lui îmi sare în ochi, o voce micuță din minte îmi spune: „Lucrurile nu sunt așa de rele, Eeyore. Fii naibii mai vesel!" Am ajuns să-mi dau seama că: A) dacă ești serios tot timpul, te vei consuma înainte să te apuci de lucrurile cu adevărat serioase; B) dacă nu apreciezi tot timpul micile victorii, nu le vei aprecia niciodată pe cele mari. Toate ți se vor scurge printre degete ca nisipul, în timp ce tu te gândești obsesiv la săptămâna viitoare, la următorul lucru ce trebuie făcut, la următorul lucru care trebuie îndreptat. Asta transformă succesul într-o victorie à la Pirus*, în cel mai bun caz.

---

* O victorie à la Pirus este o victorie obținută cu un cost atât de mare pentru învingător, încât aproape că echivalează cu o înfrângere. Expresia este legată de regele Pirus al Epirului, care i-a învins pe romani la Heraclea și Asculum în 279 î.Hr., dar a suferit pierderi de neînlocuit în timpul luptelor, ceea ce a dus la pierderea în cele din urmă a războiului și retragerea din Peninsula Italică în Sicilia. (n.red.)

Dacă nu vrei să ai un borcan pe care să scrie Borcanul cu Extraordinar, poţi doar să lipeşti pe el o stea uriaşă sau un semn de exclamare. Totuși, cred că, cu cât ești mai serios în „viața reală", cu atât mai caraghios ar trebui să-l faci. Pe cine încerci să impresionezi? Dacă ai copii, implică-i şi pe ei. Mulţi dintre fanii mei şi-au ajutat întreaga familie să-şi cultive recunoştinţa, folosind acest dar ceresc simplu şi care nu are nevoie de tehnologie.

Formează-ţi obiceiul de a pune ceva în el în fiecare zi. Nu-ţi vine nimic în minte? „N-am murit astăzi!" este un bileţel potrivit. Lucrul acesta este absolut extraordinar, dacă îl compari cu alternativa. Caută binele, exersează găsirea lui şi îl vei observa mai des.

MALCOLM GLADWELL

Malcolm Gladwell (TW: @GLADWELL, GLADWELL.COM) este autorul a cinci bestselleruri *New York Times*. A fost inclus printre Cei mai influenţi 100 de oameni de către revista *Time*, şi printre Gânditorii de top ai lumii, de către publicaţia *Foreign Policy*. El a analizat felul în care se răspândesc ideile în *The Tipping Point*[*] *(Punctul de înclinare)*, luarea deciziilor în *Blink*[**] *(Sclipirea)*, rădăcinile succesului în *Outliers* (*Excepţionalii*[***]) şi avantajele dezavantajelor în ultima sa carte, *David and Goliath (David* şi Goliat[****]*)*. În ultimul său proiect, podcastul *Revisionist History*, Gladwell analizează felul în care trecerea timpului schimbă şi iluminează modalităţile de înţelegere a lumii din jurul nostru.

---

* Volum apărut sub acest titlu la Editura Publica, Bucureşti, 2008. (n.red.)

** Volum apărut sub acest titlu la Editura Publica, Bucureşti, 2011. (n.red.)

*** Volum apărut sub acest titlu la Editura Publica, Bucureşti, 2009. (n.red.)

**** Volum apărut sub acest titlu la Editura Publica, Bucureşti, 2013. (n.red.)

✹ Ce ai mâncat la micul dejun?

„Am băut un cappuccino și am mâncat o treime dintr-un croissant. Ador croissantele, dar cred că dimineața ar trebui să mâncăm minimul absolut... Asta este una dintre regulile mele."

✹ Despre ceaiul negru lapsang souchong

„Există oameni care îl miros și o iau la fugă în direcția opusă. Ei nici măcar nu cred că este ceai. Ştiu o cafenea micuță, unde mă duc deseori dimineața, acolo îl au. Cred că sunt unul dintre foarte puținii care comandă așa ceva."

TF: Lapsang souchong are o aromă puternică de fum, de turbă. Unuia din prietenii mei îi amintește atât de mult de whisky, încât a început să-l bea ca să reducă consumul de alcool.

✹ Cum decizi felul în care începi un capitol sau o carte?

„Nu este o întrebare matematică pentru care să existe un singur răspuns. Deci, atâta timp cât înțelegi că nu există un singur răspuns corect, scapi de presiune. De obicei, s-ar putea să încerc câteva începuturi. Faptul că nu încep cu începutul face ca lucrurile să fie mai ușoare. Atunci când nu începi cu începutul, viața devine mult mai simplă."

TF: Caută „5 great examples of *in medias res*" pentru mai multe detalii referitoare la această abordare. În latină, *in medias res* înseamnă efectiv „în mijlocul lucrurilor" și se referă la începerea unei povești (capitol, roman, film, joc video, orice altceva) de la mijlocul sau de la finalul narațiunii. Am făcut lucrul acesta în cazul tuturor cărților mele anterioare.

CUM A ÎNVĂȚAT MALCOLM SĂ PUNĂ ÎNTREBĂRI

Tatăl său, un matematician, l-a învățat pe Malcolm să pună întrebări una după alta:

„Tatăl meu nu are absolut nicio nesiguranță intelectuală... Nu i-a trecut niciodată prin minte să-și facă griji că lumea îl consideră idiot. Nu-și face probleme de genul ăsta. Așa că, dacă nu înțelege ceva, pur și simplu te întreabă. Nu-i pasă dacă sună prostește. Pune cea mai evidentă întrebare fără niciun pic de îngrijorare... Așa că pune zeci și zeci de întrebări «tâmpite», în cel mai bun sens al cuvântului. Îi spune cuiva: «Nu înțeleg. Explică-mi asta». Și continuă să pună întrebări până înțelege bine. Și în copilărie și în adolescență l-am auzit făcând asta în toate situațiile imaginabile. [Dacă tata l-ar fi cunoscut pe Bernie Madoff] n-ar fi investit niciodată bani cu el, fiindcă i-ar fi spus de o sută de ori că nu înțelege. «Eu nu înțeleg cum funcționează asta», spunea cu o voce domoală și tâmpă. «Eu nu înțeleg, domnule. Ce se petrece?»”

(Vezi Alex Blumberg, pag. 338.)

✸ Modelele lui Malcolm din lumea discursurilor în public

„Niall Ferguson, istoricul, a ținut un toast aniversar pe care îl consider cel mai bun toast pe care l-am auzit în viața mea. [A fost] cu mult mai bun decât tot ce am auzit. A fost la un alt nivel.”

✸ Care este sfatul prost pe care îl auzi dat adesea?

„În general, cel mai prost sfat pe care îl dăm noi în America este că-i înspăimântăm pe copiii de liceu cu opțiunile pentru facultate. Toate lucrurile referitoare la facultate intră în categoria sfaturilor proaste. După cum vei afla dacă-mi asculți discursurile pătimașe despre facultăți [pe *Revisionist History*], cred că sistemul american de învățământ superior ar trebui aruncat în aer și refăcut de la zero... Oare mă simt atât de inspirat de ceea ce am învățat în timpul zilei încât îmi vine să vorbesc despre asta la 1:00 noaptea? Și am pe cineva dispus să poarte conversația aceasta cu mine și să mă stimuleze? Asta-i tot. Orice altceva este absurd.”

STEPHEN J. DUBNER

Stephen J. Dubner (TW: @FREAKONOMICS, FREAKONOMICS.COM) este autor premiat, jurnalist și personalitate de radio și televiziune. Este celebru pentru că a scris *Freakonomics*, *SuperFreakonomics**, *Think Like a Freak* (*Gândește ca un trăsnit***) și *When to Rob a Bank* (*Când să jefuiești o bancă****), în colaborare cu economistul Steven D. Levitt, cărți care au ajuns să fie vândute în peste 5 milioane de exemplare și traduse în 35 de limbi. Este gazda podcastului *Freakonomics Radio* care se bucură de o popularitate uriașă.

Animalul spiritual: O corcitură de câine de dimensiuni medii, cu o descendență deloc impresionantă – puțin timid, relativ prietenos după un timp, zăpăcit, dar nu foarte sălbatic, foarte credincios, cu un somn excelent

---

* Volum apărut sub acest titlu la Editura Publica, București, 2010. (n.red.)

** Volum apărut sub acest titlu la Editura Publica, București, 2014. (n.red.)

*** Volum apărut sub acest titlu la Editura Publica, București, 2016. (n.red.)

UN FAVORIT MAI PUȚIN CUNOSCUT

Amândoi iubim la modul absolut *Levels of the Game (Nivelurile jocului)*, de John McPhee, o carte întreagă despre o singură partidă de tenis dintre Arthur Ashe și Clark Graebner din 1968. Este scurtă, are doar 162 de pagini și ziarul *New York Times* s-a extaziat: „Aceasta ar putea să fie apogeul jurnalismului sportiv american". Este cartea pe care Stephen le-o dăruiește cel mai des adulților. *The Empty Pot (Cratița goală)*, de Demi, este cartea pe care le-o dăruiește cel mai des copiilor.

✹ Vreun citat după care îți trăiești viața sau la care te gândești des?

„Destul este la fel de bun ca un festin."

CÂND SĂ-ȚI LAȘI DEOPARTE BUSOLA MORALĂ

„Dacă vrei să rezolvi o problemă – orice problemă de care îți pasă suficient de mult ca să vrei să o rezolvi – găsești aproape sigur o mulțime de idei. Idei despre motivele pentru care este o problemă importantă, de ce te deranjează mai exact, cine sunt personajele negative ale problemei etc.

Deci, dacă ești ecologist și crezi că una dintre cele mai mari tragedii din ultimii 100 de ani este faptul că oamenii au distrus mediul, în clipa în care auzi despre o problemă care se învecinează cumva cu mediul, indiferent dacă vorbim de colapsul coloniilor de albine sau ceva legat de calitatea aerului, poziția ta morală imediată va fi: «Eu știu exact care este cauza. Este provocată de faptul că oamenii sunt proști, neglijenți și lacomi» și așa mai departe.

S-ar putea ca asta să fie adevărat, dar e la fel de posibil să nu fie. Ideea este că, dacă încerci să abordezi toate problemele utilizându-ți busola morală înainte de orice, vei comite o grămadă de greșeli. Vei exclude o mulțime de posibile soluții bune. Vei presupune că știi o grămadă de lucruri, deși nu le știi în realitate, și nu vei fi un partener bun pentru obținerea unei soluții în colaborare cu ceilalți, care se întâmplă să nu privească lumea în același fel ca tine."

✹ Care este cel mai prost sfat pe care îl auzi frecvent?

„«Scrie despre ce știi.» De ce să vreau să scriu despre puținul pe care îl știu? Nu ar trebui să vreau să mă folosesc de scris pentru a învăța mai multe?"

DESPRE TRIEREA IDEILOR

„Unele dintre ele s-au dovedit a nu fi atât de interesante. În altele nu credeam cu adevărat. Alte câteva s-au dovedit a fi interesante şi adevărate, dar nu aveau niciun fel de date sau de poveşti care să le ilustreze cu adevărat... **aşa că iată în ce a constat brainstormingul nostru: hai să venim cu cât mai multe idei cu putinţă, pentru ca apoi să le examinăm atent şi, în esenţă, să încercăm să eliminăm cât mai multe din ele; dacă sunt imposibil de nimicit, vom merge mai departe cu ele.**"

- **Trei surse din care ai învăţat sau pe care le-ai urmărit cu atenţie în ultimul an?**

  Online: *Marginal Revolution*, Kottke.org şi Cool Tools (al lui Kevin Kelly, pag. 515).

- **Sfaturi pentru eul tău mai tânăr?**

„Aş spune că e destul de simplu: «Nu te speria!» Sunt o mulţime de lucruri pe care nu le-am făcut, o mulţime de experienţe pe care nu le-am încercat niciodată, o mulţime de oameni cu care nu mi-am petrecut timpul pentru că, într-o formă sau alta, eram intimidat sau speriat... Se leagă totodată de ceea ce psihologii au denumit «efectul reflectorului», [de parcă] tuturor le-ar păsa de ceea ce fac eu. În realitate, nimănui nu-i pasă ce fac eu."

JOSH WAITZKIN

Josh Waitzkin (JOSHWAITZKIN.COM) a fost persoana care a stat la baza cărții și filmului *Searching for Bobby Fischer* (În căutarea lui *Bobby Fischer / Mutări inofensive)*. Considerat un copil minune al șahului, el a perfecționat tehnici de învățare care pot fi aplicate la orice, inclusiv la celelalte pasiuni ale sale, cea pentru jiu-jitsu brazilian (a obținut o centură neagră, avându-l ca profesor pe strălucitul Marcelo Garcia) și tai chi (este campion mondial). În prezent, este coach pentru atleții și investitorii de top, lucrează pentru a revoluționa educația și se dedică noii sale pasiuni, paddle surfingul, fiind cât pe ce să mă omoare în repetate rânduri. L-am întâlnit pentru prima dată pe Josh după ce i-am citit cartea, *The Art of Learning (Arta învățării)*, și am devenit prieteni buni.

Animalul spiritual: gorila

SPAȚIU GOL

Josh nu e înscris pe site-uri de social media, nu dă interviuri (cu excepția podcastului meu, pentru care îmi spune adeseori „Ticălosule!") și evită aproape toate ședințele și apelurile telefonice. Minimizează consumul pentru a maximiza rezultatul, la fel ca Rick Rubin. Josh spune: „Eu cultiv spațiul gol ca stil de viață pentru procesul creativ".

SĂ ÎNVEȚI DIN MICRO CE ÎNSEAMNĂ MACRO

Josh se axează pe profunzime, nu pe întindere. El utilizează frecvent un principiu numit „să înveți din micro ce înseamnă macro". Asta înseamnă să te concentrezi pe ceva foarte mic dintr-un domeniu (indiferent că vorbim de șah, arte marțiale sau altceva) pentru a asimila principiile macro extrem de eficiente care se aplică pretutindeni. Ideea aceasta este uneori combinată cu „să începi cu finalul". Spre exemplu, când Josh mi-a ținut o lecție introductivă în materie de șah, nu a început cu mișcările de deschidere. Memorarea deschiderilor este ceva natural și aproape toată lumea o face, dar Josh o compară cu furtul răspunsurilor de la profesor. Nu înveți principii sau strategii – înveți doar câteva șmecherii care te vor ajuta să-ți bați prietenii începători. Spre deosebire de asta, Josh a mers cu mine în sens invers, la fel cum a făcut cu el Bruce Pandolfini, primul său profesor. Tabla era goală, cu excepția a trei piese dintr-un final de joc: rege și pion contra rege. Prin intermediul *nivelului micro*, poziții cu o complexitate redusă, m-a făcut să mă concentrez pe *nivelul macro:* principii precum puterea spațiului gol, opoziția și aranjarea lucrurilor astfel încât adversarul ajunge în *zugzwang* (o situație în care oricare dintre mișcările pe care le face îi distruge poziția). Lăsându-mi un număr limitat de piese, el a sperat că voi învăța ceva nelimitat: concepte de nivel superior pe care aș putea să le aplic oricând și împotriva oricui. L-am văzut aplicând asta unui număr mare de lucruri, inclusiv când predă jiu-jitsu, unde poate ilustra aproape toate principiile concentrându-se pe capitulare (finalul jocului), numită „ghilotina" (mai exact „Marcelotina").

DACĂ ÎMI STUDIEZI JOCUL, PĂTRUNZI ÎN JOCUL MEU

Eu și Josh ne-am petrecut mult timp discutând despre Marcelo Garcia, de 5 ori campion mondial la jiu-jitsu brazilian, împreună cu care Josh deține Academia Marcelo Garcia în New York City. Marcelo este fără îndoială cel mai bun *grappler** din ultimii 100 de ani, o combinație între

* Grappler – Specialist în orice formă de arte marțiale care pune accent pe lupta cu brațele, cum ar fi: wrestling, judo, jiu-jitsu, sambo, wrespon ki bo, etc. (n.red.)

Mike Tyson, Wayne Gretzky și Michael Jordan în sportul său. Deși majoritatea concurenților păstrează secret felul în care se pregătesc pentru competiție, Marcelo își înregistrează luptele de pregătire și le face publice regulat, adică tocmai antrenamentele pentru competițiile majore. Josh explică motivul:

„[Marcelo] le arăta oponenților săi ce avea de gând să folosească împotriva lor cu 2, 3 sau 4 săptămâni [înainte de competiție] și atitudinea sa față de asta era de-a dreptul unică: «Dacă îmi studiezi jocul, intri în el, iar eu voi fi mai bun decât tine».”

TF: Eu fac publice detalii nevăzute despre cum am făcut podcastul, cum am elaborat campanii pe Kickstarter etc. Fac asta animat de două convingeri fundamentale. Convingerea nr. 1: este rareori un joc cu sumă nulă (adică dacă cineva câștigă, altcineva trebuie să piardă) și cu cât ajut mai mult oamenii cu detalii, cu atât este mai detaliat ajutorul pe care îl primesc eu. Convingerea nr. 2: dacă jocul este competitiv, le ofer oamenilor detaliile jocului *meu*. Atenția pe care o acord detaliilor îi va speria pe jumătate dintre cei care ar fi încercat; 40% vor încerca și vor fi mai slabi decât mine; 10% vor încerca și vor fi mai buni decât mine, dar... vezi convingerea nr. 1. De multe ori, cei 10% mă vor contacta pentru a-mi povesti ce au învățat ei, din recunoștință pentru transparența de care am dat dovadă.

AMINTEȘTE-ȚI ULTIMELE TREI VIRAJE

„Îmi amintesc că am mers la schi cu Billy Kidd, unul dintre marii schiori olimpici de coborâre din anii 1960. Este un tip extraordinar. Acum schiază prin Colorado purtând o pălărie de cowboy... și [m-a întrebat] cu ani în urmă, când am schiat pentru prima dată cu el: «Josh, care crezi tu că sunt cele mai importante trei viraje de pe pista de schi?» De atunci am pus și eu această întrebare mai multor oameni.

Majoritatea vor răspunde că «cea de la jumătate, pentru că este cea mai dificilă» sau «începutul, din cauza avântului», dar el susține că cele mai importante trei viraje ale unei curse de schi sunt ultimele trei înainte să iei teleschiul. Este o idee foarte subtilă. Pentru aceia dintre voi care schiați, vorbim despre porțiunea în care panta se aplatizează, când dificultatea se reduce. Majoritatea oamenilor sunt foarte neatenți acolo... au o postură proastă. Problema este că apoi, pe drumul cu teleschiul înapoi spre vârf, adopți inconștient o mecanică proastă a corpului.

După spusele lui Billy, dacă ai făcut bine ultimele trei viraje, atunci vei adopta o poziție corectă când urci cu teleschiul. Așa că îi învăț acest lucru și pe cei din lumea finanțelor pe care îi instruiesc; spre exemplu:

să încheie ziua de lucru cu ceva de calitate, ceea ce înseamnă că peste noapte își vor însuși calitatea."

TF: Mulțumită lui Josh, acum termin întotdeauna ședințele de antrenament cu o „mișcare" bună, indiferent că aleg AcroYoga, gimnastică, tras cu arcul sau altceva. Spre exemplu, chiar dacă mi-am propus să fac un antrenament de 60 de minute, dacă reușesc să obțin un „RP" fantastic (un record personal) după 45 de minute sau fac bine un exercițiu nou, pun punct. În cazul trasului cu arcul, apelez și la tehnica „blank bale"*, adică încep și termin toate ședințele trăgând 5 sau 6 săgeți cu ochii închiși, bazându-mă doar pe instinct, la o țintă aflată la doar 3,3 metri distanță. Este ceva asemănător „trasului pe uscat" cu arme de foc. Unul dintre scriitorii preferați ai lui Josh, Hemingway, avea obiceiul să se oprească din scris când încă avea inspirație, lăsând propoziția la jumătate. În felul acesta știa exact de unde să înceapă a doua zi și era sigur că își va încheia și își va relua scrierea cu încredere.

PENTRU A PORNI, ÎNVAȚĂ SĂ TE OPREȘTI (ȘI INVERS)

„Una dintre cele mai frumoase amintiri cu [Marcelo] este de la campionatul mondial, chiar înainte să ajungă în semifinale. Trăgea un pui de somn într-o tribună. Toată lumea țipa și răcnea și el dormea în tribună. Nu puteam să-l trezesc.

[În cele din urmă], a intrat poticnit în ring [și] n-am văzut niciodată un tip mai relaxat ca el înainte de intrarea în luptă, la un campionat mondial... Poate să se oprească de tot, dar, Dumnezeule, când intră în ring, nu poți porni cu o intensitate mai mare decât a lui. Capacitatea lui de a se opri este direct proporțională cu intensitatea cu care poate porni, așa că [eu îi instruiesc] pe oameni să facă asta, astfel încât stresul și recuperarea să alterneze pe parcursul zilei.

Antrenamentele pe intervale [adeseori la jumătatea zilei sau în pauza de prânz] îmbinate cu meditația sunt obiceiuri minunate pe care să le dezvolți pentru a cultiva arta de a porni și de a te opri."

LUCRURILE MICI SUNT LUCRURI MARI

„Marcelo integrează principiul calității în toate acțiunile mărunte [de ex., protocoale specifice de curățenie pentru sala de sport, cerința ca oamenii să-și aranjeze uniformele la oră]. Ai putea să spui că aceste acțiuni mărunte nu contează, dar ele se adună și ajung să conteze enorm."

---

* O tehnică prin care trăgătorul nu se mai concentrează pe țintă, ci pe mișcarea în sine. (n.red.)

TIM: „Oh, eu cred că lucrurile mici sunt lucruri mari. Pentru că sunt o reflecție. Poate că sună a clișeu, dar așa cum faci un lucru, așa le faci pe toate."

JOSH: „Este un principiu minunat și este esențial, iar majoritatea oamenilor cred că pot să aștepte momentele importante pentru a-l pune în practică. Dar dacă nu cultivi «instituirea lui» ca stil de viață în momentele mărunte – și există de sute de ori mai multe momente mărunte decât momente mari – atunci nu ai nicio șansă în momentele mari... Eu cred că, atunci când nu cultivi calitatea, cultivi de fapt treaba de mântuială."

„OCOLEȘTE" TOATĂ VIAȚA

„Gândirea laterală sau gândirea tematică, capacitatea de a lua o lecție de la un lucru și de a o transfera asupra altuia, este una dintre cele mai importante obișnuințe și oricine o poate cultiva. De la o vârstă fragedă, noi [eu și soția mea], am început să-l învățăm asta [pe fiul nostru de 2-3 ani, Jack] pe baza principiului de a «ocoli». Prima dată, pe când locuiam într-o căbănuță, pe o câmpie întinsă din Martha's Vineyard, încerca să intre pe o ușă și nu reușea, dar ar fi putut să intre pe cealaltă, așa că i-am spus: «Jack, ia-o pe ocolite». S-a uitat la mine și a luat-o pe ocolite.

După aceea, «ocolește» a devenit un limbaj pentru noi în materie de rezolvare de puzzle-uri și în situațiile în care ne loveam de un obstacol. Tot folosind această metaforă a «ocolirii», ni s-a deschis o cale de a purta un dialog direct cu privire la legăturile dintre lucruri – extrăgeam principiul dintr-un lucru și îl aplicam la altceva – și ne-am distrat de minune astfel."

„ACCEPTĂ-ȚI STAREA DE SPIRIT FUNK*"

„Acesta este un termen preluat de la prietenul meu Graham Duncan [manager de succes al unui «fond de fonduri»], care ne este amândurora prieten apropiat și care ne-a însoțit în aventurile noastre de surfing. Este un partener genial de reflecție... te gândești la un amestec de geniu și nebunie, sau de strălucire și excentricitate. Înțelegerea amestecului respectiv este o etapă care trebuie parcursă înainte să lucrezi cu oricine încearcă să intre în rândul elitei mondiale la ceva, pentru că acest amestec este fundamental în ființa lor. În ultimă instanță, ei trebuie să-și

* Funk – Stare de spirit care presupune emoții nedorite sau sentimente de nefericire. Printre aceste sentimente se pot număra: tristețe, plictiseală, lene, nevrednicie, nesiguranță cu privire la viitor. Această stare de spirit poate să dureze de la câteva ore până la câteva săptămâni. (n.red.)

accepte starea de funk, să-și accepte excentricitatea, să accepte ceea ce îi face să fie diferiți și apoi să se bazeze pe asta."

PE CINE ALEGI CÂND ÎȚI ESTE AMENINȚAT ORGOLIUL?

Ne întoarcem în lumea sporturilor de contact și a jiu-jitsului:

„Este foarte interesant să urmărești pe cine aleg concurenții de top după cinci reprize de lupte de antrenament, când sunt rupți de oboseală. Cei care progresează cu o viteză ieșită din comun caută cel mai dur adversar – pe cel care ar putea să-i înfrângă – în timp ce restul caută pe cineva cu care pot să-și tragă sufletul."

IMPORTANȚA LIMBAJULUI ÎNTR-O ZI PLOIOASĂ

„Una dintre cele mai mari greșeli pe care le-am observat în primul an de viață al lui Jack a fost aceea pe care o fac părinții care folosesc un limbaj nepotrivit când se referă la vreme ca fiind bună sau rea. De fiecare dată când ploua, le auzeai pe mame, bone și tați spunând: «E vreme rea. Nu putem ieși afară» sau, dacă nu era rea: «Vremea e bună. Putem ieși afară». Asta înseamnă că depindem cumva de condițiile meteo, care trebuie să fie perfecte pentru a putea ieși afară și a ne simți bine. Însă eu și Jack n-am ratat nicio furtună, ploaie sau zăpadă, am ieșit afară și ne-am jucat. Poate că am pierdut una când a fost bolnav. Și am dezvoltat un vocabular cu privire la frumusețea acestor zile. Acum, de fiecare dată când avem parte de o zi ploioasă, Jack spune: «Uite, tati, ce zi ploioasă și frumoasă». Și ieșim afară și ne jucăm prin ploaie. Am vrut ca el să aibă acest centru intern de control – să nu depindă de ideea că condițiile exterioare trebuie să fie *perfecte*."

DE CE AI NEVOIE DE O FAZĂ DE „DELOADING" ÎN VIAȚĂ

Însemnările mele zilnice din jurnal nu sunt făcute doar dimineața. Eu le folosesc ca pe un instrument pentru a-mi clarifica gândirea și obiectivele, foarte asemănător cu felul în care le folosește Kevin Kelly (pag. 515). Pentru mintea mea, hârtia funcționează ca o cameră obscură în care developezi fotografii.

În acest capitol fac publică transcrierea unei însemnări reale din octombrie 2015.

Am scris-o în Samovar Tea Lounge în San Francisco, după o plimbare de 2 ore, și m-a determinat să includ din nou în viața mea faze de „deloading". „Deloading"-ul este un concept utilizat în antrenamentul de forță și în cel sportiv*, dar poate fi aplicat unui număr mare de lucruri. Să analizăm definiția din sport, luată de pe website-ul T Nation:

> O săptămână de destindere sau de deloading înseamnă reducerea volumului sau intensității exercițiilor. În cercurile studențești de antrenamente cu greutăți este numită săptămâna de descărcare și este adeseori intercalată cu diverse faze sau perioade. Ca să cităm din *Essentials of Strength Training and Conditioning*: „Obiectivul săptămânii de descărcare este acela de a pregăti corpul pentru solicitări mai mari în următoarea fază sau perioadă" și de a reduce riscul antrenării excesive.

Așadar, ce legătură ar putea să existe între asta și creativitatea, productivitatea și calitatea vieții?

---

* Antrenament sportiv – Este un proces pedagogic desfășurat sistematic și continuu gradat de adaptare a organismului omenesc la eforturile fizice, tehnico-tactice și psihice intense, in scopul obținerii de rezultate înalte într-una din formele de practicare competitivă a exercițiilor fizice. (n.red.)

Să începem cu un rezultat personal: în ultimele 12 luni, am folosit deloading-ul în afara sportului, pentru a-mi reduce anxietatea cu cel puțin 50%, timp în care mi-am dublat și veniturile.

În cazul meu, deloading-ul în afaceri constă în ridicarea piciorului de pe pedala de accelerație. Alternez perioadele în care fac mai multe activități similare (înregistrez podcasturi, fac curat în inbox, scriu postări pe blog, rezolv contabilitatea, etc.) cu perioade prelungite de – în lipsa unei descrieri poetice – deconectare și frecat menta.

Deconectarea poate să fie totuși intensă (caută „4-hour reality check" ca exemplu), dar n-ar trebui să te ocupi de „lucru".

Să analizăm însemnarea din jurnal, căci ea explică în mare parte raționamentul. Dedesubtul ei, am adăugat câteva idei suplimentare:

MARȚI – SAMOVAR @ 5:40 PM –

Marea fază de „deloading".

Asta simt în această după-amiază și asta transformă o zi de marți într-o dimineață leneșă de duminică. Acesta este momentul în care sunt cele mai mari șanse să primesc vizita muzei.

Trebuie să revin la un ritm mai lent.

La vidul plin de posibilități infinite, care apare doar în absența obligațiilor sau, cel puțin, a reactivității compulsive. Oare lucrul acesta este posibil doar în privința spațiului negativ, pentru a „arde gazul de pomană" – ca să utilizez termenii lui Kurt Vonnegut? Să fac lucruri doar de amorul artei? Fără niciun motiv întemeiat?

Am impresia că marile idei se nasc în aceste perioade. Liniștea dintre note este cea care dă naștere muzicii.

*Dacă vrei să creezi sau să fii mai mare, mai bun sau *cu adevărat* diferit în ceva anume, ai nevoie de timp în care să te întrebi: „Dar dacă?", fără un apel-conferință în 15 minute. Momentele de revelație apar rareori din mentalitatea de curățare graduală a inboxului de felul: „Oh, rahat... Am uitat să... Vă rog să-mi reamintiți... Oare n-ar trebui să?... Trebuie să nu uit să..."*

Țara inboxului este țara celor rătăciți și cu toții ajungem să ne rătăcim.

Experiența din ziua aceea de marți mi-a confirmat importanța creării unor perioade mari și neîntrerupte de timp în care mintea să poată rătăci, să mediteze și să găsească un semnal în mijlocul zgomotului.

Dacă ai noroc, ar putea chiar să creeze un semnal sau să conecteze două semnale (idei fundamentale) care nu și-au strâns niciodată mâna.

Eu mi-am programat faze de deloading în mai multe feluri: între aproximativ 8 și 9 dimineața, pentru însemnări în jurnal, ceai etc.; de la 9 dimineața până la ora 13, în fiecare miercuri, pentru producții creative (adică scris, interviuri pentru podcast); și „sâmbete fără ecran" în care nu folosesc deloc laptopul, ci doar telefonul, și asta numai pentru hărți și pentru a mă coordona cu prietenii prin mesaje (fără aplicații). Bineînțeles, de câteva ori pe an, apelez în continuare la „mini-retrageri" à la *4 ore – săptămâna de lucru*.

Perioadele de deloading trebuie programate și apărate *mai* energic decât angajamentele de afaceri. Primele le pot consolida și inspira pe ultimele, dar nu și invers.

Pentru a rezuma, cum se poate atenua acel stil de viață reactiv, care ne determină să urmăm agenda tuturor celorlalți, numai pe a noastră nu?

Ne rezervăm singuri perioade de respiro, pentru că nu va veni nimeni să ni le ofere. Acesta este singurul fel în care putem înota în loc să ne zbatem în apă.

BRENÉ BROWN

Dr. Brené Brown (TW: @BRENEBROWN, BRENEBROWN.COM) este profesoară și cercetătoare la Graduate College of Social Work al Universității din Houston. Conferința ei din 2010, din cadrul TEDxHouston, „The Power of Vulnerability" („Puterea vulnerabilității"), a fost vizionată de peste 31 de milioane de ori și este una dintre primele cinci cele mai vizionate conferințe TED din lume. Și-a petrecut ultimii 13 ani studiind vulnerabilitatea, curajul, meritul și rușinea. Brené a scris *Daring Greatly (Să îndrăznești în stil mare)*, *The Gifts of Imperfection (Darurile imperfecțiunii)* și *Rising Strong (Ridică-te și fii mai puternic)*, bestselleruri *New York Times*.

*Animalul spiritual: Jackalope**

* Jackalope – Animal mitic din folclorul nord-american, care seamănă cu un iepure cu coarne de antilopă. (n.red.)

SPAIMA ȘI CURAJUL POT COEXISTA

„Ideea aceasta că ori suntem curajoși, ori suntem lași nu este deloc adevărată, pentru că cei mai mulți dintre noi suntem speriați și curajoși în același timp, cât e ziua de lungă."

TF: Asta mi-a amintit de Cus D'Amato, primul antrenor legendar al lui Mike Tyson, care, înainte de luptele importante, le spunea sportivilor următoarele: „Eroul și lașul simt amândoi același lucru, dar eroul își folosește teama, o proiectează asupra adversarului său, în timp ce lașul fuge. Vorbim despre același lucru – teama – dar contează ce faci cu ea."

RECUNOAȘTE IMPORTANȚA DISCONFORTULUI

TIM: „Ai vreo rugăminte sau cerință pentru publicul meu?"

BRENÉ: „Să accepte disconfortul, deoarece eu cred că aceste probleme aparent imposibile în legătură cu rasa, homofobia și mediul, iar uneori chiar și a lipsei de dragoste, nu-și vor găsi soluționarea prin comoditate... Așadar mă gândesc că rugămintea mea ar fi mai mult o rugăminte metafizică: dați o șansă vulnerabilității. Recunoașteți importanța disconfortului. Pentru că eu cred că cel care este dispus să resimtă cel mai mare grad de disconfort este și cel mai curajos și va avansa cel mai repede."

TF: Una dintre ideile cele mai des evidențiate pe Kindle din *4 ore – săptămâna de lucru* vine în completarea acestui lucru: „Succesul unui individ în viață poate fi măsurat de obicei prin numărul de conversații incomode pe care este dispus să le poarte".

CÂND AM AVUT OCAZIA, AM ALES CURAJUL ÎN LOCUL CONFORTULUI?

Brené a rămas multă vreme în anonimat, până a dat peste celebrul citat al lui Theodore Roosevelt despre „arenă". („Meritul îi revine celui care se află efectiv în arenă, a cărui față este mânjită de praf, sudoare și sânge; care se luptă cu vitejie; care greșește, care nu se ridică la înălțime tot timpul, pentru că nu există efort fără greșeli și neajunsuri..."). Atunci a luat hotărârea să țină lecții ca figură publică, în pofida comentariilor jignitoare și a atacurilor online.

„În momentul acela, am înțeles un lucru: că vreau să duc o viață curajoasă. Vreau să trăiesc în arenă. Și dacă vrei să trăiești în arenă, singura garanție este că o să iei bătaie... Dacă îndrăznești mult, înseamnă că devii vulnerabil. Și atunci când te întrebi: «Am îndrăznit mult astăzi?», **marea întrebare pe care o pun este de fapt: «Când am avut ocazia, am ales curajul în locul confortului?»"**

TF: Această întrebare este excelentă pentru analiza zilnică ca parte a Jurnalului de 5 minute sau a altui fel de jurnal de seară (pag. 175).

CUM DUCE ASTA LA PESTE 30 DE MILIOANE DE VIZUALIZĂRI

„Am mers la evenimentul TED și am experimentat. M-am expus efectiv în fața lumii. Am discutat despre căderea mea nervoasă, despre trezirea mea spirituală. Am vorbit despre cum a trebuit să fac terapie... și îmi amintesc că mă întorceam cu mașina acasă și mă gândeam: «Nu o să mai fac asta niciodată».”

Apoi, a văzut că popularitatea videoclipului său crește exploziv, ajungând la un total de peste 31 de milioane de vizualizări pe TED.com și YouTube. „Dacă privesc înapoi, ideea care merită reținută din experiența respectivă a fost aceasta: **Dacă nu mă simt un pic îngrețoșată după ce termin, probabil că nu m-am prezentat așa cum ar fi trebuit să mă prezint.**”

UNA DINTRE REGULI CU PRIVIRE LA VORBITUL ÎN PUBLIC: LUMINILE DIN SALĂ

„Eu cer ca luminile din sală să fie aprinse, ca să pot vedea chipul oamenilor. Îmi dau rareori acordul ca prezentările mele să fie filmate. Dacă te filmează, trebuie să fii super «fierbinte» [strălucitor] sub luminile scenei, iar sala trebuie să fie în întuneric. Atunci, în ceea ce mă privește, vorbim de o reprezentație, nu de o conexiune.”

RUȘINE VERSUS VINOVĂȚIE

„Rușinea înseamnă: «Sunt o persoană rea». Vinovăția înseamnă: «Am făcut ceva rău»... Rușinea este axarea pe sine. Vinovăția este axarea pe comportament.”

DACĂ VREI SĂ TE BUCURI DE ÎNCREDERE, FII VULNERABIL

„Unul dintre lucrurile care au reieșit din analiza datelor este ideea aceasta de încredere și relația dintre încredere și vulnerabilitate. Oamenii [cred] mereu că întâi câștigi încrederea cuiva și abia apoi te arăți vulnerabil în fața lor. Dar adevărul este **că nu poți câștiga cu adevărat încrederea oamenilor de-a lungul timpului fără să te arăți [întâi] vulnerabil într-o oarecare măsură.**”

(Vezi sfatul lui Gabby Reece de „a face primul pas”. pag. 121 și abordarea pre-interviu a lui Neil Strauss, pag. 385.)

✹ La cine te gândești când auzi expresia „persoană de succes"?

„Nu mă gândesc la nimeni. Mă gândesc la cuvântul «redefinește». Expresia «persoană de succes» sau cuvântul «succes» au fost foarte periculoase în cercetarea mea. **Răspunsul meu este: Asigură-te că scara ta se sprijină de clădirea potrivită."**

✹ Sfaturi pentru tine, cea de la 30 de ani?

„Este normal să-ți fie teamă. **Nu trebuie să fii înspăimântătoare atunci când ești înspăimântată...** Perioada de la 30 de ani este extenuantă. Este vârsta la care te perfecționezi, demonstrezi, te prefaci."

„Totul a venit atunci când m-am dedicat complet și fără teamă și am creat conținutul pe care trebuia să-l creez așa cum o face un artist... M-am depășit pe mine însumi. Am încetat să mă mai îndoiesc de mine și, după ce am făcut asta, universul mi-a făcut cu ochiul, ca să zic așa."

JASON SILVA

Jason Silva (FB: JASONLSILVA; THISISJASONSILVA.COM) a fost descris drept un „Timothy Leary al epocii video virale", de către *The Atlantic.* El este gazda emisiunii *Brain Games* pe National Geographic Channel. Lansarea emisiunii a reușit să atingă cel mai mare rating din istoria lansărilor Nat Geo, cu o medie de 1,5 milioane de telespectatori la primele două episoade.

Animalul spiritual: pescărușul

✸ Care este cea mai bună sau cea mai rentabilă investiție pe care ai făcut-o vreodată?

„Investiția de acum 3 ani în editarea materialelor mele video, lucru care mi-a lansat cariera. Părăsisem Current TV al lui Al Gore în 2011 și, practic, eram șomer: un fost realizator TV cu economii limitate. Decizia de a-mi cheltui banii pe editarea acelor materiale video, fără să am un venit, a fost un act de credință. Primele două materiale video au fost «You Are a RCVR» și «The Beginning of Infinity». Ambele erau probele unor concepte pentru ceea ce avea să devină semnătura stilului meu în media digitală: shoturi de filosofie. Le-am publicat pe amândouă pe Vimeo și am observat imediat cum cresc entuziasmul și interesul față de munca mea. Știam că eram pe drumul cel bun. În decurs de câteva luni, am ajuns să fiu invitat să țin discursuri și mi s-a solicitat în cele din urmă să fac un video care a deschis TEDGlobal 2012. După aceea, lucrurile au început să se lege. Câteva luni mai târziu, cei de la National Geographic au devenit fani ai materialelor mele video și mi-au propus să fiu gazda seriei TV *Brain Games*, care a fost un succes global colosal și mi-a adus o nominalizare la premiul Emmy."

TF: Îmi place să studiez versiunile de început ale succeselor actuale. Jason este foarte cizelat, dar etapele preliminare sunt de multe ori lipsite de finețe într-un mod amuzant. Spre exemplu, căutați „old blog of Ramit Sethi", „old blog of Gretchen Rubin" sau „old blog of Tim Ferriss" sau urmăriți primele câteva episoade din *Wine Library TV*, de Gary Vaynerchuk.

✸ Ce a devenit mai important pentru tine în ultimii câțiva ani și ce mai puțin important?

„Vreau să-mi duc viața în conformitate cu stările de flux [în sensul de a-ți «intra în mână»]."

TF: Acesta este un lucru despre care Josh Waitzkin (pag. 628) vorbește adeseori: ținerea unui jurnal și folosirea unor instrumente precum aparatul care măsoară variabilitatea ritmului cardiac pentru a identifica tiparele și condițiile necesare care creează o stare de flux maximală sau opusul acesteia.

BLAZAREA = MOARTE

„Pentru mine, dacă ajungi să fii blazat ești ca și mort. Nu te impresionează nimic, pentru că ai impresia că le-ai văzut pe toate și treci prin viață purtând lentile fumurii... cu jaluzelele trase. Nu pătrunde nici pic de lumină și nici urmă de sunet, iar pentru mine asta înseamnă moarte."

TF: Un sfat înrudit cu asta de la unul dintre mentorii mei: „Fii sceptic, nu pesimist".

✸ Video și canal YouTube recomandate

„Did Shakespeare Invent Love?" de Nerdwriter.

TF: Podcastul meu preferat este *Hardcore History* al lui Dan Carlin (pag. 317). Nerdwriter poate fi considerat o completare video scurtă la *HH*.

✸ Există citate după care îți ghidezi viața sau la care te gândești frecvent?

„Suntem în același timp zei și viermi." – Abraham Maslow

✸ Sfaturi pentru tine, cel de la 25-30 de ani?

„Mi-aş încuraja eul mai tânăr să nu se teamă. Să înţeleagă că o mulţime de lucruri care au fost – nu vreau să spun anxietăţi debilitante – dar, cu siguranţă, temeri atotprezente în viaţa mea în timp ce mă maturizam s-au dovedit inutile. Am irosit foarte mult timp şi foarte multă energie făcându-mi griji."

TF: Cel mai obișnuit răspuns la această întrebare, printre invitați, a fost o variație a lui „totul va fi bine".

JON FAVREAU

Jon Favreau (TW: @JON_FAVREAU, FB/IG: @JONFAVREAU) și-a făcut debutul ca actor în rolul din filmul *Rudy*. S-a impus ca scenarist prin succesul emblematic *Swingers (Pierde-vară)*, în care a avut un rol principal. După aceea, Favreau și-a făcut debutul regizoral în lumea filmelor artistice prin *Made (Realizat)*, unde a fost, de asemenea, scenarist și producător. Printre celelalte filme pe care le-a regizat se numără și *The Jungle Book (Cartea junglei)*, *Iron Man*, *Iron Man 2*, *Cowboys & Aliens*, *Elf*, *Zathura* și *Chef*, filme pentru care a scris scenariul, pe care le-a produs, le-a regizat și în care a jucat. O mulțime de virgule! Jon face tot.

URMĂREȘTE ADEVĂRUL ȘI, PE PARCURS, VEI AJUNGE ȘI LA CE ESTE AMUZANT

Înainte să începem înregistrarea interviului nostru la Jon în birou, mi-a spus unul dintre cele mai bune sfaturi pe care le-a primit de la unul dintre dascălii săi, Glenn Close: „Nu urmări să fii amuzant. Urmărește adevărul și, pe parcurs, vei ajunge și la ce este amuzant".

SPUNE ADEVĂRUL. ESTE CEL MAI UȘOR DE ȚINUT MINTE (ȘI CEL MAI UȘOR LUCRU DESPRE CARE SĂ SCRII)

„Chiar dacă [*Swingers*] n-a fost cu adevărat autobiografic, au existat o mulțime de lucruri din care m-am putut inspira... Cum era expresia din *Glengarry Glen Ross (Totul sau nimic)*? «Spune mereu adevărul. Este cel mai ușor de ținut minte.» Dacă trebuie să vorbești despre un cartier, vorbește despre cartierul în care ai copilărit. Vorbește despre cartierul pe care îl cunoști. Chiar dacă nu este vorba despre tine, vei putea să creezi o lume mai coerentă decât dacă ai plasa personajul pe Marte, iar tu nu înțelegi Marte."

Notă: Jon a scris scenariul pentru *Swingers* în aproximativ 2 săptămâni și filmul a fost făcut cu mai puțin de 200.000 $.

DESPRE GĂTIT ȘI CREAREA UNEI LEGĂTURI

Prima dată când am fost la Jon acasă, imediat m-a invitat să mă alătur grupului și să dau o mână de ajutor la pregătirea gogoșilor franțuzești (folosind un amestec de la Café du Monde din New Orleans, pentru curioși). Jon explică de ce:

„Și iată-ne împreună. Nu ne cunoșteam prea bine. Eu îți citisem scrierile, tu îmi văzuseși filmele și apoi, ce să vezi, ai pus niște ulei încins și nu ne-am mai concentrat unul pe celălalt. [Ci pe] a-ți păstra degetele întregi... Am atât de puține în comun cu majoritatea oamenilor pe care îi întâlnesc [lucru care face excelent gătitul], pentru că acesta creează un context în care suntem cu toții pe picior de egalitate și fiecare are alte abilități. Devine o adevărată misiune [în cadrul căreia devii interdependent]. Am observat că am o răbdare nesfârșită să-mi petrec timpul cu oamenii pe care nu-i cunosc foarte bine după ce am gătit ceva împreună. Apoi, la sfârșit, mâncăm cu toții și chiar avem impresia că am luptat cot la cot într-un război. Este un lucru care apropie oamenii într-un mod nemaipomenit."

PUTEREA MITULUI

În materie de scriere a scenariilor, Jon recomandă *The Writer's Journey (Călătoria scriitorului)*, de Christopher Vogler, de care s-a folosit pentru a stabili dacă *Swingers* este corect din punct de vedere structural. Este, de asemenea, un mare fan al interviului video *The Power of Myth (Puterea mitului)*, interviu pe care Joseph Campbell i l-a acordat lui Bill Moyers. „Cu *Cartea junglei*, mă întorc la vechile mituri și pun un accent și mai mare pe ele."

TF: Am înregistrat podcastul cu el în timp ce se turna *Cartea junglei*, în biroul său de producție de lângă platoul de filmare. Câteva luni mai târziu, era filmul nr. 1 în lume și, în momentul de față, are o medie a review-urilor incredibilă: 95% pe Rotten Tomatoes.

IMPACTUL PE TERMEN LUNG BATE PROFITUL BRUT PE TERMEN SCURT

„Mulțumită casetelor video și, mai târziu, DVD-urilor și discurilor cu laser, toată lumea a văzut filmul acesta [*Swingers*], care a devenit o parte din cultura noastră. Cu ocazia asta am descoperit că nu întotdeauna filmul cu cel mai mare succes [financiar] are și cel mai mare impact, sau îți aduce cea mai mare satisfacție, sau îți propulsează cel mai mult cariera, de altfel."

UN ALT MOTIV PENTRU A MEDITA

„Ideea pentru *Chef* mi-a venit în toiul [unei ședințe de meditație] și m-am oprit ca să iau un carnețel, lucru pe care nu-l fac de obicei. Am scris repede în jur de opt pagini de idei și gânduri [și după aceea] l-am lăsat deoparte. Dacă mă uit înapoi și citesc acele pagini, rezolvasem deja 80% din problemele dificile, și mă refer la subiect [*Chef*], la cine juca, cine erau personajele, la ce alte filme trebuia să mă uit, care era esența lui, ce muzică urma să-i pun, ce fel de mâncare gătea bucătarul-șef, ideea unui *food truck*, sendvișurile cubaneze, muzica din Cuba... așadar totul a decurs cumva din asta."

TESTAREA „IMPOSIBILULUI": 17 ÎNTREBĂRI CARE MI-AU SCHIMBAT VIAȚA

„De fiecare dată când te găsești de partea majorității, este momentul să faci o pauză și să reflectezi." – **Mark Twain**

Realitatea este negociabilă în cea mai mare parte.

Dacă testezi limitele și experimentezi cu „imposibilul", vei descoperi repede că majoritatea limitelor sunt niște reguli fragile impuse social pe care poți alege oricând să le încalci.

În continuare, prezint 17 întrebări care mi-au schimbat viața considerabil. Fiecare dintre ele are un marcaj temporal, deoarece fiecare dintre ele a intrat în scenă într-un moment anume.

Nr. 1 – Dar dacă aș face exact pe dos 48 de ore?

În 2001, primul meu loc de muncă de după terminarea facultății presupunea să vând managerilor generali și directorilor tehnici spații de stocare în masă a datelor. Când nu eram la volanul furgonetei la care renunțase mama, plecând sau venind la biroul din San Jose, California, sunam și trimiteam e-mailuri nesolicitate în căutare de clienți. „Zâmbește și apelează" era ceva brutal. În primele câteva luni, am fost refuzat în neștire (și nu mă ajuta deloc faptul că biroul meu era înghesuit într-o ieșire de incendiu). Apoi, într-o zi, mi-am dat seama de ceva: toți cei din vânzări dădeau telefoane între 9 dimineața și 5 după-amiaza. Evident, nu-i așa? Dar asta e prima parte. Partea a doua este că mi-am dat seama că și toți „paznicii" care mă împiedicau să ajung la decidenți – la managerii generali și la directorii tehnici – lucrau în același interval. *Ce s-ar întâmpla dacă aș acționa exact pe dos decât oamenii din vânzări, timp de 48 de ore?* Am hotărât să aleg o zi de joi și una de vineri și să dau telefoane doar între 7 și 8:30 dimineața și între 6 și 7:30 după-amiaza. În restul zilei, m-am concentrat pe trimiterea e-mailurilor de promovare. A mers strună. De multe ori, la telefon răspundea direct șeful cel mare, așa că am început să apelez din ce în ce mai des la tehnica „dar dacă aș face pe dos?": Dar dacă aș pune doar întrebări, în loc să fac o prezentare cât mai favorabilă a produsului? Dacă aș studia materialul tehnic astfel încât să par inginer, iar nu cineva de la vânzări? Ce s-ar întâmpla dacă aș încheia e-mailurile cu: „Înțeleg perfect dacă sunteți prea ocupat să răspundeți și vă mulțumesc că ați citit până aici", în locul porcăriei obișnuite: „Aștept răspunsul dvs. și sper să discutăm în curând"? Experimentele au dat roade. În ultimul trimestru petrecut la jobul respectiv, am reușit să vând mai mult decât toată reprezentanța din L.A. a celui mai mare concurent pe care îl aveam, EMC.

Nr. 2 – Pe ce cheltuiesc ridicol de mulți bani? Cum aș putea să mă descurc și singur?

Spre sfârșitul lui 2000 și pe la începutul lui 2001, am văzut semnele prevestitoare: startupul pentru care lucram avea să facă implozie. Începuseră seriile de concedieri și nu aveau să se oprească. Nu eram sigur ce să fac mai departe, dar începuse să mă pasioneze subiectul startupurilor și fusesem contaminat de Silicon Valley. Nu am efectuat studii de piață aprofundate pentru a căuta oportunități de afaceri. Am început cu extrasul detaliat al cardului de credit și m-am întrebat: „Pe ce cheltuiesc ridicol de mulți bani?" Pe ce anume dădeam o sumă exagerată din venit? În privința cărui lucru eram *nepăsător* față de preț? Răspunsul a fost: suplimentele pentru sport. Pe atunci, câștigam mai puțin de 40.000 $ pe an și cheltuiam 500 $ sau mai mult lunar pe suplimente. Era nebunie curată, dar zeci de prieteni bărbați săreau calul la fel de mult. Știam deja care erau reclamele care mă convingeau să cumpăr, ce magazine și site-uri web foloseam pentru a cumpăra produsele, ce forumuri consultam și tot restul. Puteam să creez un produs care să-mi satisfacă nevoile? Ce îmi preparam singur în momentul acela (aveam suficiente cunoștințe științifice pentru a fi periculos) care nu se găsea cu ușurință de vânzare? Rezultatul a fost un produs pentru îmbunătățirea funcțiilor cognitive care s-a numit BrainQUICKEN. Înainte să fie concediată toată lumea, mi-am implorat colegii să plătească fiecare în avans o sticlă, lucru care mi-a adus suficienți bani ca să angajez chimiști, un consultant în domeniul normelor reglementare, și să fac un mic lot de producție. Pornisem în aventură.

Nr. 3 – Ce aș face/aș avea/aș fi, dacă aș avea 10 milioane $? Care este adevăratul meu OVL?

În 2004, mă descurcam mai bine ca niciodată din punct de vedere financiar și BrainQUICKEN era distribuit în vreo 10 țări. Problema? Consumam o grămadă de cafeină, munceam 15 ore pe zi și eram constant în pragul unui colaps psihic. Iubita mea, cu care credeam că o să mă căsătoresc, m-a părăsit din cauza dependenței mele de muncă. În cele 6 luni care au urmat, în care am bătut pasul pe loc și m-am simțit ca într-o capcană, mi-am dat seama că trebuie să-mi restructurez afacerea sau să o închid – ajunsese să mă omoare la propriu. Atunci am început să țin un jurnal, pornind de la câteva întrebări, printre care: „Ce aș vrea să fac, să am și să fiu, dacă aș avea 10 milioane $ la bancă?" și „Care este adevăratul meu obiectiv ca venit lunar (OVL)?" La ultima, reformulez: Cât de mult ar costa lunar viața mea de vis – lucrurile pe care le amân pentru când voi fi „la pensie"? (Vezi fourhourworkweek.com/tmi.) După ce am făcut calculele, am văzut că majoritatea fanteziilor mele aveau costuri mult mai accesibile decât mă așteptam. Poate că nu trebuia să-i dau înainte cu trasul la jug și cu construitul. Poate că aveam nevoie de mai mult timp și mai multă mobilitate, nu de un venit mai mare. Asta m-a făcut să mă gândesc că poate, poate, aș putea să-mi permit să fiu un om fericit și nu doar „un om de succes". M-am hotărât să fac o călătorie lungă peste hotare.

Nr. 4 – Care sunt cele mai rele lucruri care ar putea să se întâmple? Aș putea să mă întorc unde sunt?

Aceste întrebări, tot din 2004, sunt probabil cele mai importante dintre toate, așa că au propriul lor capitol. (Vezi „încadrarea fricii" la pag. 508.)

Nr. 5 – Dacă aș putea să lucrez doar 2 ore pe săptămână la afacerea mea, ce aș face?

După ce am dat la o parte grijile cu privire la călătorie prin încadrarea fricii, următoarea acțiune practică a fost aceea de a nu-mi mai bloca singur afacerea. „Cum aș putea să nu-mi mai blochez afacerea?" nu este o întrebare bună. După ce am citit *The E-Myth Revisited* (*Mitul antreprenorial**) de Michael Gerber și *The 80/20 Principle* (*Principiul 80/20***) de Richard Koch, am hotărât că întrebările extreme erau tocmai acțiunea forțată de care aveam nevoie. Întrebarea care mi s-a părut cea mai utilă

* Volum apărut sub acest titlu la Editura ACT și Politon, București, 2018. (n.red.)

** Volum apărut sub acest titlu la Editura Meteor Press, București, 2018. (n.red.)

a fost: „Dacă aș putea să lucrez doar 2 ore pe săptămână la afacerea mea, ce aș face?" Sincer să fiu, era mai curând ceva de genul: „Da, știu că este imposibil, dar dacă ai avea un pistol la tâmplă sau dacă ai fi luat vreo boală oribilă și ai fi *obligat* să lucrezi 2 ore pe săptămână, ce ai face pentru a menține lucrurile pe linia de plutire?" Principiul 80/20, cunoscut și ca legea lui Pareto, este principalul instrument în acest caz. El dictează că 80% (sau mai mult) din rezultatele dorite sunt rezultatul a 20% (sau mai puțin) din activitățile și eforturile pe care le faci. Iată două întrebări înrudite pe care le-am utilizat eu personal: „Care 20% din clienți/produse/regiuni îmi aduc 80% din profit? Ce factori sau caracteristici comune ar putea să contribuie la asta?" După mai multe astfel de întrebări, am început să fac schimbări: am „concediat" clienții a căror păstrare mă costa prea mult; am trecut peste 90% din clienții retaileri pe pilot automat cu termeni simpli și cu procese standardizate de comandă și am întărit relațiile (și am mărit dimensiunea comenzilor) cu 3-5 clienți care îmi aduceau cel mai mare profit și îmi dădeau cele mai mici dureri de cap. Toate acestea au dus la...

Nr. 6 – Dar dacă le permit subalternilor să ia decizii ce implică un cost de până la 100 $? 500 $? 1.000 $?

Asta mi-a permis să-mi reduc volumul de muncă din zona relațiilor cu clienții de la 40-60 de ore pe săptămână până la sub 2 ore pe săptămână. Până la jumătatea lui 2004, fusesem singurul decident. Spre exemplu, dacă un sportiv profesionist avea nevoie ca produsul nostru să-i fie expediat de urgență cu formulare vamale speciale, primeam un e-mail sau un telefon de la unul dintre centrele mele de expediere: „Cum ar trebui să ne ocupăm de asta? Cât ai vrea să plătească?" Aceste „cazuri extreme" neobișnuite ar putea să pară excepții, dar se întâmplau zilnic. Eram asaltat de zeci de cazuri pe săptămână, pe lângă toate celelalte. Rezolvarea: am trimis un e-mail tuturor subalternilor care raportau direct în fața mea: „Din acest moment, vă rog să nu mă mai contactați cu întrebări referitoare la A, B sau C. Am încredere în voi. Dacă este vorba de mai puțin de 100 $, vă rog să luați voi decizia și să redactați o notă într-un document (situația, felul în care ați gestionat-o și cât a costat), pentru a putea face o analiză și a adapta lucrurile în fiecare săptămână. Singurul lucru pe care trebuie să vă concentrați este să-i mulțumiți pe clienți". Mă așteptam la tot ce e mai rău, dar ghici ce? Totul a mers, cu excepția câtorva hopuri previzibile ici și colo. Ulterior, am mărit pragul până la 500 $, apoi până la 1.000 $, iar „analizarea" deciziilor a devenit din săptămânală, lunară, apoi trimestrială și apoi – după ce oamenii s-au perfecționat

– au dispărut efectiv. Această experiență mi-a atras atenția asupra a două lucruri: 1) Ca să poți face lucruri bune și importante, trebuie să accepți faptul că se vor întâmpla și lucruri rele, mărunte. 2) Se pare că IQ-ul oamenilor se dublează imediat ce îi lași să-și asume răspunderea și le arăți că ai încredere în ei.

Nr. 7 – Care este cel mai puțin aglomerat canal?

Dăm pe repede înainte până în 26 decembrie 2006. Am terminat de scris *4 ore – săptămâna de lucru* și, după un Crăciun minunat, încep să mă gândesc la viitoarea lansare din aprilie. Ce să fac? Nu aveam nici cea mai vagă idee, așa că am contactat în jur de zece autori de bestselleruri. Le-am pus tuturor întrebări de genul: „Care au fost cele mai mari pierderi de timp și de bani la ultima ta lansare de carte? Ce nu ai mai face niciodată? Ce ai face mai mult? Dacă ar trebui să alegi un domeniu în care să investești 10.000 $, în ce i-ai investi?"

Am auzit în repetate rânduri un cuvânt: bloguri. Se pare că acestea erau foarte eficiente și totodată subapreciate. Prima mea întrebare a fost: „Ce naiba e un blog?" Următoarele întrebări au fost: „Cum încearcă oamenii să-i contacteze acum pe bloggeri?" și „Care este cel mai puțin aglomerat canal?" În general, oamenii care încercau să-i atragă pe bloggeri foloseau prima dată e-mailul și după aceea telefonul. Chiar dacă cele două erau punctele mele forte, am hotărât să încerc cu întâlnirile față în față la conferințe. De ce? Deoarece credeam că voi avea sorți mai buni de izbândă dacă eram unul din cei cinci oameni din foaier decât dacă trimiteam un e-mail printre alte 500, într-un inbox care oricum dădea pe afară. Mi-am făcut bagajele și am pornit spre Las Vegas pentru evenimentul The Consumer Electronics Show din ianuarie, care avusese peste 150.000 de participanți în 2005. Este un fel de Super Bowl al lansărilor de produse din domeniul tehnologic, unde toți pasionații de calculatoare au ocazia să se joace cu jucării noi. Eu nu am intrat nici măcar pe ușă. M-am instalat în foaierul BlogHaus sponsorizat de Seagate în afara evenimentului, unde bloggerii erau invitați să se relaxeze, să-și încarce laptopurile și să bea gratis. Eu am băut alcool, am pus o grămadă de întrebări tâmpite și nu am încercat *deloc* să le propun ceva direct. Menționam cartea doar dacă cineva mă întreba ce caut acolo (răspuns: „Am terminat de curând prima mea carte și sunt foarte neliniștit din cauza lansării. Am venit aici ca să aflu mai multe despre bloguri și tehnologie"). Robert Scoble, celebrul blogger specializat în tehnologie, a descris după aceea planul meu complex de marketing drept „să te îmbeți cu bloggerii". A funcționat surprinzător de bine.

Nr. 8 – Dar dacă nu aș putea să fac o prezentare directă pentru produsul meu?

În timpul lansării de carte din 2007, am descoperit destul de repede că celei mai mari părți a presei nu-i pasă niciun pic de lansările de carte, din motive întemeiate. Sunt interesați de povești, nu de anunțuri, așa că m-am întrebat: „Dar dacă nu aș putea să fac o prezentare directă pentru produsul meu? Dacă ar trebui să vând *pe baza* produsului?" Aș putea să prezint oamenii din carte care și-au reproiectat complet viața (interesul uman); aș putea să scriu despre experimente nebunești fără legătură, dar să trimit oamenii pe website-ul meu centrat pe carte (caută pe Google „Geek to Freak", pentru a vedea rezultatul; a fost prima mea postare virală de pe blog.); aș putea să popularizez un termen nou și să iau în vizor cultura pop (vezi „designul stilului de viață" de la pag. 308); aș putea să trec la nivel meta și să transform lansarea însăși într-un articol nou (am făcut asta și pentru „trailerul" video al cărții *4 ore – corpul* și, de asemenea, pentru parteneriatul cu BitTorrent pentru *The 4 – Hour Chef*). Oamenilor nu le place să li se vândă produse, dar tuturor ne place să ni se spună povești. Lucrează la ultima.

Nr. 9 – Dar dacă mi-aș crea propriul MBA?

Acesta a fost pus în practică între 2007 și 2008. Vezi pag. 281 pentru detalii.

Nr. 10 – Trebuie să recuperez un lucru în același fel în care l-am pierdut?

În 2008, aveam o casă în San Jose, California, când valoarea ei s-a prăbușit. Mai exact, banca era proprietara casei și eu aveam o ipotecă prost-gândită cu rată ajustabilă. În afară de asta, eram pe punctul să mă mut în San Francisco. Vânzarea ar fi însemnat o pierdere de 150.000 $. În cele din urmă, am strâns totul și m-am mutat oricum în San Francisco lăsând casa din San Jose goală.

Prietenii m-au presat luni întregi să o închiriez, subliniind că, în caz contrar, nu fac decât să arunc bani pe fereastră. În cele din urmă, am cedat și le-am urmat sfatul. Deși am lucrat cu o companie de management al proprietății, am avut parte regulat de dureri de cap și de hârțoage. Au urmat regretele. Într-o noapte de introspecție când am băut puțin vin, m-am întrebat: „Chiar trebuie să recâștig banii în același fel în care îi pierd?" Dacă pierzi 1.000 $ la masa de blackjack, ar trebui cumva să încerci să-i recâștigi tot acolo? Probabil că nu. Dacă „pierd" bani pe ipoteca unei case în care nu stă nimeni, chiar trebuie să-i recuperez închiriind-o? Nu, m-am hotărât eu. Aș putea mult mai ușor să obțin venituri din altă parte (de ex., discursuri plătite, consultanță etc.), ca să fiu din nou în câștig. Oamenii sunt foarte vulnerabili la o prejudecată cognitivă numită „ancorare", indiferent că vorbim de imobiliare, acțiuni sau altceva. Eu nu fac excepție. Am făcut un studiu serios în această privință (o mulțime de investitori buni ca volumul *Think Twice [Gândește de două ori]*, al lui Michael Mauboussin) și la scurt timp mi-am vândut casa din San Jose cu o mare pierdere. Odată ce atenția și spațiul meu mental s-au eliberat, am recuperat rapid pierderea din altă parte.

Nr. 11 – Dar dacă singurul lucru pe care aș putea să-l fac pentru a rezolva problemele ar fi să elimin ceva?

Între 2008 și 2009, atunci când consiliam startupurile, am început să mă întreb: „Dar dacă singurul lucru pe care aș putea să-l fac pentru a rezolva problemele ar fi să elimin ceva?". În loc să răspund cu: „Ce ar trebui să facem?", am încercat pentru început să-mi concentrez atenția pe răspunsul la întrebarea: „Ce ar trebui să simplificăm?" Spre exemplu, am vrut mereu să restrâng numărul de conversiuni (procentul de vizitatori care se înregistrează sau cumpără) înainte să direcționez un volum mare de trafic spre una dintre companiile din portofoliul meu. Una din primele zece startupuri cu care am lucrat se numea Gyminee. A fost renumită Daily Burn și, pe atunci, nu aveau suficienți oameni care să se ocupe de reproiectarea completă a site-ului. Adăugarea de noi elemente ar fi durat mult timp, însă eliminarea lor nu. Ca test, am eliminat aproximativ 70% din elementele aflate în jumătatea de sus a paginii pe care se putea da click de pe pagina lor de pornire, concentrându-ne pe cel mai valoros click. Conversiunile s-au îmbunătățit imediat cu 21,1%. Testul acesta făcut în fugă a stat la baza deciziilor ulterioare cu privire la o dezvoltare mult mai costisitoare. Fondatorii, Andy Smith și Stephen Blankenship, au luat o mulțime de decizii grozave și compania a fost achiziționată de IAC, în 2010. De atunci, am aplicat tehnica „dar dacă aș putea doar să elimin...?" în mai multe domenii din viața mea; uneori, o reformulez astfel: „Ce ar trebui să trec pe lista cu lucruri pe care să *nu* le fac?"

Nr. 12 – Ce aș putea să pun în aplicare astfel încât să pot ieși din sistem timp de 4-8 săptămâni, fără telefon sau e-mail?

Deși e o întrebare cam lungă, folosesc variante ale acesteia de multe ori, din 2004 încoace. Obișnuiam să închei cu „să pot pleca în vacanță timp de 4-8 săptămâni". Dar asta nu mai este suficient. Dată fiind acoperirea semnalului analogic, este extrem de ușor să pleci într-o „vacanță" în Brazilia sau Japonia și să muncești non-stop la o afacere cu ajutorul laptopului. Genul acesta de autoamăgire subtilă este o bombă cu ceas.

În ultimii 5 ani, m-am întrebat: „Ce aș putea să pun în aplicare, astfel încât să pot ieși complet din sistem 4-8 săptămâni?" Aceasta este întrebarea pe care le-o adresez cel mai des antreprenorilor care se simt extenuați. Două săptămâni nu sunt suficiente, fiindcă poți lăsa să izbucnească focul, iar când te întorci să încerci să repari lucrurile. Un interval de 4-8 săptămâni (sau mai mult) nu-ți permite să faci pe pompierul. Te obligă să instalezi sisteme și politici, să renunți la triajul ad-hoc pe bază de e-mailuri, să le pui la dispoziție celorlalți reguli și instrumente, să distingi între puținii esențiali și cei mulți, dar lipsiți de importanță, și să creezi o mașinărie care nu presupune prezența ta la cârmă 24 de ore din 24, timp de 7 zile pe săptămână.

Iată cel mai important aspect: sistemele vor continua să existe mult timp după vacanță, iar când te vei întoarce acasă vei realiza că ți-ai dus afacerea (și viața) la un alt nivel. Lucrul acesta este cu putință dacă lucrezi *la* afacerea ta, în loc să lucrezi în cadrul ei, cum ar spune Michael Gerber.

Nr. 13 – Vânez antilope sau șoricei de câmp?

Am preluat această întrebare prin 2012 de la fostul purtător de cuvânt al Camerei Reprezentanților al SUA, Newt Gingrich. Am citit despre ea în *Buck Up, Suck Up... and Come Back When You Foul Up: 12 Winning Secrets from the War Room (Prinde curaj, dă-te bine pe lângă ceilalți... și întoarce-te când încurci lucrurile: 12 secrete învingătoare din sala de război)*, scrisă de James Carville și Paul Begala, strategii politici din spatele „sălii de luptă" a campaniei prezidențiale a lui Bill Clinton. Iată fragmentul care mi-a rămas în minte:

> Newt Gingrich este unul dintre cei mai de succes lideri politici ai vremurilor noastre. E adevărat, noi n-am fost de acord cu nimic din ce a făcut, dar aceasta este o carte despre strategie, nu despre ideologie. Și trebuie să-i recunoaștem meritele lui Newt. Capacitatea sa strategică – faptul că și-a concentrat neobosit energia pe recâștigarea Camerei Reprezentanților pentru republicani – a dus la una dintre cele mai mari și mai răsunătoare victorii electorale din istoria americană.
>
> Acum, când lucrează în sectorul privat, Newt se folosește de o ilustrare strălucită pentru a explica nevoia de a te concentra pe

lucrurile mari și de a lăsa lucrurile minore să treacă: analogia șoarecelui de câmp și a antilopei. Leul este perfect capabil să prindă, să omoare și să mănânce un șoricel de câmp. Dar energia necesară pentru a face asta depășește conținutul caloric al șoarecelui în sine. Așa că un leu care și-ar petrece ziua vânând și mâncând șoareci de câmp ar muri încet de foame. Leul nu poate trăi hrănindu-se cu șoareci. El are nevoie de antilope. Antilopele sunt animale mari. Ai nevoie de o viteză mai mare și de mai multă forță pentru a le prinde și ucide, dar, odată ucise, ele asigură un adevărat festin pentru leu și grupul său. Leul poate să ducă o viață lungă și fericită cu o alimentație pe bază de antilope. Distincția este importantă. Îți consumi timpul și îți epuizezi energia prinzând șoareci de câmp? Pe termen scurt, asta ar putea să-ți ofere un sentiment plăcut, de satisfacție. Dar pe termen lung vei muri. Așadar, întreabă-te la sfârșitul zilei, „Mi-am petrecut ziua de azi vânând șoareci sau antilope?"

Un alt fel în care abordez această chestiune în mod frecvent este să-mi examinez lista cu lucruri de făcut și să mă întreb: „Care lucru dintre acestea este cel care, odată făcut, le face pe toate celelalte fie să devină mai ușoare, fie complet irelevante?"

Nr. 14 – Este posibil ca totul să fie în regulă și complet așa cum este acum?

De când am început munca serioasă cu „medicamentele pe bază de plante", în 2013 (vezi James Fadiman, pag. 127), mi-am dublat și triplat eforturile de a cultiva mai multă apreciere zilnică și conștientizarea stării de moment. Întrebarea de mai sus este una dintre cele pe care mi le pun mie însumi și este însoțită de instrumente complementare și de ritualuri cum ar fi Jurnalul de 5 minute (pag. 175), Borcanul cu Extraordinar (pag. 620) și meditația la „victoriile zilnice" à la Peter Diamandis înainte de culcare (pag. 413). Pentru a relua ceea ce am spus și în alte locuri din carte, în cazul personalităților de tip A, urmărirea obiectivelor este opțiunea prestabilită standard. Asta este excelent pentru atingerea reușitelor, dar provoacă și anxietate, pentru că ești în mod constant concentrat pe viitor. Eu, personal, am decis că realizările sunt doar o notă de trecere în viață. Este o notă de 6 care-ți permite să treci clasa cu chiu cu vai. Pentru orice în plus, și cu siguranță pentru orice se apropie de fericire, trebuie să vrei ceea ce ai deja.

Nr. 15 – Cum ar arăta lucrul acesta dacă ar fi ușor?

Această întrebare și următoarele două au apărut în 2015. În prezent, întrebarea pe care o pun de cele mai multe ori este: „Cum ar arăta lucrul acesta dacă ar fi ușor?" Dacă mă simt stresat, solicitat la maximum sau copleșit, este deoarece complic în mod exagerat lucrurile sau nu reușesc să merg pe drumul simplu/ușor, fiindcă am impresia că ar trebui să încerc „și mai mult" (obiceiurile vechi mor greu).

Nr. 16 – Cum aș putea să aloc bani pentru problema asta? Cum aș putea să „irosesc" bani pentru a-mi îmbunătăți calitatea vieții?

Aceasta este limpede. Dan Sullivan este fondatorul și președintele unei companii pe nume Strategic Coach, care a salvat sănătatea mentală a mai multor antreprenori în serie pe care îi cunosc. Una dintre maximele lui Dan este: „Dacă ai suficienți bani pentru a rezolva o problemă, nu ai problema aceea". La începutul carierei tale, îți cheltuiești timpul pentru a câștiga bani. După ce ajungi suficient de bun în ceea ce faci, ar trebui să cheltuiești bani pentru a câștiga timp, fiindcă timpul este o resursă epuizabilă. Poate fi dificil să faci trecerea și să menții viteza, așa că întrebarea de mai sus o reiau regulat în jurnal.

Nr. 17 – Fără grabă, fără pauză.

Aceasta nu este o întrebare – este o resetare fundamentală. Expresia „fără grabă, fără pauză" mi-a fost adusă la cunoștință de Jenny Sauer-Klein (jennysauerklein.com), care a creat AcroYoga împreună cu Jason Nemer (pag. 73). Expresia este unul din „Cele 9 principii ale armoniei" din Breema, o formă de activitate fizică pe care a studiat-o timp de mai mulți ani. Eu scriu de obicei „fără grabă, fără pauză" în partea de sus a paginilor din carnețelele mele, ca pe un memento zilnic. De fapt, este versiunea prescurtată a poveștii lui Derek Sivers despre plimbarea de 45 de minute cu bicicleta *versus* plimbarea de 43 de minute (pag. 219). Nu trebuie să treci prin viață gâfâind cât poți, forțându-te și cu fața congestionată. Poți obține 95% din rezultatele pe care le vrei mergând agale. Un prieten, fost membru al Navy SEAL, mi-a trimis un mesaj cu unul dintre principiile folosite în antrenamentele lor: „Încet înseamnă calm. Calm înseamnă repede".

Poate că îmbătrânesc eu, dar definiția mea cu privire la lux s-a schimbat de-a lungul timpului. Acum nu mă mai interesează să dețin o grămadă de lucruri. Pentru mine, luxul înseamnă să nu mă simt grăbit. Fără grabă, fără pauză.

Deci, copii, acestea sunt întrebările mele. Vă doresc să vă găsiți și să vă formulați singuri propriile întrebări.

Aveți grijă să căutați soluții simple.

Dacă răspunsul nu este simplu, probabil că nu este răspunsul corect.

„Vom dispărea cu toții cât ai clipi din ochi. Comparați cu infinitul, 100 de ani nu înseamnă nimic. Stau mereu de vorbă cu sora mea.... [Îi spun:] «Fetiță, ar fi cazul să începi să te distrezi puțin. Vom dispărea într-o secundă. Vei privi înapoi și vei spune: «Rahat, ar fi trebuit să râd și acum sunt moartă».”

JAMIE FOXX

Jamie Foxx (TW/IG/SC: @IAMJAMIEFOXX) este actor laureat al premiului Oscar, muzician câștigător al premiului Grammy și comediant de stand-up și improvizație celebru pe plan mondial. Este, fără îndoială, un interpret și un artist desăvârșit. În cele 2 ore și jumătate pe care le-am petrecut în studioul său de acasă, m-a uluit.

BARELE PENTRU TRACȚIUNI SUNT TOTUL

Rutina de antrenament matinal a lui Jamie, executată aproape în fiecare zi, constă în:

» 15 tracțiuni, 50 flotări, 100 abdomene
» 15 tracțiuni (cu priză diferită), 50 de flotări
» 10 tracțiuni (prima priză)
» 10 tracțiuni (a doua priză)

„M-am tot mirat cum de Tyrin [Turner], Caine din *Menace Society II (Pericol public)*, era mereu în formă. El mi-a spus: «Prietene, încerc să-ți spun că barele pentru tracțiuni sunt totul».”

(Prin simplitatea lui, antrenamentul este similar cu cel al generalului Stan McChrystal, pag. 480.)

PRIMA ZI ÎN CARE ERIC MARLON BISHOP A FOLOSIT NUMELE „JAMIE FOXX”

„În cele din urmă, am ajuns să merg la chestia asta numită Evening at The Improv, în Santa Monica. Nu mai fusesem niciodată acolo. Am observat că au apărut 100 de tipi și 5 fete. Cele 5 fete ajungeau mereu pe scenă pentru că trebuiau să alunge monotonia. [Producătorii alegeau la întâmplare din lista cu oamenii care veniseră.] Așa că mi-am spus: «Hmmm, știu ce să fac». Am trecut pe listă o grămadă de nume unisex: Stacy Green, Tracy Brown, Jamie Foxx... și tipul alege de pe listă. Și spune: «Jamie Foxx este aici? Ea va fi prima». I-am răspuns: «Nu, eu sunt». «A, ok. În regulă, păi, tu mergi pe scenă. Tu ești prospătura». Se filma pe atunci *Evening at the Improv*, o emisiune veche de comedie. El mi-a spus: «Tu ești tipul pe care îl vom trimite pe scenă ca să vedem dacă faci doi-trei oameni să râdă. Vei avea un public dificil»... Oamenii [din public] aveau o expresie de genul: «Cine-i puștiul? Face parte din spectacol? A, el e prospătura. E amator». Și atunci au început să-mi strige numele: «Hei, Jamie! Hei, Jamie!», dar eu nu eram obișnuit cu numele. Și credeau că sunt arogant. «Jigodia asta... nici măcar nu ne ascultă...»”

CE SE AFLĂ DE CEALALTĂ PARTE A FRICII? NIMIC.

Jamie este extraordinar de încrezător. Iată cum mi-l descria unul dintre prietenii săi apropiați: „Chiar și atunci când lucrurile o iau puțin razna, el îți lasă ÎNTOTDEAUNA impresia că are totul sub control. Văd o mulțime de oameni din cercul său atrași de el, grație acestei încrederi, și mă număr și eu printre ei. L-am întrebat pe Jamie cum își învață copiii să fie încrezători și el mi-a răspuns că le spune fiicelor sale să-și exploreze temerile cu întrebarea: „Ce se află de cealaltă parte a fricii?" Răspunsul lui este întotdeauna: „Nimic".

El intră în detalii: „Oamenii sunt speriați degeaba, pentru că nu o să vină nimeni să-ți dea o palmă sau să te ia la bătaie... Când vorbim despre teamă sau despre absența agresivității [care blochează pe cineva], totul este doar în mintea ta. Nu toată lumea o să fie super-agresivă, dar temerile se numără printre lucrurile de care te poți ocupa. Dacă persoana este timidă, însă începi de timpuriu să îi insufli lucrurile acestea, nu va rămâne la fel de timidă".

TF: Privește lucrurile de care te temi, oricare ar fi ele, și întreabă-te: „Ce se află de cealaltă parte a fricii, dacă merg mai departe?" În general, răspunsul este „nimic". Există câteva consecințe negative sau chiar niciuna, sau sunt câteva temporare. Asta are legătură cu lecția lui Francis Ford Coppola pe care o vom analiza mai târziu: Eșecul nu este de durată.

> „Când îți crești copiii, tu ești arcul, iar ei sunt săgeata; tu nu încerci decât să țintești cu ei în cea mai bună direcție posibilă, sperând că nu ai cătarea dereglată. Asta a făcut [bunica mea] cu mine."

PENTRU ACEIA DINTRE VOI CARE IMITAȚI DIFERITE PERSONAJE

În timpul interviului nostru, Jamie a imitat aproape zece personaje. Iată un pont: „Începeți cu Kermit Broscoiul, adăugați ceva eleganță și ați obținut Sammy Davis Jr."

ORI EȘTI EXTRAORDINAR, ORI NU EXIȘTI

Jamie mi-a explicat cât de disciplinat era Keenen Ivory Wayans atunci când trebuia să scrii glume pentru *In Living Color*: „Nu aveai voie să vii și să faci treabă de mântuială. Te lua deoparte și-ți spunea: «Când ești un comediant negru, nu poți să faci lucrurile de mântuială. Ori ești extraordinar, ori nu exiști»... El a scris pentru Eddie Murphy. A fost în preajma celor mai mari. Spunea: «Eu sunt în preajma celor mai mari mereu, așa că asta o să facem»."

TF: Ideea aceasta este valabilă dincolo de comedie și de granițele rasiale. Nu a fost niciodată mai ușor să fii „creator" și nu a fost niciodată mai dificil să ieși în evidență. Nu este suficient să fii bun.

CUM A ÎNVĂȚAT SĂ SPUNĂ ADEVĂRUL

„Cred că aveam vreo 10 ani. Eram prin clasa a cincea, în 1976, Carter era președinte. Pastorul a început o predică despre homosexualitate. Nu știam la ce se referea. Ne spunea că Dumnezeu i-a creat pe Adam și Eva, Dumnezeu nu i-a creat pe Adam și Steve. Suntem în Sud, în Texas. Bunica mea s-a ridicat în picioare și a zis: «Mai termină cu chestia asta», și toată biserica a amuțit. «Ce vreți să spuneți, Miss Talley?» Cuvintele ei, ceea ce a spus după aceea a fost foarte interesant. «Dați-mi voie să spun ceva. Am de 30 de ani o grădiniță și vreau să vă anunț pe toți că și homosexualii sunt făcuți tot de Dumnezeu». Toată lumea era ceva de genul: «Ce?» Ea a continuat: «Acești băieței de care eu am grijă din clipa în care pot să meargă se comportă diferit și ar fi cazul să terminați cu povestea asta pentru că le faceți viața mai grea». Și s-a așezat la locul ei.

Bunica îi crescuse pe oamenii din biserică. [Ea le preda tuturor copiilor din comunitate pe toată durata anului școlar] iar apoi, pe timpul verii, oamenii își lăsau copiii la bunica acasă și ea avea grijă de ei. În sensul acesta era foarte puternică."

ED SHEERAN ÎNAINTE SĂ AJUNGĂ CELEBRU

„Un tânăr care se numea Ed Sheeran a dormit pe covorul acesta [îmi arată spre podeaua camerei în care înregistram] timp de vreo 6 săptămâni, încercând să se lanseze în cariera muzicală. A venit de la Londra. Auzise despre un show live pe care îl făceam eu în L.A. Mi-a spus: «Chiar vreau să cânt în show-ul tău, dacă se poate, pentru că am niște melodii pe care le ador». Mă gândeam: «Să cânte live în show-ul meu?» Publicul este de culoare în cea mai mare parte, înțelegi ce vreau să zic? Sunt *melomani*, melomani pasionați. Sunt foarte greu de mulțumit. Oameni pentru care a cântat Stevie Wonder. Într-una din seri am avut-o invitată pe Miranda Lambert. L-am avut pe Babyface. [I-am spus]: «Tu vorbești de chestii serioase aici. Nu mă interesează că vii din Londra sau de accentul tău. Chiar trebuie să te ridici la înălțime». El mi-a răspuns: «Cred că mă voi descurca»... Așa că l-am lăsat să cânte la seara mea live; erau 800 de oameni în public. Lumea cânta, erau oameni de culoare care transpirau și se bucurau pur și simplu de muzică... ar sfâșia în bucăți *Idolul american**. Brusc, Ed Sheeran se ridică în picioare cu un ukulele, urcă pe scenă și tovarășul de lângă mine îmi spune: «Foxx, prietene, cine naiba e gagiul ăsta, cu păr roșu ca naiba și cu porcăria asta de ukulele?» I-am spus:

---

* *American Idol* este o emisiune concurs, din SUA, care-și propune să descopere persoane talentate și să le dea șansa de a avea o carieră muzicală. (n.red.)

«Prietene, îl cheamă Ed Sheeran. Hai să vedem cum se descurcă». În 12 minute lumea s-a ridicat în picioare să-l aplaude."

ÎNAINTE SĂ CAUȚI ÎN LUNG ȘI-N LAT...

Jamie l-a interpretat pe Ray Charles în filmul *Ray*, rol pentru care a câștigat un Oscar. Înainte de filmări, ei au cântat la pian împreună:

„Eram în al nouălea cer în timp ce cântam. Apoi, el a trecut la lucruri mai complicate, cum ar fi Thelonious Monk. Și eu mi-am spus: «O, rahat, trebuie să-l prind din urmă», și am apăsat o notă greșită. El s-a oprit, fiindcă are o ureche foarte sensibilă: «Ei, de ce naiba ai face așa ceva? De ce ai trântit nota aia așa? Omule, e o notă greșită. Rahat». I-am spus: «Îmi pare rău, dle Charles», și el mi-a răspuns: «Hai să-ți spun ceva, frate. Notele sunt chiar sub degetele tale. Trebuie doar să ai răbdare să cânți notele corecte. Așa e viața”.

BRYAN JOHNSON

Bryan Johnson (TW: @BRYAN_JOHNSON, BRYANJOHNSON.CO) este antreprenor și investitor. A înființat OS Fund și Braintree, ultimul fiind cumpărat de eBay în 2013, cu 800 milioane $ cash. Bryan a lansat OS Fund în 2014, cu 100 milioane $ din capitalul său personal, pentru a susține inventatorii și oamenii de știință care caută să aducă beneficii umanității, rescriind sistemele de operare ale vieții. Cu alte cuvinte: el îi întreține pe oamenii de știință nebuni din lumea reală, care se ocupă de lucruri ca exploatarea minieră a asteroizilor, inteligența artificială, prelungirea vieții și altele. În momentul de față, este fondator și director general al Kernel, care lucrează la elaborarea primei neuroproteze din lume [un computer implantabil în creier] care să imite, să repare și să îmbunătățească funcțiile cognitive.

Animalul spiritual: leul african

DIN CULISE

» Pentru a-și inspira copiii, Bryan a angajat un artist de graffiti care să îi deseneze pe Gandalf cel Sur și pe Harry Potter pe un perete din casă. Aceștia își țin baghetele cu vârful spre cer, iar deasupra tabloului e scris cuvântul „vis". Bryan vrea să-i învețe că, așa cum Tolkien și Rowling au creat lumi folosindu-se de limbaj, antreprenorii au capacitatea de a-și crea viața folosindu-se de companii.

» În timpul excursiilor noastre prin San Francisco, Bryan mi-a pus în câteva rânduri variante ale următoarei întrebări: „Ce lucru ai putea să faci, de care să-și amintească lumea și peste 200-400 de ani?"

UNA DIN PRIMELE SALE ACTIVITĂȚI ANTREPRENORIALE

Despre cum le vindea retailerilor servicii de prelucrare a cărților de credit:

„Iată ce ți-aș spune: «Tim, dacă îmi acorzi 3 minute din timpul tău, îți dau 100 $ în caz că nu vei dori să folosești serviciile mele». De obicei, îmi răspundeau ceva de genul: «Interesant...», așa că îmi deschideam catalogul cu prezentări și le făceam o introducere în domeniu. Iată furnizorii, iată ce fac ei, iată cum fac ceea ce fac, iată ce fac eu. Eu sunt la fel ca toți ceilalți, cu excepția faptului că, dacă lucrezi cu mine, te vei bucura de onestitate și transparență și servicii excelente de asistență pentru clienți. Așa că am devenit cel mai bun vânzător din compania respectivă. Am depășit toate recordurile lor de vânzări respectând această formulă foarte simplă de a vinde pur și simplu sinceritate și transparență într-un domeniu șubred."

TE MĂNÂNCĂ SAU TE ARDE?

„Am o mulțime de conversații cu persoane care vor să înființeze o firmă și una dintre întrebările mele preferate pe care le-o pun este: «Te mănâncă sau te arde?» Dacă nu este decât o mâncărime, nu este suficient. Totul se reduce la cât de mult îți dorești asta. În ceea ce mă privește, eu mi-am dat foc la corăbii. Nu aveam cum să-mi mai găsesc un job. Opțiunea eșecului nu a existat niciodată. Trebuia să fac în așa fel încât să meargă bine."

PROBABIL CĂ N-AR TREBUI SĂ MAI FACI ASTA NICIODATĂ

„Odată [în copilărie], m-am întrebat – dacă aș umple un bidon de lapte de 2,5 l cu benzină și i-aș da foc, ce s-ar întâmpla? Așa că am luat benzina care era destinată pentru mașina de tuns iarba, am umplut recipientul, am ieșit pe stradă și i-am dat foc... așa cum mă așteptam, a produs ditamai flacăra. Taurusul verde [al mamei] a apărut de după colț și a intrat pe stradă, îndreptându-se spre mine; mi-am zis: «O, nu...» Așa că am răsturnat bidonul în grabă și benzina s-a vărsat pe stradă și a început să curgă în rigolă. O vedeam scurgându-se în rigolă, în timp ce mașinile mergeau [mai departe pe stradă]. Îmi imaginam mașinile sărind în aer. Așa că am început să calc benzina în picioare ca să o sting și, normal, săreau stropi peste tot. A luat foc și gazonul. Lucrurile mergeau din rău în mai rău. Mă rog, până la urmă am stins noi focul și singurul lucru pe care mi l-a spus mama a fost: «Bryan, probabil că n-ar trebui să mai faci asta niciodată». «În regulă, ai dreptate», i-am răspuns. Așa proceda mama de fiecare dată."

SFATURI PENTRU PĂRINȚI – „CUM TE-AI GÂNDIT LA ASTA?"

„Deci, acum 2 săptămâni am făcut o plimbare cu un ATV – cu copiii mei de 11 și 9 ani – și le-am spus: «Bun, vă puneți căștile pe cap și o să vă țin o lecție de 2 minute în care o să vă explic cum să mergeți înainte, cum să dați înapoi și cum să frânați. Am să vă dau mai multe lecții – să nu intrați în șanț, să nu urcați pe un deal de pe care vă puteți răsturna etc. –, dar acum vreau doar să mergeți 5 minute, să vă întoarceți întregi și să-mi spuneți cum v-ați descurcat. La ce v-ați gândit? Cum v-ați asigurat că sunteți în siguranță? Ce riscuri v-ați asumat? Dar vreau s-o faceți voi, fără să vă însoțesc și eu»... S-au întors teferi și pentru ei a fost o experiență excelentă să poată să-mi spună: «Bine, tati, uite cum ne-am gândit noi la risc, uite cum am crezut noi că s-ar putea să apară o problemă...» [Au ajuns chiar să se lovească de un copac] deși mergeau încet... dar au vorbit despre asta, lucru care mi s-a părut foarte util."

TESTUL DE EVALUARE AL LUI SHACKLETON

Ernest Shackleton a avut o influență uriașă asupra lui Bryan în copilărie. „Lumea și-l amintește [pentru] tăria lui de caracter și pentru felul în care a trecut peste toate obstacolele care au apărut în timpul expediției. El este o sursă uriașă de inspirație în viața mea pentru că apelez la «testul de evaluare al lui Shackleton» în tot ce fac... Reflectez: dacă voi întreprinde acest demers, va atinge pragul pe care l-a instituit Shackleton? Este inițiativa cea mai îndrăzneață pe care aș putea să mi-o imaginez? Ce ar face Shackleton?"

TF: Joe de Sena (pag. 65) efectuează același exercițiu în care îl folosește pe Shackleton pe post de test decisiv. „Este și zeitatea lui", după cum s-a exprimat un prieten comun.

- **Un lucru pe care îl crezi adevărat, dar pe care restul lumii îl consideră nebunesc?**

„Existența noastră este programabilă."

- **Există citate după care îți conduci viața sau la care te gândești adeseori?**

„Viața nu înseamnă să aștepți să treacă furtuna, viața înseamnă să înveți să dansezi în ploaie" [adaptat după Vivian Greene].

JOCURILE CU CINCI MAIMUȚE

Asta are legătură cu neajutorarea învățată, care este de multe ori depășită, dar este reconsolidată de alte persoane cu intenții bune:

„La Braintree, unul dintre principiile pe care le-am comunicat constant a fost: «Puneți sub semnul întrebării toate presupozițiile». Povestea care însoțea acest îndemn era așa: într-o cameră sunt cinci maimuțe și sus, la capătul unei scări, se află un coș cu banane. Normal, maimuțele vor să urce pe scară ca să ia bananele, dar de fiecare dată când una dintre ele încearcă să facă asta, sunt stropite toate cu apă rece. După ce au fost stropite de câteva ori, maimuțele învață să nu se mai urce pe scară ca să ia bananele... [După aceea, experimentatorii] scot o maimuță afară și aduc înăuntru alta; aceasta vede bananele și își spune: «Hei, voi lua o banană». Dar când încearcă să se urce pe scară, celelalte maimuțe pun mâna pe ea și o trag înapoi... [În cele din urmă, experimentatorii] înlocuiesc sistematic toate maimuțele și, la un moment dat, sunt din nou cinci maimuțe noi. De fiecare dată când este adusă o maimuță nouă și aceasta încearcă să se urce pe scară, celelalte pun mâna pe ea și o trag înapoi, dar niciuna dintre cele cinci nu a fost stropită cu apă rece."

TF: Asta mi-a adus în minte o poveste a Tarei Brach (pag. 604), la care mă gândesc adeseori:

> Aceasta este o poveste despre un tigru pe nume Mohini care trăia în captivitate într-o grădină zoologică, dar care a fost salvat și dus într-un sanctuar pentru animale. Mohini trăise într-o cușcă de 3 m pe 3 m, cu podea de ciment, vreme de 5 sau 10 ani. În cele din urmă l-au eliberat pe o pajiște mare: *Plini de încântare și nerăbdare, l-au eliberat pe Mohini într-un mediu nou și costisitor,* însă *era prea târziu. Tigrul s-a dus imediat să se adăpostească într-un colț al complexului, unde și-a trăit tot restul vieții. A tot umblat înainte și înapoi în spațiul respectiv până s-a format un pătrat de 3 m pe 3 de pământ bătătorit, fără iarbă...* Poate că cea

mai mare tragedie din viața noastră este că, în ciuda faptului că libertatea este cu putință, noi ne trăim viața prizonieri în aceleași tipare vechi.

Care sunt barierele vechi – reale sau imaginare – pe care le porți cu tine ca pe niște bagaje? În care zonă a vieții tale te mulțumești să te plimbi înainte și înapoi, pe un petic de iarbă de 3 m cu 3 m? Unde ți-e teamă că vei fi stropit cu apă, deși nu ți s-a întâmplat niciodată? Adeseori, tot ce-ți dorești se găsește cu 3 cm în afara zonei tale de confort. Încearcă și ai să vezi.

BRIAN KOPPELMAN

Brian Koppelman (TW: @BRIANKOPPELMAN, BRIANKOPPELMAN.COM) este scenarist, romancier, regizor și producător. Înainte de serialul său de succes *Billions*, de care s-a ocupat din postura de cocreator și producător executiv (și pe care l-a scris înainte să semneze vreun contract și fără să știe dacă munca lui va fi apreciată și acceptată), era celebru pentru că fusese co-scenarist pentru *Rounders (Quintă royală)* și *Ocean's Thirteen (Ocean's Thirteen – Acum sunt 13)* și producător al filmelor *The Illusionist (Iluzionistul)* și *The Lucky Ones (Norocoșii)*. A regizat filme ca *Solitary Man (Singuraticul)*, cu Michael Douglas în rolul principal. Brian mai este și gazda podcastului *The moment*. Unul dintre episoadele mele preferate este cel cu John Hamburg, care a scris și regizat *I Love You, Man (Caut cavaler de onoare)* și a scris *Meet the Parents (Un socru de coșmar)*, printre multe altele. Este ca o școală de cinematografie și un Masterat în Arte Frumoase în materie de scenarii, ambalate într-o singură conversație.

Animalul spiritual: Penn Jillette (un prieten apropiat)

NU-ȚI GĂSEȘTI TIMP, ȚI-L FACI

„Aveam 30 de ani. Eram nemulțumit de viața pe care o duceam, când am intrat într-un club de poker din New York City, am auzit cum vorbesc oamenii, am văzut cum arătau. Mi-am dat seama: «Bun, ăsta este un film [*Rounders*]...» M-am dus la Amy, soția mea, și la Dave, cel mai bun prieten al meu, și am făcut un plan ca să pot lucra mai departe, dar să scriu și scenariul acesta în timpul dimineții. Amy a făcut curat într-un spațiu de depozitare de sub apartamentul nostru. Pe atunci, nici eu, nici Dave nu cunoșteam pe nimeni din industria filmului. Ne întâlneam 2 ore în absolut fiecare dimineață. Cred că duminica ne luam liber, dar, dacă facem abstracție de asta, nu am pierdut nicio dimineață. Lucram amândoi 2 ore. El era barman, iar eu aveam jobul meu [Brian tocmai terminase facultatea de drept făcând cursuri la seral și lucra în industria muzicală].

2 ore dimineața... în spațiul acela mic de depozitare, în care se afla o chiuvetă pentru curățenie. Nu intra decât un scaun. Eu stăteam pe jos, iar Dave stătea la mașina de scris cea mai mare parte din timp. Aveam un teanc de cărți care reprezentau materialul de studiu despre poker și despre limbajul jocului. Stăteam în camera aceea și scriam și, după aceea, noaptea, mergeam prin cluburile de poker și încercam să strângem informații. Replici rostite de oameni, povestiri pe care ni le spuneau, trăsături de personalitate... fără să ne gândim [dacă] sunt realiste sau nerealiste. Nu calculam nimic, doar ne întrebam «cum am putea să scriem un scenariu care să stea la baza unui film care să fie cum era *Diner (Restaurantul)* pentru noi?» **Un film din care oamenii – pe atunci, mă gândeam probabil la tipi de vreo 20 de ani – să vrea să-și spună unii altora citate.** Să fie ceva care să constituie micul lor secret, filmul lor intim, și dacă am putea face asta, am spune că am avut succes."

TF: Khaled Hosseini a scris *Vânătorii de zmeie* dimineața devreme, înainte să înceapă programul de lucru cu normă întreagă ca doctor. Paul Levesque (pag. 157) se antrenează adeseori la miezul nopții. Dacă este cu adevărat important, îți rezervi timp pentru lucrul respectiv. Așa cum ar putea să te întrebe Paul: „Este vorba de un vis sau de un obiectiv?" Dacă nu apare în agendă, nu este real.

DESPRE PAGINILE DE DIMINEAȚĂ, CU CARE PAUL MI-A FĂCUT CUNOȘTINȚĂ

„[În fiecare dimineață,] lucrurile pe care le fac eu se bazează pe Paginile de dimineață ale Juliei Cameron din *The Artist's Way (Calea artistului)*. Sunt trei pagini de dictando pe care scrii neîntrerupt până le umpli, indiferent ce se întâmplă. Nu cenzurezi, nu recitești. Dintre toate lucrurile pe care le-am întâlnit, acesta se apropie cel mai mult de magie. Dacă îl faci efectiv în fiecare zi, ca pe o practică disciplinată, în subconștient se petrece ceva care îți permite să ajungi în cel mai creativ loc al tău. Eu îți zic – și știu că ai avut și tu experiența asta cu alte lucruri pe care le-ai dăruit oamenilor – că am dăruit cartea aceasta unui număr de 100 de oameni cărora le-am spus: «Vorbesc serios, trebuie să faci asta...». Din cei 100 de oameni cărora le-am dăruit-o, probabil că zece au deschis-o efectiv și au făcut exercițiile. Dintre acești zece, șapte au scris cărți, au făcut filme, emisiuni TV și s-au bucurat de succes. Este incredibil. Cartea aceasta mi-a schimbat viața, chiar dacă este foarte spirituală, iar eu sunt ateu."

✸ Recomandări de cărți și podcasturi?

The War of Art (Războiul artei), de Steven Pressfield

What Makes Sammy Run (Ce îl face pe Sammy să alerge), de Budd Schulberg, despre felul în care cineva își croiește drumul la Hollywood.

The *Scriptnotes*, podcast de Craig Mazin și John August. „Împreună, [ei] sunt recunoscuți pentru 20 de filme de succes. Se află zilnic în tranșee, ca să facă filme."

CÂTEVA IDEI PRACTICE DESPRE SINUCIDERE

În capitolul acesta voi vorbi despre sinucidere și despre motivele pentru care mă aflu și acum pe această planetă. Ar putea să pară pesimist, dar obiectivul meu este acela de a le aduce speranță și instrumente celor care au nevoie de ele. Sunt într-un număr mult mai mare decât te-ai aștepta.

Poveștile care urmează le-am ținut secrete față de familia mea, de iubitele mele și de cei mai apropiați prieteni timp de ani de zile. Însă, de curând, am avut o experiență care m-a cutremurat – m-a trezit la realitate – și am hotărât că este momentul să fac totul public.

Deci, în ciuda rușinii pe care s-ar putea să o simt și a spaimei care-mi face palmele să transpire în timp ce tastez, o să încep.

Să-i dăm drumul...

UN CAPRICIU AL SORȚII

„Ai putea, te rog, să semnezi asta pentru fratele meu? Ar însemna foarte mult pentru el."

În jurul meu erau vreo zece oameni care puneau întrebări și un fan așteptase politicos să-i vină rândul. Rugămintea lui: un simplu autograf.

Era o seară de vineri, în jur de 7 p.m., și tocmai terminasem o înregistrare live a podcastului *TwiST*. Aerul era încărcat de electricitate. Jason Calacanis, gazda și cel care îmi luase interviul, știe cum să pună în scenă un spectacol. Înfierbântase publicul și menținuse interesul viu mai bine de 2 ore pe scenă, punându-mi toate întrebările imaginabile. Sala era plină, niciun loc nu rămăsese neocupat. Acum, peste 200 de oameni mișunau de colo-colo, bând vin sau îndreptându-se spre locul unde aveau să-și petreacă weekendul.

O mână de participanți se adunaseră pe lângă microfoane, ca să schimbe o vorbă cu mine.

„Vrei să-i spun ceva anume fratelui tău?" l-am întrebat pe tipul acesta, îmbrăcat într-un costum impecabil. Îl chema Silas.

A înlemnit câteva secunde. Am văzut cum clipește. Era ceva neobișnuit în privința lui, dar nu puteam să-mi dau seama ce.

Am hotărât să detensionez situația: „Sunt sigur că găsesc eu ceva. E bine așa?" Silas a aprobat din cap.

Am scris câteva rânduri, am adăugat un emoticon zâmbăreț, am semnat cartea pe care o cumpărase și i-am dat-o înapoi. Mi-a mulțumit și a ieșit din mulțime cu spatele. I-am făcut cu mâna și am revenit la conversația cu ceilalți.

La vreo 30 de minute după aceea, trebuia să plec. Prietena mea tocmai aterizase, era la aeroport și trebuia să o iau și să ieșim la cină. Am pornit spre lifturi.

„Scuză-mă, Tim!" Era Silas. Mă așteptase. „Pot să vorbesc ceva cu tine?"

„Sigur", i-am răspuns, „dar vino cu mine".

Am șerpuit printre mese și birouri îndreptându-ne spre lifturile din vestibul și am chemat unul. Imediat ce Silas a început să-și spună povestea, am uitat de lift.

Și-a cerut scuze că nu mi-a răspuns mai devreme. Fratele lui mai mic – cel căruia i-am dedicat autograful de pe carte – se sinucisese de curând. Avea 22 de ani.

„Te respecta foarte mult", mi-a explicat Silas. Îi plăcea să te asculte pe tine și pe Joe Rogan. Am vrut să obțin un autograf pentru el. O voi lăsa în camera lui." A făcut un gest spre carte. Vedeam cum i se umpleau ochii de lacrimi și am simțit că la fel mi se întâmpla și mie. A continuat:

„Oamenii te ascultă. Te-ai gândit vreodată să vorbești despre lucrurile de felul acesta? Despre sinucidere sau depresie? Ai putea să salvezi pe cineva." Acum venise rândul meu să-l privesc fără niciun fel de expresie. Nu știam ce să zic.

Și nu aveam niciun fel de scuză. Deși el nu știa, aveam toate motivele să vorbesc despre sinucidere.

Câțiva dintre prietenii mei cei mai buni din liceu se sinuciseseră.

Câțiva dintre prietenii mei cei mai buni din facultate se sinuciseseră.

Eu însumi am fost foarte aproape de sinucidere.

„Îmi pare foarte rău pentru pierderea suferită", i-am spus lui Silas. M-am întrebat dacă așteptase mai mult de 3 ore doar ca să-mi spună asta. Bănuiam că da. Bravo lui! Avea mai mult curaj decât mine. Cu siguranță că greşisem faţă de fratele său pentru că fusesem atât de laş în scrierile mele. Cât de mulţi erau cei faţă de care greşisem? Întrebările acestea mă bântuiau.

„Voi scrie despre asta", i-am spus lui Silas, bătându-l stângaci pe umăr. „Îţi promit."

Şi spunând asta, m-am urcat în lift.

PRIN BEZNĂ

„Au încercat să ne îngroape. Nu știau că suntem semințe."
– proverb mexican

Sunt unele secrete pe care nu le spunem nimănui pentru că sunt stânjenitoare.

Cum ar fi momentul acela când l-am cunoscut pe Naval Ravikant (pag. 594), pentru că m-am dat din întâmplare la iubita lui într-o cafenea. Ups! Sau momentul când un expert celebru a împrumutat laptopul meu ca să proiecteze un filmuleţ corporatist plicticos şi a apărut o fereastră cu imagini porno – à la *Fight Club* – în faţa unui public de 400 de oameni. Alt exemplu bun.

Dar, în afară de asta, există şi secrete întunecate. Lucruri pe care nu le spunem nimănui. Umbre pe care le acoperim, de teamă să nu ni se destrame viaţa.

Pentru mine, 1999 a fost un an plin de umbre.

A fost atât de rău că nu vreau să le revăd niciodată. Nu am vorbit în public despre această perioadă traumatică până în 29 aprilie 2015, în timpul unei discuţii pe Reddit AMA (Ask Me Anything*).

Ceea ce urmează este secvenţa spiralei mele descendente. Când privesc înapoi, mi se pare incredibil cât de banală pare o parte a poveştii. Totuşi, pe atunci, a însemnat o furtună absolută.

Am inclus formulări ca „situaţie imposibilă", pentru că reflectă felul în care gândeam pe atunci, nu realitatea obiectivă.

Îmi amintesc şi acum aceste evenimente în culori vii, dar citatele sunt parafrazate. Deci, să începem de acolo de unde a început totul...

» Suntem la începutul ultimului meu an la Universitatea Princeton. Urmează să termin studiile în iunie 1999. Undeva în următoarele şase luni, se vor petrece câteva lucruri într-un interval de numai câteva săptămâni.

---

* Ask Me Anything – Întreabă-mă orice. (n.red.)

» Primul: nu reușesc să ajung la interviul final pentru McKinsey consultanță și nici pentru compania de software Trilogy; asta pe lângă altele. Nu am nici cea mai vagă idee unde greșesc și încep să-mi pierd încrederea, după ce „câștigasem" atâta timp la jocul din lumea academică.

» Al doilea: o iubită pe cu care eram de multă vreme (cel puțin din punctul de vedere al unui student) se desparte de mine la scurt timp după aceea. Nu din cauza poveștii cu jobul, ci pentru că devenisem nesigur pe mine în perioada aceea, voiam să-mi petrec mai mult timp cu ea și îi tulburam serios sezonul sportiv cu echipa universitară. Ce se petrece cu mine?

» Al treilea: am o întâlnire fatidică cu unul dintre coordonatorii lucrării mele de licență din departamentul de Studii pentru Asia Orientală. După ce a citit o variantă preliminară a lucrării, mi-a prezentat un teanc mare de cercetări originale în japoneză pe care să le includ. Plec de acolo amețit – cum îmi voi termina eu teza înainte de absolvire? (Tezele ajung de obicei la dimensiuni de 60-100 de pagini sau peste.) Ce o să fac?

Este important să precizez că, la Princeton, lucrarea de licență este considerată punctul culminant al perioadei de patru ani de studenție. Lucrul acesta se reflectă în felul în care este notată. Aceasta are de obicei o pondere de 25% din punctajul final. După toate cele de mai sus, lucrurile s-au desfășurat astfel...

» Am descoperit o cale de salvare! În timp ce făceam cercetări pentru învățarea unei limbi străine pentru lucrarea de licență, am făcut cunoștință cu un minunat doctor în filosofie care lucra la Berlitz International. Îl chema Bernie. Ne-am întâlnit într-o seară să luăm cina pe Whiterspoon Street în Princeton. Vorbește mai multe limbi și este un tocilar, tot ca mine. O oră s-a transformat în două, iar acestea, la rândul lor, în trei. La sfârșit, îmi spune: „Știi ceva, este mare păcat că vei absolvi abia peste câteva luni. Am un proiect care ar fi perfect pentru tine, dar începe mai devreme". Acesta putea fi tocmai soluția pe care o căutam!

» Am stat de vorbă cu părinții mei despre posibilitatea de a-mi întrerupe studiile vreme de un an, începând de la jumătatea ultimului an. Asta mi-ar lăsa și timpul necesar pentru a-mi termina și cizela teza de licență și, în același, să încerc „joburi" din lumea reală. Aș avea de câștigat pe toate planurile și părinții mei mă susțin.

» Oamenii cu putere de decizie de la Princeton au fost de acord cu ideea și m-am întâlnit cu coordonatorul tezei, pe care l-am pomenit anterior, pentru a-l informa despre decizia luată. În loc să se bucure că îmi fac timp să scriu teza cum trebuie (lucru la care mă așteptam eu), s-a înfuriat: „Deci ai de gând să te dai bătut?! Să dai bir cu fugiții?! Ar fi bine să fie cea mai bună teză pe care am văzut-o în viața mea". Stresat cum eram, am auzit o serie de amenințări și de ultimatumuri aproape fățișe în schimbul de replici care a urmat... dar niciun profesor n-ar face asta, nu-i așa? Întâlnirea se încheie cu un zâmbet disprețuitor și un „Mult noroc" lapidar. Mă simt zdrobit și plec de acolo năuc.

» După ce-mi recapăt stăpânirea de sine, șocul mi se transformă în furie. Cum își permite un coordonator de teză să amenințe un student cu o notă proastă doar pentru că face o pauză de un an? Știam că teza mea nu va fi „cea mai bună" pe care a văzut-o vreodată, așa că, practic, puteam să fiu sigur că o să iau o notă proastă, chiar dacă o să fac o treabă foarte bună. Lucrul acesta ar fi evident pentru oricine, nu?

» Mă întâlnesc cu mai multe persoane din administrația universității și răspunsul este – în termeni simpli – „N-ar face așa ceva". Rămân fără cuvinte. Nu cumva mă cred mincinos? De ce aș minți? Ce aș avea de câștigat? Se pare că nimeni nu este dispus să tulbure apele când e vorba despre un profesor cu vechime (sau titular). Sunt mut de uimire și mă simt trădat. Politica facultății contează mai mult decât mine.

» Îmi las colegii și mă mut în afara campusului ca să lucrez – de la distanță, am aflat apoi – pentru Berlitz. „De la distanță" înseamnă că lucrez singur de acasă. Asta este o rețetă pentru dezastru. Munca îmi aduce satisfacții, dar tot timpul care îmi mai rămâne – de când mă trezesc și până merg la culcare – mi-l petrec uitându-mă la sute de pagini de notițe de cercetare și pentru teză pe care le-am împrăștiat pe podeaua din dormitor. Este un haos scăpat de sub control.

» După 2-3 luni de tentative de a include cercetarea în limba japoneză a coordonatorului meu, teza este un dezastru. În pofida (sau poate din cauza) faptului că nu am făcut decât să mă uit în hârtii timp de 8-16 ore pe zi, teza a devenit un monstru à la Frankenstein format din false începuturi, fundături și cercetări care nu trebuiau introduse din capul locului. Cel puțin jumătate din ea este complet inutilizabilă. Sunt, fără nicio îndoială, într-o formă mai proastă decât atunci când am întrerupt școala.

» Prietenii mei termină facultatea, sărbătoresc și lasă Princetonul în urmă. Eu locuiesc într-un apartament minuscul în afara campusului, prins într-o situație imposibilă. Munca la teză nu ajunge la niciun rezultat și chiar dacă se va dovedi a fi spectaculoasă, am (în minte mea) un coordonator răzbunător care mă va spulbera. Spulberându-mă, va distruge toate sacrificiile pe care le-am făcut începând din liceu: notele excelente din liceu m-au adus la Princeton, notele excelente de la Princeton ar trebui să-mi aducă un job de vis, etc. Spulberându-mă, el va face ca taxele astronomice de școlarizare de la Princeton să devină bani aruncați în vânt, adică o mică avere pe care familia mea a prăpădit-o prostește. Am început să dorm până târziu, la 2 sau 3 p.m. Nu pot să mă confrunt cu mormanul de muncă neterminată din jur. Mecanismul meu de adaptare mă face să trag pătura până peste ochi, să reduc timpul pe care mi-l petrec în stare de trezie și să sper într-o minune.

» Nu se produce nicio minune. Apoi, într-o după-amiază, în timp ce mă plimb printr-o librărie Barnes and Noble fără o țintă precisă, dau din întâmplare peste o carte despre sinucidere. Este chiar acolo, în fața mea, expusă pe masă. Asta să fie „minunea"? Mă așez și citesc toată cartea, luându-mi notițe copioase într-un jurnal, inclusiv despre alte cărți enumerate la bibliografie. Pentru prima dată după mult timp, cercetarea mă entuziasmează. Într-un ocean de incertitudine și de situații disperate, am sentimentul că am găsit speranța: soluția finală.

» Revin în campusul din Princeton. De data asta, mă duc direct la Biblioteca Firestone pentru a căuta cărțile referitoare la sinucidere din lista mea. Un titlu care sună promițător este împrumutat, așa că fac o rezervare. Voi fi primul pe listă atunci când cartea va fi returnată. Mă întreb ce biet nenorocit o citește și dacă va reuși să o aducă înapoi.

Este important să menționez că, la momentul acela, trecusem de etapa *luării unei decizii*. Decizia era evidentă pentru mine. Într-un fel dădusem greș, intrasem singur în situația aceea ridicolă fără ieșire, cheltuisem o avere pentru o școală căreia nu-i păsa de mine, așadar ce rost avea să procedez altfel? Să repet greșelile de felul acesta la nesfârșit? Să fiu o povară incurabilă pentru mine însumi, pentru familia și pentru prietenii mei? Dă-o naibii! Lumea avea să fie mai bună dacă dispărea un ratat care nu reușise să rezolve porcăriile astea elementare. Cu ce m-aș face eu de folos vreodată? Cu nimic. Așa că decizia era luată și intrasem deja cu totul în faza de planificare.

» În cazul acesta, sunt periculos de bun la planificare. Am 4-6 scenarii, elaborate în detaliu, de la început și până la sfârșit, inclusiv eventuali colaboratori și acoperiri, dacă ar fi fost cazul. Și atunci primesc telefonul.

» [Mama? Asta nu făcea parte din plan.]

» Uitasem că Biblioteca Firestone avea la dosar adresa familiei mele, deoarece, practic, întrerupsesem studiile timp de un an. Asta însemna că părinților mei le fusese expediată o carte poștală, ceva de genul: „Avem vești bune! Cartea despre sinucidere pe care ați solicitat-o este acum disponibilă la bibliotecă și poate fi împrumutată!"

» Ups (și mulțumesc lui Dumnezeu).

» Mama mă prinde complet nepregătit la telefon. Mă întreabă agitată despre carte, așa că am prezență de spirit și mint: „A, nu trebuie să vă faceți griji din asta. Scuze! Unul dintre prietenii mei e student la Rutgers și nu are acces la Firestone, așa că am luat-o pentru el. Scrie despre depresie și chestiile astea."

» O întâmplare cu șanse de unu la un milion mă scoate din fantezia mea toxică. Abia atunci îmi dau seama de ceva: moartea mea nu s-ar limita doar *la mine*. Ar distruge complet viața celor pe care îi iubesc cel mai mult. Mi-o imaginez pe mama, care nu avea nicio vină pentru toată harababura cu teza mea, suferind și învinovățindu-se până în ultima clipă a vieții sale.

» În săptămâna imediat următoare, mă hotărăsc să-mi iau cu adevărat *liber* pentru tot restul „anului meu de pauză" (dă-o naibii de teză!) și să mă concentrez pe sănătatea fizică și mentală. De aici s-a ajuns la toată povestea aceea despre „sumo" a campionatului chinez de kickboxing din 1999, dacă ați citit *4 ore – săptămâna de lucru*.

» Câteva luni mai târziu, după ce m-am concentrat pe corpul meu în loc să rămân prizonier în propria minte, lucrurile sunt mult mai clare. Totul pare mult mai ușor de controlat. Situația „disperată" pare a fi un ghinion de rahat, dar nimic permanent.

» Revin la Princeton, predau teza acum terminată coordonatorului meu încă ursuz, mă face praf la susținerea ei, dar nu-mi pasă câtuși de puțin. Nu a fost cea mai bună teză pe care a citit-o și nici cel mai bun lucru pe care l-am scris, dar mă detașasem deja.

Le datorez multe mulțumiri celor câțiva oameni care m-au ajutat să-mi recapăt încrederea în timpul acelui ultim semestru. Niciunul dintre ei nu a mai auzit povestea aceasta, dar aş vrea să le recunosc meritele aici. Printre alții: părinții și familia mea (firește), profesorul Ed Zschau, profesorul John McPhee, trupa de dans Sympoh și prietenii mei de la excelentul Terrace Food Club. Am absolvit odată cu promoția 2000 și mi-am luat adio de la Nassau Hall*. Revin rareori, după cum vă puteți imagina.

[Notă: după absolvire, mi-am promis că nu voi mai scrie niciodată un text mai lung de un e-mail. E foarte amuzant că acum scriu cărți de peste 500 de pagini, nu?]

Dată fiind probabilitatea creșterii „gesturilor suicidare" la Princeton și la verii săi apropiați (Harvardul pare să aibă o rată a sinuciderilor de 2 ori mai mare decât media națională în rândul studenților), sper că administrația ia lucrurile în serios. Dacă aproape jumătate din numărul vostru de studenți raportează că se simt deprimați, s-ar putea să existe probleme sistemice care trebuie corectate. Dacă nu le corectați, veți ajunge să vă confruntați cu un număr mai mare de copii morți.

Și apropo, nu este suficient să așteptați ca oamenii să vă contacteze sau să solicitați ca studenții la risc să ia o pauză „neplătită" pentru ca universitatea să poată evita asumarea oricărei răspunderi. Poate că ar trebui să luați regulat legătura cu întregul corp studențesc pentru a preveni astfel de lucruri. Poate fi vorba de un lucru simplu, cum ar fi trimiterea unui e-mail care oferă ajutor, resurse, sau cineva dispus să asculte fără să judece.

IEȘIREA DIN BEZNĂ

„Faptul că ești iubit din inimă îți dă putere, în timp ce faptul că iubești din inimă îți dă curaj..."

– Lao Tze

În primul rând, dă-mi voie să fac o analiză retrospectivă a situației mele de om aproape distrus. După aceea, îți voi oferi o serie de instrumente și trucuri pe care le folosesc și acum pentru a ține bezna la distanță.

De asemenea, câțiva dintre voi ar putea să-și zică: „Asta a fost tot?! Un student de la Princeton a riscat să ia o notă proastă? Vaaaaai, săracuțul de el. Ia mai scutește-mă..."

* Nassau Hall (sau Old Nassau) este cea mai veche clădire a Universității Princeton. (n.red.)

Dar... exact asta e ideea. Nu este greu să laşi lucrurile să capete proporţii exagerate, să te rătăceşti prin povestea pe care ţi-o spui singur şi să crezi că toată viaţa ta depinde de un singur lucru, pe care abia ţi-l vei mai aminti peste 5 sau 10 ani. Acel lucru care *pare* atotimportant ar putea să fie o notă proastă, intrarea la facultate, o relaţie, divorţul, concedierea sau o mână de lătrăi de pe internet.

Deci, de ce nu m-am sinucis?

Mai jos sunt lucrurile de care mi-am dat seama şi care m-au ajutat (pe mine şi pe câţiva prieteni). Cu siguranţă că nu vor funcţiona pentru toţi cei care suferă de depresie, dar eu sper că vă vor ajuta pe unii dintre voi.

1. Dacă te afli într-o situație periculoasă, sună la acest număr: (800) 273-8255. Eu nu l-am avut, dar îmi doresc să-l fi avut. Este al celor de la The National Suicide Prevention Lifeline*. Au și un chat live la suicidepreventionlifeline.org. și este disponibil 24 de ore pe zi, 7 zile pe săptămână, în engleză și în spaniolă.

Dacă locuiești în afara granițelor SUA, verifică suicide.org, ca să obții o listă cu liniile telefonice internaționale. Uneori, o singură conversație cu o persoană rațională este suficientă pentru a împiedica o decizie irațională îngrozitoare. Dacă te gândești să-ți pui capăt zilelor, te rog să iei legătura cu ei. Dacă ești prea stânjenit să recunoști asta, cum eram și eu, îi poți căuta „doar pentru o discuție de câteva minute". Prefă-te că vrei să-ți omori timpul sau că testezi diferite linii telefonice de prevenire a sinuciderilor pentru un catalog la care lucrezi. Poți spune orice.

Personal, vreau să văd darurile pe care *tu* le poți oferi lumii. Și vorbind din experiență personală, crede-mă: cu timpul va trece și asta, orice ar fi.

2. Mi-am dat seama că ar distruge și alte vieți. Când te sinucizi, poți să-i ucizi spiritual și pe alții.

Moartea ta nu este perfect izolată. Poate să distrugă enorm de mult, fie că vorbim de familie (care se va învinovăți pentru asta), de alți oameni dragi sau pur și simplu de ofițerii de poliție și de legiștii care trebuie să-ți ridice cadavrul ce poartă masca morții din apartament sau de prin pădure. Rezultatul garantat al sinuciderii NU este îmbunătățirea situației tale (sau neantul), ci crearea unei catastrofe pentru ceilalți. Chiar dacă urmărești să te răzbuni prin sinucidere, răul nu se va limita la țintele tale.

* Linia Națională de Prevenire a Sinuciderilor. (n.red.)

Un prieten mi-a spus cândva că sinuciderea este ca și cum ți-ai lua suferința, ai înmulți-o cu 10 și ai arunca-o pe umerii celor care te iubesc. Sunt de acord cu asta, dar nu este imaginea completă. Pe lângă cei dragi, îi poți include pe vecini, pe martorii nevinovați ai morții tale și pe oamenii – cel mai adesea copii – care comit „sinucideri la indigo", atunci când citesc despre moartea ta. Aceasta este realitatea sinuciderii; faptul că-ți rezolvă toate problemele este doar o iluzie.

Dacă te gândești să te sinucizi, imaginează-ți că porți o vestă plină de explozibil, precum atentatorii sinucigași, și că intri într-o mulțime de nevinovați. Exact așa stau lucrurile.

Chiar dacă tu „simți" că nu te iubește nimeni și că nu-i pasă nimănui de tine, probabil că ești iubit și cu siguranță poți fi iubit și meriți iubire.

3. Nu ai nicio garanție că sinuciderea va îmbunătăți lucrurile!

Într-un fel tragi-comic, descoperirea aceasta a fost o concluzie deprimantă la care am ajuns încercând să analizez dacă să-mi zbor creierii sau să mă las călcat de mașină. Osânda veșnică! Niciun fel de garanții.

„Viața de apoi" ar putea să fie de o mie de ori mai rea decât viața în cel mai chinuitor moment al ei. Nimeni nu știe. Personal, eu cred că conștiința continuă să existe și după moartea fizică și am înțeles limpede la un moment dat că nu aveam *nicio* dovadă că moartea mea ar îmbunătăți lucrurile. Este un pariu groaznic. Cel puțin aici, în viața aceasta, avem variabile pe care le putem regla și schimba. Pustiul necunoscut ar putea să fie *Infernul* lui Dante dus la proporții monstruoase. Este ușor să uităm de asta atunci când „vrem ca suferința să dispară". Dar nu știi ce se ascunde în spatele ușii nr. 3.

Copleșiți de disperare, nu mai gândim limpede. Este ceva asemănător cu gluma despre crima-sinucidere a unuia dintre comedianții mei preferați, Demetri Martin:

„Un om care comite o crimă-sinucidere este probabil un om care nu s-a gândit bine la partea cu viața de apoi. Pac! Ești mort. Pac! Sunt mort. O, rahat... chestia asta o să fie ciudată pentru totdeauna."

4. Ponturi de la prieteni, referitor la nr. 2 de deasupra

Pentru câțiva dintre prietenii mei (inclusiv câțiva foarte de succes, la care nu te-ai gândi niciodată), „jurământul de nesinucidere" a fost cel care a schimbat lucrurile. Iată ce spune un prieten:

„A contat doar atunci când i-am jurat singurei persoane din viața mea față de care nu mi-aș fi încălcat niciodată cuvântul dat [un frate]. Are foarte multă influență când procedezi astfel. Brusc, opțiunea aceasta, cu care cochetam uneori în minte, nu mai era disponibilă. Nu aș încălca niciodată un jurământ pe care i l-am făcut fratelui meu; în niciun caz. Nu mai există nicio trapă imaginară de salvare. Sunt înăuntru. În cele din urmă, jurământul pe care i l-am făcut lui este cel mai mare dar pe care aș fi putut să mi-l fac mie."

Oricât de caraghios ar putea părea, uneori este mai ușor să te concentrezi pe respectarea cuvântului dat și să eviți să rănești pe cineva decât să-ți protejezi viața.

Și este absolut în regulă. Mai întâi folosește orice e de ajutor, și poți să repari mai târziu restul. Dacă trebuie să disimulezi un jurământ pentru că te rușinezi („Cum aș putea să mărturisesc așa ceva unui prieten?!"), găsește un prieten care are probleme și faceți un „jurământ reciproc de nesinucidere". Lasă impresia că nu faci decât să-l protejezi pe el. E prea mult chiar și așa? Transformă-l într-un jurământ „reciproc de nerănire-de-sine" împreună cu un prieten care se torturează singur.

Fă ca lucrurile să conteze pentru ceilalți în aceeași măsură în care contează pentru tine. **Dacă nu-ți pasă de tine, gândește-te la ceilalți.**

DEFENSIVA PRACTICĂ A GREMLINILOR

Acum să discutăm despre tacticile cotidiene.

Esența problemei este aceasta: dacă ești ambițios, antreprenor, o personalitate de tip A sau o sută de alte lucruri, schimbările de dispoziție fac parte din bagajul genetic. Sunt o binecuvântare și un blestem.

Mai jos sunt o serie de obișnuințe și rutine care mă ajută. S-ar putea să pară simpliste, dar mă ajută să nu mă îndepărtez prea mult de drum. Sunt apărarea mea contra abisului și s-ar putea să te ajute să o găsești pe a ta. Testează-le, păstrează-le pe cele preferate și utilizează-le ca punct de plecare:

» Cele 5 ritualuri matinale care mă ajută să-mi încep ziua cu dreptul (pag. 172)
» Trucuri de „productivitate" pentru nevrotici, maniaco-depresivi și nebuni (ca mine) (pag. 226)
» De asta mă temeam eu? (pag. 520)
» Borcanul cu Extraordinar (pag. 620)
» AcroYoga (pag. 79)
» Dieta săracă în carbohidrați (pag. 108)

Iar atunci când nu știi ce să faci sau începi să aluneci înapoi, încearcă următoarele:

1. Du-te la sală și fă mișcare cel puțin 30 de minute. În cazul meu, asta reprezintă 80% din luptă. Dacă e posibil, prefer să fiu întrebat: „Cu ce vă pot ajuta, domnule?" la o sală de sport, în loc să merg pe jos sau să fac un antrenament fizic acasă, pentru că ultimul lucru de care am nevoie este să fiu singur în capul meu. Obligă-te cumva să fii în preajma altor oameni.
2. În fiecare dimineață, exprimă-ți recunoștința profundă pe care o ai pentru o persoană dragă sau pentru cineva care te-a ajutat sau sprijinit. Trimite-i un mesaj, un mesaj audio, scrie-i sau sun-o. Nu-ți vine nimeni în minte? Nu uita de foștii profesori, de colegii de clasă, de colegii de serviciu de la începuturile carierei, de foștii șefi, etc.
3. Dacă nu te poți face fericit pe tine, fă lucruri mărunte care să-i facă fericiți pe alții. Acesta este un truc magic foarte eficient. Concentrează-te pe ceilalți în loc să te concentrezi pe tine. Cumpără o cafea pentru persoana care stă în spatele tău la coadă (eu fac asta de multe ori), fă un compliment unui necunoscut, oferă-te voluntar la o cantină a săracilor, ajută o clasă pe DonorsChoos.org, dă un rând de băut bucătarilor și chelnerilor de la restaurantul preferat, etc. Lucrurile mărunte îți aduc o recompensă emoțională substanțială, și ghici ce? Sunt șanse mari ca cel puțin una dintre persoanele pe care le faci să zâmbească să se afle și ea pe front, la fel ca tine, luptându-se în tăcere cu ceva aproape identic.

DE ÎNCHEIERE – DESPRE VERDE ȘI CENUȘIU

„Furtuna mea absolută" nu a fost deloc permanentă.

Dar, firește, nu este nici pe departe ultima furtună cu care mă voi confrunta. Vor exista multe altele. Secretul este să faci un foc la care să te poți încălzi în timp ce aștepți să treacă. Acest foc – rutinele, obișnuințele, relațiile și mecanismele de adaptare pe care le formezi – te ajută să privești ploaia și să o vezi ca pe un fertilizant, nu ca pe o inundație. Dacă vrei verdele luxuriant al vieții (și îl vrei), cenușiul face parte din ciclul natural.

Nu ești defect.

Ești om.

Și ai daruri pe care să le împarți lumii.

Și atunci când vine bezna, atunci când lupți cu demonii, amintește-ți doar atât: și eu lupt alături de tine. Nu ești singur. Ești înconjurat de un trib numeros și mii de membri citesc această carte.

Nestematele pe care le-am descoperit au fost făurite în luptă. Să nu te dai bătut niciodată.

Multă dragoste ție și alor tăi,

Tim

ROBERT RODRIGUEZ

Robert Rodriguez (TW: @RODRIGUEZ, ELREYNETWORK.COM) este regizor, scenarist, producător, operator cinematografic, editor și muzician. Este, de asemenea, fondatorul și președintele El Rey Network, o rețea de cablu care sparge tiparele. Aici găzduiește una dintre emisiunile mele preferate în format de interviu, *The Director's Chair*.

Pe când era student la Universitatea Texas din Austin și subiect în cadrul unui experiment clinic într-o unitate de cercetare din domeniul medicamentelor, Rodriguez a scris scenariul pentru primul său film artistic. Cecul pe care l-a primit a acoperit costurile filmării. Filmul, *El Mariachi (El Mariachi, trubadurul)*, a ajuns să câștige Premiul Publicului în cadrul festivalului de film The Sundance și a devenit filmul cu cel mai mic buget care a fost lansat vreodată de un studio major. Rodriguez a ajuns să scrie scenarii, să producă și să regizeze multe filme de succes, printre care *Desperado, From Dusk Till Dawn (De la apusul la răsăritul soarelui)*, franciza *Spy Kids (Joaca de-a spionii), Once Upon a Time in Mexico (A fost odată în Mexic), Frank Miller's Sin City (Orașul păcatelor), Machete (Macete)* și altele.

Animalul spiritual: marele rechin alb

PREFAȚĂ

Acesta este filonul principal. Astrele și cafeina s-au aliniat pentru ca acest interviu să fie extrem de bogat și lui Robert i-a ieșit o lovitură de zile mari. Documentul meu personal în care am extras informațiile care au ieșit în evidență din episodul acesta a fost o carte în sine. Deci, te rog să-mi faci pe plac, pentru că este mai lung decât de obicei. Merită.

CARE ESTE VERSIUNEA TA DE „LISTĂ RODRIGUEZ"?

Termenul de „listă Rodriguez" a ajuns să se refere la notarea tuturor bunurilor pe care le ai și la crearea unui film pe baza acestei liste. Își are originea în metoda pe care a folosit-o Robert atunci când a făcut *El Mariachi*, pe care l-a turnat ca pe un „film-test" pentru sine. Întrebarea: „Care sunt bunurile de care dispunem?" o pune și miliardarul Reid Hoffman (pag. 258). Iată povestea lui Robert:

„Am făcut un inventar al lucrurilor pe care le aveam. Prietenul meu Carlos are o fermă în Mexic. Bun, deci acolo vom plasa personajul negativ. Vărul lui are un bar. Barul este locul unde va avea loc prima scenă cu împușcături, lupta inițială cu pistoale. Acolo pierd vremea personajele negative. Celălalt văr al său are o firmă de autobuze. Bun, la un moment dat, va exista o scenă de acțiune cu autobuzul, doar o scenă amplă de acțiune la jumătatea filmului, cu un autobuz. El are un pitbull. Bun, intră și el în film. Celălalt prieten are o broască țestoasă pe care a găsit-o. Bun, broasca țestoasă va apărea și ea în film, fiindcă lumea își va închipui că am avut un dresor de animale și asta va ridica brusc valoarea producției.

Am scris totul în funcție de bunurile pe care le aveam, așa că nu a trebuit să mergem niciodată să căutăm ceva și nu a trebuit să cheltuim nimic. Filmul nu ne-a costat de fapt nimic. [Singurul cost] a apărut pentru că am vrut să-l filmez pe peliculă, nu video, astfel încât să pară mai scump și să încerc să le spun oamenilor că m-a costat 70.000 $ producția lui și să încerc să-l vând cu 70.000 $. [Robert a cheltuit 7.000 $ cu *El Mariachi*.]

În loc de asta, a ajuns la Columbia și a fost lansat de ei. Când am câștigat Premiul Publicului la Sundance, discursul meu de acceptare a premiului a sunat așa: «Anul viitor se vor înscrie mult mai multe filme. Când lumea va afla că acesta este filmul câștigător, un film făcut fără bani și fără echipă de filmare, toți vor pune mâna pe o cameră de luat vederi și vor începe să facă singuri filme». De atunci au fost luați cu asalt de valul de înscrieri. A fost o adevărată schimbare de paradigmă."

CE BENEFICII AI CÂND TRATEZI LUCRURILE CA PE UN „TEST"

„Nu m-am gândit că se va uita cineva [la *El Mariachi*]. Era cu adevărat un film-test. Acesta a fost motivul pentru care l-am făcut în spaniolă. L-am făcut pentru publicul spaniol... [mă gândeam] că voi face două sau trei astfel de lucruri, le voi edita pe toate la grămadă, voi scoate cele mai bune segmente și le voi folosi pentru prezentarea demo, după care voi cheltui banii pe care-i câștig ca să fac primul film adevărat, independent, american, în limba engleză...

N-am stat să-l analizez prea mult. Aș fi tratat lucrurile complet diferit dacă m-aș fi gândit că voi arăta filmul cuiva. Dacă aș fi crezut că va merge la un festival și că eu îl voi înscrie, aș fi cheltuit de zece ori mai mult. M-aș fi dus să iau bani cu împrumut. În schimb, totul s-a rezumat la o singură dublă, chiar dacă nu a ieșit bine, fiindcă pelicula este foarte scumpă. Și aveam o cameră zgomotoasă și una silențioasă. Făcea atât de mult zgomot încât nu puteai să înregistrezi sunetul [în același timp]. Și atunci, a trebuit să înregistrez sunetul așa cum faci tu acum. Trăgeam o dublă, lăsam camera la o parte, scoteam aparatul de sunet, veneam cu microfonul foarte aproape... Așa că aveam un sunet grozav, însă desincronizat. Dar, atunci când vorbești, ai un fel de ritm propriu. Și atunci, dacă eu spun: «Salut, mă numesc Robert», iei camera de acolo și faci partea audio: «Salut, mă numesc Robert», poți să le sincronizezi destul de bine... Dacă te uiți la *Mariachi*, este [aproape] totul sincronizat... În părțile unde începea să se desincronizeze, am tăiat și am mutat camera spre câine sau am luat o imagine de aproape. A dat naștere unui stil de editare foarte energic, dar adevărul este că era doar pentru a reveni la sincronizare fiindcă mă enerva pe mine...

Există o libertate [în] limitare. Este aproape eliberator să știu că trebuie să folosesc doar aceste elemente: broasca țestoasă, barul, ferma. Ești aproape complet liber în cadrul acestei structuri."

TF: Scuzele sunt ieftine. În cazul antreprenoriatului, lista cu „Nu am" – nu am finanțare, nu am relații, etc. – este o justificare foarte populară pentru inacțiune. Dar lipsa resurselor constituie adesea unul dintre ingredientele esențiale ale măreției. Jack Ma, fondatorul Alibaba Group din China, are o avere estimată la 20 sau 30 de miliarde $ și explică secretul succesului în felul următor: „Există trei motive pentru care am supraviețuit: nu am avut niciun ban, nu am avut niciun fel de tehnologie și nu am avut niciun plan. Am folosit fiecare dolar cu foarte multă grijă".

TRANSFORMĂ SLĂBICIUNILE ÎN PUNCTE FORTE, ERORILE ÎN ELEMENTE REPREZENTATIVE

„Îmi amintesc că, în filmul *From Dusk Till Dawn*, tipii de la efecte speciale au stârnit un foc prea mare în urma exploziei și actorii au ieșit în fugă din clădire. E în film. Vezi cum clădirea sare în aer, barul la sfârșit... Focul s-a întins și a cuprins tot platoul de filmare, și asta era doar prima filmare. Mai aveam multe alte lucruri de filmat acolo. Toată lumea se panicase, designerul de producție plângea. Asta fusese toată munca lor. Asistentul meu de regie vine la mine și începe: «Tu te gândești la ce mă gândesc și eu?» Îi răspund: «Mda, arată bine așa cum este acum. Este tot afumat. Hai să continuăm să filmăm, vom face reparațiile care se impun săptămâna viitoare și filmăm exteriorul săptămâna viitoare. Dar hai să continuăm filmarea.» Te folosești de aceste daruri pentru că nimic nu merge vreodată exact conform planului. Uneori, îi aud pe cineaștii noi vorbind în termeni critici la adresa propriului film: «O, n-a funcționat nimic și a fost o dezamăgire». Ei încă nu și-au dat seama că în *asta* constă jobul lor. Jobul lor presupune că nimic nu va funcționa. Așa că reacționezi în felul următor: «Cum pot să transform asta în ceva pozitiv și să obțin ceva mult mai bun decât dacă aș fi avut tot timpul și toți banii din lume?» Îmi plac foarte mult experiențele acestea... Am discutat cu Michael Mann despre asta [în timpul] emisiunii *The Director's Chair*. Am vorbit o dată despre *Manhunter*, cu ani în urmă. Nu avea bani, a trebuit să concedieze echipa de efecte speciale.

Mare parte din editarea staccato foarte cool a fost făcută pentru a masca faptul că n-au niciun fel de efecte și eu n-am știut asta. Am crezut mereu că era o alegere stilistică. Și el mi-a spus: «Nu, a fost din cauză că nu aveam deloc bani pe atunci. Aproape că a trebuit să fac eu editarea și aruncam ketchup pe tip între două editări». Și eu mă gândeam: «O, Doamne, am crezut că asta a fost o opțiune stilistică genială». I-am spus: «De acum înainte, voi face asta pentru toate filmele mele». Vreau ca niciunul dintre ele să nu aibă suficient timp și nici suficienți bani, astfel încât să fim nevoiți să devenim mai creativi. Pentru că asta îi va aduce un fel de scânteie pe care nu o poți inventa. Oamenii vor avea de câștigat de pe urma ei sau vor spune: «Nu știu de ce îmi place filmul acesta. Este un film cam ciudat, dar are ceva care mă face să vreau să-l mai văd o dată și încă o dată, pentru că are o viață a lui». Uneori, arta ar trebui să fie cumva imperfectă."

NU TE LUA DUPĂ TURMĂ – MAI BINE BÂJBÂI DE UNUL SINGUR

„Este bine să nu urmezi turma. Mergi în direcția cealaltă. Dacă cineva merge într-o direcție, tu pornește în cealaltă. Vei merge bâjbâind, dar te vei împiedica și de o idee care nu i-a venit nimănui...

Cel puțin, calea aceasta presupune o nouă frontieră. Eu am întâlnit întotdeauna succesul mergând în direcția opusă față de cea în care era prea multă competiție. Atunci când toată lumea vrea să treacă doar printr-o anume ușiță, te afli într-un loc nepotrivit. Uneori, la câte un festival de film, atunci când oamenii întreabă: «Cum să pătrundem și noi?», eu le răspund: «Problema este că ne aflăm la un festival de film. Nu e nimic în neregulă cu festivalurile de film, doar că toți ceilalți aflați aici încearcă să pătrundă pe aceeași ușă și nu vor avea toți loc»...

Deci trebuie să gândești la un nivel superior. Acolo există o concurență mai mică. Eu am vrut dintotdeauna să intru în televiziune, dar în loc să concurez cu toată lumea care încearcă să intre la 7 p.m. pe NBC vineri seară, [m-am hotărât să] am propria mea rețea. Știi câți oameni încearcă să aibă o rețea? Nimeni. Atunci când rețeaua pe care am pus mâna, El Rey, a fost scoasă la vânzare, au mai fost 100 de solicitanți. Știu, par mulți. Dar numai 100 din toată țara? Serios? Cât de mulți aveau un plan solid de afaceri și viziunea unui lucru care putea fi implementat? Probabil vreo cinci. Și atunci concurezi cu primii cinci, în loc să concurezi cu primii 20.000 care încearcă să intre pe NBC vineri sau sâmbătă seara. Așa că spun mereu: «Încearcă să privești la scară mai mare...»"

EȘECUL NU ESTE DE DURATĂ

Unul dintre episoadele mele preferate din *The Director's Chair* este cel cu Francis Ford Coppola (*The Godfather – Nașul, Apocalypse Now – Apocalipsa acum*, etc.) și mai târziu Robert face trimitere la acest citat al lui Francis: „Eșecul nu este neapărat de durată. Amintește-ți că lucrurile pentru care ești concediat atunci când ești tânăr sunt aceleași cu lucrurile pentru care îți dau premii pentru întreaga carieră când ești bătrân".

ROBERT: „Chiar dacă nu aș fi vândut *Mariachi*, aș fi învățat foarte multe din realizarea acelui proiect. Asta era ideea: să învăț. Nu sunt aici ca să înving; sunt aici ca să învăț pentru că, în final, tot am de câștigat...

Trebuie să poți să-ți analizezi eșecurile și să știi că în fiecare eșec există o cheie spre succes. Dacă vei căuta îndeajuns de mult prin cenușă, vei găsi ceva. Să-ți dau un exemplu. Quentin [Tarantino] m-a întrebat: «Vrei să faci unul din filmele acestea scurte numite *Four Rooms (Patru camere)* [în care fiecare regizor poate să creeze un film la alegere, dar trebuie să se limiteze la o singură cameră de hotel și să includă Ajunul Anului Nou și un recepționer]?» Și mâna mi s-a ridicat imediat, instinctiv...

Filmul a dat chix. În cenușa acelui eșec, pot să găsesc cel puțin două chei ale succesului. Pe platoul de filmare, când lucram la partea mea, îl distribuisem pe Antonio Banderas în rolul tatălui și aveam un mic mexican foarte tare care juca rolul fiului. Păreau foarte apropiați unul de altul. Apoi am găsit cea mai bună actriță pe care puteam să o găsesc, o fetiță pe jumătate asiatică. Era uimitoare. Aveam nevoie de o mamă asiatică. Chiar am vrut să arate ca o familie. Este Ajunul Anului Nou pentru că [așa] ne cerea scenariul, așa că toți sunt îmbrăcați în frac. M-am uitat la Antonio și la soția lui asiatică și m-am gândit: «Uau, chiar arată ca un cuplu foarte cool de spioni internaționali. Dar dacă ar fi spioni, iar cei doi copii, care abia se pot lega la șireturi, nu știu că sunt spioni?» M-am gândit la asta pe platoul de filmare al *Four Rooms*. Acum sunt patru [filme Spy Kids] și urmează o serie TV.

Deci asta ar fi una. Cealaltă a fost că, după ce a eșuat [*Four Rooms*], m-am gândit: «Mie încă îmi plac scurtmetrajele». Antologiile nu merg niciodată. Nu ar fi trebuit să avem patru povești; ar fi trebuit să fie trei povești, pentru că asta însemna probabil trei acte, și ar fi trebuit să fie un singur regizor, pentru că nu știam ce filmau ceilalți. Am de gând să încerc din nou. De ce Dumnezeu aș încerca din nou dacă aș ști că nu funcționează? Pentru că am descoperit ceva atunci când o făceam pentru prima oară și [a doua încercare] a fost *Sin City*."

TIM: „Uluitor."

ROBERT: „Deci *Spy Kids* și *Sin City* își au originile în [*Four Rooms*]. Dacă ai o atitudine pozitivă, poți să privești înapoi. Acesta este motivul pentru care spusele lui Francis [Ford Coppola] sunt corecte. Eșecul nu este întotdeauna durabil. Te poți întoarce, îl poți analiza și poți spune: «O, dar nu a fost un eșec. A fost un moment-cheie în dezvoltarea mea prin care trebuia să trec și pot să am încredere în instinctul meu; chiar pot»."

CREAREA PRECEDENTULUI: FII O „PROBLEMĂ" DE LA ÎNCEPUT

Robert și-a făcut singur toate posterele filmelor de la *Desperado* încoace. Iată cum a ajuns să facă asta:

„Agenția [creativă] a venit [să facă fotografiile pentru posterul filmului]. Antonio era bolnav în ziua aceea și ei au spus ceva de genul: «Suntem aici doar o zi, așa că o să îmbrăcăm un alt membru al echipei în costumul său și mai târziu lipim capul lui pe imagine». Și eu mă gândeam:

«Asta n-o să arate cum trebuie. Nimeni nu se mişcă la fel ca el. O, Doamne, o să iasă îngrozitor». Aşa că am făcut singuri posterul pe platoul de filmare, celebrul poster în care ţine o armă. L-am văzut făcând asta într-o zi pe platou, m-am dus şi am făcut o fotografie care avea să devină un poster grozav.

Când ne-am dus să arătăm studioului posterele, cele făcute de ceilalţi arătau ca nişte coperţi de DVD. L-am pus şi pe al meu alături, iar Lisa Henson, preşedinta casei de producţie Columbia, s-a uitat la toate. S-a uitat la cel pe care îl făcusem eu şi a zis: «Acesta ne place», şi eu i-am spus: «Acela e al meu». Ea m-a privit cu o expresie de genul: «O, rahat, dacă aş fi ştiut că este al tău, probabil că n-aş fi spus asta». Şi a continuat: «Serios? O, n-am ştiut..» Eu mă bucuram că l-am pus lângă celelalte şi nu am mai zis nimic. După aceea, s-a stabilit un precedent. Puteam să mă duc la orice studio şi să le spun: «Eu îmi fac singur posterele. N-aveţi decât să încercaţi să faceţi şi voi unul, dar şi noi vom încerca să facem unul».

Secretul este să-l faci devreme. Fă-l chiar din timpul filmărilor. Prima impresie este totul. Editez trailerul în timp ce filmez şi îl trimit unui studio. Vor încerca în repetate rânduri să facă şi ei unul şi nu vor putea să-şi scoată din minte acel prim lucru pe care l-au văzut: «Tot nu este la fel de bun ca cel pe care l-am văzut».”

NOTIŢE LA MIEZUL NOPŢII

Robert îşi ia o mulţime de notiţe. În fiecare seară setează alarma să sune la miezul nopţii, ca să introducă notele de peste zi într-un document Word. Pune data şi le stochează după ani, ca să poată găsi tot ce-l interesează mai târziu:

„Am o mică alarmă care se declanşează la miezul nopţii, pentru că miezul nopţii este de obicei un moment potrivit, şi scriu câte ceva. Deoarece am observat că, chiar şi atunci când scriam doar câteva lucruri, puteam să revin şi să le completez mai târziu, fiindcă îmi aminteam... Ceea ce m-a făcut să continui este că, atunci când reveneam şi analizam jurnalele, îmi dădeam seama câte lucruri care îmi schimbaseră viaţa se petrecuseră în decurs de un weekend. Lucrurile pe care le credeai întinse pe un interval de 2 ani se desfăşuraseră vineri, sâmbătă, duminică şi luni. Atât de multe evenimente care te puteau da peste cap se produceau la distanţă mică, lucruri care te definesc...

Pentru oricine este părinte, este ceva obligatoriu. Este obligatoriu, deoarece copiii tăi – şi tu – uită tot. În decurs de câţiva ani, vor uita lucruri pe care tu crezi că ar trebui să şi le amintească tot restul vieţii. Îşi vor aminti doar dacă le sunt consolidate. Eu sunt un familist convins, așa că fiecare aniversare îmi place. Le povestesc copiilor mei, pentru că reușesc să uite până anul următor, cum au fost primii lor ani. Le citesc din însemnările din jurnal și îi las cu gura căscată. Sau îmi spun: «Hei, ar trebui să mergem iar cu cortul». Eu răspund: «Cu cortul? A, da, vă amintiți faza aceea când am mers cu cortul și l-am instalat în curtea din spate și trecea electricitate prin el? Aveam ventilatoare și ne uitam la *Jonny Quest* și ne jucam... Trebuie să am ceva în jurnal despre asta și trebuie să am și o filmare». Așa că, an după an, dau căutare după cuvântul «cort». «Aha, 4 mai 1999. Am mers cu cortul. Este pe caseta 25.» Mă duc să caut caseta și le-o arăt. După ce le-am arătat caseta, nu mai trebuie să meargă cu cortul. Tocmai au retrăit experiența...

[Sau] îți întrebi iubita sau soția: «Ce am făcut anul trecut de ziua ta?» Și nu-și mai amintește. Trece un an și nu-ți mai amintești detaliile. Te întorci și te uiți prin jurnale, este și mai bine a doua oară. Retrăiești lucrurile la nesfârșit și îți dai seama de importanța lor."

NU TREBUIE SĂ ȘTII. ÎNCREDEREA VINE PRIMA.

Robert are multe „joburi" diferite și nu consideră creativitatea a fi ceva specific unui singur job. Este o meta-competență. El cântă deseori la chitară și invită pictori profesioniști pe platou, ca să le dea lecții actorilor în timpul pauzelor. El crede că, dacă-ți dezvolți creativitatea, încrederea și munca în sine rezolvă adesea restul:

„Partea tehnică a jobului meu reprezintă 10%. 90% este creativitate. Dacă știi deja cum să fii creativ, ai câștigat cam jumătate din bătălie, [pentru că] nu trebuie să știi. Nu trebuie să știi ce anume notă vei cânta atunci când vei urca pe scenă și-ți vei face numărul.

Toată lumea te va întreba ce ai cântat adineauri? Și tu vei răspunde că nu știi. L-am întrebat pe Jimmie Vaughan: «De unde știi ce cânți în clipa asta?» «Nici măcar nu știu ce am cântat»... Întreabă-i pe oricare dintre cei mari. Am studiat cu un pictor, Sebastian Krüger. M-am dus până în Germania să-l văd pictând, să-mi dau seama care este trucul său. Cum o face? Pentru că am încercat să fac ce făcea el și arăta ca naiba. Trebuie să aibă o pensulă specială. Trebuie să aibă o vopsea specială și o tehnică specială. Așa că, ajung acolo și el începe cu o nuanță medie, începe să finiseze câteva porțiuni luminoase, un pic din bărbie, după care trece la ochi. Îl întreb: „De unde știi unde să treci mai departe?» El răspunde: «O, nu știu niciodată. De fiecare dată este altfel».

Asta mă scoate din minți. «Ce vrei să spui? Eu de ce nu pot să fac asta?» Și mă întorc, mă așez la locul meu, după care, brusc, pot s-o fac. Te lasă mască. Așa că mă întorc cu lecțiile acestea și îmi învăț actorii. Îmi învăț echipa. Nu trebuie să știi."

TIM: „Scuze că te întrerup, dar lucrul acesta este fascinant pentru mine. Deci, ai înțeles? Care a fost lucrul de care ți-ai dat seama atunci când te-ai întors la locul tău și brusc...?"

ROBERT: „Înțelegi lucrurile în felul tău – te gândești că trebuia să știi ceva, un truc sau un proces, înainte ca lucrurile să curgă. Dacă te-ai da din drum, lucrurile ar curge pur și simplu. Ce îți dă permisiunea să lași lucrurile să curgă? Uneori, dacă faci 4 ani de școală sau dacă studiezi sub îndrumarea cuiva, atunci ți-ai acordat singur permisiunea de a lăsa lucrurile să curgă...

Doar deschizi robinetul și creativitatea curge pe țeavă. Însă imediat ce orgoliul tău se pune în drum și începi cu: «Nu știu dacă știu ce să fac mai departe», deja l-ai pus pe «eu» în față și deja ai blocat-o puțin. «Am făcut asta o dată, dar nu știu dacă o pot face din nou.» Nu ai fost tu niciodată. Cel mai bun lucru pe care îl poți face este să te dai la o parte din drum ca să poată trece.

Atunci când un actor vine la mine și-mi spune: «Nu sunt sigur că știu cum să joc partea asta», îi spun: «Este excelent pentru că cealaltă jumătate va apărea când vom fi acolo». Se spune că cunoașterea înseamnă jumătate din luptă. Cred că cea mai importantă este partea cealaltă – necunoașterea a ceea ce se va întâmpla, dar încrederea că va fi acolo când vei atinge pânza cu pensula. Va ști ce are de făcut."

TIM: „Deci încrederea vine prima."

ROBERT: „Încrederea vine prima."

LECȚII DIN CREAREA BENZILOR DESENATE ZILNIC

În timp ce urma Universitatea Texas, Robert a creat niște benzi desenate numite *Los Hooligans*:

„Veneam acasă și trebuia să fac o bandă desenată pe zi și asta putea să-mi ia 3 sau 4 ore. Uneori simțeam că nu vreau să dau piept cu pagina goală, așa că mă duceam să mă întind și să încerc să-mi dau seama dacă nu puteam să creez o metodă prin care să stau să mă uit pe tavan, iar desenul să apară pur și simplu, complet format, după care să mă duc și să-l pun pe hârtie. Nu mi-a ieșit niciodată. Intram în criză de timp. Fugeam înapoi la masă și îmi dădeam seama că singurul fel în care puteam să fac asta era să desenez. Trebuia să desenez, să desenez și iar să desenez. Apoi, reușeam să fac un desen amuzant sau cool. «Acesta este frumos. Acela se potrivește oarecum cu el.» Apoi desenam câteva de umplutură și așa lua naștere. Trebuia să mă mișc efectiv.

Am aplicat asta la toate celelalte activități ale mele: producția cinematografică și tot restul. Chiar dacă nu știam ce să fac, nu trebuia decât să încep. Asta este partea care-i ține pe loc pe cei mai mulți oameni. Se gândesc: «Păi, nu am nicio idee, așa că nu pot să încep». Eu știu că vei găsi ideea după ce începi. Este un lucru exact pe dos. Trebuie să acționezi întâi, înainte să lovească inspirația. Nu aștepți inspirația, ca să acționezi după aceea, fiindcă așa nu vei mai ajunge să acționezi, pentru că nu vei avea niciodată inspirația, nu constant."

TF: Acesta este și felul în care scrie Kevin Kelly (pag. 515) și sentimentul îmi amintește de Rolf Potts (pag. 401): „Pe termen lung, simpla disponibilitate de a improviza este mai importantă decât cercetarea".

NICI MĂCAR PROFESIONIȘTII NU ȘTIU

„[În *The Director's Chair*, Robert Zemeckis a spus că], atunci când lucra la *Forest Gump*, avea impresia că face cel mai prost film din toate timpurile... sau că era atât de confuz în *Back to the Future* (Înapoi în viitor) [că] a fost cât pe ce să elimine secvența cu «Johnny B. Goode» pentru că-și spunea: «Nu se potrivește deloc. O voi elimina chiar înainte să facem preview-ul»."

TIM: „În momentul acela, editorul său i-a spus ceva de genul: «Las-o acolo pentru proiectare»."

ROBERT: „Hai să o includem pur și simplu în preview... A spus: «Nu mai știam cum să reacționăm vizavi de încântarea oamenilor». Nu știi niciodată. Asta îți demonstrează că nu știi. Vreau ca oamenii să audă poveștile acestea pentru că, atunci când ai impresia că: «Nu știu dacă procedez cum trebuie, tipii ceilalți par să știe», nu, nu știu nici ei. Niciunul dintre ei nu știe. În asta constă frumusețea. Nu trebuie să știi. Nu trebuie decât să mergi înainte."

MAI MULTE DESPRE CREATIVITATE

„Atunci când oamenii spun: «Tu faci atât de multe lucruri. Ești muzician, ești pictor, ești compozitor, ești cineast, ești editor. Faci atât de multe lucruri diferite», eu le răspund: «Nu, eu fac un singur lucru. Trăiesc o viață creativă. Când pui creativitate în toate, toate îți sunt accesibile»...

[Dacă] trebuie să intru în mintea unui personaj, poate că mai întâi îl voi picta și voi vedea cum arată vizual sau, din punct de vedere muzical, [voi descifra] cum sună vocea lui. În felul acesta poți lucra complet nonlinear.

Felul în care treci lucrurile în jurnal, în care faci trimiteri, felul în care prezinți lucrurile, în care-ți inspiri echipa, felul în care-i inspiri pe cei care se găsesc în jurul tău, în care te inspiri pe tine însuți – toate înseamnă creativitate. **Și dacă spui că nu ești creativ, privește cât de multe pierzi pentru că îți spui asta.** Eu cred că creativitatea este unul dintre cele mai mari daruri cu care ne naștem, dar pe care o parte din oameni nu-l cultivă și nu-și dau seama că poate fi aplicat la orice în viața lor."

PREZENTAREA FĂCUTĂ LUI FRANK MILLER CA SĂ OBȚINĂ DREPTURILE PENTRU SIN CITY

„M-am dus la Frank Miller și i-am arătat testul pe care îl făcusem pentru *Sin City* [pornind de la romanele grafice]. I-am spus: «Știu ce înseamnă să creezi personaje originale și să nu ai încredere în Hollywood, dar acesta nu este Hollywoodul. Este ceva complet diferit. Am făcut asta pe cont propriu și îți propun o înțelegere. Ce s-ar întâmpla dacă eu aș scrie scenariul, și va fi irelevant, pentru că îl voi copia direct din cărțile tale? Suntem în noiembrie. Până în decembrie voi termina scenariul. Mergem și filmăm de probă în ianuarie. Voi ruga câțiva prieteni actori să vină. Filmăm [scena de început], eu o editez. Tu ești acolo, regizezi alături de mine. Eu mă ocup de efectele speciale, eu mă ocup de muzica filmului, eu fac secvența falsă a titlului cu toți actorii care am vrea să joace în el [Bruce Willis, Mickey Rourke]... Și dacă-ți place ce vezi, facem un contract pentru drepturi, după care facem filmul. Dacă nu-ți place, îl păstrezi ca scurtmetraj ca să-l arăți prietenilor»."

UN CITAT HAIOS DE LA COPIII SĂI

„Copiii mei spun mereu: «Tati nu trișează. Este doar sportivitate creativă», de fiecare dată când îi bat la un joc, fiindcă manipulez câte o regulă în favoarea mea. Lucrul acesta îi distrează. Nu le pare rău. În realitate, abia așteaptă să vadă cum manipulez regulile."

ÎNCEPE CU DE CE

Cartea pe care Robert o dăruiește cel mai des este *Start with Why* (Începe cu de ce), de Simon Sinek.

„După ce am citit această carte, mi-am dat mai bine seama ce făceam, așa că am dăruit-o și altora pentru a afla cum să înțeleagă ce fac bine și ce fac rău.

Este o metodă foarte simplă pe care ar trebui să o folosească în fiecare zi. [Spre exemplu,] dacă te duci la un actor și îi spui: «Salut, eu sunt producător de filme, fac un film cu buget redus și aș avea nevoie de numele tău ca actor consacrat pentru a-l putea susține. Nu te pot plăti foarte mult și probabil că va fi foarte mult de muncă, dar, dacă vrei să joci în el...», înseamnă că te gândești doar la tine. Și [răspunsul va fi]: «Nu, pleacă naibii de aici», fiindcă tu nu vorbești decât despre *ce* și *cum* faci tu, mai exact: eu fac filme cu buget redus. Așa, și ce dacă? Asta înseamnă că n-ai niciun ban.

În loc de asta, eu încep întotdeauna cu *de ce*. Mă duc la cineva [și îi spun]: «Îmi place ce faci. Am fost mereu un mare fan. Am un rol pe care nu l-ai primi niciodată. Eu cred în libertatea creativă. Nu lucrez cu studiourile. Lucrez independent. Eu sunt șeful aici. Suntem doar eu și echipa mea. Este ceva foarte creativ. Întreabă-i pe oricare dintre prietenii tăi actori și or să îți spună: «Încearcă experiența respectivă.»

Te vei simți foarte animat. Eu filmez foarte repede. Robert de Niro a făcut *Machete* în 4 zile. În 4 zile voi termina ce am de filmat cu tine. Vei lucra la următorul tău film timp de 6 luni. În filmul meu vei lucra 4 zile și te vei distra mai bine ca niciodată și probabil că vei obține recenzii foarte bune.

Interpretarea ta va fi foarte liberă pentru că îți voi acorda libertate. Acesta este motivul pentru care o fac. Cum reușesc? Ei bine, eu lucrez foarte independent, am foarte puțini oameni în echipă, fiecare dintre noi are mai multe responsabilități. Lucrăm cu mai puțini bani pentru a dispune de mai multă libertate. Cu ce mă ocup? Sunt producător independent de film. Vrei să vii să facem filmul?» Și ei răspund: «Da». Pentru că totul se referă la ceea ce pot să facă și la felul în care lucrul acesta îi va împlini."

NU TREBUIE SĂ FII SUPĂRAT PENTRU NIMIC

Robert a povestit despre o conversație avută cu fiul său, care era extrem de supărat:

„I-am zis: «Îți voi spune unul dintre secretele vieții: nu trebuie să fii supărat pentru nimic. Totul se întâmplă cu un rost. Acum ai picat la examenul pentru permisul de conducere și ești supărat foc. Eu sunt cum nu se poate mai fericit. Prefer să greșești cu instructorul și să repeți examenul de încă o sută de ori, decât să dai greș în fața unui polițist sau să comiți aceeași greșeală și să lovești pe cineva... Nu-mi vine în cap niciun motiv pentru care faptul că ai picat testul ar fi un lucru rău. Chiar depinde de cum privești acest lucru, și asta este foarte important. Dacă poți avea o atitudine pozitivă, privește situația și spune: Ia să văd, ce aș putea să învăț din asta?... De ce te-ai supăra pentru ceva?» Și el mi-a răspuns: «Uau! Asta chiar are sens». Ești supărat pentru că ceva n-a mers conform planului? S-ar putea să existe un motiv bun.”

„BINE”

de Jocko Willink, comandant Navy SEAL în rezervă
(Profilul integral la pag. 456)

Cum fac față piedicilor, eșecurilor, întârzierilor, înfrângerii sau altor nenorociri? Eu am o modalitate relativ simplă de a face față acestor situații. Există un cuvânt cu care le poți înfrunta pe toate, și acesta este „bine”.

Vorbim despre un lucru asupra căruia mi-a atras atenția unul dintre subordonații mei direcți, unul dintre tipii care a lucrat pentru mine, un tip care avea să devină unul dintre cei mai buni prieteni ai mei. Mă suna sau mă lua deoparte când avea o problemă majoră sau vreo chestiune care se afla în plină desfășurare și îmi spunea: „Șefule, avem cutare sau cutare chestie care merge prost”, iar eu mă uitam la el și-i răspundeam: „Bine”.

Și, într-o zi, imediat ce a terminat cu explicațiile privitoare la o situație care scăpa de sub control, mi-a spus: „Știu deja ce vei spune”.

Și l-am întrebat, „Ce voi spune?”

El mi-a răspuns: „Vei spune «bine».”

A continuat: „Asta spui mereu. Când ceva nu este în regulă sau merge prost, mă privești și spui «bine».”

Și i-am zis: „Păi, vorbesc serios. Pentru că așa funcționez eu”. Și i-am explicat că, atunci când lucrurile merg prost, din asta va rezulta și ceva bun.

- O, misiunea a fost anulată? Bine. Ne putem concentra pe alta.
- Nu am primit echipamentul de mare viteză pe care îl voiam? Bine. Putem lăsa lucrurile la fel de simple cum au fost.
- Nu am fost avansat? Bine. Am mai mult timp să devin mai bun.
- Nu am primit finanțare? Bine. Deținem un segment mai mare din companie.
- Nu ai primit jobul pe care ți-l doreai? Bine. Du-te, acumulează mai multă experiență și construiește-ți un CV mai bun.

» Te-ai accidentat? Bine. Aveai nevoie de o pauză în antrenamente.
» Ești extenuat? Bine. E mai bine să te extenuezi la antrenamente decât pe stradă.
» Am luat bătaie? Bine. Am învățat.
» Probleme neprevăzute? Bine. Avem ocazia să ne gândim la o soluție.

Asta e tot. Când lucrurile merg prost, nu descuraja pe toată lumea, nu te speria, nu ceda frustrării. Nu. Privește povestea în sine și spune: „Bine".

Și nu vreau să apelez la clișee. Nu încerc să par dl. Zâmbește Optimist. Tipul ăla ignoră crudul adevăr. Tipul ăla crede că o atitudine pozitivă va rezolva problemele. Nu va rezolva nimic. Dar nici fixarea pe probleme nu va rezolva nimic. Nu. Acceptă realitatea, însă concentrează-te pe soluție. Acceptă dificultatea respectivă, acceptă că există o piedică, acceptă problema respectivă și transform-o în ceva bun. Mergi înainte. Și dacă faci parte dintr-o echipă, atitudinea aceasta se va transmite și la ceilalți.

În sfârșit, ca să închei cu asta: ghici ce se petrece dacă poți rosti cuvântul „bine"? Înseamnă că ești încă viu. Înseamnă că respiri.

Și atâta timp cât respiri, înseamnă că o parte din tine mai poate încă să lupte. Așa că ridică-te, scutură-te de praf, reîncarcă-te, reintră-ți în formă, reactivează-te și ieși la atac.

Și mai bine de atât nu se poate.

SEKOU ANDREWS

Sekou Andrews (TW: @SEKOUANDREWS, SEKOUANDREWS.COM) este cea mai impresionantă voce poetică pe care am auzit-o vreodată. L-am văzut pentru prima dată susținând o reprezentație la TED, unde m-a uimit. Sekou este profesor și a devenit dublu campion la National Poetry Slam. A făcut prezentări private pentru Barack Obama, Bono, Oprah Winfrey, Maya Angelou și pentru multe companii din Fortune 500.

TF: Cum ne apropiem de final (sau de început?), prieteni, profilul acesta este scurt, cuprinzător și la obiect. Iată doar o frază din arta lui Sekou care să dea tonul:

„Trebuie să-ți dorești atât de tare să devii fluture, încât să fii dispus să renunți să mai fii omidă."

Animalul spiritual: pantera neagră

CONCLUZIE

„Învață regulile ca un profesionist, ca să le poți încălca precum un artist."

– Pablo Picasso

„Bucură-te de ea."

– cel mai bun răspuns pe care l-am primit la întrebarea pe care le-o pun mereu prietenilor apropiați: „Ce ar trebui să fac cu viața mea?"

În timpul scrierii acestei cărți, am făcut saună câte 20-30 de minute noaptea târziu ca să mă relaxez, apoi mă întindeam în piscină și priveam stelele printre crengile copacilor care se profilau pe cer. La lumina singurului bec din sauna în formă de butoi citeam ceva poetic, ca să-mi calmez mintea, cum ar fi *Fire de iarbă** sau, așa cum începusem la un moment dat, în urma unei recomandări, *Zen in the Art of Archery (Zen în arta tragerii cu arcul)*, de Eugen Herrigel.

Începusem să practic trasul cu arcul de curând și aveam obiceiul să fac două sau trei pauze pe zi, în care trăgeam câte 18 săgeți. Aveam manuale și un antrenor pentru partea practică. Pe de altă parte, *Zen in the Art of Archery* părea să constea în proporție de 80% din absurdități spuse sub formă de ghicitori, și din reflecții filosofice geniale în proporție de 20%.** Dar îmi asigura o pauză binevenită, o oarecare extindere mentală și era suficient.

Într-o dimineață, cercetătorul meu, pe care îl adusesem din Canada ca să lucreze la carte în persoană, m-a oprit când m-am dus să-mi iau ceva de mâncare și apă rece din frigider:

„Ești atât de calm. Cum poți să fii atât de calm când ai un milion de lucruri care zboară pe lângă tine?"

---

* De Walt Whitman. (n.red.)

** Are mult mai mult sens dacă ai folosit psihedelice. (n.aut.)

M-am gândit la asta și avea dreptate. Aveam de rezolvat o mulțime de lucruri. Eram pe ultima sută de metri în privința termenului limită pentru cartea mea, aveam vreo zece urgențe neașteptate de care trebuia să mă ocup, câinele meu tocmai fusese grav rănit, mașina nu mai mergea și o mulțime de membri ai familiei și de oaspeți se perindau prin casă. Parcă eram într-un circ cu trei arene și eu eram jonglerul care învârtea farfuriile.

De obicei, eram neliniștit și foarte irascibil când se apropia termenul limită pentru o carte. Eram o companie extrem de neplăcută. Deci, ce se schimbase?

Atunci am realizat și i-am explicat: citind și recitind textele din această carte, am asimilat mult mai mult decât crezusem. Când funcționam pe autopilot, foloseam acel „bine" preluat de la Jocko, îl invitam pe Mara la ceai ca Tara Brach, priveam stelele, așa cum ar fi făcut BJ Miller și Ed Cooke, și puneam frica la locul ei, cum a făcut Caroline Paul cocoțată pe podul Golden Gate.

Eu sunt un făcător de liste. Așa îmi păstrez viața în ordine, așa îmi păstrez lumea organizată. Lucrul care m-a surprins cel mai mult la acest calm al meu a fost că nu exista nicio listă. Doar testasem zilnic în minte unul-două sloganuri sau tehnici primite de la titani și – după cum mi-a spus Cal Fussman – se pare că „rahaturile de calitate prind". Lucrurile de care aveam nevoie într-un anume moment continuau să-mi vină în minte. Cu cât le reciteam mai mult și reflectam la ele, cu atât vedeam mai bine impactul.

La circa 16 ore după discuția de la frigider, eram complet epuizat și pregătit să transpir bine și să mă relaxez. Am pornit-o singur spre sauna în formă de butoi și m-am așezat ca să trag în piept parfumul de cedru. Transpirația a ieșit încet, la fel ca tensiunea zilei, și am ajuns la sfârșitul cărții *Zen in the Art of Archery*. Un pasaj cu ultimele comentarii ale maestrului japonez m-a făcut să mă opresc câteva minute. L-am prescurtat puțin aici:

> Trebuie să te avertizez în privința unui lucru. De-a lungul acestor ani ai devenit o persoană diferită. Pentru că asta înseamnă arta trasului cu arcul: o întrecere profundă și amplă a arcașului cu el însuși. Poate că abia ai observat-o până acum, dar o vei simți cu foarte multă putere atunci când îți vei reîntâlni prietenii și cunoștințele în țara ta: lucrurile nu se vor mai armoniza ca până acum. Vei vedea cu alți ochi și vei măsura cu alte măsuri. [Mi s-a întâmplat și mie și li se întâmplă tuturor celor care sunt atinși de spiritul acestei arte.]

În semn de adio, dar nu ca adio, Maestrul mi-a dăruit cel mai bun arc al său. „Când vei trage cu acest arc, vei simți spiritul Maestrului aproape de tine..."

Asta m-a făcut să zâmbesc.

Pentru aceia mai tocilari dintre voi, asta mi-a adus aminte de *Return of the Jedi* (Întoarcerea lui Jedi), după ce Alianța învinge Imperiul Galactic, când Luke Skywalker privește cerul nopții în Erebor (mai răbdați puțin) și vede figurile strălucitoare și zâmbitoare ale spiritelor lui Obi-Wan Kenobi, Yoda și Anakin Skywalker.

Primii doi i-au fost tot timpul alături și toți trei vor fi cu el pentru totdeauna.

Eu am speranța că, atunci când vei citi și reciti această carte, vei simți că ești însoțit de spiritul acestor titani. Indiferent care va fi dificultatea, provocarea sau marea ambiție din fața ta, ei vor fi acolo.

Nu ești singur și ești mai bun decât crezi. Cum ar spune Jocko: dă-i bătaie!

Pentru mai multe trăsnăi... fourhourworkweek.com/friday

PRIMELE 25 DE EPISOADE ALE PODCASTULUI *THE TIM FERRISS SHOW*

Acestea sunt cele mai populare 25 de episoade ale podcastului *The Tim Ferriss Show*, din septembrie 2016. Toate episoadele pot fi găsite la fourhourworkweek.com/podcast și la itunes.com/timferriss

1. "Jamie Foxx on Workout Routines, Success Habits, and Untold Hollywood Stories" („Jamie Foxx despre rutinele de antrenament, obiceiurile succesului și poveștile nespuse de la Hollywood") (episodul 124)
2. "Tony Robbins on Morning Routines, Peak Performance, and Mastering Money" („Tony Robbins despre obiceiurile matinale, performanța de vârf și gestionarea banilor") (episodul 37)
3. "The Scariest Navy SEAL Imaginable... and What He Taught Me" („Cel mai înspăimântător Navy SEAL cu putință... și ce am învățat de la el") (episodul 107)
4. "Tony Robbins – On Achievement Versus Fulfillment" („Tony Robbins – despre realizare *versus* împlinire") (episodul 178)
5. "Lessons from Geniuses, Billionaires, and Tinkerers" („Lecții de la genii, miliardari și pasionați care experimentează") (episodul 173)

6. "Tim Ferriss Interviews Arnold Schwarzenegger on Psychological Warfare (and Much More)" („Tim Ferriss îi ia un interviu lui Arnold Schwarzenegger despre războiul psihologic – și multe altele)" (episodul 60)
7. "The Secrets of Gymnastic Strength Training" („Secretele antrenamentelor gimnastice de forță") (episodul 158)
8. "How Seth Godin Manages His Life – Rules, Principles, and Obsessions" („Cum își gestionează Seth Godin viața – reguli, principii și obsesii") (episodul 138)
9. "Dom D'Agostino on Fasting, Ketosis, and the End of Cancer" („Dom D'Agostino despre post, cetoză și sfârșitul cancerului") (episodul 117)
10. "Charles Poliquin on Strength Training, Shredding Body Fat, and Increasing Testosterone and Sex Drive" („Charles Poliquin despre antrenamentele de forță, arderea grăsimii corporale și amplificarea testosteronului și a libidoului") (episodul 91)
11. "5 Morning Rituals that Help Me Win the Day" („5 ritualuri matinale care mă ajută să-mi încep ziua cu dreptul") (episodul 105)
12. "Shay Carl – From Manual Laborer to 2.3 Billion YouTube Views" („Shay Carl – de la lucrător manual la 2,3 miliarde de vizualizări pe YouTube") (episodul 170)
13. "Tony Robbins on Morning Routines, Peak Performance, and Mastering Money (Part 2) ("Tony Robbins despre obiceiurile matinale, performanța de vârf și stăpânirea banilor") (partea a 2-a) (episodul 38)
14. "The Science of Strength and Simplicity with Pavel Tsatsouline" („Știința forței și a simplității, cu Pavel Tsatsouline") (episodul 55)
15. "Dissecting the Success of Malcolm Gladwell" („Disecarea succesului, cu Malcolm Gladwell") (episodul 168)
16. „Kevin Rose" (episodul 1)
17. "How to 10x Your Results, One Tiny Tweak at a Time" („Cum să-ți amplifici rezultatele de 10 ori, puțin câte puțin" (episodul 144)
18. "The Importance of Being Dirty: Lessons from Mike Rowe" („Cât de important este să te murdărești: lecții de la Mike Rowe") (episodul 157)

19. "The Interview Master: Cal Fussman and the Power of Listening" („Maestrul interviului: Cal Fussman și puterea de a asculta") (episodul 145)
20. "The Man Who Studied 1,000 Deaths to Learn How to Live" („Omul care a studiat 1.000 de morți pentru a învăța cum să trăiască") (episodul 153)
21. "Kevin Kelly — AI, Virtual Reality, and the Inevitable" („Kevin Kelly - AI, realitatea virtuală și inevitabilul) (episodul 164)
22. "Dom D'Agostino — The Power of the Ketogenic Diet" („Dom D'Agostino - puterea dietei cetogene") (episodul 172)
23. "Tools and Tricks from the #30 Employee at Facebook" („Instrumente și trucuri de la angajatul nr. 30 al Facebook") (episodul 75)
24. "Marc Andreessen - Lessons, Predictions, and Recommendations from an Icon" („Marc Andreessen - lecții, predicții și recomandări de la o figură emblematică") (episodul 163)
25. "Tara Brach on Meditation and Overcoming FOMO (Fear of Missing Out)" („Tara Brach despre meditație și depășirea FOMO (frica de a nu rata ceva)" (episodul 94)

TIRUL MEU DE ÎNTREBĂRI

Dacă ai ajunge să stai lângă un laureat al premiului Nobel sau lângă un miliardar, ce l-ai întreba? Dacă ai avea doar 2-5 minute și el ar fi dispus să stea de vorbă, cum ai putea să obții cât mai multe din această oportunitate?

Mai jos sunt câteva întrebări pe care le-am adunat sau pe care le-am inventat tocmai în vederea acestei situații ipotetice. Multe dintre ele sunt „un tir de întrebări" pe care le pun fiecărui invitat din podcastul *The Tim Ferriss Show*. Câteva sunt adaptări ale unor întrebări pe care le-am preluat de la invitați (cum ar fi Peter Thiel, pag. 262, și Marc Andreessen, pag. 198).

» Când te gândești la expresia „persoană de succes", cine este primul om care-ți vine în minte și de ce?

» Un lucru pe care îl crezi adevărat, dar pe care alții îl consideră nebunesc?

» Care este cartea sau cărțile pe care le-ai dăruit cel mai des?

» Care este documentarul sau filmul tău preferat?

» Ce achiziție de 100 $ sau mai puțin a avut cel mai mare impact pozitiv asupra vieții tale în ultimele 6 luni?

» Care sunt obiceiurile tale matinale? Cum arată primele 60 de minute ale unei zile din viața ta?

» Care sunt obsesiile pe care le analizezi seara sau în weekend?

» Despre ce subiect ai vorbi dacă ți s-ar cere să ții o conferință TED cu privire la un lucru aflat în afara ariei tale principale de competență?

» Care este cea mai bună sau cea mai valoroasă investiție pe care ai făcut-o? Poate să fie o investiție de bani, timp, energie sau a altei resurse. Cum ai luat decizia de a face investiția?

» Există vreun citat după care îți conduci viața sau la care te gândești frecvent?

» Care este cel mai prost sfat pe care îl auzi în domeniul tău?

» Dacă ai putea să amplasezi un panou uriaș oriunde, pe care ai putea să scrii orice, ce ai scrie?
» Ce sfat i-ai da eului tău de la 20, 25 sau 30 de ani? Te rog să-ți amintești situația în care te găseai atunci și cu ce te ocupai.
» Cum a reușit un eșec, sau un eșec aparent, să-ți pregătească drumul pentru un succes ulterior? Dintre toate eșecurile tale, există vreun favorit?
» Un exemplu de lucru foarte straniu sau tulburător care ți se întâmplă în mod regulat?
» Un subiect despre care ți-ai schimbat părerea în ultimii ani? De ce?
» Un lucru pe care îl crezi adevărat, chiar dacă nu-l poți demonstra?
» Ai vreo cerere sau vreo rugăminte pentru publicul meu? Câteva cuvinte de rămas bun?

CELE MAI DĂRUITE ȘI RECOMANDATE CĂRȚI ÎN RÂNDUL INVITAȚIILOR

Asta mi-ați cerut!

O mențiune cu privire la format:

» **Cărțile scrise cu litere** îngroșate sunt răspunsul la „cea mai dăruită carte".

» **Cărțile scrise cu litere** îngroșate și <u>subliniate</u> sunt răspunsurile la „cea mai dăruită carte" care *nu* au apărut în episodul podcastului, dar pe care invitații mi le-au transmis ulterior.

» Cărțile scrise cu litere neîngroșate au fost recomandate sau menționate de invitat, dar nu au fost chiar „cele mai dăruite".

Ce cărți au apărut cel mai des? Iată-le pe primele 17 – tot ce a fost menționat de 3 sau de mai multe ori – în ordinea descrescătoare a frecvenței:

1. *Tao Te Ching*, de Lao Tze (5 menționări)
2. *Revolta lui Atlas*, de Ayn Rand (4)
3. *Sapiens. Scurtă istorie a omenirii*, de Yuval Noah Harari (4)
4. *Siddhartha*, de Herman Hesse (4)
5. *4 ore – săptămâna de lucru*, de Tim Ferriss (4)
6. *Pledoarie pentru checklist*, de Atul Gawande (4)
7. *Dune*, de Frank Herbert (3)
8. *Psihologia persuasiunii*, de Robert Cialdini (3)
9. *În căutarea fericirii*, de Daniel Gilbert (3)
10. *Superinteligența: căi, pericole, strategii*, de Nick Bostrom (3)
11. *Vă țineți de glume, domnule Feynman*, de Richard P. Feynman (3)
12. *4 ore – corpul*, de Tim Ferriss (3)

13. Biblia (3)
14. *Ce e dificil la lucrurile dificile*, de Ben Horowitz (3)
15. *The War of Art*, de Steven Pressfield (3)
16. *Watchmen*, de Alan Moore (3)
17. *De la zero la unu*, de Peter Thiel cu Blake Masters (3)

Lectură plăcută!

Adams, Scott: *Psihologia persuasiunii* (Robert B. Cialdini)

Altucher, James: ***Jesus' Son: Stories*** (Denis Johnson), *Vânătorii de zmeie*; *Cetatea celor o mie de sori* (Khaled Hosseini), *Antifragil*; *Lebăda neagră*; *Fooled by Randomness* (Nassim Nicholas Taleb), *Regulile creierului* (John Medina), *Excepționalii* (Malcolm Gladwell), *Freakonomics* (Steven D. Levitt și Stephen J. Dubner)

Amoruso, Sophia: ***Cel mai bogat om din Babilon*** (George Samuel Clason), *No Man's Land: Where Growing Companies Fail* (Doug Tatum), *Venture Deals* (Brad Feld și Jason Mendelson), *Rilke on Love and Other Difficulties* (Rainer Maria Rilke)

Andreessen, Marc: *High Output Management*; *Only the Paranoid Survive* (Andrew S. Grove), *De la zero la unu: note despre startupuri sau cum să construiești viitorul* (Peter Thiel cu Blake Masters), *Walt Disney: The Triumph of the American Imagination* (Neal Gabler), *Schulz and Peanuts: A Biography* (David Michaelis), *The Wizard of Menlo Park: How Thomas Alva Edison Invented the Modern World* (Randall E Stross), *Born Standing Up: A Comic's Life* (Steve Martin), *Ce e dificil la lucrurile dificile* (Ben Horowitz)

Arnold, Patrick: ***John F. Kennedy – Enigmele unui erou*** (Chris Matthews), *From Chocolate to Morphine: Everything You Need to Know About Mind-Altering Drugs* (Andrew Weil), *Viruși, arme și oțel* (Jared Diamond)

Attia, Peter: ***S-au făcut greșeli (dar nu de către mine) – de ce justificăm credințe ridicole, decizii proaste și fapte distructive*** (Carol Tavris și Elliot Aronson), ***Vă țineți de glume, domnule Feynman*** (Richard P. Feynman), *Cu 10% mai fericit: Cum am îmblânzit vocea din capul meu, am redus stresul fără să-mi pierd măiestria și am găsit mijloace eficiente de a mă ajuta singur – Poveste adevărată* (Dan Harris)

Beck, Glenn: ***The Book of Virtues*** (William J. Bennett), ***Winners Never Cheat*** (Jon Huntsman)

Bell, Mark: *COAN: The Man, The Myth, The Method: The Life, Times & Training of the Greatest Powerlifter of All-Time* (Marty Gallagher)

Belsky, Scott: ***Life's Little Instruction Book*** (H. Jackson Brown, Jr.)

Betts, Richard: ***A Fan's Notes*** (Frederick Exley), *The Crossroads of Should and Must* (Elle Luna)

Birbiglia, Mike: ***The Promise of Sleep*** (William C. Dement)

Blumberg, Alex: *On the Run* (Alice Goffman), *Hiroshima* (John Hersey)

Boone, Amelia: ***House of Leaves*** (Mark Z. Danielewski)

Boreta, Justin: ***Muzicofilia: Povestiri despre muzică și creier*** (Oliver Sacks), ***Trezirea: Ghid pentru o spiritualitate fără religie*** (Sam Harris), *Creierul nostru muzical. Știința unei eterne obsesii* (Daniel J. Levitin), *Insuportabila ușurătate a ființei* (Milan Kundera)

Brach, Tara: ***The Essential Rumi*** (Jalal al-Din Rumi, în traducerea lui Coleman Barks), ***Când totul se prăbușește în jurul tău. Cum să facem față fricii, disperării, furiei și sentimentului de neputință*** (Pema Chödrön), *Superficialii – Efectele internetului asupra creierului uman* (Nicholas Carr), *A Path with Heart: A Guide Through the Perils and Promises of Spiritual Life* (Jack Kornfield)

Brewer, Travis: ***Autobiografia unui yoghin*** (Paramahansa Yogananda), ***Fii aici acum. Un manual pentru o viață trăită conștient*** (Ram Dass), ***Conversații cu Dumnezeu*** (Neale Donald Walsch)

Brown, Brené: ***Alchimistul*** (Paulo Coelho)

Callen, Bryan: *Excellent Sheep* (William Deresiewicz), *Revolta lui Atlas*; *Izvorul* (Ayn Rand), *The Power of Myth*, *Eroul cu o mie de fețe* (Joseph Campbell), *Genealogia moralei* (Friedrich Nietzsche), *The Art of Learning* (Josh Waitzkin), *4 ore – corpul*; *4 ore – săptămâna de lucru* (Tim Ferriss), *Pseudoștiința. Un medic deconspiră corupția din spatele industriei de medicamente* (Ben Goldacre), *Fiasco: The American Military Adventure in Iraq, 2003 to 2005* (Thomas Ricks), *The Looming Tower: Al-Qaeda and the Road to 9/11*; *Going Clear: Scientology, Hollywood, and the Prison of Belief* (Lawrence Wright), *Banchetul* (Platon)

Carl, Shay: ***Cartea lui Mormon*** (Joseph Smith Jr.), ***Cum gândește omul*** (James Allen), ***Secretele succesului. Cum să vă faceți prieteni și să deveniți influent*** (Dale Carnegie), ***De la idee la bani*** (Napoleon Hill), ***Transformarea financiară totală*** (Dave Ramsey), ***Cele 7 obișnuințe ale persoanelor eficace*** (Stephen R. Covey), ***The Denial of Death*** (Ernest Becker)

Catmull, Ed: ***One Monster After Another*** (Mercer Mayer)

Chin, Jimmy: ***Musashi*** (Eiji Yoshikawa și Charles Terry), ***A Guide to the I Ching*** (Carol K. Anthony), *Missoula: Rape and the Justice System in a College Town* (Jon Krakauer)

Cho, Margaret: *How to Be a Movie Star* (William J. Mann)

Cooke, Ed: ***The Age of Wonder*** (Richard Holmes), *Touching the Rock* (John M. Hull), *Elogiul inactivității* (Bertrand Russell), *Suferințele tânărului Werther*; *Teoria culorilor*; *Maxime și reflecții* (Johann Wolfgang von Goethe), *Cosmologia voioasă* (Alan Watts)

Cummings, Whitney: ***Super Sad True Love Story*** (Gary Shteyngart), ***Drama copilului dotat. În căutarea adevăratului sine*** (Alice Miller), ***The Fantasy Bond*** (Robert W. Firestone), ***Conceptul continuum, În căutarea fericirii pierdute*** (Jean Liedloff)

D'Agostino, Dominic: ***Personal Power*** (Tony Robbins), ***Tripping Over the Truth*** (Travis Christofferson), *Limbajul lui Dumnezeu. Un om de știință aduce dovezi în sprijinul credinței* (Francis Collins), *Scrisorile lui Zgândărilă* (C.S. Lewis), *Cancer as a Metabolic Disease: On the Origin, Management, and Prevention of Cancer* (Thomas Seyfried), *Ketogenic Diabetes Diet: Type 2 Diabetes* (Ellen Davis, MS și Keith Runyan, MD), *Fight Cancer with a Ketogenic Diet* (Ellen Davis, MS)

de Botton, Alain: ***Insuportabila ușurătate a ființei*** (Milan Kundera), ***Eseuri*** (Michel de Montaigne), În căutarea timpului pierdut (Marcel Proust)

De Sena, Joe: ***Un mesaj pentru Garcia*** (Elbert Hubbard), *Revolta lui Atlas* (Ayn Rand), *Shogun* (James Clavell), *Manager la minut* (Kenneth H. Blanchard)

Diamandis, Peter: ***The Spirit of St. Louis*** (Charles Lindbergh), ***The Man Who Sold the Moon*** (Robert A. Heinlein), ***The Singularity Is Near*** (Ray Kurzweil), ***Revolta lui Atlas*** (Ayn Rand), povestea *Stone Soup*

DiNunzio, Tracy: *Excelența în afaceri* (Jim Collins), *Jeff Bezos și epoca Amazon* (Brad Stone)

Dubner, Stephen: pentru adulți: ***Levels of the Game*** (John McPhee); pentru copii: ***The Empty Pot*** (Demi)

Eisen, Jonathan: ***National Geographic Field Guide to the Birds of North America*** (Jon L. Dunn și Jonathan Alderfer)

Engle, Dan: ***Inteligența erotică. Reconcilierea vieții erotice cu viața de familie*** (Esther Perel), Șarpele cosmic, ADN-ul și originile cunoașterii. Șamanii, stăpânii haosului (Jeremy Narby), *Autobiografia unui yoghin* (Paramahansa Yogananda)

Fadiman, James: *Pihkal: A Chemical Love Story; Tihkal: The Continuation* (Alexander Shulgin și Ann Shulgin)

Favreau, Jon: ***The Writer's Journey*** (Christopher Vogler and Michele Montez), ***It Would Be So Nice If You Weren't Here*** (Charles Grodin), ***4 ore – corpul*** (Tim Ferriss), *Hobbitul* (J.R.R. Tolkien), *Kitchen Confidential* (Anthony Bourdain)

Foxx, Jamie: *Without Sanctuary: Lynching Photography in America* (James Allen)

Fussell, Chris: *Porțile de foc. Epopeea unui supraviețuitor al bătăliei de la Termopile* (Steven Pressfield), *Steve Jobs – biografia autorizată*; *Inovatorii* (Walter Isaacson)

Fussman, Cal: ***Un veac de singurătate*** (Gabriel García Márquez), Între lume și mine (Ta-Nehisi Coates), *Speak Like Churchill, Stand Like Lincoln: 21 Powerful Secrets of History's Greatest Speakers* (James C. Humes), *A Feast of Snakes*; *Car* (Harry Crews)

Ganju, Nick: ***Don't Make Me Think*** (Steve Krug), ***How to Measure Anything: Finding the Value of Intangibles in Business*** (Douglas W. Hubbard), *Cum să nu greșești. Puterea gândirii matematice* (Jordan Ellenberg), *Răspunsul lor... Da. Negociază înțelept fără a ceda* (Roger Fisher și William Ury)

Gazzaley, Adam: ***Fundația*** (Isaac Asimov), *Disfuncția realității* (Trilogia Zorii Nopții) (Peter F. Hamilton), *Mountain Light* (Galen Rowell)

Gladwell, Malcolm: ***Strangers to Ourselves: Discovering the Adaptive Unconscious*** (Timothy D. Wilson), ***Merchant Princes: An Intimate History of Jewish Families Who Built Great Department Stores*** (Leon A. Harris), *Cârtița; Micuța toboșăreasă; Casa Rusia; Spionul care a ieșit din joc* (John le Carré), *Marea contracție economică. The Big Short: În interiorul mașinăriei infernale* (Michael Lewis), *Pledoarie pentru checklist* (Atul Gawande), toate cărțile lui Lee Child

Godin, Seth: ***Makers; Little Brother*** (Cory Doctorow), ***Understanding Comics*** (Scott Mc Cloud), ***Snow Crash***, ***Era de diamant*** (Neal Stephenson), ***Dune*** (Frank Herbert), ***Pattern Recognition*** (William Gibson) AUDIOBOOKURI: ***The Recorded Works*** (Pema Chödrön), ***Debt*** (David Graeber), ***Pe când eram doar niște puști*** (Patti Smith), ***Arta posibilului*** (Rosamund Stone Zander și Benjamin Zander), ***Arta vânzării*** (Zig Ziglar), **War of Art** (Steven Pressfield)

Goldberg, Evan: ***Mereu te voi iubi*** (Robert Munsch), ***Watchmen***; ***V de la Vendetta*** (Alan Moore), ***Preacher*** (Garth Ennis), *Ghidul autostopistului galactic* (Douglas Adams), *Micul prinț* (Antoine de Saint-Exupéry)

Goodman, Marc: *One Police Plaza* (William Caunitz), *4 ore – săptămâna de lucru* (Tim Ferriss), *The Singularity Is Near* (Ray Kurzweil), *Superinteligența: Căi, pericole, strategii* (Nick Bostrom)

Hamilton, Laird: **Biblia**, ***Născuți eroi*** (Christopher McDougall), *Stăpânul inelelor* (J.R.R. Tolkien), *Deep Survival* (Laurence Gonzales), *Pescărușul Jonathan Livingston* (Richard Bach), *Dune* (Frank Herbert)

Harris, Sam: *Istoria filosofiei occidentale* (Bertrand Russell), *Reasons and Persons* (Derek Parfit), *Ultimul cuvânt*; *Veșnice întrebări* (Thomas Nagel), *Our Final Invention* (James Barrat), *Superinteligența:* căi, pericole, strategii (Nick Bostrom), *Humiliation; The Anatomy of Disgust* (William Ian Miller), *The Flight of the Garuda: The Dzogchen Tradition of Tibetan Buddhism* (Keith Dowman), *Eu sunt Acela* (Nisargadatta Maharaj), *Machete Season: The Killers in Rwanda Speak* (Jean Hatzfeld), *Dumnezeu nu este mare*; *Hitch-22* (Christopher Hitchens), În căutarea fericirii (Daniel Gilbert), Coranul

Hart, Mark: *Rețeta geniului* (Robert Greene), *The Art of Learning* (Josh Waitzkin), *4 ore – corpul* (Tim Ferriss)

Hof, Wim: *Pescărușul Jonathan Livingston* (Richard Bach), *Siddharta* (Hermann Hesse), Bhagavad Gita, Biblia

Hoffman, Reid: ***Conscious Business: How to Build Value Through Values*** (Fred Kofman), ***Sapiens. Scurtă istorie a omenirii*** (Yuval Noah Harari)

Holiday, Ryan: ***Gânduri către sine însuși*** (Marcus Aurelius), ***The War of Art*** (Steven Pressfield), *What Makes Sammy Run?* (Budd Schulberg), *Titan: The Life of John D. Rockefeller, Sr.* (Ron Chernow), *How to Live: Or a Life of Montaigne in One Question and Twenty Attempts at an Answer* (Sarah Bakewell), *The Fish that Ate the Whale: The Life and Times of America's Banana King*;

Tough Jews (Rich Cohen), *Edison: A Biography* (Matthew Josephson), *Ulysses S. Grant: Triumph over Adversity* (Brooks Simpson), *Fahrenheit 451* (Ray Bradbury)

Honnold, Alex: *A People's History of the United States* (Howard Zinn), *Sacred Economics: Money, Gift, and Society in the Age of Transition* (Charles Eisenstein)

Jarvis, Chase: *Fură ca un artist*; *Show Your Work!* (Austin Kleon), *Cele 22 de legi imuabile ale marketingului. Dacă le încalci, o faci pe riscul tău* (Al Ries și Jack Trout); *Crede-mă, te mint!* (Ryan Holiday), *The Rise of Superman* (Steven Kotler), *Daring Greatly* (Brené Brown), *Unlabel: Selling You Without Selling Out* (Marc Eckō), *Play It Away: A Workaholic's Cure for Anxiety* (Charlie Hoehn), *Jab, Jab, Jab, Right Hook* (Gary Vaynerchuk)

John, Daymond: ***De la idee la bani*** (Napoleon Hill), ***Cine mi-a luat cașcavalul?*** (Spencer Johnson), ***Strategia oceanului albastru*** (Renée Mauborgne, W. Chan Kim), ***Invisible Selling Machine*** (Ryan Deiss), ***Cel mai bogat om din Babilon*** (George S. Clason), ***Genghis-han și nașterea lumii moderne*** (Jack Weatherford)

Johnson, Bryan: ***A Good Man: Rediscovering My Father, Sargent Shriver*** (Mark Shriver), **Omul în căutarea sensului vieții** (Viktor E. Frankl), ***Siddharta*** (Hermann Hesse), ***Endurance: Shackleton's Incredible Voyage*** (Alfred Lansing), *Gândire rapidă, gândire lentă* (Daniel Kahneman)

Junger, Sebastian: ***At Play in the Fields of the Lord*** (Peter Matthiessen), ***Sapiens. Scurtă istorie a omenirii*** (Yuval Noah Harari)

Kagan, Noah: ***Mașina de vânzări perfectă*** (Chet Holmes), ***Esențialismul*** (Greg McKeown), ***Replay*** (Ken Grimwood), *Who* (Geoff Smart și Randy Street), *Million Dollar* Consulting (Alan Weiss), *The Sales Acceleration Formula: Using Data, Technology, and Inbound Selling to Go from $0 to $100* Million (Mark Roberge), *Scurtături inteligente. Cum reușesc hackerii, inovatorii și figurile emblematice să accelereze succesul* (Shane Snow), *SPIN Selling* (Neil Rackham), *Small Giants: Companies that Choose to Be Great Instead of Big* (Bo Burlingham), *Vă țineți de glume, domnule Feynman!* (Richard P. Feynman), *Recession Proof Graduate* (Charlie Hoehn), *Ogilvy despre publicitate* (David Ogilvy), *Marțianul* (Andy Weir)

Kamkar, Samy: ***Psihologia persuasiunii*** (Robert Cialdini)

Kaskade*: Lights Out: A Cyberattack, A Nation Unprepared, Surviving the Aftermath* (Ted Koppel)

Kass, Sam: ***Sapiens. Scurtă istorie a omenirii*** (Yuval Noah Harari), ***The Art of Fielding*** (Chad Harbach), *Plenty. Deliciile bucătăriei vegetariene*; *Jerusalem*; *Plenty More* (Yotam Ottolenghi), *The Flavor Bible: The Essential Guide to Culinary Creativity, Based on the Wisdom of America's Most Imaginative Chefs* (Karen Page și Andrew Dornenburg), *Istoria agriculturilor din lumea întreagă* (Marcel Mazoyer și Laurence Roudart)

Kelly, Kevin: ***The Adventures of Johnny Bunko*** (Daniel Pink), *So Good They Can't Ignore You* (Cal Newport), *Shantaram* (Gregory David Roberts), *Șocul* viitorului (Alvin Toffler), *Regional Advantage: Culture and Competition in Silicon Valley and Route 128* (AnnaLee Saxenian), *What the Dormouse Said: How the Sixties Counterculture Shaped the Personal Computer Industry* (John Markoff), Coranul, Biblia, *The Essential Rumi*; *The Sound of the One Hand: 281 Zen Koans with Answers* (Yoel Hoffman), *It's All Too Much: An Easy Plan for Living a Richer Life with Less Stuff* (Peter Walsh)

Koppelman, Brian: *What Makes Sammy Run?* (Budd Schulberg), *The Artist's Way Morning Pages Journal* (Julia Cameron), *The War of Art* (Steven Pressfield)

Libin, Phil: ***The Clock of the Long Now*** (Stewart Brand), *Alianța. Managementul talentelor în era conectivității* (Reid Hoffman), *Gena egoistă* (Richard Dawkins), *Ghid pentru o viață împlinită* (William B. Irvine)

MacAskill, Will: ***Reasons and Persons*** (Derek Parfit), *Mindfulness: An Eight-Week Plan for Finding Peace in a Frantic World* (Mark Williams și Danny Penman), *The Power of Persuasion* (Robert Levine), *Superinteligența:* căi, pericole, strategii (Nick Bostrom)

MacKenzie, Brian: ***Tao Te Ching*** (Lao Tse), ***Calea luptătorului pașnic*** (Dan Millman)

McCarthy, Nicholas: *The Life and Loves of a He Devil: A Memoir* (Graham Norton), *I Put a Spell on You: The Autobiography of Nina Simone* (Nina Simone)

McChrystal, Stanley: ***Once an Eagle*** (Anton Myrer), *Drumul spre caracter* (David Brooks)

McCullough, Michael: ***The Start-up of You: Adapt to the Future, Invest in Yourself, and Transform Your Career*** (Reid Hoffman și Ben Casnocha), ***Metoda GTD. Arta productivității fără stres*** (David Allen), ***Cele 7 obișnuințe ale persoanelor eficace*** (Stephen R. Covey), *Pledoarie pentru checklist* (Atul Gawande)

McGonigal, Jane: ***Finite and Infinite Games*** (James Carse), *Suffering Is Optional* (Cheri Huber), ***Puterea voinței. Cum funcționează autocontrolul și ce putem face pentru a-l îmbunătăți*** (Kelly McGonigal), ***The Grasshopper: Games, Life, and Utopia*** (Bernard Suits)

Miller, BJ: Orice carte cu poze ale artei lui Mark Rothko.

Moynihan, Brendan: *Money Game* (Adam Smith), *Once in Golconda: A True Drama of Wall Street 1920-1938* (John Brooks), *Psihologia mulțimilor* (Gustave Le Bon)

Mullenweg, Matt: ***Anul meu fără pantaloni. WordPress.com și viitorul muncii*** (Scott Berkun), ***Cum îți poate schimba Proust viața*** (Alain de Botton), ***A Field Guide to Getting Lost*** (Rebecca Solnit), ***Despre decizie și eficacitate***; *Innovation and Entrepreneurship* (Peter Drucker), *Words that Work* (Frank Luntz), *Women, Fire, and Dangerous Things* (George Lakoff), Războiul peloponesiac (Tucidide), *La capătul lumii și în țara aspră a minunilor* (Haruki Murakami), *Magicianul* (John Fowles), *Jeff Bezos și epoca Amazon* (Brad Stone), *Efectul de halou* (Philip Rosenzweig), *Cum înveți să scrii ficțiune pas cu pas. Sugestii despre scris și viață* (Anne Lamott), *Cum să* *scriem bine. Ghidul clasic pentru scriitorii de nonficțiune* (William Zinsser), *Ernest Hemingway on Writing* (Larry W. Phillips), *Ce e dificil la lucrurile dificile* (Ben Horowitz), *De la zero la unu* (Peter Thiel), *The Art of the Start 2.0* (Guy Kawasaki), lucrările lui Nassim Nicholas Taleb

Neistat, Casey: ***Nu contează cât de bun ești, ci cât de bun vrei să fii*** (Paul Arden), *The Second World War* (John Keegan), *The Autobiography of Malcolm X* (Malcolm X și Alex Haley)

Nemer, Jason: ***Profetul*** (Kahlil Gibran), ***Tao Te Ching*** (Lao Tse)

Norton, Edward: ***Wind, Sand and Stars*** (Antoine de Saint-Exupéry), *Buddhism Without Beliefs* (Stephen Batchelor), *Shōgun* (James Clavell), *The Search for Modern China; The Death of Woman Wang* (Jonathan Spence), "The Catastrophe of Success" (eseu de Tennessee Williams), *Lebăda neagră* (Nassim Nicholas Taleb)

Novak, B.J.: ***The Oxford Book of Aphorisms*** (John Gross), ***Ritualuri zilnice ale oamenilor de geniu*** (Mason Currey), Easy Riders, *Raging Bulls: How the Sex-Drugs-and-Rock 'N' Roll Generation Saved Hollywood* (Peter Biskind), *The Big Book of New American Humor; The Big Book of Jewish Humor* (William Novak și Moshe Waldoks)

Ohanian, Alexis: *Founders at Work: Stories of Startups' Early Days* (Jessica Livingston), *Masters of Doom: How Two Guys Created an Empire and Transformed Pop Culture* (David Kushner)

Palmer, Amanda: ***Dropping Ashes on the Buddha: The Teachings of Zen Master Seung Sahn;*** *Only Don't Know: Selected Teaching Letters of Zen Master Seung Sahn* (Seung Sahn), ***Despre toate pe scurt. De la Big Bang la ADN*** (Bill Bryson)

Paul, Caroline: *The Things They Carried* (Tim O'Brien), *Constelația Câinelui* (Peter Heller)

Polanco, Martin: ***The Journey Home*** (Radhanath Swami), ***Ibogaine Explained*** (Peter Frank), ***Tryptamine Palace: 5-MeO-DMT and the Sonoran Desert Toad*** (James Oroc)

Poliquin, Charles: ***Un singur lucru. Adevărul neașteptat de simplu de la baza oricărei reușite*** (Gary Keller și Jay Papasan), ***59 de secunde. Schimbă-ți viața în mai puțin de 1 minut*** (Richard Wiseman), *Pledoarie pentru checklist* (Atul Gawande), *Pseudoștiința* (Ben Goldacre), *Life 101: Everything We Wish We Had Learned about Life in School – But Didn't* (Peter McWilliams)

Popova, Maria: ***Still Writing*** (Dani Shapiro), *Despre scurtimea vieții* (Seneca), Republica (Platon), În mișcare. O viață (Oliver Sacks), *The Journal of Henry David Thoreau, 1837-1861* (Henry David Thoreau), *A Rap on Race* (Margaret Mead și James Baldwin), *On Science, Necessity and the Love of God: Essays* (Simone Weil), În căutarea fericirii (Daniel Gilbert), *Desert Solitaire: A Season in the Wilderness* (Edward Abbey), *Gathering Moss* (Robin Wall Kimmerer), *The Essential Scratch & Sniff Guide to Becoming a Wine Expert* (Richard Betts)

Potts, Rolf: ***Fire de iarbă*** (Walt Whitman), *Writing Tools: 50 Essential Strategies for Every Writer* (Roy Peter Clark), *To Show and to Tell: The Craft of Literary Nonfiction* (Phillip Lopate), *Screenplay: The Foundations of Screenwriting* (Syd Field), *Story* (Robert Mc Kee), *Alien vs. Predator* (Michael Robbins), *The Best American Poetry* (David Lehman), operele poeților Aimee Nezhukumatathil și Stuart Dischell

Randall, Lisa: ***I Capture the Castle*** (Dodie Smith)

Ravikant, Naval: ***Total Freedom: The Essential Krishnamurti*** (Jiddu Krishnamurti), ***Sapiens. Scurtă istorie a omenirii*** (Yuval Noah Harari), ***Snow Crash*** (Neal Stephenson), ***Poor Charlie's Almanac: The Wit and Wisdom of Charles T. Munger*** (Charles T. Munger), ***Siddhartha*** (Hermann Hesse), ***The Rational Optimist*** (Matt Ridley), ***V de la Vendetta*** (Alan Moore), ***Labyrinths*** (Jorge Luis Borges), ***Gânduri către sine însuși*** (Marcus Aurelius), ***The Book of Life: Daily Meditations with Krishnamurti*** (Jiddu Krishnamurti), *Iluzii* (Richard Bach), *Striking Thoughts* (Bruce Lee), *Psihologia persuasiunii* (Robert Cialdini), *Vă țineți de glume, domnule Feynman!; Ce-ți pasă ție de părerile altora?; Perfectly Reasonable Deviations from the Beaten Track* (Richard P. Feynman), *Love Yourself Like Your Life Depends On It; Live Your Truth* (Kamal Ravikant), *Distreș* (Greg Egan), *The Boys* (Garth Ennis and Darick Robertson), *Genome; The Red Queen; The Origins of Virtue; The Evolution of Everything* (Matt Ridley), *The Essential Writings* (Mahatma Gandhi), *The Tao of Philosophy* (Alan Watts), *Patul lui Procust. Aforisme practice și filosofice* (Nassim Nicholas Taleb), *Spaime și scârbe în Las Vegas* (Hunter S. Thompson), *The Power of Myth* (Joseph Campbell), *Tao Te Ching* (Lao Tse), *Revărsarea de grație* (Adyashanti), *God's Debris* (Scott Adams), *The Origin of Consciousness in the Breakdown of the Bicameral Mind* (Julian Jaynes), *Mastering the Core Teachings of the Buddha* (Daniel M. Ingram), *Puterea obișnuinței. De ce facem ceea ce facem în viață și în afaceri* (Charles Duhigg), *The Lessons of History* (Will Durant și Ariel Durant), *Prea devreme bătrân, prea târziu înțelept. 30 de lucruri adevărate pe care trebuie să le știți acum* (Gordon Livingston), *Profetul* (Kahlil Gibran), *Viața secretă a lui Salvador Dalí* (Salvador Dalí), *Watchmen* (Alan Moore)

Reece, Gabby: ***Revolta lui Atlas*** (Ayn Rand), ***Alchimistul*** (Paulo Coelho)

Richman, Jessica: ***The Complete Short Stories*** (Ernest Hemingway)

Robbins, Tony: ***Cum gândește omul*** (James Allen), ***Omul în căutarea sensului vieții*** (Viktor E. Frankl), ***The Fourth Turning; Generations*** (William Strauss), *Slow Sex* (Nicole Daedone), *Mindset* (Carol Dweck)

Rodriguez, Robert: Începe cu de ce. Cum ne inspiră marii lideri astfel încât să trecem la acțiune (Simon Sinek)

Rogen, Seth: ***Watchmen*** (Alan Moore), ***Preacher*** (Garth Ennis), ***Ghidul autostopistului galactic*** (Douglas Adams), ***The Art of Dramatic Writing*** (Lajos Egri), În căutarea fericirii (Bertrand Russell)

Rose, Kevin: ***Miracolul conștientizării*** (Thich Nhat Hanh), ***Înțelepciunea mulțimilor*** (James Surowiecki)

Rowe, Mike: ***The Deep Blue Good-by;*** *Pale Gray for Guilt, Bright Orange for the Shroud; The Lonely Silver Rain, Nightmare in Pink; A Tan and Sandy Silence; Cinnamon Skin* (John D. MacDonald), *Acasă. O istorie a vieții private; The Lost Continent: Travels in Small-Town America* (Bill Bryson), *A Curious Discovery: An Entrepreneur's Story* (John Hendricks)

Rubin, Rick: ***Tao Te Ching*** (Lao Tse, în traducerea lui Stephen Mitchell), ***Mindfulness zi de zi – oriunde vrei să mergi, acolo ești deja*** (Jon Kabat-Zinn)

Sacca, Chris: ***Not Fade Away: A Short Life Well Lived*** (Laurence Shames și Peter Barton), ***The Essential Scratch & Sniff Guide to Becoming a Whiskey Know-It-All***; *The Essential Scratch & Sniff Guide to Becoming a Wine Expert* (Richard Betts), *How to Get Filthy Rich in Rising Asia: A Novel* (Mohsin Hamid), *I Seem to Be a Verb* (R. Buckminster Fuller)

Schwarzenegger, Arnold: ***Factorul Churchill. Cum a schimbat un singur om istoria*** (Boris Johnson), ***Liber să alegi*** (Milton Friedman), ***California*** (Kevin Starr)

Sethi, Ramit: ***Age of Propaganda: The Everyday Use and Abuse of Persuasion*** (Anthony Pratkanis și Elliot Aronson), *The Social Animal* (Elliot Aronson), *Getting Everything You Can Out of All You've Got* (Jay Abraham), ***Mindless Eating*** (Brian Wansink), ***The Robert Collier Letter Book*** (Robert Collier), *Never Eat Alone, Expanded and Updated: And Other Secrets to Success, One Relationship at a Time* (Keith Ferrazzi), *What They Don't Teach You at Harvard Business School* (Mark H. McCormack), *Iacocca: An Autobiography* (Lee Iacocca), *Pledoarie pentru checklist* (Atul Gawande)

Shinoda, Mike: ***Becoming a Category of One: How Extraordinary Companies Transcend Commodity and Defy Comparison*** (Joe Calloway), ***The Tipping Point; Blink. Decizii bune în 2 secunde*** (Malcolm Gladwell), *Learning Not to Drown* (Anna Shinoda), *4 ore – săptămâna de lucru* (Tim Ferriss)

Silva, Jason: ***TechGnosis: Myth, Magic, and Mysticism in the Age of Information*** (Erik Davis), *The Rise of Superman: Decoding the Science of Ultimate Human Performance* (Steven Kotler), *4 ore – săptămâna de lucru* (Tim Ferriss)

Sivers, Derek: ***A Geek in Japan: Discovering the Land of Manga, Anime, Zen, and the Tea Ceremony*** (Hector Garcia), *Trezește uriașul din tine – Cum să preiei imediat controlul destinului tău mental, emoțional, fizic și financiar!* (Tony Robbins), În căutarea fericirii (Daniel Gilbert), *Trucuri ale minții* (Derren Brown), *Show Your Work!* (Austin Kleon), *Secretele succesului. Cum să vă faceți prieteni și să deveniți influent* (Dale Carnegie), *Cum să comunici cu oricine* (Leil Lowndes), *Cum să construiești relații personale în 90 de secunde... sau mai puțin* (Nicholas Boothman), *Power Schmoozing* (Terri Mandell), *Au Contraire: Figuring Out the French* (Gilles Asselin și Ruth Mastron), *Gândirea rapidă, gândirea lentă* (Daniel Kahneman), *Ghid pentru o viață împlinită* (William B. Irvine), *Seeking Wisdom* (Peter Bevelin)

Skenes, Joshua: ***Cocktail Techniques*** (Kazuo Uyeda)

Sommer, Christopher: *Obstacolul este calea* (Ryan Holiday), scrierile lui Robert Heinlein

Spurlock, Morgan: ***The Living Gita: The Complete Bhagavad Gita – A Commentary for Modern Readers*** (Sri Swami Satchidananda)

Starrett, Kelly: ***Deep Survival*** (Laurence Gonzales), *The Sports Gene: Inside the Science of Extraordinary Athletic Performance* (David Epstein), *Codul talentului* (Daniel Coyle), *Era de diamant* (Neal Stephenson), *Dune* (Frank Herbert), *Puterea obișnuinței* (Charles Duhigg), *Insula delfinilor albaștri* (Scott O'Dell)

Strauss, Neil: ***Despre scurtimea vieții*** (Seneca), ***Întreabă praful*** (John Fante), ***Călătorie la capătul nopții*** (Louis-Ferdinand Céline), ***Pasărea vopsită*** (Jerzy Kosinski), ***Gânduri către sine însuși*** (Marcus Aurelius), ***Siddhartha*** (Hermann Hesse), ***Maxime și reflecții*** (François de La Rochefoucauld), ***Ulise*** (James Joyce), ***StrengthsFinder 2.0*** (Tom Rath) (paranteză de la Neil: doar pentru cuponul pentru testul online), ***Un veac de singurătate*** (Gabriel García Márquez), ***Viața e în altă parte*** (Milan Kundera)

Stein, Joel: *The Body Reset Diet* (Harley Pasternak)

Tan, Chade-Meng: ***What the Buddha Taught*** (Walpola Rahula), ***In the Buddha's Words: An Anthology of Discourses from the Pali Canon*** (Bhikkhu Bodhi)

Teller, Astro: ***What if?/Ce-ar fi dacă? Răspunsuri științifice la întrebări ipotetice absurde*** (Randall Munroe), **Ready Player One** (Ernest Cline), seria *Gormenghast* (Mervyn Peake)

Teller, Danielle: ***Oscar și Lucinda*** (Peter Carey), **Orele** (Michael Cunningham)

Thiel, Peter: ***Despre cele ascunse de la întemeierea lumii*** (René Girard)

Tsatsouline, Pavel: *Psych* (Judd Biasiotto), ***Paradox of Choice*** (Barry Schwartz)

von Ahn, Luis: ***De la zero la unu*** (Peter Thiel), *Ce e dificil la lucrurile dificile* (Ben Horowitz)

Waitzkin, Josh: *Pe drum*; *Vagabonzii Dharma* (Jack Kerouac), *Tao Te Ching* (Lao Tze), *Zen și arta reparării motocicletei* (Robert Pirsig), *Shantaram* (Gregory David Roberts), *Pentru cine bat clopotele*; *Bătrânul și marea*; *Dealurile verzi ale Africii* (Ernest Hemingway), *Ernest Hemingway on Writing* (Larry W. Phillips), *Mindset* (Carol Dweck), *Visează-te conștient: visarea lucidă și yoga visului tibetană pentru revelație și transformare* (B. Alan Wallace și Brian Hodel), *Drama copilului dotat. În căutarea adevăratului sine* (Alice Miller), *Tribe: On Homecoming and Belonging* (Sebastian Junger), *Grit. Puterea pasiunii și a perseverenței* (Angela Duckworth), *Peak. Secretele performanței de top și noua știință a expertizei* (Anders Ericsson și Robert Pool)

Weinstein, Eric: ***Heraclitean Fire: Sketches from a Life Before Nature*** (Erwin Chargaff), ***The Emperor of Scent: A True Story of Perfume and Obsession*** (Chandler Burr)

White, Shaun: ***Fifty Shades of Chicken: A Parody in a Cookbook*** (F.L. Fowler), ***Excepționalii. Povestea succesului*** (Malcolm Gladwell), *Open. O autobiografie* (Andre Agassi)

Willink, Jocko: ***About Face: The Odyssey of an American Warrior*** (Colonel David H. Hackworth), *Meridianul sângelui* (Cormac McCarthy)

Wilson, Rainn: ***The Family Virtues Guide: Simple Ways to Bring Out the Best in Our Children and Ourselves*** (Linda Kavelin Popov, Dan Popov și John Kavelin)

Young, Chris: ***On Food and Cooking: The Science and Lore of the Kitchen*** (Harold McGee), **Essential Cuisine** (Michel Bras), ***The Second Law*** (P.W. Atkins), *Seveneves. Șapte Eve* (Neal Stephenson), *The Last Lion Box Set: Winston Spencer Churchill, 1874-1965* (William Manchester)

Zimmern, Andrew: *Ploaia și alte povestiri* (W. Somerset Maugham)

FILME ȘI SERIALE TV PREFERATE

Documentarele și serialele TV sunt precizate între paranteze. Intrările cărora le lipsesc parantezele sunt filme de ficțiune.

Adams, Scott: *Whitey: United States of America v. James J. Bulger* (doc)

Altucher, James: *High on Crack Street: Lost Lives in Lowell* (doc), *Hoop Dreams* (doc), *Comedian* (doc)

Amoruso, Sophia: *The Color of Pomegranates, Girl Boss Guerilla*

Andreessen, Marc: *Mr. Robot* (TV), *Halt and Catch Fire* (TV), *Silicon Valley* (TV)

Attia, Peter: *Pumping Iron* (doc), *The Bridge* (doc), *Bigger, Stronger, Faster* (doc)

Beck, Glenn: *Citizen Kane*

Betts, Richard: *The Breakfast Club, Baraka* (doc)

Birbiglia, Mike: *Tickled* (doc), *Captain Fantastic, Other People, Terms of Endearment, Broadcast News, Stop Making Sense, No Refunds* (stand-up comedy al lui Doug Stanhope)

Blumberg, Alex: *Man on Wire* (doc), *Hoop Dreams* (doc), *Magic and Bird: A Courtship of Rivals* (doc)

Boone, Amelia: *The Goonies*

Boreta, Justin: *Meru* (doc), *Grizzly Man* (doc), *Daft Punk Unchained* (doc)

Brach, Tara: *Race: The Power of an Illusion* (doc), *Breaking Bad* (TV)

Callen, Bryan: *Fed Up* (doc), *Ken Burns's Baseball* (doc), *Ken Burns's Jazz* (doc)

Carl, Shay: *Captain Fantastic, Transcendent Man* (doc), *Forks over Knives* (doc), un mare fan al producătorului de documentare Morgan Spurlock

Cooke, Ed: *Withnail and I, The Armando Iannucci Shows* (TV), *Monty Python's Flying Circus* (TV), Alan Partridge (personalitate fictivă)

Costner, Kevin: *Coney Island* (doc), *E.T. the Extra-Terrestrial, Jaws, Close Encounters of the Third Kind, The Sugarland Express, Minority Report*

Cummings, Whitney: *Buck* (doc), *Comedian* (doc)

D'Agostino, Dominic: "An Advantaged Metabolic State: Human Performance, Resilience and Health" (conferință susținută de Peter Attia la IHMC)

de Botton, Alain: *Seven Up!* Din serialul *Up* (doc)

De Sena, Joe: *Sugar Coated* (doc), *Food Inc.* (doc), *Finding Vivian Maier* (doc)

Diamandis, Peter: *Transcendent Man* (doc), *Tony Robbins: I Am Not Your Guru* (doc), *Un adevăr incomod* (doc)

DiNunzio, Tracy: *The Overnighters* (doc), *The True Cost* (doc), *The Fog of War* (doc)

Dubner, Stephen: *Seven Up!* Din serialul *Up* (doc)

Eisen, Jonathan: *Shackleton* (miniserie TV)

Engle, Dan: *Racing Extinction* (doc), *Neurons to Nirvana* (doc), *Searching for Sugar Man* (doc)

Fussell, Chris: *Restrepo* (doc) – ar trebui să fie vizionat obligatoriu de toți cetățenii americani. *The Commanding Heights* (doc) – bazat pe cartea cu același titlu scrisă de Dan Yergin și Joseph Stanislaw. *Bush's War* (doc) – Frontline

Fussman, Cal: *The Walk*, *Cinema Paradiso*, *Man on Wire* (doc)

Foxx, Jamie: *The Pianist*

Ganju, Nick: *Forrest Gump*

Gazzaley, Adam: *Cosmos: A Personal Voyage* (doc) al lui Carl Sagan

Godin, Seth: *Man on Wire* (doc), *Exit Through the Gift Shop* (doc), *The Matrix*

Goldberg, Evan: *Greu de ucis*, *Armă mortală*, *Adaptation*, *The Princess Bride*, *The Fast and the Furious*, *Rejected* (scurtmetraj), *Kids in the Hall* (TV), *Absolutely Fabulous* (TV), *Second City Television*

Goodman, Marc: *Ghostbusters* (1984), *WarGames*, *Sneakers*, *The Net*, orice film în care joacă Bill Murray sau Dan Aykroyd

Hamilton, Laird: *Blackfish* (doc), *Senna* (doc), *On Any Sunday* (doc)

Harris, Sam: Recomandarea să-l urmărim pe Christopher Hitchens, un orator strălucit

Holiday, Ryan: *Gladiator*, *This Is Spinal Tap*

Honnold, Alex: *Star Wars*, *Gladiator*

John, Daymond: *Planet Earth* de la BBC

Johnson, Bryan: *Man on Wire* (doc), *Exit Through the Gift Shop* (doc), *Cosmos* (doc)

Kagan, Noah: *Commando*, *The Count of Monte Cristo*, *The Jinx* (doc)

Kamkar, Samy: *Into Eternity* (doc), *We Live in Public* (doc), *Revenge of the Electric Car* (doc)

Kass, Sam: *Just Eat It: A Food Waste Story* (doc)

Kelly, Kevin: *Man on Wire* (doc), *The King of Kong* (doc), *A State of Mind* (doc)

Koppelman, Brian: *Fight Club*, *Client 9: The Rise and Fall of Eliot Spitzer* (doc), *Don't Look Back* (doc), *Roger and Me* (doc)

Libin, Phil: *Star Wars: Episode V – The Empire Strikes Back*, *The Lord of the Rings: The Two Towers*, *House of Cards* (TV), *Game of Thrones* (TV), *Top Gear* (TV)

MacAskill, Will: *Louis Theroux's Weird Weekends* (serial documentar)

MacKenzie, Brian: *Spinning Plates* (doc)

McChrystal, Gen. Stanley A.: *The Battle of Algiers*

McGonigal, Jane: *Buffy the Vampire Slayer* (TV), *G4M3RS* (doc), *The King of Kong* (doc)

Miller, BJ: *Waiting for Guffman, The Kentucky Fried Movie, The Groove Tube, Grizzly Man* (doc)

Mullenweg, Matt: *Citizenfour* (doc), *Something from Nothing: The Art of Rap* (doc), *Jean-Michel Basquiat: The Radiant Child* (doc)

Neistat, Casey: *The Life and Death of Colonel Blimp, Little Dieter Needs to Fly* (doc)

Nemer, Jason: *Marley* (doc), *I Know I'm Not Alone* de Michael Franti (doc), *Happy* (doc)

Norton, Edward: *The Revenant, Rust and Bone, Nașul, Băieți buni, A Prophet, The Beat That My Heart Skipped, Birdman, Biutiful, The French Lieutenant's Woman, Shōgun* (miniserie), *The Century of the Self* (doc), *The Power of Nightmares* (doc), *The Cruise* (doc)

Novak, B.J.: *Adaptation, Ferris Bueller's Day Off, Casablanca, Pulp Fiction, The Naked Gun, Catfish* (doc), *To Be and to Have* (doc), *The Overnighters* (doc)

Ohanian, Alexis: *Food Inc.* (doc), *Planet Earth* (doc), *Jiro Dreams of Sushi* (doc)

Palmer, Amanda: *Alive Inside: A Story of Music and Memory* (doc), *Happy* (doc), *One More Time with Feeling* (doc)

Patrick, Rhonda: *Happy People: A Year in the Taiga* (doc), *Planet Earth* (doc)

Paul, Caroline: *Maidentrip* (doc)

Polanco, Martin: *The Crash Reel* (doc), *Waste Land* (doc), *Lo and Behold: Reveries of the Connected World* (doc)

Poliquin, Charles: *The Last Samurai, Gladiator, The Imitation Game, 22 Bullets.* De asemenea: The History Channel, documentarele de pe National Geographic și filmele lui Tarantino.

Potts, Rolf: *Grizzly Man* (doc)

Reece, Gabby: *Food Inc.* (doc), *Roger and Me* (doc), *Bowling for Columbine* (doc), *Crumb* (doc)

Richman, Jessica: *The Edge*

Robbins, Tony: *Inside Job* (doc)

Rogen, Seth: *Pulp Fiction, Clerks, Rushmore, Bottle Rocket, Adaptation, The Princess Bride, Fawlty Towers* (TV), *Kids In The Hall* (TV), *Monty Python's Flying Circus* (TV), *Second City Television* (TV)

Rose, Kevin: *Anchorman: The Legend of Ron Burgundy, Inglourious Basterds, Food Inc.* (doc)

Rubin, Rick: *20,000 Days on Earth* (doc)

Sacca, Chris: *The Big Lebowski*

Schwarzenegger, Arnold: *Brooklyn Castle* (doc)

Sethi, Ramit: *Jiro Dreams of Sushi* (doc)

Shinoda, Mike: *House of Cards* (TV), *The Godfather, The Usual Suspects, Fight Club, Seven, Ninja Scroll, WALL-E, Princess Mononoke*

Silva, Jason: *Inception, The Matrix, The Truman Show, Vanilla Sky, eXistenZ, The Beach, Maidentrip* (doc)

Sivers, Derek: *Scott Pilgrim vs. the World*

Skenes, Joshua: *Chef's Table* (TV)

Sommer, Christopher: *The Legend of Tarzan*

Spurlock, Morgan: *Scanners, An American Werewolf in London, Making a Murderer* (TV), *Mr. Robot* (TV), *Enron: The Smartest Guys in the Room* (doc), *The Jinx* (doc), *Going Clear: Scientology and the Prison of Belief* (doc), *Brother's Keeper* (doc), *The Thin Blue Line* (doc), *The Fog of War* (doc), *Hoop Dreams* (doc), *Stevie* (doc), *Life Itself* (doc)

Starrett, Kelly: *On the Way to School* (doc), *Trophy Kids* (doc), *Amy* (doc), *Super Size Me* (doc), *Restrepo* (doc)

Strauss, Neil: *The Act of Killing* (doc), *Gimme Shelter* (doc), *The Fog of War* (doc)

Teller, Astro: *Fast, Cheap and Out of Control* (doc)

Thiel, Peter: *No Country for Old Men*

Tsatsouline, Pavel: *The Magnificent Seven* (1960)

von Ahn, Luis: *The Matrix, Jiro Dreams of Sushi* (doc)

Waitzkin, Joshua: *Searching for Sugar Man* (doc), *Riding Giants* (doc), *The Last Patrol* (doc)

Weinstein, Eric: *Kung Fu Panda, Rate It X* (doc)

Willink, Jocko: *Against the Odds* — "A Chance in Hell: The Battle for Ramadi" (doc), *Restrepo* (doc), *The Pacific* (TV), *Band of Brothers* (TV)

Wilson, Rainn: *Apocalypse Now, The Act of Killing* (doc)

White, Shaun: *7 Days in Hell*

Young, Chris: *Ferris Bueller's Day Off, Pulp Fiction, The Right Stuff*

Zimmern, Andrew: *Great Chefs* (TV)

MULȚUMIRI

În primul rând, trebuie să le mulțumesc Titanilor ale căror sfaturi, povești și lecții formează esența acestei cărți. Vă mulțumesc pentru timpul și pentru spiritul vostru generos. Fie ca lucrurile bune pe care le-ați dăruit lumii să vă fie întoarse însutit. Dragi cititori, vă rog să vă uitați la lista de mulțumiri din „Pe umerii uriașilor" (pag. 9).

Inimitabilului Arnold Schwarzenegger, îi mulțumesc pentru cuvântul-înainte atât de profund. Din perspectiva mea de puști din Long Island, care a crescut cu *Commando* și *Predator*, faptul că te afli între aceste pagini este un vis devenit realitate. Lui Daniel Ketchell și restului echipei sale de elită, vă mulțumesc pentru munca excelentă pe care o faceți și pentru că m-ați ajutat să-l cunosc pe Terminator. Cu cât petrec mai mult timp cu Arnold și cu oamenii din preajma lui, cu atât sunt mai impresionat.

Lui Stephen Hanselman, agentul și prietenul meu. Îți cerusem să-mi dai una peste cap data viitoare când o să vreau să fac o carte „definitivă". Bine că ai uitat. Să facem rost de niște jazz și de whisky acum?

Întregii echipe de la Houghton Mifflin Harcourt, mai ales supranaturalei Stephanie Fletcher și uimitoarei echipe de design și producție: Rebecca Springer, Emily Andrukaitis, Rachael DeShano, Jamie Selzer, Marina Padakis Lowry, Teresa Elsey, David Futado, Kelly Dubeau Smydra, Jill Lazer, Rachel Newborn, Brian Moore, Melissa Lotfy și Becky Saikia-Wilson – voi m-ați ajutat să îmblânzesc fiara asta și să o transform într-un manual. Vă mulțumesc că ați pierdut nopțile lucrând alături de mine! Editorului meu Bruce Nichols și incredibilei sale echipe, inclusiv președintei Ellen Archer, complicei mele Laurie Brown, lui Deb Brody, Lori Glazer, Stephanie Kim, Debbie Engel și tuturor membrilor echipei devotate de marketing și vânzări, vă mulțumesc că ați crezut în această carte și că ați făcut minuni.

Donnei S. și lui Adam B, vă mulțumesc că ați avut grijă de toate cât am fost offline! Podcastul nu ar exista și eu nu aș putea să fac nimic din el fără voi. Donna, îmi pare rău că Molly îl terorizează pe Hank. Voi plăti eu terapia. Adam, data viitoare când mă voi afla la o altitudine mare, dă-mi una peste mâna în care țin paharul cu vin.

Lui Hristo Vassilev și lui Jordan Thibodeau, multe mulțumiri pentru cercetare, pentru dubla verificare a detaliilor și pentru sprijinul necontenit. Hristo, nu vrei vreo câteva sute de sandvișuri mediteraneene? Sau poate calamari? Și nu uita de cele 20 de minute de soare dimineața...

Ameliei, tu ești prințesa războinică a subliniatului cu roșu. Nu pot exprima în cuvinte cât de mult au însemnat ajutorul și sprijinul tău pentru mine. Nu ai ezitat nici o clipă, în timp ce-ți croiai drum printre sticle cu apă minerală și săgeți rătăcite. Mulțumesc, mulțumesc, mulțumesc. Plata în unt din nuci și în înghețată este în plină desfășurare.

Lui Kamal Ravikant, hohotele tale de râs, în timp ce vânai greșelile din text, au fost adevărate medicamente necesare, iar editarea sugerată de tine a reprezentat un feedback la fel de necesar. Îți mulțumesc că îmi ții tovărășie pe acest drum.

Aș da dovadă de neglijență dacă i-aș ignora pe acei oameni buni care și-au petrecut mult timp educându-mă cu privire la detaliile, tehnologia și arta podcastingului la începuturi. Multe mulțumiri, domnilor! Iată-i, enumerați în ordine alfabetică după numele mic (dacă am uitat pe cineva, vă rog să-mi spuneți):

Jason DeFillippo de la *Grumpy Old Geeks*
John Lee Dumas de la *Entrepreneur on Fire*
Jordan Harbinger de la *The Art of Charm*
Lewis Howes de la *The School of Greatness*
Matt Lieber și Alex Blumberg de la Gimlet Media
Pat Flynn de la *Smart Passive Income*
și Rob Walch de la Libsyn

În ultimul rând, dar nu în cel din urmă, această carte le este dedicată părinților mei, care m-au îndrumat, încurajat, iubit și consolat tot timpul. Vă iubesc mai mult decât aș putea să exprim prin cuvinte.

Carte tipărită la: Art Print
Bun de tipar: iunie 2019
Apărut: iunie 2019

ACT și Politon

Editura ACT și Politon

Str. Înclinată, nr. 129, Sector 5, București, România,
C.P. 050202.
tel: 0723.150.590, e-mail: office@actsipoliton.ro
www.actsipoliton.ro | www.blog.actsipoliton.ro